Rupp/SOPHIST GROUP

Requirements-Engineering und -Management

Chris Rupp
SOPHIST GROUP

Requirements-Engineering und -Management

Professionelle, iterative
Anforderungsanalyse für die Praxis

3., neu bearbeitete Auflage

HANSER

Chris Rupp, SOPHIST GROUP, Nürnberg
www. sophist.de

Bibliografische Information Der Deutschen Bibliothek:

Die Deutsche Bibliothek verzeichnet diese Publikation in der Deutschen Nationalbibliografie; detaillierte bibliografische Daten sind im Internet über http://dnb.ddb.de abrufbar.

© 2004 Carl Hanser Verlag München Wien (www.hanser.de)
Lektorat: Margarete Metzger
Herstellung: Irene Weilhart
Copy editing: Manfred Sommer
Endlayout: Druckhaus „Thomas Müntzer", Bad Langensalza
Datenbelichtung, Druck und Bindung: Kösel, Krugzell
Printed in Germany

ISBN 3-446-22877-2

Inhalt

Anhang

„Der wahre Zweck eines Buches ist, den Geist hinterrücks zum eigenen Denken zu verleiten."

Marie von Ebner-Eschenbach

Einleitung

Liebe Leserin, lieber Leser,

Geschafft! Endlich ist es so weit! Nachdem wir viel Schweiß vergossen haben, ist unser neues, überarbeitetes Werk fertig. Sie werden sehen, die Mühen haben sich gelohnt! Selbst diejenigen unter Ihnen, welche sich die alte Auflage zu Gemüte geführt haben, werden feststellen, dass wir nicht nur die alten Kapitel überarbeitet haben. Nein, damit gaben wir uns nicht zufrieden, sondern nahmen viele neue und aktuelle Themen hinzu. Aber sehen Sie selbst! Wir laden Sie auch diesmal wieder zu einer Reise von der Idee eines Systems zu den perfekt formulierten und verwalteten Anforderungen ein.

Unsere Haltestellen

Auf unserer Erlebnisreise beglücken wir Sie zuerst mit einem kurzen Motivationskurs *(Kapitel 1)*. Danach wissen Sie, warum Requirements-Engineering (RE) und -Management das Fundament für eine erfolgreiche Systementwicklung darstellt und welche Konsequenzen drohen, falls Sie auf eine grundlegende Anforderungsanalyse verzichten. Wir liefern Ihnen eine Menge guter Argumente für Requirements-Engineering und -Management.

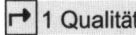 1 Qualität

Um nicht in den Ruf einer praxisfernen Abhandlung zu gelangen, steht Ihnen während der gesamten Reise ein adäquates Beispiel *(Kapitel 2)* als Begleiter zur Seite. Wir haben uns dabei für die Entwicklung eines Bibliothekssystems entschieden, da dies weder technisch noch wirtschaftlich ausgeprägt ist und jedem von Ihnen in den Grundzügen bekannt sein dürfte. Damit verdeutlichen wir die verschiedenen Sachverhalte und fundieren somit die theoretischen Erläuterungen.

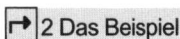 2 Das Beispiel

➡ 3 Idee-System	*Kapitel 3* repräsentiert unseren Hauptbahnhof. An dieser zentralen Stelle erhalten Sie alle Informationen, die Sie auf Ihrer Reise brauchen. Es führt kurz in die Thematik der Vorgehensmodelle, insbesondere des systematischen Vorgehens in der Anforderungsanalyse, ein. Danach erklärt es das von uns entwickelte und in der Praxis bewährte Vorgehen „Object Engineering".
➡ 4 Ermitteln	In *Kapitel 4* entführen wir Sie in die Welt des Hellsehens. Wir zeigen Ihnen, wie Sie durch angemessene Anforderungsermittlung Ihre (zukünftigen) Kunden glücklich machen. Dazu stellen wir verschiedene Ermittlungstechniken vor und erläutern, wie sie verwendet werden und welchen Einfluss die Art der Anforderungen auf die Kundenzufriedenheit hat. Des Weiteren helfen wir Ihnen, die optimale Methodenkombination für Ihr Projekt zu bestimmen.
➡ 5 Ziele	Wie auf jeder Reise ist es auch bei uns wichtig, sein Ziel *(Kapitel 5)* nicht aus den Augen zu verlieren. Keine Angst, wir sind noch nicht am Ende angekommen. Aber das Themengebiet „Zielfindung" als Grundlage der Systementwicklung wird häufig vernachlässigt. Deshalb geben wir Ihnen konkrete Vorschläge für die Ermittlung, Klassifizierung und Notation von Zielen und dafür, wie Sie Ihre Stakeholder nicht vergessen.
➡ 6 Anf.-Arten	Die Fortsetzung unseres Ausfluges führt zur SOPHISTischen Sichtweise der Klassifikation von Anforderungen. Es werden Fragen nach Einteilungskriterien und Anforderungsarten erörtert. Ziel ist es, in die zum Teil verwirrende Begriffswelt des Requirements-Engineering Struktur und Klarheit zu bringen *(Kapitel 6)*.
➡ 7 Doku	Bei all diesen Erkenntnissen brauchen Sie natürlich auch ein Reisetagebuch, in dem Sie Ihre gewonnenen Erkenntnisse festhalten können. Dazu stellen wir Ihnen in *Kapitel 7* verschiedene Dokumentationstechniken vor und zeigen Ihnen, in welchen Fällen Sie welche Technik einsetzen sollten.
➡ 8 Satz-Anf.	Aber ein Tagebuch voller Fehler ist auch kein schönes Andenken. Deshalb geben wir Ihnen in *Kapitel 8* ein Verfahren zur Hand, mit dem Sie schlechte Anforderungen Schritt für Schritt untersuchen, die Fehler (Defekte) finden und beheben können. Diese Vorgehensweise nennen wir die natürlichsprachliche Methode oder das SOPHIST-REgelwerk.
➡ 9 Schablone	Natürlich gibt es auch Mittel und Wege, die Fehler schon vor der Entstehung zu verhindern. Um die möglichen Fehler elegant zu umgehen, existiert ein schablonenbasierter Ansatz, der Hilfsmittel zur Konstruktion von Anforderungen beschreibt *(Kapitel 9)*.
➡ 10 nfA	An der nächsten Station lernen Sie etwas über die Bedeutung von nicht-funktionalen Anforderungen und welche Chancen das Engineering dieser Anforderungen eröffnet. Auf das Hauptproblem der fehlenden Metriken und der Testbarkeit dieser Anforderungen wird dabei besonderes Augenmerk gelegt *(Kapitel 10)*.
➡ 11 Prüfen	Ein wichtiger Stop in unserer RE-Rundreise führt uns in die Tiefen des Prüfens von Anforderungen *(Kapitel 11)*. Dabei werden Sie erfahren, welche Bedeutung Qualitätskriterien für Anforderungen haben und wie Sie es durch geeignete Techniken schaffen, dass Ihre Anforderungen diese Vorgaben erfüllen.
➡ 12 AK	Die Entwicklungsaktivität des Testens wird im Rahmen des Object Engineerings unter anderem durch Abnahmekriterien abgedeckt. Kombiniert ergeben Abnahmekriterien mächtige Testszenarien, mit denen die unterschiedlichsten Anforderungen und

letztendlich das System abgenommen werden können. Zur Erstellung und strategischen Anwendung von Abnahmekriterien sollten Sie sich dem Ausflug in das *Kapitel 12* anschließen.

Ein unvergessliches Erlebnis im positiven Sinne erwartet Sie in *Kapitel 13*. Im Gegensatz zum Besuch einer öffentlichen Verwaltung gestaltet sich das Verwalten von Anforderungen (Requirements-Management) als ein interessanter Halt. Hier erfahren Sie bewährte Konzepte und Lösungsvorschläge, um alle Stolpersteine zu umgehen.

↱ 13 RM

Bevor wir zum Abschluss unserer Reise kommen, haben wir für Sie noch eine kleine Inselrundfahrt im Programm. Dabei lernen Sie *(Kapitel 14)* viele interessante Sehenswürdigkeiten kennen, die im engeren, praktischen Zusammenhang mit dem Thema Requirements-Engineering stehen. Lassen Sie sich einfach überraschen!

↱ 14 Kurzgesch.

Abgerundet wird unsere Reise durch ein Kapitel, das sich an alle Leser wendet, die unsere vorgestellten Methoden und Verfahrensweisen der vorangegangenen Kapitel in ihren Projekten ausprobieren möchten und sich mit Einführungsstrategien befassen *(Kapitel 15)*.

↱ 15 Einführung

Wer diese Reise aus welchen Gründen machen sollte

Warum sollten Sie Ihre wertvolle Zeit mit dieser Reise, diesem Buch verbringen? Ganz einfach: hier erwarten Sie viele Antworten und Beispiele, die erläutern, wie Sie die erste und entscheidende Phase einer Systementwicklung meistern!

Das Ziel der Reise besteht darin, Ihnen fundiertes Wissen zum Thema Requirements-Engineering auf eine sehr anschauliche Art zu vermitteln. Sie fungiert einerseits als Bildungstrip, auf dem Sie, anhand eines durchgehenden Beispiels, Schritt für Schritt von den Projektzielen über die Anforderungen zum OO-Modell und den Abnahmekriterien begleitet werden. Dabei spielt die Analyse und Verwaltung der Anforderungen die zentrale Rolle. Als pragmatisches Nachschlagewerk bietet Ihnen unsere Exkursion andererseits gesicherte Regeln und eine ganze Reihe von Schablonen und Checklisten, die Sie direkt für Ihre Arbeit verwenden können.

Ziel der Reise

Neben all den fachlichen Inhalten möchten wir Ihnen auch einen Teil des Spaßes übermitteln, den wir bei der Erstellung der Reiseroute hatten und der zu unserer Philosophie gehört.

Unsere Sehenswürdigkeiten im Detail: Zu Beginn jeder Haltestelle finden Sie eine Reihe von Leitfragen, die im Kapitel beantwortet werden. Diese Fragen dienen der schnellen Übersicht und lassen es zu, Ihre Erwartungen mit den Leistungen des betreffenden Kapitels abzugleichen. Eilige Leser können dann sofort die Management-Zusammenfassung studieren, die jeweils am Ende zu finden ist und die mit wenigen Worten auf den Punkt bringt, was im Kapitel selbst ausführlich beschrieben ist.

Reiseaufbau

An einigen Stellen finden Sie Verweise auf weiterführende Informationen, die auf unserer Web-Seite zu finden sind. Diesen Weg haben wir an Stellen gewählt, an denen wir Ihnen ständig aktualisierte Informationen anbieten möchten, Ihnen das Abtippen von Texten ersparen wollen oder an denen die Detailinformationen den Fokus oder Umfang des Abschnittes gesprengt hätten. Besuchen Sie uns doch einfach auf unserer Web-Seite *www.sophist.de*.

3

Ihre Reiseleitung: die SOPHISTen

Die historischen
Sophisten

Die Sophisten, eine Gruppe von Philosophen, lebten in der Zeit um 450 vor Christus in Athen. Sie galten als die Ersten, welche auf die von den Vorsokratikern propagierte Naturphilosophie eine *menschen*bezogene Antwort gaben. Protagoras (481– 411) postulierte: „Der Mensch ist das Maß aller Dinge". Der Mensch erzeugt ein neues Weltverständnis und ermöglicht so einen neuen Umgang mit seiner Umgebung. Diese Auffassung teilen wir als SOPHISTen der Neuzeit. Es ist Teil unserer Mission, unsere Kunden und nun auch Leserinnen und Leser dazu zu bringen, das Althergebrachte in Frage zu stellen.

Die modernen
SOPHISTen

Als SOPHISTen der Neuzeit bezeichnen sich die Mitarbeiter der beiden Unternehmen SOPHIST – Gesellschaft für innovatives Software-Engineering mbH – und SOPHIST Technologies – Gesellschaft für innovative Informationstechnologien mbH –, die in intensiver Zusammenarbeit dieses Buch schrieben. Durch Coaching, Training, Auditierung und Tool-Erstellung begleiten die SOPHISTen seit Jahren namhafte Kunden in unterschiedlichsten Projekten. Dadurch entstand ein umfassender Wissenspool in den Bereichen Requirements-Engineering und Requirements-Management.

Die Autoren der einzelnen Stationen stellen sich Ihnen am Ende dieser Einleitung kurz vor.

Die Sophisten des Altertums gaben auch die entscheidenden Impulse für die Entwicklung vom Mythos zum Logos, das heißt zur Idee eines durch theoretische Vernunft begründeten Weltverständnisses. Die Kunst, hervorragende Anforderungsanalyse zu betreiben, soll kein Mythos bleiben. Das Buch, das Sie nun in Händen halten, bietet uns die Möglichkeit, unsere Trainings- und Beratungserfahrung darzulegen. So können wir dem Wunsch unserer Kunden und Freunde nachkommen, unser Wissen in schriftlicher Form verfügbar zu machen. Seit der zweiten Auflage dieses Buches blieb die Welt nicht stehen und so können wir nun in diese Auflage neue Erkenntnisse einbringen.

Ihre Meinung ist uns wichtig

Ihr Feedback

Ihre Meinung zu unserem Buch ist uns sehr wichtig. Deshalb freuen wir uns auf Ihre Eindrücke und Verbesserungsvorschläge, Ihre Kritik, aber auch Ihr Lob. Treten Sie mit uns in Kontakt. Unsere E-Mail-Adresse *buch@sophist.de* gibt Ihnen hierzu Gelegenheit.

Danksagungen

*"a book is a deed (...) the writing of it is an enterprise as much as
the conquest of a colony"*
(Joseph Conrad in "Last Essays")

Neben den Autoren haben viele Menschen zum Gelingen dieser Reise beigetragen und deshalb möchten wir uns ganz herzlich bedanken. Leider können wir nicht alle aufzählen und beschränken uns deshalb auf wenige sehr wichtige Unterstützer.

Unsere Auszubildenden und Kollegen, die uns an allen Ecken und Enden unterstützten (besonders Claudia Kellermann), Roland Ehrlinger für die technische und persönliche Unterstützung und Jasmin Nowak für ihre Marketingunterstützung. Danke an Christian Pikalek für die Leitung dieses Buchprojektes und das Koordinieren der Autoren. Ein dickes Kompliment geht an den Hanser Verlag, vor allem an unsere Lieblingslektorin Frau Margarete Metzger und ihre Kollegin Frau Irene Weilhart.

Die Unterstützer

Herzlicher Dank gilt aber auch unseren Kunden, ohne die wir nie die Gelegenheit gehabt hätten, die vielfältigen Erfahrungen zu sammeln, die wir hier zu Papier gebracht haben. Neben vielen anderen möchten wir vor allem den Projektpartnern der Deutsche Flugsicherung GmbH, der Deutsche Post AG, der skyguide AG, der Siemens AG, der DaimlerChrysler AG, der Züricher Kantonalbank, der Pro Sieben Information Service GmbH, der IS KV GmbH, der T-Systems International GmbH, der NetSupport GmbH, der Boehringer Ingelheim GmbH, der Bosch Siemens Hausgeräte GmbH und der Deutsche Bahn AG danken.

Die Kunden

Danke auch an die Kollegen, die uns wichtige Impulse gaben und mit den hier zitierten Beiträgen das Themengebiet sehr gelungen abrunden. Unsere Zusammenarbeit mit Euch zeigt, dass ein Netzwerk viel mehr leisten kann als eine Einzelperson. Danke an: Sven Biedermann, Achim Billion, Karol Frühauf, Prof. Dr. Alfred Holl, Dr. Peter Hruschka, Nicolai Jossutis, Martina Kratzsch, Dirk Kuprat, Jochen Löffler, Bernd Oesterreich, Prof. Dr. Barbara Paech, Riko Pieper, Matthias Recknagel, Markus Reinhold, Helmut Sandmayr, Erik Simmons und Prof. Dr. Ernest Wallmüller.

Die Experten

Vielen Dank auch an unseren Zeichner. Assad Bina Kahi, geboren 1960 in Masjedsolyman/Iran, realisierte die Zeichnungen, die unser Buch zieren. Er schloss 1985 an der Filmakademie Teheran ab. Danach begann er ein Zweit-Studium an der Universität Teheran mit Diplomabschluss im Fach Grafik. 1995 erlangte er den Magister im Fach Zeichentrickfilm. Anschließend arbeitete er als Dozent für Trickfilm an der Universität Teheran und nahm 1990 und 1992 am Internationalen Filmfestival in Stuttgart teil. Er war Zeichner und Cartoonist bei einer Kinderzeitung (Aftabgardan), einer Tageszeitung (Hamschahrie) und einer Cartoon-Fachzeitschrift (Keyhankarikatur) und produzierte mehrere Zeichentrickfilme für Werbeagenturen. Assad Bina Kahi lebt seit 1996 in Deutschland.

Der Zeichner

Die Autoren

Chris Rupp

OberSOPHISTin (formal: geschäftsführende Gesellschafterin der beiden Schwesterfirmen). In 15 Jahren Berufstätigkeit sammelt sich so einiges an .... zwei Unternehmen ... 6 Bücher ... 40 Mitarbeiter ... und unheimlich viel Erfahrung. Meine Leidenschaft für die Projektberatung ist vermutlich schuld daran, dass ich bis heute nicht „nur" manage, verwalte und Menschen fördere, sondern auch ganz nah am Kunden dran bin, in Projekten maßgeblich mitarbeite, sie leite. Vielleicht aber auch das Talent, die richtigen Mitarbeiter um mich zu scharen.

Gute Ideen so umzusetzen, dass Entwickler, Vertragspartner, direkt und indirekt betroffene Anwender das Gefühl haben, ein intelligentes, durchdachtes und nutzbringendes Produkt vor sich zu haben, ist die Vision, die mich dabei antreibt.

Private Vorlieben (zu viele für zu wenig Zeit): Menschen, Philosophie, Rotwein, Reisen und die Suche nach dem Sinn des Lebens.

Andreas Günther

Nach dem Studium der Informatik in Frankfurt am Main und London wagte ich den Schritt von Hessen nach Bayern. Seit ich als Berater und Trainer bei den SOPHISTen angefangen habe, spezialisierte ich mich auf objektorientierte und sprachliche Methoden im Requirements-Engineering. Hauptsächlich unterstützte ich wichtige Großprojekte, berate und schule Mitarbeiter in Großunternehmen wie die Deutsche Flugsicherung GmbH, Siemens AG, Lufthansa Systems GmbH, Frequentis GmbH, RWE AG und Grundig AG. Mein Aufgabengebiet umfasst Methoden und Vorgehensmodelle der linguistischen Analyse des Requirements-Engineering und des Software Engineering. Besonders angetan haben es mir die Gebiete des Requirements-Engineering und der Abnahmekriterien. Als Hobbyphilosoph und Vegetarier leite ich den Trainingsbereich der SOPHIST GROUP und bin selbst als Trainer verschiedener Seminare für Kunden unterwegs.

In meiner Freizeit bin ich übrigens leidenschaftlicher Bergsteiger und Buchliebhaber.

Rolf Götz

Der Ruf zu den SOPHISTen erreichte mich schon beim Studium: die Kombination aus Systemanalyse, angewandter Philosophie und Reisen beschreibt mein ideales Tätigkeitsfeld. Spezialisiert auf Methoden und Vorgehensweisen des Requirements- und Software-Engineering, leite ich vor allem technische Projekte, schule und coache unsere Kunden weltweit in der Ermittlung, Formulierung und Prüfung funktionaler und nicht-funktionaler Anforderungen. In einem weiteren Tätigkeitsschwerpunkt stehe ich Organisationen bei der Konzeption und Implementierung von QM-Systemen zur Seite, immer mit dem Fokus, Veränderung zu begleiten und zu lenken. Die Reiselust – gut auszuleben als Berater unterschiedlicher Kunden – habe ich schon in die Wiege gelegt bekommen: Ich bin an vielen Orten der Welt zuhause.

Privat erforsche ich seit einigen Jahren den Fünften Kontinent mit dem Geländewagen.

Jürgen Hahn

Eigentlich wollte ich Physik studieren; bin aber letztendlich bei der Informatik gelandet – obwohl meine ehemaligen Kommilitonen behaupten, dass mein Job als Systemanalytiker bei SOPHIST doch ganz und gar nichts mit der Informatik zu tun hat. Vielleicht ist auch aus diesem Grund mein zweites Standbein die Systemarchitektur. Dabei faszinieren mich insbesondere die technischen Systeme, da ich schon immer wissen wollte, wie etwas zusammenspielt und im Detail funktioniert. Ob das mein erster pneumatisch gesteuerter Legobagger oder ein Steuergerät im Fahrzeug ist, spielt dabei keine wesentliche Rolle. Neben der reinen Projektarbeit als Berater macht es mir vor allem Spaß, mein Wissen in Trainings weiterzugeben.

Falls neben dem Job noch Zeit bleibt, versuche ich mich am Lernen der spanischen Sprache und nutze das reichhaltige Kulturangebot in Nürnberg.

Thorsten Cziharz

Als ich vor Jahren bei den Sophisten anfing, wusste ich nicht, dass mit „Wörteraneinanderreihen" und „Kästchenmalen" Themen auf mich warteten, die mich bis heute immer wieder in ihren Bann ziehen und nicht mehr loslassen. Schnell fing die Vielfalt der Sprache und der graphischen Ausdrucksformen an, mich zu begeistern. In Kombination mit den unterschiedlichsten Menschen, Fach- und Methodenthemen eine Faszination, die sich in jedem Projekt aufs Neue bestätigt. Der für mich spannendste Teil meiner Arbeit ist, mein langjähriges Wissen aus zahlreichen Projekten in Form von Vorgehensmodellen, Coachings oder Trainings weiterzugeben.

Die richtige Mischung aus Kreativität, Technik und Menschen begeistern mich nicht nur im Beruf, sondern ich erlebe sie beim Fotografieren und Geocaching (eine „moderne Schnitzeljagd") auch in meiner Freizeit.

Annette Haupt

Da ich schon immer Modellautos Puppen vorgezogen habe ... beschäftige ich mich jetzt als Systemanalytikerin mit Steuergeräten und Elektronikkomponenten bzw. deren Entwicklung über verschiedene Produktlinien in richtigen Autos. Unsere Kunden arbeiten alle parallel an der Verbesserung ihrer Requirements-Engineering- und -Management-Prozesse. Dazu steuere ich mein methodisches Wissen bei und entwerfe Konzepte zur Umsetzung bzw. Optimierung. Wissen und Erfahrung kann ich komprimiert im Rahmen von Trainings weitergeben. Eine ganz andere Herausforderung stellt die Einarbeitung von „Jung"-SOPHISTen dar. Deshalb konzentriere ich mich intern auf unseren Ausbildungsbereich.

Privat benötige ich dann zusätzliche 1..n Pferdestärken – diese sollten mich auf vier Rädern oder vier Beinen bewegen – in welche Richtung? Unterschiedlich! Das bisschen Zeit, das dann noch bleibt, widme ich guten Büchern oder leckerem Essen.

Dirk Schüpferling

Seit 2001 bin ich nun ein SOPHIST. Während dieser Zeit konnte ich feststellen, wie ähnlich die Kommunikation zwischen Auftraggeber/-nehmer und Mann/Frau ist: Missverständnisse und Widersprüche. Doch wie in jeder guten Beziehung trägt die Verbesserung der Kommunikation zur (Kunden-)Zufriedenheit bei. Neben der Erhebung von funktionalen und nicht-funktionalen Anforderungen mit Hilfe verschiedenster Ermittlungstechniken liegt mein Aufgabenschwerpunkt in der Durchführung von Dokumenten-Reviews mit Hilfe unterschiedlicher Prüftechniken. Die richtigen Fragen zum richtigen Zeitpunkt zu stellen oder auf mögliche Fehlerquellen hinzuweisen, würde mancher als Besserwisserei bezeichnen, der Profi nennt es „Aufzeigen von Verbesserungspotenzial".

Ein anderes Steckenpferd von mir ist das Gebiet der Dokumentationstechniken. Hier löse ich Problemstellungen, indem ich Neuerungen und Anpassungen an etablierte Tools und Dokumentationsarten vornehme.

Privat liebe ich Brett- und Kartenspiele – je schneller und abwechslungsreicher, desto besser. Die Mängel in den Spielanleitungen sind mir hier für gewagte Neuinterpretationen der Regeln und das Entdecken möglicher Hintertürchen zum Gewinn eines Spiels sehr willkommen.

Chris Rupp

1

Anforderungsqualität –
der Maßstab Ihres Projekterfolges

Fragen, die dieses Kapitel beantwortet:

- Warum benötige ich Requirements-Engineering?

- Womit rechtfertige ich all die Mühe und Plage in der Analyse?

- Welche typischen Probleme treten heute in der Softwareentwicklung auf und welchen Bezug haben sie zu den Anforderungen?

- Wie unterscheide ich exzellente von schlechten Anforderungen?

- Was sind die Kriterien für eine exzellente Anforderungsspezifikation?

- Welche Standards fordern welche Aspekte von Requirements-Engineering?

1.1 Motivation für eine erfolgreiche Systemanalyse

Erfolgsindikator Anforderungsqualität

Die Analyse als erster Schritt der Systementwicklung entscheidet maßgeblich über den Erfolg oder Misserfolg eines Projektes. Verschiedene Untersuchungen zeigen, dass die Mehrzahl aller gravierenden Fehler in der Systementwicklung in der Analyse entstehen. Fehler, die in einer frühen Phase der Softwareentwicklung gemacht und erst in späteren Phasen behoben werden (wenn es dafür eigentlich schon zu spät ist), sorgen für einen Summationseffekt, bei dem sich die Fehler fortpflanzen und potenzieren. Tatsächlich lassen sich ca. 65% der schwerwiegenden Fehler in Programmen auf Unzulänglichkeiten in der Analyse zurückführen.

Um die Explosion der beiden kritischen Faktoren Kosten und Zeit zu vermeiden, müssen Sie die Ursachen von Analysefehlern beseitigen. Verbesserungen greifen während der Analyse wesentlich effektiver als während des Designs oder gar während der Implementierung. Je früher ein Fehler gefunden und behoben wird, desto weniger Folgefehler werden verursacht, desto eher können die relevanten Entwicklungsparameter Kosten und Zeit in Grenzen gehalten werden.

Klassischerweise finden sich in der Projektrealität allerdings häufig ineffiziente Praktiken wie die im Folgenden beschriebenen Varianten:

Zu vage Anforderungsspezifikationen

Variante 1: Es existiert eine nicht besonders ausführliche Anforderungsspezifikation, die zu großen Teilen aus vagen Formulierungen in natürlicher Sprache (Prosa) besteht.[1] Diese Spezifikation umfasst angeblich alle Anwenderanforderungen. Der Analytiker überführt dieses Prosawerk soweit möglich in ein objektorientiertes Analysemodell. Danach erweitert und ergänzt der Analytiker das lückenhafte Modell. Häufig fließen in das Modell neben Interviewergebnissen auch die Interpretationen und Phantasien des Modellierers mit ein, die von der Realität des Endanwenders weit entfernt sind. Die ursprüngliche Anforderungsspezifikation verliert jegliche Relevanz, da alle neuen Anforderungen lediglich im Modell stecken und die Anforderungsspezifikation nicht „nachgeführt" wird.

Zu formale Anforderungsspezifikationen

Variante 2: Das Team, das die Anforderungsspezifikation erstellt, besteht aus sehr technisch orientierten Mitarbeitern, welche die Wünsche der Anwender gleich in Form von Tabellen, Zustandsautomaten, Modellen oder ähnlich formalisierten Darstellungstechniken niederschreiben. Die Anwender als eigentliche Wissensträger werden in die Analyse des Systems mit einbezogen und mit den seitenlangen, sehr technisch angehauchten Spezifikationen konfrontiert. Die Techniker ernten daraufhin wissendes, etwas verschüchtertes Nicken der Anwender, die sich keine Blöße geben wollen und nicht zugeben, dass sie sehr wenig verstanden haben. Zufrieden beginnen die Techniker mit der Umsetzung der unverstanden Spezifikation.

Es ließen sich hier noch unzählige andere Varianten dieses freud- und erfolglosen Spiels aufzählen, und vermutlich kennen Sie Ihre ganz persönliche Variante, die Sie bereits in Projekten erlebt/erlitten haben.

Doch nun zur Beantwortung der Frage: „Warum benötigen Sie ein professionelles Requirements-Engineering?"

---

[1] Wir bezeichnen das als „romantische Prosa".

Requirements-Engineering beschreibt einen systematischen Weg von der Projektidee über die Ziele zu einem vollständigen Satz von Anforderungen. Neben dem Vorgehen werden auch die Qualitätsmerkmale definiert, die jede einzelne Anforderung, aber auch die gesamte Anforderungsspezifikation erfüllen müssen. Eine Anforderung ist eine Aussage über eine zu erfüllende Eigenschaft oder zu erbringende Leistung eines Produktes, eines Prozesses oder der am Prozess beteiligten Personen.

Definition und Aufgaben einer Anforderung

Die Aufgaben von Anforderungen lassen sich in *primäre* und *sekundäre* unterteilen, je nachdem, ob sich die Anforderungen unmittelbar oder nur mittelbar auf das Projekt auswirken.

1.1.1 Primäre Aufgaben einer Anforderung

Primär wirken Anforderungen unmittelbar auf den Systementwicklungsprozess ein. Dabei ist unter den Begriffen System bzw. Produkt keineswegs nur ein Stück Software zu verstehen, sondern zum Beispiel auch Flughäfen oder Videorekorder oder ein System, das größtenteils aus Menschen besteht.

Begriffe: System oder Produkt

Anforderungen als Grundlage für

> Kommunikation
> Ausschreibung und Vertragsgestaltung
> Systemintegration, Wartung und Pflege
> Systemarchitektur

Abbildung 1.1: Die primären Aufgaben einer Anforderung

Anforderungen dienen allen an der Systementwicklung Beteiligten als Kommunikations-, Diskussions- und Argumentationsgrundlage. Ihre Aufgabe ist es, das gemeinsame Verständnis und Wissen der Teammitglieder widerzuspiegeln.

Kommunikation

Die Anforderungsspezifikation (die Menge der beschriebenen Anforderungen) stellt zudem eine Grundlage für die Ausschreibung und die anschließende Vertragsgestaltung dar. Ferner wird bei der späteren Abnahme das System basierend auf der Anforderungsspezifikation getestet. Als zu beanstandender Fehler gilt dann nur noch eine Abweichung des Ist-Zustandes (wie reagiert das System tatsächlich?) gegenüber dem festgeschriebenen Sollzustand (den definierten Anforderungen) in der Anforderungsspezifikation.

Ausschreibung und Vertrag

Die Bedeutung der Anforderungen beschränkt sich aber nicht ausschließlich auf den Zeitraum zwischen Anforderungserhebung und Abnahme des Systems. Vielmehr müssen Systemänderungen und Erweiterungen und die Integration mit anderen Systemen auf Basis der dokumentierten Anforderungen erfolgen.

Integration, Wartung, Pflege

Anforderungen haben einen wesentlichen Einfluss auf die Systemarchitektur des zu erstellenden Systems. Eine genaue Definition aller Anforderungen ist daher unumgänglich, wenn man zum Beispiel spätere „Performance-Überraschungen" vermeiden möchte.

System-architektur

1.1.2 Sekundäre Aufgaben einer Anforderung

Sekundär wirken sich die Anforderungen auch außerhalb des Entwicklungsprozesses aus, das heißt, sie wirken schon in der Planungsphase sowie nach der Fertigstellung des zu entwickelnden Systems. Allerdings variieren die sekundären Aufgaben einer Anforderung je nach Branche, Einsatzgebiet und Verwendung des Produkts.

Sekundäre Aufgaben

> Eröffnung von Rationalisierungspotenzialen
> Optimierung des Kundennutzens
> Erhöhung der Mitarbeiterzufriedenheit

Abbildung 1.2: Die sekundären Aufgaben einer Anforderung

Rationalisierungs-
potenziale

Im Zuge der Definition der Anforderungen lassen sich schon im Vorfeld der Einführung eines neuen Systems Rationalisierungspotenziale, zum Beispiel in der Unternehmensorganisation oder in den Arbeitsabläufen, erkennen.

Kundennutzen

Im Rahmen der Anforderungserhebung werden auch Kundenwünsche oder Optimierungspotenziale des Kunden erhoben.

Mitarbeiter-
zufriedenheit

Werden die vom Mitarbeiter explizit geforderten und definierten Anforderungen umgesetzt, hat das eine erhöhte Mitarbeiterzufriedenheit und Akzeptanz des neuen Systems zur Folge.

1.1.3 Warum benötigen Sie ein funktionierendes Requirements-Management?

Richtlinien und
Verfahren

Durch Requirements-Management werden dem Analytiker Techniken und Richtlinien an die Hand gegeben, mit denen Anforderungen und die dazugehörigen Informationen verwaltet werden können. Durch Requirements-Management wird ein definiertes Verfahren etabliert, das es ermöglicht, die oftmals unüberschaubare Anzahl an Anforderungen komplexer Projekte zu beherrschen. Anforderungsänderungen werden erst durch die Einführung von Requirements-Management-Techniken systematisch handhabbar.

Versions-
Wirrwarr

Auch hier existieren derzeit unterschiedliche Vorgehensweisen, die dem Projekterfolg nicht gerade dienlich sind. Nicht selten erleben wir, dass Anforderungen in einem Word-Dokument verwaltet werden, welches auf der lokalen Platte eines Projektbeteiligten liegt. Änderungen werden dann häufig zentral von einer Person durchgeführt. Dies führt dazu, dass die Spezifikation zwar konsistent bleibt, Änderungen sich aber lange hinziehen und nur zu gewissen Zeitpunkten eingepflegt werden (das heißt, man arbeitet eigentlich immer auf der Basis einer veralteten Spezifikation). Bei einer anderen Variante werden die Änderungen fortlaufend eingepflegt und damit ständig neue Versionen der Spezifikation generiert und versandt. Dies führt kurzfristig zu einer Versionsvielfalt, bei der man sich nach einigen Wochen darauf verlassen kann, dass jeder Projektmitarbeiter auf der Basis einer anderen Version arbeitet. Sollten die neuen Versionen der Spezifikation nicht versandt werden, sondern auf einem zentralen, jedem zugänglichen Laufwerk zur Verfügung stehen, so hat dies lediglich den Effekt, dass jedermann Zugriff auf die neueste Version der Spezifikation hätte – die ausgedruckte Version der Spezifikation, die auf dem Schreibtisch liegt und nach der wirklich gearbeitet wird, repräsentiert allerdings meist nicht den aktuellsten Stand. Da helfen meist nur so genannte „Papier-Razzien". Dabei streift der für die Anforderungsspezifikation Verantwortliche in regelmäßigen Abständen durch das Büro und vernichtet alle veralteten Stände, die er finden kann. Ähnlich wie bei Drogenabhängigen sollte man den Papierabhängigen eine Therapie anbieten, die ihnen hilft, sich langsam auf aktuelle elektronische Medien umzustellen.

Requirements-Management versucht, die genannten Probleme zu lösen. Es ermöglicht ein paralleles und weltweit verteiltes Arbeiten an den Anforderungen eines Projekts und führt dadurch zu einer signifikanten Beschleunigung der Projektabwicklung in allen Phasen.

Paralleles, verteiltes Arbeiten

Erkenntnistheorie, (Wirtschafts-)Informatik und Requirements-Engineering

Von Prof. Dr. Alfred Holl

Erkenntnistheorie ist derjenige Zweig der Philosophie, der sich mit der Gewinnung (kognitive Methoden), dem Wesen und den Grenzen von Erkenntnis befasst.

Was hat diese philosophische Disziplin mit Informatik zu tun?

Computer (mit entsprechender Software) sind *formale Maschinen*, die Realität nicht in ihrer gesamten Komplexität erfassen können, sondern nur in einer reduzierten Form: ihnen sind nur die formalen Aspekte von Realität in Gestalt *formaler Modelle* zugänglich, weil sie nur *formale Sprachen* (speziell Programmiersprachen) verstehen.

Modelle sind Abbilder („Zerrbilder") realer Gegenstände und Abläufe, denen mindestens eine wesentliche Eigenschaft genommen ist (Komplexitätsreduktion). Im Alltag verwendet man viele Modelle, ohne eigens darüber nachzudenken. *Kinderspielzeugen* fehlen zum Beispiel die Eigenschaften „Größe" (Spielzeugautos) und „Leben" (Stofftiere). *Landkarten* werden mit speziellen Projektionsverfahren erstellt, die von den Eigenschaften „Größe", „Erdkrümmung", „Oberflächenrelief" etc. abstrahieren. Letztere sind ein erstes Beispiel für formale Modelle: Sie sind in einer formalen Sprache formuliert. Formale Sprachen können gleichzeitig Wörter, Buchstaben, graphische Symbole und ggf. Farben verwenden (Landkarten, technische Zeichnungen; in der Informatik etwa Klassenmodelle und Geschäftsprozessmodelle) oder Wörter und mathematische Zeichen (Programmiersprachen) oder nur Buchstaben und mathematische Zeichen (mathematische, physikalische und chemische Formeln). Darstellungen in formaler Sprache sind eindeutig und lassen keinen Interpretationsspielraum zu wie etwa natürlichsprachliche Äußerungen: Der Satz „Das ist ein schönes Geschenk!" kann je nach Tonfall und Begleitumständen Freude oder Missfallen ausdrücken.

Formale Modelle – insbesondere in der Informatik (zum Beispiel von betrieblichen Aufgabenbereichen) – sind spezielle *Formen von Erkenntnis*. Sie sind das Ergebnis kognitiver, empirischer Verfahren (Beobachtung, Beschreibung, Typisierung, Abstraktion, Formalisierung). Damit sind sie und ihre Erstellung Gegenstand erkenntnistheoretischer Überlegungen.

Gibt es eine einzige, die Erkenntnistheorie?

Nein, aus der geisteswissenschaftlichen Philosophie sind viele erkenntnistheoretische Schulen hervorgegangen, die in der Beurteilung des Erkenntniswerts von Modellen grundverschiedene, teilweise abstruse Positionen einnehmen. Erst mit der Entwicklung naturwissenschaftlicher Erkenntnistheorien in der Physik und Biologie des 20. Jahrhunderts lichtet sich dieses Dickicht. Die Streitfrage bleibt aber nach wie vor, wie gut Modelle die Realität beschreiben können.

Der naive Realismus vertritt die Ansicht, dass Modelle Eins-zu-eins-Abbilder (isomorphe Abbilder), also exakte, nicht verzerrte, nicht entstellte Abbilder der Realität sind. Dieser Objektivitätswahn findet sich häufig in der Mathematik und allgemeinen Informatik, nicht aber in den Naturwissenschaften. Zeigen doch schon einfache Selbstversuche, etwa mit optischen Täuschungen, erst recht aber Erfahrungen mit der Problematik des Einsatzes betrieblicher Informationssysteme in der Wirtschaftsinformatik, dass zwischen Modell und Realität immer eine gewisse Spannung herrscht. Diese entsteht unvermeidlich einerseits aus der grundsätzlichen Komplexitätsreduktion bei jeder Art von Modellierung, andererseits durch den Modellkonstrukteur selbst: Modelle sind nämlich immer Menschenwerk, menschliche Konstrukte. Sie entstehen nicht passiv mit dem Fotoapparat und fallen nicht vom Himmel, sondern sind Ergebnisse aktiver Realitätsinterpretationen durch einen Modellkonstrukteur, der je nach beschriebenem Realitätsausschnitt seine persönliche Subjektivität einbringt und einen bestimmten Modellierungszweck verfolgt.

Diese Einsicht führt zum kritischen Realismus, der allerdings über die Größe der Spannung zwischen Modell und Realität im jeweiligen Einzelfall keine Aussage macht. Hier hilft erst die evolutionäre Erkenntnistheorie weiter, die aus der Biologie stammt. Sie sieht den menschlichen Erkenntnisapparat als Produkt der Evolution, d.h. als im Laufe von Jahrtausenden an die Umwelt angepasst und erprobt an. Er kann sich keine existenzgefährdenden Irrtümer leisten, d.h. die Spannung zwischen Modell und Realität muss sich in Grenzen halten. Allerdings verläuft die technischkulturelle Evolution der letzten 5000 Jahre wesentlich schneller als die biologische Evolution, sodass der menschliche Erkenntnisapparat keine Chance hat, sich in vollem Umfang an mittlerweile völlig veränderte Erkenntnisgegenstände anzupassen. So werden heute weiterhin steinzeitliche (naivrealistische) kognitive Strategien verwendet mit dem Ergebnis, dass bei komplexen, kulturellen Erkenntnisgegenständen (Unternehmen, betrieblichen Abläufen) erhebliche Spannungen zwischen Modell und Realität entstehen können. Mit diesem Ansatz kann die evolutionäre Erkenntnistheorie problematische Aspekte in Modellierungsprozessen ziemlich detailliert erklären und damit einerseits den Grad der Abweichung von der Isomorphie einschätzbar machen und andererseits Wege zu Gegenmaßnahmen, das heißt zu einer Verringerung des Spannungsverhältnisses, zeigen.

Was gewinnt also die Informatik durch die Beschäftigung mit Erkenntnistheorie? Sie erhält kein Patentrezept zur Durchführung perfekter Modellierungen, denn die prinzipiellen erkenntnistheoretischen Probleme können durch keine Modellierungsmethode beseitigt werden. Jedoch kann Wissen um erkenntnistheoretische Zusammenhänge und bewusste Auseinandersetzung mit ihnen deren unerwünschte Folgen sehr wohl erheblich mindern. Es gibt sowohl allgemeine Gesetzmäßigkeiten als auch informatikspezifische, die weit über die Resultate aus der Beschäftigung mit dem *human factor* in der Informatik hinausgehen.

Requirements-Engineering ist ein gutes Beispiel, wie man erkenntnistheoretisches Wissen in der Informatik hervorragend nutzen kann. Im Gegensatz zu naturwissenschaftlichen Erkenntnisgegenständen kann ein Unternehmensbereich in natürlicher Sprache über sich selbst Auskunft geben, weil er Menschen enthält. Der Informatiker beobachtet also nicht passiv betrachtend, sondern aktiv befragend und beeinflussend. Er bekommt die Anforderungen der künftigen IT-Anwender zunächst in natürlicher Sprache, also prämodellhaft. Sie sind inkonsistent, unvollständig, voll von firmeninternen Ausdrücken. Daraus soll der Informatiker nun vor dem Hintergrund seines subjektiven Vorwissens ein konsistentes, vollständiges, formales Modell der Geschäftsprozesse, Informationsflüsse und ihrer IT-Unterstützung ableiten. Allein mit diesen Rahmenbedingungen der Modellierungssituation bewusst umzugehen, führt zu deutlich besseren Modellen.

Weiterführende Literatur:

- *Holl, Alfred:* Empirische Wirtschaftsinformatik und Erkenntnistheorie. In: *Becker, J., et al. (Ed.):* Wirtschaftsinformatik und Wissenschaftstheorie – Bestandsaufnahme und Perspektiven. Wiesbaden: Gabler 1999, S. 163–207.

- *Holl, Alfred; Krach, Thomas:* Ubiquitäre IT – ubiquitärer naiver Realismus. In: *Britzelmaier, B., et al. (Ed.):* Der Mensch im Netz. Ubiquitous Computing. Stuttgart: Teubner 2002, S. 53–69 .

- *Holl, Alfred; Auerochs, Robert:* Analogisches Denken als Erkenntnisstrategie zur Modellbildung in der Wirtschaftsinformatik. In: *Frank, U. (Ed.):* Wissenschaftstheorie in Ökonomie und Wirtschaftsinformatik. Wiesbaden: DUV 2004, S. 367–389.

- *Holl, Alfred; Feistner, Edith:* Mono-perspective views of multi-perspectivity: information systems modeling and "The blind men and the elephant". University: Örebro (Schweden) 2004 (in Vorb.)

*Alfred Holl (Alfred.Holl@fh-nuernberg.de) *1956, Studium der Mathematik und Linguistik an der Universität Regensburg, Entwicklung betrieblicher Informationssysteme, Professor für Wirtschaftsinformatik an der Georg-Simon-Ohm-Fachhochschule Nürnberg, Forschungsschwerpunkt Modellierungsmethoden und (evolutionäre) Erkenntnistheorie.*

1.2 Typische Probleme in der Anforderungsanalyse

Unzulänglichkeiten und Mängel im Umgang mit Anforderungen werfen eine Vielzahl an Risiken für den Projekterfolg auf. Unter Projekterfolg verstehen wir hier die Lieferung eines Produktes oder definierten Projektergebnisses, das die Benutzererwartungen bezüglich Funktionalität und Qualität befriedigt – unter Einhaltung vereinbarter Kosten und Zeitvorgaben.

Fehler, die im engen Zusammenhang mit Anforderungen stehen, stellen mengenmäßig die häufigsten dar. Genau diese Analysefehler verursachen aber auch die höchsten finanziellen Aufwände innerhalb eines Projektes. Im gesamten Software-Entwicklungsprozess gibt es dementsprechend genau eine Stelle, an der zuerst optimiert werden sollte: der Bereich der Systemanalyse.

1.2.1 Herausforderungen und Projektrisiken

Sieben Probleme der Systemanalyse

Die in der Systemanalyse entstehenden Probleme lassen sich systematisieren und auf sieben Hauptprobleme herunterbrechen:

Hauptprobleme der Systemanalyse

> unklare Zielvorstellungen   > schlechte Qualität

> hohe Komplexität   > unnötige Merkmale

> Sprachbarrieren   > ungenaue Planung

> veränderliche Anforderungen

Abbildung 1.3: Die Hauptprobleme der Systemanalyse

In diesem Kapitel werden wir die Probleme näher charakterisieren und nach Lösungsmöglichkeiten suchen.

Unklare Zielvorstellung für das System

Unklare Zielvorstellungen

Die meisten Produkte werden von verschiedenen Personengruppen benutzt, die möglicherweise unterschiedliche Teilmengen der Produktmerkmale verwenden, unterschiedliche Benutzungshäufigkeiten haben oder über ein unterschiedliches Bildungs- und Erfahrungsniveau verfügen. Wenn man alle diese Benutzeruntergruppen nicht schon früh identifiziert, können deren Anforderungen nicht beachtet werden. Menügesteuerte Operationen sind zum Beispiel ineffizient für power user, während unklare Kommandos und Tastenkürzel Gelegenheitsnutzer überfordern. Ermitteln Sie von vornherein alle Stakeholder. Erst wenn Repräsentanten aller Stakeholdergruppen ihre Ziele und Erwartungen an das System formulieren, gelangt man zu einer klaren und vollständigen Zielvorstellung (siehe Kapitel 5 „Stakeholder, Ziele und der Systemkontext").

 5 Ziele

Hohe Komplexität der zu lösenden Aufgabe

Die zu entwickelnden Systeme werden immer komplexer. Dabei stehen viele Anforderungen in komplexen wechselseitigen Abhängigkeiten.

Hohe Komplexität

Beispielsweise unterstützt ein Towersystem in der Flugsicherung einen Fluglotsen bei der Festlegung einer Start- und Landereihenfolge von Flugzeugen auf einem großen internationalen Flughafen. Die Prozesse, die dazu im Kopf der einzelnen Beteiligten ablaufen (basierend auf einer langwierigen Ausbildung und jahrelanger Erfahrung), sollen nun durch das System vorweggedacht, optimiert und dadurch die Entscheidungsfindung des einzelnen Fluglotsen unterstützt werden. Es ist keine leichte Aufgabe, das Wissen und die Kompetenz mehrerer Menschen in Form von Anforderungen niederzuschreiben.

Kommunikationsprobleme – Sprachbarrieren zwischen den Projektbeteiligten

Projektbeteiligte sprechen nicht alle die gleiche Sprache. Es werden unterschiedliche Formulierungen für den gleichen Sachverhalt (Synonyme) oder gleiche Formulierungen für unterschiedliche Sachverhalte (Homonyme) verwendet. Sprache ist kein genormtes Ausdrucksmedium. Jeder Mensch ist in seinem Sprachgebrauch von seiner Umwelt, seinem Fachgebiet, seinem Hintergrund, seinen Kenntnissen und seinen persönlichen Erfahrungen geprägt.

Sprachbarrieren

Häufig werden Projekte zudem nicht in der Muttersprache der Projektbeteiligten abgewickelt. In den meisten Projekten werden derzeit die Anforderungen in Englisch verfasst, da auf der Basis der Anforderungen das Projekt international ausgeschrieben werden soll. Dasselbe gilt auch für firmeninterne Ausschreibungen international operierender Konzerne, in denen die Projektbeteiligten in verschiedenen Ländern angesiedelt sind. Einen Sachverhalt in der Muttersprache präzise zu beschreiben, ist bereits schwer – viel schwerer ist es allerdings, dies in einer nicht perfekt beherrschten Fremdsprache zu tun.

Präzision in einer Fremdsprache

Sich ständig verändernde Ziele und Anforderungen (requirements creeping)

Kennen Sie das Gefühl, wenn sich eine nicht unerhebliche Anzahl von Anforderungen während des Projektes kontinuierlich verändert? Es ist normal, dass alle Stakeholder während des Projektes dazulernen und sich dies auch in den Anforderungen niederschlägt. Zudem bleibt die Welt um Sie herum nicht stehen und die Rahmenbedingungen des Projektes verändern sich.

Sich verändernde Anforderungen

Um die Auswirkungen schleichender Änderungen in den Anforderungen zu managen, benötigen Sie zunächst klare Projektziele. Damit können Sie sinnvolle Veränderungen im Sinne des Projektziels von sinnlosen unterscheiden. Alle Änderungen in den Anforderungen müssen gegenüber den Projektzielen geprüft werden. Ein gut definierter (und gelebter!) Änderungsprozess, der den Einfluss der Analyse jeder vorgeschlagenen Änderung mit einschließt, wird den Stakeholdern helfen, fundierte Entscheidungen zu treffen, welche Änderungen zu akzeptieren sind (mit Rücksicht auf Aufwand an Zeit und Mitteln).

Auswirkungen auf die System-architektur	Da Änderungen sich sukzessive auf das ganze Projekt auswirken können, kann die Architektur des Systems langsam zerbröckeln. Das Flicken von Code macht Programme schwer wartbar und unverständlich.

Suchen Sie in Ihrem Projekt nach Bestandteilen, die im Laufe der Zeit stärker durch Änderungen betroffen sein werden. Separieren Sie diese Bereiche bewusst vom Rest, indem Sie sie zum Beispiel in separate Schnittstellenmodule packen und die Auswirkungen von Änderungen damit begrenzen.

Schlechte Qualität der Anforderungen

Mehrdeutigkeiten

Mehrdeutigkeit ist ein Kernproblem bei der Dokumentation von Anforderungen. Sie ist immer dann im Spiel, wenn mehrere Leser einer Anforderung zu unterschiedlichen Auffassungen über deren Bedeutung kommen.

Mehrdeutigkeiten haben zur Folge, dass einige der Anwender des Systems vermutlich überrascht sein werden über das, was geliefert wird. Mehrdeutige Anforderungen führen zu Zeitverschwendung, wenn Entwickler eine Lösung für das falsche Problem ausführen und wenn die Tester erwarten, dass sich das Produkt anders verhält, als es von den Entwicklern hergestellt wurde. Das Kapitel 8 „Der lange Weg vom Satz zur Anforderung" stellt Ihnen einen sehr effektiven Weg vor, Mehrdeutigkeiten aufzuspüren und zu beseitigen.

➡ 8 Satz-Anf.

Redundanzen

Redundanzen erscheinen auf den ersten Blick nicht gefährlich – sind es aber auf die Dauer. Anforderungen sollten immer redundanzfrei beschrieben werden, da Redundanzen bei der Pflege, Weiterentwicklung und Änderung des Systems zu Problemen führen. Sofern eine Funktionalität redundant beschrieben ist, muss sichergestellt werden, dass bei der Änderung einer Stelle in der Anforderungsspezifikation alle anderen Stellen, die hierzu redundant sind, ebenfalls identischen Änderungen unterzogen werden. Dies geschieht jedoch selten. Insofern entwickeln sich Redundanzen sehr schnell zu Widersprüchen.

Widersprüche

Widersprüche entstehen vor allem, wenn mehrere Benutzer mit unterschiedlichen Erwartungen an das System befragt werden (oft auch noch von unterschiedlichen Analytikern). Bei umfangreichen Anforderungsspezifikationen sind diese Widersprüche nicht einfach zu finden. Hier hilft im natürlichsprachlichen Bereich lediglich eine sinnvolle Sortierung der Anforderungen (zum Beispiel anhand von Anwendungsfällen, englisch: use cases), wodurch die sich widersprechenden Anforderungen erwartungsgemäß räumlich sehr nahe beieinander stehen und beim Lesen entdeckt werden können. Eine weitere, sehr effektive Möglichkeit ist die Erstellung eines Objektmodells. Ein Objektmodell sortiert die Anforderungen nach fachlich-inhaltlichen Gesichtspunkten zusammen und ermöglicht es somit, Widersprüche aufzudecken.

Ungenaue Angaben

Ungenaue Angaben. In manchen Projekten ist es fast vermessen, von Anforderungen zu sprechen. Die Entwickler erhalten von ihrem Kunden sehr vage Vorgaben für die Produkterstellung. Wir kennen Projekte, in denen die gesamte Spezifikation zum Beispiel einer Waschmaschine (inklusive all der komplexen Elektronik und Software, die derartige Maschinen heutzutage besitzen) auf einer Seite beschrieben war. Die Entwickler sind bei derartigen Vorgaben sehr stark auf sich gestellt, müssen das Produkt sozusagen selbst erfinden und laufen dabei Gefahr, an den nicht kommuni-

18

zierten Wünschen der Auftraggeber vorbei zu entwickeln. Dieses Vorgehen kann man daran erkennen, dass die Entwickler die Anforderungen erst schreiben, wenn die Produktherstellung schon läuft. Dieser Ansatz mag für hochentwickelte Forschungsprojekte oder für Projekte, bei denen die Anforderungen wahrhaft flexibel sind [McConnell96], geeignet sein. Dennoch führt es in den meisten Fällen zur Frustration der Kunden, die ein Produkt erhalten, welches nicht ihren Vorstellungen entspricht.

Goldrandlösungen (Gold-plating)

Die Kreativität und die oftmals vorhandene tiefgreifende Fachkenntnis von Entwicklern, die in vielen Fällen Projekte rettet, kann in anderen Fällen zu erhöhtem Aufwand und auch Fehlentwicklungen führen. Ausschmückungen und zusätzliche Funktionen (englisch: gold-plating) weisen auf die Tendenz einiger Entwickler hin, neue Funktionalitäten hinzuzufügen, die nicht in der Anforderungsspezifikation standen. Manchmal treffen diese nicht geforderten Zusatzfunktionen genau den Geschmack der Benutzer. Allzu oft finden Benutzer diese Funktionalität auch nicht nützlich, und der Aufwand für die Spezifikation, das Design, die Implementierung und den Test dieser Funktionen war überflüssig.

Goldrandlösungen

Ungenaue Planung und Verfolgung des Projektes

Dürftig formulierte Anforderungen führen typischerweise zu falschen, häufig zu übertrieben optimistischen Schätzungen, da die im Projekt verborgene Komplexität nicht erkannt wurde. Die unvermeidliche Folge sind Termin- und Budgetüberschreitungen.

Ungenaue Planung und Verfolgung

Das Planen eines Projektes, dessen Systemziele und Systemanforderungen nicht klar festgelegt sind, gleicht einem Stochern im Nebel. Es ist immer wieder faszinierend, mit welcher Überzeugung Projektleiter Zeit- und Kostenpläne erstellen und aktualisieren, obwohl ihnen die Sinnlosigkeit ihrer Tätigkeit eigentlich bewusst sein sollte. Projektmanagement, welches ein nicht klar definiertes Systemziel mit unklaren Anforderungen plant und verfolgt, gleicht einer Reise ins Ungewisse, bei der man weder das Wie noch das Wohin kennt – es ist von vornherein zum Scheitern verurteilt.

Die fünf Hauptursachen falscher Kosteneinschätzung, die in Untersuchungen ermittelt wurden, haben alle einen direkten Bezug zu Anforderungen und lauten: häufige Anforderungsänderungen, fehlende Anforderungen, unzureichende Kommunikation mit den Benutzern, schlechte Formulierung der Anforderungen und unzureichende Anforderungsanalyse [Davis95].

Die veröffentlichten Studien geben das wieder, was wir auch in Projekten erleben. Sie stellen aus unserer Sicht keineswegs eine Übertreibung, sondern eher eine Untertreibung dar, da bei den Zahlen meist nur jene Projekte einbezogen werden, die zu Ende geführt wurden. Viel katastrophalere Ergebnisse würde man vermutlich unter Einbeziehung der Projekte bekommen, die auf Grund der Probleme mit den Anforderungen nicht berücksichtigt werden konnten.

Studien und unsere Projekterfahrung

Unspezifizierte Features

Von Sven Biedermann

In Software-Produkten tauchen häufig zusätzliche Features auf, die in keiner Spezifikation und in keinem Handbuch stehen. Dem Projektmanagement fällt es schwer, mit diesen zusätzlichen Features umzugehen.

Auf der einen Seite existieren keine Anforderungen zu diesen Features und damit auch keine Abnahmekriterien. Niemand weiß, wie man diese Features testen soll. Außerdem verschlingen sie Ressourcen und müssen nach Projektabschluss auch gewartet werden.

Auf der anderen Seite will man diese Features nicht unterdrücken, um die Entwickler nicht zu demoralisieren. Sie haben sehr engagiert gearbeitet und sich mit ihrer Kreativität persönlich in das Produkt eingebracht.

Um aus diesem Dilemma herauszukommen, erscheint es ratsam, zusätzliche Features bei der Abnahme nicht zuzulassen. Ein zusätzliches Feature ist undefiniertes Verhalten, genauso wie ein Systemabsturz.[2]

Den Entwicklern sollte aber das Change-Request-Verfahren im Projekt zugänglich gemacht werden. Hier können sie ihre Ideen in Form von Änderungsanträgen einbringen. Dies bringt folgende Vorteile mit sich:

- Der Kunde kann entscheiden, ob ihm das Feature überhaupt angenehm ist.
- Es ist sichergestellt, dass Anforderungen und Abnahmekriterien zu den Features geschrieben werden, nach denen später auch getestet werden kann.
- Im Projekt können die Auswirkungen, Zeit- und Kostenfaktoren für die Realisierung der Features betrachtet werden. Und wer drückt da nicht gern mal ein Auge zu.

Dipl.-Inf. Sven Biedermann (Sven.Biedermann@Biedermann-Consulting.de) ist Baujahr 68. Er beschäftigt sich seit 1990 mit objektorientierter Softwareentwicklung. Heute führt er zusammen mit seiner Frau die Biedermann Consulting GmbH. Nach der Arbeit fotografiert er gern.

1.3   Qualitätskriterien für jede einzelne Anforderung

Woran erkenne ich, dass die Anforderung, die ich gerade schreibe, wirklich gut ist? Das folgende Unterkapitel präsentiert Kriterien, die die Qualität einer Anforderung ausmachen.

Qualitätskriterien

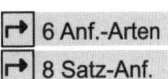

6 Anf.-Arten
8 Satz-Anf.

Wenn von Anfang an bekannt ist, wie eine Anforderung aufgebaut sein soll, wird es realistischer, das Ziel, eine gute Anforderung zu schreiben, auch zu erreichen.. Das genaue Vorgehen, wie die Charakteristiken sich methodisch berücksichtigen lassen, wird in den Kapiteln 6 „Anforderung oder Anforderung" und 8 „Der lange Weg vom Satz zur Anforderung" erläutert.

---

[2] Microsoft Excel fällt also wegen seines integrierten Flugsimulators durch!

20

Die [IEEE830-98] legt 8 Qualitätskriterien für die Anforderungsspezifikation fest: korrekt, eindeutig, vollständig, konsistent, bewertet, prüfbar, modifizierbar und verfolgbar. Diese Qualitätskriterien haben wir aufgeteilt und erweitert, da nach unserer Auffassung sowohl Kriterien für jede einzelne Anforderung als auch für die gesamte Anforderungsspezifikation unterschieden werden sollten.

Qualitätskriterien für Anforderungen

> vollständig (nach IEEE)
> korrekt (nach IEEE)
> klassifizierbar
> konsistent (nach IEEE)
> prüfbar (nach IEEE)
> eindeutig (nach IEEE)
> verstehbar

> gültig und aktuell
> realisierbar
> notwendig
> verfolgbar (nach IEEE)
> bewertet (nach IEEE)

Abbildung 1.4: Welche Qualitätskriterien erfüllt eine gute Anforderung

1.3.1   Merkmale exzellenter Anforderungen

Damit sich eine Anforderung mit der Bezeichnung „exzellent" schmücken darf, muss sie eine ganze Reihe von Qualitätskriterien erfüllen.

Vollständigkeit

Jede einzelne Anforderung muss die geforderte und zu liefernde Funktionalität vollständig beschreiben.

Anforderungen, die noch unvollständig sind, sollten auch als solche gekennzeichnet werden, zum Beispiel durch Einfügen von tbd (to be determined) in den Text oder einen entsprechenden Status. Diese Marker können dann systematisch gesucht und durch die noch fehlenden Informationen ersetzt werden.

Vollständigkeit

Kennzeichnung unvollständiger Anforderungen

Korrektheit

Beim Validieren einer Anforderung wird geprüft, ob sie an sich korrekt ist. Eine Anforderung ist dann korrekt, wenn sie vollständig die Vorstellung des Stakeholders, der sie formuliert hat, wiedergibt. Hierzu müssen die Stakeholder die Anforderungsspezifikation lesen und verstehen können. Dies hat einen signifikanten Einfluss auf die Art der Anforderungsspezifikation. So hängt die verwendbare Dokumentationstechnik sehr stark von den am Projekt beteiligten Personen ab.

Korrektheit

Klassifizierbarkeit bezüglich der juristischen Verbindlichkeit

Klassifizier-
barkeit

Legen Sie für jede einzelne Anforderung die rechtliche Relevanz fest. Damit machen Sie Ihren Vertragspartnern klar, welche Bedeutung gewisse Gruppen von Anforderungen für sie haben, und Sie stellen die Einklagbarkeit als rechtlich verbindlichen Vertragsbestandteil sicher. Aus unserer Erfahrung wissen wir, dass dies in vielen Fällen kein einfaches Unterfangen ist. Häufig werden Grafiken oder Tabellen anstelle einer rein natürlichsprachlichen Anforderung oder definierten Notation verwendet. Dabei sind oft Bestandteile abgebildet, die nicht juristisch relevant sind, aber aufgrund der fehlenden Trennung von der verbindlichen Anforderung als solche klassifiziert werden. Projekterfolge werden zwar nicht vor Gericht erzielt, dennoch ist eine klare Vertragslage bezüglich der Anforderungen eine bessere Ausgangsbasis für eine konstruktive Kommunikation in Konfliktsituationen als eine ungeklärte Ausgangssituation.

Konsistenz der Anforderungen

Konsistenz

Anforderungen müssen gegenüber allen anderen Anforderungen konsistent, sprich widerspruchsfrei sein – unabhängig vom Abstraktionsgrad oder der Art. Zudem muss eine einzelne Anforderung so formuliert werden, dass sie in sich konsistent ist, das heißt, dass nicht die Anforderung selbst schon Widersprüche aufwirft.

Prüfbarkeit

Prüfbarkeit

Eine Anforderung muss so beschrieben sein, dass sich daraus Testfälle ableiten lassen. Dies ist insbesondere für den Tester wichtig. Das heißt, eine Funktionalität, die durch eine Anforderung gefordert wird, muss sich durch eine Messung nachweisen lassen. Dazu ist es notwendig, konkrete Grenzen und Maßeinheiten in der Anforderung mit anzugeben. Insbesondere bei Anforderungen an die Dienstqualität wird dies häufig vergessen. Erfahrungsgemäß fällt es den Schreibern funktionaler Anforderungen leichter, sich in die Lage eines Testers hineinzuversetzen. Dieser kann und darf den Test der Anforderungen nur auf Basis von prüfbaren Werten durchführen. Wie soll er mit Anforderungen „Das System soll schnell reagieren" oder „Die Eingabe muss leicht sein" umgehen?

Gültigkeit – Aktualität der Anforderungen

Aktualität

Eine Anforderung muss die Realität des Systems beschreiben. Ändert sich eine der bestimmenden Größen, sind auch die dadurch betroffenen Anforderungen anzupassen. Jedwede Änderung im System ist zu dokumentieren und somit nachvollziehbar zu halten.

Verstehbarkeit für alle Stakeholder

Verstehbarkeit

 7 Doku

Die Anforderungen müssen für alle Stakeholder verstehbar sein. Aus diesem Grund können sich die Dokumentationstechniken (siehe Kapitel 7 „Dokumentation von Anforderungen") auch je nach Phase (und damit auch unterschiedlichen beteiligten

Personen) stark unterscheiden. In der Analysephase, an der das breiteste Spektrum der Stakeholder teilnimmt, ist es wichtig, eine gemeinsame Sprache für alle zu schaffen. Dabei gibt es kaum einen anderen Weg, als natürlichsprachliche Anforderungen zu verwenden. In späteren Phasen (Design) eignen sich andere, formalere Beschreibungstechniken deutlich besser, da der Kreis der Beteiligten dieser Phase kleiner und spezialisierter ist und die formaleren Darstellungstechniken (wie zum Beispiel objektorientierte Designmodelle) der Problemstellung angemessener sind.

Umsetzbarkeit – Realisierbarkeit

Es muss möglich sein, jede Anforderung innerhalb der bekannten Fähigkeiten, der Grenzen des Systems und seiner Umgebung umzusetzen. Dies bedeutet, dass Sie einen Mitarbeiter aus dem Entwicklungsteam an der Bewertung von Zielen und Anforderungen beteiligen sollten, der die technologischen Grenzen der Umsetzung einzelner Anforderungen aufzeigen kann. Zudem sollten Sie die Kosten für die Umsetzung in die Beurteilung der Umsetzbarkeit mit einbeziehen. Bewerten Sie alle Ziele und Anforderungen bezüglich der Kosten und der technischen Realisierbarkeit, denn manchmal tritt der Projektbetroffene von einzelnen Anforderungen zurück, wenn offensichtlich wird, welche Kosten für die Realisierung dieser einzelnen Funktionalitäten auftreten.

Realisierbarkeit

Notwendigkeit

Jede Anforderung sollte eine Leistung oder Eigenschaft fordern, die der Kunde tatsächlich benötigt oder die zur Anpassung an ein externes System benötigt wird. Eine Anforderung ist nur dann wirklich notwendig, wenn sie der Erfüllung eines Systemziels dient.[3] Dazu ist wiederum die traceability dieser Anforderung zurück zu den Zielen erforderlich, um deren Notwendigkeit für die Zielerfüllung wirklich prüfen zu können.

Notwendigkeit

Verfolgbarkeit

Jede Anforderung muss für sich eindeutig zu identifizieren sein. Sichergestellt wird dies meist über eine eindeutige Anforderungsnummer, die während des gesamten Lebenszyklus der Anforderung unverändert bleibt. Über diese eindeutigen Identifikatoren können auch voneinander abgeleitete Anforderungen verschiedener Spezifikationsebenen verbunden werden, sodass ein Systemziel über alle Anforderungsebenen hindurch, vom Design bis zur Implementierung und Test, verfolgt werden kann. Details hierzu erläutert das Kapitel 13 „Ordnung im Chaos".

Verfolgbarkeit

 13 RM

Bewertbarkeit/Gewichtbarkeit

Ab einer gewissen Komplexität oder Größenordnung eines Systems ist es wichtig, die Anforderungen nach Wichtigkeit oder Priorität zu bewerten. Insbesondere dann,

Bewertbarkeit

---

[3] Natürlich können auch die Ziele noch hinterfragt und erweitert werden, wenn neue Anforderungen auftreten, für die es keine passenden Ziele gibt.

wenn nicht alle Funktionalitäten in einem Release eines Systems sofort umgesetzt werden können, muss durch die Stakeholder eine Bewertung der Anforderungen durchgeführt werden. Die Bewertung der Anforderungen kann nach unterschiedlichen Kriterien, zum Beispiel nach Dringlichkeit oder Wichtigkeit, erfolgen und ist besonders für den Projektmanager und den Auftragnehmer von Bedeutung. Sie sollten hier aber bereits beachten, dass eine rein fachliche Priorisierung auch negative Auswirkungen auf die Systemarchitektur haben kann. Die Reihenfolge der Entwicklung sollte eine stabile Architektur und eine sinnvolle Modulbildung erlauben.

Eindeutigkeit

Eindeutigkeit

Eine eindeutige Anforderung kann nur auf eine Art und Weise verstanden werden. Es darf nicht möglich sein, andere Sachverhalte hineinzuinterpretieren. Alle Leser einer Anforderung sollten zu einer einzigen, konsequenten Interpretation der Anforderung gelangen.

Definition der Kommunikationsstrukturen in komplexen Entwicklungsprozessen

Von Prof. Dr. Barbara Paech

Große Unternehmen geben oft einen Softwareentwicklungsprozess-Standard vor, der insbesondere auf den Praktiken aus CMM oder SPICE beruht. Diese Standards sind sehr generisch und müssen von den Projekten auf ihre Bedürfnisse angepasst werden. Dies ist insbesondere für innovative Projekte schwierig, die meist auch neuartige Produkt- und Organisationsstrukturen erfordern. Gerade im Bereich der Anforderungen sind durch den Standard oft Dokumente und Inhalte vorgegeben, die nicht zu diesen Projekten passen und deshalb von den Beteiligten nur halbherzig ausgefüllt werden. Dies hat zwei sehr gravierende Nachteile für das Projekt: zum einen wird Aufwand vergeudet für die Erstellung von Dokumenten, die so niemand gebrauchen kann, zum anderen werden wichtige Informationen nicht festgehalten und weitergegeben. Anforderungsdokumente sind in erster Linie ein Kommunikationsmedium, das das Projektverständnis und die Entscheidungen für alle nachvollziehbar macht.

Wir führen deshalb am Anhang eines solchen Projektes oder bei der Organisation einer Reihe von gleichartigen Projekten einen 2-tägigen Workshop zur Festlegung eines *Informationsmodells* durch. Dies kann man an dem folgenden typischen Beispiel erklären:

Ein großer Zulieferer ist dabei, in mehreren Kundenprojekten eine innovative Technologie einzuführen. Idealerweise wird die Technologie in einem so genannten „Assetprojekt" entwickelt und in den Kundenprojekten nur angepasst. Aufgrund der kurzen Entwicklungszyklen muss ein Feature aber oft schon in einem Kundenprojekt zur Verfügung stehen, bevor das Assetprojekt dafür Zeit hat. Deswegen ist ein sehr enger Informationsaustausch insbesondere bei der Anforderungsspezifikation notwendig, damit alle Projekte wissen, welche Features wo zur Verfügung stehen bzw. entwickelt werden. Damit können Inkonsistenzen bzw. Mehrfachentwicklung von Features vermieden werden. Der Prozessstandard schreibt vor, dass in jedem Kundenprojekt ein Pflichtenheft entsteht, das beschreibt, wie die Kundenanforderungen umzusetzen sind. Dies ist vor allem für die Entwickler gedacht. Diese nutzen es aber meistens nicht, weil es aufgrund vieler Änderungsanforderungen von Seiten des Kunden (typisch für innovative Projekte!) während der Entwicklung schnell veraltet ist. Anderen Projektbeteiligten wie dem Vertrieb und dem Marketing, die insbesondere für die Aushandlung der Features mit den Kunden verantwortlich sind, ist teilweise gar nicht bekannt, dass es dieses Dokument gibt.

An dem Workshop nehmen Vertreter aller dieser Rollen teil. Als Vorbereitung füllen alle einen Fragebogen über die verwendeten und erzeugten Dokumente und Probleme mit dem Prozess aus ihrer Sicht aus. In der ersten Phase des Workshops werden eine gemeinsame Terminologie und eine gemeinsame Sicht auf die Dokumente und Probleme erarbeitet. Hier ist insbesondere eine externe Moderation wichtig, um zu verhindern, dass die Diskussionen sich festbeißen beziehungsweise zu persönlich werden. Danach wird in Gruppen- und Plenumsarbeit das Informationsmodell entwickelt. Für die oben beschriebene Firma könnte dies wie folgt aussehen:

In den Spalten der Matrix sind die Adressaten der Informationen, in diesem Fall die Kunden und die Beteiligten am internen Kundenprojekt und am Assetprojekt. In den Zeilen sind die wichtigen Sichten unterschieden, in diesem Fall die Marketingsicht (das heißt grobe Features), die Nutzungssicht (das heißt Use Cases), die High-level-Systemsicht (das heißt detaillierte Features) und die Detailsicht, die als Vorgabe für die Entwicklung dient. Die Kästen repräsentieren Dokumente beziehungsweise größere Informationseinheiten. Kursiv sind die Verantwortlichen für die Erstellung der Dokumente genannt. Die Linien beschreiben die Verantwortlichkeiten für die Konsistenz der Dokumente bei der Erstellung; so ist z.B. der Produktmanager (PM) verantwortlich für die Konsistenz zwischen dem Angebot und der Marketingspezifikation. Die Pfeile beschreiben zusätzliche Verantwortlichkeiten für die Konsistenz aufgrund von expliziten Reviews.

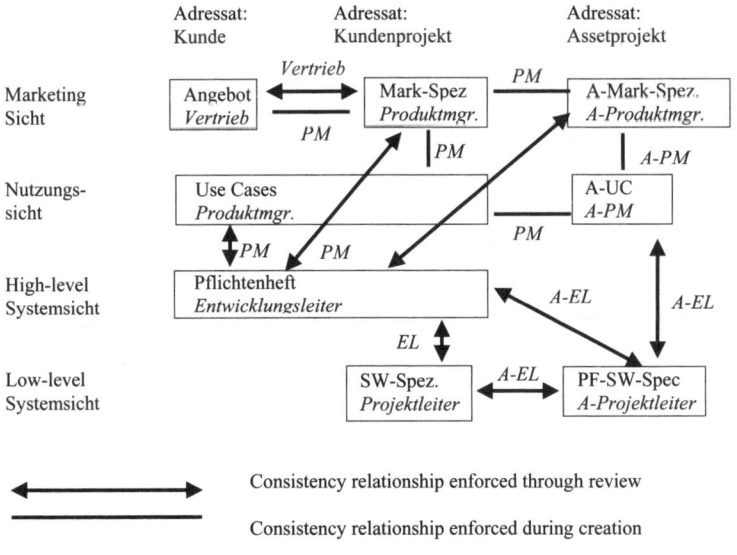

Abbildung 1.5: Das Informationsmodell

Weitere Verantwortlichkeiten wie z.B. die Durchführung von Änderungen werden in einer eigenen Tabelle beschrieben. Aus diesem Bild ist sofort die zentrale Rolle der Pflichtenheftinformationen für alle Beteiligten in den Kunden- und Assetprojekten deutlich. Da das Assetprojekt ein internes Entwicklungsprojekt ist, ist es nicht notwendig, auf der detaillierten Featureebene Informationen festzuhalten, für Kundenprojekte ist das Pflichtenheft aber wichtig für die Kommunikation mit den Kunden. Die Diskussionen im Workshop zeigten, dass diese Ebene auch ideal ist für die Abstimmung zwischen den Kundenprojekten und zum Assetprojekt, da eine Abstimmung auf Marketing und Nutzungsebene nicht ausreicht, um die Auswirkungen der neuen Features auf das bisherige Produkt zu klären.

Die Grundstruktur dieser Matrix wird im Plenum entwickelt, die Details, z.B. bzgl. typischer Gliederungspunkte in den Dokumenten oder auch in Bezug auf die Änderungsverantwortlichkeiten, werden dann in Gruppensitzungen entwickelt. Am Nachmittag des 2. Tages muss die Umsetzung dieses Informationsmodells in der Alltagsorganisation festgelegt werden. Dabei sollte ein Pilotprojekt, das diese Struktur umsetzt und die Erfahrungen damit aufsammelt, parallel zu einer allgemeinen Verbreitung dieser Ideen in den betroffenen Abteilungen laufen.

Erst auf der Basis eines solchen Verständnisses der grundlegenden Informationsstrukturen können die einzelnen Praktiken aus CMM oder SPICE greifen.

Barbara Paech (paech@informatik.uni-heidelberg.de), Habilitation in der Informatik an der TU München, von 1998–2003 Abteilungsleiterin am Fraunhofer Institut für experimentelles Software Engineering, Kaiserlautern, seit 2003 Professorin für Software Engineering an der Universität Heidelberg. Durchführung vieler Beratungsprojekte, Seminare und Workshops, Sprecherin der Fachgruppe Requirements-Engineering der Gesellschaft für Informatik.

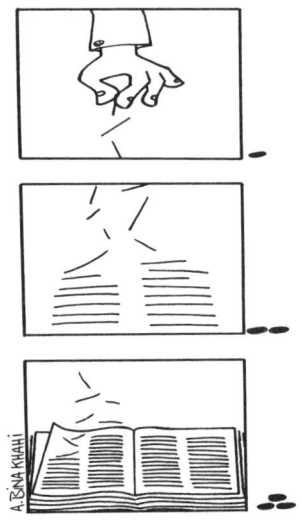

1.4 Qualitätskriterien für die Anforderungsspezifikation

Ein Sack voller guter Anforderungen macht noch lange keine gute Anforderungsspezifikation aus. Deswegen existieren auch für die Anforderungsspezifikation selbst eine Menge von Qualitätskriterien.

Viele Vorgehensmodelle schlagen Dutzende oder Hunderte von Ergebnistypen vor, die im Laufe der Systementwicklung erzeugt werden sollen. Agile Entwicklung [Hruschka02] konzentriert sich auf drei maßgebliche Artefakte, die konsequent weiterentwickelt werden. Um von der physikalischen Form der Ergebnisse abzulenken und nicht über Papierdokumente oder Intranetseiten oder Datenbanken sprechen zu müssen, bitten wir Sie, folgendes Gedankenexperiment mitzumachen: Stellen Sie sich einfach drei spezialisierte Gehirne vor, in denen das Wissen über die Problemstellung, das Wissen über die Lösung und das Wissen über das Management des Entwicklungsvorhabens jeweils strukturiert und hochgradig vernetzt festgehalten wird.[4] Selbstverständlich können wir den Inhalt dieser Gehirne jederzeit auf verschiedenste Arten zu Papier bringen, in Präsentationen vermitteln oder elektronisch übertragen.

Die Anforderungsspezifikation

Alles, was wir zu einem Zeitpunkt zu dem jeweiligen Thema wissen, ist im jeweiligen Gehirn gespeichert. Je nach Zustand oder Phase des Entwicklungsvorhabens wird weniger oder mehr des entsprechenden Gehirns gefüllt sein. Es gibt kein starr vorgegebenes Schema, was alles im Gehirn festgehalten werden muss. Wir betrachten die Risiken im jeweiligen Bereich und entscheiden danach, wie viel oder wie wenig wir zu einem Thema festhalten müssen.

Die vernetzten Entwicklungsgehirne

Das Managementgehirn

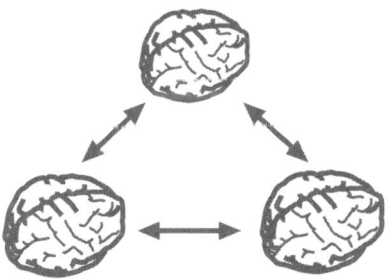

Das Requirementsgehirn   Das Architekturgehirn

Abbildung 1.6: Die Ergebnisstrukturen der Systementwicklung

In diesem Buch gehen wir nur auf das Problemstellungs- oder Requirementsgehirn genauer ein. Über den Inhalt des Managementgehirns erfahren Sie mehr in [Gernert02], das Befüllen des Architekturgehirns behandeln [Hruschka02] und [Starke02]. Die Menge aller beschriebenen Anforderungen bilden den Schwerpunkt des

---

[4] Die Idee zu dieser Metapher gab uns Dorothy Graham in einem Vortrag über „Cognitive Illusions in Development and Testing".

Requirementsgehirns. Wenn das im Requirementsgehirn gespeicherte Wissen zu Papier gebracht und ausgedruckt wird, dann spricht man von einer Anforderungsspezifikation. Dieses Dokument repräsentiert jeweils einen Stand der bekannten Anforderungen nach einer gewissen Sortierung zu genau einem Zeitpunkt. Dieses Dokument muss analog zu den einzelnen Anforderungen ebenfalls bestimmten Qualitätskriterien genügen. Die folgenden wichtigsten Kriterien werden wir im Laufe dieses Kapitels näher erläutern (angelehnt an [IEEE830-98]).

Qualitätskriterien für die Anforderungsspezifikation

> angemessener Umfang und klare Struktur
> sortierbar
> qualitativ hochwertig
> modifizierbar und erweiterbar (nach IEEE)
> gemeinsam zugreifbar
> optimiert bezüglich Vorgehen

Abbildung 1.7: Die Qualitätskriterien für die Anforderungsspezifikation

Angemessener Umfang und klare Struktur

Struktur und Umfang

Die Anforderungsspezifikation stellt eine Momentaufnahme Ihres im Requirementsgehirn gespeicherten Wissens zu einem bestimmten Zeitpunkt dar. Um lesbar zu sein, ist es in seinem Umfang begrenzt und nach Kriterien sortiert, die dem anvisierten Leserkreis das Lesen der Spezifikation erleichtert.

Leider lassen sich bezüglich eines angemessenen Umfangs keine eindeutigen Messwerte angeben. Eine Spezifikation mit einer guten Struktur, bei dem der Leser sich die für ihn interessanten Teile problemlos heraussuchen kann, kann umfangreicher sein als eine Spezifikation, bei der Sie erwarten, dass der Leser sie von vorne nach hinten durchliest. Einen detaillierten Einblick in Struktur und Inhalt der Anforderungsspezifikation gibt Ihnen das Kapitel 13 „Ordnung im Chaos".

13 RM

Merkmale, die sich aus den Qualitätskriterien für Einzelanforderungen ableiten

Qualität der Einzelanforderungen

Eine exzellente Anforderungsspezifikation sollte natürlich exzellente Anforderungen enthalten. Insbesondere bei Projekten, bei denen viele Personen an einer Anforderungsspezifikation schreiben, ist es notwendig, die Qualitätskriterien für Einzelanforderungen vorab festzulegen und zu überprüfen. Jeder einzelne Schreiber mag vielleicht exzellente Anforderungen geschrieben haben, aber ob diese sich zu einer exzellenten Anforderungsspezifikation zusammenfügen, bleibt fraglich und wird umso unwahrscheinlicher, je mehr Verfasser beteiligt sind.

Vollständigkeit

Anforderungsspezifikationen müssen *vollständig* sein, das heißt, sie müssen alle Anforderungen beinhalten, die relevant sind. Dies bedeutet, dass für jede gewünschte
Funktionalität des Systems alle möglichen Eingaben, eingehenden Ereignisse und die
geforderten Reaktionen des Systems beschrieben werden müssen. Auch Anforderungen zum Beispiel bezüglich der Qualität, der Reaktionszeiten, der Verfügbarkeit und
Bedienbarkeit des Systems müssen notiert werden. Kennzeichnen Sie Anforderungen, die noch komplettiert werden müssen, unter der Angabe von Gründen und den
noch zu erledigenden Bearbeitungsschritten.

Zur Vollständigkeit tragen aber auch formale Gesichtspunkte bei. Grafiken, Diagramme und Tabellen müssen beschriftet werden. Ein wichtiger Punkt ist das Vorhandensein konsistenter Quellen- und Abkürzungsverzeichnisse. Definitionen oder Normre-
ferenzen, die Begriffe verbindlich werden lassen, sind notwendiger Bestandteil einer
jeden Anforderungsspezifikation.

Die Vollständigkeit der Anforderungsspezifikation stellt mitunter die größte Herausforderung der Anforderungsanalyse dar. Häufig muss man einen Kompromiss zwischen verfügbaren Zeitressourcen und Vollständigkeit treffen.

Vollständigkeit

*Quellen- und
Abkürzungs-
verzeichnisse*

Eindeutigkeit und Konsistenz

Anforderungsspezifikationen sind nur dann *eindeutig* und *konsistent*, wenn alle einzelnen Anforderungen eindeutig und konsistent sind. Ist eine Eigenschaft bei einer Anforderung des Dokuments nicht gegeben, so besitzt die gesamte Spezifikation diese
Eigenschaft nicht.

*Eindeutigkeit,
Konsistenz*

Traceability

Eines der wichtigsten Kriterien einer Anforderungsspezifikation ist die *traceability*,
also die Nachvollziehbarkeit von Zusammenhängen. Deutlich wird der Sachverhalt,
wenn Sie sich eine mehrere hundert Seiten umfassende Anforderungsspezifikation
vorstellen. Möglichkeiten und Techniken hierzu erläutert das Kapitel 13 „Ordnung
im Chaos". Die Traceability hört allerdings nicht bei der Anforderungsspezifikation
auf, sondern erstreckt sich auf weitere Dokumente (zum Beispiel Geschäftsprozess-
modell, Test- oder Entwurfspläne), die in vorangegangenen oder späteren Entwick-
lungsphasen erstellt werden.

Traceability

 13 RM

Modifizier- und Erweiterbarkeit

Anforderungsspezifikationen müssen erweiterbar sein. Es gibt Anforderungen, die
nachträglich geändert oder aber neu hinzugefügt oder entfernt werden. Gleichzeitig
bedeutet das aber auch, dass Struktur und Aufbau der Anforderungsspezifikation
leicht modifizierbar und erweiterbar sein müssen. Zum einen sollte die Struktur zum
Beispiel durch Übersichtlichkeit, Inhaltsverzeichnisse und Indizes eine leichte Hand-
habbarkeit gewährleisten und zum anderen sollten Modifikationen immer nur an genau einer Stelle nötig sein (Ausschluss von Redundanzen).

*Modifizier- und
Erweiterbarkeit*

Optimierung bezüglich des gewählten Vorgehens

Optimiert
bzgl. Vorgehens-
modell

Eng verbunden mit der Erweiterbarkeit der Anforderungsspezifikation ist auch die optimierte Weiterverwendbarkeit in den sich anschließenden Phasen. Überlegen Sie sich immer genau, welchen Zweck die Anforderungen erfüllen müssen. Werden sie im Rahmen eines Vertrages einem Auftragnehmer übergeben? Dienen Sie als Grundlage einer Eigenentwicklung? Welches Vorgehensmodell haben Sie gewählt? Wählen Sie dann ein Detaillierungsniveau, eine Notation, eine Sortierung usw., die diesen Zweck am besten erfüllt.

Sortierbarkeit

Sortierbarkeit

Anforderungsspezifikationen sollten es ermöglichen, die Anforderungen nach verschiedenen Kriterien zu sortieren. Als mögliche Kriterien kommen dabei zum Beispiel Wichtigkeit, Detaillierungsniveau, Teilsystemzugehörigkeit, Zugehörigkeit zu einem Use Case oder Kapitel in Betracht. Diese unterschiedlichen Sichten auf Anforderungsspezifikationen ermöglichen ein zielgerichtetes Lesen für alle erdenklichen Stakeholder.

Gemeinsame Zugreifbarkeit

Gemeinsame
Zugreifbarkeit

Wie bereits erwähnt, wirken in größeren Projekten mehrere Personen gleichzeitig an einer Anforderungsspezifikation mit. Dies bedingt, dass in dem Dokument der Autor eines jeden Eintrags vermerkt werden sollte und die Dokumente nur autorisierten Personen zugänglich gemacht werden. Zudem müssen Schutzmechanismen das Überschreiben von Informationen verhindern und Dateninkonsistenzen vermeiden.

Anforderungsanalyse aus Sicht des Auftraggebers

Von Riko Pieper

Das Thema „Requirements-Engineering" insgesamt wurde in den letzten Jahren zwar allmählich als eigenständiges Thema erkannt, aber es gibt aus meiner Sicht einen Punkt, der bis heute extrem vernachlässigt wird:

Die systematische Erarbeitung der Kundenanforderungen ist Sache des Kunden.

Der Satz klingt trivial, steht aber leider im Widerspruch zur Realität und sogar zu den gängigen Vorgehensmodellen. Es scheint eine allgemein anerkannte Praxis zu sein, dass die Anforderungsdokumente des Kunden vom Auftragnehmer zwar bei der Erstellung eines „konkreten" Anforderungsdokuments berücksichtigt werden, aber das vertraglich relevante Anforderungsdokument wird meistens vom Auftragnehmer (AN) erstellt und nicht vom Auftraggeber (AG).

Es wird sicher auch in Zukunft Auftraggeber geben, denen diese Vorgehensweise am angenehmsten ist, aber der umgekehrte Fall, dass sich der Auftraggeber für die Klarheit, Korrektheit, Vollständigkeit, Widerspruchsfreiheit und Prüfbarkeit seiner Anforderungen selbst verantwortlich fühlt, sollte als Alternative in den Vorgehensmodellen mindestens als Möglichkeit erwähnt werden.

In der Version des V-Modells von 1997 gibt es immerhin einen deutlichen Hinweis auf die „Anwenderforderungen", die in allen relevanten Phasen und Prozessen als Eingangsgröße angegeben sind. Das gibt den Anforderungen des Auftraggebers zwar schon die angemessene Priorität, hilft dem Auftraggeber bei seinem Prozess der Erstellung dieser Anforderungen aber nicht.

Bei genauerer Betrachtung stellt man dann außerdem fest, dass es sich bei diesen „Anwenderforderungen" gar nicht um ein vom Anwender (Auftraggeber), sondern vom Auftragnehmer erstelltes Dokument handelt!

Ähnlich sieht es mit den englischsprachigen Standards aus. Hier gab es in der Vergangenheit die Standards „DoD 2167", „DoD 2167a", „MIL-STD-498", „J-STD-016". Immerhin: Erst im Standard „ISO/IEC 12207" von 1995 gibt es in Kapitel „5.1 Acquisition process" eine Beschreibung der Aufgaben des Auftraggebers, wie zum Beispiel das Erstellen der „System requirements" als Bestandteil der „Acquisition Documentation". Hier wird zumindest die Möglichkeit erwähnt, dass die Systemanforderungen nicht vom Auftragnehmer erstellt werden.

Die Aufteilung all dieser Modelle, bei denen das Gesamtsystem in Subsysteme, Hard- und Software-Komponenten bis hin zu einzelnen Software-Modulen aufgeteilt wird, ist unter dem Gesichtspunkt des System Engineering sicher hilfreich. Bei dieser Gliederung wird aber die wichtigste Schnittstelle, eben jene zwischen Auftraggeber und Auftragnehmer, vollkommen vernachlässigt. Ein Auftraggeber interessiert sich hauptsächlich dafür, dass seine Kundenanforderungen erfüllt werden – egal, ob es sich um Anforderungen auf Systemebene handelt, um Qualitäts-, Sicherheits- oder auch Softwareanforderungen.

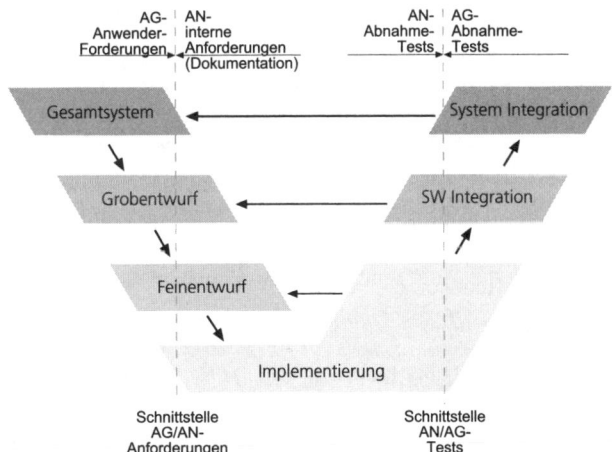

Abbildung 1.8: Vorschlag für ein Vorgehensmodell mit klarer Schnittstelle zwischen Anwenderforderungen und internen Anforderungen

Das Konzept des V-Modells ist, dass das Gesamtsystem vom Groben ins Feine immer weiter zergliedert wird, bis es schließlich in realisierbare Komponenten aufgeteilt ist.

Die linke Seite des „V" enthält auf jeder Ebene Anforderungen, die entweder von außen vorgegeben oder aus einer übergeordneten Ebene abgeleitet werden. Auf der rechten Seite des „V" werden die Einzelkomponenten wieder zusammengeführt.

Auf jeder Ebene werden die integrierten Komponenten der rechten Seite des „V" jeweils gegen die Anforderungen auf der gleichen Ebene der linken Seite des „V" getestet.

Je weiter unten man sich im „V" des V-Modells befindet, desto weniger Anforderungen wird man als Kunde hier haben. Wenn es keinen Grund für eine bestimmte Vorgabe gibt, dann sollte man dem Auftragnehmer hier auch alle Freiheiten lassen. Trotzdem kann es immer auch berechtigte Kundenanforderungen auf den unteren Ebenen geben. In Abbildung 1.7 wird eine (vereinfachte) Darstellung des V-Modells vorgeschlagen, in der die Schnittstelle zwischen Anwenderforderungen und der Dokumentation verdeutlicht wird. Auf der linken Seite des „V" setzen sich die Anforderungen auf allen Ebenen aus zwei Teilen zusammen: Anwenderforderungen und interne Anforderungen, die aus Sicht des Auftraggebers keine Anforderungen, sondern nur Bestandteil der Dokumentation sind. Aus Sicht des Entwicklers wiederum ist egal, ob eine Anforderung direkt vom Kunden kommt, oder ob sie aus einer oberen Ebene abgeleitet wurde – für ihn handelt es sich um Anforderungen, die sein zu realisierender Teil des Systems zu erfüllen hat.

Abschließend möchte ich noch einen weiteren Grund dafür nennen, dass der Auftraggeber die Kontrolle über die Anforderungen behalten sollte: Richtig ist, dass die Vorgehensmodelle vorsehen, dass die Anforderungen zu Projektbeginn auf Vollständigkeit etc. geprüft werden. Im Gegensatz zum Auftraggeber hat ein Auftragnehmer aber nicht nur Nachteile, wenn bei diesem Prozess einiges übersehen wird. Bei der Angebotserstellung müssen die Auftragnehmer oft sehr knapp kalkulieren, um einen Auftrag zu bekommen. Sie kalkulieren eventuell zum Selbstkostenpreis oder sogar darunter. Insgeheim aber rechnen sie eventuell mit einer schlechten Qualität der Anforderungen und hoffen von Anfang an auf Nachforderungen (Änderungen/Ergänzungen der Anwenderforderungen), die dann später zusätzlich berechnet werden können. Den Zuschlag erhält aber der Bieter mit dem (scheinbar) „günstigsten" Angebot.

Fazit: Es lohnt sich für den Auftraggeber trotz des Aufwands auch in wirtschaftlicher Hinsicht, die Anwenderforderungen in Eigenverantwortung und nicht im Rahmen der Projektabwicklung des Auftragnehmers erstellen zu lassen.

Riko Pieper (riko.pieper@dfs.de), Dipl. Ing. der Technischen Informatik, 6 Jahre Entwicklungshilfe – Aufbau der Informatik an Forschungsinstituten in Argentinien. Seit 1993 bei der Deutschen Flugsicherung GmbH – Schwerpunkt „Requirements-Engineering". Co-Autor von IRE 9000c.

1.5   Qualitätsstandards

In den neunziger Jahren kam der Anspruch auf, Entwicklungsprozesse zu standardisieren und mittels Qualitätsmanagementtechniken zu verbessern. Dabei bediente man sich Verfahren und Methoden aus Branchen und Bereichen wie der Automatisierungs- und Prozesstechnik, die jahrelange Erfahrung im Qualitätssicherheitsbereich vorweisen konnten. Ziel war es, die (Software-) Entwicklung zu beschleunigen und bessere – vor allem fehlerfreie – Systeme zu liefern.

Der bekannteste Standard in diesem Zusammenhang ist die ISO 9000 Normfamilie, die ein branchenunabhängiges, weltweit gültiges Regelwerk darstellt. Leider wird oft behauptet, dass die ISO-Norm (häufig 9001-3 oder 9003) Requirements-Management vorschreibt. Das ist falsch und wird sich auch in naher Zukunft (mit der Überarbeitung des Regelwerks) nicht ändern. Die ISO 9000ff schreibt nur grundlegende Techniken und Mindestanforderungen an Qualitätsmanagementsysteme vor, die in den verschiedensten Geschäftsprozessen (und damit auch bei der Softwareentwicklung) angewendet werden sollen. Das abstrakte Niveau des ISO-Werks muss daher konkret bei der Anforderungsanalyse beziehungsweise dem Anforderungsmanagement angewandt werden.

ISO 9000 Normenfamilie

Neben der ISO-Norm gibt es spezielle, auf den Softwareentwicklungsprozess zugeschnittene Qualitätsstandards, Vorgehensmodelle und Assessment-Methoden, von denen Bootstrap [Efron93], Software Process Improvement and Capability Determination (SPICE) [Drouin97] und das Capability Maturity Model (CMM®) [Paulk93][5] die bedeutendsten darstellen. Wegen seiner Bedeutung für das Requirements-Engineering und Requirements-Management ist vor allem das Capability Maturity Model interessant. Einen ausführlichen Artikel dazu finden Sie auf unserer Web-Seite www.sophist.de. Bootstrap wurde unter deutscher Beteiligung entwickelt und verbindet Ansätze aus SPICE und CMM. SPICE wurde zum Teil in ISO-Normen übernommen. Zu den genannten Ansätzen gibt es eine Menge sehr qualifizierter Informationen im Web. Links zu den entsprechenden Seiten finden Sie ebenfalls auf unserer Web-Seite.

Bootstrap, SPICE, CMM

Sollten Sie sich in einem Qualitätsstandard Aussagen über die Durchführung des Anforderungsmanagements oder die Anforderungsanalyse erhoffen, so werden Sie enttäuscht sein. Bei den Standards steht das „Was" und nicht das „Wie" im Vordergrund. Dieses Buch konzentriert sich hingegen auf das „Wie". Wir möchten Ihnen anhand des CMM konkret zeigen, wie ein abstrakter Standard, der im Wesentlichen nur Voraussetzungen und Ziele definiert, in der Praxis Schritt für Schritt umgesetzt werden kann. Auch wenn Ihr Unternehmen oder Ihre Organisation den Softwareprozess nicht nach CMM strukturiert, ist es hilfreich, die Praktiken, die das CMM für das Anforderungsmanagement vorschreibt, zu nutzen. Viel wichtiger ist es allerdings, Ihr Anforderungsmanagement Ihrer Projektrealität anzupassen! Tom DeMarco beschreibt den Sachverhalt im Vorwort von [Hruschka02] folgendermaßen und plädiert für ein agiles Vorgehen:

---

[5] ® CMM is registered in the U.S. Patent and Trademark Office
SM Capability Maturity Model is a service mark of Carnegie Mellon University

„In den 90er Jahren begannen wir, unsere Vorgehensmodelle zu perfektionieren. Wir wollten nicht nur jeden einzelnen Schritt perfekt machen, sondern auch noch den Gesamtablauf genau vorhersagen können. ... Das ist Vorgehen in der Tradition von CMM und ISO-9000.

Einige Firmen waren erfolgreicher als andere in der Perfektionierung ihrer Vorgehensmodelle. Aber eigenartigerweise waren die Firmen, die es am besten schafften, nicht immer die erfolgreichsten am Markt. In unseren turbulenten Zeiten wurden meist nicht die Firmen belohnt, die ihre Vorgehensweise perfektioniert haben, sondern die, die sich am schnellsten anpassen konnten. Jeden Schritt vorhersagen zu können, ist wirklich nicht wichtig, wenn wir gar nicht wissen, wohin der Weg uns führt und was uns unterwegs begegnet."

Ein agiles Vorgehen bedeutet aber auch, die Lösungen, die bereits auf dem Markt sind, zu kennen und daraus zu lernen. Die genannten Qualitätsstandards bieten Ihnen hierzu viel Material.

1.6 Management-Zusammenfassung

Warum sind Entwicklungsprozesse ohne ein funktionierendes und gutes Requirements-Engineering zum Scheitern verurteilt?

Seit über 20 Jahren gibt es zahlreiche Untersuchungen, die belegen, dass die Beseitigung und Behebung von Fehlern umso kostengünstiger ist, je früher in der Entwicklung sie durchgeführt wird – also am besten bereits in der Anforderungsanalyse.

Hauptprobleme der Systemanalyse

Diese Herausforderungen können Sie nur durch ein funktionierendes Requirements-Engineering und -Management meistern. Das wohl wichtigste Ziel dabei ist es, exzellente, qualitativ hochwertige Anforderungen zu schreiben. Aber wie unterscheidet man gute von schlechten Anforderungen? Gerade bei der Analyse, also bereits während des Schreibens der Anforderungen, ist darauf zu achten, dass die Qualitätskriterien für Anforderungen berücksichtigt werden.

Mit der steigenden Anzahl von Anforderungen an ein System ist nicht nur darauf zu achten, dass jede einzelne Anforderung gut ist, sondern dass dies auch für die Gesamtheit der Anforderungen gelten muss, festgehalten in der sogenannten Anforderungsspezifikation. Bei komplexen, verteilten Projekten werden Anforderungen naturgemäß in unterschiedlichen Abteilungen oder an unterschiedlichen Orten von verschiedensten Personen verfasst. Für sich genommen mögen diese Anforderungen exzellent sein, doch kann dies beim Zusammenfügen der Teildokumente zu erheblichen Problemen führen. Unsere Erfahrung zeigt, dass bei der Überprüfung der Anforderungsspezifikation insbesondere auf die Einhaltung der Qualitätskriterien geachtet werden sollte.

ISO 9000, SPICE, CMM

Die Bedeutung von Requirements-Engineering wird durch verschiedenste Qualitätsstandards unterstrichen. Die bekanntesten Standards wie ISO9000ff, CMM oder SPICE fordern mehr oder minder direkt die Analyse und Verwaltung von Anforderungen, geben dazu allerdings keine konkreten Anweisungen, sondern beschreiben lediglich die Ziele und Richtlinien, an die die Anforderungsanalyse angeglichen werden muss.

Zusammenfassend lässt sich sagen, dass es zur Einführung der Anforderungsanalyse in einem Entwicklungsprozess sowohl aus formalen (Unterstützung von Qualitätsstandards) als auch aus handfesten praktischen Gründen (Erreichung von exzellenten Anforderungen und Minimierung von Projektrisiken) keine Alternative gibt. Jedes zeitgemäße Vorgehensmodell zur Entwicklung von Software beinhaltet Requirements-Engineering-Praktiken.

1.7 Ausreichend motiviert für ein exzellentes Requirements-Engineering?

■ Ist Ihnen der Sinn Ihrer Anforderungsspezifikation und des damit verbundenen Aufwandes bekannt?

■ Sind Ihnen die Risiken bewusst, die unzureichende Anforderungen mit sich bringen?

■ Kennen Sie die Kriterien, die eine gute von einer schlechten Anforderung unterscheidet?

■ Kennen Sie die Qualitätskriterien, die aus einer Ansammlung von Anforderungen eine gute Anforderungsspezifikation machen?

Stürzen Sie sich nun auf die folgenden Kapitel, um zu erfahren, wie Sie Ihren Qualitätsanspruch an Anforderungen umsetzen können.

1.8 Weiterführende Literatur

[Davis95]
> **Davis, A. M.:** 201 Principles of Software Development. New York, McGraw-Hill 1995. ISBN 0-07-015840-1

[Drouin97]
> **Drouin, J.-N.**; El Emam; K., Melo, W. : SPICE : The Theory and Practice of Software Process Improvement and Capability Determination. Institute of Electrical & Electronics Engineering 1997. ISBN 0-818-67798-8

[Efron93]
> **Efron, B.**; Tibshirani, R.: An Introduction to the Bootstrap. Chapman & Hall 1993. ISBN 0-412-04231-2

[Gernert02]
> **Gernert, C.:** Agiles Projektmanagement, Hanser, 2002. ISBN 3-446-21995-1

[Hruschka02]
> **Hruschka, P.**; Rupp, C.: Agile Softwareentwicklung für Embedded Real-Time Systeme mit der UML. München, Wien, Hanser 2002. ISBN 3-446-21997-8

[McConnell96]
> **McConnell, S.:** Rapid Development: Taming Wild Software Schedules Redmond/WA, Microsoft Press 1996. ISBN 1-556-15900-5

[Paulk93]
> **Paulk, M. C.;** Weber, C. V.; Garcia, S. M.; Chrissis, M. B.; Bush, M.: Capability Maturity Model for Software. Carnegie Mellon University, Software Engineering Institute. Reading/MA, Addison Wesley 1994. ISBN 0-2015-4664-7

[Robertson99]
> **Robertson, S.;** Robertson, J.; Foreword Weinberg, G.: Mastering the Requirements Process. Reading/MA, Addison Wesley 1999. ISBN 0-201-36046-2

[Starke02]
> **Starke, G.:** Effektive Software-Architekturen. Ein praktischer Leitfaden. München, Wien, Hanser 2002. ISBN 3-446-21998-6

[Wiegers99]
> **Wiegers, K. E.:** Software Requirements. Unterschleißheim, Microsoft Press 1999. ISBN 0-7356-0631-5

Chris Rupp

2

Das Bibliothekssystem – Einführung in das durchgehende Beispiel

Dieses Kapitel stellt die Ausgangssituation einer Bibliothek sowie deren derzeitige Arbeitsweise vor, wie sie unserem Analytiker vom Bibliotheksleiter geschildert wird.

Dem Stadtrat wurde nahegelegt, die Stadtbücherei zu modernisieren und das veraltete Verwaltungssystem auf einen aktuellen Stand zu bringen. Um ein für diese Bibliothek ideales System zu schaffen, muss man sich erst einmal der Regeln und Gepflogenheiten des Verwaltungsapparates bewusst werden:

Bevor sich jemand etwas aus dem Sortiment der Bibliothek (welches verschiedene Genres von Büchern sowie Zeitschriften und Lehrvideos umfasst) ausleihen darf, muss er in der Benutzerkartei registriert werden. Dazu gibt es ein Formular, in dem Informationen wie Name, Anschrift, Telefonnummer und Personalausweisnummer erfragt werden. Diese Daten werden dann vom Bibliothekar, zusammen mit der laufenden Benutzernummer, in die Benutzerkartei eingetragen. Dem neuen Mitglied wird ein Benutzerausweis ausgestellt, der seinen Namen und seine Benutzernummer aufzeigt. *(Benutzerregistrierung)*

Möchte sich nun ein registrierter Benutzer einen Gegenstand ausleihen, so muss er sich diesen aus den Regalen, die in der Bibliothek stehen, heraussuchen und sich dann den folgenden Formalitäten des Leihvorgangs stellen:

Es wird die Benutzernummer des Entleihers und das Ausleihdatum auf der entsprechenden Leihobjektkarte festgehalten. Diese Leihobjektkarten sind nach eindeutig zuordenbaren Objektnummern sortiert, welche schon bei Neuaufnahme der Leihobjekte in den Bestand festgelegt werden. Sie wird dann aus dem Karteikasten „Im Haus" in den Karteikasten „Außer Haus" gesteckt. *(Ausleihe)*

Auf einem Zettel, der an der Innenseite des Buchdeckels angebracht ist, wird der Rückgabetermin eingetragen, der auf 4 Wochen nach dem Ausleihdatum festgelegt wird.

Reicht dem Benutzer diese Leihfrist nicht aus, hat er die Möglichkeit, diese einmalig um weitere 4 Wochen zu verlängern.

**Säumnis-
bearbeitung**

Der Bibliothekar ist angehalten, einmal wöchentlich den Karteikasten „Außer Haus" durchzusehen und die Rückgabetermine zu überprüfen.

Wird ein Rückgabetermin (unabhängig davon, ob es sich um einen Rückgabetermin eines verlängerten Buches oder den einer Erstausleihe handelt) ignoriert, so erfolgt eine Mahnung. In diesem Fall wird dem säumigen Entleiher pro Leihgegenstand und angebrochene Woche eine Gebühr von 2,50 € verrechnet.

**Reservierung
von Leihobjekten**

Reservierungen sind auf alle Leihobjekte jederzeit möglich. Ist der entsprechende Gegenstand zur Zeit der Reservierung verfügbar, wird er vom Bibliothekar aus dem Regal genommen und separat gelagert. Die Reservierung verliert nach 10 Tagen ihre Gültigkeit, wenn der zurückgelegte Leihgegenstand nicht vom Reservierer abgeholt wird. Der Bibliothekar muss demnach die zurückgelegten Leihgegenstände ebenfalls in regelmäßigen Abständen überprüfen und die nicht abgeholten Leihgegenstände wieder in die Regale einsortieren. Ist der entsprechende Gegenstand zur Zeit der Reservierung nicht verfügbar, so wird die Reservierung notiert und der Reservierer benachrichtigt, sobald ein Exemplar des Leihgegenstandes verfügbar ist.

Nach Rückgabe eines Leihgegenstandes wird dieser vom Bibliothekar inspiziert und auf neue Mängel untersucht. Ist er beschädigt, so muss der Schaden ersetzt werden. Die Kosten hierfür trägt natürlich der schuldige Entleiher.

Rückgabe

Die Tabellen auf den Videokarteikarten haben grundsätzlich nur 30 Reihen, da ein Video nur 30 mal ausgeliehen werden darf. Danach muss es entsorgt und durch ein neues Band ersetzt werden.

Inventur

Einmal im Jahr werden alle Mitarbeiter der Bibliothek zur Inventur geordert: Dabei wird der theoretische Bestand mit dem realen Bestand verglichen, um gestohlene Exemplare festzustellen und nachzubestellen. Leihgegenstände, die zum Zeitpunkt der Inventur länger als 3 Jahre nicht verliehen wurden, werden entsorgt.

**Zeitschriften
binden**

Gleichzeitig werden alle Zeitschriften des vergangenen Jahres geordnet und gebunden, wenn alle Exemplare eines Jahrgangs vorhanden sind. Gebundene Zeitschriften können ab dem Zeitpunkt des Bindens nicht mehr einzeln ausgeliehen werden, sondern nur noch als Zeitschriftenband.

Chris Rupp

3

Von der Idee zum System

Fragen, die dieses Kapitel beantwortet:

■ Wie komme ich von der ersten Idee zum fertigen System?

■ Welches Vorgehen verhilft mir zum Projekterfolg?

■ Wie passt das Requirements-Engineering in ein agiles, iterativ-inkrementelles Entwicklungsvorgehen?

■ Wann brauche ich welche Anforderungen in welcher Qualität?

■ Welche Projektrandbedingungen beeinflussen das Vorgehen bei der Systemanalyse?

■ Wie sieht der Systemanalyse-Prozess im Detail aus?

3.1   Das Need-to-Know-Prinzip

Die Wünsche und Bedürfnisse des Kunden sind die Basis für die Systementwicklung. Diese Wünsche und Anforderungen zu analysieren, bedeutet einen gewissen Aufwand, der gerne unterschätzt wird. Andererseits stehen den Kosten der Systemanalyse immer die Risiken gegenüber, die Bedürfnisse der Kunden nicht zu erfüllen und damit das Projektziel zu verfehlen.

Genau dieses Risiko der Fehlentwicklung soll eine professionelle Systemanalyse minimieren. Existiert dieses Risiko nicht, können Sie einfach entwickeln, was Sie für richtig halten, ohne sich um die Anwender Gedanken zu machen. Diese Möglichkeit haben aber nur wenige glückliche Firmen mit Monopolstellung. Diese können eine Lösung entwickeln, die erst später von Anwendern auf auftretende Probleme angewandt wird.

In allen anderen Fällen müssen Sie abwägen, wie viel Aufwand Sie für die Systemanalyse investieren können und müssen.

3.1.1   Der richtige Zeitpunkt

Wenn Sie ein Projekt vorbereiten und sich entschlossen haben, das System zu analysieren, lautet die wichtigste Frage, wann und mit welchem Prozess Sie dies tun. Wie bettet sich die Systemanalyse in das Vorgehensmodell ein, das Sie für den gesamten Systementwicklungsprozess einsetzen?

Zeitpunkt der Systemanalyse

In wasserfallartigen, schweren Vorgehensmodellen werden alle Anforderungen vollständig erhoben, bevor die erste Designentscheidung getroffen wird. Extrem leichte Prozesse wie zum Beispiel Kent Becks eXtreme Programming (siehe [Beck99] und [Beck00]) ermitteln die benötigten Anforderungen dagegen erst, wenn sie implementiert werden sollen. Beide Parteien argumentieren dabei mit den Kosten, die fehlende oder fehlerhafte (zum Beispiel veraltete) Anforderungen nach sich ziehen.

Beck und viele andere Vertreter des eXtreme Programming begründen eine späte Anforderungsermittlung damit, dass „Hellsehen" bezüglich zukünftig gewünschter Funktionalität schwierig ist und zudem die Erfahrung zeigt, dass sich Anforderungen im Lauf eines Projekts ändern.

Schwere Vorgehensmodelle plädieren andererseits für eine frühe, ausführliche Systemanalyse, da Änderungen bereits realisierter Anforderungen sehr viel Aufwand benötigen (siehe [Boehm81]). Die Systemanalyse hat daher zum Ziel, die wirklichen und damit auch tragfähigen und stabilen Anforderungen an das System zu ermitteln, bevor deren Umsetzung startet. Es sind nicht die hellseherischen Fähigkeiten des Analytikers gefordert, sondern das Vermögen, die zentralen Geschäftsregeln in essenzieller Form zu Tage zu fördern.

3.1.2 Das akkumulierte Wissen

Das bei der Anforderungsermittlung gesammelte Wissen ist die Grundlage für die Systementwicklung. Mit Hilfe erprobter Methoden wird das Ziel erreicht, alle notwendigen Informationen über den Gegenstand der Entwicklung zu sammeln.

Wie Sie das Wissen in Anforderungen dokumentieren, hängt sehr stark vom gewählten Vorgehensmodell ab. Schwergewichtige Modelle schlagen Dutzende von Artefakten vor, die im Laufe der Systementwicklung erzeugt werden sollen. Agile Prozesse, allen voran eXtreme Programming, dokumentieren viele Entscheidungen im Code und lassen nur wenige weitere schriftliche Dokumente zu, da diese Pflegeaufwand benötigen.

Wir empfehlen Ihnen, die Dokumentation von den Randbedingungen ihres Projektes abhängig zu machen und nur so viel zu dokumentieren, wie unbedingt nötig. In Kapitel 1 „Anforderungsqualität" haben wir die Metapher des Requirementsgehirns eingeführt. Selbstverständlich können wir den Inhalt dieses Gehirns jederzeit auf verschiedenste Arten zu Papier bringen, in Präsentationen vermitteln oder elektronisch übertragen. Das Ziel ist es jedoch, dieses Wissen genau dort zu haben, wo es benötigt wird. Ob es dazu dokumentiert wird oder ausschließlich in den Köpfen der Mitarbeiter vorliegt, spielt eine untergeordnete Rolle.

Requirements-gehirn

↱ 1 Qualität

3.1.3 Strukturierung des Wissens

Das Wissen über die geforderte Funktionalität eines Systems kann bei komplexen Systemen extrem umfangreich werden, Anforderungsdokumente mit mehreren Hundert Seiten sind hier keine Seltenheit. Wie können Sie die Systemanalyse organisieren, um diese Komplexität in den Griff zu bekommen?

Die klassische Vorgehensweise, ein neues System zu spezifizieren, ist, vom Abstrakten ins Detail zu analysieren (Top-Down). Auf einer abstrakten Ebene beginnen Sie Systemziele zu definieren und davon abgeleitet immer detailliertere Anforderungen zu entwickeln. Diese Methode hilft Ihnen den Überblick zu behalten, an welche Stelle eine Anforderung gehört. Auf jeder Ebene finden Sie ein vollständiges und dennoch übersichtliches Bild der Anforderungen an das betrachtete (Teil-)System.

Top-Down

Die meisten Projekte starten jedoch nicht ohne existierendes Wissen, weil ein bestehendes System erweitert oder ersetzt werden soll. In vielen Fällen gibt es im Unternehmen auch ähnliche Projekte, deren Wissen wieder verwendet werden kann. In diesem Fall besitzen Sie bereits eine große Menge von detaillierten Anforderungen, die Sie an den geeigneten Stellen erweitern oder anpassen müssen.

Mit ein bisschen Glück haben diese Anforderungen bereits eine günstige Struktur wie oben beschrieben. Andernfalls sollten Sie diese Struktur nachträglich aufbauen und ausgehend von den detaillierten Anforderungen ein abstraktes Bild des Systems entwickeln (Bottom-Up). Auf diese Weise können Sie gewährleisten, dass Ihre Projektmitarbeiter einen Einstieg in das System finden, ohne von Details erschlagen zu werden.

Bottom-Up

Des Weiteren müssen Sie sich auch darüber im Klaren sein, ob Sie den derzeit existierenden Prozess dokumentieren wollen (Ist-Prozess) oder ob die Beschreibung, die Sie anfertigen, den zukünftigen Prozess (Soll-Prozess) festlegt.

Ist-Prozess – Soll-Prozess

↱ 7 Doku

In Kapitel 7 „Dokumentation von Anforderungen" stellen wir Ihnen eine Reihe von Dokumentationstechniken vor, mit deren Hilfe Sie Anforderungen übersichtlich organisieren können. Insbesondere Use-Cases eignen sich dazu, abstrakte Ziele mit detaillierten Anforderungen zu verbinden.

3.1.4 Änderungstendenz von Anforderungen

2% Änderungs-
rate

Eine Binsenweisheit des Requirements-Engineerings sagt, dass nichts so alt ist wie die geschriebene Anforderung. Anforderungen ändern sich im Lauf der Zeit. Studien ergeben eine durchschnittliche Änderungsrate von ca. 2% pro Monat (siehe [Jones98]). Ein wichtiger Bestandteil der Systemanalyse ist es daher, mit den unvermeidlichen Änderungen umzugehen.

Änderungen
berücksichtigen

Sich ändernde Anforderungen sind meist nicht nur auf mangelhaftes Requirements-Engineering, sondern vor allem auf projektexterne Faktoren zurückzuführen. Wenn sich Geschäftsprozesse eines Unternehmens ändern, ändert sich die von einem System benötigte Unterstützung dieser Prozesse. Zudem haben Stakeholder zu Beginn eines Projekts oft keine präzise Vorstellung vom zu erstellenden System und stellen zunächst Vermutungen über sein Verhalten an. Mit fortschreitendem Projekt präzisieren die Stakeholder ihre Vorstellung und ändern dadurch die anfangs genannten Anforderungen.

Die verschiedenen Vorgehensmodelle haben unterschiedliche Strategien, mit den Änderungen umzugehen. Im klassischen Wasserfall-Modell ist nach der Analyse-Phase keine weitere Analyse vorgesehen. Der Rational Unified Process empfiehlt dagegen Requirements-Management als Best Practice und definiert einen Workflow, um Requirements angemessen zu strukturieren, Tracing zu ermöglichen und Änderungen zu verwalten. Agile Prozesse versuchen noch stärker, Änderungen einzubinden und die Stakeholder sogar zu Änderungen zu ermutigen („Embrace Change"). Das entstehende System soll sich möglichst nah an den aktuellen Bedürfnissen der Anwender orientieren. In sehr kurzen Iterationen werden ständig neue Anforderungen ermittelt und realisiert. Stakeholder haben jederzeit die Möglichkeit, geänderte Anforderungen in den Prozess einzubringen.

3.2 Vorgehensmodelle

Ein Vorgehensmodell gibt einen Rahmen für die Systementwicklung vor, an dem Sie sich orientieren können. Es definiert, welche Rollen welche Aktivitäten durchführen, in welcher Reihenfolge die Bearbeitung geschieht und welche Artefakte Sie dabei erstellen. Das Ziel eines Vorgehensmodells ist es, die Qualität des entstehenden Systems durch eine gut durchdachte Systementwicklung sicherzustellen. Wie viele Vorgaben ein Vorgehensmodell macht und wie einfach Sie es an Ihre Situation anpassen können, unterscheidet sich je nach verwendetem Vorgehensmodell erheblich.

V-Modell –
der Generalist

Das V-Modell des Bundesministeriums des Inneren (BMI) [VMR97] ist ein sehr abstraktes, aber weit verbreitetes Vorgehensmodell. Mit dem V-Modell können sowohl große Bauprojekte (zum Beispiel der Bau eines Flughafens) als auch kleine Softwareprojekte durchgeführt werden.

Das Vorgehensmodell Rational Unified Process™ (RUP) [Kruchten01] der Rational Software Corporation schränkt seine Methoden auf Softwareprojekte im objektorientierten Umfeld ein. Der RUP bietet im Vergleich zum V-Modell konkretere Hilfestellungen – allerdings innerhalb eines begrenzten Anwendungsbereichs.

RUP – für objektorientierte Softwareprojekte

Im Gegensatz zu diesen „schweren" Vorgehensmodellen mit vielen Vorgaben geben die „leichten", agilen Prozesse [Beck99] [Highsmith00] wenige sehr konkrete Empfehlungen und überlassen den Rest dem gesunden Menschenverstand der Projektbeteiligten. „Weniger ist mehr" hat sich zumindest in kleineren Projekten sehr bewährt.

Agiles Vorgehen

Wir werden in diesem Abschnitt die Bandbreite der Vorgehensmodelle anhand des RUP, des V-Modells und des XP, eines agilen Prozesses, vorstellen. Wir beschreiben jeweils kurz die Auswirkungen auf die Systemanalyse. Die letztendliche Entscheidung, welches Vorgehensmodell für Ihre Projektsituation geeignet ist, können Sie nur in der konkreten Situation mit der Kenntnis vieler Randbedingungen selbst treffen.

3.2.1 Konzepte der Vorgehensmodelle

Einige zentrale Begriffe tauchen in fast jedem Vorgehensmodell auf. Wir werden sie an dieser Stelle kurz erläutern.

Bei *iterativ-inkrementellem* Vorgehen wird die gesamte Systementwicklung in zeitliche Abschnitte unterteilt (Iterationen) und das System in Teilen (Inkrementen) realisiert, die einen Zuwachs an Funktionalität bilden. Da gleiche Aktivitäten für jedes Inkrement wiederholt durchlaufen werden, können gewonnene Erfahrungen direkt in die Entwicklung eingebracht werden. Bereits umgesetzte Funktionalität kann durch die Anwender auf ihre Nützlichkeit geprüft werden.

Iterativ-Inkrementell

Anwendungsfallgetriebene Vorgehensmodelle nutzen Anwendungsfälle (englisch: Use Cases, siehe Kapitel 7 „Dokumentation von Anforderungen") als Grundlage, um die Systementwicklung zu strukturieren. Üblicherweise werden die Anwendungsfälle auf Inkremente verteilt und nacheinander realisiert.

Anwedungsfallgetrieben

↪ 7 Doku

Ein *agiles* bzw. *adaptives* Vorgehen sieht vor, fortwährend die Risiken und Chancen des Projekts zu berücksichtigen (siehe [Highsmith00]). Diejenige Aktivität wird als Nächstes ausgeführt, welche die zum jeweiligen Zeitpunkt vorhandenen Risiken am effektivsten minimiert und die Chancen am besten nutzt. Um agil sein zu können, muss das Vorgehen im Regelfall iterativ-inkrementell sein.

Agil

3.2.2 Rational Unified Process

Der Rational Unified Process (RUP, siehe [Kruchten01]) ist ein verbreitetes Vorgehensmodell, das objektorientierte Softwareentwicklung mittels Best Practices beschreibt. Um den RUP für Systeme zu nutzen, die mehr als Software umfassen, müssen Sie ihn anpassen, wie es zum Beispiel in [Hruschka02] mit dem Vorgehen ARTE (Agile Systementwicklung für Real-Time-Embedded Systeme) beschrieben wird.

43

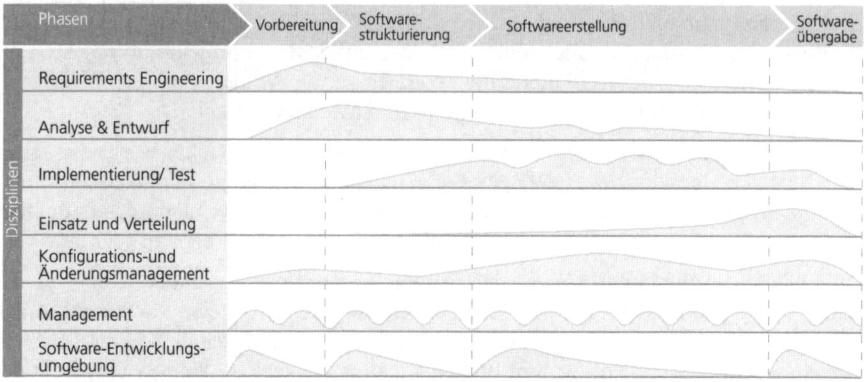

Abbildung 3.1: Der Software-Entwicklungszyklus im RUP

Disziplinen und
Phasen

Im RUP sind Phasen definiert, die den Rahmen für Aktivitäten verschiedener Disziplinen bilden. In Abbildung 3.1 ist schematisch gezeigt, wie sich der Aufwand jeder einzelnen Disziplin über den gesamten Software-Entwicklungszyklus verteilt. Eine Phase bezieht sich dabei auf Projekt-Meilensteine, an denen bestimmte Entscheidungen getroffen werden, was nicht mit dem Phasen-Begriff aus dem Wasserfall-Modell verwechselt werden darf. Eine Disziplin umfasst eine Reihe von Aktivitäten, die bestimmte logische Zusammenhänge zum fertigen System besitzen.

Im Rahmen der Systemanalyse sind für uns vor allem die Disziplin Requirements-Engineering und der Analyse-Teil der Disziplin „Analyse und Entwurf" interessant.

Rational Unified Process 2000 (RUP™) im Allgemeinen und die Rolle von Anforderungen im Speziellen

Von Markus Reinhold

Lassen Sie uns einen Blick auf eines der derzeit viel diskutierten Prozessmodelle im Bereich Objektorientierung werfen, den Rational Unified Process 2000, abgekürzt RUP™ 2000. Was ist der RUP™, worauf basiert er und worauf legt er besonderen Wert?

Grundlage des RUP™ sind sechs so genannte „Best Practices":

- Iterative Entwicklung
- Anforderungsmanagement
- Architekturzentrierte Entwicklung
- Visuelle Modellierung
- Qualitätssicherung
- Änderungsmanagement

Diese sechs Grundprinzipien stellen wirtschaftlich sinnvolle Ansätze zur Softwareentwicklung dar, die einige der grundlegenden Ursachen für das heutige Dilemma in diesem Bereich adressieren.

Der Begriff „Best Practices" hat nichts mit Return of Invest zu tun, sondern vielmehr mit Strategien, die sich bei der Projektabwicklung bewährt haben. Jede „Best Practice" adressiert eine oder mehrere Ursachen für die heutige Problematik im Bereich Softwareentwicklung. Jede dieser Ursachen ist wiederum für eine Menge von Problem-Symptomen verantwortlich.

Welche zentrale Bedeutung die Anforderungsverwaltung im RUP™ besitzt, erkennt man deutlich daran, dass einer der neun Workflows sich explizit mit diesem Thema auseinander setzt.

Der RUP™ sieht Anforderungen als zentrales Element mit weitreichenden Auswirkungen auf alle Bereiche der Softwareentwicklung. Der Bezug zur eigentlichen Entwicklung (Analyse, Entwurf und Implementierung) ist offensichtlich. Aber auch die Bereiche Test, Änderungs- und Konfigurationsverwaltung sowie Projektmanagement werden durch die Anforderungsverwaltung stark beeinflusst.

Lassen Sie uns einen genaueren Blick auf den Workflow *Anforderungsverwaltung* werfen. Das Ziel dieses Workflows ist die Erzeugung folgender Ergebnisse (Artefakte):

- Bedürfnisse der Stakeholder
- Vision (Planungshorizont)
- Use-Case-Modell (zur Beschreibung der funktionalen sowie einiger nicht-funktionaler Anforderungen)
- Ergänzende Beschreibung (zur Beschreibung der nicht-funktionalen Anforderungen)
- Prototyp der Benutzerschnittstelle (optional)

Mit Hilfe dieser Informationen soll Folgendes erreicht werden:

- Schaffung einer Planungsgrundlage bezüglich der Inkremente
- Einheitliches Bild über die vom System zu leistende Funktionalität für alle Stakeholder (speziell bezüglich der Benutzerschnittstelle)
- Grundlage zur Kosten- und Zeitabschätzung

Der RUP™ empfiehlt auch eine Klassifizierung von Anforderungen. Hierbei handelt es sich um einen alternativen Ansatz zu den im Kapitel 6 „Anforderung oder Anforderung" beschriebenen Kategorien. Die Kategorien des RUP™ werden *FURPS* genannt. Jeder Buchstabe steht hier für eine Art von Anforderung:

Functionality	Funktionalität: erwartetes Systemverhalten etc.
Usability	Anwenderfreundlichkeit: Ästhetik, Dokumentation etc.
Reliability	Zuverlässigkeit: Wiederanlaufzeiten, MTBF etc.
Performance	Performanz: Geschwindigkeit, Effizienz, Durchsatz, Antwortzeiten etc.
Supportability	Wartbarkeit: Konfigurierbarkeit, Erweiterbarkeit, Anpassbarkeit etc.
Design Constraints	Technische Randbedingungen: Plattform, Programmiersprache etc.

Abbildung 3.2: FURPS

45

Worin besteht nun der Unterschied zwischen RUP™ und *Object Engineering* der SOPHISTen? Ich denke, es ist hauptsächlich die Fokussierung des SOPHIST-Ansatzes auf den Bereich des Requirements-Engineering. Speziell die Integration einer weiteren Elementarmethode, der *natürlichsprachlichen Methode,* hilft sehr bei dem komplizierten Brückenschlag zwischen tatsächlichen Wünschen der Kunden und dem Verständnis davon auf Seiten derer, die für die Umsetzung verantwortlich sind. Allerdings deckt *Object Engineering* bewusst nur einen Teil aller zu berücksichtigenden Bereiche (Entwicklung, Projektmanagement, Konfigurationsmanagement und Qualitätssicherung) eines umfassenden Entwicklungsprozesses ab und muss somit entweder ergänzt (Bottom-up-Ansatz) oder in ein umfassenderes Prozessmodell integriert werden (Top-down-Ansatz). Aus meiner Erfahrung mit der Einführung eines Prozessrahmenwerkes wie zum Beispiel V-Modell oder RUP™ würde ich eher (jedoch nicht immer) zu einem Top-down-Ansatz raten, da meiner Meinung nach auf diese Weise eher mit einer allumfassenden Verbesserung der Gesamtsituation zu rechnen ist.

Markus Reinhold (reinhold@cocoo.de) hat an der Entwicklung eines international anerkannten Vorgehensmodells mitgewirkt und dieses auch mit dem RUP™ verglichen. Er ist Trainer, Berater und Inhaber von CoCOO – Competence Centre Object Orientation (www.cocoo.de).

3.2.3 V-Modell

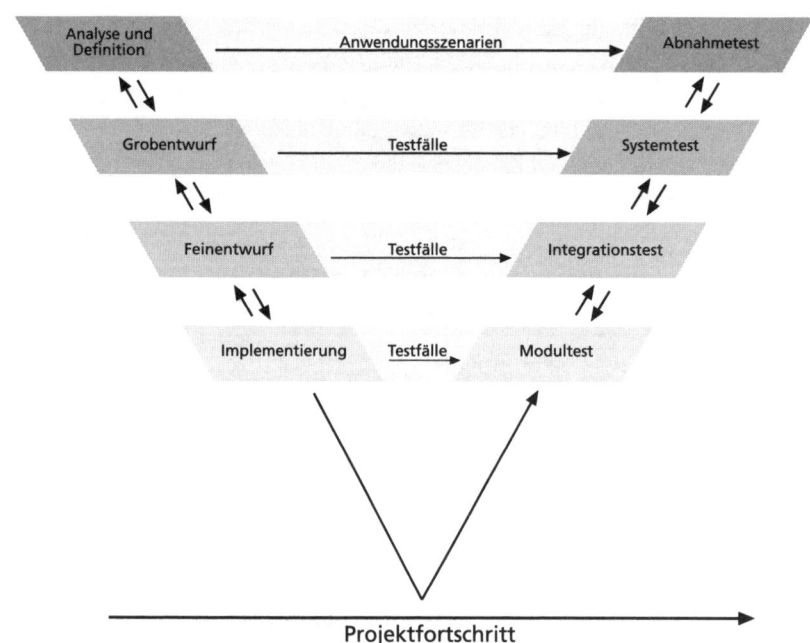

Abbildung 3.3: Die Artefakte des V-Modells und ihre Zusammenhänge

Das V-Modell etabliert Konzepte und Vorschläge für das Vorgehen bei der System-erstellung, beim Projektmanagement, bei der Qualitätssicherung und dem Konfigurationsmanagement in der industriellen Praxis. Das V-Modell setzt sich dabei aus Aktivitäten, Artefakten und der Methodenzuordnung zusammen.

Aktivitäten, Arte-fakte, Methoden-zuordnung

In der Systemanalyse und deren Ergebnis unterscheidet das V-Modell zwischen den *Anwenderforderungen* und *Technischen Anforderungen* (siehe Kapitel 6 „Anforderung und Anforderung"). Um diese zu formulieren, trifft es Aussagen zu

↱ 6 Anf.-Arten

- den Aktivitäten in der Systemanalyse,
- dem Produktmuster Anwenderforderungen,
- der Methodenzuordnung und
- der Rolle „Systemanalytiker".

Das V-Modell ist in [VMH97] und in [VMR97] definiert.

V-Modell'97 und Anforderungen

von Markus Reinhold

Anforderungen sind heute ein zentrales Thema bei der Entwicklung jedes Systems beziehungsweise jeder Software. Untersuchen Sie einmal Ihre aktuellen und vergangenen Projekte auf die tatsächliche Bedeutung, die der Beschreibung von Anforderungen zukam. Mit großer Wahrscheinlichkeit werden Sie feststellen, dass viele Ihrer Projekte unter schlechter Qualität von Anforderungen leiden. Viele Projekte wurden sogar eingestellt aufgrund von Problemen, die auf diesen Sachverhalt zurückzuführen sind.

Hier erhebt sich die Frage, welche Hilfen ein Entwicklungsstandard wie das V-Modell'97 bieten kann. Um diese Frage zu beantworten, möchte ich versuchen, den Standpunkt des V-Modells zum Thema Anforderungen darzulegen.

Anforderungen nehmen im V-Modell eine sehr zentrale Rolle ein. Durch eine konsequente Trennung zwischen anwenderorientierten essenziellen und technischen Anforderungen wird es möglich, den verschiedenen Projektbeteiligten die für sie jeweils wichtige Sicht auf die Anforderungen zu liefern. Diese Trennung der Sichtweise für die zwei wichtigsten Projektbeteiligten (Auftraggeber und Auftragnehmer) inklusive eines nachverfolgbaren Mappings zeichnet das V-Modell'97 vor anderen am Markt verfügbaren Entwicklungsprozessen aus. Das V-Modell verfolgt hier einen ganzheitlichen Ansatz, der eher von Systementwicklung spricht als nur von Softwareentwicklung. Aufgrund der immer weiter ansteigenden Komplexität in diesem Bereich reicht eine isolierte Betrachtung auf reiner Software-Ebene nicht mehr aus.

Der Ansatz, Anforderungen in fachlich (anwenderorientiert essenziell) und technisch zu trennen, ist in der Theorie sehr einfach, bereitet in der Praxis jedoch durchaus Schwierigkeiten. Speziell eine klare fachliche Aussage ist nicht einfach zu erhalten, da die Denkweise derer, die sich seit vielen Jahren mit der Realisierung von IT-Systemen befassen, eher technisch orientiert ist.

Lassen Sie uns nun einen Blick auf die tatsächliche Umsetzung dieses differenzierten Ansatzes bezüglich Anforderungen im V-Modell werfen. Die Trennung erfolgt durch eine diesbezügliche Einordnung der Aktivitäten (Prozessteilschritte) sowie der Artefakte (Ergebnistypen, zum Beispiel Dokumente beziehungsweise Dokumentkapitel):

47

Fachliche Systembetrachtung

■ SE1: System-Anforderungsanalyse (erzeugt Dokument *Anwenderforderungen*)

Technische Systembetrachtung

■ SE2: Systementwurf
■ SE3: SW-/HW-Anforderungsanalyse (erzeugt Dokument *Technische Anforderungen*)
■ SE4: SW-Grobentwurf
■ SE5: SW-Feinentwurf

Der Transformationsschritt von fachlichen Anforderungen in technische Anforderungen erfordert natürlich die Kenntnis einiger zu berücksichtigender Randbedingungen. Alle Randbedingungen, die nicht eine explizite Entscheidung auf der Entwurfsebene darstellen, also vorgegebene Sachverhalte beschreiben, werden ebenso im Dokument *Anwenderforderungen* erfasst. Sobald nun erste Entwurfsentscheidungen im Sinne einer Gesamtarchitektur des Systems (Ergebnis der Aktivität *SE2: Systementwurf* erzeugt Dokument *System-Architektur*) vorliegen, können die fachlichen Anforderungen auf die bereits identifizierten großen Systembausteine gemappt werden. Bei diesem Mapping erfolgt in der Regel eine Transformation und eine Zerteilung beziehungsweise Verteilung.

So viel zum grundsätzlichen Verständnis des V-Modell'97 zum Thema Anforderungen. Diese Differenzierung bildet die Grundlage für eine weitere verfeinerte Untergliederung, wie sie im umgebenden Kapitel dargestellt wurde. Aus meiner Sicht bilden die in Kapitel 6 „Anforderung oder Anforderung" beschriebenen Klassifizierungen von Anforderungen gemäß *Art* (zum Beispiel funktional, technisch, Benutzerschnittstelle) und *Detailebene* (Ebene 0 bis 4) zwei unterschiedliche Dimensionen. Das heißt, zu jeder Art von Anforderung kann es Informationen auf den unterschiedlichen Detailebenen geben. Die Unterscheidung bezüglich der Art der Anforderung wird im V-Modell gut durch die verschiedenen Dokumente beziehungsweise Kapitelstrukturen unterstützt. Eine Klassifikation bezüglich der Detailebene ist ebenso leicht umsetzbar, zum Beispiel als eine Art Attributierung von Anforderungen zusätzlich zu den in Kapitel 13 „Ordnung im Chaos" angeführten Eigenschaften, wie zum Beispiel Priorität und Verbindlichkeit. Aufgrund der hier entstehenden Komplexität ist es jedoch fraglich, ob eine Verwaltung solcher Anforderungen in einem Textformat wirklich sinnvoll ist. Was hier verwaltet werden muss, ist eine Menge von Informationen (hier Anforderungen) inklusive Attributierung (zum Beispiel Priorität, Verbindlichkeit, Quelle) und deren Beziehung (Tracing, Detailstufen) zueinander. Dies sind die klassischen Anforderungen an eine Informationsverwaltung mit einer Datenbank beziehungsweise spezifischer datenbankgestützter Werkzeuge zur Verwaltung von Anforderungen. Auch das V-Modell befürwortet die Nutzung von Werkzeugen. An dieser Stelle wird von V-Modell-Kritikern gerne auf die angeblich „starre Struktur" der Dokumente (Produktmuster) beziehungsweise grundsätzliche Dokumentenlastigkeit hingewiesen. Wer solch fadenscheinigen Argumenten glaubt, hat den Sinn des V-Modells nicht verstanden. Das V-Modell versteht sich als Ideensammlung und als eine große Checkliste, die dem Systemersteller helfen soll, ein qualitativ hochwertiges System (System ist mehr als Software!) unter Berücksichtigung folgender Forderungen zu erstellen:

- Vermeidung übermäßiger Papierflut
- Vermeidung sinnloser Dokumente
- Vermeidung des Fehlens wichtiger Dokumente

Speziell bei Nutzung von Werkzeugen ist eine Erzeugung von Dokumenten, die exakt den Dokumententemplates (Produktmustern) des V-Modells entsprechen, nicht immer möglich beziehungsweise sinnvoll. Auch dazu trifft das V-Modell eine klare Aussage: Die Dokumentenstruktur ist hier nicht verbindlich. Es muss nur nachgewiesen werden, dass alle in den V-Modell-Dokumententemplates geforderten Informationen in einer äquivalenten Form vorliegen. Dies kann durch Dokumente mit geänderter Struktur ebenso erfolgen wie durch Nutzung von Datenbanken oder anderen Modellen. Wichtige Randbedingung hier ist: Das alternative „Verwaltungsmittel" muss versionierbare Ergebnisse liefern können. Dies ist jedoch eine grundlegende Forderung, ohne die eine effiziente und qualitativ hochwertige Systemerstellung heutzutage kaum noch durchführbar ist.

M. Reinhold (reinhold@cocoo.de), Inhaber des CoCOO – Competence Centre ObjectOrientation (www.cocoo.de) hat an der Weiterentwicklung des V-Modell'97 im Bereich Integration der UML mitgewirkt und dieses bereits mehrfach erfolgreich im Bereich Banken, Versicherungen und Telekommunikation adaptiert und implementiert sowie diverse Veröffentlichungen hierzu verfasst.

3.2.4 Agile Prozesse

Die IT-Szene versucht seit den Siebzigerjahren, mit den immer gleichen Mitteln ihre Probleme in der Software-Entwicklung zu lösen: immer konkretere, detaillierte Vorgehen, Methoden und professionellere Tools. Dies gelang mit unterschiedlichem Erfolg, zum Beispiel waren einige CMM-Einführungen (Capability Maturity Model) [CMM] recht erfolgreich, wie wir in unseren eigenen Projekten erlebt haben. Schwergewichtige Vorgehensmodelle wie RUP und V-Modell geben umfangreiche Hilfestellungen zur Softwareentwicklung.

Bei den Projekten jedoch, bei denen sich das Drehen an der immer gleichen Schraube als ineffektiv erweist, kann nur eine Lösung auf einer anderen Ebene helfen. Und tatsächlich haben die agilen Grundprinzipien, die den Prozess in Frage stellen und die Kommunikation, das Team und das gegenseitige Vertrauen ins Zentrum rücken, seitdem vielfach zum Erfolg geführt. In Abbildung 3.4 ist eine Übersicht von Vorgehensmodellen bezüglich Flexibilität und Detaillierungsgrad dargestellt [Highsmith00] [Cockburn03] [DSDM] [FDD] [SCRUM].

Agile Vorgehen werden durch eine große Vielfalt an Methoden, das Auswählen der „passenden" Methode, das fortlaufende Bewerten des Methodeneinsatzes und gegebenenfalls der Änderung der Methode bestimmt. Agil kann man also weder mit leichtgewichtig noch mit schwergewichtig gleichsetzen. Agil heißt eigentlich, sich der passenden Methode aus einem schier unendlich großen Angebot zu bedienen. Das Manifest der agilen Softwareentwicklung [AM] bietet hierfür konkrete Hilfestellungen. Die Verfasser des Manifests haben ihr „agiles Gebäude" auf folgende 4 Grundthesen aufgebaut:

Hilfestellungen

49

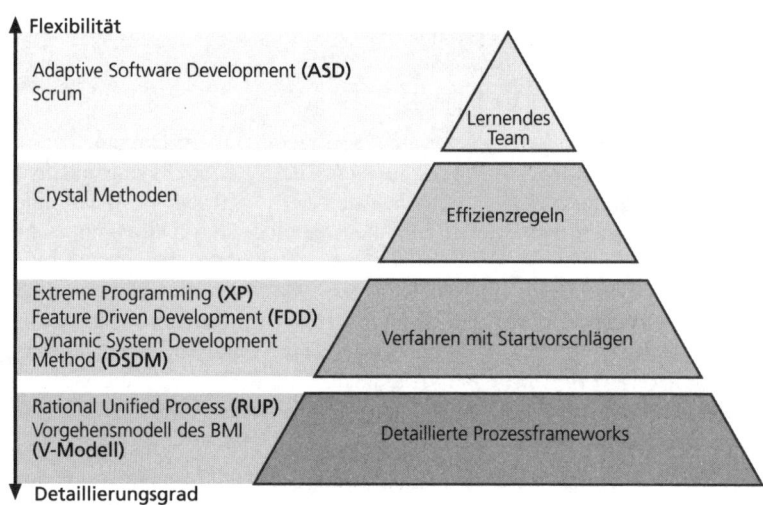

Abbildung 3.4: Vorgehensmodelle im Vergleich – Flexibilität vs. Detaillierung

- Die individuellen Beteiligten und ihre Interaktion sind wichtiger als Prozesse und Werkzeuge.
- Die Ablieferung lauffähiger Software ist wichtiger als umfassende Dokumentation.
- Die Zusammenarbeit mit dem Kunden ist wichtiger als Vertragsverhandlungen.
- Auf Anforderungsänderungen einzugehen, ist wichtiger als die sture Verfolgung eines Plans.

Entscheidungs-
grundlagen

In unserer Projektpraxis aus den verschiedensten Bereichen von Industrie und Handel kristallisieren sich zusätzlich folgende Entscheidungsweisen heraus, die den Kurs in einem agilen Projekt bestimmen helfen:

- Immer dem geringsten Risiko nach. Aktives Risikomanagement bewahrt Projekte davor, unnötige Schritte zu unternehmen. Etwas wird nur dann getan, wenn es ein Risiko minimiert.
- Immer dem größten Nutzen nach. Dabei müssen Nutzen und Risiko aber immer gegeneinander abgewogen werden. Nur Draufgänger unter den Projektleitern maximieren ausschließlich Nutzen und Profit, statt Risiken zu minimieren.
- Im Zweifelsfall nach Anleitung durch ein definiertes Vorgehensmodell. Das ist für Anfänger geeignet oder dann, wenn keiner mehr weiterweiß.
- Standard-Situationen haben oft Standard-Lösungen (siehe zum Beispiel [Rupp04a]).
- Man traut den Instinkten von Schlüsselpersonen. Erfahrene Projektleiter oder Berater wissen, was zu tun ist. Sie sind die wahren „Agilisten".

Diese Punkte überschneiden sich teils oder widersprechen sich sogar, in der Praxis werden häufig Mischungen verwandt.

3.2.5   eXtreme Programming

eXtreme Programming (kurz XP) [Beck99] ist ein Ansatz, der seit seiner Veröffentlichung durch Kent Beck und seinem Durchbruch Mitte der 90er Jahre kontrovers diskutiert wird. Wir haben hier XP als einen Vertreter vieler leichter Prozesse ausgewählt, um an diesem Beispiel einige typische Verfahren zu diskutieren.

eXtreme Programming

Die Idee des eXtreme Programming baut auf den vier wichtigen Grundwerten *Kommunikation, Einfachheit, Feedback* und *Mut* auf. Kent Beck beschreibt, wenn diese Grundwerte von den Mitarbeitern eines Projekts konsequent gelebt werden, können diese Personen das Projektziel mit ungeahnter Effektivität und Leichtigkeit erreichen. Fehlt dagegen einer oder mehrere dieser Grundwerte gänzlich, ist ein Projekt zum Scheitern verurteilt.

Grundwerte

Aus den vier Grundwerten sind verschiedene Verfahren des XP entstanden, welche die Grundwerte mit konkreten Methoden stützen und effektive Mechanismen für die Systementwicklung darstellen:

Verfahren

- Kurze Produktionszyklen (höchstens einige Monate) und Iterationen (1 bis 4 Wochen)
- Planungsspiel, um kommende Iterationen zu planen
- Kontinuierliche Tests, die die Konformität zum Kundenwunsch prüfen
- Systemmetapher, mit der sich Entwickler und Anwender identifizieren
- Refactoring[1], um die Qualität des Designs zu erhalten
- Paarweises Programmieren, das „Vier-Augen-Prinzip"
- Gemeinsames Code-Eigentum, jedes Teammitglied darf den gesamten Code ändern
- Benutzervertreter, „On-Site-Customer", ein ständig verfügbarer Kunde
- Programmierrichtlinien für den gemeinsamen Code

---

[1] Refactoring nennt man den Umbau des Systems mit dem Ziel, das Design oder die Qualität der Implementierung zu verbessern, ohne dabei die Funktionalität des Systems zu ändern.

Mithilfe der Grundwerte und der Methoden kann ein System effektiv entwickelt werden, mit dem obersten Ziel, ein lauffähiges, nützliches System zu erstellen.

Extreme Programmierung und Agile Prozesse

Von Nicolai Josuttis

Keine Neuerung hat in den letzten Jahren so viel Unruhe ausgelöst wie die Idee der Extremen Programmierung (kurz XP genannt). Inzwischen hat sich daraus das generelle Konzept der leichtgewichtigen oder *agilen Prozesse* entwickelt. Mit für manche auch provokant anmutenden Richtlinien sollen Prozesse wieder zum Mittel und nicht zum Zweck gemacht werden. So geht es insbesondere darum, wieder den gesunden Menschenverstand einzusetzen und auch das Vorgehensmodell an Anforderungen und deren Änderungen kontinuierlich anzupassen.

Ein konkretes Beispiel für Richtlinien agiler Prozesse ist die Forderung, *Dokumentation* dem Ziel laufender Software unterzuordnen(„working software over comprehensive documentation"). Welch Wasser auf die Mühlen der immer wieder zum Dokumentieren verdonnerten Softwareentwickler. Ja, Dokumentation darf nicht zum Selbstzweck werden. Ja, Dokumentationsrichtlinien sind häufig kontraproduktiv. Ja, Dokumentation hinkt immer dem tatsächlichen Sachverhalt hinterher. Aber kann man deshalb ganz darauf verzichten? Nein, und das ist auch nicht gemeint.

Meine Richtlinie lautet immer: „Wann immer ich über etwas nachdenken musste oder mir etwas notieren musste, war dieses Etwas zu dokumentieren. Sei es als Kommentar im Code, sei es als separate Datei oder sei es durch gute Namensgebung".

Doch spätestens wenn ich selbst den Überblick verliere, reicht auch Dokumentation nicht mehr aus. Dies führt zum Thema der *Refaktorisierung*. Damit bezeichnet man den Umbau von Programmen, ohne die Semantik zu verändern; interne Umstrukturierung, um Programme besser verstehen oder erweitern zu können. Ein derartiges Vorgehen ist in Programmen, die gewartet und weiterentwickelt werden, natürlich immer sinnvoll. Dummerweise handelt es sich um eine Investition. Investitionen kosten im Vorfeld Zeit und Geld. Zwei Gründe, weshalb diesbezüglich viel zu selten investiert wird und Software im Endeffekt viel zu viel kostet.
Aber das wissen wir doch schon lange, oder?

Eine der wichtigsten „Practices" von XP ist die *Testbarkeit*. Interessanterweise wird proklamiert, möglichst die gesamte Spezifikation eines Programms in Form von Testfällen zu formulieren. Damit werden die Testprogramme vor den eigentlichen Programmen geschrieben. Die Idee ist, das gesamte Programmverhalten automatisch testen zu können. Laufen alle Tests fehlerfrei, ist das Programm fertig. Es ist sicherlich unstrittig, dass Tests für die Qualitätssicherung wesentlich sind. Und wir alle wissen hoffentlich, dass Test-Code in der Regel umfangreicher als der eigentliche Programm-Code sein sollte (in kritischen Anwendungen zum Teil um den Faktor 10). Insofern wäre das Erreichen eines Zustands, mit dem das gesamte Programmverhalten auf Korrektheit getestet werden kann, genial.

In der Praxis gibt es dabei aber sicherlich Probleme. Dies gilt nicht nur für den Umfang, sondern auch für die Art der Tests. Das Testen von nebenläufigen Anwendungen, von graphischen Oberflächen, verteilten Systemen und so weiter ist alles andere als trivial.

Einen anderen Aspekt zur Qualitätssicherung habe ich bereits mehrfach eingesetzt: *Paarweise Programmierung*. Dabei ist nicht gemeint, dass eine Person programmiert und eine andere dabei über die Schulter schaut oder hinterher den Code verifiziert. Es geht um das eigentliche Programmieren zu zweit. Mit wechselndem Rollenverständnis (an der Tastatur sitzt der Taktiker, daneben der Stratege) wechselt man die Positionen immer dann, wenn man nicht weiterweiß oder auch nur unruhig wird. Durch den ständigen Wechsel auch der Paare wird ein gemeinsames Code-Verständnis aufgebaut. Doch haben Sie den Gedanken der paarweisen Programmierung schon weitergedacht? Konsequent angewendet, gibt es keine Zuständigkeiten mehr.

Keine einzelne Person ist für ein Stück Code verantwortlich – *kollektives Code-Eigentum*. Spätestens hier wird dem ein oder anderen dann doch unwohl. „Niemanden, den ich im Fehlerfall verhaften kann? Das geht mir zu weit."

Und so sucht sich jeder aus XP die Aspekte heraus, die ihm gerade recht sind. Ist das verwerflich? Natürlich nicht! Im Gegenteil, das ist genau der Punkt, der agile Prozesse ausmacht. Es gehört zum Selbstverständnis agiler Prozesse, diese Prozesse immer den jeweiligen Gegebenheiten anzupassen. Wenn Aspekte von XP helfen, wunderbar. Aber wenn nicht, bricht die Welt auch nicht zusammen.

Hauptsache, das Produkt wird rechtzeitig fertig.

Nicolai Josuttis (nico@josuttis.de) ist unabhängiger Systemarchitekt, Berater und Autor und seit etlichen Jahren maßgeblich an der Entwicklung objektorientierter Systeme für alle möglichen Anwendungsgebiete beteiligt (www.josuttis.de).

3.2.6 Systemanalyse-Prozesse

Wichtigster Baustein aller Prozessmodelle, schwer- wie leichtgewichtig, ist die Systemanalyse. Ohne Kenntnis darüber, was der Kunde will, ohne konkrete, schlüssige und priorisierte Anforderungen läuft jegliche Anstrengung bestenfalls ins Leere. Projekte mutieren dann zeitlich, finanziell oder qualitativ zum desaströsen Unterfangen.

Wir zeigen Ihnen in diesem Kapitel einen agilen Weg, Ihr System effektiv zu analysieren. Wir werden der Frage nachgehen, wie Sie die Systemanalyse organisieren können, um den Kunden zufriedenzustellen, um den Projektrisiken zu begegnen und effektiv zu einer Grundlage zu kommen, auf deren Basis das System entwickelt wird. Wir werden Ihnen eine Reihe von Methoden und Best Practices an die Hand geben, mit deren Hilfe Sie die für Sie optimale Form der Systemanalyse zusammenstellen können. *(Agile System-analyse)*

Sie sollten das Vorgehen bei der Systemanalyse so festlegen, dass es optimal auf die gegebenen Projektrandbedingungen zugeschnitten ist. Die bestehenden Vorgehensmodelle geben zwar einen Rahmen für den Systemanalyse-Prozess vor, lassen jedoch meist zum Beispiel die folgenden Fragen offen: Welche Techniken nutzen Sie, um Anforderungen zu ermitteln, zu dokumentieren und zu prüfen? Wie verwalten Sie die Anforderungen? Wie gehen Sie vor, um die Anforderungen an Ihr System in handhabbare Teile zu zerlegen? *(Optimales Vor-gehen bei der Systemanalyse)*

In der Literatur finden sich einige Systemanalyse-Prozesse, die sich in die verschiedenen Vorgehensmodelle zur Systementwicklung einbinden lassen. Sie ersetzen *(Systemanalyse-Prozesse)* nicht die umfassenden Vorgehensmodelle wie den RUP oder das V-Modell, sondern ergänzen und detaillieren sie in der Systemanalyse.

In [Young01] wird ein umfassendes Vorgehen zum Requirements-Engineering und -Management beschrieben, das einige bewährte Heuristiken mit einem umfassenden Vorgehen kombiniert. Kotonya und Sommerville zeigen in [Kotonya97] die Anforderungen an einen Requirements-Engineering-Prozess, indem sie ein Reifegradmodell entwickeln und Aktivitäten, Techniken und Rollen zur Systemanalyse beschreiben.

Aus der Arbeit in den Projekten, die wir als Projektleiter, Systemanalytiker, Coaches oder Trainer durchgeführt haben, haben wir unsere Erfahrungen und Best Practices zu einem SOPHISTschen Vorgehensmodell der Systemanalyse zusammengefasst, dem Object Engineering. Die Aktivitäten, Artefakte und Methoden der Systemanalyse, die sich in unseren Projekten bewährt haben, sind darin im Kontext der gesamten Systemanalyse dargestellt.

3.2.7   Die Rolle des Systemanalytikers

Die verschiedenen Vorgehensmodelle definieren unterschiedliche Rollen, die für die Systemanalyse verantwortlich sind. In jedem Fall gibt es aber Personen, die Methoden zur Systemanalyse definieren, Stakeholder befragen, Anforderungen dokumentieren und verwalten. Sie sind die Systemanalytiker Ihres Projekts.

Aufgaben des Systemanalytikers

Die Rolle des Systemanalytikers besitzt in einem Projekt die meisten internen Schnittstellen und hat in vielen Fällen den größten fachlichen Einfluss auf die Systementwicklung. Er moderiert und vermittelt zwischen Stakeholdern und allen Projektmitarbeitern, er arbeitet als Katalysator für Entscheidungen der Stakeholder und muss daher großes Fingerspitzengefühl bezüglich der Bedürfnisse der Projektbeteiligten besitzen.

Die Rolle des Systemanalytikers muss nicht immer von einer Person, die dem allgemeinen Berufsbild des Systemanalytikers entspricht, gespielt werden. Vielmehr sind ihre fachlichen und methodischen Kompetenzen ausschlaggebend. Es ist also nicht ungewöhnlich, dass auch Personen des Fachbereichs oder Entwickler diese Rolle besetzen.

Kompetenz des Systemanalytikers

Neben der fachlichen und methodischen Kompetenz benötigt ein Systemanalytiker die folgenden Eigenschaften:

- Analytisches Denken
- Selbstbewusstes Auftreten
- Empathische Fähigkeiten
- Moderationsfähigkeit
- Überzeugungsfähigkeit
- Kommunikationsfähigkeit
- Sprachliche Kompetenz

Die persönliche Kompetenz eines Systemanalytikers ist nur teilweise trainierbar. Wir zeigen Ihnen in diesem Buch den Weg zu einer methodischen Kompetenz, die es Ihnen ermöglicht, die Stärken Ihrer Persönlichkeit auszunutzen.

3.3   Object Engineering

Das SOPHISTsche Vorgehensmodell für die Systemanalyse, Object Engineering (OE), beschreibt eine systematische, ingenieurmäßige Vorgehensweise, um Anforderungen zu ermitteln, zu dokumentieren, zu prüfen und sie während ihres gesamten Lebenszyklus zu verwalten. Object Engineering definiert dazu:

Object Engineering für die Systemanalyse

- die einzelnen Aktivitäten, die ausgeführt werden;
- die Personen, die diese Aktivitäten durchführen;
- die Abhängigkeiten der Aktivitäten untereinander;
- die erzeugten Artefakte;
- die Methoden, um die Aktivitäten durchzuführen und die Artefakte zu erzeugen.

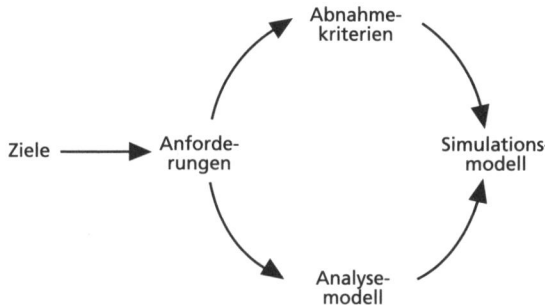

Abbildung 3.5: Das Vorgehensmodell Object Engineering

Die einzelnen, aufeinander abgestimmten Komponenten des Object Engineering können miteinander kombiniert und im Gesamtvorgehen unterschiedlich gewichtet werden. Abhängig von den Rahmenbedingungen legen Sie „nur" noch die Reihenfolge und Gewichtung fest, sodass Sie den besten Fortschritt für Ihr Projekt mit möglichst minimalem Aufwand erreichen.

Die Komponenten des OE

In Abbildung 3.5 sind die Artefakte dargestellt, die beim OE erstellt werden. *Artefakte* sind die „physischen" Erzeugnisse, die am Ende einer Aktivität vorliegen und als Ausgangsbasis für eine neue Aktivität dienen. Bei einer iterativen Vorgehensweise werden nur solche Bestandteile erstellt, die im nächsten Schritt direkt benötigt werden. Das Feedback der nachfolgenden Aktivität wird dann genutzt, um die Qualität des Artefakts in der nächsten Iteration zu verbessern.

Im Object Engineering sind die folgenden fünf Artefakte definiert:

Artefakte des OE

- Ziele, Stakeholder, Randbedingungen
- Natürlichsprachliche Anforderungen
- Analysemodell
- Abnahmekriterien
- Simulationsmodell

Aktivitäten beschreiben Tätigkeiten der Projektbeteiligten, die mit Hilfe von Methoden ein Artefakt erzeugen. Zu jedem Artefakt existiert eine Aktivität, die genau die-

Aktivitäten des OE

ses Artefakt erstellt, zum Beispiel „natürlichsprachliche Anforderungen erstellen" oder „Simulationsmodell erstellen". Eine weitere Aktivität wendet die mit den Abnahmekriterien erstellten Testdaten auf das Simulationsmodell an, um die Anforderungen wiederholbar mithilfe des Simulationsmodells zu prüfen.

Methoden des OE

Methoden sind konkrete, im Projektkontext geeignete Techniken, die Konzepte und Vorgehensweisen vorgeben, um eine Aktivität durchzuführen. Die Methoden des Object Engineerings sind:

- Ermittlungstechniken
- Formulierungstechniken
- Dokumentationstechniken
- Prüftechniken

Notationen des OE

Notationen sind Mittel, um Artefakte zu dokumentieren. Je nach Art des Artefakts werden im Object Engineering die folgenden Notationen verwendet:

- Natürliche Sprache
- Anwendungsfalldiagramme (Use-Case-Diagramme)
- Entscheidungstabellen
- Klassendiagramme
- Verhaltensdiagramme (Zustandsdiagramme, Aktivitätsdiagramme, ...)
- Programmcode
- Weitere Notationsmöglichkeiten, falls diese im konkreten Kontext sinnvoll erscheinen (z.B. Zustandsautomaten, Sequenzdiagramme, ...)

Ziele des OE

Das Ziel des Object Engineering ist es, einen Rahmen für eine effektive und ergebnisorientierte Systemanalyse zu bieten. Die beschriebenen Artefakte, Aktivitäten, Methoden und Notationen geben Ihnen die Möglichkeit, eine für Ihre Projektsituation geeignete Kombination zusammenzustellen. Sie erreichen damit mit vertretbarem Aufwand eine ausreichend hohe Qualität der Anforderungen, organisatorische Sicherheit sowie einen hohen Automatisierungsgrad bei der Erstellung, Pflege und Wiederverwendung von Anforderungsdokumenten. Für Risiken, die über diese Punkte hinausgehen, bietet ein Vorgehensmodell jedoch keine Maßnahmen. Object Engineering ist daher keine Garantie für eine erfolgreiche Systemanalyse.

Im Folgenden stellen wir die Artefakte des Object Engineering näher vor und zeigen jeweils zugehörige Aktivitäten, Methoden und Notationen.

3.3.1   Ziele, Stakeholder, Randbedingungen

Startpunkt der Systemanalyse

Ziele sind eine wichtige Grundlage, um ein System erfolgreich zu entwickeln. Ziele stellen Anforderungen auf einem hohen Abstraktionsniveau dar, die größtenteils denselben Qualitätskriterien unterliegen wie Anforderungen. Bereits um diese Ziele ermitteln zu können, müssen Sie die Stakeholder Ihres Systems kennen. Eine möglichst umfassende Stakeholderliste bietet Ihnen eine gute Startposition für alle weitere Aktivitäten der Systemanalyse. Eine Anleitung und Tipps, um Ziele und Stakeholder zu ermitteln, finden Sie in Kapitel 5 „Stakeholder, Ziele und der Systemkontext".

 5 Ziele

56

Aktivitäten

Die Ziele der Systementwicklung, die wichtigen Stakeholder und die Projektrandbedingungen sollten Sie zu Beginn eines Projekts ermitteln, da sie als Basis für die gesamte Systementwicklung dienen.

Zusammen mit den wichtigsten Stakeholdern leiten Sie die Ziele aus den Geschäftszielen des Projekts und aus den Geschäftsabläufen ab. Für die Ermittlung wählen Sie eine der im Kapitel 4 „Anforderungsermittlung" beschriebenen Techniken aus. Die Ziele stellen die gemeinsame Vision aller Projektbeteiligten dar.

Ziele

↱ 4 Ermitteln

Die Randbedingungen Ihres Projekts geben Ihnen vor, welche Einflüsse Sie bei der weiteren Entwicklung beachten müssen. Sie spielen eine zentrale Rolle, wenn Sie das Vorgehensmodell für die Systementwicklung definieren. Sie sollten die Randbedingungen daher ebenfalls frühzeitig ermitteln, um daraus entstehenden Risiken effektiv begegnen zu können.

Rand-
bedingungen

Beachten Sie, dass während der Analyse neue Ziele entstehen oder sich die bestehenden Ziele ändern können. Es können neue Stakeholder hinzukommen oder die Randbedingungen sich ändern.

Notation

Die Ziele lassen sich am besten in natürlicher Sprache formulieren. Stakeholder können sehr gut in Tabellen verwaltet werden. Randbedingungen können Sie textuell oder mithilfe von UML-Diagrammen darstellen.

Natürliche
Sprache

3.3.2 Natürlichsprachliche Anforderungen

Den zentralen Bestandteil des Object Engineerings bilden die natürlichsprachlichen Anforderungen. Die natürliche Sprache ist das verbreitetste Mittel zur Dokumentation von Anforderungen, da sie von allen Projektbeteiligten verstanden und akzeptiert wird.

Aktivitäten

Anforderungen werden mithilfe von Ermittlungstechniken erhoben und anschließend dokumentiert. Object Engineering bietet die Hilfsmittel SOPHIST REgelwerk und Schablonen an, um die Qualität der Anforderungen zu verbessern und die Effektivität der Systemanalyse zu steigern.

Feinschliff für die
Anforderungen

Das SOPHIST REgelwerk wird in Kapitel 8 „Der lange Weg vom Satz zur Anforderung" vorgestellt. Den schablonenbasierten Ansatz finden Sie in Kapitel 9 „Anforderungsschablone".

↱ 8 Satz-Anf.

↱ 9 Schablone

Notation

Natürlichsprachliche Anforderungen werden als einzelne textuelle Anforderungen dokumentiert. Eine Reihe weiterer Dokumentationstechniken sind dazu geeignet, die

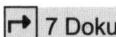 7 Doku

rein textuellen Anforderungen zu ergänzen oder sogar ganz zu ersetzen. In Kapitel 7 „Dokumentation von Anforderungen" sind eine Reihe von Dokumentationstechniken beschrieben.

3.3.3 Das Analysemodell

Ein Analysemodell hat für die Systemanalyse eine ähnliche Bedeutung wie das Modell einer Stadt oder eines Stadtteils für die Städteplaner. Man könnte den Baufirmen kaum konkrete Angaben (Anforderungen) über die gewünschte Straßenbreite, den Verlauf der Kanalisation oder den Standort zum Beispiel von Brücken oder Tunneln machen, wenn man sich nicht anhand eines Modells eine konkrete Vorstellung von dem neuen Stadtteil verschaffen könnte.

Zusammen-
hänge
visualisieren

Ebenso erleichtert das Analysemodell, die meist sehr komplexen fachlichen Zusammenhänge der einzelnen Anforderungen untereinander zu verstehen. Ein fachliches Modell wird aus den dokumentierten Anforderungen erstellt und grafisch visualisiert. Durch die gute Verständlichkeit des Modells kann es mit den Anwendern diskutiert werden und dient als eine Art Gerüst, mit dessen Hilfe sich einzelne Anforderungen thematisch einsortieren und wieder auffinden lassen.

Widersprüche
und Redundan-
zen aufdecken

Das Analysemodell integriert die Anforderungen und sorgt dafür, dass themenverwandte Anforderungen, die im Anforderungsdokument an weit auseinander liegenden Stellen verstreut sein können, im gleichen Element des Modells abgebildet werden, wie im Beispiel in Abbildung 3.6 dargestellt ist. Dadurch ergibt sich zusätzlich die Möglichkeit, Widersprüche und Redundanzen systematisch aufzufinden.

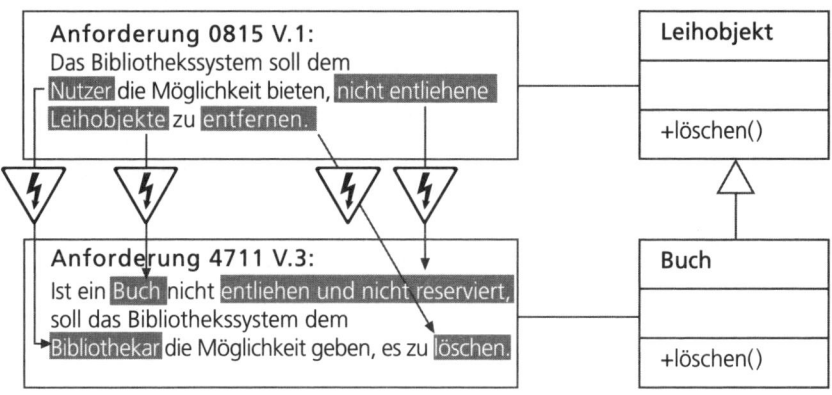

Abbildung 3.6: Widerspruch im Analysemodell

In einer natürlichsprachlichen Beschreibung sind diese Fehler schwer zu finden, da dazu jede Anforderung mit jeder anderen Anforderung verglichen werden müsste, was einen extrem hohen Aufwand verursachen würde. Hier kann lediglich eine sinnvolle Sortierung von Anforderungen (Aussagen über verwandte Themen sollen räumlich nahe beieinander stehen) oder eine Volltextindizierung und systematische Suche nach Begriffen helfen.

Im Beispiel in Abbildung 3.6 stellt sich die Frage, ob die Begriffe „der Bibliothekar" und „der Nutzer" die gleiche Personengruppe beschreiben. Zudem liegt die Vermutung nahe, dass die geforderte Löschfunktion nicht nur für Bücher, sondern für alle Leihobjekte möglich sein soll. Ein in der Analyse erstelltes Klassendiagramm wird meist als Basis für das Design-Modell genutzt.

Aktivitäten

Sobald eine Anforderung eine modellierbare Qualität erreicht hat, wird sie in das Analysemodell überführt. Der Modellierer fügt dazu die für die Abbildung der Anforderung benötigten Modellkonstrukte in das objektorientierte Analysemodell ein. Zum Beispiel wird in dem Modell eine neue Klasse erstellt, einer bestehenden Klasse ein Attribut zugefügt oder eine Operation erweitert. Ist eine Anforderung nicht klar und eindeutig formuliert, so treten bei deren Modellierung Fragen auf. Eine Klärung all dieser Fragen führt zur Verbesserung der Anforderungen.

Zur Qualitätsprüfung im Rahmen der Modellierung ist es notwendig, eine *bidirektionale* Verbindung (siehe Abbildung 3.7) zwischen einer Anforderung auf der einen Seite und dem jeweiligen Modellelement auf der anderen Seite zu schaffen. Somit können die betroffenen Anforderungen ausfindig gemacht werden, wenn im Modell eine Redundanz oder ein Widerspruch aufgedeckt wird. Damit ist auch bei der Änderung einer Anforderung die betroffene Stelle im Modell sofort lokalisierbar.

Traceability zwischen Anforderungen und Modell

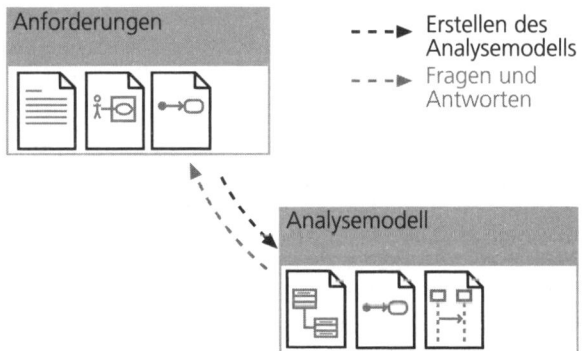

Abbildung 3.7: Austausch von Anforderungen mit dem Analysemodell

Notation

Für die Abbildung der Anforderungen in ein Modell eignet sich am besten die objektorientierte Modellierung, da sie den menschlichen Denkstrukturen nachempfunden ist und eine Integration der Anforderungen nach fachlichen Gesichtspunkten forciert.

Objekt-orientierung

Zur Notation eines objektorientierten Modells bietet sich heute der Quasi-Standard Unified Modeling Language (UML) an. Der zentrale Bestandteil des Analysemodells

UML

ist das Klassendiagramm. Das dynamische Verhalten wird durch Aktivitäts-, Zustands-, und Sequenzdiagramme visualisiert (siehe [Jeckle04], [Oestereich01], [Hruschka02]).

3.3.4 Die Abnahmekriterien

Abnahmekriterien beschreiben die Bedingungen für die Entscheidung, ob eine Anforderung erfüllt ist oder nicht. Abnahmekriterien sind Hilfsmittel, um

- die Qualität von Anforderungen sicherzustellen und
- das System gegenüber den Anforderungen zu prüfen.

Abnahme-
kriterien
zur Qualitäts-
sicherung

Das Erstellen von Abnahmekriterien hilft, die Qualität der Anforderungen zu prüfen. Vollständigkeit, Verstehbarkeit und Testbarkeit der Anforderungen werden dabei sehr intensiv überprüft. Bei der Erstellung der Abnahmekriterien empfiehlt es sich, Mitarbeiter mit Testerfahrung (zum Beispiel den späteren Testmanager) in das Team zu integrieren.

Tester haben häufig einen völlig anderen Blick auf Anforderungen als Analytiker, was sich beim Erstellen von Abnahmekriterien meist schnell zeigt. Sie haben in der Regel viele Fragen zu unklaren oder fehlenden Anforderungen, was wiederum zu einer qualitativen Verbesserung der Anforderungen führt.

 12 AK

Eine ausführliche Beschreibung, wie Abnahmekriterien erstellt werden, finden Sie in Kapitel 12 „Abnahmekriterien".

Aktivitäten

Abnahme-
kriterien prüfen
die Testbarkeit

Abnahmekriterien sollten parallel zu den Anforderungen geschrieben werden. Sie enthalten reale und konstruierte Beispiele, mit denen das System auch in Extrem- und Ausnahmesituationen gegenüber den Anforderungen geprüft werden kann. Mit ihnen kann der Analytiker noch während der Analyse der Anforderungen überprüfen, ob das in der Anforderung spezifizierte Verhalten überhaupt testbar ist. Das kontinuierliche Feedback durch die parallele Erstellung von Abnahmekriterien ermöglicht es, die Qualität der Anforderungen bereits während der Systemanalyse schrittweise zu verbessern, ohne dass Testläufe des Endprodukts abgewartet werden müssen.

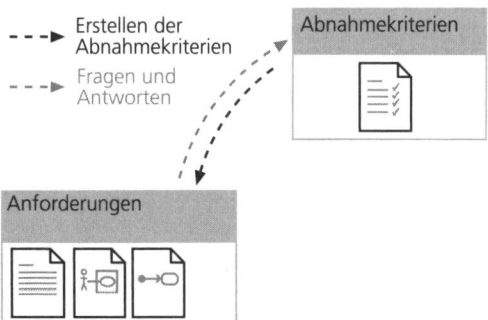

Abbildung 3.8: Austausch von Anforderungen mit Abnahmekriterien

Falls ein Simulationsmodell erstellt wird, werden die Abnahmekriterien in Test-skripts umgesetzt, die auf dem Simulationsmodell ablauffähig sind. Mit Hilfe dieser Testfälle können die Anforderungen während der Systemanalyse ständig validiert werden.

Notation

Zur Repräsentation von Abnahmekriterien verwenden wir Entscheidungstabellen oder die natürliche Sprache.

Natürliche Spra-che, Entschei-dungstabellen

3.3.5   Das Simulationsmodell (Prototyp)

Sobald ein System wirklich existiert und eingesetzt wird, fallen den Benutzern feh-lende Funktionalitäten auf und vorhandene Eigenschaften können sich als ungeeignet erweisen. Dann ist es jedoch zu spät – die Systementwicklung ist abgeschlossen. Die Forderungen an ein System müssen zu einem Zeitpunkt erfasst werden, zu dem noch kein System besteht, also auf der Basis der Vorstellung der Stakeholder. Um diese Vorstellung bereits so konkret wie möglich zu gestalten, werden Prototypen erstellt. Ein Prototyp ist immer eine Implementierung oder Realisierung eines Teils des neu zu erstellenden Systems.

Anforderungen begreifbar machen

Gerade mit zunehmender Komplexität des Anforderungsdokuments hilft ein Simula-tionsmodell, um die Abläufe überschaubar und vorstellbar zu dokumentieren und zwischen den Stakeholdern abzustimmen. Die bessere Vorstellung von Anforderun-gen hilft nach [Jones98], die Änderungstendenz von Anforderungen um 10 bis 40 % zu reduzieren.

Simulationsmodelle bieten zudem sehr gute Möglichkeiten, um die Dynamik der Benutzeroberfläche oder der Fachlogik darzustellen und um Anforderungen an die Dienstqualität erlebbar zu machen.

Darstellung der Dynamik

Zudem nutzt Prototyping den Spieltrieb der Stakeholder als förderlichen psychologi-schen Effekt. Die meisten Stakeholder finden es langweilig und anstrengend, sich durch umfassende Spezifikationen hindurchzukämpfen, auch wenn diese noch so gut strukturiert und aufbereitet sind. Das Ausprobieren der geforderten Funktionalität am Prototyp weckt bei vielen Stakeholdern einen Spieltrieb, es wird mehr als Erlebnis und weniger als Arbeit empfunden.[2] Noch reizvoller erscheint eine Art von Prototyp, der „auf Knopfdruck" anhand bestehender Testfälle das spezifizierte Verhalten vali-diert und bei dem Sie nur noch die Ergebnisse prüfen müssen.

Spieltrieb der Stakeholder

Arten von Prototypen

Im Bereich des Software-Engineering gibt es unterschiedliche Arten von Prototypen, die unterschiedlich gut geeignet sind, die Anforderungen zu prüfen. Um konkret die

---

[2] Der Analytiker muss den Spieltrieb allerdings in geregelte Bahnen lenken, sodass das ge-samte Verhalten des Prototypen systematisch geprüft wird. Dies ist aber einfacher, als manche Stakeholder zum Studium hundertseitiger Prosa-Spezifikationen zu bewegen.

Vor- und Nachteile unterschiedlicher Prototypingverfahren diskutieren zu können, unterscheiden wir Prototypen bezüglich der folgenden drei Kriterien:

Unter-
scheidungs-
kriterien

■ die Teilmenge der Anforderungen, die der Prototyp abbildet (horizontaler oder vertikaler Prototyp);

■ die Weiterverwendung des Prototyps (Wegwerfprototyp oder evolutionärer Prototyp);

■ das Medium, mit dem er erstellt wurde (Papierprototyp oder elektronischer Prototyp).

Jeder Prototyp lässt sich bezüglich dieser drei Merkmale klassifizieren. Man spricht zum Beispiel von einem horizontalen, evolutionären, elektronischen Prototyp.

Im Rahmen dieses Kapitels ziehen wir nur das Resümee, welche Art von Prototyp für die Systemanalyse wie geeignet ist, ohne allerdings die einzelnen Arten von Prototypen genauer zu erläutern.

Oberflächen-
prototyp

Ein *Oberflächenprototyp* eignet sich insbesondere in Projekten, in denen über eine innovative oder von der derzeitigen betrieblichen Realität abweichende Darstellung diskutiert wird. Mit seiner Hilfe können neue, vom bestehenden System abweichende Anforderungen gefunden werden, da er sehr gut die Vorstellungskraft der Stakeholder unterstützt.

Funktionaler
Prototyp

Funktionale Prototypen ermöglichen bereits in der Analyse, die spezifizierte fachliche Logik des Systems auf Korrektheit zu prüfen, was insbesondere bei komplexer fachlicher Logik oder bei kritischen Systemen wichtig ist.

Vertikaler
Prototyp

Vertikale Prototypen werden meist eingesetzt, um Architektur-Entscheidungen oder technologische Entscheidungen zu validieren. Sie eignen sich nicht, um funktionale Anforderungen zu prüfen.

Wegwerfprototyp

Wegwerfprototypen eignen sich aufgrund des geringeren Aufwandes ihrer Erstellung sehr gut dafür, Anforderungen zu prüfen.

Evolutionärer
Prototyp

Ein *evolutionärer Prototyp* entsteht, wenn das System inkrementell entwickelt wird. Das System wird in erster Linie in Inkrementen entwickelt, kann aber zusätzlich zur Qualitätssicherung der Anforderungen genutzt werden. Eine große Herausforderung dabei ist, die Architektur zu Beginn der Entwicklung so tragfähig zu entwerfen, dass das System laufend um Inkremente erweitert werden kann.

Elektronischer
Prototyp

Ein *elektronischer Prototyp* („high fidelity prototype") wird mithilfe eines modernen Entwicklungswerkzeugs entwickelt („rapid prototyping"). Elektronische Prototypen können eine hohe Ähnlichkeit zum geplanten System erreichen und sind daher gut geeignet, um detaillierte Anforderungen zu diskutieren. Die Gefahr dabei ist, dass die Stakeholder den Eindruck bekommen, das System sei schon fast fertig, und nicht verstehen, warum die Entwicklung noch so lange dauert.

Papierprototyp

Dennoch ist es wesentlich schneller, einen *Papierprototyp* („low fidelity prototype") zu erstellen, der das grobe Layout einer Bildschirmmaske mit Papier und Bleistift, Flipchart, Whiteboard und Karteikarten zeigt. Papierprototypen haben sich besonders zu Beginn der Analyse bewährt, wo es weniger auf Präzision ankommt und mehr über grundlegende Abläufe, Darstellungen und Funktionen diskutiert wird.

Aktivitäten

Ein Simulationsmodell im Sinne von Object Engineering wird mit dem Ziel erstellt, die Qualität der Anforderungen zu prüfen.

Simulations-
modell im OE

Das objektorientierte Analysemodell wird dazu zu einem funktionalen, horizontalen Prototypen erweitert, sobald Teile davon weitgehend stabil sind. Für eine systematische Prüfung der Anforderungen nutzen Sie die Abnahmekriterien als Eingabe für das Simulationsmodell.

Derartige Simulationsmodelle decken insbesondere fachliche Unvollständigkeiten und Missverständnisse auf. Mittels eines Simulationsmodells können die Anforderungen reproduzierbar getestet werden. Das Simulationsmodell ist in einer formalen Sprache (Programmiersprache) geschrieben, in der die Funktionalität eindeutig beschrieben sein muss. Bestehende semantische Lücken von nicht formalen Anforderungen (natürliche Sprache) oder eines semiformalen Modells (Analysemodell) werden spätestens dabei gefunden.

Unvollständigkeit
und Miss-
verständnisse
finden

Des Weiteren eignen sich natürlich auch andere Arten von Prototypen zur Qualitätssicherung der Anforderungen. Zum Beispiel kann anfangs ein horizontaler Papier-Prototyp in Meetings Wunder wirken, indem er den Gegenstand der Diskussion visualisiert.

3.3.6   Agiler Einsatz des Object Engineering

Object Engineering ist eine Vorgehensempfehlung, mit deren Hilfe Sie die Systemanalyse in Ihrem Projekt gestalten können. Das Object Engineering sollte aber nicht als Vorschrift, sondern eher als Ideensammlung verstanden werden, mit der wir in vielen Projekten sehr positive Erfahrungen gesammelt haben.

Im Sinne einer agilen Systementwicklung führen Sie nur die Aktivitäten durch, die Sie benötigen, um ein Projektrisiko zu minimieren. Maximieren Sie zu jedem Zeitpunkt den Gewinn aller Aktivitäten im Projekt, indem Sie alle nicht benötigten

Projektrisiko
minimieren

Schritte und Artefakte *nicht* durchführen. Auch die Reihenfolge der im Vorgehens-modell beschriebenen Schritte ist nicht festgelegt, sondern stellt nur logische Abhängigkeiten dar.

Erstellen Sie die Artefakte, die Sie benötigen, nur in einem sinnvollen Detaillierungs-grad. Je detaillierter Informationen sind, desto geringer ist ihre Robustheit gegenüber Änderungen. Jede Information sollte zudem nur an einer Stelle notiert werden (Single-Source-Prinzip).

Ziele
Ziele, Stakeholder und Projektrandbedingungen sollten Sie in jedem Fall ermitteln und für alle Projektbeteiligten zugänglich dokumentieren. Sie werden sie benötigen, um die Projektrisiken abschätzen zu können.

Anforderungen
Die Anforderungen werden Sie sehr wahrscheinlich ebenfalls dokumentieren. In welcher Detailtiefe Sie das tun, hängt aber sehr stark von Ihrem Projekt ab. Sie sparen Aufwand, wenn Sie Anforderungen nur in dem Detaillierungsgrad notieren, auf dem Sie diese auch mit den Stakeholdern abstimmen.

Analysemodell
Der Aufwand eines Analysemodells ist dann gerechtfertigt, wenn die Qualität der Anforderungen sehr hoch sein muss. Ein zusätzlicher Gewinn ist die Weiterverwendung des Modells für ein objektorientiertes Designmodell.

Abnahme-kriterien
Prüfen Sie, ob und in welchem Grad Ihnen die Erstellung von Abnahmekriterien wertvolles Feedback und Sicherheit für Ihr Projekt bringt. Abnahmekriterien benötigen einen hohen Erstellungsaufwand, der Ihnen allerdings beim Test des Systems zugute kommt.

Simulations-modell
Prototyping ist eine aufwändige Technik, um Anforderungen zu prüfen. Dieser Aufwand rechnet sich eventuell nur für kritische Teile Ihres Systems. In jedem Fall sollten Sie prüfen, ob Sie die Risiken nicht bereits mittels anderer, kostengünstigerer Techniken reduzieren können.

Bevor Sie mit der Systemanalyse beginnen, müssen Sie anhand der Projektrahmen-bedingungen festlegen, welche Artefakte Sie als Ergebnis erzeugen werden. Hierbei gibt es mehrere unterschiedliche Varianten, einige davon stellen wir im Folgenden mit ihren Vor- und Nachteilen vor. Welche Sie wählen, hängt primär von den Rand-bedingungen Ihres Projekts ab.

Für die einzelnen Techniken der Aktivitäten finden Sie in den jeweiligen Kapiteln Abschätzungen, wie gut sie für bestimmte Projektrahmenbedingungen geeignet sind.

1. Variante: Endergebnis ist ein Anforderungsdokument in natürlicher Sprache

Vertragsbasis
Ziel dieser Variante ist es, ein qualitativ hochwertiges Anforderungsdokument in natürlicher Sprache zu erzeugen.

Dieses Vorgehen wählen Sie typischerweise als Auftraggeber, der die Forderungen an ein komplexes System erhebt, dokumentiert und zur Entwicklung ausschreibt. Hier ist es wichtig, juristisch durchsetzbare, qualitativ hochwertige Anforderungen in natürlicher Sprache als Basis für einen Vertrag zu besitzen. Änderungen nach Vertragsabschluss sind bei Festpreisprojekten meist deutlich teurer als frühzeitige Erkenntnisse.

64

Die anderen erstellten Repräsentationen der Anforderungen (zum Beispiel das Analyse- oder Simulationsmodell) sind in diesem Fall häufig nicht Vertragsbestandteil, sondern tragen ausschließlich zur Qualitätsverbesserung der Anforderungen bei. Hierbei ist es dem Auftraggeber meist gleichgültig, wie die interne Struktur des später für ihn erstellten Systems aussieht, ob es objektorientiert entwickelt wurde und ob es in der Struktur dem Simulationsmodell entspricht. Als Basis für die Abnahme des beauftragten Systems dienen nur die erstellten Anforderungen zusammen mit den Abnahmekriterien.

Werden weitere Artefakte erstellt, um die Qualität der Anforderungen zu verbessern, sollten Sie natürlich jede Fehlerkorrektur und jede gewonnene Information in die Anforderungen zurückfließen lassen. Erkennen Sie zum Beispiel in einem Analysemodell widersprüchliche Anforderungen, sollten Sie den Widerspruch klären, um die Anforderungen zu verbessern.

Stellen Sie bei dieser Variante die Kosten für die Erstellung der Abnahmekriterien, des Analysemodells und des Simulationsmodells dem Risiko schlechter, vertraglich vereinbarter Anforderungen gegenüber, bevor Sie diese Techniken zur Qualitätsverbesserung einsetzen.

2. Variante: Endergebnis ist das Analysemodell

In der zweiten Variante stellt das objektorientierte Analysemodell die zentrale Repräsentation des Anforderungswissens dar. Meist ist das Modell dann die Basis für das folgende objektorientierte Design und die Implementierung in einer objektorientierten Programmiersprache.

Objektorientierte Entwicklung

Dieses Vorgehen wählen Sie typischerweise, wenn die gesamte Systementwicklung in einem Unternehmen oder sogar in der gleichen Abteilung abläuft. In diesem Fall stehen die juristischen Aspekte eines Anforderungsdokuments nicht im Vordergrund. Hier ist es wichtig, eine vollständige Sammlung aller Anforderungen in der am besten weiter verarbeitbaren Repräsentation zu erzeugen.

Die anderen Komponenten von Object Engineering dienen lediglich zur Vorbereitung der Modellierung oder der Qualitätssicherung des Modells, in dem die vollständigen Anforderungen abgebildet sind. Alle Erkenntnisse, die mithilfe der anderen Aktivitäten gefunden wurden, müssen im Modell festgehalten werden.

Das Anforderungsdokument in natürlicher Sprache wird nur sehr rudimentär erstellt, wobei die sprachlichen Methoden vor allem im Rahmen der Anforderungsermittlung bei den Interviews angewendet werden. Es erfüllt nur den Zweck eines vorläufigen Wissensspeichers, bevor die Anforderungen im Modell abgelegt werden.

Bei dieser Vorgehensweise müssen die betroffenen Stakeholder die objektorientierte Darstellung akzeptieren und verstehen, damit sie fachliche Diskussionen auf Basis des Modells führen können. Das System muss modellbasiert getestet werden, da es keine Anforderungen gibt, mit denen das System abgenommen werden kann.

Voraussetzungen

3. Variante: Endergebnis ist das Simulationsmodell

Inhouse-
Entwicklung

Das System wird mittels evolutionären Prototypings entwickelt, das heißt, es wird ein Simulationsmodell erzeugt, das fortlaufend bis zum fertigen System weiterentwickelt wird.

Das Anforderungsdokument als Basis und das daraus erstellte Analysemodell werden vollständig durch ein Simulationsmodell abgelöst das dann die einzige Quelle für die Anforderungen darstellt. Die Pflege der Dokumente beschränkt sich dann nur noch auf das Simulationsmodell, und alle vorherigen Dokumente können veralten. Diese Variante eignet sich auch, wenn die gesamte Systementwicklung inhouse durchgeführt wird. Das Ziel ist es, möglichst effizient zu einem fertigen System zu gelangen.

Wichtig ist bei dieser Variante, dass Sie großes Augenmerk auf die Architektur und das Design des Systems legen. Die Architektur muss ein tragfähiges Gerüst bilden, mit dessen Hilfe Sie die kontinuierlichen Erweiterungen stabil in das System einbringen können. Techniken wie Refactoring können helfen, um die Wartbarkeit und Erweiterbarkeit der Architektur sicherzustellen. Werden die Anforderungen nicht fortwährend aktualisiert, so kann auch bei dieser Variante das Testen und die Abnahme nicht auf ihrer Basis getestet werden. Das System wird dann rein nach Augenschein der Stakeholder getestet.

4. Variante: Endergebnis sind alle Artefakte des Object Engineering

Unterschiedliche
Repräsentatio-
nen

Bei dieser Variante werden natürlichsprachliche (nicht formale), modellhafte (semiformale) und implementierte (formale) Repräsentationen der Anforderungen erzeugt.

In der Systemanalyse wird Wert auf eine gute Kommunikation mit dem Anwender, eine hohe Qualität von Anforderungen und eine gute Ausgangsbasis für Design, Implementierung und Test gelegt. Bei dieser Variante liegen die vollständigen Anforderungen in unterschiedlichen Notationen vor, die sich jeweils als Ausgangsbasis für unterschiedliche weitere Aktivitäten optimal eignen. Anforderungen dienen als Basis für die Kommunikation mit den Stakeholdern. Um das System gegen die Anforderungen zu testen, werden Abnahmekriterien verwendet und sind später Ausgangsmaterial für Testfälle. Schließlich können auch die erstellten Modelle weiterverarbeitet werden. Sie sind Grundlage für OO-Modelle im Design.

↱ 13 RM

Diese Vorgehensweise erfordert (neben viel Zeit und Geld) eine Werkzeugunterstützung, um dieselben Anforderungen in verschiedenen Repräsentationen konsistent zu halten. Das Kapitel 13 „Ordnung im Chaos" befasst sich detailliert mit den Abhängigkeiten der erstellten Artefakte und gibt Hinweise, was bei der Konsistenzpflege zu beachten ist.

66

3.3.7 Abhängigkeiten der Artefakte

Sofern Sie mehrere OE-Komponenten erstellen, müssen Sie unbedingt für die Konsistenz zwischen den verschiedenen Repräsentationen sorgen. Sowohl die Abnahmekriterien als auch das Analysemodell und der Prototyp sind stark von den Anforderungen abhängig. Deshalb müssen diese drei Artefakte bei jeder Änderung einer Anforderung berücksichtigt und eventuell aktualisiert werden.

In Abbildung 3.9 sind die Zusammenhänge zwischen den Artefakten dargestellt.

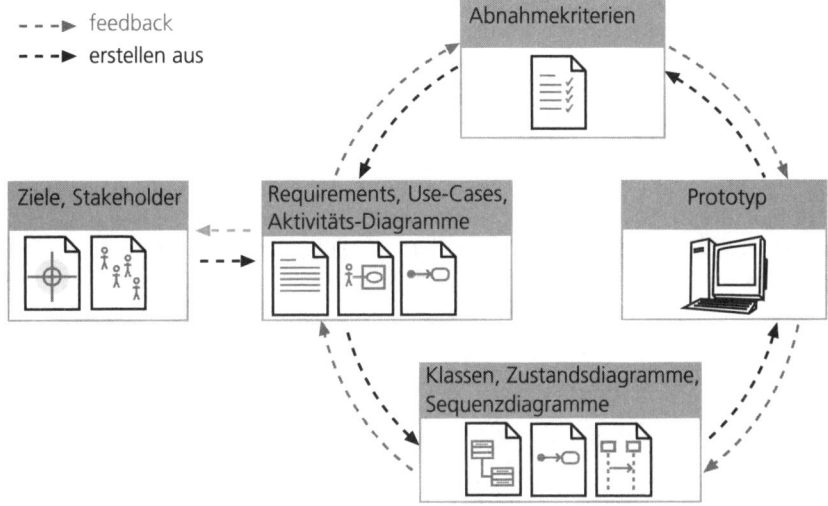

Abbildung 3.9: Zusammenhänge der Artefakte des Object Engineering

3.4 Projektrandbedingungen

Den Ausschlag, welches Vorgehensmodell eingesetzt wird und wie es angepasst wird, geben die signifikantesten Projektrandbedingungen. Eine Reihe von Fragen führt zu den Projektrandbedingungen, mit denen Sie ein für Ihr Projekt effektives Vorgehen erstellen können:

Ist das Projekt ein Festpreisprojekt? Stehen Ihre Kunden als Ansprechpartner zur Verfügung? Welche Lebensdauer hat das System? Gibt es ein existierendes Altsystem, das erweitert werden muss? All diese Faktoren spielen eine große Rolle, wenn es darum geht, das optimale Vorgehen zu ermitteln.

In diesem Abschnitt beschreiben wir die wichtigsten Projektrandbedingungen, die nach unserer Erfahrung häufig auftreten, und zeigen die Auswirkungen auf das Vorgehen in der Systemanalyse. Welche davon für Ihr Projekt relevant sind und ob es weitere relevante Randbedingungen gibt, müssen Sie für Ihr Projekt entscheiden.

Einflussfaktoren

Wir unterteilen die Projektrandbedingungen im Folgenden grob in die drei in Abbildung 3.10 dargestellten Kategorien von Einflussfaktoren.

67

Einflussfaktoren

> Mensch
> Organisatorische Rahmenbedingungen
> Fachlicher Inhalt

Abbildung 3.10: Überblick über die Einflussfaktoren

Jede dieser Randbedingungen kann im günstigen Fall eine Chance darstellen, die Sie bei der Systemanalyse nutzen können. Im ungünstigen Fall stellt sie aber ein Risiko dar, das sich negativ auf die Effizienz und damit auf die Kosten auswirkt. Achten Sie in beiden Fällen auf diese Faktoren, denn sie haben Auswirkungen auf die Wahl des Vorgehens bei der Systementwicklung.

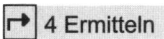 4 Ermitteln

Zudem sind nicht alle Einflussfaktoren in jedem Projekt gleich stark ausgeprägt oder relevant. Wir werden Ihnen später, im Kapitel 4 „Anforderungsermittlung", eine Entscheidungsmatrix vorstellen, mit deren Hilfe Sie geeignete Ermittlungstechniken anhand von Projektrahmenbedingungen auswählen können. Beschränken Sie sich bei derartigen Entscheidungen auf die drei bis sechs am stärksten ausgeprägten Faktoren.

3.4.1   Menschliche Einflussfaktoren

Kommunikation im Projekt

Menschen beeinflussen die Entwicklung von Systemen in allen Phasen eines Projekts naturgemäß sehr stark, besonders aber die Systemanalyse, weil hier sehr intensiv mit vielen Projektbeteiligten kommuniziert werden muss.

Einbinden der Stakeholder

Suchen Sie von Anfang an direkten Kontakt zu den Stakeholdern und erkunden Sie, wie ausgeprägt deren Kooperationsbereitschaft und Kommunikationsfähigkeit ist. Soziale, gruppendynamische und kognitive Fähigkeiten Ihrer Stakeholder beeinflussen die Systemanalyse, sobald sie dort eingebunden werden.

Wir unterscheiden die menschlichen Einflussfaktoren der in Abbildung 3.11 dargestellten Kategorien.

Menschliche Einflussfaktoren

> Machtsituation und
  Gruppendynamik
> Kommunikative Fähigkeiten
> Art des Wissens
> Kompetenz der Stakeholder

> Motivation
> Kultur
> Abstraktionsvermögen
> Homogenität der
  Stakeholdermeinungen

Abbildung 3.11: Die größte „Gefahr" – der Einflussfaktor Mensch

Motivation

Sind Ihre Stakeholder motiviert, aktiv bei der Systemanalyse mitzuwirken? Hohe Motivation erleichtert Ihnen, die Stakeholder aktiv einzubinden.

Häufig sind die Stakeholder nur am sichtbaren Projektfortschritt interessiert und nur schwer zu motivieren, Anforderungen zu dokumentieren oder zu prüfen. In diesem Fall müssen Sie versuchen, die konkreten Vorteile der Systemanalyse zu vermitteln oder den Stakeholdern möglichst viel Arbeit bei der Systemanalyse abzunehmen. Oft hilft auch ein spielerisches Herangehen mit ungewöhnlichen Techniken oder mit Prototypen, die direkt ausprobiert werden können.

Kommunikative Fähigkeiten

Können Ihre Stakeholder ihre eigenen Gedanken korrekt ausdrücken und kommunizieren sowie fremde Gedanken treffend interpretieren? Leider ist das nicht selbstverständlich. Oft haben gerade die Stakeholder mit dem umfassendsten Fach-Know-how Schwierigkeiten, dieses sprachlich auszudrücken.

Um die Wünsche der Stakeholder dennoch richtig erfassen zu können, muss der Analytiker geschult sein, die unvollständigen Aussagen zu ergänzen. Oftmals hilft hier aber nur ein Ausweichen auf Methoden, die sich nicht alleine auf eine sprachliche Wissensvermittlung konzentrieren.

Kommunikation der Stakeholder

Art des Wissens

Welche Art von Wissen möchten Sie den Stakeholdern entlocken? Sind den Stakeholdern die Anforderungen vollständig bewusst? Oder handelt es sich bei den zu ermittelnden Anforderungen um implizites Wissen, das den Stakeholdern so selbstverständlich ist, dass es im Unbewussten schlummert (Muskelgedächtnis)? Vielleicht suchen Sie für Ihr System aber auch Anforderungen und Wünsche, die stark visionären Charakter haben und im besten Fall unterbewusst in den Köpfen der Stakeholder verborgen sind, somit erst noch gehoben oder erfunden werden müssen.

Während bewusstes Wissen leicht als Anforderungen verwendet werden kann, müssen Sie visionär denken, um unbewusstes „Wissen" zu entdecken. Unterbewusstes Wissen kann ein Analytiker mit entsprechenden Methoden erkennen und bewusst machen.

Visionen entwickeln

Abstraktionsvermögen

Wie gut können die Stakeholder abstrahieren? Sie benötigen diese Fähigkeit, um lösungsneutrale, essenzielle Anforderungen zu formulieren, zu verstehen und das System in verschiedenen Abstraktionsstufen beschreiben zu können.

Lösungsneutrale Anforderungen

Besitzen Ihre Stakeholder schlechtes Abstraktionsvermögen, müssen Sie deren Wünsche selbst auf ein lösungsneutrales Niveau bringen. Das Systemanalyse-Vorgehen muss außerdem darauf ausgerichtet sein, den Personen möglichst konkrete Hilfestellungen zu geben, statt abstrakte Verfahrensanweisungen vorzuschreiben.

Homogenität der Stakeholdermeinungen

Haben die Stakeholder sehr unterschiedliche, sich widersprechende Forderungen an das System? Das kann zum Beispiel der Fall sein, wenn das System in verschiedenen Unternehmen oder Unternehmensbereichen mit abweichenden Problemstellungen eingesetzt werden soll.

Konsolidieren der Anforderungen

In diesem Fall müssen Sie einplanen, die Anforderungen zu konsolidieren und zwischen den Stakeholdern zu vermitteln. Oder Sie planen das System so flexibel konfigurierbar, dass es für seinen jeweiligen Nutzer angepasst werden kann.

Machtsituation und Gruppendynamik

Arbeiten Ihre Stakeholder gerne zusammen? Ein großes Risikopotenzial entsteht durch problematische Machtsituationen zwischen den Projektbeteiligten. Hemmende gruppendynamische Prozesse können die Effektivität der Systemanalyse enorm beeinträchtigen.

Workflows, Rollen, Gruppenarbeit

Komplexe Machtverhältnisse und eine spannungsvolle Gruppendynamik müssen Sie für das Vorgehen berücksichtigen, sobald Sie Workflows definieren, Kompetenzen in Bezug auf die Anforderungen vergeben oder im Team arbeiten wollen.

Kultur

Aus welchen Kulturen stammen Ihre Stakeholder? Unterschiedliche Kulturen der Stakeholder beeinträchtigen die Kommunikation im Projekt, weil die Personen unterschiedlicher Kulturen häufig verschiedene Grundannahmen bezüglich der Art und Weise besitzen, mit der Menschen kommunizieren.[3]

Gemeinsame Sprache

Kulturunterschiede und mögliche Zeitverschiebungen müssen daher bei der Systemanalyse berücksichtigt werden. Sie sollten versuchen, eine gemeinsame Sprache und Konventionen bei ihrer Anwendung zwischen allen Beteiligten zu etablieren.

Kompetenz der Stakeholder

Wie viel Wissen besitzen Ihre Stakeholder in der Domäne, für die Sie ein System entwickeln? Wenn sie neu im Fachgebiet sind und sich das Wissen erst aneignen müssen, wird in der Systemanalyse Zeit für die Wissenserarbeitung benötigt. Eventuell sprechen Sie auch mit Systembedienern, denen die hinter den Masken liegenden fachlichen Prozesse nicht bewusst sind.

Zeit zum Lernen

In diesem Fall ist die Systemanalyse eine gute Gelegenheit für die Stakeholder, sich das Wissen anzueignen. Planen Sie aber etwas mehr Zeit ein. In den meisten Fällen existiert das benötigte Know-how in den Köpfen von Kollegen. Versuchen Sie, diese Kollegen zumindest zeitweise für das Projekt zu bekommen, um es transferieren zu können.

---

[3] Wie stark die räumliche Herkunft eines Menschen seine kulturelle Prägung beeinflusst, ist immer noch stark umstritten. Achten Sie aber auch darauf, dass der Wissens- und Erfahrungshintergrund Menschen kulturell unterscheidet. Häufig sind sich ein indischer und ein deutscher Software-Entwickler ähnlicher als ein deutscher Software-Entwickler und ein Mitarbeiter des Fachbereichs desselben Unternehmens.

3.4.2 Organisatorische Rahmenbedingungen

Organisatorische Gegebenheiten eines Projekts beeinflussen ein Vorgehen für die Systemanalyse erheblich. So wirken sich das Vertragsmodell und der Zielmarkt auf die Strategien zur Entwicklung neuer Ideen aus. Bei begrenztem Projektbudget und knapper Verfügbarkeit der Stakeholder müssen Sie zeit- und kostengünstige Verfahren einsetzen.

Vorgehen anpassen

Die folgenden Faktoren zählen zu organisatorischen Rahmenbedingungen:

Organisatorische Rahmenbedingungen

> Neuentwicklung oder Altsystemerweiterung
> Entscheidungsprozesse
> Projektbudget
> Zahl der Stakeholder
> Zahl der Projektmitarbeiter

> Komplexität des Marktes
> Vertragsmodell
> Zeitliche Verfügbarkeit der Stakeholder
> Räumliche Verteilung der Stakeholder

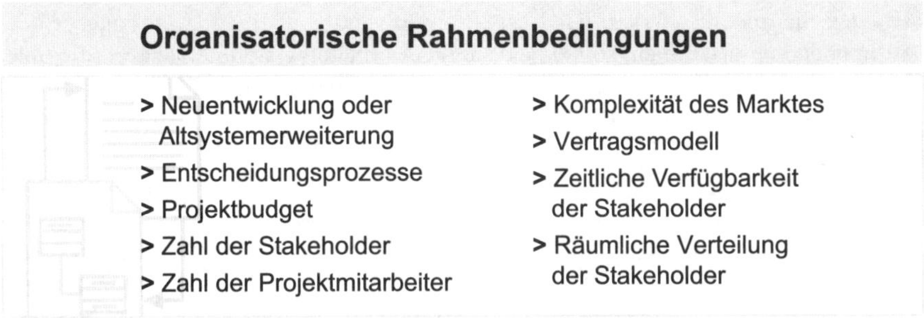

Abbildung 3.12: Budget und mehr – die organisatorischen Rahmenbedingungen

Neuentwicklung oder Altsystemerweiterung

Zu welchem Grad soll das zu entwickelnde (Teil-)System in ein bestehendes System integriert werden? Bei einer Neuentwicklung werden sämtliche Anforderungen neu erstellt und es muss keine Rücksicht auf bestehende Systeme und deren derzeitige Strukturen und Dokumentation genommen werden.

Arbeiten Sie gerade an der 17. Erweiterung eines Altsystems, müssen die neu entstehenden Anforderungen in das Umfeld des bestehenden Systems integriert werden. Soll die Neuentwicklung das bestehende System ablösen, muss die Funktionalität des Altsystems ermittelt und neu umgesetzt werden.

Rücksicht auf bestehende Anforderungen

Komplexität des Marktes

Wie komplex sind die Regeln auf dem Markt, für den Sie entwickeln? Die Bedürfnisse des Zielmarkts werden bei der Systemanalyse erfasst, die deshalb Rücksicht auf die Bedingungen des Markts nehmen muss.

Wenn Sie für einen bekannten Kunden ein individuelles System entwickeln oder ein Produkt für einen bekannten Markt entwickeln, brauchen Sie keine unbekannten Markteinflüsse zu befürchten.

Wenn der Markt für Ihr Produkt neu ist, seine Entwicklung nur schwer vorhersehbar ist oder vielleicht noch gar nicht existiert, müssen Sie diese Faktoren für die Systemanalyse berücksichtigen. Beziehen Sie dafür Trendscouts oder Marktanalysten mit ein.

Trendscouts und Marktanalysten

Vertragsmodell

Anforderungen
als Vertrags-
grundlage

Handelt es sich bei Ihrem Projekt um ein Festpreisprojekt? Sind Sie der Auftraggeber? Müssen Sie international ausschreiben? Dann werden Sie bemüht sein, bis zum
Zeitpunkt der Vertragsunterzeichnung so viele Anforderungen so perfekt wie möglich vertraglich festzulegen.

Ist der Auftrag unterschrieben, ändert sich die Machtsituation im Projekt entscheidend und alles, was Sie bis dahin nicht vertragsrelevant dokumentiert haben, kostet
extra und dauert länger als vereinbart.

Arbeiten Sie andererseits auf der Basis des Aufwands mit Ihrem Auftraggeber oder
Auftragnehmer zusammen, so können Sie das Vorgehen der Systemanalyse flexibler
gestalten und zum Beispiel die Anforderungen über das gesamte Projekt verteilt gerade rechtzeitig vor deren Umsetzung ermitteln.

Projektbudget

Wie viel Spielraum haben Sie für Ihr Budget? Eine flexible Projektdauer und nicht
fixierte Projektmittel bieten Ihnen die Chance, die Kosten für die Systemanalyse flexibel zu gestalten. Sie können kostenintensivere Techniken anwenden, um die Qualität der Anforderungen zu erhöhen und damit das Risiko zu minimieren.

Nicht mehr als
notwendig

Wenn Ihr Projektbudget knapp ist, sollten Sie in der Systemanalyse alle Tätigkeiten
auf die notwendigen Anforderungen in der gerade notwendigen Qualität beschränken,
sodass Kosten und Zeitaufwand möglichst klein bleiben.

Räumliche Verteilung der Stakeholder

Effektive Kom-
munikation

Sitzen Ihre Stakeholder räumlich verteilt eventuell sogar weltweit? Dann müssen Sie
sich weit mehr Gedanken über eine zeitnahe Information und Integration aller Beteiligten machen. Je größer die räumliche Verteilung Ihrer Stakeholder, desto mehr In-
tegrationsaufwand müssen Sie investieren.

Zeitliche Verfügbarkeit der Stakeholder

Wie viel Zeit haben die Stakeholder zur Verfügung, um sich an der Systemanalyse
zu beteiligen? Im Idealfall sind sie bei allen Aktivitäten der Systemanalyse eng eingebunden und arbeiten mit. Minimal müssen Sie Ihre Wünsche kommunizieren.

Zeit-effektive
Techniken
nutzen

Sind die Stakeholder in ihre eigentliche Tätigkeit zu stark eingebunden, sodass sie für
die Systemanalyse nur sehr begrenzt zur Verfügung stehen, setzen Sie vor allem zeit-
sparende Techniken ein. Ein möglichst großer Anteil des Analyse-Aufwands sollte von
Analytikern durchgeführt werden, die die Stakeholder nur bei Bedarf hinzuziehen.

Anzahl der Stakeholder

Wie viele Stakeholder in der Analyse beteiligt werden müssen, beeinflusst den Aufwand. Das Ermitteln, Klären und Konsolidieren der Anforderungen benötigt umso
mehr Zeit, je mehr Personen integriert werden müssen.

Um eine große Zahl von Personen zu beteiligen, haben Sie z.B. die Möglichkeit, Techniken mit elektronischer Auswertung einzusetzen. Versuchen Sie, die Stakeholder an vielen Stellen nicht einzeln, sondern in Gruppen zu beteiligen.

Gruppen beteiligen

Anzahl der Projektmitarbeiter

Wie viele Mitarbeiter sind aktiv daran beteiligt, das System zu entwickeln? Diese Personen sind die Abnehmer für die Anforderungen. Sind es nur wenige, reicht es möglicherweise, die Anforderungen größtenteils mündlich zu kommunizieren.

Sind sehr viele Personen an der Entwicklung beteiligt, benötigen Sie effektive Mechanismen, um auf die Anforderungen zuzugreifen, sodass jeder Mitarbeiter zu jedem Zeitpunkt die Anforderungen findet, die er gerade benötigt.

Entscheidungsprozesse

Wie einfach ist es, zwischen Alternativen oder in strittigen Fragen zu entscheiden? Lange Abstimmungsprozesse bergen ein hohes Risiko für die Systemanalyse, denn Sie werden viele Fragen stellen, und jede Anforderung muss abgezeichnet werden.

Versuchen Sie in diesem Fall, einen verkürzten Entscheidungsprozess zu etablieren, der zumindest für die meisten Anforderungen und Fragen genutzt werden kann, sodass Sie Anforderungen effektiv ermitteln können.

Entscheidungsprozess verkürzen

3.4.3 Fachlicher Inhalt der Anforderungen

Die fachliche Domäne und die Eigenschaften des zu analysierenden Systems haben ebenfalls Auswirkungen auf das Vorgehen bei der Systemanalyse.

Abhängig davon, wie leicht sich die fachlichen Vorgänge darlegen lassen und wie komplex das Fachgebiet ist, eignen sich unterschiedliche Techniken für die Systemanalyse. Wir treffen in unseren Projekten häufig auf die in Abbildung 3.13 dargestellten Faktoren .

Fachlicher Inhalt der Anforderungen

> Detaillierungsgrad der Anforderungen
> Beobachtbarkeit der Arbeitsschritte
> Art der Anforderungen
> Komplexität der Systemabläufe
> Erfahrung im Fachgebiet
> Kritikalität des Systems
> Systemumfang

Abbildung 3.13: Flugzeug oder Spielzeug? – Der fachliche Inhalt der Anforderungen

Art des Systems

Entwickeln Sie ein Business-System für Client-Server-Architekturen oder ein eingebettetes System? Die Branche und die Technologie haben einen großen Einfluss auf die Systemanalyse. Das System umfasst zum Beispiel bei eingebetteten Systemen oft mehr als Software, da Sie die Hardware mit entwickeln müssen.

In jedem Fall sollten Sie sich Gedanken über den Rahmen Ihres Systems machen. In Kapitel 5 „Stakeholder, Ziele und der Systemkontext" wird beschrieben, wie Sie den Scope und den Kontext Ihres Systems ermitteln.

☞ 5 Ziele

Normen und Standards

Geben Normen und Standards vor, wie Ihr Vorgehensmodell aussehen muss? Ihre Freiheit, einen Entwicklungsprozess zu definieren, ist somit deutlich eingeschränkt. Verzweifeln Sie nicht, falls Ihnen die Vorgaben nicht sonderlich passend erscheinen. Auch im Rahmen eines vorgeschriebenen Vorgehensmodells lassen sich Freiräume aufdecken, die Sie geschickt nutzen können. Wir haben inzwischen in vielen Projekten Erfahrungen z.B. mit sehr agilen Versionen des RUP oder des V-Modells gesammelt.

Überblick über Dokumente

Müssen Sie für Ihr System viele fachliche Normen und Standards beachten? Diese Dokumente geben Ihnen in der Regel viele Anforderungen vor, die Sie dann nicht mehr ermitteln müssen. Versuchen Sie auf jeden Fall, einen Überblick über die in den Dokumenten enthaltenen Anforderungen zu behalten. Häufig entsprechen die in den Standards enthaltenen Anforderungen bei weitem nicht Ihren Qualitätsansprüchen und müssen im Rahmen Ihres Projektes konkretisiert werden.

Kritikalität des Systems

Wie kritisch ist ein Fehlverhalten des Systems? Werden hohe Kosten verursacht oder im schlimmsten Fall Menschenleben gefährdet, so ist bereits in der Systemanalyse besonders hohe Qualität der Anforderungen notwendig. Beispielsweise müssen die Anforderungen der Steuerung eines Kernkraftwerks das Verhalten des Systems sehr exakt beschreiben, um Fehlverhalten in jedem Fall zu vermeiden. Fehler in ausgelieferten Serienprodukten wie PKWs können sehr teuer werden, wenn Sie einen Rückruf benötigen, um einen Fehler zu beseitigen.

Hohe Qualität der Anforderungen sicherstellen

Ist die Kritikalität des Systems sehr hoch, sollten Sie bei der Systemanalyse sehr sorgfältig vorgehen und die Anforderungen möglichst in mehreren Schritten und von mehreren Seiten beleuchten. In jedem Schritt des Object Engineerings sollten Sie verschiedene Techniken kombinieren, um deren jeweilige Schwächen auszugleichen und damit das Risiko von Fehlern zu verringern.

Systemumfang

Wie umfangreich ist Ihr System? Der Aufwand für die Systemanalyse steigt mit dem Umfang des Systems.

Komplexität in Teile zerlegen

Um die Übersicht zu wahren, sollten Sie das System sinnvoll in kleinere Teile zerlegen und diese für sich analysieren. Eventuell benötigen die einzelnen Teile ein weiter

74

angepasstes Vorgehen, da sie wiederum verschiedene Randbedingungen besitzen können.

Komplexität der Systemabläufe

Wie komplex sind die Abläufe in Ihrem System? Komplexe Abläufe sind schwer zu erfassen und zu beschreiben, insbesondere in dynamischen Systemen mit nebenläufigen Prozessen. Sie sollten versuchen, die Komplexität durch Abstraktion in verschiedenen Beschreibungsebenen zu beherrschen.

Komplexität durch Abstraktion beherrschen

Beobachtbarkeit der Arbeitsschritte

Wie leicht können die Abläufe, die später durch Ihr System automatisiert werden sollen, derzeit beobachtet werden? Leicht beobachtbare Prozesse sind den Beteiligten bewusster und können systematisch erhoben werden. Bei schwer beobachtbaren Arbeitsschritten findet ein Analytiker nur schwer Zugang zum Wissen über die Prozesse. Oftmals muss hier die Funktionalität, die sich z.B. hinter den Masken eines Altsystems verbirgt, mühsam in alten Dokumenten oder gar im Code wiedergewonnen werden.

Einbinden der Stakeholder

Art der Anforderungen

Ob funktionale oder nicht-funktionale Anforderungen analysiert werden, hat Auswirkungen auf die Systemanalyse. Vor allem nicht-funktionale Anforderungen sind häufig schwer zu ermitteln, da sie schwer quantifizierbar sind. Stakeholder sprechen hier z.B. gerne von hoher Benutzerfreundlichkeit oder schneller Systemreaktion.

Anschauliche Beispiele

Nicht-funktionale Anforderungen können sehr gut mithilfe eines Prototyps überprüft werden. So können die Stakeholder ihre subjektiven Wünsche anhand eines lauffähigen Systems überprüfen und eine Bewertung zum Beispiel der Benutzerfreundlichkeit vornehmen. In Kapitel 10 „Die nicht-funktionalen Anforderungen in der Systementwicklung" werden die Eigenheiten nicht-funktionaler Anforderungen detailliert vorgestellt.

 10 nfA

Erfahrung im Fachgebiet

Wie sicher bewegen Sie sich als Analytiker in dem Fachgebiet, für das ein System entwickelt wird? Sind Sie selbst Fachexperte, so können Sie eigene Vorschläge oder Erfahrungen einbringen und so die Stakeholder entlasten. Ist Ihnen das Fachgebiet unbekannt, müssen die Stakeholder die Anforderungen vollständig selbst entwickeln.

Auf jeden Fall sollten Sie sich Basiswissen über das Fachgebiet aneignen, bevor Sie die Systemanalyse starten. Ihre Stakeholder können Ihnen sicher gute Bücher empfehlen oder Sie sogar selbst vor Ort in die Tätigkeiten einweisen. Nutzen Sie bestehende Dokumentationen, um vorhandenes Wissen zu sammeln.

Wissen aneignen

Detaillierungsgrad der Anforderungen

Wie detailliert sind die Anforderungen, die Sie gerade benötigen? Abstrakte Anforderungen werden üblicherweise zu Beginn der Systemanalyse ermittelt, um einen Überblick über das zu erstellende System zu erhalten. Sie stellen hohe Anforderungen an die Abstraktionsfähigkeit der beteiligten Personen.

Für detaillierte Anforderungen ist ein vergleichsweise hoher Aufwand nötig, da sehr viele Informationen gesammelt und dokumentiert werden müssen.

3.4.4   Die optimale Systemanalyse

Nachdem Sie die Rahmenbedingungen Ihres Projektes geklärt haben, sollten Sie sich Gedanken darüber machen, welche Anforderungen Sie wann benötigen und wie Sie diese Anforderungen erhalten. Sie analysieren Kosten und Nutzen und legen das Vorgehen für die Systemanalyse fest.

Kosten und
Nutzen der
Anforderungen

- Welche Risiken sind damit verbunden, die Anforderungen *nicht* zu ermitteln?
- Was ist für Ihr Projekt der richtige Zeitpunkt oder die richtige Zeitspanne, um Anforderungen zu ermitteln und zu dokumentieren?
- Wie viele Anforderungen brauchen Sie zu welchen Systemteilen wann in welcher Form und in welcher Qualität?
- Welches Risiko gehen Sie ein, wenn Sie Anforderungen zu spät oder auch zu früh erfassen?

Ausgehend von den Risiken können Sie ein Vorgehen für die Systemanalyse festlegen. Nutzen Sie dazu bestehende Empfehlungen und Best Practices wie zum Beispiel das Object Engineering als Basis, um die folgenden Fragen zu beantworten:

Vorgehen zur
Systemanalyse

- Welches Vorgehensmodell legen Sie für die Systemanalyse zugrunde?
- Welche Aktivitäten führen Sie wann in der Systemanalyse aus, und welche Techniken nutzen Sie dazu?
- Welche Personen nehmen welche Rollen in der Systemanalyse ein?
- Welche Artefakte erstellen Sie, welche davon werden langfristig gepflegt und wie werden Abhängigkeiten dazwischen verwaltet?

Günstige
Techniken

In den folgenden Kapiteln finden Sie genaue Taxonomien und Empfehlungen, welche Aktivitäten und Techniken unter welchen Randbedingungen geeignet sind und wann es günstig ist, sie einzusetzen. Aus den geeigneten Techniken ermitteln Sie anschließend die Techniken, die das beste Kosten-Nutzen-Verhältnis besitzen. Da jede Aktivität nur dann gerechtfertigt ist, wenn sie dem Projekt unter dem Strich Gewinn bringt, sollten Sie die Kosten für ihre Durchführung dem Gewinn und den Risiken gegenüberstellen.

Wie teuer eine Technik für ein Projekt ist, hängt davon ab, wie aufwändig die Durchführung ist, wie viel Erfahrung der Analytiker mit dieser Technik hat und wie lange die beteiligten Stakeholder und Analytiker (Kosten und Zeitaufwand) eingebunden werden können. Das potenzielle Risiko einer nicht durchgeführten Aktivität ergibt sich aus der Gefahr, dass die Anforderungen nicht vollständig und korrekt erfasst werden.

Im Allgemeinen werden Sie keine einzelne Aktivität und keine einzelne Technik finden, die allein optimal für Ihr Projekt ist. Sie werden mehrere Aktivitäten kombinieren und jeweils einen Mix aus verschiedenen Techniken einsetzen, um das Projektrisiko zu minimieren und den größten Gewinn zu erhalten. Kombination von Techniken

Besonderes Augenmerk sollten Sie auch auf die Artefakte legen, die Sie in Ihrem Projekt nutzen. Jedes zusätzliche Dokument kostet großen Verwaltungs- und Änderungsaufwand, um die Informationen über alle Artefakte hinweg konsistent zu halten. Das relevante Wissen muss in Ihrem Projekt natürlich vorhanden sein, im Requirementsgehirn. Ob Sie es schriftlich oder mündlich vorhalten, hängt von Ihrem Projekt ab.

Um den Aufwand der Konsistenzsicherung zu verringern, können Sie verschiedene Arten von Informationen kombinieren und zusammen verwalten. Zum Beispiel haben wir in bestimmten Projektsituationen gute Erfahrungen mit der Kombination der Anforderungen und des Benutzerhandbuchs gemacht (siehe [Rupp04]).

3.5 Management-Zusammenfassung

Bei der Entwicklung eines Systems spielen Vorgehensmodelle wie das V-Modell oder der Rational Unified Process™ (RUP) eine zentrale Rolle. Sie stellen erprobte Methoden, Artefakte und Vorgehensweisen zur Verfügung, die projektspezifisch angepasst werden müssen. Dabei werden unterschiedliche Vorgehen (iterativ, inkrementell oder anwendungsfallgetrieben) miteinander kombiniert. Neuere agile Ansätze bringen derzeit wichtige Impulse auch in die bereits bekannten Vorgehensmodelle ein.

Für die Systemanalyse existieren eigene Prozesse, welche die Vorgehensmodelle erweitern und präzisieren. Aus unseren Erfahrungen in Projekten haben wir das Vorgehen „Object Engineering (OE)" entwickelt. Es stellt einen Rahmen zur Verfügung, um Anforderungen zu ermitteln, zu dokumentieren, zu verwalten und zu prüfen. Dazu sind im Object Engineering Aktivitäten, deren physische Erzeugnisse (Artefakte) und Abhängigkeiten definiert. Object Engineering

Wenn Sie ein Vorgehen für Ihre Systementwicklung definieren, sollten Sie die Projektrandbedingungen berücksichtigen. Wählen Sie die Aktivitäten, Produkte und Techniken aus, die sich am besten für die gegebenen Projektrandbedingungen eignen. Ziel dieses Vorgehens ist es, immer die Aktivitäten durchzuführen, welche die Projektrisiken am effektivsten reduzieren und Sie Ihren Projektzielen näher bringen.

Object Engineering ist ein sehr agiler Ansatz, der Ihnen einen Methoden-Baukasten und viele „Best Practices" an die Hand gibt, sodass Sie für Ihr Projekt den besten Methodenmix erhalten. Agile Systemanalyse

3.6 Ist Ihr Vorgehen optimal für Ihre Problemstellung?

- Ist in Ihrem Unternehmen die Verantwortung für die Entwicklung und insbesondere die Systemanalyse klar geregelt?
- Haben Sie ein geeignetes Vorgehensmodell und einen effektiven Systemanalyse-Prozess gefunden?
- Wissen Sie, welche Aktivitäten Sie wann durchführen, welche Artefakte Sie erzeugen und welche Personen welche Rollen einnehmen?
- Sind die wichtigsten Projektrahmenbedingungen und daraus resultierende Risiken bekannt und dokumentiert?
- Haben Sie überlegt, welche Risiken Sie durch jede Aktivität vermeiden und welchen Gewinn die Aktivität Ihrem Projekt bringt?

3.7 Weiterführende Literatur

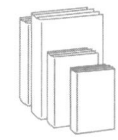

[AM]

Agile Manifesto: http://agilemanifesto.org

[Beck99]

Beck, K.: eXtreme Programming Explained: Embrace Change. Reading/MA, Addison Wesley 1999. ISBN 0-201-61641-6

[Beck00]

Beck, K.: eXtreme Programming. München, Addison Wesley 2000. ISBN 3-8273-1709-6

[Boehm81]

Boehm, B.: Software Engineering Economics. Prentice Hall 1981. ISBN 0-138-22122-7

[CMM]

Capability Maturity Model: http://www.sei.cmu.edu/cmm

[Cockburn03]

Cockburn, A.: Agile Software-Entwicklung, MiTP Verlag GmbH 2003. ISBN 3-8266-1346-5

[DSDM]

Dynamic System Development Method: http://www.dsdm.org

[FDD]

Feature Driven Development: http://www.featuredrivendevelopment.com

[Highsmith00]

Highsmith, J.: Adaptive Software Development. Dorset House, New York 2000. http://www.adaptiveSD.com

[Hruschka02]

Hruschka, P.; Rupp, C.: Agile Softwarcentwicklung für Embedded Real-Time Systeme mit der UML. München, Wien, Hanser 2002. ISBN 3-446-21997-8

[Jeckle04]
Jeckle, M.; Rupp, C.; Hahn, J.; Zengler, B.; Queins, S.: UML2 glasklar. München, Wien, Hanser 2004. ISBN 3-446-22575-7

[Jones98]
Jones, C.: Estimating Software Costs. McGraw-Hill Professional 1998. ISBN 0-079-13094-1

[Kotonya97]
Kotonya, G.; Sommerville, I.: Requirements-Engineering – Processes and Techniques. John Wiley 1997. ISBN 0-471-97208-8

[Kruchten01]
Kruchten, P.: The Rational Unified Process – Eine Einführung. 2. Auflage. Addison Wesley 2001. ISBN 3-827-31543-3

[Oestereich01]
Oestereich, B.: Objektorientierte Softwareentwicklung: Analyse und Design mit der Unified Modeling Language. 5. Auflage. München, Wien, Oldenbourg 2001. ISBN 3-486-25573-8

[Rupp04]
Rupp, C.; Rachinger, F.; Lechner, A.: A User's Manual as Requirements Specification – Half the Effort with Twice the Benefit? Konferenzbeitrag zur CONQUEST 2004, Conference on Quality Engineering in Software Technology, Nürnberg

[Rupp04a]
SOPHIST Group; Rupp, C.: Systemanalyse kompakt. Elsevier GmbH, München, 2004. ISBN 3-8274-1509-8

[SCRUM]
SCRUM: http://www.controlchaos.com/

[Sommerville97]
Sommerville, I.: Sawyer, P.: Requirements Engineering A Good Practice Guide. Chichester, New York, Wiley 1997. ISBN 0 471 97444 7

[VMH97]
Allgemeiner Umdruck Nr. 250/3, Entwicklungsstandard für IT-Systeme des Bundes, Vorgehensmodell. Teil 3: Handbuchsammlung. Juni 1997

[VMR97]
Allgemeiner Umdruck Nr. 250/1, Entwicklungsstandard für IT-Systeme des Bundes, Vorgehensmodell. Teil 1: Regelungsteil. Juni 1997

[Young01]
Young, R.: Effective Requirements Practices. Addison Wesley 2001. ISBN 0-201-70912-0

Chris Rupp

4

Anforderungsermittlung –
Hellsehen für Fortgeschrittene

Fragen, die dieses Kapitel beantwortet:

- Was muss ich tun, um die jeweiligen Anforderungsarten zu erhalten?
- Welche Stärken und Schwächen hat welche Ermittlungstechnik?
- Welchen Einfluss haben spezifische Projektcharakteristika auf die Auswahl geeigneter Ermittlungstechniken?
- Welche Kombination verschiedener Techniken ist für mein Projekt geeignet?

4.1 Ran an die Kundenforderungen

So wenig wie
möglich, so viel
wie nötig!

Ziel ist es, mit möglichst geringem Aufwand, angepasst an die Projektrandbedingungen, die Ziele und Anforderungen zu erfassen, um ein System zu entwickeln, das den Stakeholdern möglichst viel Gewinn bringt. Wir suchen deshalb gerade für die Anforderungsermittlung nach dem effektivsten Mittelweg zwischen Risikoreduktion und Kostenexplosion.

4.1.1 Die Informationsquellen

Alle Anforderungen, unabhängig von ihrer Detaillierung, ihrer Art oder dem Zeitpunkt, müssen bei einer fachlich kompetenten Quelle ermittelt werden.

 3 Idee-System

Häufig sind sich die Stakeholder zu Beginn eines Projekts noch nicht bewusst, was sie von einem neuen System erwarten. Sie kennen die bestehenden Geschäftsprozesse und das existierende System und können diese beschreiben (Ist-Situation). Das Ziel der meisten Projekte ist es, die bestehende Situation zu verbessern und ein System zu entwickeln, das die Geschäftsprozesse optimiert und die Benutzer effektiver unterstützt (Soll-Situation). Abstrahieren Sie dazu aus einer pragmatischen Beschreibung die Lösungsdetails, um zu essenziellen Anforderungen zu gelangen. Im Lauf der Entwicklung werden dann für die optimierten essenziellen Anforderungen neue Lösungen entwickelt und pragmatische Abläufe beschrieben. Diese stellen aber (hoffentlich) optimierte Geschäftsprozesse dar.

Analytiker als
Katalysator

Ihre Aufgabe als Analytiker ist es, zusammen mit den Stakeholdern die Anforderungen an ein System zu definieren, das die optimierte Durchführung der Geschäftsprozesse unterstützt. Sie sind der Moderator, der dafür verantwortlich ist, dass die Zeit der Stakeholder zielgerichtet dazu genutzt wird, Anforderungen zu ermitteln. Sie sollten als Katalysator arbeiten, der den Stakeholdern hilft, Ideen zu produzieren und sich über ihre Anforderungen klar zu werden. Rechnen Sie nicht damit, dass Ihnen die Stakeholder perfekte Anforderungen auf dem Silbertablett präsentieren.

„Unklare Anforderungen" sind ein typisches Problem bei der Systementwicklung. Ihre Aufgabe als Analytiker ist es, den Stakeholdern dabei zu helfen, sich über die Anforderungen klar zu werden.

4.1.2 Geeignete Ermittlungstechniken

Die Technik, die für alle Stakeholder und Anforderungen in einem Projekt gleichermaßen geeignet ist, gibt es nicht. Da im Laufe eines Projekts die unterschiedlichsten Arten von Anforderungen (siehe Kapitel 6 „Anforderung oder Anforderung – Der feine Unterschied") unter wechselnden Randbedingungen bei unterschiedlichen Menschen ermittelt werden, reicht im Allgemeinen eine einzelne Ermittlungstechnik nicht aus.

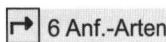 6 Anf.-Arten

Bevor Sie jedoch zu irgendeinem Zeitpunkt in Ihrem Projekt Anforderungen ermitteln, sollten Sie sich Gedanken um die Ermittlungstechnik machen, die sich für die momentane Situation am besten eignet. Folgende Faktoren spielen dabei nach unseren Erfahrungen die größte Rolle:

- Die Chancen und Risiken im Projekt

Einflussfaktoren

- Die Unterscheidung nach bewussten, unbewussten und unterbewussten Informationen
- Die Erfahrung des Analytikers mit der entsprechenden Ermittlungstechnik

Wir werden im Folgenden die Ermittlungstechniken vorstellen und sie bezüglich der Risiken bewerten, die sich aus den in Kapitel 3 „Von der Idee zum System" geschilderten Projektrandbedingungen ergeben. Bei der Beschreibung der einzelnen Techniken werden wir darauf eingehen, wie gut sie geeignet sind, bewusste, unterbewusste und unbewusste Anforderungen zu ermitteln.

3 Idee-System

Bei Ihrer Auswahl sollten Sie außerdem auch berücksichtigen, wie viel Erfahrung Sie mit einer Technik haben. Sie sollten sich zum Beispiel nicht ausschließlich auf eine extravagante Technik verlassen, wenn Sie noch keine Erfahrungen damit gesammelt haben. Kombinieren Sie die Technik zumindest mit weiteren Techniken, um das Risiko von unverstandenen Stakeholdern zu vermeiden.

4.1.3 Die Qual der Wahl

In Kapitel 3 „Von der Idee zum System" wurden eine Reihe von Projektrandbedingungen vorgestellt, auf deren Basis wir die hier vorgestellten Ermittlungstechniken vergleichen werden. Wir geben Ihnen im Folgenden eine konkrete Entscheidungsmatrix inklusive Taxonomie an die Hand, um situationsbezogen die besten Techniken für Ihr Projekt auszuwählen.

3 Idee-System

Der erste wichtige Schritt bei der Auswahl einer geeigneten Ermittlungstechnik ist die Analyse der Risikofaktoren. Die vorgestellten Faktoren besitzen in verschiedenen Projekten unterschiedliche Relevanz. Finden Sie die drei bis sechs Risikofaktoren, die in Ihrem Projekt am stärksten ausgeprägt sind, und konzentrieren Sie sich darauf, diese zu minimieren.

Risikofaktoren
finden

Auf der Basis der stärksten Risikofaktoren überprüfen Sie nun im zweiten Schritt die vorgestellten Techniken auf ihre Eignung zur Anforderungsermittlung in Ihrem Projekt. Dazu suchen Sie in der Beschreibung der Ermittlungstechniken die Technik, deren Vor- und Nachteile zum Risikoprofil passt.

Geeignete
Techniken
auswählen

4.1.4 Die Projektrandbedingungen

In Abbildung 4.1 zeigt die Bewertung der in diesem Kapitel vorgestellten Ermittlungstechniken bezüglich der Projektrandbedingungen, wie sie unseren Erfahrungen und unserem Verständnis vom Einsatz der Techniken entspricht.

Techniken bzgl.
Projektrand-
bedingungen

Nutzen Sie diese Tabelle als Ausgangsbasis und passen Sie sie anhand Ihrer eigenen Erfahrungen an. Damit erhalten Sie eine genauere Bewertung für zukünftige Entscheidungen. Eine bearbeitbare Form der Tabelle finden Sie unter www.sophist.de.

		Brainstorming	Brainstorming paradox	Methode 6-3-5	Wechsel d. Perspektive	Walt Disney Methode	Bionik / Bisoziation	Feldbeobachtung	Apprenticing	Osborn Checkliste	Fragebogen	Selbstaufschreibung	Interview	On-Site-Customer	Systemarchäologie	Reuse	NLP	Mind Mapping	Workshop	Snowcards	CRC-Karten	Audio-Aufzeichnung	Video-Aufzeichnung	Anwendungsfälle	Essenzbildung	Anforderungen erahnen
Mensch																									
geringe Motivation		-	--	--	--	--	--	+	-	+	-	+	o	--	0	0	0	+	-	+	0	0	+	0	0	++
schlechte kommunikative Fähigkeiten		-	-	-	-	0	0	-	++	0	-	-	-	--	0	0	++	+	-	0	-	-	0	0	+	+
implizites Wissen		+	++	++	+	+	+	++	++	--	+	0	-	+	0	0	++	0	+	0	0	0	0	0	0	++
geringes Abstraktionsvermögen		-	--	-	-	-	--	++	++	+	-	+	-	-	0	0	+	0	-	-	0	0	0	-	-	+
divergierende Stakeholdermeinungen		-	+	-	-	-	0	-	-	++	+	0	+	0	0	0	+	+	-	+	+	0	0	+	++	0
problematische Gruppendynamik		--	--	--	0	-	0	--	++	0	+	0	+	0	0	-	--	0	-	0	-	--	0	0	0	0
Organisatorische Rahmenbedingungen																										
Neuentwicklung		++	+	++	++	++	+	0	0	+	+	+	+	--	0	0	+	++	++	+	0	0	0	+	+	+
Altsystemerweiterung		0	+	0	0	0	0	+	+	+	++	+	+	++	0	0	+	0	+	+	0	0	0	0	+	
Komplexer Markt		++	+	+	++	++	+	+	+	+	-	0	-	--	+	0	+	0	-	-	+	++	+			
Individualentwicklung		0	0	0	0	0	0	+	+	+	+	+	++	++	-	0	0	0	+	0	0	0	0	0	0	+
Produktentwicklung		++	+	++	++	++	+	-	--	+	+	-	-	--	+	0	0	0	++	-	0	-	-	0	0	+
fixiertes, knappes Projektbudget		0	0	-	0	0	--	-	+	-	+	+	+	0	-	++	+	0	0	0	0	++	-	0	0	++
hohe Verteilung d. Stakeholder		--	--	--	-	-	-	0	0	+	0	--	+	0	0	0	-	--	-	0	0	0	0	0	0	0
schlechte Verfügbarkeit d. Stakeholder		-	-	-	-	-	-	++	--	+	-	-	-	-	0	++	0	-	-	--	--	++	++	0	0	
hohe Zahl von Stakeholdern		-	-	0	0	-	-	+	-	0	0	0	0	-	0	--	-	+	0							
Fachlicher Inhalt der Anforderungen																										
hohe Kritikalität des Systems		0	0	+	+	+	-	+	--	+	+	+	+	++	++	-	++	+	0	+	+	++	+	0	+	-
großer Systemumfang		0	0	0	0	0	0	++	+	--	-	+	+	+	++	0	+	0	+	0	0	++	++	+		
hohe Komplexität der Systemabläufe		+	-	0	+	+		--	-	+	0	+	+	+	+	0	+	++	0	0	0	0	0	0		
geringe Beobachtbarkeit		+	0	0	+	0	++	--	+	+	+	+	+	+	0	+	0	0	0	0	--	0	+	0		
nicht funktionale Anforderungen		-	-	+	+	0	+	--	+	0	-	-	0	0	+	0	-	0	0	+	0	+	0	0		
unbekanntes Fachgebiet		0	0	+	0	-	-	+	++	-	0	+	++	++	++	-	0	+	0	0	0	0	0	+	0	-
abstrakte Anforderungen		+	+	+	+	+	+	--	-	++	++	++	+	+	-	0	+	+	+	++	++	0	0	++	++	-
detaillierte Anforderungen		-	-	-	-	-	-	+	++	0	0	++	+	++	++	++	++	++	0	-	-	-	+	+	0	+

Abbildung 4.1: Einfluss von Randbedingungen auf die Anwendbarkeit von Ermittlungs-techniken

Die Tabelle zeigt, welche Ermittlungstechniken sich wie gut unter welcher Projekt-randbedingung eignet. Ist für eine Technik „ungeeignet" (--) eingetragen, sollten Sie diese Technik bei gegebenen Randbedingungen nicht anwenden. Der Eintrag „emp-fehlenswert" (++) bezeichnet eine Technik, die unter Ihren Randbedingungen effektiv funktioniert. „Gut geeignet" (+) und „nicht gut geeignet" (-) geben einen Eindruck davon, wie hilfreich die Anwendung dieser Technik in einer bestimmten Situation ist.

3 – 6 wichtige Randbedingungen berücksichtigen

Um eine geeignete Ermittlungstechnik auszuwählen, markieren Sie in der Tabelle die drei bis sechs wichtigsten Randbedingungen in Ihrem Projekt und suchen die Techniken, die bezüglich dieser Voraussetzungen die besten Bewertungen besitzen. Dabei sollten Sie darauf achten, dass Sie für jede ausgeprägte Randbedingung in Ih-rem Projekt eine Technik mit dem Eintrag „empfehlenswert" (++) einsetzen.

4.2 Die entscheidenden Faktoren Ihres Produkts

Für die Anforderungsermittlung ist es auch entscheidend zu wissen, welche Bedeutung die Anforderungen für die Zufriedenheit der Kunden haben.

Das von Dr. Noriaki Kano bereits 1978 vorgestellte Kano-Modell teilt die Features eines Produkts in drei Kategorien ein. Diese Kategorien haben einen unterschiedlichen Einfluss auf die Zufriedenheit des Kunden mit dem Produkt. In [Sauerwein00] werden die existierenden Anwendungs- und Interpretationsmöglichkeiten dargestellt.

Kano unterteilt Anforderungen bzw. Features in folgende Kategorien:

Kategorien nach Kano

- *Basisfaktoren* sind selbstverständlich vorausgesetzte Features.
- *Leistungsfaktoren* sind die bewusst verlangte Sonderausstattung.
- *Begeisterungsfaktoren* sind Features des Produkts, die der Kunde nicht kennt und erst während der Benutzung als angenehme und nützliche Überraschungen entdeckt.

Wenn sich die Begeisterungsfaktoren am Markt durchsetzen, ziehen immer mehr Produzenten mit derartigen Features nach. Dann werden aus Begeisterungsfaktoren im Lauf der Zeit Leistungsfaktoren und schließlich Basisfaktoren.

War die Fähigkeit, SMS zu verschicken, 1994 noch ein exotisches Feature von Mobiltelefonen, entdeckten es die Anwender bald als praktische Alternative zum Anruf (Begeisterungsfaktor). Da kaum jemand keine SMS verschicken wollte, wurde es zu einem häufig geforderten Feature beim Kauf eines Mobiltelefons (Leistungsfaktor). Die Nutzer gewöhnten sich schnell an die SMS, und heute wird beim Kauf eines Handys implizit vorausgesetzt, dass es SMS versenden und empfangen kann (Basisfaktor).

Entwicklung der Faktoren

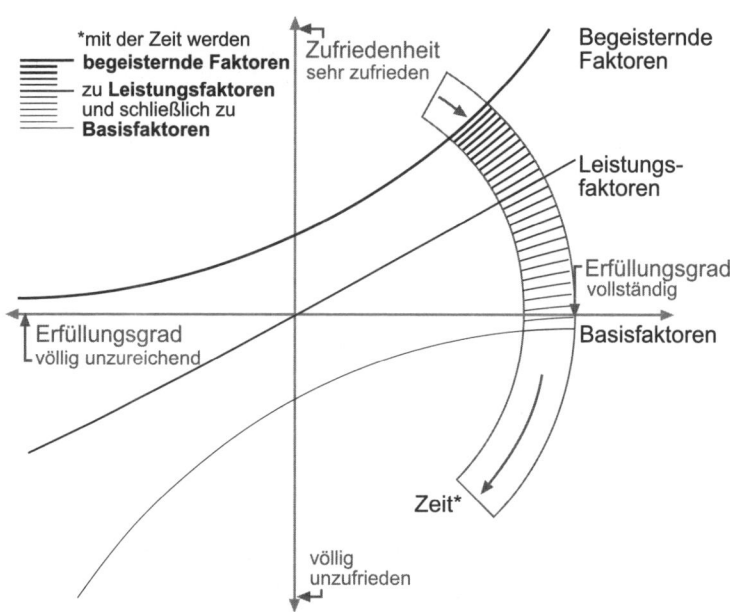

Abbildung 4.2: Das Kano-Modell der Kundenzufriedenheit

4.2.1   Basisfaktoren ermitteln

Basisfaktoren

Die Basisfaktoren, die der Kunde beim Einsatz Ihres Produkts implizit voraussetzt, muss das Produkt oder System in jedem Fall erfüllen. Sind diese Features vollständig umgesetzt, bedeutet das noch nicht, dass der Kunde schon zufrieden ist. Fehlt aber eines dieser Features, führt dies sicher zu massiver Unzufriedenheit. Basisfaktoren sind zum Beispiel bei einem Handy Funktionalitäten wie „Telefonieren", „überall erreichbar" oder „auswechselbarer Akku" oder „Tastatur und Bildschirm auf der selben Seite angebracht".

Unabhängig davon, ob Sie ein Produkt für den freien Markt entwickeln oder eine Individualentwicklung für einen bekannten Kunden durchführen, die Basisfaktoren sollten Sie immer berücksichtigen. Wenn Ihnen das Fachgebiet geläufig ist, kennen Sie diese in vielen Fällen selbst und können sie selbst ergänzen. Bewegen Sie sich jedoch auf fachlichem Neuland, so sind Sie, um Zeit zu sparen, auf die Know-how-Träger im Unternehmen, oder auf Benutzerhandbücher des Vorgängersystems angewiesen. Falls beides nicht mehr greifbar ist, bleibt Ihnen nur die Analyse Ihres vorhandenen Codes (Archäologie), um die Anforderungen zu ermitteln, oder Sie ermitteln mit Szenarien, die Sie am Altsystem durchspielen, was das System wirklich tut. Dabei ist es wichtig, dass Sie die erhaltenen Informationen nicht unreflektiert aufnehmen. Fragen Sie gezielt nach, ob Features noch benötigt werden oder einen wirtschaftlichen Nutzen bringen.

Eine andere Möglichkeit, Zeit bei der Analyse von Basisfaktoren zu sparen, ist, die Arbeit auf jemand anderen zu verschieben, den Sie nicht finanzieren müssen. Häufig handelt es sich bei Basisfaktoren um Querschnittsfunktionen, die auch für andere Projekte einsetzbar wären und deshalb auch von anderen ermittelt werden könnten.

Vielleicht sind die Anforderungen, die Sie eben ermitteln wollen, ja sogar schon für andere Projekte erhoben worden.

4.2.2 Leistungsfaktoren abholen

Leistungsfaktoren sind die Features, die dem Kunden bewusst sind und die er explizit fordert. Die Erfüllung dieser Features erzeugt Kundenzufriedenheit und ist daher erstrebenswert. Fehlen einige dieser Features, akzeptiert der Kunde das Produkt zwar, seine Unzufriedenheit wächst jedoch mit jedem fehlenden Leistungsfaktor (zum Beispiel „längere Stand-by-Zeiten", „Speicherung einer großen Zahl an Telefonnummern", „Farbdisplay" oder „Sprachbedienung").

Auf diese Features stoßen Sie zuerst, da die Stakeholder sie explizit nennen. Allgemein werden die Leistungsfaktoren als vollständige Anforderungen angesehen (obwohl sie es nicht sind). Zusätzlich können Sie sich neue Anregungen auch durch einen Blick auf die Produkte Ihrer Konkurrenz holen. Sie sollten jedoch darauf achten, nicht so viele Leistungsfaktoren oder utopische Wünsche von Extremisten aufzunehmen, dass deren Umsetzung Probleme verursachen. Überprüfen Sie für diese Fälle die Kosten-/Nutzen-Relation genau. Sobald Sie Leistungsfaktoren in einem System umsetzen, reagiert der Kunde mit Zufriedenheit. Kunden mögen es einfach, wenn man ihre Wünsche erfüllt ☺.

4.2.3 Unbewusste Wünsche finden

Begeisterungsfaktoren sind Merkmale eines Systems, deren Wert ein Kunde erst erkennt, wenn er sie selbst ausprobieren kann. Wie wäre es zum Beispiel, wenn Sie mit dem Mobiltelefon die Standheizung im Auto einschalten könnten oder das Telefon finden könnten, auch wenn es ausgeschaltet ist?

Solche begeisternden Features entscheiden darüber, ob ein Produkt zum Hit wird und einen wesentlichen Vorsprung vor Konkurrenten erhält oder ob es zum Ladenhüter wird. Auch auf das richtige Timing kommt es an. Bringen Sie diese Features dann zur Sprache, wenn Ihr Kunde mal wieder ein Highlight braucht. Allerdings sind gerade diese Faktoren schwer zu ermitteln, da sie ja nicht einfach vom Kunden erfragt werden können.

Um neue und innovative Ideen zu bekommen, lassen Sie Ihrer Kreativität freien Lauf. Setzen Sie dafür am besten Kreativitätstechniken wie das Brainstorming oder den Wechsel der Perspektive ein. Es ist durchaus sinnvoll, auch Stakeholder in den Kreativitätsprozess mit einzubeziehen.

Die neuen Ideen analysieren Sie anschließend nach ihrem Risiko, der Machbarkeit, Nützlichkeit und dem Begeisterungspotenzial. Das Potenzial der Idee können Sie dabei durch eine „klassische" Ermittlungstechnik herausfinden, indem Sie die Stakeholder nach ihrer Meinung befragen. Dabei sind nicht immer die aufwändigsten technischen Neuerungen auch die, welche zu höchster Kundenbegeisterung führen. Auch der Prozess rund um das System, also z. B. Innovationen oder Verbesserungen in den Bereichen Vertriebsservice, Wartungsservice oder Lernsysteme, kann gute Anhaltspunkte für mögliche Begeisterungsfaktoren bieten.

4.3 Ermittlungstechniken – Kristallkugeln und Kartenlegen

Um Wissen zu ermitteln, wurde eine Vielzahl von Techniken entwickelt, die sich für den Einsatz bei unterschiedlichen Randbedingungen eignen. Die hier beschriebenen Techniken haben sich bereits vielfach in der Praxis bewährt.

4.3.1 Kreativitätstechniken

Neue, innovative Ideen

Wenn Sie Ihrer Kreativität freien Lauf lassen und neue, innovative Ideen entwickeln wollen, können Sie Kreativitätstechniken als Unterstützung benutzen. Sie helfen, das Denken in herkömmlichen Bahnen aufzubrechen und auch ungewöhnlichen Ideen Raum zu schaffen. Dabei ist es wichtig, dass Sie das richtige Umfeld für diese Kreativität aufbauen, um nicht im kreativen Chaos zu versinken.

Begeisterungs-faktoren

Kreativitätstechniken eignen sich vor allem dazu, die erste Vision eines Systems zu entwickeln, einen Überblick zu gewinnen und innovative Ideen zu sammeln. Sie sind die geeignetste Möglichkeit, unbewusste Begeisterungsfaktoren zu ermitteln.

Hellsehen

Da Sie kreativ mit neuen Gedanken spielen, haben Sie auch die Chance, zukünftige Anforderungen, mögliche Probleme beim Einsatz des Systems oder innovative Verbesserungsmöglichkeiten zu finden und damit zukünftige Anforderungen hellzusehen.

Abstrakte Anforderungen

Um detaillierte Anforderungen an das präzise Verhalten eines Systems zu entwickeln, eignen sich Kreativitätstechniken nicht, da sie pro Aussage deutlich aufwändiger sind als zum Beispiel Beobachtungs- oder Befragungstechniken.

Nachdem gute Ideen geboren wurden, müssen Sie dafür sorgen, dass sie auch groß gezogen werden, laufen lernen und unternehmerischen Mehrwert produzieren. Hierbei hilft vor allem ein Innovationsprozess. Eine Möglichkeit, wie aus Ideen Produkte werden, hat Prof. Dr. Robert G. Cooper entwickelt – das „Stage-Gate-Modell" [Cooper02]. Er bezeichnet es selbst als „Spielanleitung" für Neuprodukte. Das Stage-Gate-Modell teilt den Innovationsprozess in eine vorab festgelegte Menge von Abschnitten (Stages) und Toren (Gates) auf. Während der Stages werden die Informationen gesammelt, an den Gates werden die Resultate kontrolliert und die Stop-or-Go-Entscheidung getroffen.

 Kreativitätstechniken

> Brainstorming　　　　　　　> Wechsel d. Perspektive
> Brainstorming paradox　　　 > Walt Disney Methode
> Methode 6-3-5　　　　　　　> Bionik / Bisoziation

Abbildung 4.3: Einige Kreativitätstechniken im Überblick

Brainstorming

Eine der wohl bekanntesten Kreativitätstechniken für Gruppen ist das Brainstorming. Entwickelt wurde diese Methode vor ca. 60 Jahren von Alex Osborn mit dem Ziel, die Qualität und die Quantität verkaufsfördernder Ideen zu erhöhen.   Grundlagen

In einer Gruppe von 5 bis 10 Teilnehmern werden in einer Sitzung von typischerweise 20 Minuten Ideen gesammelt und zunächst ohne weitere Kommentare von einem Moderator notiert – auch wenn die Idee noch so wirr und verrückt ist. Die Teilnehmer nutzen die Ideen der anderen Teilnehmer, um neue eigene Ideen zu entwickeln. Anschließend werden die Ideen einer sorgfältigen Analyse unterzogen. Eine genauere Beschreibung des Brainstormings und einige Varianten dieser Technik finden Sie zum Beispiel in [Kellner02]. Durch den Einsatz von Moderationstools ist es auch möglich, räumlich verteiltes, elektronisches Brainstorming zu betreiben.

Besonders effektiv ist das Brainstorming, wenn viele Personen unterschiedlicher Stakeholder-Gruppen daran teilnehmen.   Anwendung

Zu den Vorteilen des Brainstorming zählt, dass viele Ideen in kurzer Zeit gefunden werden und mehrere Personen gegenseitig ihre Ideen weiterentwickeln können. Durch die unreflektierte Sammlung freier Ideen können neue Lösungen entstehen, an die noch niemand zuvor dachte.   Vorteile

Bei schwieriger Gruppendynamik oder bei unterschiedlich dominanten Teilnehmern ist Brainstorming nicht sehr effektiv, weil sich die Teilnehmer nicht gegenseitig anstoßen. Wenn Ihre Stakeholder räumlich weit verteilt sind, ist Brainstorming mit hohem Aufwand verbunden, da die Stakeholder dafür an einem Ort zusammentreffen oder virtuell an einen Tisch gebracht werden müssen.   Nachteile

Brainstorming paradox

Brainstorming paradox [Kellner02] ist eine Variante des Brainstormings, bei der Ereignisse gesammelt werden, die *nicht* erreicht werden sollen. Anschließend werden Maßnahmen entwickelt, wie die gefundenen Ereignisse verhindert werden können.   Grundlagen

Ein großer Gewinn beim Anwenden dieser Technik ist, dass die Teilnehmer bewusst feststellen, welche Tätigkeiten zu negativen Ergebnissen führen. Häufig werden genau diese Tätigkeiten bereits durchgeführt.

Beim Brainstorming paradox können Sie effektiv Risiken erkennen und geeignete Gegenmaßnahmen entwickeln.   Anwendung

Wie beim normalen Brainstorming finden Sie in kurzer Zeit viele Ideen.   Vorteile

Brainstorming paradox besitzt die gleichen Nachteile wie das normale Brainstorming.   Nachteile

Methode 6-3-5

Die Methode 6-3-5 [Backerra02] ist eine schriftliche Brainstorming-Variante.   Grundlagen

6 Teilnehmer entwickeln je 3 Ideen und geben diese auf je einem Kärtchen dem jeweiligen Nachbarn weiter, der die Ideen kommentiert oder ergänzt. Anschließend werden

die Karten wieder weitergegeben, bis jeder Teilnehmer jede Karte einmal besessen hat, also 5 mal[1]. Anschließend werden die Ideen gesammelt und ausgewertet.

Anwendung
Wie beim Brainstorming finden Sie mit der Methode 6-3-5 viele kreative Ideen.

Vorteile
Diese Technik können Sie einsetzen, wenn die Gruppendynamik komplizierter ist, da die schriftliche Form in einer Diskussion aufkommende Konflikte vermeidet. Per E-Mail können dabei auch größere Distanzen überbrückt werden, weshalb Sie diese Methode auch bei räumlich verteilten Stakeholdern einsetzen können.

Nachteile
Gegenüber dem normalen Brainstorming ist die Ideenfindung bei dieser Methode nicht so effektiv, da die Teilnehmer nicht in einem Raum zusammentreffen. Vielen Personen gelingt es nicht so gut, am eigenen Rechner während der täglichen Arbeit Ideen zu entwerfen.

Wechsel der Perspektive

Grundlagen
Es gibt verschiedene Mehr-Sichten-Modelle, um ein Problem aus unterschiedlichen Perspektiven zu betrachten. Das 6-Hut-Denken von Edward de Bono ist eine ausführliche Variante mit 6 Perspektiven, das sowohl allein als auch in Gruppen eingesetzt werden kann und damit auch für komplexe Probleme geeignet ist (siehe [DeBono99]).

Verschiedenfarbige Hüte werden den Teilnehmern symbolisch aufgesetzt, um eine der folgenden Perspektiven einzunehmen, aus der das Problem dann betrachtet wird:
- Objektivität und Neutralität (weiß): Fakten und Zahlen
- Persönliches Empfinden und subjektive Meinung (rot): Gefühle, Ängste, Hoffnungen
- Objektive, negative Argumente (schwarz): Zweifel, Bedenken, Risiken
- Objektive, positive Eigenschaften (gelb): Chancen, Pluspunkte, Ziele
- Neue Ideen (grün): beliebige Ideen, ähnlich Brainstorming
- Prozess-Kontrolle (blau): Moderation und Anleitung der Ideenfindung

Anwendung
Wenden Sie diese Methode an, um die Systemziele und Anforderungen aus sehr vielen unterschiedlichen Sichten zu analysieren.

Vorteile
Diese Methode ermöglicht es sogar manchem in seiner Sicht sehr festgefahrenen Stakeholder, seine Denkweise zu verlassen und in eine andere Rolle zu schlüpfen. Wichtig sind die Akzeptanz der Stakeholder sowie ein guter Moderator.

Nachteile
Der Wechsel der Perspektive ist für viele eher introvertierte oder konservative Stakeholder eine ziemlich abgehobene Technik. Sie muss sehr vorsichtig eingeführt werden, um die Beteiligten nicht zu verschrecken. Der Analytiker läuft Gefahr, in die Psychoecke gestellt zu werden.

Walt Disney Methode

Grundlagen
Ein weiteres Mehr-Sichten-Modell ist nach Walt Disney benannt, der angeblich für jede Sichtweise einen eigenen Raum hatte. Die Walt Disney Methode [Dilts99a] be-

---

[1] Natürlich können Sie auch Abwandlungen der Methode, wie z. B. 7-3-6 oder 6-4-5, durchführen.

sitzt die folgenden Sichten, die an räumlich oder zeitlich getrennten Stellen eingenommen werden:

- Träumer und Visionär: Phantasie, Kreativität, neue Ideen
- Realist: Machbarkeit und Umsetzbarkeit
- Kritiker: Sinnhaftigkeit einer Idee, Schwachstellen, Negative Aspekte

Der Walt Disney Methode liegt die Theorie zugrunde, dass sich bei vielen Personen diese drei Sichten gegenseitig behindern. Durch die explizite Trennung und Konzentration auf jeweils eine der Sichten wird es möglich, allen zu einer Idee gehörenden Aspekten ausreichend Raum zu geben.

Die Walt Disney Methode kombiniert das Finden neuer Ideen mit der Analyse aus verschiedenen Sichten wie bei de Bonos 6-Hut-Denken. Insbesondere bei Neuentwicklungen oder einem komplexen Markt ist diese Analyse wichtig. Dabei sollten Sie die verschiedenen Räume gut wählen. Der Raum des Träumers ist z.B. ein angenehmer Meetingraum, frei von technischer Ausrüstung wie Computern usw., dafür ausgestattet mit großen Tafeln und Farbstiften. Der tägliche Arbeitsplatz ist für den Realisten genau das Richtige. Es gibt jedoch nicht nur die Möglichkeit der räumlichen Trennung, ebenso ist eine Aufteilung in Zeiträume denkbar. Die Rolle des Kritikers könnten Sie dann im Review Meeting oder einer Controllersitzung einnehmen. `Anwendung`

Sie können mit dieser Methode neue Ideen entwickeln, diese kritisch prüfen und auf ihre Machbarkeit hin untersuchen. `Vorteile`

Ähnlich wie beim 6-Hut-Denken ist auch hier die Akzeptanz der Stakeholder sehr wichtig. `Nachteile`

Bionik / Bisoziation

Um Lösungsmöglichkeiten für ein Problem zu finden, nutzen Sie bei der Bionik ein Analogie-Beispiel aus der Natur als Denkmodell. Die Lösungen können dann wieder auf das Ursprungsproblem angewendet werden. `Grundlagen`

Denken Sie zum Beispiel an die Fusion zweier Firmen und vergleichen Sie es mit dem Vermischen von zwei Tierherden.

Wie lange dauert es, bis sich die Tiere der beiden Herden (die Mitarbeiter) vermischen? Die Leittiere werden in einen Konkurrenzkampf treten und eine neue Hierarchie erkämpfen. In einer Gefahrensituation, wenn zum Beispiel ein Raubtier die Herde angreift, werden sich die Tiere der beiden Tierherden als eine Herde verhalten, um ihre Chance zu verbessern, dem Raubtier zu entkommen. Diese Verhaltensmuster können in ähnlicher Form von den Mitarbeitern der beiden Firmen erwartet werden.

Bei der Bisoziation sind die Vorbilder nicht auf die Natur beschränkt. Daher ist es oft einfacher, eine passende Analogie zu finden.

Bei beiden Techniken ist es wichtig, dass alle Teilnehmer ein grundlegendes Verständnis und Interesse für das Fachgebiet des Analogons besitzen. Weitere Informationen zu Bionik und Bisoziation finden Sie zum Beispiel in [Kellner02].

Für ein existierendes Problem können Sie durch Bionik oder Bisoziation neue Lösungsmöglichkeiten entwickeln. `Anwendung`

Vorteile

Komplexe Probleme oder schwer vorstellbare Zusammenhänge werden durch das Ziehen einer Analogie verständlich.

Nachteile

Um Bionik oder Bisoziation einzusetzen, benötigen Sie viel Zeit, da Sie Vergleiche konstruieren und die Ergebnisse wieder zurücktransformieren müssen.

4.3.2 Beobachtungstechniken

Zu unter-
stützende
Arbeitsschritte
ermitteln

Nicht jeder Mitarbeiter, der wichtiges Fach-Know-how besitzt, kann dieses auch ausdrücken. Und häufig besitzen gerade die zentralen fachlichen Wissensträger nicht die Zeit, bei der Anforderungsermittlung mitzuarbeiten (siehe [Beyer97]). In diesen Fällen eignen sich Beobachtungstechniken.

Die Stakeholder werden vom Analytiker bei ihrer Arbeit beobachtet, der ihre Arbeitsschritte dokumentiert und daraus die vom System zu unterstützenden Arbeitsabläufe ermittelt. Die Stakeholder sind entweder größtenteils passiv an der Anforderungsermittlung beteiligt, wenn sie nur beobachtet werden, oder sie vermitteln ihr Wissen aktiv, indem sie es dem Analytiker vorführen und lehren.

Bei Beobachtungstechniken besteht allerdings die Gefahr, dass der Analytiker viele veraltete Technologie-Entscheidungen und sub-optimale Prozesse dokumentiert, da er die Ist-Situation beobachtet. Der Analytiker sollte daher die beobachteten Abläufe hinterfragen und die Geschäftsprozesse optimieren, um die Soll-Situation zu ermitteln. Hilfreich ist auch die Essenzbildung, um von in der Vergangenheit getroffenen technischen Entscheidungen zu abstrahieren und die wirklich fachlich relevanten Abläufe zu ermitteln. Das Ergebnis muss anschließend mit den Stakeholdern abgestimmt werden.

Der Analytiker hat als externer Beobachter sogar sehr gute Chancen, ineffiziente Geschäftsprozesse zu erkennen und bessere Lösungen vorzuschlagen. Er besitzt den nötigen Abstand, während die Stakeholder selbst häufig aus Gewohnheit die über Jahre gewachsenen Arbeitsschritte wiederholen, ohne sie groß zu reflektieren.

Detaillierte
Anforderungen

Beobachtungstechniken eignen sich sehr gut dazu, Anforderungen auf sehr detailliertem Niveau zu ermitteln.

Basis- und
Leistungs-
faktoren

Beobachtungstechniken sind auch geeignet, um die Basisfaktoren zu ermitteln. Ein externer Analytiker nimmt die Basisfaktoren wahr, die viele Stakeholder als bekannt voraussetzen oder nur unterbewusst kennen. Leistungsfaktoren können teilweise beobachtet werden, sofern sie bereits im gelebten Prozess oder im Vorgängersystem umgesetzt sind.

 Beobachtungstechniken

> Feldbeobachtung
> Apprenticing

Abbildung 4.4: Eine Auswahl an Beobachtungstechniken

Feldbeobachtung

Bei der Feldbeobachtung werden die Arbeitsabläufe der Stakeholder bei der täglichen Arbeit durch einen Analytiker beobachtet. Der Analytiker erfasst die Tätigkeiten der Stakeholder, ihre zeitlichen Zusammenhänge, die Handgriffe und Arbeitsabläufe. Der Analytiker kann Fragen stellen und lässt sich unklare Arbeitsschritte von den Stakeholdern während der Durchführung erläutern.

Sie sollten bei der Feldbeobachtung allerdings sehr feinfühlig sein, um nicht wie ein Aufpasser oder Kontrolleur zu wirken. Dies gilt insbesondere, wenn Sie zur Unterstützung der Technik die Videoaufzeichnung einsetzen.

Grundlagen

Eine Feldbeobachtung bietet sich an, um komplexe Arbeitsabläufe zu ermitteln und eventuell unbewusste Arbeitsschritte zu erkennen.

Anwendung

Die Feldbeobachtung ist empfehlenswert, wenn Ihre Stakeholder ihre Arbeit automatisch (unbewusst) durchführen, schwer ausdrücken können oder zeitlich schlecht verfügbar sind. Das Ermitteln mit dieser Technik ist zudem sehr effektiv, da der Analytiker sehr viele Personen und ihre Tätigkeiten beobachten und damit Abweichungen in den Prozessen herausarbeiten kann.

Vorteile

Schwer beobachtbare Abläufe oder selten auftretende Sonderfälle können durch Feldbeobachtung nicht ermittelt werden. Die Stakeholder könnten sich außerdem durch die Anwesenheit des ihm fremden Analytikers unwohl fühlen, was zu verfälschten Ergebnissen führen kann.

Nachteile

Apprenticing

Bei der Apprenticing-Technik („in die Lehre gehen") erlernt der Analytiker die Tätigkeiten der Stakeholder unter deren Anleitung, um sich so selbst ein genaues Bild von den Arbeitsabläufen zu machen. Aus dem erlernten Wissen kann er anschließend detaillierte Anforderungen an ein unterstützendes System ableiten.

Grundlagen

Apprenticing ist eine effektive Technik, um auch bei schwer beobachtbaren Arbeitsabläufen detailliertes Know-how darüber zu erlangen.

Anwendung

Apprenticing eignet sich insbesondere, wenn die Stakeholder ihr Wissen aus sozialen oder fachlichen Gründen nicht sprachlich ausdrücken können. Der Stakeholder fühlt sich zudem nicht beobachtet und unter Druck gesetzt, da er mit seinem Fachwissen die Rolle des „Meisters" hat, der Wissen besitzt, welches dem Lehrling noch fehlt, und der „Lehrling" Objekt der Untersuchung ist. Besonders bei problematischer Gruppendynamik bietet dies psychologische Vorteile, da auch der Analytiker beim Lernen Schwächen eingestehen muss und damit die Chance hat, einen angstfreien Umgang mit Nichtwissen vorzuleben.

Vorteile

In einem kritischen Arbeitsumfeld, wo eine Fehlbedienung durch den Analytiker gefährlich sein kann, ist Apprenticing ungeeignet. Bei einer Produktentwicklung mit einer nicht klar eingegrenzten Menge von Stakeholdern ist Apprenticing ebenfalls schwer anwendbar, da es keine fachverantwortlichen Personen gibt, die als Lehrer ihr Wissen vermitteln könnten. Apprenticing ist vor allem für den Analytiker sehr zeit- und damit kostenintensiv.

Nachteile

4.3.3 Befragungstechniken

Befragungstechniken sind die Klassiker unter den Ermittlungsmethoden[2] und basieren darauf, die Stakeholder gezielt nach ihren Wünschen und Bedürfnissen zu befragen.

Beliebige Details

Befragungstechniken sind zur Ermittlung von Anforderungen beliebiger Detaillierungsgrade geeignet, sofern der Stakeholder sich ihrer bewusst ist und sie ausreichend abstrakt ausdrücken kann. Anforderungen an die Dienstqualität können im Allgemeinen nur schwer durch Befragungstechniken ermittelt werden, da diese Anforderungen für die Stakeholder häufig schwer vorstellbar und kommunizierbar sind.

Basis- und Leistungs- faktoren

Mithilfe einer Befragungstechnik können Sie sehr gut das explizite Wissen der Stakeholder ermitteln, also die Leistungsfaktoren. Mithilfe geschickter Fragen und der Hilfstechnik NLP haben Sie außerdem die Möglichkeit, die Basisfaktoren zu ermitteln.

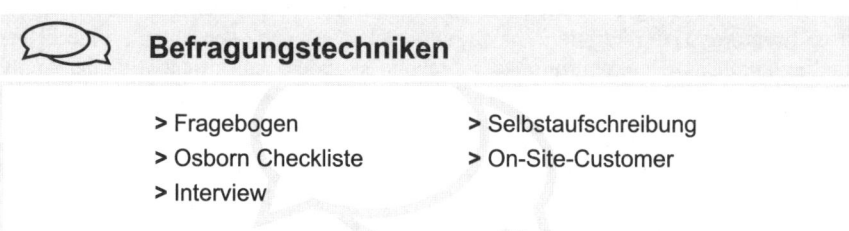

Befragungstechniken

> Fragebogen   > Selbstaufschreibung
> Osborn Checkliste   > On-Site-Customer
> Interview

Abbildung 4.5: Wie sag ich's meinem Nächsten – die Befragungstechniken

Fragebogen

Grundlage

In einem Fragebogen stellen Sie eine Reihe von Multiple-Choice-Fragen und offenen Fragen, mit deren Hilfe Sie das Wissen der Stakeholder ermitteln. Der Fragebogen kann elektronisch oder auf Papier ausgefüllt werden oder auch an große Zielgruppen als Online-Fragebogen ausgegeben werden.

Anwendung

Fragebögen sind insbesondere bei einer Produktentwicklung sehr gut geeignet, geplante Eigenschaften des Produkts von einer großen Zahl von Testpersonen bewerten zu lassen und in offenen Fragen Verbesserungsmöglichkeiten zu ermitteln. Sorgen Sie dafür, dass Ihre Befragten ausreichend motiviert sind, den Fragebogen ausgefüllt zurückzugeben.

Vorteile

Mithilfe von Fragebögen können Sie eine große Anzahl von Stakeholdern unter sehr geringem Zeit- und Kostenaufwand in die Analyse einbeziehen, da Sie Fragebögen elektronisch einfach verteilen und anschließend (Tool-unterstützt) auswerten können.

Nachteile

Fragebögen sind schlecht dafür geeignet, implizites Wissen zu ermitteln. Einige spezielle Arten von Anforderungen (z.B. die Anforderungen an die Dienstqualität) können nur bedingt mittels Fragebogen ermittelt werden, weil sie schwer zu quantifizieren und damit schlecht schriftlich abzufragen sind. Da alle Fragen schriftlich fixiert sind, sind Rückfragen oder weiterführende Fragen aufwändig zu stellen. Als Ergänzung sollten daher weitere Ermittlungstechniken eingesetzt werden.

---

[2] Uns erscheint es häufig so, als würden in realen Industrieprojekten fast ausschließlich Interviews eingesetzt. Dies ist vermutlich auch der Grund, warum inzwischen sehr viele Know-how-Träger eine auffällige „Interviewallergie" entwickelt haben.

Osborn-Checkliste

Eine Osborn-Checkliste [Osborn79] ist eine spezielle Form eines Fragebogens, der nach dem Test eines Produkts z.B. des Vorgängersystems an Vertreter der Zielgruppe verschickt wird. Er enthält die folgenden Fragen: 　　　　　Grundlagen

- Anders verwenden: Kann man das Produkt auch anders verwenden?
- Nachahmen: Gibt es etwas Ähnliches wie dieses Produkt, und was können wir davon nachahmen?
- Ändern: Was lässt sich ändern? Kann man andere Funktionen einbauen?
- Vergrößern: Wie kann man das Produkt erweitern, veredeln oder teurer machen?
- Verkleinern: Wie kann man das Produkt vereinfachen oder auf Grundfunktionen reduzieren?
- Ersetzen: Kann man das Produkt oder Teile davon ersetzen?
- Umstellen: Kann man das Produkt oder Teile davon umstellen, in der Reihenfolge verändern, anders kombinieren?
- Umkehren: Kann man auch das Gegenteil mit dem Produkt machen?
- Kombinieren: Kann man das Produkt oder die Idee mit etwas anderem kombinieren? Lässt es sich als Baustein bei etwas anderem verwenden?
- Transformieren: Kann man es in seiner Materie verändern? Kann man es zusammendrücken, verflüssigen, durchlöchern oder anders transformieren?

Die Osborn-Checkliste dient dazu, die Akzeptanz eines Produkts zu testen und Verbesserungsvorschläge zu sammeln. 　　　　　Anwendung

Sehr geeignet ist die Osborn-Checkliste, wenn ein bestehendes System erweitert werden soll. In diesem Fall gibt es Stakeholder, die das alte System kennen und anhand der Fragen neue Ideen zu seiner Verbesserung entwickeln. 　　　　　Vorteile

Vor allem bei einem umfangreichen System ist es zu aufwändig, jede Funktionalität des Produktes in der Osborn-Checkliste abzudecken. Verwenden Sie daher dieses Hilfsmittel für die Funktionalität des Gesamtsystems oder für einige wenige Teilfunktionen, die Sie für besonders interessant halten. 　　　　　Nachteile

Interview

Im Interview stellt der Analytiker einem oder mehreren Stakeholdern vorgegebene Fragen und protokolliert deren Antworten. Im Gespräch auftretende weitere Fragen können sofort geklärt werden (siehe [Leffingwell99]). Der Analytiker hat dadurch die Möglichkeit, auch neue Anforderungen zu erkennen oder implizite Anforderungen aufzudecken. 　　　　　Grundlagen

Zu Beginn der Anforderungsermittlung eignen sich vor allem persönliche Interviews, in denen gemeinsam die groben Anforderungen an das System erarbeitet werden. Um Details später klären zu können, kann das Interview auch elektronisch durchgeführt werden.

Sie können Interviews während der gesamten Systementwicklung von der ersten Idee bis zur detaillierten Verhaltensbeschreibung einsetzen. 　　　　　Anwendung

Der große Vorteil eines Interviews ist es, dass der Analytiker den Verlauf des Gesprächs individuell anpassen und konkret auf die einzelne Person eingehen kann. Sie 　　　　　Vorteile können gezielt nachfragen, wenn eine Frage nicht vollständig beantwortet ist oder sich weitere Fragen ergeben.

Nachteile   Nachteilig ist, dass Interviews mit vielen Stakeholdern sehr zeitaufwändig sind. Wollen Sie das umgehen und interviewen nur Repräsentanten von Stakeholdergruppen, so verlieren die gewonnenen Informationen eventuell an Aussagekraft und werden dadurch möglicherweise unvollständiger.

Beim Interview hängt die Effektivität stark von der Erfahrung des Interviewers ab. Hilfsmittel wie NLP oder Audioaufnahmen können die Effektivität steigern

Selbstaufschreibung

Grundlagen   Eine nahe liegende, aber sehr selten praktizierte Form der Anforderungsermittlung ist das Verfassen von Tätigkeitsbeschreibungen durch denjenigen, der die Tätigkeit durchführt. Die Stakeholder dokumentieren ihre Tätigkeiten mit Reihenfolge und eventuell der benötigten Zeit und notieren neue Anforderungen, Änderungs- und Optimierungsvorschläge.

Um die Qualität der Ergebnisse zu verbessern, sollten Sie die betroffenen Stakeholder in die sprachlichen Techniken und die Problematik der Anforderungsanalyse einweisen. Falls Sie besonders motivierte Stakeholder in Ihren Reihen haben, kann es auch sinnvoll sein, ihnen andere Dokumentationstechniken beizubringen (Siehe Kapitel 7 „Dokumentation von Anforderungen"). Besonders unerfahrenen Stakeholdern sollten Sie bei der Aufschreibung anfangs einen Analytiker zur Seite stellen, der sie bei der Anforderungsanalyse coacht. Vorlagen und Schablonen können helfen, einheitliche und besser weiter zu verarbeitende Ergebnisse zu erhalten.

↱ 7 Doku

Anwendung   Setzen Sie die Selbstaufschreibung ein, um bestehende Arbeitsabläufe detailliert zu ermitteln.

Vorteile   Die Selbstaufschreibung erfordert sehr wenig Zeit vom Analytiker.

Nachteile   Die Stakeholder dokumentieren meist nur die bewussten Anforderungen. Häufig müssen die Ergebnisse von Stakeholdern mit schlechten kommunikativen Fähigkeiten aufwändig nachbearbeitet werden. Sind die Stakeholder wenig motiviert oder haben wenig Zeit, um bei der Systemanalyse mitzuarbeiten, werden Sie die Selbstaufschreibung kaum durchsetzen können.

Müssen Sie sehr viele Stakeholder berücksichtigen, wird die Auswertung der produzierten Ergebnisse sehr aufwändig, da viele Varianten vereinheitlicht werden müssen. Die gelieferten Spezifikationen können hinsichtlich Granularität, Stil und Wortwahl vielfältig sein.

On-Site-Customer

Grundlagen   Bei dieser Befragungstechnik ist ein Vertreter der Stakeholder als On-Site-Customer beim Entwickler vor Ort. Diese ständige Verfügbarkeit hilft Ihnen, die Anforderungen und Fragen kurzfristig zu klären. Der Stakeholder kann außerdem durch seine Anwesenheit Zwischenstände oder Inkremente des Systems sofort testen und dadurch Fehler oder Missverständnisse klären.

Ist der Stakeholder ständig präsent, können beliebig feine Details der Anforderungen an das System ermittelt werden.

96

Ein On-Site-Customer erlaubt es, bei einer Individualentwicklung mit bekannten Stakeholdern die Anforderungen an das System auf effizientem und unbürokratischem Weg zu ermitteln. Bei kritischen Systemen ist das schnelle Feedback durch den anwesenden Stakeholder sehr vorteilhaft.

Im Rahmen von agilen Prozessen wie eXtreme Programming wird diese Technik bevorzugt, da sie kurze Wege verspricht und Anforderungen vor allem mündlich und damit sehr schnell ermittelt werden.

Da der Kunde einen kompetenten, intelligenten, entscheidungsfreudigen, fachkundigen und kommunikativen Mitarbeiter vor Ort bereitstellen muss, ist für ihn mit dieser Art der Anforderungsermittlung ein sehr hoher Aufwand verbunden. Zudem muss der eine On-Site-Customer sich fortwährend mit allen anderen nicht im Projekt integrierten Stakeholdern abstimmen. Geschieht dies nicht, so gewinnen die Nachteile dieser Technik die Oberhand. Sie bekommen zwar dann kurzfristig Antworten auf Ihre Fragen und Anforderungen geliefert; diese repräsentieren aber eventuell nur die Meinung eines Menschen. Das bedeutet, dass während der Analysephase kein gemeinsamer Meinungsbildungsprozess aller Stakeholder stattfindet und das System dann bei der Inbetriebnahme Gefahr läuft, genau von den unbeteiligten Stakeholdern sabotiert zu werden. Somit kann ein gut ins Entwicklungsteam, aber schlecht ins Restunternehmen integrierter On-Site-Customer auch etwas sehr Schädliches für ein Projekt sein.

Anwendung

Vorteile

Nachteile

4.3.4 Vergangenheitsorientierte Techniken

Vergangenheitsorientierte Techniken verwenden Lösungen und Erfahrungen aus erfolgreichen Systemen wieder und erfinden das Rad nicht neu. Zudem stellen Sie nur durch vergangenheitsorientierte Techniken wirklich sicher, dass Ihr neues System die gesamte Funktionalität des Altsystems ersetzt.

Lösungen wieder verwenden

Mit vergangenheitsorientierten Techniken können Sie bis in kleinste Details ermitteln, wie sich ein bestehendes System verhält.

Detailliertes Verhalten

Mithilfe einer vergangenheitsorientierten Technik ermitteln Sie die Funktionalität eines Altsystems. Sie erkennen so alle Basisfaktoren, die Ihnen die Stakeholder eventuell nicht nennen würden, sowie die bereits umgesetzten Leistungsfaktoren. Allerdings besteht dabei auch die Gefahr, dass ungeeignete Lösungen vom Altsystem in das neue System verschleppt werden. Sie sollten daher vorab ermitteln, welche Teile des zu entwickelnden Systems dem Altsystem entsprechen und welche Teile neu entwickelt werden sollen.

Basis- und Leistungs-faktoren

 Vergangenheitsorientierte Techniken

> Systemarchäologie
> Reuse

Abbildung 4.6: Wir drehen die Zeit zurück – vergangenheitsorientierte Techniken

Vergangenheitsorientierte Techniken sollten mit weiteren Ermittlungstechniken kombiniert werden, um die Gültigkeit der alten Anforderungen zu bestimmen und um neue Anforderungen an das zu entwickelnde System zu ermitteln.

Systemarchäologie

Grundlagen

Bei der Systemarchäologie werden Anforderungen auf der Basis des existierenden Systems und der dazugehörigen ausgelieferten Dokumente ermittelt und dokumentiert. Insbesondere ein Benutzerhandbuch (auch ein Online-Tutorial oder Ähnliches) hilft Ihnen, sehr schnell eine Idee vom Verhalten des Systems zu bekommen. Techniken wie die Extraktion von Anforderungen aus Benutzerhandbüchern (siehe [John03]) können Ihnen dabei helfen. Andere Ansätze verwenden das Benutzerhandbuch sogar zur Dokumentation von Anforderungen (siehe Kapitel 14 „Ergänzende Kurzgeschichten").

↪ 14 Kurzgesch.

Anwendung

Heute trifft man immer häufiger auf die Situation, dass ein Altsystem seit Jahren eingesetzt wird und die Personen, die früher die Arbeitsgänge manuell ausführten, das Unternehmen längst verlassen haben. Die jetzigen Mitarbeiter sind mehr Systembediener als fachliche Wissensträger und kennen die Fachlogik nur in Form von Bedienschritten der Bildschirmmasken. Die dahinter verborgene Fachlogik kann daher nur aus dem System selbst und seiner Dokumentation ermittelt werden.

Vorteile

Bei der Analyse des bestehenden Systems wird sichergestellt, dass keine bereits implementierte Funktionalität vergessen und die bestehende Funktionalität vollständig im Neusystem umgesetzt wird.

Nachteile

Die Systemarchäologie ist ein sehr aufwändiges Verfahren, das lediglich den Funktionsumfang des Altsystems ermittelt. Bei einer großen Zahl von potenziellen Änderungen zum Beispiel bei einem schnelllebigen Markt lohnt sich die Systemarchäologie nicht, da ein Großteil der Anforderungen neu ermittelt werden muss. Weitere Probleme treten auf, wenn die Dokumentationen von schlechter Qualität oder im Laufe der Zeit veraltetet sind. Außerdem lässt sich mittels Durchspielen von Szenarien nur schwer ein Systemverhalten ermitteln (z.B. Businessrules oder Algorithmen).

Reuse

Grundlagen

Wenn Sie bereits ein ähnliches System entwickelt haben, können Sie Anforderungen und weitere Artefakte aus der Entwicklung des vergangenen Projekts wiederverwenden. Untersuchen Sie dazu alle Artefakte, die Sie aus dem vergangenen Projekt besitzen. Insbesondere das Anforderungsdokument ist für Sie interessant. Ist dieses aber nicht vollständig oder nicht aktuell, können Sie weitere Artefakte wie die Architektur- und Design-Dokumente oder sogar den Code hinzuziehen. Möglicherweise finden Sie sogar Möglichkeiten, Design-Komponenten oder den Code selbst zusammen mit den Anforderungen wiederzuverwenden.

Idealerweise nutzen Sie eine Erfahrungsdatenbank, in der Sie Anforderungen auf einer geeigneten Ebene (zum Beispiel auf Anwendungsfall-Ebene) für die Wiederverwendung leicht auffindbar ablegen. Am einfachsten fällt cs Ihncn, dic Anforderungen wiederzuverwenden, wenn Sie diese vorher generalisiert haben und nur noch an die Eigenheiten des aktuellen Projekts anpassen müssen.

In unseren Projekten verwenden wir erfolgreich eine Datenbank mit generisch formulierten nicht-funktionalen Anforderungen, die per „Copy and Paste" ins neue Projekt übernommen werden und nur angepasst werden müssen (siehe Kapitel 10 „Die nicht-funktionalen Anforderungen in der Systementwicklung"). Ausführlichere Informationen zur Wiederverwendung von Anforderungen finden Sie bei [Gamma94] und [JacobGriss97].

⮕ 10 nfA

Spätestens nach der Ermittlung der Ziele und ersten groben Anforderungen sollten Sie nach Möglichkeiten suchen, bestehende Anforderungen wiederzuverwenden.

Anwendung

Sie können massiv Kosten (siehe Kapitel 10 „Die nicht-funktionalen Anforderungen in der Systementwicklung") einsparen, wenn Sie Anforderungen wiederverwenden, da diese Anforderungen bereits ermittelt sind und eine gewisse Qualität erreicht haben. Das Prüfen und Korrigieren der Anforderungen kann dadurch reduziert werden. Unter Umständen existieren für diese Anforderungen auch bereits weitere Informationen wie Abnahmekriterien oder Teile eines Modells.

Vorteile
⮕ 10 nfA

Das größte Problem für die Wiederverwendung ist, die richtigen Anforderungen zu finden. Damit Anforderungen und ihre Folgeprodukte wiederverwendet werden können, müssen sie gut dokumentiert werden, was im ersten Projekt Zusatzaufwand bedeutet. Dieser Zusatzaufwand kann in vielen Fällen nicht auf die Projektkosten umgerechnet werden und ist damit nur schwer durchzusetzen. Hier hilft eine Unternehmenskultur, in der präventive Maßnahmen zur Qualitätssteigerung und Kostenreduzierung gefordert werden. Man kann dem Management natürlich auch vorrechnen, welchen Schaden schlechte Anforderungen anrichten können, falls man sie wiederverwendet.

Nachteile

4.3.5 Unterstützende Techniken

Um die Effektivität der bisher beschriebenen Ermittlungstechniken und die Qualität der ermittelten Anforderungen zu verbessern, wurden einige unterstützende Techniken entwickelt. Diese Hilfstechniken dienen nicht primär der Ermittlung von Anforderungen, sondern werden in Kombination mit einer der beschriebenen Ermittlungstechniken eingesetzt.

Qualität
verbessern

Unterstützende Techniken

> NLP   > Snowcards   > Essenzbildung
> Workshops   > Audio   > Anforderungen erahnen
> Mind Mapping > Video
> CRC-Karten   > Anwendungsfälle

Abbildung 4.7: Eine Sammlung unterstützender Techniken

Neurolinguistische Programmierung (NLP)

Die Neurolinguistische Programmierung (NLP) bietet eine Reihe von Elementen, Modellen und Techniken, die eine zielgerichtete Kommunikation fördern. Um Gesagtes besser verstehen zu können, bedient sich die NLP eines so genannten „Meta-

Grundlagen

modells" der Sprache (siehe [Dilts99], [Bandler75]). Dadurch können unter anderem implizite Anforderungen gefunden oder mehrdeutige und ungenaue Anforderungen präzisiert werden.

⇥ 8 Satz-Anf. In Kapitel 8 „Der lange Weg vom Satz zur Anforderung" werden sowohl das Vorgehen und die Hintergründe des NLP als auch das SOPHIST REgelwerk zur Analyse von Anforderungen vorgestellt.

Anwendung Das SOPHIST-REgelwerk wird eingesetzt, um die Qualität bereits dokumentierter sprachlicher Anforderungen zu verbessern oder in Interviews die Aussagen der Stakeholder auf Vollständigkeit zu prüfen.

Vorteile Mit Hilfe von NLP-Techniken können die vom Stakeholder genannten Anforderungen qualitativ wesentlich verbessert werden, da Missverständnisse verhindert, Lücken erkannt und unbewusstes Wissen aufgedeckt werden.

Nachteile Die korrekte und effiziente Anwendung des SOPHIST-REgelwerks beruht auf Erfahrung und sollte daher entsprechend geschult und im praktischen Einsatz geübt werden.

Workshop

Grundlagen Umfangreiche Geschäftsprozesse mit vielen Anwendern erfordern eine gemeinsame Erarbeitung der Anforderungen durch relevante Stakeholder. In einem Workshop werden Stakeholder mit dem nötigen Fachwissen und einer Entscheidungskompetenz zusammengebracht mit dem Ziel, gemeinsam abgestimmte Anforderungen zu erarbeiten. Ein Workshop hat einen vorher festgelegten Ablauf und unterliegt klaren Regeln, für deren Einhaltung der Moderator verantwortlich ist.

Weitere Anregungen und Informationen zur Durchführung von Workshops finden Sie bei [Robertson99], [Leffingwell99] und [Wiegers99].

Anwendung Bisher gewonnene Anforderungen können in einem Workshop nach Relevanz geordnet, inhaltlich gebündelt und konkretisiert werden. Offene Fragen können im Workshop geklärt werden.

Vorteile Direkte Kommunikation fördert gegenseitiges Verständnis und Kompromissbereitschaft und bietet die Möglichkeit, genaue und im Team abgestimmte Informationen zu erhalten.

Nachteile Ebenso wie beim Brainstorming können negative gruppendynamische Effekte auftreten, wie zum Beispiel durch Meinungsbildner und Ja-Sager. Darüber hinaus sind Workshops bei einer hohen Zahl von Stakeholdern, großer räumlicher Verteilung oder schlechter zeitlicher Verfügbarkeit kaum realisierbar.

Mind Mapping

Grundlagen Das Mind Mapping wurde in den 70er Jahren von Tony Buzan entwickelt [Buzan97]. Diese Methode dient dazu, Ideen und Begriffe systematisch nach Zusammengehörigkeit zu ordnen.

Ausgehend von einem Thema im Zentrum eines Blattes werden „Äste" mit Informationen gezeichnet, die sich wiederum immer feiner aufgliedern, je detaillierter die Informationen werden (siehe Abbildung 4.8). Jeder Ast wird durch Stichpunkte beschrif-

100

tet. Durch Verwendung von Symbolen für wichtige Einzelheiten oder Beziehungen und Farben für unterschiedliche Ebenen entsteht eine für das Gedächtnis leicht aufnehmbare Struktur der Informationen.

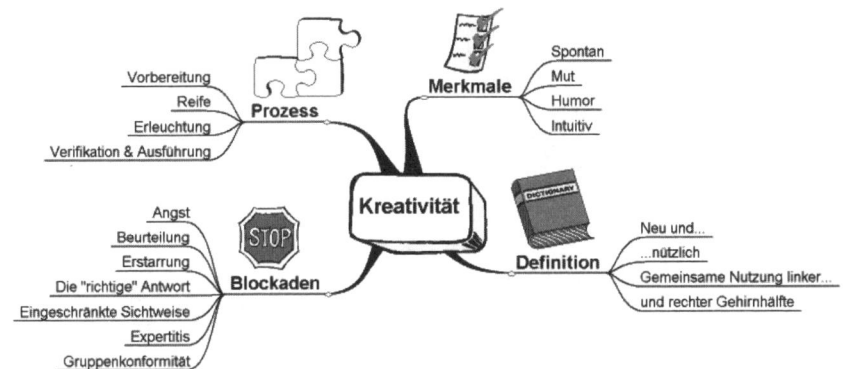

Abbildung 4.8: Ein Mind Map

Mind Maps dienen dazu, gewonnene Ideen zu strukturieren und in Zusammenhang zu setzen. Sie können auch zur Dokumentation von Gesprächen oder Gedanken genutzt werden, um die Informationen zu einem späteren Zeitpunkt möglichst exakt und eindeutig wieder ins Gedächtnis zurückzurufen. **Anwendung**

Das Mind-Mapping ist gut geeignet, Gedanken zu visualisieren, zu strukturieren und schließlich zu dokumentieren. **Vorteile**

Das Bild eines Mind Maps kann meist nur vom Autor oder anderen im Gespräch anwesenden Personen richtig interpretiert werden. Als längerfristige Art, Informationen auch für Dritte zu dokumentieren, eignen sich Mind Maps daher nicht. **Nachteile**

CRC-Karten (Class Responsibility Collaboration)

CRC-Modellierung hilft bei der objektorientierten Analyse in Gruppenarbeit (siehe [Wilkinson95] und [Wirfs-Brook90]). Die CRC-Karten helfen, aus einer Menge von existierenden Anwendungsfällen durch spielerisches Erkunden ein erstes objektorientiertes Modell des Systems zu entwerfen.

Zu Beginn legen Sie das Nutzungsszenario fest. Sie ermitteln Klassenkandidaten aus den gegebenen Anwendungsfällen und halten diese auf den Karten fest. Anschließend tragen Sie die Verantwortlichkeiten (Dienste) der Klassen ein und beschreiben, mit welchen anderen Klassen sie zusammenarbeiten (Kollaborationen). Die Substantiv-Verb-Analyse hilft, Klassenkandidaten zu finden. Die Substantive aus der Anwendungsfallbeschreibung sind Klassenkandidaten, die Verben ihre Dienste. In Abbildung 4.9 ist ein Beispiel einer CRC-Karte dargestellt. **Grundlagen**

Verantwortung	Kollaborateur
Verwaltung der Namen einer Person	Personen (Mitarbeiter, Kunden, Lieferanten)
Verwalten aller Anschriften	
Verwalten aller Kommunikationsmittel	
Verwalten der org. Infos (Unternehmen, Position, Vertreter)	
Austauschen der Informationen im vCard-Standard (RFC 2426)	Datenaustausch

Abbildung 4.9: Beispiel einer CRC-Karte

Anwendung	Beim Erstellen der CRC-Karten werden in Diskussionen um Dienste und Kollaborationen die bestehenden Anforderungen geordnet und weitere Anforderungen gefunden. Sie können die CRC-Karten einsetzen, um Anforderungen in Zusammenhang zu bringen.
Vorteile	Durch die CRC-Karten erhalten Sie auf recht einfache und anschauliche Weise ein erstes grobes Klassenmodell.
Nachteile	Diese Methode eignet sich nur für einfache Klassenmodelle. Zudem besteht die Gefahr, dass Fehler und Inkonsistenzen auftreten, wenn sich die Teilnehmer auf die „falschen" Klassen konzentrieren.

Snowcards

Grundlagen	Snowcards sind ein strukturiertes Hilfsmittel, um alle Informationen zu einer Anforderung zu erfassen. Auf idealerweise vorgedruckten Karten werden die Anforderungen, ihre Bezeichnung, Nummer und weitere Attribute wie Quelle, Beschreibung usw. festgehalten. Abbildung 4.10 zeigt eine beispielhafte Snowcard.

Zu Beginn halten Sie alle in der Gruppe vorgebrachten Anforderungen mit Quelle, kurzer Beschreibung sowie einer eindeutigen Identifikationsnummer fest und beschreiben Abhängigkeiten zu anderen Anforderungen mithilfe der Nummern. Im zweiten Schritt werden die Anforderungen diskutiert, um fehlende Informationen erweitert und detailliert.

Snowcards und ihre Anwendung werden sehr ausführlich von den Erfindern in [Robertson99] erläutert.

Anwendung	Setzen Sie Snowcards in Gruppen ein, um gemeinsam Anforderungen und zugehörige Informationen zu erarbeiten. Die Technik eignet sich vor allem, um grobe Anforderungen zu finden.
Vorteile	Snowcards unterstützen das strukturierte Arbeiten in Gruppen, den Austausch zwischen den Teilnehmern sowie die Dokumentation der Informationen.

Snowcards sind nicht geeignet, wenn die Stakeholder räumlich verteilt oder schlecht verfügbar sind oder wenn Sie eine große Zahl von Stakeholdern integrieren müssen.

Nummer	R814
Anforderungstyp	Funktional / Sicherheit / Rechtlich
Anwendungsfall	Leihgegenstände verwalten
Anforderung	Das System soll den Bibliothekar am Ende eines Kalenderjahrs darauf aufmerksam machen, dass Zeitschriften gebunden werden sollen.
Abnahmekriterium	
Auslöser	Es ist der 31. 12. eines Jahres
Quelle	Günter Friedel
Priorität	(_) hoch (X) mittel (_) niedrig
Abhängigkeiten	Anwendungsfall Ausleihen, R911: Gebundene Zeitschriften ausleihen
Konflikte	keine

Abbildung 4.10: Beispiel einer Snowcard

Audioaufzeichnungen

Die Informationen, die bei einer mündlichen Anforderungsermittlung gewonnen werden, lassen sich aufgrund der Geschwindigkeit im Allgemeinen nicht vollständig protokollieren und eine nachträgliche Dokumentation ist oft nur lückenhaft möglich. Um dennoch jede mündlich übermittelte Information aufzufangen, kann eine Audioaufzeichnung benutzt werden.

Ein Aufzeichnungsgerät protokolliert während der Diskussion bezüglich Anforderungen alle gesprochenen Aussagen. Anhand der Aufzeichnung werden die Anforderungen niedergeschrieben. Anschließend kann man sie nochmals auf Vollständigkeit überprüfen.

Audioaufzeichnungen werden als Ergänzung zu Befragungstechniken verwendet. Werden die Anforderungen nicht schriftlich festgehalten, dient die Aufzeichnung als Dokumentation der Anforderungen, in der bei Bedarf „nachgeschlagen" werden kann.

Die Audioaufzeichnung ermöglicht die wesentlich schnellere Durchführung der Befragung, da die Aussagen der Stakeholder nicht vollständig protokolliert werden müssen. Gleichzeitig geht keine Information verloren und auch beiläufige Aussagen können beachtet werden.

Durch die Aufzeichnung können sich die bei der Befragung beteiligten Stakeholder überwacht fühlen und dadurch verfälschte Aussagen liefern oder sogar die Zusammenarbeit verweigern. Besonders unsichere Menschen empfinden die Aufzeichnung möglicherweise als Bedrohung, da ihnen potenzielle Fehler oder Unwissen nachgewiesen werden könnten.

Videoaufzeichnungen

Grundlagen

Objektives Zeitverhalten kann effektiv nur mit Hilfe einer Videoaufzeichnung ermittelt werden, da das subjektive Zeitgefühl des Analytikers oft nicht ausreicht oder die Abläufe so schnell sind, dass sie vom Menschen nicht mehr erfasst werden können. Videokameras zeichnen das Arbeitsfeld der Stakeholder auf und dokumentieren die Funktionalität oder den Arbeitsablauf so genau wie möglich.

Anwendung

Videoaufzeichnungen werden für das Festhalten von komplexen, möglicherweise schnell vonstatten gehenden Arbeitsabläufen eingesetzt. Werden die Anforderungen nicht schriftlich dokumentiert, kann die Videoaufzeichnung als Dokumentation dienen.

Eine weitere Anwendung ist die Bewertung von Simulationsmodellen. Stakeholder werden mit dem Simulationsmodell konfrontiert und bei der Bedienung des Systems per Video beobachtet. Indem Sie die Reaktionen bei der Systembedienung genau auswerten, überprüfen Sie die Benutzbarkeit des Systems. Auf diese Weise können Anforderungen zur Benutzbarkeit messbar gemacht werden.

Vorteile

Beobachtungstechniken werden durch die Aufzeichnung der Abläufe effizienter und zeitliche Zusammenhänge werden sehr einfach dokumentiert.

Nachteile

Stakeholder fühlen sich bei einer Videoaufzeichnung eventuell überwacht und lehnen sie daher von vornherein ab. Das Wissen, beobachtet zu werden, kann zu leicht verändertem Verhalten führen.

Anwendungsfall-Modellierung

Grundlagen

Anwendungsfälle (Use-Cases) ermöglichen es, eine abstrakte Sicht des Systems zu dokumentieren und die Anforderungen nicht in der Komplexität der Detailabläufe zu verlieren. Mithilfe der Anwendungsfälle wird zunächst eine abstrakte Beschreibung der Dienstleistung des Gesamtsystems erstellt.

Schwerpunkt der Analyse nach dieser Technik bilden dabei die in einem System auftretenden Geschäftsereignisse und das resultierende Ergebnis. Der Anwendungsfall repräsentiert eine Dienstleistung des Systems, die ein für den Nutzer wertvolles Ergebnis hat (siehe auch Kapitel 7 „Dokumentation von Anforderungen").

↱ 7 Doku

Die Gesamtkomplexität wird in überschaubare, logisch zusammengehörige Einheiten aufgeteilt, welche die Kommunikation vereinfachen, da das Themengebiet einer Anforderung definiert eingegrenzt werden kann.

Anwendung

Mithilfe von Anwendungsfällen können Sie komplexe Anforderungsdokumente strukturieren und die Systemanalyse überschaubar gestalten.

Vorteile

Anwendungsfälle erzwingen eine rein fachliche Sicht und eine logische Zerlegung der gesamten Funktionalität. Bei großem Systemumfang kann die Systemanalyse übersichtlich gegliedert werden.

Nachteile

Für die Beschreibung von Anwendungsfällen in Prosa bestehen keine klaren Vorgaben. Sofern mehrere Teams parallel Anwendungsfälle beschreiben, sollten Sie vorab Regeln erstellen, um die Ergebnisse anschließend vergleichen und weiterverarbeiten zu können.

Essenzbildung

Bei der Anforderungsermittlung besteht immer die Gefahr, dass Stakeholder Arbeitsabläufe mit den derzeit gültigen technischen Lösungen nennen und die resultierenden Anforderungen nicht lösungsneutral sind. Eine technische Verbesserung des Systems wird dabei schon allein deshalb erschwert, weil bestimmte Entscheidungen vorab festgelegt sind. Stakeholder machen häufig Lösungsvorschläge, die zu einer unnötigen Komplexität des Systems führen. Bevor Sie das System schließlich entwickeln können, sollten Sie diese Abläufe auf ihre fachliche Essenz zurückführen, um veraltete Lösungen zu bereinigen.

Grundlagen

Dazu müssen Sie zunächst konkrete Ablaufreihenfolgen und Abhängigkeiten ermitteln, die keinen fachlichen Hintergrund besitzen und pragmatisch zur Lösung technischer Probleme eingesetzt werden. Anschließend verallgemeinern Sie die Abläufe. Das Ergebnis sind generalisierte, essenzielle Anforderungen, auf deren Basis Sie wiederum detailliertes (essenzielles) Verhalten ermitteln.

Anwendung

Neben den gewonnenen Freiheitsgraden bei der Realisierung haben Sie die Möglichkeit, in den Anforderungen allgemeingültige universelle Regeln zu finden, die bei weiteren Projekten wiederverwendet werden können.

Wenn Sie feststellen, dass die Anforderungen viele konkrete Lösungsschritte enthalten, die Sie in Ihrem neuen System überwinden wollen, hilft Ihnen die Essenzbildung als zusätzlicher Schritt in der Systemanalyse.

Durch die Beschränkung auf das Wesentliche wird die Komplexität der Systembeschreibung reduziert. Entstehende Diskussionen neigen weniger dazu, ins Nebensächliche abzudriften, und das eigentliche Problem tritt in den Vordergrund.

Vorteile

Die Ermittlung der Essenz fällt vielen Stakeholdern sehr schwer, da sie oft sehr stark in den aktuellen Lösungen verhaftet sind. Meist ist dazu ein externer Analytiker nötig, der sehr gut abstrahieren kann. Ideal sind dabei Personen, die nicht zu intensiv mit der Materie vertraut sind, da sie den nötigen Abstand besitzen.

Nachteile

Anforderungen erahnen

Besitzt der Analytiker genügend Erfahrung im Fachgebiet des zu entwickelnden Systems, kann er grundlegende Anforderungen mittels Analogieschluss ermitteln, ohne die Stakeholder befragen zu müssen. Aus den Informationen, die dem Analytiker über das System vorliegen, erzeugt er auf der Basis von Vermutungen die Anforderungen. Um die Gültigkeit dieser Anforderungen zu validieren, werden sie zum Beispiel in einem Anforderungsreview mit den Stakeholdern abgeglichen.

Grundlagen

In der heutigen Praxis der Systementwicklung ist diese Technik sehr stark verbreitet. Im Zusammenhang mit zeitnahen Reviews mit den Stakeholdern kann diese Technik die Effektivität der Ermittlung von stark detaillierten Anforderungen wesentlich erhöhen.

Anwendung

Da beim Erahnen von Anforderungen die Stakeholder nur für ein kurzes Review eingebunden sind, ist diese Technik sehr effizient und damit zur Ermittlung sehr vieler detaillierter Anforderungen geeignet.

Vorteile

Da die Anforderungen zunächst weitgehend ohne Einbindung der Stakeholder entstehen, besteht die Gefahr, dass die Anforderungen an den Wünschen der Stakehol-

Nachteile

der vorbeigehen. Oft wird das Review erst zu spät, und zwar am fertigen Produkt durchgeführt wird. Diese Art der Anwendung ist aber nicht sinnvoll, da die Wünsche der Kunden und nicht die Phantasie des Analytikers oder der Entwickler erfasst werden soll. Ein weiteres Problem des nachträglichen Reviews besteht darin, dass die zeitliche Verfügbarkeit der Stakeholder auch nicht immer gewährleistet ist, sodass nicht jedes Detail der Anforderungen überprüft werden kann. Darüber hinaus ist ein umfangreiches Fachwissen von Seiten des Analytikers notwendig.

4.3.6 Manöver des letzten Augenblicks

Falls die Anforderungsermittlung ins Stocken geraten ist oder Sie zur Auflockerung festgefahrener Workshops etwas Neues benötigen, sollten Sie etwas ausgefallenere Kreativitätsmethoden einsetzen. Mit einer extravaganten Kreativitätstechnik können Sie starre Strukturen aufbrechen, indem Sie Aufmerksamkeit erregen und im Projekt für Anforderungsermittlung werben. Weitere Kreativitätstechniken und ihre Anwendung finden Sie z.B. in [Kellner02] oder [Backerra02].

Kreativität durch Tapetenwechsel

Aber vergessen Sie eines nicht: Kreativität lässt sich nicht erzwingen. Oftmals hilft eine kleine Pause oder ein „Tapetenwechsel" mehr als noch so verrückte Ermittlungsmethoden.

4.4 Techniken erfolgreicher Hellseher

In diesem Abschnitt zeigen wir, welche Ermittlungstechniken in zwei ausgewählten Beispielen[3] eingesetzt werden. Wir analysieren, unter welchen Projektrandbedingungen und warum diese Techniken sinnvoll sind.

4.4.1 Entwicklung eines Bibliothekssystems

Im ersten Beispiel sollen Anforderungen für das in Kapitel 2 vorgestellte Bibliothekssystem ermittelt werden.

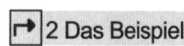 2 Das Beispiel

Die folgenden Projektrandbedingungen liegen vor, die Einfluss auf die Auswahl einer Ermittlungstechnik besitzen:

- Fixiertes, knappes Projektbudget
- Divergierende Stakeholdermeinungen
- Geringes Abstraktionsvermögen der Stakeholder
- Viel implizites Wissen
- Individualentwicklung

In Abbildung 4.11 ist die Matrix aus Abschnitt 4.1.4 dargestellt, in der nur die relevanten Einflussfaktoren verglichen werden. Wir nutzen sie als Grundlage für die Entscheidung für eine geeignete Ermittlungstechnik.

Reduzierte Matrix

Legende:
- – gar nicht geeignet
- - nicht gut geeignet
- ○ Kein Einfluss -> geeignet
- + gut geeignet
- ++ sehr gut geeignet

Mensch	Brainstorming	Brainstorming paradox	Methode 6-3-5	Wechsel d. Perspektive	Walt Disney Methode	Bionik / Bioscoeson	Feldbeobachtung	Apprenticing	Osborn Checkliste	Fragebogen	Selbstaufschreibung	Interview	On-Site-Customer	Systemarchäologie	Reuse	Mind Mapping / NLP	Workshop	Snowcards	CRC-Karten	Audio-Aufzeichnung	Video-Aufzeichnung	Anwendungsfälle	Essenzbildung	Anforderungen erahnen
implizites Wissen	+	++	++	+	+	+	++	++	–	+	○	–	+	○	○	++	○	+	○	○	○	○	○	++
geringes Abstraktionsvermögen	-	--	-	-	-	--	++	++	+	-	+	-	-	○	○	+	○	-	-	○	○	○	++	+
divergierende Stakeholdermeinungen	-	+	-	-	○	-	-	++	+	○	-	-	○	○	+	+	-	+	○	○	+	++	○	
Organisatorische Rahmenbedingungen																								
Individualentwicklung	○	○	○	○	○	○	+	+	+	+	+	++	++	+	○	○	+	○	○	+	○	○	○	+
fixiertes, knappes Projektbudget	○	○	-	○	○	--	-	--	+	-	+	+	-	--	++	+	○	○	○	○	++	-	○	○	++

Abbildung 4.11: Die reduzierte Matrix

Um neue Ideen zu entwickeln, soll eine Kreativitätstechnik eingesetzt werden. Bezüglich der vorliegenden Faktoren gibt es keine Kreativitätstechnik, die den anderen eindeutig überlegen wäre. Wir wählen das Brainstorming, da der Analytiker Erfahrung damit hat. Sollte Ihr Analytiker über Kenntnisse in der Methode 6-3-5 besitzen, so können Sie auch diese verwenden.

---

[3] Die Beispiele sind sehr realitätsnah und an aktuelle Projekten angelehnt. Ähnlichkeiten mit realen Begebenheiten und Personen sind natürlich rein zufällig ☺.

Mithilfe von Interviews werden die bewussten Anforderungen, die Leistungsfaktoren ermittelt.

Um die impliziten Anforderungen, die Basisfaktoren zu ermitteln, setzen wir die Techniken Reuse sowie Anforderungen erahnen ein, da der Analytiker sehr viel Erfahrung mit Bibliothekssystemen besitzt.

Durch die Kombination verschiedener Techniken stellen wir zudem sicher, dass wir abstrakte Anforderungen ebenso wie detaillierte Anforderungen effektiv ermitteln können.

4.4.2 Entwicklung eines neuartigen elektronischen Spielzeugs

Im zweiten Beispiel soll ein neuartiges Spielzeug entwickelt werden. Folgende Einflussfaktoren sind für die Anforderungsermittlung relevant:

- Produktneuentwicklung
- Komplexes Marktverhalten
- Problematische Gruppendynamik (zu viele „Ja"-Sager o. ä.)
- Viele nicht funktionale Anforderungen
- Begeisterungsfaktoren sind sehr wichtig

In dieser Situation wird zur Ideenfindung die Ermittlungstechnik „Wechsel der Perspektive" eingesetzt. Um die gesuchten Anforderungen näher spezifizieren zu können, werden die Osborn-Checkliste und Interviews mithilfe der Snowcard-Technik benutzt. Zur Ermittlung der nicht-funktionalen Anforderungen werden Simulationsmodelle benutzt (siehe Kapitel 11 „Prüfen von Anforderungen").

 11 Prüfen

Reduzierte Matrix

In Abbildung 4.12 ist eine reduzierte Matrix mit den Einflussfaktoren und den Bewertungen der Techniken dargestellt.

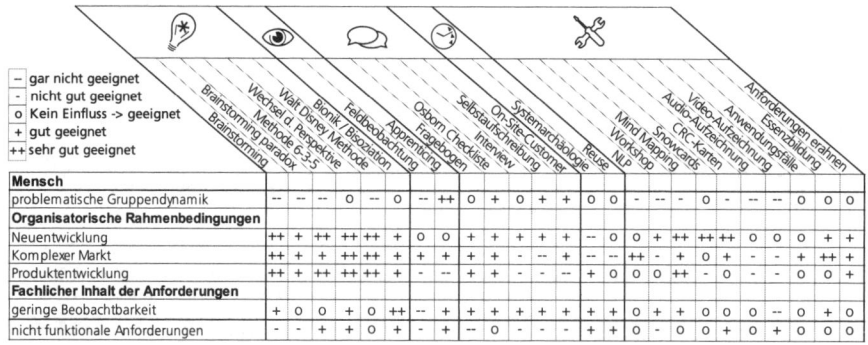

Abbildung 4.12: (Noch) eine reduzierte Matrix

4.5 Management-Zusammenfassung

Orientieren Sie sich bei der Anforderungsermittlung an den in Ihrem Projekt geltenden Randbedingungen. Um Risiken zu minimieren und die Vorteile optimal zu nutzen, wenden Sie eine Kombination unterschiedlicher Techniken an, welche bezüglich der bestehenden Randbedingungen die besten Eigenschaften besitzen.

Besonders das Ermitteln von Basisfaktoren, die vom Kunden implizit vorausgesetzt werden, und von Begeisterungsfaktoren, die der Kunde noch gar nicht kennt, stellt eine Herausforderung dar. Kombinieren Sie daher passende Techniken, um die Anforderungen vollständig zu ermitteln.

Zu unterscheiden sind:

- Kreativitätstechniken für neue Ideen
- Beobachtungstechniken für detaillierte Anforderungen
- Befragungstechniken für beliebig genaue Ergebnisse
- Vergangenheitsorientierte Techniken, um den Ist- bzw. Altsystemzustand zu ermitteln
- Unterstützende Techniken, die andere Techniken abrunden und neue Möglichkeiten erschließen.

Eine Kombination aus mehreren Ermittlungstechniken ist bei einer vollständigen Anforderungsermittlung unabdingbar. Nur durch die Auswahl der für Ihr Umfeld „richtigen" Ermittlungstechniken können „perfekte" Anforderungen entstehen.

4.6 Kennen Sie die Chancen und Risiken Ihres Projekts?

In diesem Kapitel haben wir Anforderungen klassifiziert und Techniken zur Anforderungsermittlung vorgestellt.

- Haben Sie die Chancen und Risiken klar herausgearbeitet, welche die Wahl der Ermittlungstechniken beeinflussen?
- Sind Ihnen die Auswirkungen der Basisfaktoren, Leistungsfaktoren und Begeisterungsfaktoren auf die Kundenzufriedenheit bewusst?
- Haben Sie bei der Auswahl der Ermittlungstechniken auf die Einflussfaktoren geachtet?

4.7 Weiterführende Literatur

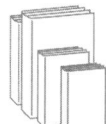

[Backerra02]
    Backerra, H.; Malorny, C; Schwarz, W.: Kreativitätstechniken, Hanser 2002. ISBN 3-446-21869-6

[Bandler75]
    Bandler, R.; Grinder, J.: The Structure of Magic II. Palo Alto/CA, Science and Behaviour Books 1975. ISBN 08314-0049-8

[Beck00]
    Beck, K.: Extreme Programming . Addison Wesley 2000. ISBN 3-8273-1709-6

[Beyer97]
    Beyer, H.; Holtzblatt, K.: Contextual Design: A Customer-Centered Approach to Systems Designs. Morgan Kaufmann Publishers, 1997. ISBN 1-558-60411-1

[Buzan97]
    Buzan, T.; North, V.: Mind Mapping. Der Weg zu Ihrem persönlichen Erfolg. Wien, hpt Verlagsgesellschaft 1997. ISBN 3-209-02397-2

[Cooper02]
    Cooper, R.G.: "Top und Flop in der Produktentwicklung". Wiley-VCH Verlag GmbH, 2002. ISBN 3-527-50027-8

[DeBono99]
    De Bono, E.: Six Thinking Hats. Back Bay Books 1999. ISBN 0-316-17831-4

[Dilts99a]
    Dilts, R.; Bonissone, G.: Zukunftstechniken. Paderborn, Junfermann 1999. ISBN 3873874172

[Dilts99]
    Dilts, R.: Modeling mit NLP. Das Trainingshandbuch zum NLP-Modeling-Prozess. Paderborn, Junfermann 1999. ISBN 3-873-87412-1

[Gamma94]
    Gamma, E.; Helm, R.; Johnson, R.; Vlissides, J.: Design Patterns – Elements of Reusable Object-Oriented Software. Bonn, Addison-Wesley Longman 1994. ISBN 0-201-63361-2

[JacobGriss97]
    Jacobson, I.; Griss, M.; Johnsson, P.: Software Reuse: Architecture Process and Organization for Business Software. Addison-Wesley 1997. ISBN 0-201-92476-5

[John03]
    John, I.; Dörr, J.: Extraktion von Produktfamilienanforderungen aus Benutzerdokumentation, IESE-Report 111.03/D, 2003

[Kellner02]
    Kellner, H.: Kreativität im Projekt. Hanser 2002. ISBN 3-446-21910-2

[Leffingwell99]
    Leffingwell, D.; Widrig D.: Managing Software Requirements: A Unified Approach. Reading/MA, Addison Wesley 1999. ISBN 0-201-61593-2

[Osborn79]
    Osborn, A.F.: Applied Imagination. Charles Scribner's Sons, 1979. ISBN 0-684-16256-3

[Robertson99]
    Robertson, S.; Robertson, J.; Foreword Weinberg, G.: Mastering the Requirements Process. Reading/MA, Addison Wesley 1999. ISBN 0-201-36046-2

[Rupp04]
    Rupp, C.; Rachinger, F.; Lechner, A.: A User's Manual as Requirements Specification – Half the Effort with Twice the Benefit? Konferenzbeitrag zur CONQUEST 2004, Conference on Quality Engineering in Software Technology, Nürnberg

[Sauerwein00]
    Sauerwein, E.: Das Kano-Modell der Kundenzufriedenheit. Deutscher-Universitäts-Verlag 2000. ISBN 3-824-47070-5

[Schlicksupp99]
    Schlicksupp, H.: Innovation, Kreativität und Ideenfindung. Würzburg, Vogel-Verlag 1999. ISBN 3-802-31786-6

[Wiegers99]
    Wiegers, K. E.: Software Requirements. Unterschleißheim, Microsoft Press 1999. ISBN 0-7356-0631-5

[Wilkinson95]
    Wilkinson, N.: Using CRC Cards: An Informal Approach to Object-Oriented Development. Prentice Hall 1995. ISBN 0-133-74679-8

[Wirfs-Brook90]
    Wirfs-Brook R.; Wilkerson, L.; Wiener, L.: Designing Object-Oriented Software. Englewood Cliffs/NJ, Prentice-Hall 1990.
    Deutsche Ausgabe: Objektorientiertes Software-Design. München, Wien, Hanser 1993. ISBN 0-13-629825-7

Chris Rupp & Andreas Günther

5

Stakeholder, Ziele und der Systemkontext

Fragen, die dieses Kapitel beantwortet:

- Was muss ich sehr früh für eine Produkt-/Systementwicklung klären?
- Wie finde ich die Ziele und wie stimme ich sie mit allen relevanten Projektbeteiligten ab?
- Wie finde, kategorisiere und dokumentiere ich die Stakeholder?
- Was versteht man unter Stakeholder-Relationship-Management?
- Wie werden Ziele und Rahmenbedingungen erfasst und dokumentiert?
- Was ist unter dem Systembegriff zu verstehen?
- Wie grenze ich den Systemumfang vom Systemkontext ab?

Tim Lister[1] sagt: „Viele Projekte scheitern, bevor sie begonnen haben". Unsere Beratungspraxis bestätigt (leider) nur zu oft, dass er damit Recht hat. Deshalb konzentrieren wir uns in diesem Kapitel auf die kurze Phase zu Beginn einer Produktentwicklung – auf wenige, aber entscheidende Stunden oder Tage. Auch wenn Sie kein anderes Kapitel in diesem Buch lesen und nur die Ideen dieses Kapitels systematisch in die Praxis umsetzen, hat sich der Preis des Buches für Sie wahrscheinlich schon gelohnt.

Vorbereitung Bevor Sie die Anforderungen an Ihr Produkt und die wesentlichen Systemprozesse analysieren können, müssen Sie sich Gedanken über die Ziele, die am Projekt beteiligten Personen (Stakeholder) sowie den Umfang und Kontext Ihres Systems machen. Auf dieser Basis werden anschließend die Anforderungen an das System ermittelt und präzisiert. Während des gesamten Projekts werden Begriffe definiert, Ziele, der Umfang und der Kontext des Systems dokumentiert und Stakeholderlisten aktualisiert. Wie Sie diese Aktivitäten ausführen und was Sie dabei beachten müssen, erläutert dieses Kapitel.

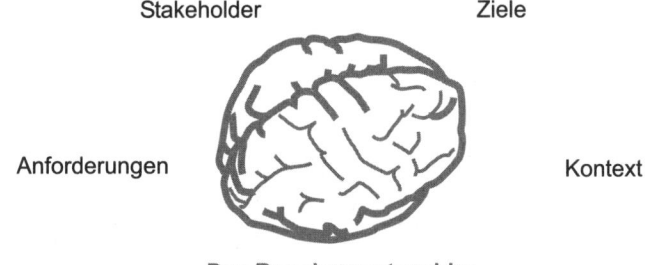

Das Requirementsgehirn

Abbildung 5.1: Das Requirements-Gehirn und seine Umgebung

Es gibt keine feste Reihenfolge, in der die Stakeholder zu analysieren, die Ziele festzulegen und das System vom Kontext abzugrenzen sind. Die Reihenfolge dieser Tätigkeiten können Sie frei bestimmen. Führen Sie diese jedoch zu Beginn der Analyse durch, noch bevor die Anforderungen erhoben werden. Dadurch gestalten Sie einen geeigneten Rahmen für die folgende detaillierte Anforderungsanalyse. Achten Sie darauf, nicht mehr als 5% des gesamten Aufwands der Systementwicklung für die hier beschriebenen Tätigkeiten Zielfindung, Stakeholderanalyse und Systemumfang/-Kontextabgrenzung zu spendieren.

---

[1] Principal der Atlantic Systems Guild, Autor von [Lister03] und Koautor von [DeMarco99]

5.1   Ziele finden

Unter einem Ziel wird „ein erstrebenswerter Zustand verstanden, der in der Zukunft liegt und dessen Eintritt von bestimmten Handlungen bzw. Unterlassungen abhängig ist, der also nicht automatisch eintritt". [Gernert00]

Was ist ein Ziel?

Aus dieser Definition wird deutlich, dass das Festlegen der Ziele für das Produkt einen großen Einfluss auf den Erfolg der Entwicklung hat. Keine Produkt-/Systementwicklung sollte ohne wenigstens eine halbe Seite schriftlicher Ziele angegangen werden. Dabei ist es wichtig, quantifizierbare Angaben aufzuzählen. Dies geschieht meist in natürlichsprachlicher Form. Eine Möglichkeit, Ziele messbar zu dokumentieren, ist die in Kapitel 10 „Die nicht-funktionalen Anforderungen in der Systementwicklung" vorgestellte Planguage. Obwohl der Ansatz für Qualitätsanforderungen gedacht ist, kann er vorteilhaft auch für Ziele angewendet werden.

Warum Ziele?

 10 nfA

Wenn Ziele nicht dokumentiert oder nur unklar definiert sind, existiert keine Ausgangsbasis für die folgende Anforderungsanalyse. Der Requirements Engineer hat dadurch keine Vorgabe, welche Visionen in die Anforderungen eingebracht werden müssen, und spezifiziert möglicherweise an den eigentlichen Zielen vorbei. Das kann zur Folge haben, dass der Requirements Engineer und später das gesamt Projektteam monatelang sinnlos auf ein falsches Ziel hin arbeiten. Unklare oder nicht definierte Ziele beeinträchtigen daher vor allem die Motivation der Mitarbeiter, wenn sie erst im zweiten Anlauf mit den dann korrigierten Zielen zum richtigen Produkt gelangen. Nicht definierte beziehungsweise nicht dokumentierte Ziele sind zudem nicht verfolgbar und werden daher meist nicht erreicht. Dokumentieren Sie daher immer ein Ziel in der Anforderungsspezifikation und verknüpfen Sie das Ziel mit den darauf aufbauenden Anforderungen. Es darf keine Anforderungen geben, die kein bestimmtes Ziel verfolgen.

Als Prozess der Zielfindung empfehlen die meisten Vorgehensmodelle, eine Analyse der Ist-Situation durchzuführen, dann die Probleme der bestehenden Situation beziehungsweise existierende Optimierungsverfahren und Visionen herauszuarbeiten und danach den Zielzustand zu definieren.

Wie finde ich Ziele?

So einfach stellt sich das in der Projektrealität leider nicht immer dar. Das Vorgehen, wie Sie zu Ihren Zielen gelangen, hängt stark von den gegebenen Rahmenbedingungen ab.

- Erfinden Sie ein neues Produkt? Dann ist bei der Zielfindung vor allem visionäres Denken und Offenheit bezüglich aller erdenklichen Lösungen gefragt. Die Ziele müssen aus der Sicht des potenziellen Kundenkreises formuliert werden und den möglichen Kundennutzen völlig lösungsneutral in den Vordergrund stellen.

- Lösen Sie gerade die 17te Generation eines Systems durch die 18te ab? Dann sollten Sie sich vor allem um mögliche Optimierungen kümmern und dürfen die bestehende Einbettung des Systems nicht außer Acht lassen. Beantworten Sie sich die folgenden Fragen: Stellt die Einhaltung vorhandener Schnittstellen zu Ihren Nachbarsystemen ein Dogma dar? Oder lässt sich daran im Sinne Ihres Systems etwas optimieren? Vor allem bei Systemen mit komplexer Umgebung werden Ihnen an dieser Stelle oft von vornherein die Schnittstellen von der Umwelt diktiert. Weiterhin erwarten die Systemnutzer meist eine ähnliche Bedienbarkeit und Anwendbarkeit des Folgeprodukts, damit auf sie keine größeren Anpassungen an das erweiterte Produkt zukommen. Beachten Sie all diese Randbedingungen, welche die Ziele deutlich beeinflussen.

Die Art, wie Ziele dokumentiert werden, reicht von lockerer Prosa bis zu stark formalisierten, musterbasierten Beschreibungen. Wichtig ist hierbei vor allem die Akzeptanz aller Projektbeteiligten.

Zielfindung in der Projektrealität

Zielfindung ist nicht der Schwerpunkt dieses Buches, weshalb wir den Prozess nicht mit allen möglichen Ausprägungen darstellen, sondern auf einen pragmatischen Ansatz reduzieren. Grundsätzlich ist es sinnvoll, bei der Zielfindung zu unterscheiden zwischen

- einer systematischen Suche nach den Menschen, die von der Systementwicklung betroffen sind und deren Input wir benötigen (siehe 5.1.1),
- einer neutralen, wertungsfreien Erhebung der Ist-Situation (siehe 5.1.2),
- der Bewertung der Situation (hier kommen subjektive Aspekte wie Probleme oder Optimierungspotenziale hinzu) (siehe 5.1.3) und
- der Ableitung von Zielen (siehe 5.1.4).

Dokumentieren Sie jeweils die Ergebnisse der einzelnen Schritte und behalten Sie immer im Hinterkopf, welchen Schritt Sie gerade durchführen.

- Abschließend müssen Sie noch die Entscheidung treffen, ob Sie das Projekt wirklich angehen wollen, oder die Idee wieder zu den Akten legen (siehe 5.1.5).

In der Praxis läuft der Start eines Projektes meist sehr kreativ oder auch relativ unkoordiniert ab, indem eine oder mehrere Personen eine Systemidee entwickeln. Dies geschieht häufig in Form einer Beschwerde über das bestehende System, verbunden mit dem Appell, die Missstände zu beseitigen, oder in Form einer Vision, wie in Zukunft der Zielzustand aussehen könnte. Wir haben den Prozess in fünf grobe Schritte gegliedert, die Ihnen bei einer systematischen Suche nach Zielen helfen.

5.1.1 Stakeholder: Ausgangspunkt und Mittelpunkt

Die Informationslieferanten

Eines der sichersten Erfolgsrezepte: die richtigen Leute mit den richtigen Themen betraut und zum richtigen Zeitpunkt im Projekt zu haben. Stellen Sie den Menschen immer in den Mittelpunkt jeder Systementwicklung![1] Die Suche nach den Stakehol-

---

[1] Beachten Sie unsere sophistische Grundphilosophie für jede Produktentwicklung „Der Mensch ist das Maß aller Dinge" – Protagoras (ca. 485 bis ca. 415 v.Chr.)

dern Ihres Systems ist eine der ersten und wichtigsten Aufgaben, der ein eigener Abschnitt (siehe Abschnitt 5.2) gewidmet ist. Zu Beginn der Zielfindung ist es allerdings kaum möglich, alle Stakeholder zu erfassen, da erst die anschließende Analyse des Systems mehr Aufschluss über die Abgrenzung und Einbindung von Betroffenen gibt. Das bedeutet, dass die Suche nach Stakeholdern Sie die gesamte Projektzeit hinweg begleiten wird.

5.1.2 Die derzeitige Realität unter die Lupe nehmen

Existiert ein Vorgänger des zu entwickelnden neuen Systems? Wenn ja, empfiehlt sich eine Analyse des Altsystems und der Art und Weise, wie es bedient wird. Prüfen Sie jedoch zuerst, ob bereits eine System-/Produktbeschreibung des Altsystems vorhanden ist. Meist finden sich vielfältige Benutzerdokumentationen oder Produktpräsentationen in den Tiefen der Dokumentenarchivierung. Falls keine Beschreibungen existieren, formulieren Sie die Ist-Situation so wertungsfrei wie möglich. Siehe dazu auch die vergangenheitsorientierten Techniken innerhalb des Kapitels 4 „Anforderungsermittlung".

Wertungsfreie Darstellung der Ist-Situation

➡ 4 Ermitteln

Eine Analyse der Ist-Situation ist ebenso empfehlenswert, wenn die zu automatisierende Arbeit bisher noch manuell von Menschen durchgeführt wird. Machen Sie sich auch hier ein fundiertes Bild vom derzeitigen Stand der betrieblichen Aktivitäten, und führen Sie gegebenenfalls eine Geschäftsprozessanalyse durch. Damit decken Sie alle betrieblichen Vorgänge und Zusammenhänge auf und können vor allem bei sich ändernden Betriebsprozessen das zu entwickelnde Produkt besser innerhalb dieser Realität platzieren. Meist werden nicht alle manuell durchgeführten Prozesse automatisiert, sondern nur ein Teilbereich. Die verbleibenden manuell durchzuführenden Prozesse erleichtern das Verständnis der Umgebung des zu entwickelnden Produkts, und die geänderten Prozesse lassen sich leichter im Gesamtprozess einordnen. Überprüfen Sie aber vor der Durchführung einer Geschäftsprozessanalyse immer, ob sie tatsächlich notwendig ist und Sie sich nicht wertvolle Zeit sparen können. Falls sich die Ist-Situation der betrieblichen Vorgänge nicht allzu sehr von der Soll-Situation unterscheidet oder eine Änderung gar ausgeschlossen wird, ist es nicht nötig, eine umfangreiche Geschäftsprozessanalyse abzuwickeln. Verweisen Sie in diesem Fall einfach auf Dokumentationen des früheren Produkts.

5.1.3 Probleme erkunden und Optimierungspotenziale beschreiben

Da sich das neu zu entwickelnde System positiv vom bestehenden System abheben soll, müssen Sie bestehende Probleme erkunden und Optimierungspotenziale aufzeigen. Lassen Sie hier Ihr Wissen und Ihre Visionen über zukünftige Marktpotenziale mit einfließen.

Handlungsalternativen und Marktpotenziale

Detaillierte Empfehlungen, nach welchen Risiken und Problemen Sie suchen können, bieten Ihnen Literatur zum Thema Risikomanagement [BSI]. Die Disziplin des Risi-

Risikomanagement

117

komanagements identifiziert Bedrohungen, die Schwachstellen nutzen, um Ihr Ziel zu gefährden.[2]

Problemen auf den Grund gehen!

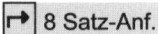 8 Satz-Anf.

Achten Sie vor allem darauf, die artikulierten Probleme bezüglich der aktuellen Systemversion zu hinterfragen und deren Wurzeln herauszuarbeiten. Häufig werden die Symptome, aber nicht die Ursachen eines Problems genannt. Zum Hinterfragen der genannten Probleme eignen sich die Techniken der neurolinguistischen Programmierung (NLP), die Sie in Kapitel 8 „Der lange Weg vom Satz zur Anforderung" kennen lernen. Der Weg, um das zugrunde liegende Problem herauszuarbeiten, kann mühsam und unangenehm sein. Manchmal steckt hinter einem artikulierten Sachverhalt ein grundlegendes Problem des Mitarbeiters, das weniger mit dem System an sich und mehr mit der Einstellung des Mitarbeiters zum Unternehmen zusammenhängt. Dennoch ist es wichtig, die grundlegenden Probleme systematisch zu ergründen. Durch eine konsequente Problemanalyse verhindern Sie, dass ein teures System erstellt wird, welches das zugrunde liegende Kernproblem nicht löst.

5.1.4 Ziele definieren

Beschreibung der Ziele

Mit einer fundierten Kenntnis der Ausgangssituation, der Probleme und Optimierungspotenziale und der Stakeholder im Hinterkopf können Sie nun die Ziele der Systementwicklung definieren. Die erhobenen Ziele, Rahmenbedingungen und Systemgrenzen müssen exakt definiert und formuliert werden. Wie Sie dabei vorgehen, welche Qualitätskriterien dabei zu beachten sind und welche Hilfsmittel sich als praktikabel erwiesen haben, erläutern wir in Abschnitt 5.4 „Ziele beschreiben". Achten Sie vor allem aber darauf, dass sich die Ziele gut kommunizieren lassen. Entwerfen Sie eine schlagkräftige Metapher, die in einem Satz wiedergibt, welches Ziel Sie vor Augen haben. Zum Beispiel könnte die Metapher eines neuen Check-In-Systems einer Fluggesellschaft folgendermaßen lauten: „Wir machen das Einsteigen beim Fliegen so leicht wie beim Busfahren." Nur wirklich gute Metaphern bleiben in den Köpfen der Stakeholder dauerhaft präsent.

Vermerken Sie den Stakeholder, der ein Ziel fordert, bei der Zielerhebung sofort als Autor. Jedes Ziel benötigt mindestens einen Stakeholder, der es vertritt und rechtfertigt und an dessen Beurteilung die Ökonomie der Zielverfolgung während des Projektverlaufes immer wieder gemessen werden kann. Stakeholder tragen somit bereits zu Projektbeginn ihren Anteil an der Verantwortung.

Anforderungsmanager

 13 RM

Im Fall eines Zielkonfliktes müssen sich die Autoren der sich widersprechenden Ziele einigen oder die Lösung des Zielkonflikts an eine höhere Entscheidungsebene delegieren. Um diesen Prozess koordiniert ablaufen zu lassen, benötigt jedes Projekt eine letztendlich verantwortliche Person, welche die Federführung des gesamten Ermittlungsprozesses inne hat. Wir bezeichnen diese Person als verantwortlichen Fachexperten. Zur Rollendefinition siehe auch Kapitel 13 „Ordnung im Chaos".

---

[2] Um potenzielle Störfaktoren ausfindig zu machen, empfiehlt es sich laut [Brassard98], Schwachstellen im Bereich der 4 Ms (Methods, Machines, Materials, Manpower), 4 Ps (Place, Procedure, People, Policies) und 4 Ss (Surroundings, Suppliers, Systems, Skills) zu suchen.

118

5.1.5   Ziele bewerten und entscheiden

Sind die Ziele definiert, so sollten Sie nun zur Bewertung schreiten und eine Kosten-/ Nutzenanalyse durchführen. Die daraus gewonnenen Erkenntnisse können zur Veränderung und Anpassung der Ziele, zum Abbruch oder zur Fortführung der Systementwicklung führen. Siehe dazu beispielsweise [Mühlenkamp94] oder [Hanusch94].

Kosten-/ Nutzenanalyse

5.2   Stakeholder finden

Die Entwicklung eines Systems bzw. Produkts hat das Ziel, die Bedürfnisse mehrerer Personen, Gruppen und Institutionen zu befriedigen, wobei die Bedürfnisse und Ansprüche sehr unterschiedlich, auch gegenläufig und widersprüchlich sein können. All diese Personen und Institutionen bezeichnen wir als Stakeholder.

Stakeholder sind alle Personen, die von der Systementwicklung und natürlich auch vom Einsatz und Betrieb des Systems/Produkts betroffen sind. Dazu gehören auch Personen, die nicht in der Entwicklung mitwirken, aber das neue System zum Beispiel nutzen, in Betrieb halten oder schulen. Darüber hinaus sind Stakeholder auch Standards, Normen oder sonstige Richtlinien, die bei der Analyse zu beachten sind (z.B. Standard für eine Benutzungsoberfläche, Sicherheitsrichtlinien eines Unternehmens, das Datenschutzgesetz usw.). Wir verwenden den englischen Begriff Stakeholder, da die deutschen Begriffe „Systembeteiligte" und „Systembetroffene" entweder nicht alle Personen umfassen oder einen passiven oder negativen Beigeschmack haben.[3] Stakeholder sind die direkten oder indirekten Informationslieferanten für Ziele, Anforderungen und Randbedingungen an unser System oder Produkt.

Wenn Sie auf die Suche nach den Stakeholdern Ihres Projekts gehen, dann befragen Sie den erfahrenen Projektleiter und die bereits gefundenen Stakeholder und verwenden Sie die Stakeholdertabelle (Abbildung 5.3) als Stakeholder-Checkliste. Grundsätzlich sollten Sie jeden bereits gefundenen Stakeholder nach weiteren wichtigen Beteiligten befragen, da genau diese Personen ihr Umfeld gut kennen. Die für ein Projekt ausgewählten Stakeholder müssen vom Management akzeptiert und abgezeichnet werden. Achten Sie bei der Wahl der Repräsentanten darauf, dass diese ein möglichst präzises und aktuelles Verständnis der wirklichen Bedürfnisse des Marktes und der späteren Nutzer haben und dieses auch kommunizieren können. Personen, die seit Jahren den Produktbezug verloren haben und die heutige Realität nur noch aus Erzählungen kennen, eignen sich genauso wenig wie Spezialisten, die ihr Wissen nicht kommunizieren können.

Die Suche und Wahl der Stakeholder

Da die Definition der Systemziele und -anforderungen den Erfolg der Systementwicklung stark beeinflusst und größtenteils vorherbestimmt, dürfen sie nicht nur von einer Person, sondern müssen von vielen Stakeholdern festgelegt werden. Nur dadurch können Sie alle erdenklichen Arten von Zielen und Anforderungen sammeln und abgleichen und die unterschiedlichen Bedürfnisse aller Stakeholder befriedigen. Natürlich können nicht alle vom Produkt betroffenen Personen an allen Diskussionen

Die Vielfalt an Stakeholdern

---

[3] Weitere Begriffe für Stakeholder sind: Wissensträger, Interessenvertreter, Platzhirsch, Interessen- und Anspruchsgruppen, Lobby.

beteiligt werden. Aus diesem Grund muss für jede Gruppe von Stakeholdern ein oder mehrere Repräsentanten ausgewählt werden. In einigen Fällen ist es schwierig, den direkten Zugang zu den Personen zu gewinnen, die das Produkt eigentlich nutzen werden; insbesondere dann, wenn es sich dabei um ein Produkt handelt, das nicht für spezielle Nutzergruppen, sondern für den „Markt" erstellt wird.

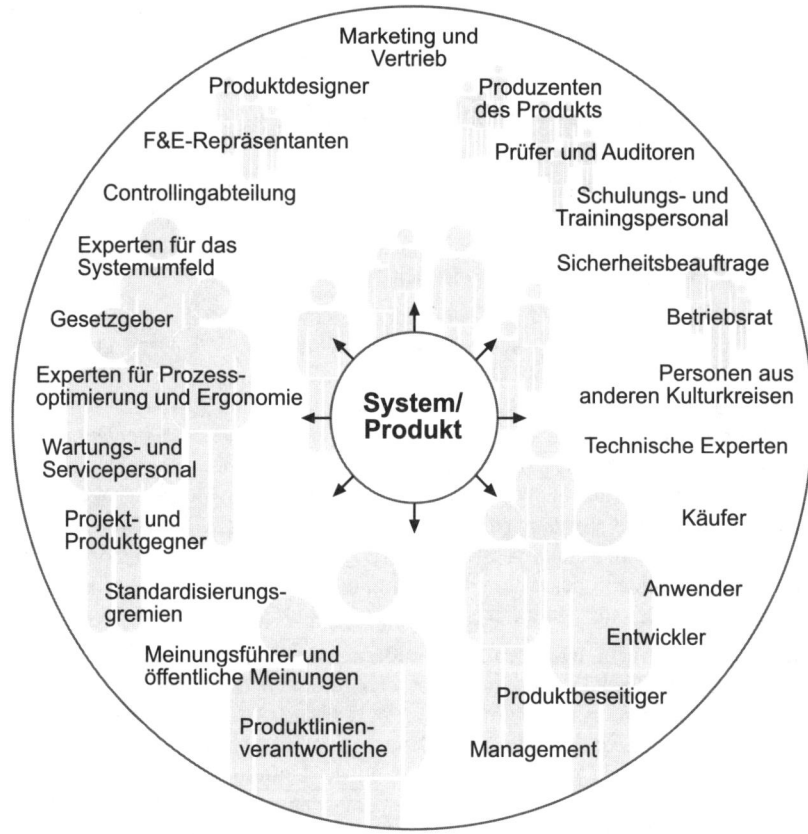

Abbildung 5.2: Stakeholderrollen, die Sie bedenken sollten

Vergessene Stakeholder sind vergessene Anforderungen

Werden wichtige Stakeholder vergessen und zum Beispiel erst im Rahmen der Inbetriebnahme mit dem Produkt konfrontiert, so erfahren Sie von deren Anforderungen viel zu spät. Die neu hinzukommenden Anforderungen können Sie dann nur noch aufwändig über ein Änderungsverfahren integrieren oder einfach ignorieren. Dies kostet erfahrungsgemäß mehr Zeit und Geld und führt häufig zu einem Akzeptanz- und Imageverlust.

Stakeholderliste: ein Dauertask!

Dokumentieren Sie zu Beginn einer Systementwicklung alle Stakeholder, die Sie bereits kennen. Die anschließende Analyse des Produkts bietet kontinuierlich mehr Aufschluss über Personen, die für die weiteren Schritte essenziell sind. Das Finden und Dokumentieren von Stakeholdern ist kein einmaliger Vorgang, sondern die Liste relevanter Stakeholder muss immer wieder aktualisiert werden. Die neu hinzugekommenen Stakeholder sollten auch bezüglich der Ziele befragt werden.

5.2.1 Rollen von Stakeholdern

Die folgende Tabelle gibt einen kurzen Überblick über potenzielle Rollen von Stakeholdern. Sie erhebt dabei keineswegs Anspruch auf Vollständigkeit, dennoch kann sie Sie während der Suche nach Stakeholdern unterstützen. Für Ihr Produkt sollten Sie jede Rolle bedenken und konkrete Personen dafür suchen. Diese werden dann als Verantwortliche notiert und in geeigneter Form in die Systementwicklung integriert. Detailliertere Informationen hierzu finden Sie in [SOP02] und [ASG02].

Rolle der Stakeholder	Beschreibung
Management	Gruppe der Sponsoren/Auftraggeber und Entscheider. Das Management sorgt dafür, dass das System die Unternehmensziele und -strategien unterstützt und mit der Unternehmensphilosophie konform geht.
	Sie werden häufig erst im Rahmen des Genehmigungsverfahrens mit dem Projektantrag und den darin aufgeführten Zielen konfrontiert. Wenn die Systemziele die Ziele des Managements bezüglich des Unternehmens nicht mit berücksichtigen, stoßen derartige Anträge unerwartet auf eine ablehnende Haltung. Auch aus diesem Grund ist eine Einbeziehung des Managements als potenzieller Stakeholder wichtig.
Anwender des Systems	Sie liefern einen Großteil der fachlichen Ziele. Bei einer großen Zahl von Endanwendern kanalisiert und bewertet eine Anwendervertretung die Anforderungen. Diese Anwenderrepräsentanten benötigen eine Menge Erfahrung im Geschäftsgebiet, eine gute Reputation, um das Vertrauen der restlichen Anwender zu genießen, sowie Weitblick für zukünftige Geschäftsentwicklungen. Häufig werden die Anwendervertreter mittels eines Auswahlverfahrens, zum Beispiel nach Standorten oder fachlichen Schwerpunkten, gewählt. Teils können die Anwender des Systems noch in direkte oder indirekte Anwender unterteilt werden. Direkte Anwender interagieren mit dem System (Beispiele: Auftragseingabe, Informationseingabe für Internetauftritt). Ein indirekter Anwender hingegen zieht vor allem Nutzen aus dem System (Beispiele: Erhalt der Auftragsbestätigung, Anzeigen der Informationen im Internet).
Wartungs- und Servicepersonal des Systems	Sie formulieren im Wesentlichen Ziele für die Wartung und den Service des Systems. Gerade bei der Entwicklung eines Produktes mit hohen Stückzahlen ist dies von besonderem Interesse, da die Wartung an vielen Stellen jeweils vor Ort durchgeführt werden muss. Das Servicepersonal an der Hotline hat vermutlich sehr konkrete Vorstellungen davon, wie Fehlerzustände des Systems dem Benutzer angezeigt werden sollen, um eine telefonische Fehlerdiagnose überhaupt zu ermöglichen. Zudem werden von diesen Stakeholdern Anforderungen hinsichtlich Ausfallsicherheit, Wiederherstellbarkeit und Transportierbarkeit genannt.
Schulungs- und Trainingspersonal	Für das Schulungs- und Trainingspersonal stehen Aspekte wie Bedienbarkeit, Vermittelbarkeit und Dokumentation des Systems im Vordergrund. Zum Beispiel wird ein Trainer, der den Anwendern die Funktionalität des Systems vermitteln soll, konkrete Anforderungen an ein Hilfesystem und die auszuliefernde Dokumentation formulieren können.

Rolle der Stakeholder	Beschreibung
Käufer des Systems	Der Käufer des Systems ist nicht unbedingt mit dem Anwender identisch. Die Frage: „Wer trifft die Kaufentscheidung über das Produkt?" ist wesentlich, um die Gruppe der betreffenden Stakeholder zu ermitteln. Dies kann beispielsweise der Einkäufer eines Großunternehmens sein, für den das Lizenzkonzept, die Service- und Vertragskonditionen oder der Preis wichtiger sind als die Bedienbarkeit des Systems. Solche Käufer des Produkts haben häufig Einfluss auf die Release-Planung des Produkts und damit auf die Reihenfolge zur Ermittlung der Anforderung. Meist möchte ein Käufer aufgrund des Vertrauensgewinns frühzeitig einen Prototypen sehen und testen. Andererseits existieren Käufer, die niemals alle direkt befragt werden können (Beispiel: Handykäufer). Eine Marketingabteilung (siehe folgende Zeile) kann hier die Anforderungen anstelle des Käufers liefern. Weiterhin können mittels Marktanalysen die Anforderungen analysiert werden. Allgemein zu beachten ist dabei die Unterschiedlichkeit dieser Käufer. Wenn möglich wählen Sie vielfältige Gruppen aus, um Ihre Anforderung in einem breiten Spektrum erheben zu können. Einige wichtige Faktoren für die Auswahl sind (vgl. [Robertson00]): Intellektuelle Fähigkeiten, Beziehung zur Technik, Ausbildung, sprachliche Fähigkeiten, Alter, Geschlecht, Erstbenutzer, erfahrene Benutzer eines Produkts usw.
Marketing- und Vertriebsabteilung	Marketing und Vertrieb spielen häufig die Rolle des internen Repräsentanten der externen Kunden. Insbesondere bei der Produktentwicklung sind sie wichtige Ziel- und Anforderungslieferanten.
Entwickler	Sie liefern technologiespezifische Ziele, die sich meist auf den Entwicklungsprozess und die verwendeten Technologien beziehen. Diese Ziele dienen unter anderem der Zukunftssicherung des Systems und der Motivation des Entwicklungsteams.
Projekt- und Produktgegner	Bereits zu Beginn der Zielfindung ist es sinnvoll, sich Gedanken über potenzielle Gegner zu machen. Jedes Ziel besitzt das Potenzial, Machtpositionen und Gewohntes in Frage zu stellen. Obwohl die Projektgegner nicht gerade die angenehmsten Gesprächspartner sind, ist eine Auseinandersetzung bereits am Anfang des Projektes erforderlich. Ziel der Diskussion kann eine Anpassung der Projektziele sein, um Widerstände zu beseitigen (häufig ist gute Überzeugungsarbeit vollkommen ausreichend).
Produktbeseitiger	Sie sind insbesondere bei Systemen, bei denen mehr als nur Software ausgeliefert wird, von Bedeutung. Nach der Nutzung eines Produktes muss dieses wieder beseitigt werden. Hierzu gibt es vor allem im Bereich des Umweltschutzes umfangreiche, die Hardware betreffende Rahmenbedingungen, die die Zielsetzung einer Produktentwicklung enorm beeinflussen. Für Software müssen ebenso Deinstallationsprogramme eingeplant und gefordert werden.
Sicherheitsbeauftragte	Diese Personengruppe stellt Anforderungen an das System, die aus dem absichtlichen oder unabsichtlichen Fehlverhalten anderer Stakeholder resultieren. Unter Fehlverhalten verstehen wir die dem Systemzweck widersprechende Benutzung des Systems. Das Fehlverhalten kann mutwillig sein, zum Beispiel bei Hackern, die in das System eindringen wollen, oder Vandalen, deren Absicht es ist, das System zu zerstören. Andererseits kann das Fehlverhalten unbeabsichtigt sein. So müssen z. B. Endanwender vor dem versehentlichen Löschen von Daten bewahrt werden.

Rolle der Stakeholder	Beschreibung
Betriebsrat	Insbesondere in größeren Unternehmen spielt der Betriebsrat bei der Einführung neuer Systeme eine entscheidende Rolle und sollte daher frühzeitig integriert werden.
Personen aus anderen Kulturkreisen	Sie bestimmen Rahmenbedingungen, wie z. B. die Darstellung der Informationen auf der Oberfläche, Verwendung von Symbolen und Begriffen.
Gesetzgeber	Die Festlegung der rechtlichen Rahmenbedingungen wird beeinflusst durch Gesetze, Vorschriften und Verordnungen. Beispiele sind das Datenschutzgesetz oder auch Vorgaben zur Erstellung von gesetzlich geforderten Statistiken.
Standardisierungsgremien	Externe Standards (wie GSM im Mobilfunkbereich) oder firmeninterne Standards wie das Qualitäts- oder das Projektmanagementhandbuch, das gewählte Vorgehensmodell, die Corporate Identity, Richtlinien und Sicherheitsstandards beeinflussen die Projektziele.
Meinungsführer und öffentliche Meinung	Es gibt in fast jedem Bereich Meinungsführer, die Ziele beeinflussen oder vorschreiben. Diese Meinungsführer können zum Beispiel marktdominierende Konkurrenzfirmen sein (wie Microsoft). Als problematisch erweist es sich, wenn man mit einem System unterschiedliche Zielmärkte anstrebt (zum Beispiel Europa, Asien und USA) und die öffentliche Meinung in diesen Märkten stark differiert. Ziel ist ein optimiertes Projektmarketing, welches sich möglichst gut an die unterschiedlichen Gegebenheiten anpasst.
Prüfer und Auditoren	Falls es Gruppen gibt, die das System prüfen, freigeben oder abnehmen müssen, ist es notwendig, die Ziele auf Konformität mit deren Richtlinien zu prüfen. Beispiele sind dabei der TÜV oder eine firmeninterne Qualitätssicherungs-/Erprobungsabteilung.
Technische Experten	Die Personen, deren technisches Fachwissen unmittelbar mit dem zu entwickelnden Produkt verbunden ist. Das können unter anderem Chemiker, Elektroingenieure oder Werkstoffspezialisten sein. Sie wissen in aller Regel, ob ein Produkt eine geforderte Funktionalität überhaupt realisieren kann. Sie besitzen die technologiespezifischen Kenntnisse über das Produkt, nicht aber über dessen Herstellung. Bei der Auslotung technologischer Grenzen ergeben sich zahlreiche Restriktionen, die die Ziele und Anforderungen beeinflussen. So stellt beispielsweise die Welleneigenschaft von Licht das größte Problem bei der Herstellung von Halbleiterchips dar. Andere technische Eigenschaften sind elektromagnetische Verträglichkeit oder thermodynamische Anforderungen.
Produzenten des Produkts	Die Personen, die ein spezifiziertes Produkt (vor allem bei Hardware) produzieren. Sie haben Wissen über die spezifischen Produktionsprozesse und lassen dieses in die Anforderungsanalyse in den Bereichen Fertigungsanforderungen, End-of-line-Programmierung usw. einfließen. Zudem sind sie im Hinblick auf die Anforderungen zu Lieferungsbedingungen und –qualität, Ausfallraten etc. beteiligt.
Produktdesigner	Alle Personen, die aus ästhetischen oder technischen Gründen Anforderungen an das Aussehen, die Form oder den Aufbau eines Produktes haben. Hier spielen Psychologie und Verhaltensforschung eine wichtige Rolle.

Rolle der Stakeholder	Beschreibung
Experten für Prozess-optimierung und Arbeits-ergonomie	Anforderungen dieser Personengruppe zielen auf die Optimierung der Benutzerschnittstelle ab. Dazu gehören neben ergonomischen Erfordernissen (wie beispielsweise der Lesbarkeit oder der übersichtlichen Darstellung aufbereiteter Daten) auch die Realisierung ökonomischer Arbeitsabläufe. Dies lässt sich durch Beobachtung der Arbeitsprozesse und des Benutzerverhaltens erreichen. Die einzelne, bereitgestellte Funktionalität des Produkts muss letztendlich für den Benutzer in einfacher und schneller Weise zur Verfügung gestellt werden. Die Gesamtfunktionalität muss einer logischen Strukturierung gehorchen, die insbesondere bei Produkten für den Massenmarkt enorm wichtig ist. Denken Sie zum Beispiel an die Menüführung Ihres Video-Recorders oder Ihres Handys ☺.
Experten für das Systemumfeld	Ein neu zu entwickelndes System ist in aller Regel nicht isoliert (stand-alone), sondern wird in ein größeres, oft heterogenes System eingebettet. Dafür notwendiges Know-how sollte bei dieser Stakeholderrolle abgerufen werden. Meist entstehen daraus Rahmenbedingungen für die Entwicklung, die direkten oder indirekten Einfluss auf funktionale und nichtfunktionale Anforderungen haben.
Produktlinien-verantwortliche Personen	Wenn innerhalb eines Unternehmens ein Produkt in Varianten, unterschiedlichen Baureihen, Linien o. ä. produziert wird, existiert meist eine produktübergreifend verantwortliche Person. Diese nennt Ziele und Anforderungen an ein zu erstellendes Produkt, damit sich dieses in die bestehende Produktfamilie problemlos einfügt beziehungsweise von bestehenden Nachbarprodukten abgrenzt. Beispiele sind Vorgaben hinsichtlich einheitlichem Bedieninterface, Farben, Logos, Aktionsfolgen, explizit funktionale Erweiterungen. Zudem können diese Personen aufgrund ihres guten Überblicks leicht Hilfestellungen für eventuelle Wiederverwendungen von Anforderungen (und Systemteilen) statt erneuter Erfindung geben.
F&E-verantwortliche Personen	In den Forschungs- und Entwicklungsbereichen werden Neuerungen simuliert und erprobt. Verantwortliche Personen aus dem Forschungs- & Entwicklungsbereich nennen dann häufig Innovationen, die in ein neues Produkt einfließen sollen. Hierbei ist zu beachten, dass diese Innovationen mit anderen Stakeholdern, vor allem mit dem gegebenenfalls existierenden Produktlinienverantwortlichen und dem Management, abgeglichen werden müssen, damit keine reine Goldrandlösung realisiert wird.
Controlling-abteilung	Das sind Stakeholder wie Controller oder Entscheidungsträger der internen Finanzabteilungen, die die finanziellen Rahmenbedingungen eines Projekts oder des Produkts bestimmen. Üblicherweise sind dies Entwicklungskosten, aber auch Anforderungen an die Preisgestaltung des Produkts (Stichwort: return of investment). Es resultieren indirekte Auswirkungen auf die geforderte Funktionalität, die dadurch evtl. reduziert wird. Der direkte Kontakt zwischen Anforderer und diesen Stakeholdern ist daher sehr wichtig, leider wird er in der Praxis, wenn überhaupt, nur über die Projektleitung mittels Budgetierung oder Kostenstellen abgewickelt.

Abbildung 5.3: Beschreibung der Rollen von Stakeholdern

Diese Liste von Stakeholderrollen, die bei Bedarf aktualisiert und erweitert wird, finden Sie unter www.sophist.de. [4]

---

[4] Fehlt Ihnen eine für Sie wichtige Stakeholderrolle in der obigen Liste? Melden Sie sich einfach bei uns, so können wir die Liste ergänzen – vielen Dank ☺.

5.2.2 Die Notation von Stakeholdern

Die einfachste Art, Stakeholder systematisch zu erfassen, sind Tabellen. In diese Tabellen sollten Sie neben der Stakeholderrolle und der Beschreibung auch konkrete Daten des Repräsentanten (wie Mailadresse, Urlaubsdaten), Informationen zu seinem Wissensgebiet und die Begründung anfügen, warum er als Repräsentant ausgewählt wurde. Ein konkretes Beispiel, wie die Tabelle für unser Bibliothekssystem aussieht, finden Sie auf unserer Webseite.

Die Tabelle der Stakeholder

Rolle der Stakeholder	Beschrei- bung	Konkrete Vertreter	Verfügbar- keit	Wissens gebiet	Begründung
Anwender	Sind die eigentlichen Benutzer des Systems	Herr Meier Tel.: 0815 E-Mail: Meier@bl.de	Urlaub vom 20.12.01 bis 07.01.02; 20% ver- fügbar	Arbeitet mit Altsystem, kennt Schwach- stellen	Anwender des Systems, muss damit zukünftig arbeiten
Manage- ment	Nennt Pro- dukt- und Projektziele	Herr Müller Tel.: 4711 mueller@bl.de	5% verfügbar	Kennt alle Vor- gänger des Pro- dukts im Detail, da vorher selbst Anwender des Produkts	Entscheidung über Realisie- rung, Geld- geber
F&E- Verantwort- licher	Bringt Inno- vationen in das Produkt ein	Herr Schmitt Tel.: 4712 schmitt@bl.de	80% verfügbar	Produkt- simulationen und Experimente	Gibt Ideen zur Weiterentwick- lung und bahn- brechender Funktionalität

Abbildung 5.4: Notationsvorschlag für Stakeholder

In Abbildung 5.4 sind die üblichsten Informationen rund um die Stakeholderrollen gezeigt. Wenn es für Sie noch weitere wichtige Informationen gibt, fügen Sie sie auch ein. Weitere mögliche Einträge in der Stakeholderliste können sein:

- Entscheidungsbefugnis,
- Soll- und Ist-Zeiten der Mitarbeit,
- Grad der Beteilung während der Analyse(niedrig, mittel, hoch),
- Art der Kommunikation (per Telefon, E-Mail, Datenbank, ...),
- Mitwirkung während der Qualitätssicherung und Freigabe der Anforderungen.

5.2.3 Stakeholder-Relationship-Management – Die Pflege von Stakeholdern

Bei allem Suchen, Finden von Stakeholdern und Stakeholderlisten-Pflegen ist es immer noch das Wichtigste, dass sich die Stakeholder während des Anforderungs- analysierens mit ihrem Wissen engagiert einbringen. Dies erreicht man am ehesten im Rahmen eines Stakeholder-Relationship-Managements, wenn man aus Betroffe- nen Beteiligte macht. Binden Sie die Stakeholder direkt in Kommunikationspfade mit ein, geben Sie ihnen Verantwortung und Aufgaben.

Betroffen oder beteiligt?

125

Der symbolische Stakeholdervertrag und die Verantwortung für Anforderungen

Eine echte Verpflichtung der Stakeholder gegenüber dem Projekt ist sehr wichtig. Menschen benötigen oft eine konkrete Vereinbarung, um für eine Aufgabe Engagement zu zeigen. In einigen Projekten hat sich daher ein sehr schöner Brauch etabliert, über dessen Einführung Sie nachdenken sollten. Alle Stakeholder unterzeichnen zu Beginn des Projektes eine Art Vertrag, in dem sie ihre Leistung für das Projekt zusichern. Dabei werden auch die Statuten des Projektes aufgestellt, kommuniziert und verabschiedet. Dieser symbolische Akt unterstreicht die Wichtigkeit der Kooperation mit allen Stakeholdern und erhöht die Bindung. In der Konsequenz bedeutet dies, dass es für jede Anforderung mindestens einen verantwortlichen Stakeholder geben muss, dass Rechte und Pflichten klar geregelt sind und Vereinbarungen über die Art der Kommunikation abgestimmt sind. Streben Sie im Stakeholder-Relationship-Management deutliche Festlegungen an. Ein Beispiel für eine Stakeholdererklärung finden Sie auf unserer Webseite.

Rechte und Pflichten

Schließen Sie mit Ihren Stakeholdern einen Vertrag mit folgenden Inhalten:

- Was ist die genaue Aufgabe des Stakeholders (gegebenenfalls inklusive von Fertigstellungsterminen)?
- Wofür genau ist der Stakeholder verantwortlich?
- Welche Weisungsbefugnis hat der Stakeholder?
- Welche Ziele sollen vom Stakeholder erreicht werden?
- Welche Freigaben hat der Stakeholder zu geben (beispielsweise das Unterzeichnen von Anforderungen)?
- Auf welche Informationen darf der Stakeholder zugreifen?
- Mittels welcher Kommunikationswege werden Informationen ausgetauscht (zum Beispiel offene Fragen zu Anforderungen und deren Antworten)?
- Wann erhält der Stakeholder Feedback zu seinen gelieferten Informationen?
- Welche verantwortlichen Personen werden in welchen Situationen vom Stakeholder informiert (beispielsweise bei Anforderungsänderungen)?
- Mit wem koordiniert der Stakeholder bestimmte Anforderungen?
- Welche Zugriffsrechte erhält der Stakeholder für das Anforderungsrepository?
- Für welche Fachgebiete ist der Stakeholder der offizielle Ansprechpartner?

Hinweis: Passen Sie die Formalität des Stakeholdervertrags immer an Ihre Firmen- und Projektkultur sowie die jeweilige Situation an.

Der Stakeholder in Beziehung zum Projekt

Wenn ein Stakeholder sich tatsächlich als an einem Projekt Beteiligter fühlt und einen Vertrag mit dem Projekt eingeht, dann wird er viele für das Projekt bereichernde Aufgaben engagiert übernehmen. Die Verpflichtung eines Stakeholders gegenüber dem Projekt besteht vor allem aus einer klaren und wahrheitsgemäßen Kommunikation und Einbringung seines Wissens, der Aufdeckung von Projektrisiken, der Hilfe bei Konflikten und der verantwortungsvollen Übernahme von Risiken. Dafür muss das Projekt auch etwas für den Stakeholder tun: Kommunikation der Risiken und Auswirkungen des Projekts für die Stakeholder, Austarieren zwischen den Bedürfnissen des Unternehmens, des Projekts und der Stakeholder, Informationsweitergabe über Änderungen und den Projektfortschritt. Siehe dazu auch [Finzi].

Legitimation der Zusammenarbeit

Wenn Sie als externe Person beziehungsweise als Berater in einem Projekt als Requirements Engineer tätig werden wollen, ist ein weiterer wichtiger Punkt Ihre Legitimation innerhalb des Projekts und gegenüber den beteiligten Stakeholdern. Eine Vor-

126

aussetzung zur Mitarbeit ist genügend Fachwissen, das Sie mit in das Projekt einbringen. Genauso sind auch eine persönliche Bindung zu den Beteiligten, ein gehöriger Vertrauensvorschuss und die Kompetenz, ggf. Entscheidungen zu treffen und zu führen, notwendig. Die persönliche Bindung lässt sich nur im Laufe der Zeit langsam und sicher aufbauen. Sie lässt sich nicht von Anfang an erzwingen. Kompetenzen kann Ihnen beispielsweise der Projektleiter in einem offiziellen Kick-Off-Workshop oder in einer E-Mail-Ankündigung geben. Vertrauen baut sich am besten auf – so zeigt unsere Erfahrung –, wenn der Projektleiter Sie allen beteiligten Personen persönlich vorstellt. So wird Ihnen der erste Schritt zum Aufbau einer persönlichen Bindung deutlich vereinfacht.

5.3   Ziele klassifizieren

Die im Folgenden vorgestellte Klassifizierung von Zielen soll Sie bei der Ermittlung unterstützen. Durch die Klassifizierung betrachten Sie die Ziele aus unterschiedlichen Blickwinkeln und erhalten damit ein vollständigeres Bild. Die vorgeschlagenen Klassen dienen aber nur als Hilfestellung und stellen kein Dogma dar.

Sinn der Klassifizierung

Grundsätzlich lassen sich gefundene Ziele nach sehr unterschiedlichen Kriterien differenzieren. [Gernert00] führt eine mögliche Einteilung der Ziele nach den folgenden Kriterien durch:

- Reichweite (strategische und operative Ziele),
- Bedeutung (Haupt- und Nebenziele),
- Zeithorizont (langfristige und kurzfristige Ziele),
- Inhalt (zum Beispiel nach Unternehmensbereich, Branche, Marketingzielen, Vertriebszielen, IT-Zielen, ...),
- Messbarkeit (qualitative und quantitative Ziele) und
- Verantwortungsbereich.

Kriterien der Klassifizierung

Diese Kriterien können beliebig kombiniert werden. Unserer Meinung nach darf eine weitere Kategorie, nämlich der Grad der juristischen Verbindlichkeit, nicht fehlen.

Im Folgenden bieten wir Ihnen einen Einblick in die Klassifizierung der Ziele nach ihrer Reichweite (strategische Ziele und operative Ziele) und dem Inhalt (Führungsziele).

5.3.1   Klassifizierung von Zielen nach der Reichweite und dem Inhalt

Abbildung 5.5 zeigt die unterschiedlichen Klassen von Zielen sowie die Stakeholder, die wahrscheinlich die beste Informationsquelle für die jeweilige Zielklasse darstellen. Dabei werden die Ziele verschiedenen Ebenen (Steuerungskreisen) eines Unternehmens zugeordnet.

127

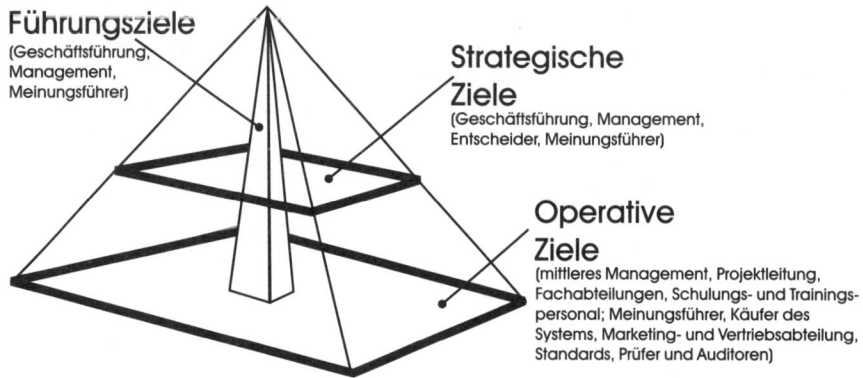

Abbildung 5.5: Klassifizierung von Zielen

Strategische Ziele

Definition

Die Reichweite strategischer Ziele geht über ein einzelnes Projekt hinaus und schließt häufig das gesamte Unternehmen mit ein. Diese Ziele befassen sich zum Beispiel mit dem Unternehmensimage, der Unternehmensausrichtung und dem Markt (zum Beispiel mit Marktdurchdringung, Schlagkraft und Reaktionszeit der Vertriebsorganisation).

Verantwortlich-
keiten und
Lebensdauer

Verantwortlich für die Vorgabe und Verfolgung strategischer Ziele ist vor allem die Ebene der Geschäftsführung. Strategische Ziele haben eine langfristige Ausrichtung und Bedeutung.

Zielüberwachung

Strategische Ziele werden meist durch Informationsmanagement-Systeme oder die Überwachung von Marktdaten (zum Beispiel Durchdringungsstudien, Konkurrenz- und Wettbewerbsanalyse, Bestimmung der eigenen Marktposition) verfolgt. Häufig lässt sich das Erreichen eines strategischen Ziels nicht sofort bei der Einführung des Systems messen, sondern erst Monate später, wenn Reaktionen des Marktes spürbar werden.

Strategische Ziele des Bibliotheksprojektes:

Beispiel:
Strategische
Ziele

- Die marktbeherrschende Stellung im Belletristikbereich mit 10 000 Ausleihvorgängen pro Jahr innerhalb aller Bibliotheken der Stadt soll gehalten werden.
- Bis Ende 2003 soll eine Marktdurchdringung von 50 % erreicht werden (jeder zweite Bürger soll einen Bibliotheksausweis besitzen).
- Die Anzahl der aktiven Kunden (= Kunden, die mindestens ein Buch im Jahr ausleihen) und damit die darauf basierende staatliche Unterstützung soll sich verdoppeln.

Operative Ziele

Definition

Operative Ziele haben keine so umfassende Reichweite wie strategische Ziele. Sie befassen sich vor allem mit dem Inhalt, den Kosten, der Qualität und den Terminen einer konkreten Systementwicklung.

128

Die Verantwortung für die Vorgabe und Verfolgung operativer Ziele tragen vor allem die Projektleitung, der Anwender und die Kunden. Operative Ziele haben eine kurzfristigere Bedeutung als strategische Ziele, sie unterstützen diese. Wird als strategisches Ziel zum Beispiel die Marktführerschaft in einem Massenmarkt geplant und soll dies über einen niedrigen Preis erreicht werden, so wird das operative Kostenziel die Herstellung eines preisgünstigen Produktes fordern.

Verantwortlichkeiten und Lebensdauer

Kostenziele werden durch Verfahren des Rechnungswesens überwacht. Qualitätsziele können durch das Qualitätsmanagement, die Messung von Fehlerraten sowie die Bestimmung von Ausfallzeiten kontrolliert werden. Das Erreichen fachlich operativer Ziele wird durch die fachliche Abnahme des Systems überprüft.

Zielüberwachung

Operative Ziele des Bibliotheksprojektes:

■ Die Personalkosten der Bibliothek sollen trotz eines erwarteten Anstiegs der Entleiher um 35 % konstant bleiben.

■ Das Bibliothekssystem soll zu den Öffnungszeiten für den Entleiher zu 99,9 % zur Verfügung stehen.

■ Das Projekt soll bis zum 31.12.2004 mit der Installation des Systems in 3 Bibliotheken erfolgreich abgeschlossen werden.

Beispiel: Operative Ziele

Führungsziele

Führungsziele befassen sich mit internen Abläufen und dem Faktor Mensch. Mögliche Führungsziele sind beispielsweise eine hohe Motivation der Mitarbeiter, guter Informationsfluss im Projekt oder effektives Wissensmanagement. Die Erfüllung von Führungszielen ist eine wichtige Ausgangsvoraussetzung für die Erfüllung aller weiteren Ziele.

Definition

Verantwortlich für die Formulierung und Verfolgung von Führungszielen sind vor allem die Projektleitung und das Management. Führungsziele haben eine langfristige Bedeutung.

Verantwortlichkeiten und Lebensdauer

Die Erfüllung von Führungszielen ist häufig nicht objektiv messbar, sondern nur subjektiv wahrnehmbar.

Zielüberwachung

Führungsziele des Bibliotheksprojektes:

■ Die Anzahl der Verbesserungsvorschläge, die durch Projektmitarbeiter des Bibliotheksprojektes eingereicht werden, soll um 40 % über dem Unternehmensdurchschnitt liegen.

■ Die Fluktuationsrate des Projektteams soll während der Gesamtprojektdauer maximal 8 % betragen.

■ Fachliche Diskussionen sollen offen und transparent erfolgen (zum Beispiel in elektronischen Diskussionsforen).

Beispiel: Führungsziele

5.4   Ziele beschreiben

Nachdem die Stakeholder befragt sowie die Ziele und Rahmenbedingungen erhoben wurden, müssen diese formuliert werden. Dabei ist äußerste Sorgfalt geboten, denn genauso wie falsche und fehlende Ziele ein Projekt gefährden, behindern schlechte, zweideutige und falsch formulierte Ziele die Projektarbeit. Korrekt und gut formulierte Ziele erfüllen einige Kriterien, die wir Ihnen im Folgenden vorstellen.

↱ 1 Qualität

In Kapitel 1 „Anforderungen – der Maßstab Ihres Projekterfolgs" haben wir Ihnen Qualitätskriterien für eine einzelne Anforderung erläutert. Von diesen Kriterien lassen sich folgende uneingeschränkt auf Ziele übertragen:

Qualitätskriterien für Ziele

Ziele müssen

- vollständig,
- korrekt,
- konsistent gegenüber anderen Zielen und in sich,
- testbar,
- verstehbar für alle Stakeholder,
- umsetzbar – realisierbar,
- notwendig,
- eindeutig und
- positiv formuliert
- und noch gültig/aktuell

sein.

Neben diesen Kriterien existieren drei weitere Merkmale, die jedes definierte Ziel aufweisen muss.

Lösungs-neutralität

Lösungsneutralität: Die Zielformulierung sollte *keine* möglichen Lösungen beschreiben und dadurch einen maximalen Lösungsraum offen lassen. Bei der Suche nach der optimalen Lösung können dann alle möglichen Varianten innerhalb des Lösungsraums in Betracht gezogen und die beste daraus ausgewählt werden. Wenn ein Ziel nicht lösungsneutral formuliert wird, besteht die Gefahr, dass sinnvolle Lösungen durch die Art der Zielformulierung von vornherein ausgeschlossen werden. Beispielsweise schränkt das Ziel „Informationen über verfügbare Leihobjekte sollen dem Benutzer mittels des Microsoft-Internetbrowsers online zur Verfügung gestellt werden" die freie Wahl eines Produktes oder der Entwicklungsvarianten doch entscheidend ein.

Einschränkende Rahmen-bedingungen

Einschränkende Rahmenbedingungen enthalten: Einschränkende Rahmenbedingungen, die den potenziellen Lösungsraum einengen, müssen aufgelistet werden, um zu verhindern, dass die auszuwählende Lösung außerhalb des Lösungsraumes liegt. So ist beispielsweise die Einschränkung, dass das neue System auf der bestehenden Hardware des Bibliothekssystem mit einer eingeschränkten Speicherausstattung und Prozessorleistung lauffähig sein soll, eine wichtige Information, die bereits bei der Zielfindung als einschränkende Rahmenbedingung genannt werden muss.

Detaillierte Informationen hierzu – zum Beispiel die Schablonen zur Zielbeschreibung – finden Sie unter [SOPHIST].

130

Erreichbar, realistisch: Des Weiteren sollten Sie darauf achten, dass die Ziele auch realistisch sind, also vom Projektteam mit den zur Verfügung gestellten Mitteln unter den gegebenen Rahmenbedingungen erreichbar sind. Unrealistische Ziele motivieren nicht, denn sie werden entweder nicht ernst genommen oder als ärgerlich und frustrierend empfunden.

Realistisch

5.5 Festlegung des Systemumfangs, -kontexts und der Systemgrenzen

5.5.1 Der Systembegriff

Was genau verbirgt sich hinter dem Begriff System und welche Informationen lassen sich in Bezug auf ein System unterscheiden? Wenn wir hier von einem System sprechen, so kann sich dieses aus mehreren Bestandteilen, zum Beispiel Software, Elektronik und Hardware zusammensetzen. Für alle Teile Ihres Systems müssen Sie sich mit dem Thema Anforderungen auseinander setzen. Unsere in der Praxis erprobten Vorschläge, wie Sie zu den richtigen Anforderungen gelangen, treffen für beliebige Anteile eines Systems zu.

Was ist ein
System?

Die Tatsache, dass Systeme aus mehr als nur Software bestehen können, hat Auswirkungen auf den Entwicklungsprozess: Wir betrachten – etwas vereinfacht – den Entwicklungsprozess auf zwei Ebenen: Auf der Systemebene und der Technologieebene. In jeder Ebene wollen wir zwei Hauptergebnisse produzieren: Anforderungen – als Niederschrift der jeweiligen Problemstellung – und Architekturen – als Dokumentation einer dazu passenden Lösung. Auf der Technologieebene muss dies natürlich für jede gewählte Technologie geschehen, zum Beispiel in Form eines Software- oder Hardware-Pflichtenheftes.

2 Ebenen,
je 2 Ergebnisse

Dieses Modell (siehe Abbildung 5.6) stellt eine starke Vereinfachung dar. Viele große Systeme bestehen aus mehreren Teilsystemen, die wiederum in Teilsysteme zerfallen, und so weiter. Bei derartig komplexen Systemen ist das oben dargestellte Modell mehrstufig. Mehr zu großen Systemen und Multitechnologiesystemen finden Sie in [Hruschka02] und [Hatley00].

Die Unterscheidung von System- und Technologieebene soll uns helfen, den Umfang des jeweils betrachteten Entwicklungsgegenstandes klar im Blick zu haben: Auf der Systemebene betrachten wir das Produkt oder das System, das der Kunde von uns haben möchte, zum Beispiel einen Videorecorder, ein Flugsicherungssystem oder ein Mobiltelefon in seiner Gesamtheit. Bei dieser Gesamtsicht spielt es noch keine Rolle, welche Teile als Software- oder als Hardwarelösungen entwickelt werden. Hier erfassen Sie Forderungen an das Verhalten und die Eigenschaften des Gesamtsystems.

Systeme und
Produkte als
Ganzes

131

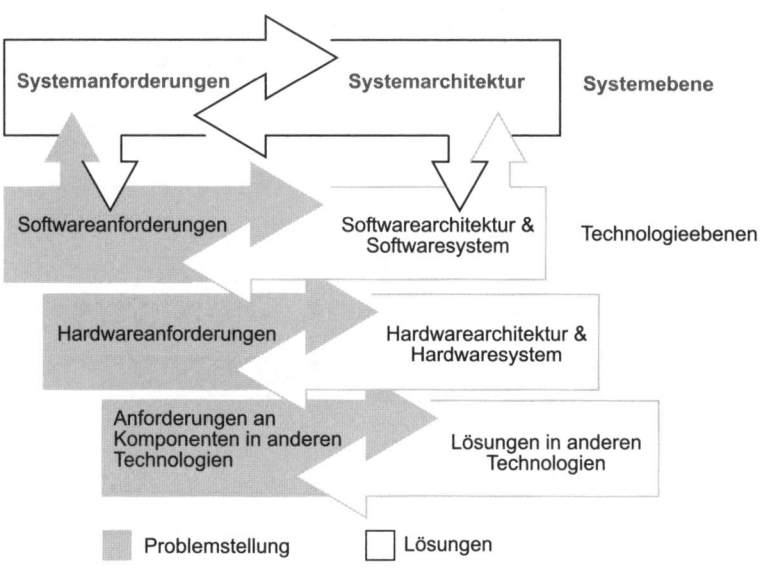

Abbildung 5.6: Die zwei Ebenen der Entwicklung

Technologie-
anteile eines
Systems

Auf der Technologieebene betrachten wir dann nur noch die Teile der Systemarchitektur, die wir mit Hilfe einer speziellen Technologie lösen wollen. In der Praxis stellen wir
in vielen Projekten fest, dass zum Beispiel Softwareentwickler sofort mit der Technologieebene beginnen, auch wenn sie keinen Überblick über das Gesamtsystem haben. Wir
wollen Sie dazu bringen, dass Sie Informationen über das Gesamtsystem zumindest ein-
fordern, um Ihre eigene Arbeit zielgerichteter und effizienter zu gestalten.

Problemstellung
und Lösung

Die senkrechte Achse in Abbildung 5.6 trennt die Problemstellung von der Lösung.
Es mag Ausnahmen geben, aber im Allgemeinen gehen wir davon aus, dass es sinnvoll ist, die Problemstellung zu kennen, bevor man sich daran macht, Lösungen zu
suchen. (Nur wenn Sie Monopolist sind, brauchen Sie sich um Problemstellungen
nicht zu kümmern. Sie können der Welt einfach Ihre Lösungen verkaufen. Die Probleme kommen dann von selbst.)

Sie sollten bei Ihrer Entwicklung Problemstellung und Lösung klar trennen, denn

- die Problemstellung ist meist länger stabil, als die Lösungen es sind, und
- zu einer Problemstellung finden Sie normalerweise mehr als eine mögliche Lösung.

Aus diesen Gründen streben wir die getrennte Formulierung von Problemstellung
und Lösung auf jeder Ebene der Entwicklung an. Die Anforderungen auf der Prob-
lemstellungsseite formulieren lösungsneutral die geforderten Eigenschaften und das
gewünschte Verhalten des Systems, z. B. in Prosa. Die Problemlösung kann auch in
Prosa formuliert werden. Da sich mit der Lösung aber eher die Designer und Implementierer Ihres Systems befassen werden als die späteren Nutzer, kann hier eine andere Notation wie zum Beispiel die Unified Modeling Language (UML) unter manchen Randbedingungen geeigneter sein (lesen Sie dazu mehr im Kapitel 7 „Dokumentation von Anforderungen").

↦ 7 Doku

5.5.2   Die Kontextabgrenzung

Nach der Einführung des Systembegriffs gelangen wir nun zur Abgrenzung des Systemkontexts. Bestimmen Sie dabei den groben Systemumfang (Scope), den Systemkontext und die damit verbundenen Systemgrenzen, um den Rahmen der Systementwicklung abzustecken. An sich ist die Grenze eines Systems dadurch gesetzt, dass für die Teile, die nicht zum System gehören sollen, auch keine Ziele und später auch keine Anforderungen erstellt werden. Alles, was nicht gefordert wird, ist auch nicht Umfang des Systems (außerhalb des Scope). Zwecks erhöhter Verständlichkeit des eigenen Systems ist es jedoch empfehlenswert, auch den Systemkontext zu erläutern. Hierunter werden alle Organisationen, Nachbarsysteme, Funktionalitäten usw. verstanden, die zwar mit unserem System in Verbindung stehen, aber doch nicht dazu gehören. Die Kontextabgrenzung soll aber nur einen groben Rahmen für die weitere Anforderungsanalyse bieten. Versuchen Sie nicht, während der Kontextabgrenzung Ihr System zu unterteilen oder Kommunikationsdetails wie zum Beispiel Dialoge zu spezifizieren.

Abgrenzung des Systemkontexts

Beachten Sie ganz bewusst mögliche Grauzonen. Sie sind dort zu finden, wo Unsicherheit oder Unwissen über das zu entwickelnde System beziehungsweise über die Nachbarsysteme besteht. Manchmal sind Nachbarsysteme aber auch noch nicht konzipiert und es muss für die Kontextabgrenzung eine Annahme getroffen werden. Kennzeichnen Sie solche Annahmen explizit innerhalb der Kontextabgrenzung. Manche Stakeholder lassen Grauzonen gerne bestehen oder fügen sie bewusst in die Anforderungen ein, da sie sich hinsichtlich der Abgrenzung noch nicht ganz sicher sind oder noch nicht vollständig auf eine Anforderung und damit explizite Abgrenzung festlegen wollen. Versuchen Sie, solche offenen Punkte immer möglichst früh zu klären, schreiben Sie dafür Anforderungen und löschen Sie die Grauzonen damit aus.

Die Grauzone

Um bereits in der Zielfindung klar zu machen, welche Teile definitiv nicht zum System gehören, ist es sinnvoll, diese in einer Negativliste zusätzlich aufzulisten (beispielsweise Funktionalitäten). Eine Negativliste minimiert den Interpretationsspielraum und beseitigt Grauzonen und Unklarheiten. Sie ist eine praktische Ergänzung zur Zieldefinition.

Negativliste aufstellen

Systemgrenzen des Bibliotheksprojektes:

- Die Gehaltsabrechnung für die Mitarbeiter wird weiterhin über SAP R/3 gemacht.
- Die Darstellung der Informationen im Internet übernimmt ein externes System, das auf die Datenbank des neuen Systems zugreift.

Beispiel: Negativliste Systemgrenzen

Ist Ihr System über Schnittstellen sehr intensiv in der Systemumgebung verankert, so sollten Sie etwas mehr Zeit für die Kontextabgrenzung investieren. Notieren Sie die Ergebnisse der Kontextabgrenzung entweder rein natürlichsprachlich oder auch grafisch. Wir empfehlen Ihnen, eine standardisierte grafische Notation, zum Beispiel die UML, zu nutzen. Es existieren jedoch vielfältige Diagrammarten, um eine Kontextabgrenzung darzustellen. Detaillierte Informationen hinsichtlich der Nutzung, Notation und Verwendung der Diagramme finden Sie innerhalb des Kapitels 7 „Dokumentation von Anforderungen" und in [Hruschka02].

Die Kontextdarstellung

↱ 7 Doku

133

Logischer und
physikalischer
Kontext

Bei der Abgrenzung des Kontexts unterscheiden wir zwischen logischem und physikalischem Kontext. Beim logischen Kontext liegt der Fokus auf dem, WAS mit Nachbarsystemen kommuniziert wird, beim physikalischen Kontext auf den physikalischen Kanälen und Übertragungsmedien, die das System mit den Nachbarsystemen verbindet (siehe auch [Hruschka02]).

Art der Kontextbildung	Schnittstelle	Diagrammart	
logisch	unspezifiziert	UML Use-Case-Diagramm	
	Ein-/Ausgaben	Kontextdiagramm der Strukturierten Analyse	
	Ein-/Ausgaben	UML Klassen-diagramm	
	Nachrichten	UML Sequenz-diagramm	
physikalisch	Kanäle	UML Verteilungs-diagramm	

Abbildung 5.7: Arten der Kontextbildung

Welche dieser Diagrammarten aus Abbildung 5.7 Sie wählen, hängt vom Typ des Systems und des von Ihnen angestrebten Schwerpunkts der Kontextabgrenzung ab. Ein Beispiel für eine Kontextabgrenzung mittels eines Kontextdiagramms der Strukturierten Analyse finden Sie in Kapitel 7 „Dokumentation von Anforderungen".

➡ 7 Doku

Begriffslexikon
anlegen

Bei der Kontextabgrenzung werden Sie häufig schon mit konkreten Daten und Objekten konfrontiert, die Ihr System übermittelt bekommt oder als Ergebnis liefern soll. Legen Sie bereits am Anfang Ihres Projektes ein Begriffslexikon an. Sammeln Sie während des gesamten Projektverlaufes die wichtigen fachlichen Begriffe und definieren Sie sie in Zusammenarbeit mit den Stakeholdern. Nur so sichern Sie ein gemeinsames, wohldokumentiertes Verständnis des Systems. Wie Definitionen am besten geschrieben werden, erläutert das Kapitel 8 „Der lange Weg vom Satz zur Anforderung" ausführlich.

➡ 8 Satz-Anf.

5.6 Management-Zusammenfassung

Das Kapitel 5 „Stakeholder, Ziele und der Systemkontext" legt die Grundlage für eine erfolgreiche Systementwicklung. Dadurch, dass Sie die Systemziele festlegen, systematisch nach Stakeholdern suchen und Randbedingungen dokumentieren, kennen Sie die Fesseln, aber auch die Vision und die Menschen, die hinter der bevorstehenden Entwicklung stecken.

Bei der Suche nach Stakeholdern hilft Ihnen die Auflistung der Stakeholderrollen. Aktualisieren Sie die für Ihr Projekt erstellte Stakeholderliste während des gesamten Projektes, denn je detaillierter Sie das System analysieren, desto mehr Informationen erhalten Sie über Personen, die als Informationslieferanten für Sie wichtig sind.

Beim Auffinden der Ziele hilft Ihnen eine Kategorisierung, die Sie zu einer Betrachtung des Themas aus unterschiedlichen Blickwinkeln animiert.

Klassifizierung der Ziele

Ein weiterer wichtiger Aspekt der Zielfindung ist die Zielformulierung. Unklar definierte Ziele haben häufig katastrophale Auswirkungen. Neben den bereits für Anforderungen formulierten Qualitätskriterien im ersten Kapitel sollen Ziele außerdem lösungsneutral formuliert werden und einschränkende Randbedingungen mit auflisten.

Qualitätskriterien für Ziele

Neben den Zielen und Rahmenbedingungen sollten Sie auch die Systemgrenzen und damit den Systemumfang und den Kontext festlegen. Dabei hat es sich bewährt, Funktionalitäten, die naheliegend sind, die das System aber nicht realisieren muss, in Form einer Negativliste zu beschreiben. Es empfiehlt sich, Diagramme zu benutzen und den Systemkontext grafisch darzustellen.

Kontextdarstellung und Negativliste

5.7 Kennen Sie Ihre Ziele, Fesseln und Informanten?

- Kennen Sie die Personen, die Ihre Systementwicklung beeinflussen können?
- Haben Sie die Randbedingungen und Fesseln dokumentiert, die eine freie Zielfindung einschränken?
- Haben Sie den Kontext, in den sich Ihr System einpassen muss, ausreichend untersucht?
- Haben Sie den Systemumfang und den Systemkontext visualisiert?
- Haben Sie die Ziele dokumentiert und dabei Optimierungspotenziale, Problemlösungen und Ihr Wissen über Marktpotenziale einfließen lassen?

5.8   Weiterführende Literatur

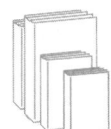

[ASG02]
> Homepage der **Atlantic Systems Guild**: www.Systemsguild.com

[Brassard98]
> **Brassard, M.**; Richter, D.: Memory Jogger II – Handbuch. Beuth 1998.
> ISBN 3-410-32863-7

[DeMarco99]
> **DeMarco, T;** Lister. T.: Wien wartet auf dich!. Hanser Verlag 1999.
> ISBN 3-446-21277-9

[Finizi]
> **Finzi, S.,** Robertson, S.: What is the stakeholders' bargain with project?
> http://www.systemsguild.com/GuildSite/SQR/stakebargain.html

[Gernert00]
> **Gernert, C.**; Ahrend N.: IT-Management: System statt Chaos. Ein praxisorientiertes
> Vorgehensmodell. München, Wien, Oldenbourg 2000. ISBN 3-486-25107-4

[Gernert02]
> **Gernert, C.**: Agiles Projektmanagement. München, Wien, Hanser 2002.
> ISBN 3-446-21995-1

[Hanusch94]
> **Hanusch, H.**; Kuhn, T.; Cantner, U.: Nutzen-Kosten-Analyse. Vahlen 1994.
> ISBN 3-800618-24-9

[Hruschka02]
> **Hruschka, P.**; Rupp, C.: Agile Softwareentwicklung für Embedded Real-Time Sys-
> teme mit der UML. München, Wien, Hanser 2002. ISBN 3-446-21997-8

[Kupper96]
> **Kupper, H.**: Zur Kunst der Projektsteuerung – Qualifikation und Aufgaben eines
> Projektleiters, aufgezeigt am Beispiel von DV-Projekten. München; Wien, Olden-
> bourg 1996. ISBN 3-486-23876-0

[Lister03]
> **Lister, T.**; DeMarco, T.: Bärentango. Hanser Verlag 2003. ISBN 3-446-22333-9

[Litke95]
> **Litke, H. D.**: Projektmanagement: Methoden, Techniken, Verhaltensweisen. 3. Auf-
> lage. München, Wien, Hanser 1995. ISBN 3-446-18310-8

[Mühlenkamp94]
> **Mühlenkamp, H.**: Kosten-Nutzen-Analyse. Oldenbourg 1994. ISBN 3-486-22847-1

[Robertson00]
> **Robertson, S.**: Project Sociology: Identifying and involving the stakeholders. The
> Atlantic Systems Guild. www.systemsguild.com

[Steinle98]
> **Steinle, C.;** Bruch, H.; Lawa, D.: Projektmanagement – Instrument effizienter
> Dienstleistung. 2. Auflage. Frankfurt, Frankfurter Allgemeine Buch 1998.
> ISBN 3-929368-27-7

[BSI]
> Homepage des **Bundesamts für Sicherheit in der Informationstechnik**:
> www.bsi.de

Rolf Götz

> „Schon das Wort Anforderung selbst kann falsch verstanden werden, sind die einzelnen Anforderungen doch meist eher flexibel handhabbar als erforderlich."
>
> *Eric Honour*

6

Anforderung oder Anforderung – der feine Unterschied

Fragen, die dieses Kapitel beantwortet:

- Was versteht man unter einer Anforderung?
- Welche Arten von Anforderungen lassen sich unterscheiden?
- Wozu dient eine Unterscheidung nach Art?
- Welche Detailstufen von Anforderungen gibt es?
- Warum sollte ich Anforderungen priorisieren?

6.1 Unterschiedliche Anforderungen

Einleitung

Anforderung ist nicht gleich Anforderung. Dies wird klar, wenn man sich die lange Liste der Adjektive betrachtet, die dem Wort Anforderung in diesem und anderen Büchern zum Requirements-Engineering vorangestellt werden. Da gibt es dokumentierte und wirkliche Anforderungen, zentrale und nebensächliche, kundenspezifische und allgemeine, projekt- und firmenbezogene, und sogar romantische und klassische.[1]

Dieses Kapitel erklärt Ihnen den Begriff *Anforderung* selbst und erläutert drei wichtige Unterscheidungen:

- Art,
- Detailstufe und
- Priorität.

Die Charakterisierung der Anforderungen nach diesen Merkmalen hat sich in vielen unserer Projekte als hilfreich erwiesen. Die Merkmale können im Projekt als Checkliste dafür dienen, ob alle möglichen Anforderungen abgedeckt sind. Die Fragen hierfür lauten: „Welche Detailstufen sind notwendig, und habe ich jeweils alle Anforderungen der Detailstufe?", „Welche Arten brauche ich, und habe ich jeweils alle Anforderungen der Art?" und so weiter.

Jedem der Merkmale ist ein eigener Abschnitt in diesem Kapitel gewidmet.

6.1.1 Der Begriff der Anforderung

IEEE

IEEE, das Institut der Elektrik- und Elektronik-Ingenieure, definiert Anforderung wie folgt (siehe [IEEE610]):

1. Beschaffenheit oder Fähigkeit, die von einem Benutzer zur Lösung eines Problems oder zur Erreichung eines Ziels benötigt wird.

2. Beschaffenheit oder Fähigkeit, die ein System oder System-Teile erfüllen oder besitzen muss, um einen Vertrag, eine Norm, eine Spezifikation oder andere, formell vorgegebene Dokumente zu erfüllen.

3. Eine dokumentierte Darstellung einer Bedingung oder Fähigkeit gemäß 1 oder 2.

Interessant ist darin insbesondere der dritte Aspekt, der zwischen Anforderung und dokumentierter Anforderung unterscheidet. Er wird uns in 6.4 beschäftigen.

Definition der SOPHISTen

Wir finden folgende Definition sehr nützlich. Sie hat sich in der Praxis als gut verständlich, umfassend und ausreichend konkret erwiesen:

Eine Anforderung ist eine Aussage über eine Eigenschaft oder Leistung eines Produktes, eines Prozesses oder der am Prozess beteiligten Personen.

Produkt versus System

Sagt jemand „Anforderung", so meint er häufig nur einen Teil der Bedeutung, die mit unserer Definition abgedeckt ist. Er versteht den Begriff dann als Forderung nach einer Leistung, die „das System" als ein Endergebnis einer Entwicklung erbringen

---

[1] Diese Begriffswahl geht auf ein Buch von Robert Pirsig zurück: „Zen und die Kunst, ein Motorrad zu warten".

138

muss. Der Begriff „Produkt" in der Definition meint jedoch mehr als nur „System", umfasst Software und Hardware und zum Beispiel auch Abnahmekriterien, Handbücher, Protokolle, Planungsdokumente und so weiter. Dieser Ansatz folgt dem des V-Modells [VMM97].

Stakeholder wollen aber gerne sicher gehen, dass gewisse Regeln bei der Entwicklung eingehalten werden (Leistung oder Eigenschaft eines Prozesses), dass etwa ein definiertes Vorgehen verwendet wird. Oder dass die Systemingenieure eine bestimmte Qualifikation aufweisen (Eigenschaft einer am Prozess beteiligten Person). Auch diese Aspekte sind Anforderungen, die es im Rahmen der Entwicklung zu erfüllen gilt. Sie werden jedoch nicht immer in Anforderungsspezifikationen beschrieben. Kapitel 1 und Abschnitt 6.2 gehen auf diese Aspekte detaillierter ein.

Prozess, Person

↱ 1 Qualität

6.1.2 Notwendige Unterscheidungen

Vermutlich gibt es mehr unterschiedliche Gruppierungen von Anforderungen, als es Autoren zu diesem Thema gibt. Ralph Young alleine nennt 21 verschiedene, auch ausdrücklich solche, die man nicht verwenden sollte (siehe [Young2004]). Auf eine Aussage über „die Anforderungen" folgt also unweigerlich die Frage „Welche Anforderungen?". Den maßgeblichen Literaturquellen und den verschiedenen Standards ist gemein, dass sie sich über verschiedene *Arten* und verschiedene *Ebenen* von Anforderungen äußern. Seit zunehmend inkrementell entwickelt wird, kommt noch eine weitere zentrale Gruppierung hinzu, die nach der Verbindlichkeit oder *Priorität*. Abbildung 6.1 zeigt die wichtigsten Gruppierungen und einige weitere im Überblick.

Zentrale Gruppierungen

Wichtige Merkmale	Siehe Abschnitt	Weitere Merkmale
Art	6.2	Stabilität
Ebene	6.3	Status
Priorität	6.4	Risiko
		Machbarkeit
		...

Abbildung 6.1: Gruppierungen für Anforderungen

Eine ganze Reihe weiterer Gruppierungen ist denkbar und sinnvoll (siehe vor allem Kapitel 13 „Ordnung im Chaos"). Sie sollten die Gruppen und Gruppierungen an den Bedürfnissen Ihrer Organisation oder Ihres Projektes orientieren. Die hier vorgestellten Gruppierungen können Ihnen als Ausgangspunkt dienen. Es ist durchaus wahrscheinlich, dass sich Ihre Gruppierungen mit der Zeit ändern. Achten Sie immer darauf, dass jede Gruppierung anhand von Merkmalen erfolgt, die im Projektteam zusammen ausgearbeitet und genau definiert wurden. Sonst interpretiert jeder Mitarbeiter die Gruppen anders, und die Anforderungen werden nicht gleichartig zugeordnet.

Ausgangspunkt

↱ 13 RM

Die nachfolgenden drei Abschnitte dieses Kapitels gehen jeweils auf eine der Gruppierungen genauer ein und begründen, weshalb sie so wichtig sind.

6.2 Gruppierung nach Art

6.2.1 Arten von Anforderungen

Die Gruppen innerhalb der Gruppierung nach Art können fast beliebig gewählt werden. Wir geben die folgenden vor und denken, damit alle Anforderungen einsortieren zu können:

- funktionale Anforderungen,
- technische Anforderungen,
- Anforderungen an die zu verarbeitenden Informationen,
- Anforderungen an die Benutzerschnittstelle,
- Qualitätsanforderungen,
- Anforderungen an sonstige Lieferbestandteile,
- Anforderungen an die Durchführung der Entwicklung und
- rechtlich-vertragliche Anforderungen.

Um zu erkennen, was damit jeweils genau gemeint ist, können Sie im Abschnitt 6.5 auf ausführliche Beispiele zurückgreifen. Zunächst reicht ein intuitives Verständnis aus.

Nicht-funktionale Anforderungen

Der oft verwendete Begriff *nicht-funktionale* Anforderungen spiegelt sich in obiger Aufstellung auch wider: Jede Anforderung, die keine funktionale Anforderung ist, ist nicht-funktional. Kapitel 10 „Die nicht-funktionalen Anforderungen" behandelt diese Gruppe ausführlich.

6.2.2 Merkmale der einzelnen Gruppen

Funktionale Anforderungen

Funktionale Anforderungen beschreiben Aktionen, die von einem System selbstständig ausgeführt werden sollen, Interaktionen des Systems mit menschlichen Nutzern oder Systemen (Eingaben, Ausgaben) und Anforderungen zu allgemeinen, funktionalen Vereinbarungen und Einschränkungen. Manchmal werden sie Verhaltensanforderungen (*behavioral requirements*, [Davis93]) genannt, weswegen sie oft in verschiedenen Arten von Verhaltensdiagrammen dargestellt werden. Kapitel 7 „Dokumentation von Anforderungen" sagt mehr zu den Dokumentationstechniken.

↱ 7 Doku

Technische Anforderungen

Bei der Gruppe der *technischen Anforderungen* geht es um technische Forderungen, im Gegensatz zu den eher fachlich motivierten funktionalen Anforderungen. Dazu zählen Hardwareanforderungen, Architekturanforderungen, Anforderungen an die Programmiersprachen, ... Diese Anforderungen werden oft notwendig, weil ein System in ein bestehendes technisches Umfeld eingebettet werden muss oder Verträge die Nutzung einer bestimmten Infrastruktur vorschreiben.

Anforderungen an die zu verarbeitenden Informationen

Anforderungen an die zu verarbeitenden Informationen werden typischerweise in Glossaren, Datenverzeichnissen (*repositories*) und Domänenbeschreibungen dargelegt sowie in Entitäts- oder Klassenmodellen und anderen Arten von Strukturdiagrammen. Diese Anforderungen behandeln die Begriffswelt des Problem- oder Anwendungsbereichs und stellen gewissermaßen den Wortschatz dar, aus dem sich die fachlich motivierten Anforderungen bedienen, also vor allem die der höheren Ebenen

140

(siehe Abschnitt 6.3). Der Ontologiebildung ist im Requirements-Engineering ein eigener Forschungszweig gewidmet, siehe dazu die grundlegenden Arbeiten von Julio Leite [Leite93]. Als Anforderungen, die besonders auf Schnittstellen zwischen Systemen oder Systemteilen eingehen, werden die zu verarbeitenden Informationen oft auch sehr technisch beschrieben; verbunden mit Datentypen etwa, und auch Wertebereichen und Regeln für die Handhabung.

Unter *Anforderungen an die Benutzerschnittstelle* ist einerseits zu verstehen, was üblicherweise unter Mensch-Maschine-Schnittstelle eingeordnet wird. Also Form und Funktion von Ein- und Ausgabe-Geräten, die dem menschlichen Benutzer die Interaktion mit dem System ermöglichen. Andererseits können auch angrenzende Systeme über eine Benutzerschnittstelle mit dem zu entwickelnden System verbunden sein, wenn der Zweck diese zu Benutzern macht. Das ist zum Beispiel bei reinen Infrastruktur- oder Middleware-Systemen der Fall, bei denen das System ausschließlich anderen Systemen eine Dienstleitung anbietet.

Anforderungen an die Benutzerschnittstelle

Mit *Qualitätsanforderungen* sind Anforderungen gemeint, die Angaben über die Güte des Produktes, des Prozesses oder der am Prozess beteiligten Personen machen. Manchmal werden sie auch Dienstgüte-Anforderungen oder Dienstqualitäts-Anforderungen (*quality of service requirements*) genannt, wobei diese sich in der Regel nur auf Systeme oder eventuell noch allgemeiner auf Produkte beziehen, nicht jedoch auf Prozesse oder Personen. Die DIN EN ISO 66272 [DIN94] unterteilt die Dienstgüte in die fünf Merkmale Zuverlässigkeit, Benutzbarkeit, Effizienz, Änderbarkeit und Übertragbarkeit (siehe Abbildung 6.2). Sie beschreibt alle möglichen Aspekte der Dienstqualität von Systemen praxistauglich und ordnet sie überschneidungsfrei in einem hierarchischen Schema an. Diese Art von Anforderungen ist ausführlich im Kapitel 10 „Die nichtfunktionalen Anforderungen in der Systementwicklung" dargestellt.

Qualitätsanforderungen

↱ 10 nfA

Dienstqualität

> Funktionalität
- Richtigkeit
- Angemessenheit
- Interoperabilität
- Ordnungsmäßigkeit
- Sicherheit

> Zuverlässigkeit
- Systemreife
- Systemwiederherstellbarkeit
- Systemfehlertoleranz

> Benutzbarkeit
- Systemverständlichkeit
- Systemlernbarkeit
- Systembedienbarkeit

> Effizienz
- Systemzeitverhalten
- Systemverbrauchsverhalten

> Änderbarkeit
- Systemanalysierbarkeit
- Systemmodifizierbarkeit
- Systemstabilität
- Systemprüfbarkeit

> Übertragbarkeit
- Systemanpassbarkeit
- Systeminstallierbarkeit
- Systemkonformität
- Systemtauschbarkeit

Legende:
> Qualitätsmerkmale
- Submerkmale

Abbildung 6.2: Unterteilung der Anforderungen an die Dienstqualität nach DIN 66272

Anforderungen an sonstige Lieferbestand-teile	Selten besteht das System nur aus einem Stück kompilierten Programmcodes. Eine Reihe von Dingen, die auf den ersten Blick gar nicht nach Systembestandteil ausse-hen, kann der Stakeholder zusätzlich vom Entwickler fordern. Man nennt sie *Anfor-derungen an sonstige Lieferbestandteile*. Dabei können zum Beispiel nicht nur die Existenz eines Installationshandbuches gefordert sein, sondern auch Anforderungen an das Handbuch selbst gestellt werden.
Anforderungen an die Durch-führung der Entwicklung und Einführung	Manchmal möchten Stakeholder darauf Einfluss nehmen, in welcher Art und Weise das System entwickelt oder eingeführt werden soll. Zu nennen sind hier unter ande-rem Anforderungen an die Vorgehensweise (Software-Erstellung, Software-Prüfung), anzuwendende Standards, Hilfsmittel (Tools), die Durchführung von Besprechungen, von Abnahmetests (fachliche Abnahme, betriebliche Abnahme) und die Festlegung von Terminen. Diese Art nennt man *Anforderungen an die Durchführung der Ent-wicklung und Einführung*. Eine andere Bezeichnung ist Projektanforderung (*project requirement*, [IEEE830]). Diese Gruppe von Anforderungen wird meist nicht in einer Anforderungsspezifikation beschrieben, sondern eher im Projekthandbuch oder in Vereinbarungen über die Zusammenarbeit von Auftraggeber und Auftragnehmer.
Rechtlich-vertragliche Anforderungen	Unter *rechtlich-vertraglichen Anforderungen* sind Angaben zu Zahlungsmeilensteinen sowie zu Vertragsstrafen, dem Umgang mit Änderungen der Anforderungen, Eskalati-onspfaden und so weiter zu verstehen. Wie der Name schon sagt, stehen diese Anfor-derungen meist in den Verträgen zwischen Auftragnehmer und Auftraggeber.

6.2.3   Gründe für die Gruppierung nach Art

Es spricht nichts dagegen, eine Anforderung gleichzeitig mehreren Gruppen zuzu-ordnen. Vor allem recht abstrakte Anforderungen (siehe Abschnitt 6.3) sind nicht zweifelsfrei gruppierbar. In den abgeleiteten feineren Anforderungen kann die Zu-ordnung dann präzisiert werden. Prinzipiell sollten Sie Ihre Anforderungen jedoch möglichst eindeutig gruppieren. Denn eine Gruppierung nach Art

- erhöht die Lesbarkeit von Anforderungsspezifikationen für jede Zielgruppe,
- ermöglicht geeignete Entwurfsentscheidungen,
- fördert die Wiederverwendung und
- erleichtert das Analysieren von Anforderungen.

Lesbarkeit	Neben der Unterscheidung nach Detailebenen (vergleiche Abschnitt 6.3) fördert die Klassifikation nach Art die Lesbarkeit von Anforderungsspezifikationen am effek-tivsten. Die Ursache ist einleuchtend: Wird das Requirements-Management auf an-gemessene Weise umgesetzt, ist es leicht möglich, die Anforderungen nach diesen Arten zu gruppieren. So kann jede Lesergruppe die Arten von Anforderungen, die für sie von Interesse sind, unmittelbar herausfiltern und den Rest ausblenden.
Entwurfs-entscheidungen	Besonders die technischen Anforderungen und die Qualitätsanforderungen beeinflus-sen die Lösung maßgeblich, wie man sich anhand der Aspekte Änderbarkeit und Ef-fizienz leicht vor Augen führen kann. Deshalb ist es unabdingbar, dass der Auftrag-nehmer früh im Projekt die Antworten auf Fragen zur Dienstqualität bekommt, um einen geeigneten Entwurf entwickeln zu können. Kaum etwas bringt eine Architektur leichter zum Einsturz als derartige Anforderungen, die zu spät bekannt werden.

142

Sieht man sich die acht genannten Arten an, so stellt sich heraus, dass sich vor allem die funktionalen Anforderungen von Projekt zu Projekt inhaltlich unterscheiden und auch die Anforderungen an die zu verarbeitenden Informationen. Die meisten Anforderungen der anderen Arten bleiben hingegen weitgehend gleich, zumindest ihrer Form nach. Bei Standardprodukten, die nur noch an die Wünsche des Auftraggebers angepasst werden, oder bei Produktfamilien sind nicht einmal die funktionalen Anteile und die verarbeiteten Informationen recht variabel. Das legt es nahe, auch Anforderungen wiederzuverwenden, nicht nur Lösungen für Anforderungen. Die Kapitel 9 „Anforderungsschablone", 10 „Die nicht-funktionalen Anforderungen in der Systementwicklung" und 15 „Und jetzt? – Strategien zur Einführung" gehen darauf näher ein.

Wiederverwendung

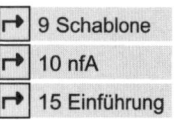

9 Schablone

10 nfA

15 Einführung

Wenn Sie Anforderungen nach ihrer Art klassifizieren, werden sie auch einfacher zu ermitteln, zu formulieren und teilweise sogar zu validieren sein. Die Bearbeiter können sich jeweils auf einen Aspekt konzentrieren. Die Anforderungsermittlung gestaltet sich effektiver, weil der Analytiker einer bestimmten Zielgruppe konkrete Fragen aus ihrer Perspektive stellen kann. Die Formulierung der Anforderungen fällt leichter, weil die Zusammenhänge auf die jeweilige Art beschränkt werden können. Sätze, die mehrere Arten von Anforderungen enthalten, können vermieden werden. Dadurch werden Anforderungen wiederum klarer. In aller Regel werden die Anforderungsspezifikationen auch kleiner, da nicht so viel Kontext beschrieben werden muss. Schließlich sind Anforderungen auch leichter zu validieren, weil der Fokus hier ebenfalls auf eine Art begrenzt bleiben kann.

Leichteres Analysieren

Einziger Nachteil der Klassifizierung nach Art: Zusammenhänge zwischen verschiedenen Arten von Anforderungen sind schwerer zu erkennen, wenn sie beispielsweise an ganz verschiedenen Stellen in der Anforderungsspezifikation beschrieben sind. Geeignete Maßnahmen zum Requirements-Management wirken dem jedoch entgegen (siehe Kapitel 13 „Ordnung im Chaos").

13 RM

6.3 Gruppierung nach Detailebene

In der Praxis trifft man auf unterschiedliche Ansätze, Anforderungen auf mehreren Ebenen zu schreiben. Weil die Begriffe aus dem Bereich der Softwareentwicklung so unterschiedlich aufgefasst werden, ist mittlerweile ein schon sagenhaftes Dickicht entstanden, das kaum mehr zu durchdringen ist.

Uns geht es an dieser Stelle darum zu erklären, auf welchen Kern sich all die verschiedenen Modelle zurückführen lassen. Wir möchten ausdrücklich kein weiteres Modell hinzufügen! Welches Sie tatsächlich verwenden, bleibt natürlich Ihnen überlassen. Unterscheiden Sie nur die Ebenen innerhalb der verwendeten Terminologie.

Erklärungsmodell

Im folgenden Erklärungsmodell wird jede einzelne Anforderung einer von fünf Detailstufen zugeordnet, die von 0 bis 4 durchnummeriert sind. Dabei gehören die gröbsten Anforderungen (Ziele, grobe Systembeschreibungen, ...) der Ebene 0 an, die feinsten (Feinspezifikation, Modulanforderung, ...) der Ebene 4. Konkrete Namen werden in der folgenden Aufstellung bewusst vermieden, weil dann Begriffe nicht so leicht intuitiv anders als beabsichtigt aufgefasst werden. Dass unser Erklärungsmodell nun gerade fünf Ebenen hat, ist einigermaßen willkürlich; in der Praxis gibt es auch Projekte mit sieben und mehr Ebenen, solche Herausforderungen sind jedoch vergleichsweise selten.

6.3.1 Gründe für die Gruppierung nach Detailebenen

Warum ist es sinnvoll, Anforderungen auf verschiedenen Detailebenen zu beschreiben? Es wird dadurch möglich, zielgruppenspezifisch zu schreiben. Die Dokumente werden leichter verständlich, da man geeignet abstrakt formulieren kann, und es kann zwischen verschiedenen Projektbeteiligten leichter ein gemeinsames Verständnis erzielt werden. Gleichzeitig verringert man den Aufwand, der für das Validieren der Anforderungen notwendig ist.

Vorteile und
Gefahren

Geben die Stakeholder eine grobe Systembeschreibung, so ist den Entwicklern zunächst ungefähr klar, worum es gehen soll. Die schriftlich fixierten Ziele eines Projektes als Anforderungen mit hohem Abstraktionsgrad ermöglichen den Managern messbare Rückschlüsse, ob das Projekt erfolgreich ist oder war. Beschriebene Anwendungsfälle – schon etwas detaillierter – umreißen für Projektleiter sehr viel klarer, was zum System gehören soll und was nicht. Architekten können mit fachlich motivierten Nutzerforderungen – noch genauer und weniger abstrakt – Grobentwürfe erstellen. Datenbankdesigner finden die für ihre Arbeit notwendigen Details in Feinspezifikationen.

Durchmischen Sie die verschiedenen Ebenen besser nicht, denn sonst laufen Sie Gefahr, etwas wegzulassen. Zum anderen müssten sich Ihre Leser der im Extremfall einzigen undifferenzierten Anforderungsspezifikation durch Unmengen von Informationen kämpfen, die für sie vielleicht momentan nicht relevant sind.

Durch feinere Detailstufen wird eine Anforderungsspezifikation als Ganzes zwar schwerer lesbar, einzelne Anforderungen aber verständlicher. Feine oder grobe Anforderungen sollten nicht isoliert gesehen werden, sondern jeweils im Zusammenhang mit der Lesergruppe und deren momentanem Interesse. Grobe Anforderungen stecken für den Leser den Rahmen ab, feine spezifizieren Details.

Fein
versus
präzise

Im Allgemeinen kann man sagen, dass Anforderungen einer höheren Ebene, das heißt einer Ebene mit kleiner Zahl, interpretierbarer sind als Anforderungen einer niedrigeren Ebene (mit einer hohen Zahl). Je niedriger die Ebene, desto weniger Spielraum gibt es, eine Anforderung unterschiedlich auszulegen (Abschnitt 6.5 gibt Beispiele hierfür an). Deshalb ist es gängige Praxis, dass der Auftragnehmer die Anforderungen des Auftraggebers feiner spezifiziert, um zu einem gemeinsamen Verständnis zu kommen, und sie dann vom Auftraggeber abnehmen lässt. Man beachte abschließend, dass mit „feiner" nicht „präziser formuliert" gemeint ist. Anforderungen können auf jeder Ebene mehr oder weniger präzise formuliert werden.

6.3.2 Die Detailebenen 0 bis 4

Logisch betrachtet lassen sich Anforderungen verschiedenen Ebenen zuordnen. Die Anforderungen einer Ebene ergeben sich durch die Verfeinerung von einer oder mehreren Anforderungen auf einer höheren Ebene. Häufigster Fall ist dabei eine abstrakte Anforderung, aus der sich durch die Wahl einer Lösung mehrere konkretere ableiten lassen ([Davis93]). Daraus ergibt sich eine Hierarchie von Anforderungen, die Abbildung 6.3 darstellt.

144

Der linken Spalte ist die generische Struktur zu entnehmen, die die Ziffern 0 bis 4 verwendet. In der rechten Spalte werden Begriffe aus der Literatur genannt, die häufig in einem gleichen oder zumindest ähnlichen Zusammenhang gesehen werden. Das durch die verschiedenen Ebenen suggerierte sequenzielle Vorgehen vom Groben zum Feinen ist nicht so praxisnah, wie viele Lehrbücher oder Vorgehensmodelle uns glauben machen wollen. Im Projekt werden selten wirklich 100%ig sauber schrittweise Verfeinerungen an Anforderungen vorgenommen. Das Verfahren orientiert sich eher am Grundsatz middle-out als am Top-down-Prinzip. Üblicherweise bestehen von Anfang an Anforderungen auf allen fünf Levels. Beim Verfeinern einer Anforderung ergeben sich meist auch Anforderungen anderer Arten (siehe 6.2).

Middle-Out

Es gehört zu den wohl schwierigsten Aufgaben der Anforderungsanalyse, Anforderungen der richtigen Ebene zuzuordnen und Lücken aufzufüllen, die dadurch in anderen Ebenen entstehen. Nur wenn Sie die Anforderungen sehr genau verstehen, können Sie ihre hierarchischen Zusammenhänge erkennen und gegebenenfalls weitere Anforderungen ergänzen. Gut, dass dieser Schritt nur notwendig ist, wenn die Anforderungen lange leben oder von vielen unterschiedlichen Zielgruppen gelesen werden. Geeignete Maßnahmen des Requirements-Managements erleichtern dem Analytiker die Arbeit (siehe Kapitel 13 „Ordnung im Chaos").

↪ 13 RM

Unsere Terminologie	Andere Terminologien
Spezifikationslevel 0	Grobe Systembeschreibung, Systemziele, Systemüberblick, Vision, introduction, mission statement, business goals, business requirements
Spezifikationslevel 1	Grobe Systembeschreibung, Anwendungsfall (Use Case), Geschäftsprozess, user story, Geschäftsvorfall, (Anwendungs-) Szenario, Funktionsbeschreibung, Funktionsgliederung, fachliche Anforderung, organizational requirement, Abnahmekriterien, Featureliste, Kontextabgrenzung
Spezifikationslevel 2	Anwenderforderung, Nutzeranforderung, Operational Concept Description, Interface Requirements Specification, Lastenheft, Sollkonzept, Grobspezifikation, operational requirement, betriebliche Anforderung, Fachkonzept, Abnahmekriterien, Featureliste
Spezifikationslevel 3	Technische Anforderung, Schnittstellenübersicht, Schnittstellenbeschreibung, System Segment Specification, Interface Requirements Specification, Systemanforderung, Pflichtenheft, Lastenheft, Feinspezifikation, Abnahmekriterien, Featureliste
Spezifikationslevel 4	Technische Anforderung, Schnittstellenübersicht, Schnittstellenbeschreibung, System Requirement Specification, Interface Design Description, Software- + Hardwareanforderungen, Pflichtenheft, Feinspezifikation, Modulanforderung, Testfälle, Abnahmekriterien

Abbildung 6.3: Vergleich unterschiedlicher Terminologien

Interessant ist nun die Frage, zu welcher Ebene eine Anforderung gehört, oder, andersherum, was die Ebenen voneinander unterscheidet. Im Folgenden finden Sie deshalb einen kurzen Überblick und einige Hinweise, was für die einzelnen Ebenen von Anforderungen spezifisch ist. Gemeinsam ist allen Ebenen, dass sie ganz und gar analytischer Natur sind. Beispiele finden Sie in Abschnitt 6.5.

Spezifikations-level 0	Eine Anforderung auf *Spezifikationslevel 0* umreißt in wenigen Sätzen (üblicherweise ein bis drei Seiten) den Gesamtumfang des zu entwickelnden Systems. Sie dient dazu, einen ersten Überblick zu vermitteln. Sie stellt eher einen Fließtext zur Erläuterung des Systemumfangs als eine Spezifikation im Sinne der Informatik dar. Häufig enthält sie auch Absichtserklärungen, Ziele des Systems, eine Liste mit Hauptmerkmalen, etcetera.
Spezifikations-level 1	Anforderungen des *Spezifikationslevels 1* beschreiben die Teilvorgänge des Systems genauer als in der groben Systembeschreibung. Gibt es kein Spezifikationslevel 0, so beginnt man hier üblicherweise mit überschaubaren 50–200 Anforderungen. Die Unterteilung in Teilvorgänge kann mit Use Cases geschehen oder sich an einer funktionalen Sichtweise orientieren. Manchmal werden hier schon die Anwenderforderungen angesiedelt (siehe Abbildung 6.8). Weil es aber doch einen großen qualitativen Unterschied zwischen Use Case und Anwenderforderung im Sinne einer Anforderung „Das System muss ...“ gibt, sollten die Forderungen der Nutzer auf Level 2 stehen.
Spezifikations-level 2	Anforderungen des *Spezifikationslevels 2* sind alle fachlich motivierten Anforderungen. Häufig sind es diejenigen, die vom Anwender vorgegeben werden. Hierbei werden die Anforderungen meist ohne Differenzierung nach möglichen Teilsystemen formuliert. Auf dieser Basis entsteht meistens die Architektur.
Spezifikations-level 3	Oft detaillieren mehrere Level-3-Anforderungen eine Level-2-Anforderung. Von einer Anforderung des Spezifikationslevels 2 gelangt man zu Anforderungen des *Spezifikationslevels 3*, indem man sich die Frage stellt „Wer macht was?“. Häufig kann man dann zwischen Aktionen, die der Anwender ausführen können soll, um eine Systemfunktion zu veranlassen, und der eigentlichen Systemfunktion unterscheiden. Ebenso häufig werden Anforderungen in dieser Detailebene verschiedenen Teilsystemen zugeordnet, um beispielsweise jedes Teilsystem mit einem gesonderten Vertrag zur Implementierung abzudecken.
Spezifikations-level 4	Die Anforderungen des *Spezifikationslevels 4* geben schließlich die Auflösung des Gesamtsystems in Soft- und Hardware oder weitere Module, Konfigurationselemente und so weiter wieder. Hierbei werden die bisherigen Anforderungen durch weitere Anforderungen (meist technische Anforderungen) detailliert oder ergänzt.
	Der Übergang zu ihnen kann anhand folgender Überlegung nachvollzogen werden: Auf der Ebene der Anforderungen des Spezifikationslevels 3 ist es theoretisch noch möglich, das System durch einen menschlichen Bearbeiter zu realisieren, den die Anwender „benutzen“. Man könnte so ein System als Papiersystem bezeichnen, weil der bewusste Bearbeiter vermutlich Unmengen von Papier braucht, um das System zu „sein“. Durch die Anforderungen des Spezifikationslevels 4 ist der Lösungsraum in einer Art und Weise eingeschränkt, dass ein Papiersystem im Sinne der Anforderungen keine gültige Lösung wäre.

6.4 Gruppierung nach Priorität

Wussten Sie, dass rund die Hälfte der von Systemen geforderten Eigenschaften später kein einziges Mal verwendet wird? Zu diesem Ergebnis kommt die angesehene Standish Group in ihrem neuesten CHAOS-Report [CHAOS2003]. Das lässt den Schluss zu, dass viele Features zwar aufwändig, aber umsonst analysiert und entwickelt werden. Dieser Aufwand ließe sich vermutlich besser investieren.

6.4.1 Allgemeines

Der Schlüssel zu zielgerichteten Entwicklungen heißt Priorisierung. Mit Priorität bezeichnet man allgemein jede Art von Stellenwert innerhalb einer Rangfolge. Bei Anforderungen kann so eine Rangfolge zum Beispiel nach Wichtigkeit oder Dringlichkeit oder nach beidem gebildet werden. Die Priorität zählt zu den typischen Attributen einer Anforderung, die in Werkzeugen fürs Requirements-Management abgebildet werden. Mehr dazu in Kapitel 13 „Ordnung im Chaos".

⟶ 13 RM

Priorisierte Anforderungen und auch das Priorisieren als Vorgang selbst unterstützen mehrere Vorgänge im Requirements-Engineering:

Zweck

- Zeit und Kosten treffender schätzen
- Geeignete Kompromisse finden (Zeit- und Kostenplanung, Qualitätsanforderungen)
- Implizite Annahmen klären
- Konflikte konstruktiv lösen (verschiedene Sichtweisen und Interessen unter den Stakeholdern)
- Stakeholder mit einer gemeinsamen Vision versehen
- Die wirklichen[2] Anforderungen ermitteln und aushandeln
- Kräfte effizient einsetzen (Einsatzplanung, Qualitätssicherung)
- Inkremente planen, die den jeweils maximalen Nutzen aufweisen
- Verbesserungen zielgerichtet entwickeln

In den meisten Projekten reicht es schon, Anforderungen nach einem groben Schema mit drei oder vier Stufen zu bewerten, etwa *notwendig*, *gewünscht* und *optional*, wie das Karl Wiegers vorschlägt ([Wiegers99]). Abstufungen wie *hoch*, *mittel*, *niedrig* sind ungeeignet, weil diese Bezeichner von den Stakeholdern oft unterschiedlich interpretiert werden. Definieren Sie deshalb die Bedeutung des Schemas genau und führen Sie eher ein weiteres Schema ein, als alle Aspekte durch ein einziges auszudrücken. Auf unserer Webseite finden Sie ein zusammengesetztes Bewertungsschema, das ebenfalls auf Karl Wiegers zurückgeht.

Einfache Lösungen

Die Anforderungen können Sie in Workshops priorisieren, entweder in einer Diskussion oder indem Sie Punkte vergeben: Jeder Teilnehmer hat eine vorab bestimmte Anzahl von Punkten, die er frei auf die aufgelisteten Anforderungen verteilen kann. Nachdem alle ihre Punkte verteilt haben, ordnet man die Anforderungen nach der

---

[2] Im Gegensatz zu denen, die zunächst einmal formuliert wurden ([Young2001]).

Anzahl der Punkte, teilt die Wertemenge in drei oder vier etwa gleich große Unter-mengen und erhält so die verschiedenen Prioritätsgruppen. Dieses Verfahren können Sie zum Beispiel leicht an einer Präsentationswand und mit bunten Klebepunkten umsetzen. Achten Sie darauf, dass jeweils nur maximal fünfzehn Anforderungen gleichzeitig zu bewerten sind, andernfalls verlieren die Abstimmenden den Über-blick. Daran zeigt sich auch, dass dieses Verfahren besonders für Anforderungen höherer Ebenen (siehe Abschnitt 6.3) geeignet ist.

Kano-Modell

Ein ausgefeilteres Modell hat der Japaner Noriaki Kano Ende der 70er Jahre entwi-ckelt. Es passt vor allem für Auftragnehmer in IT-Projekten, da es die Gruppe von Anforderungen berücksichtigt, derer sich der Auftragnehmer nicht oder noch nicht bewusst ist. Kano hat vorgeschlagen, Anforderungen in drei Gruppen einzuteilen:

- Basisfaktoren,
- Leistungsfaktoren und
- Begeisterungsfaktoren.

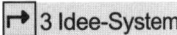 3 Idee-System

Kapitel 3 „Von der Idee zum System" geht ausführlicher auf dieses Modell ein.

Weiterführende Ansätze

Verschiedene Autoren haben sich eine Reihe von mehr oder weniger detaillierten Verfahren ausgedacht, die zur Erreichung der oben genannten Ziele dienen. Wir empfehlen Ihnen unter anderem die Arbeiten von Barry Boehm (WinWin-Modell [Boehm95], COCOMO [Boehm2000]) und von Karlsson und Ryan [Karlsson97].

Eine ganze Reihe von Kriterien sind denkbar, anhand derer sich Prioritäten vergeben lassen:

- Ist es besonders kritisch, wenn die Leistung oder Eigenschaft nicht gegeben ist?
- Sind vielleicht sogar Menschenleben in Gefahr oder droht ein hoher finanzieller oder Image-Schaden?
- Wird die Leistung oder die Eigenschaft häufig abverlangt werden?
- Spielt die Leistung oder Eigenschaft bei einem der Kerngeschäftsprozesse eine Rolle?
- Muss die Forderung aus rechtlichen Gründen zwingend erfüllt werden, weil zum Beispiel personenbezogene Daten betroffen sind?

Prioritäten vererben

Prioritäten können vererbt werden, von Anforderungen eines groben Spezifikations-levels auf Anforderungen niedrigerer Ebene. Bereits Ziele als die früheste oder abs-trakteste Form von Anforderungen können bewertet werden. Sie sollten zusätzlich Vererbungsregeln festlegen, nach denen sich dann Prioritäten abstrakter Anforderun-gen auf konkrete übertragen lassen. Hat eine abstrakte Anforderung eine hohe Priori-tät, so kann man festlegen, dass mindestens eine (oder alle) der von ihr abgeleiteten konkreteren Anforderungen diese Priorität aufweisen müssen. Dabei ist jedoch Vor-sicht geboten: wenn Kosten und Zeitplan geschätzt werden, indem man Anforderun-gen bestimmter Prioritätsgruppen zählt, so kann die Versuchung groß sein, aus einer Anforderung fünf andere abzuleiten, wo es drei auch getan hätten.

148

6.4.2   Kritikalität

Manchmal wird anstelle von *Priorität* der Begriff *Kritikalität* verwendet. Unter Kritikalität ist in diesem Zusammenhang eine Rangordnung zu verstehen, nach der bewertet werden kann, welche Auswirkungen es hat, wenn eine Anforderung nicht erfüllt wird. Dabei fließen oft der erwartete Schaden und die Eintrittswahrscheinlichkeit des Schadens mit in die Bewertung ein. Der Auftraggeber sollte sich bewusst machen, welche Anforderungen besonders kritisch sind. Dies dem Auftragnehmer zu überlassen, ist gefährlich, im schlimmsten Fall fatal.

Sinnvoll sind drei- oder vierstufige Rangordnungen, entweder mit sprechenden Namen versehen („sehr hoch", „hoch", ...) oder einfach als Ziffern von 1 bis 4 oder Buchstaben von A bis D dargestellt. Hier als Beispiel der Vorschlag von Alistair Cockburn (spricht man „Co-burn", [Cockburn2002]):

Drei oder vier Stufen

Verlust von Leben
Verlust von (über-)lebenswichtigen Vermögenswerten
Verlust von Vermögenswerten, der jedoch die Handlungsfreiheit nicht einschränkt
Verlust von Behaglichkeit

Abbildung 6.4: Kritikalität nach Cockburn

6.4.3   Rechtliche Verbindlichkeit

Die rechtliche *Verbindlichkeit* beschreibt den Grad der Verpflichtung, den der Stakeholder den Angaben in der Anforderungsspezifikation beimisst. Besonders im Zusammenhang mit Verträgen wird dieser Begriff oft verwendet. Kennzeichnen Sie die Anforderungen mit einem Grad an Verbindlichkeit, wenn Sie unterschiedlich strikte Vorgaben ausdrücken möchten. Abbildung 6.5 zeigt mögliche Verbindlichkeitsgrade und die zugehörigen Schlüsselwörter, die man in den Anforderungen selbst verwenden kann. Der Zusammenhang zu den in Abschnitt 6.4.1 genannten Stufen *notwendig, gewünscht, optional* ... ist offensichtlich.

Verbindlichkeit	Deutsches Schlüsselwort	Englisches Schlüsselwort
Pflicht	muss (soll)	shall
Wunsch	soll (sollte)	should
Vorschlag	kann	may
Absicht	wird	will[3]
Kommentar	-	-

Abbildung 6.5: Per Schlüsselwort lässt sich die Verbindlichkeit bestimmen

---

[3] Vorsicht: Unter Umständen kann das Englische *will* auch intuitiv als Kennzeichen für eine unabdingbare Forderung verstanden werden. Gegebenenfalls sollte die Bedeutung einfach im Projekt definiert werden.

Eindeutige
Kennzeichnung

Im Grunde ist es aber egal, welche Schlüsselworte verwendet werden, und sogar, ob überhaupt durchgängig Schlüsselworte benutzt werden. Entscheidend ist, dass man Anforderungen eindeutig kennzeichnet. Werden die Anforderungen in Datenbanken gespeichert, so kann zum Beispiel jeder Anforderung das Attribut „Verbindlichkeit" zugeordnet werden, für das vordefinierte Werte zugelassen sind. Natürlich sind Anforderungsspezifikationen aber viel leichter zu lesen und ihre Verbindlichkeit ist einfacher zu erfassen, wenn diese direkt aus dem Satz hervorgeht.

Kommentar

Kommentare schreibt der Stakeholder, um Hintergründe zu erläutern. Sie können auf unterschiedliche Art und Weise dokumentiert werden, zum Beispiel um den Zweck einer vorangehenden Anforderung zu beschreiben, um einen Überblick zu geben, um Inhalte grafisch darzustellen oder tabellarisch zusammenzufassen. Kommentare machen umfangreiche Anforderungsspezifikationen meist erst verständlich. In Kommentaren sollten die anderen Schlüsselworte dann vermieden werden.

6.5 Beispiele

Die folgende Abbildung zeigt verschiedene natürlichsprachliche formulierte Beispiele zu den Gruppen Art und Ebene. Beispiele für die Gruppe Priorität ergeben sich, indem Sie in jedem der aufgeführten Anforderungen die Schlüsselworte durch andere ersetzen. Siehe auch Kapitel 7 „Dokumentation von Anforderungen", dort sind weitere Beispiele in anderer Darstellung aufgeführt.

➡ 7 Doku

Gruppe	Beispiele
Art	
Funktionale Anforderungen	Das System muss Ausleihgegenstände in den Bestand aufnehmen können.
	Das System muss es dem Benutzer bei der Aufnahme eines Ausleihgegenstandes in den Bestand ermöglichen, den Autor, den Titel und die ISBN einzugeben.
	Das System muss sicherstellen, dass jeder Ausleihgegenstand nur genau einmal im Bestand vorkommt.
	Möchte ein Ausleiher einen Ausleihgegenstand ausleihen, obwohl er bereits welche ausgeliehen hat und deren Ausleihfrist bereits abgelaufen ist, soll eine Hupe den Standort des Ausleihers vor dem Schalter beschallen.
Technische Anforderungen	Das System muss mit einer CORBA-Architektur entwickelt werden.
	Alle Signalkabel des Systems müssen dem Standard der ETHERNET-Kategorie 5: 10BASE5, 10BASE2 oder 10BASET entsprechen.
	Das System muss ausschließlich mit der Programmiersprache Java entwickelt sein.
	Das System muss eine Hupe der Firma „Freighter-Gear", Modell „Nebelfrei" verwenden.

Gruppe	Beispiele
Art (Forts.)	
Anforderungen an die Benutzerschnittstelle	Das System muss in der Liste der ausgeliehenen Bücher die Schriftart Helvetica in einer Größe von 11pt verwenden.
	Das System muss den „Entleihen"-Button blau darstellen.
	Das System muss den angeschlossenen Systemen die Möglichkeit bieten, die gespeicherten Objekte im Format XY abzurufen.
	Das System muss, wenn die Hupe aktiviert wird, diese für fünf Sekunden ertönen lassen.
Qualitäts-anforderungen	Das System muss sich im Falle des Auftretens eines Fehlers der Kategorie 1 innerhalb von 20 Stunden wieder auf vollem Leistungsniveau befinden.
	Das System muss jede Einzelanfrage an den Bestand der Zentralbibliothek innerhalb von 30 Sekunden ausführen.
	Wenn ein Fehler der Kategorie 2 oder 3 auftritt, muss das System den Benutzer auf mögliche Ursachen hinweisen.
	Das System muss die Hupe so verwenden, dass diese ihre volle Lautstärke von 112 Dezibel innerhalb von 30 Millisekunden erreicht (Attack-Time).
Anforderungen an sonstige Lieferbestandteile	Der Flesch-Lesbarkeits-Index der Benutzerdokumentation muss einen Wert von 50 überschreiten.
	Das zu liefernde Klassenmodell muss so gegliedert sein, dass jeder Sachverhalt auf einer DIN A4-Seite dargestellt werden kann.
	Ein Software-Pflege- und -Änderungskonzept, das dem V-Modell-Standard entspricht, muss zum Zahlungsmeilenstein 3 vorgelegt werden.
	Der Auftragnehmer muss mit den zukünftigen Nutzern des Systems eine 5-tägige Schulung im technischen Bereich durchführen.
	Die Hupe muss mit drei farblich verschiedenen Tarnüberzügen geliefert werden.
Anforderungen an die Durchführung der Entwicklung	Der Auftragnehmer muss mit dem Auftraggeber monatliche Reviews der zu erstellenden Dokumente durchführen.
	Der Auftragnehmer muss das OOA-Modell mit dem Tool „quick-OOA" entwerfen.
	Bei der fachlichen Abnahme des Systems muss der Auftragnehmer darauf achten, dass die Vertreter des Auftraggebers einen Gehörschutz tragen.
Rechtlich-vertragliche Anforderungen	Alle Änderungen, die der Auftragnehmer an den Anforderungen vornehmen möchte, müssen vom verantwortlichen Vertreter des Auftraggebers durch Unterschrift genehmigt werden, bevor sie für die Entwicklung relevant werden.
	Wird ein Meilenstein vom Auftragnehmer um mehr als zwei Wochen überschritten, ohne ein Ergebnis vorzulegen, oder entspricht mindestens ein Ergebnis zu diesem Zeitpunkt nicht den Anforderungen, so ist der Lenkungskreis einzuberufen.

Gruppe	Beispiele
Art (Forts.)	
Rechtlich-vertragliche Anforderungen (Forts.)	Der Auftraggeber leistet für jeden Meilenstein, der abgenommen wurde, ein Drittel der vertraglich vereinbarten Summe für die Entwicklung des Systems.
Ebene	
Level 0	Es soll ein System geschaffen werden, das die verwaltungs-technischen Abläufe der Stadtbibliothek besser gestaltet, damit weniger Leihobjekte abhanden kommen.
	Bis Ende 2001 soll jeder zweite Bürger einen Bibliotheksausweis besitzen.
	Dem gegen Regeln der Bibliothek verstoßenden Ausleiher soll eine Lehre erteilt werden.
Level 1	... Das alte Verfahren, Ausleihen handschriftlich auf den Leih-objektkarten zu kennzeichnen, ist zu fehleranfällig. Es muss zu jeder Zeit bekannt sein, ob sich ein Leihobjekt im Bestand be-findet oder ob es verliehen ist. Falls es verliehen ist, muss der Entleiher bekannt sein. Das neue System soll dies unterstützen, indem die Informationen zu den Leihobjekten elektronisch ge-speichert werden ...
Level 2	Das System muss Entleiher eindeutig identifizieren können.
	Das System muss dem Bibliothekar beim Entleihvorgang eine Liste aller nicht entliehenen Exemplare des Leihobjektes an-zeigen.
	Das System muss sicherstellen, dass entliehene Objekte erst wieder entliehen werden können, nachdem sie zurückgegeben wurden.
Level 3	Das System muss es dem Bibliothekar beim Entleihvorgang er-möglichen, die ISBN des Leihobjektes einzugeben.
	Das System muss nach Eingabe der ISBN den Bestand durch-suchen und alle Exemplare finden, die aktuell nicht entliehen sind und die eingegebene ISBN haben.
	Das System muss alle im Bestand gefundenen Exemplare des Leihobjektes nach der eindeutigen Exemplar-Nummer aufstei-gend sortiert anzeigen.
Level 4	Die Datenbank-Komponente muss für das Durchsuchen des Bestandes anhand des Kriteriums „ISBN" weniger als drei Se-kunden benötigen.
	Die durchschnittliche Datenübertragungsrate zwischen Terminal und Server muss mindestens 28 kbit/s betragen.

6.6 Management-Zusammenfassung

Anforderung. Der Begriff „Anforderung" ist recht weit zu fassen. Hier die genaue Definition:

> Eine Anforderung ist eine Aussage über eine Eigenschaft oder Leistung eines Produktes, eines Prozesses oder der am Prozess beteiligten Personen.

Anforderungen sollten differenziert werden nach den Faktoren Priorität, Art und Detailebene:

Art. Ordnen Sie Anforderungen einer von acht Arten zu: Man unterscheidet funktionale Anforderungen, technische Anforderungen, Anforderungen an die zu verarbeitenden Informationen, Anforderungen an die Benutzerschnittstelle, Qualitätsanforderungen, Anforderungen an sonstige Lieferbestandteile, Anforderungen an die Durchführung der Entwicklung und rechtlich-vertragliche Anforderungen.

Detailebene. Klassifizieren Sie jede Anforderung nach ihrer Granularität (Abstraktionsgrad, Detaillierung). Mindestens fünf Stufen kann man unterscheiden, in der Praxis sind drei bis vier sinnvoll. Sie sollten Anforderungen generell auf mehreren Ebenen schreiben.

Priorität. Anforderungen sind einzeln gemäß ihrer Priorität zu gewichten. Dies gilt insbesondere in sicherheitskritischen Anwendungsbereichen (Kritikalität) und bei Vertragsmodellen, in denen es wichtig ist, die Verbindlichkeit verschiedener Anforderungen festzulegen.

6.7 Kontrollfragen

- Haben Sie Anforderungen aller acht Arten bedacht?
- Unterscheiden Sie die verschiedenen Ebenen von Anforderungen ausreichend fein? Ist die Anzahl der Ebenen noch handhabbar?
- Sind die einzelnen Anforderungen priorisiert? Haben Sie es durch weniger wichtig eingestufte Anforderungen ermöglicht, die Releases flexibel zu planen?
- Haben Sie den Eindruck, dass Ihre Gruppierungen für Ihre Zwecke nützlich sind?

6.8 Weiterführende Literatur

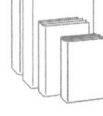

[Boehm2000]
> Boehm, B.: Software Cost Estimation with Cocomo II, Prentice Hall 2000, ISBN 0-13-026692-2

[Boehm95]
> B. Boehm, B.: Software Requirements Negotiation and Renegotiation Aids: A Theory-W Based Spiral Approach, Proceedings of the 17th International Conference on Software Engineering (ICSE-17) 1995

[CHAOS2003]
The Standish Group International, Inc: CHAOS Chronicles 2003 Report, West Yarmouth 2003, www.standishgroup.com

[Cockburn2002]
Cockburn, A.: Agile Software Development, Boston, Addison-Wesley 2002. ISBN 0-201-69969-94

[Davis93]
Davis, A.M.: Software Requirements – Objects, Functions, & States, Prentice Hall 1993. ISBN 0-13-805763-x

[DIN94]
Norm DIN 66272: Bewerten von Softwareprodukten: Qualitätsmerkmale und Leitfaden zu ihrer Verwendung. Ausg. Oktober 1994. DIN Deutsches Institut für Normung e.V.

[IEEE610]
IEEE Std 610.12-1990, IEEE Standard Glossary of Software Engineering Terminology, IEEE Press 1990

[IEEE830]
IEEE Std 830-1998, IEEE Recommended Practice for Software Requirements Specifications, IEEE Press 1998

[Karlsson97]
Karlsson, J. und Ryan, K.: A Cost-Value Approach for Prioritizing Requirements, IEEE Computer, September/October 1997

[Leite93]
Leite, J.: A Strategy for Conceptual Model Acquisition, Proceedings of the First IEEE International Symposium on Requirements Engineering, SanDiego, Ca, IEEE Computer Society Press, 1993

[VMM97]
Allgemeiner Umdruck Nr. 251, Entwicklungsstandard für IT-Systeme des Bundes, Methodenzuordnung, Juni 1997

[Wiegers99]
Wiegers, K.: First Things First: Prioritizing Requirements, Software Development, vol. 7, no. 9, September 1999, oder auch http://www.processimpact.com/pubs.shtml

[Young2001]
Young, R.R.: Effective Requirements Practices, Addison-Wesley 2001. ISBN 0-20170-912-0

[Young2004]
Young, R.R.: The Requirements Engineering Handbook, Artech House 2004. ISBN 1-58053-266-7

Andreas Günther & Jürgen Hahn

> „Wer viele Sprachen spricht,
> kann in vielen Sprachen Unsinn reden.“
>
> *Alexander Roda Roda*

7

Dokumentation von Anforderungen – ausgewählte Notationen im Überblick

Fragen, die dieses Kapitel beantwortet:

- Was sind Dokumentationstechniken?
- Welche Möglichkeiten habe ich, Anforderungen zu dokumentieren?
- Wozu brauche ich Dokumentationstechniken?
- Welche Arten von Dokumentationstechniken gibt es?
- Wie wähle ich die passende Dokumentationstechnik?

7.1 Einleitung

Das Problem der geeigneten Notation

➡ 4 Ermitteln

Wenn Sie die Anforderungen der Stakeholder ermittelt haben und somit einen Eindruck davon haben, was in den Köpfen Ihrer Stakeholder bezüglich des Projekts vor sich geht (siehe Kapitel 4 „Hellsehen für Fortgeschrittene"), möchten Sie das gewonnene Wissen natürlich festhalten. Hierbei können jedoch neue Probleme entstehen: Unter Umständen verstehen die Stakeholder Ihre Spezifikation nicht oder sie akzeptieren sie nicht. Daher ist es wichtig, Anforderungen in einer Weise zu dokumentieren, die dem Inhalt der Anforderung angemessen und für andere Personen, vom Auftraggeber über den Entwickler bis hin zum Tester, verständlich ist.

Was sind Dokumentationstechniken?

Was sind Dokumentationstechniken? Dokumentationstechniken dienen dazu, das Wissen, das in den Köpfen der verschiedenen Stakeholder besteht, zu Papier zu bringen, sofern Sie dies im Rahmen Ihres Prozesses für nötig erachten. Dabei gilt als Dokumentationstechnik jegliche Art der mehr oder weniger formalen Darstellung, die das Verstehen zwischen den einzelnen Stakeholdern erleichtert. Angefangen bei natürlichsprachlichen, ganz subjektiven Äußerungen über das Verhalten eines Systems (zum Beispiel den so genannten User Stories) bis hin zur sehr formalen Notation (zum Beispiel mithilfe eines Klassendiagramms), sind alle Varianten zur Anforderungsdokumentation einsetzbar.

Typen von Dokumentationstechniken

Dokumentationstechniken können in der Regel einer von vier Gruppen zugeordnet werden (siehe Abbildung 7.1). Wir unterscheiden zwischen kontextorientierten, verhaltensorientierten, datenorientierten und sonstigen Dokumentationstechniken. *Kontextorientierte Dokumentationstechniken* eignen sich am besten zur Beschreibung der Schnittstellen des Systems zu seiner Umwelt. *Verhaltensorientierte Dokumentationstechniken* beschreiben die Dynamik des Systems, also Abläufe, Prozesse, Zustandsänderungen und Arbeitsschritte. *Dokumentationstechniken für Daten-/Informationsanforderungen* (oder datenorientierte Dokumentationstechniken) bilden die Struktur eines Systems aus einer statischen Sichtweise ab. Sie beschreiben, welche Dinge in einem Produkt oder innerhalb eines Systems relevant sind und wie diese miteinander in Beziehung stehen.

Wir stellen Ihnen in diesem Kapitel einige wichtige Dokumentationstechniken kurz vor. Wir haben uns lediglich auf diejenigen Techniken beschränkt, die in der Praxis am häufigsten eingesetzt werden und langjährig erprobt sind (siehe Abbildung 7.1). Die Technik und ihre Notation werden im Überblick vorgestellt und Vor- und Nachteile erörtert. Eine Hilfestellung zur Auswahl der für Ihr Problem und Projekt passendsten Dokumentationstechnik finden Sie am Ende dieses Kapitels.

Neben den vorgestellten Techniken gibt es noch zahlreiche weitere, von denen hier noch einige erwähnt sein sollen: die restlichen UML-Diagramme (Komponentendiagramm, Verteilungsdiagramm, Kommunikationsdiagramm, ...), Timing-Diagramm, Bäume (AVL-Baum, B-Baum, ...), Jackson-Diagramm, Nassi-Shneiderman-Diagramme, strukturierte ER-Modelle, strukturierte Textauszeichnungssprachen (SGML, XML, HTML, ...), semantische Netze, formale Spezifikationssprachen und Notationen der Prädikatenlogik, Organigramme, Mind-Maps, CRC-Cards, Snowcards, Tabellen und viele mehr.

Verhaltensorientierte Dokumentationstechniken	**Datenorientierte Dokumentationstechniken**
> Das UML2-Aktivitätsdiagramm > Die Ereignisgesteuerte Prozesskette > Der UML2-Zustandsautomat > Der Programmablaufplan > Das Petrinetz > Das Szenario > Das UML2-Sequenzdiagramm > Die Specifications and Description Language (SDL)	> Das Entity-Relationship-Modell > Das UML2-Klassendiagramm > Das UML2-Objektdiagramm > Das Glossar
Kontextorientierte Dokumentationstechniken	**Sonstige Dokumentationstechniken**
> Das Kontextdiagramm > Das UML2-Use-Case-Diagramm und die Use-Case-Spezifikation	> Oberflächenmodell und der Oberflächendialog > Die Entscheidungstabelle > Die Natürliche Sprache

Abbildung 7.1: Arten von Dokumentationstechniken

7.2 Strukturierte Analyse

Die Vorgehensweise „Strukturierte Analyse (SA)" von [DeMarco78] stellt Diagramme zur Dokumentation unterschiedlicher Anforderungsebenen (siehe Kapitel 6 „Anforderung oder Anforderung") zur Verfügung. Sie basiert auf dem Denken in Datenflüssen und Funktionen, die grafisch dargestellt und strikt separiert werden. Kontroll- und Steuerflüsse werden nicht dargestellt. Die betrachteten Systeme werden dabei top-down verfeinert. Die vollständige Beschreibung erfolgt durch Datenflussdiagramme (DFD), ein Data Dictionary (DD) und Minispezifikationen (Prozessbeschreibungen). Bei der Darstellung komplexer Systeme durch DFD geht schnell die Übersichtlichkeit verloren. Deshalb geht die SA nach einem Hierarchiekonzept vor.

Herkunft der SA

↦ 6 Anf.-Arten

Für den Überblick über das Gesamtsystem wird ein Kontextdiagramm erstellt, welches stufenweise durch weitere DFD verfeinert wird. Die einzelnen Prozesse der DFD werden so lange verfeinert, bis sie „primitiv" sind und eine weitere Unterteilung nicht mehr nötig ist. Erst dann wird der Prozess durch Minispezifikationen beschrieben. Die Daten werden durch ein Data Dictionary beschrieben und ebenfalls hierarchisch verfeinert, bis nur noch Elementardaten vorliegen.

Aufbau der SA

In den folgenden Abschnitten konzentrieren wir uns auf die Darstellung durch Kontext- und Datenflussdiagramm, da diese den Kern der Strukturierten Analyse bilden.

157

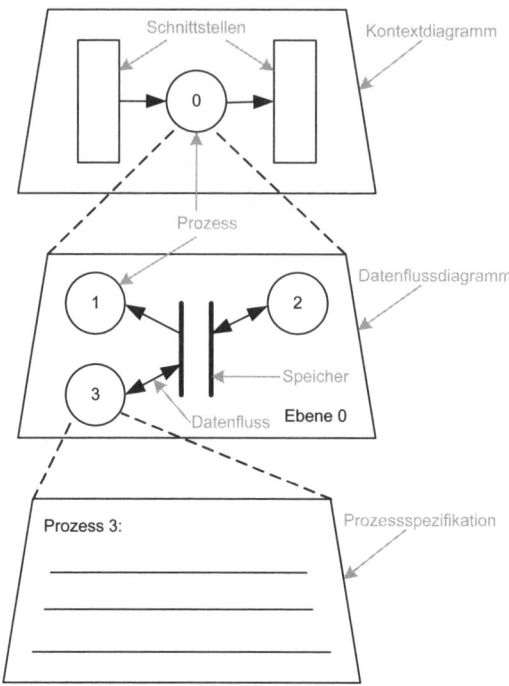

Abbildung 7.2: Hierarchiekonzept der SA

7.2.1   Das Kontextdiagramm

Das Kontextdiagramm beschreibt die Schnittstellen des Systems zur Umwelt und gibt einen Überblick über die Nachbarn des betrachteten Systems. Zur Kontextabgrenzung von Systemen lesen Sie mehr in Kapitel 5 „Stakeholder, Ziele und der Systemkontext".

5 Ziele

Semantische
Regeln

Das Kontextdiagramm beschreibt die Umgebung des Systems. Es zeigt die Nachbarn und die Datenflüsse über die Systemgrenze hinaus. Existieren von einer Schnittstelle mehrere Instanzen, wird sie nur einmal dargestellt. Gibt es nur einige wenige, gleichartige Schnittstellen mit unterschiedlichen Datenflüssen, so werden diese getrennt dargestellt. Schnittstellen geben nur die ursprünglichen Quellen oder Senken (Empfänger) einer Information an. Die Datenflüsse des Kontextdiagramms müssen auf einem angemessenen Abstraktionsniveau beschrieben werden. Werden die Datenflüsse zu detailliert beschrieben, so läuft man Gefahr, dass es unübersichtlich wird und überladen wirkt. Falls Sie jedoch zu abstrakt notieren, erhalten Sie vielleicht ein nichts sagendes Diagramm. Als Richtschnur gelten drei Kriterien:

- Anhand des Kontextdiagramms müssen für einen Außenstehenden die wesentlichen Informationen über die Systemumwelt erkennbar sein.
- Namensgebungen müssen problembezogen sein, so dass die Verständlichkeit für alle Beteiligten gewährleistet ist.
- Alle Datenflüsse müssen auf demselben Abstraktionsniveau sein.

Die Schnittstellen beziehungsweise Nachbarn werden als Rechtecke dargestellt. Das Diagramm enthält nur einen Prozess (als Kreis dargestellt; Ebene 0), welcher das Gesamtsystem repräsentiert. Falls es mehrere Schnittstellen gibt, so darf zwischen ihnen kein direkter Datenfluss modelliert werden. Datenflüsse werden als Einfach- oder Doppelpfeile abgebildet. Im Gegensatz zu den DFD der unteren Ebenen enthält das Kontextdiagramm keine Speicher.

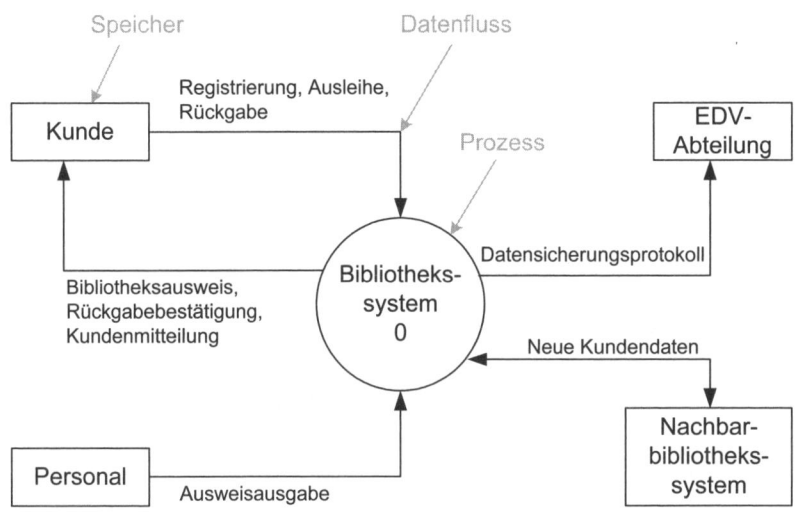

Kontext-diagramm Bibliotheks-system

Abbildung 7.3: Kontextdiagramm Bibliothekssystem

7.2.2 Verfeinerte Datenflussdiagramme

Der im Kontextdiagramm abgebildete Prozess des Gesamtsystems wird mittels Datenflussdiagrammen stufenweise in Teilprozesse aufgeteilt. Die wichtigsten Fragen, die dabei beantwortet werden müssen, beschäftigen sich mit der Suche nach der Art und Anzahl der Teilprozesse der ersten Verfeinerung. Zur Beantwortung existieren zwei Ansätze:

Zerteilung in Teilprozesse

- Nach der *ereignisorientierten Zerlegung* wird je Ereignis, auf welches das System reagieren muss, ein Teilprozess eingeführt.
- Nach der *funktionsorientierten Zerlegung* wird je Hauptfunktion des Systems ein Teilprozess eingeführt.

Nach der ersten Verfeinerung können Sie die einzelnen Teilprozesse (je nach angestrebtem Detaillierungsgrad) erneut durch DFD darstellen. Dadurch entsteht die Hierarchie der DFD.

DFD bestehen aus Prozessen, Datenflüssen und Speichern. Im Gegensatz zum Kontextdiagramm liegt der Fokus eines DFD auf der Beschreibung von Prozessen und weniger auf Kommunikation mit Schnittstellen, es sei denn, es ist für die Verständlichkeit und Konsistenz notwendig. Ein DFD einer unteren Ebene (siehe oben) muss dieselben Input-/Output-Datenflüsse aufweisen wie das übergeordnete Diagramm. Die Datenflüsse selbst können jedoch verfeinert werden.

Regeln für die Erstellung

DFD Bibliotheks-
system
(1.Ebene)

Das Kontextdiagramm unseres Bibliothekssystems könnte nach einer ereignisorientierten Zerlegung auf der ersten Ebene wie folgt aussehen:

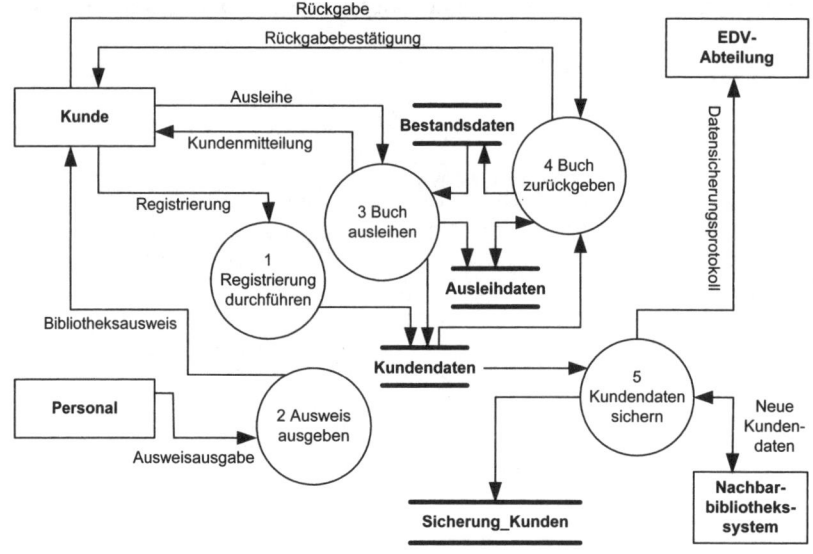

Abbildung 7.4: DFD Bibliothekssystem

Vor- und Nachteile der Strukturierten Analyse

Vorteile

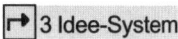 3 Idee-System

Die Verwendung einer Strukturierten Analyse zur Abbildung komplexer Systeme hat
viele Vorteile. Sie gibt Ihnen die Möglichkeit, top-down in ein System vorzudringen
und so nacheinander die nötigen Feinheiten zu erarbeiten (siehe dazu Kapitel 3 „Von
der Idee zum System"). Verständnis und grafische Erstellung von DFD sind für analytisch orientierte Stakeholder relativ leicht erlernbar. Zusätzlich garantiert das Hierarchiekonzept Übersichtlichkeit. Der Einsatz der Strukturierten Analyse eignet sich
insbesondere dann, wenn Sie prozedural (das heißt insbesondere nicht objektorientiert) weiterentwickeln.

Nachteile

Die alleinige Verwendung der SA hat allerdings auch einige Nachteile. Sie ist für
Nichtinformatiker nur bedingt verständlich. Dadurch kann sie als mögliche Kommu-
nikationsgrundlage für alle Stakeholder nur in Teilen dienen. Weiterhin können
Speicher und Schnittstellen nicht verfeinert werden, so dass sich bei umfangreichen
Schnittstellen und komplizierten Speicherstrukturen Darstellungsprobleme ergeben
können. Auch die Abbildung von nicht-funktionalen Anforderungen ist nur schwer
oder dann meist nur per natürlicher Sprache möglich. Der Steuerfluss selbst, das
heißt, in welcher zeitlichen Abfolge die Aktivitäten ausgeführt werden, wird nicht
explizit modelliert. [Hatley87] und [Ward85] entwickelten jedoch eine Echtzeit-
Erweiterung der SA, welche die Modellierung zeitlicher Abfolgen erlauben.

160

7.3   Use-Cases: Diagramm und Spezifikation

Ein Anwendungsfall (engl. Use-Case) beschreibt gewöhnlich eine typische Interaktion eines Anwenders mit einem Computersystem. Inhalt eines Use-Case ist also das gewünschte externe Systemverhalten aus Sicht des Anwenders und somit ein Teil der Anforderungen, die das System erfüllen soll. Eine Anwendungsfallspezifikation beschreibt immer einen einzelnen Anwendungsfall mithilfe natürlicher Sprache und eines Templates: den Idealfall einer Userinteraktion, die Voraussetzungen, die Ziele und den Ablauf. Ein Anwendungsfalldiagramm stellt mehrere Anwendungsfälle und ihre Beziehungen untereinander und zu den Akteuren (den Nachbarn des Systems) modellhaft dar.

Was ist ein Use-Case?

Da funktionale Anforderungen in Use-Cases aus der Sicht der Benutzer beschrieben werden, sind Use-Cases auch für den Anwender gut verständlich und werden vor allem in den frühen Stadien der Analyse eingesetzt. Use-Cases sind nicht geeignet, um systeminterne Aktivitäten darzustellen oder um Operationen oder Funktionen detailliert zu beschreiben. Sie sind keine Ablaufpläne, sondern Hilfsmittel zur generischen Anforderungsermittlung. Anwendungsfalldiagramme ermöglichen es Ihnen, das mittels der Ziele grob umrissene Themengebiet in handhabbare Stücke zu zerteilen und sich anhand dieser Teile dann weiter ins Detail zu wagen. Die gefundenen Anwendungsfälle werden nämlich mittels Use-Case-Spezifikationen genauer erläutert. Sollte das Verhalten eines einzelnen Anwendungsfalles dynamisch komplexer sein, so lohnt es sich, das Verhalten in grafischer Form mittels eines Aktivitätsdiagramms zu dokumentieren. Damit haben Sie das System über Use-Cases, essenzielle Schritte innerhalb der Use-Case-Beschreibung und einzelne Aktivitäten eines Aktivitätsdiagramms bereits in wesentlich kleinere, handhabbarere Teile zerlegt.

Einsatz

Business-Use-Cases werden für allgemeine geschäftliche Abläufe genutzt. Sie können Benutzerinteraktion und müssen nicht unbedingt ein Softwaresystem enthalten. System-Use-Cases hingegen beschreiben Funktionalitäten eines Systems und können Benutzeraktion beinhalten, müssen aber nicht. Use-Cases können auch gut zur Systemabgrenzung (siehe Kapitel 5 „Stakeholder, Ziele und der Systemkontext") und zum Diskutieren von Anforderungen verwendet werden.

Business-Use-Cases

↱ 5 Ziele

Essenzielle Anwendungsfälle
Von Bernd Oestereich

Essenzielle Anwendungsfälle sind solche, die vereinfacht, generalisiert, abstrakt und technologieunabhängig die eigentlichen geschäftlichen bzw. fachlichen Intentionen eines Anwendungsfalles beschreiben. Da diese Definition nur schwer nachvollziehbar ist und Ihnen wahrscheinlich kaum weiterhilft, hier ein einfaches Beispiel:

Stellen Sie sich vor, Sie wollen an einem Geldautomaten Geld von Ihrem Konto abheben. Der Anwendungsfall hierfür sieht in einfacher Form wie folgt aus:

Benutzeraktivität	Systemaktivität
Magnetkarte einführen	
	Magnetkarte lesen
	PIN nachfragen
PIN eingeben	
	Betragsmenü anzeigen
Betrag auswählen	
	PIN prüfen
	Verfügbarkeit prüfen
	Betrag verbuchen
	Geld abzählen
	Karte auswerfen
Karte entnehmen	
	Geld auswerfen
Geld entnehmen	
	Geldauswurf schließen
	Begrüßung anzeigen

Abbildung 7.5: Anwendungsfall „Geldautomat"

Bei kritischer Betrachtung dieses Anwendungsfalls fällt auf, dass einige Details beschrieben werden, die konkret technologieabhängig sind. Dass beispielsweise eine Magnetkarte verwendet wird und eine PIN eingegeben werden muss, ist eigentlich mehr oder weniger Zufall, da dies Anfang unseres Jahrtausends die am meisten verbreitete und wirtschaftlichste technologische Lösungsvariante ist. Das mag in einigen Jahren anders aussehen. Vielleicht werden dann zur Identifizierung der Benutzer deren Augen abgetastet, der Fingerabdruck elektronisch gelesen oder die Sprache ausgewertet. An anderer Stelle werden diese Technologien bereits erfolgreich eingesetzt.

Dass in diesem Anwendungsfall Magnetkarten verwendet werden, ist geschäftlich eigentlich nicht relevant. Die Bank möchte ihren Kunden die Möglichkeit geben, an einem Automaten Geld abzuheben – mit welcher Technologie auch immer. Hauptsache, die verwendete Lösung ist zuverlässig, sicher, einfach und kostengünstig. Der eigentliche Zweck, die fachliche Essenz, die sich hier verbirgt, lautet: *Kunde identifizieren.*

Im Folgenden sehen Sie den gleichen Anwendungsfall als rein essenzielle Beschreibung:

Benutzeraktivität	Systemaktivität
Kunden-Identität angeben	
	Betrag nachfragen
Betrag bestimmen	
	Kunden-Identität prüfen
	Betrags-Verfügbarkeit prüfen
	Betrag verbuchen
	Geld übertragen
Geld mitnehmen	

Abbildung 7.6: Essenzieller Anwendungsfall „Geldautomat"

Um die Essenz eines Anwendungsfalles zu bestimmen, untersucht man ihn dahingehend, welche einzelnen Schritte im Ablauf geschäftlich so essenziell sind, dass sie sich vermutlich nie ändern werden. Beziehungsweise man zerlegt einen Anwendungsfall in einzelne Schritte, die jeweils die eigentliche geschäftliche Absicht (Intention) darstellen. Ein einfacher gedanklicher Trick, um schnell zur Essenz vorzudringen, ist es, zu jedem einzelnen beschriebenen Schritt beziehungsweise Sachverhalt eines Anwendungsfalles sich ganz ketzerisch zu überlegen, was sich daran wohl in Zukunft ändern könnte, beispielsweise durch neue Technologien.

Essenzbeschreibungen sind meistens sehr abstrakte und allgemeine Formulierungen. Daher sind essenzielle Anwendungsfälle auch nicht geeignet, um darauf aufbauend ein konkretes System zu realisieren. Sie helfen uns aber, den geschäftlichen Kern zu finden, um einfacher anpassbare Systeme zu entwickeln. Dass die in einem essenziellen Anwendungsfall verwendeten Formulierungen manchmal etwas holprig klingen, ist für Abstraktionen typisch und sollte einfach akzeptiert werden. In den meisten Fällen dauert es nur wenige Minuten, um für einen Anwendungsfall die Essenz herauszuarbeiten. Danach konzentrieren wir uns wieder ganz pragmatisch auf die konkreten Sachverhalte. Diese wenigen Minuten lohnen sich jedoch, da sie zu einer besseren Strukturierung des Modells führen.

Die Essenzbeschreibung ist die komprimierteste und abstrakteste Form eines Anwendungsfalles und bietet einen guten Überblick über den Problemraum eines Projektes insgesamt.

Damit die von uns hergestellte Software nicht mit jeder neuen technologischen Variante komplett neu gemacht oder in großen Teilen geändert werden muss, sind geeignete Maßnahmen zur besseren späteren Anpassbarkeit vorzusehen. Kernpunkt ist hierbei, die vermutlich stabilen Teile von den vermutlich variablen und instabilen Teilen zu unterscheiden. Nicht immer ist es klar vorherzusehen, welche Teile des Systems von zukünftigen Änderungen betroffen sein werden, aber es lassen sich häufig solche Teile identifizieren, für die immerhin eine gewisse nennenswerte Wahrscheinlichkeit angenommen werden kann. Der Weg zur Abgrenzung der vermutlich stabilen von den vermutlich instabilen Teilen führt über die systematische Herausarbeitung der geschäftlichen Essenz.

Das Prinzip, das wir hierbei verfolgen, wie auch an vielen anderen Stellen der objektorientierten Softwareentwicklung (beispielsweise mit vielen Entwurfsmustern), lautet:

Unterscheide die vermutlich stabilen von den vermutlich variablen Aspekten (hier: Anforderungen), um eine langfristig gut erweiterbare Software zu konstruieren.

Bernd Oestereich (boe@oose.de) ist geschäftsführender Gesellschafter der oose.de (www.oose.de) und Autor zahlreicher international verlegter Publikationen. Seine Publikationen sowie seine Beratungs- und Schulungstätigkeit geben immer wieder wichtige Impulse für die objektorientierte Softwareentwicklung.

Die Notation des Use-Case-Diagramms

Use-Case-
Diagramm

Das Diagramm in Abbildung 7.7 zeigt die Notationselemente von UML-Use-Case-Diagrammen am Beispiel des Bibliothekssystems. Es enthält unterschiedliche Use-Cases, einen included Use-Case (das Verhalten des Use-Case wird in einen anderen Use-Case importiert), einen extended Use-Case (das Verhalten des Use-Case erweitert einen anderen Use-Case), eine Person und ein System als Akteur.

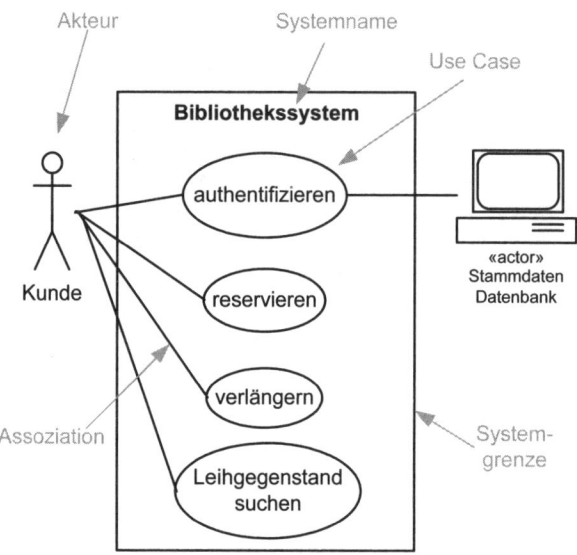

Abbildung 7.7: Use-Case-Diagramm „Bibliothekskunden authentifizieren"

Akteure

Der Akteur[1], gemeinhin als Strichmännchen dargestellt, kann für technische Systeme nicht nur eine natürliche Person sein, sondern genauso gut ein Sensor, ein System, die Zeit oder Ein-/Ausgabegeräte (Devices). Manchmal wird der Anschaulichkeit halber deshalb ein anderes Symbol für den Akteur gewählt. Mögliche Symbole sind:

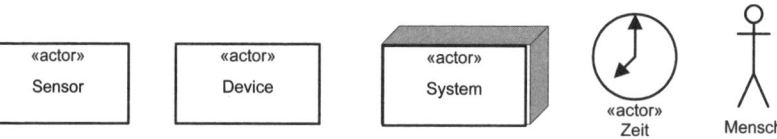

Abbildung 7.8: Alternative Notationen für den Akteur

---

[1] Ein Akteur ist ein Stakeholder, der unmittelbar am zu beschreibenden System beteiligt ist, das heißt, aktiv Daten oder Impulse in das System liefert oder auch passiv Daten empfängt oder angezeigt bekommt.

Die Notation der Use-Case-Spezifikation

Natürlichsprachliche Use-Case-Spezifikationen werden idealerweise mit Hilfe einer Vorlage (Template) strukturiert. Es gibt sehr unterschiedliche Templates, von vollständig ausgearbeiteten bis hin zu sehr formlosen. Wie formal und umfangreich Ihre Use-Cases beschrieben sein müssen, kommt auf die Situation und Zielgruppe an. Für unser Beispiel „Bibliothekskunden authentifizieren" haben wir ein semi-formales Template verwendet. Weitere Templates finden Sie in [Cockburn01].

Use-Case-Spezifikation

Name	Bibliothekskunden authentifizieren
Kurzbeschreibung	Das Bibliothekssystem prüft die Benutzerkarte des Bibliothekskunden auf Gültigkeit und lässt den Kunden sich anhand dieser Karte und seines Passworts authentifizieren.
Akteure	Kunde, Bibliothekssystem
Auslöser	Ein Kunde führt seine Karte in das Kartenlesegerät der Bibliothek ein.
Vorbedingung	Der Kunde hat eine Benutzerkarte und ein Passwort. Das Bibliothekssystem ist bereit, Benutzerkarten zu prüfen.
Ergebnis	Der Kunde wurde erfolgreich authentifiziert, das Bibliothekssystem gibt ein Bestätigungssignal.
Nachbedingung	Das Bibliothekssystem ist bereit, Benutzerkarten zu prüfen.
Essenzieller Ablauf	1. Der Kunde führt seine Benutzerkarte zum Auslesen am System ein. 2. Das System prüft die Karte auf Kartentyp. 3. Das System prüft die Karte auf Gültigkeit. 4. Das System fordert den Kunden zur Eingabe seines Passworts auf. 5. Der Kunde gibt sein Passwort ein. 6. Das System prüft das eingegebene Passwort auf Gültigkeit. 7. Das System gibt ein Signal, das ein gültiges Passwort bestätigt, aus. 8. Das System gibt die Benutzerkarte aus.

Abbildung 7.9: Use-Case-Beschreibung „Bibliothekskunden authentifizieren"

Vor- und Nachteile von Use-Cases

Use-Cases beschreiben vor allem funktionale Anforderungen aus der Sicht des Benutzers. Daher sind sie für den Benutzer gut verständlich und können durch ihre intuitive Anschaulichkeit wertvolle Hilfe bei der Anforderungsermittlung leisten. Für eine erste Skizze der zu entwickelnden Funktionalitäten und zur Darstellung einzelner Teilaspekte werden Use-Cases weitestgehend akzeptiert – ideal für ein Top-down-Vorgehen. Da Use-Cases sehr vielseitig sind, können Sie sie sowohl für die Modellierung und Beschreibung von Geschäftsprozessen als auch für die Spezifikation eines Systems verwenden. Use-Case-Diagramme und weitere Diagrammtypen können in einfacher Weise ergänzend zur natürlichen Sprache zur Repräsentation der Anforderungen verwendet werden. Sie sind ein geeignetes Strukturierungsmittel für natürlichsprachliche Anforderungen und dienen in vielen modernen Vorgehensmodellen als Planungs- und Testeinheiten, siehe dazu [Kruchten00].

Vorteile

Nachteile

Ein Nachteil von Use-Cases ist, dass sich nicht-funktionale Anforderungen schlecht darstellen lassen. Zudem ist bei der Beschreibung sehr komplexer Systeme die Konsistenz und Vollständigkeit dieser Anforderungsart aufgrund zu vieler kleinerer Use-Cases problematisch. Ihr System sollte mithilfe möglichst weniger Use-Cases zu beschreiben sein, oft aber werden in der Praxis zu viele erstellt. Auch ist es schwierig, das Erstellen von guten Use-Cases rein theoretisch durch Literatur zu erlernen, da es sich eben nicht um eine klar definierte Wissenschaft handelt. Oft werden Use-Cases zu knapp oder zu umfangreich, wobei nur die Praxis das richtige Maß lehren kann. Use-Cases beschreiben in aller Regel nur einen Teil der Anforderungen, sodass Sie zwangsläufig noch eine andere Darstellungstechnik zur Ergänzung benötigen. Des Weiteren neigt die Analyse von Use-Cases zu einer funktionalen Zerlegung des Systems, was bei nicht-funktionalen (z.B. einem komponentenbasierten oder objektorientierten) Vorgehen problematisch sein kann.

7.4   Das UML2-Aktivitätsdiagramm

Einsatz

UML-Aktivitätsdiagramme sind das Notationsmittel der Wahl, wenn es darum geht, Abläufe zu modellieren. Sie können zu unterschiedlichen Projektzeitpunkten mit stark variierendem Detaillierungsgrad modelliert werden und lassen sich deshalb vielfach im Projekt einsetzen. Aktivitätsdiagramme können dabei beispielsweise die Abarbeitung eines Use-Cases oder einer Operation visualisieren, aber auch einen kompletten Geschäftsvorfall zu Papier bringen. Mit Hilfe dieser Diagrammart können Sie einen komplexen Verlauf unter Berücksichtigung von Nebenläufigkeiten, alternativen Entscheidungswegen und Ähnlichem übersichtlich darstellen.

Analog zu einer Straßenkarte zeigt ein Aktivitätsdiagramm den Rahmen und die Regeln von Verhaltensabläufen auf detailliertem Niveau. Es umfasst Start- und Endpunkte (Auf- und Abfahrten), Verzweigungen (Straßenkreuzungen, Kreisverkehr), bestimmte Bedingungen (Einbahnstraße, Gewichtsbeschränkungen) und vieles mehr. Der eigentliche „Straßenverkehr", sprich die *Abläufe*, die Tag für Tag in nie gleicher Weise vorkommen, werden jedoch nicht aufgezeigt. Notiert werden nur die Regeln, die alle möglichen Abläufe beschreiben.

Notation

Notation

Aktivitäten neigen zu hoher Komplexität. Dem trägt die UML 2 mit einer Fülle von Notationselementen Rechnung, siehe dazu [Jeckle04]. Ein Aktivitätsdiagramm zeigt dabei im Wesentlichen folgende Elemente:

- eine oder mehrere Aktivitäten,
- Aktionen,
- Objektknoten,
- Kontrollelemente zur Ablaufsteuerung und
- verbindende Kanten.

Die Gesamtheit aller Abläufe wird – wie bereits erwähnt – als *Aktivität* bezeichnet. Abbildung 7.10 zeigt die Aktivität „Authentifizierung". Eine *Aktion* (zum Beispiel Karte ausgeben) ist dabei ein Einzelschritt, den ein Ablauf unter Zeitaufwand

166

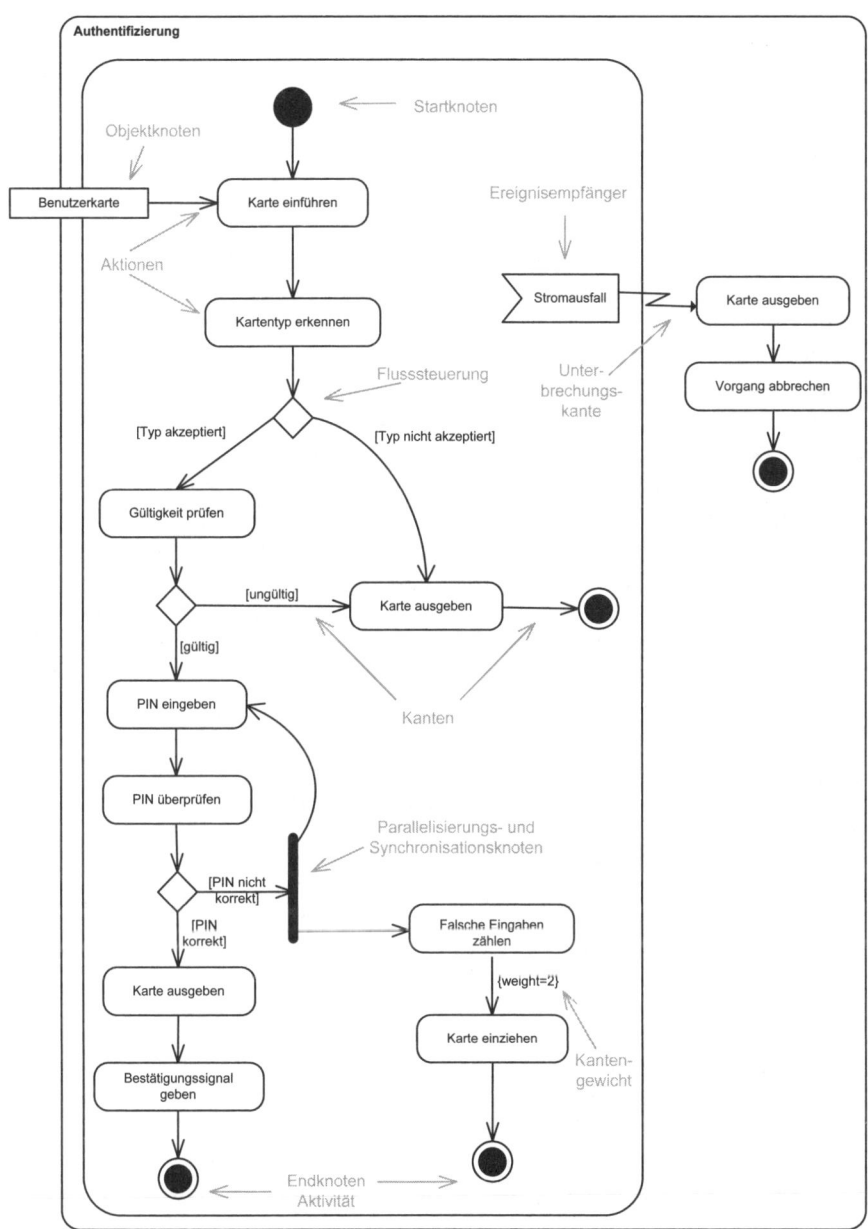

Abbildung 7.10: Beispiel Aktivitätsdiagramm – Notationselemente

durchschreitet und in dem etwas „getan wird". *Objektknoten* (in diesem Beispiel die Benutzerkarte) repräsentieren dabei beteiligte Daten bzw. Dinge der realen oder vorstellbaren Welt. Zwischen den Aktionen oder auch Objektknoten befinden sich die *Kontrollknoten* (Flusssteuerung und Parallelisierungs-/Synchronisationsknoten) zur Flusssteuerung des Ablaufs. Sie geben die Entscheidungsregeln vor, wann und in welcher Reihenfolge die einzelnen Aktionen durchgeführt bzw. Objektknoten verändert werden. Kanten sind Pfeile, die einzelne Elemente verbinden und damit die zeitlich logische Reihenfolge des Ablaufs herstellen.

Vor- und Nachteile

Vorteile

Aktivitätsdiagramme zählen zu den leichter erlern- und verstehbaren Diagrammen der UML. Regeln für Abläufe jeglicher Art können mit ihnen sehr gut modelliert werden, was ihnen ein breites Anwendungsspektrum verschafft. Sie werden in allen Phasen eines Projekts gerne verwendet. Mithilfe der in der UML 2 neu hinzugekommenen Schleifen- und Bedingungsknoten kann sogar relativ implementierungsnah modelliert werden.

Nachteile

Obwohl die Grundzüge des Aktivitätsdiagramms selbst ohne Vorwissen leicht verständlich sind, bietet das UML2-Aktivitätsdiagramm in der Tiefe sehr mächtige Modellierungsmöglichkeiten [Jeckle01]. Dadurch sind Aktivitätsdiagramme, die viele der besonderen Möglichkeiten nutzen, nicht für jeden Stakeholder leicht zugänglich. Durch redundante Ausdrucksmöglichkeit wird dies zudem deutlich erschwert.

Weiterhin ist in der Notation keine Unterscheidung zwischen synchroner und asynchroner Kommunikation möglich. Daher muss dies dort, wo es als dringend nötig erachtet wird, anhand eines Kommentars notiert werden. Allgemein gesprochen sind Aktivitätsdiagramme sehr informell im Standard geregelt, sodass eine Simulation und Ausführbarkeit der Diagramme ohne spezifische Erweiterungen durch den UML-Standard nicht gegeben ist.

7.5   Die Ereignisgesteuerte Prozesskette

Einsatz und Bestandteile

Die Methode ARIS ist das in Deutschland meistgenutzte Vorgehen zur Geschäftsprozessanalyse. ARIS (Architektur integrierter Informationssysteme) bietet eine Fülle sehr spezialisierter Diagrammtypen an, zum Beispiel Berechtigungshierarchiediagramm, Leistungsbaum und Data-Warehouse-Datentransformationsdiagramm. Dabei sind die Diagramme kategorisiert nach so genannten „Sichten": Daten-, Funktions-, Organisations- und Steuerungssicht. Die von Professor Scheer 1992 entwickelte semiformale Modellierungsnotation Ereignisgesteuerte Prozessketten (EPK) stellt das innerhalb von ARIS am weitesten verbreitete Diagramm dar.

EPK bestehen aus Ereignissen und Funktionen sowie den sie verbindenden Kanten. Erweiterte EPK (eEPK) kennen zusätzlich die Abbildung von Organisationseinheiten, Datenflüssen und Anwendungssystemen.

Anwendungsbereich

Gemeinhin werden EPK gerne zur Modellierung von Geschäftsprozessen verwendet. Auch in der Softwarespezifikation werden sie gewinnbringend eingesetzt. So werden sie z.B. von der SAP AG zur Dokumentation der Prozessunterstützung für die Standardsoftware R/3 genutzt. Was EPK auszeichnet, ist ihre ganzheitliche Sicht. Es können sowohl IT-Systeme als auch ganz allgemeine Abläufe, wie etwa die Bearbeitung eines Kundenauftrags, die nicht EDV-gestützt sein müssen, im Modell dargestellt werden.

EPK-Modelle werden sehr erfolgreich in Kombination mit natürlichsprachlicher Spezifikation eingesetzt. Ein EPK-Modell spricht selten für sich allein; gepaart mit einer Beschreibung in Textform ist es jedoch ein sehr aussagekräftiges Medium, das zu größerer Anschaulichkeit verhilft.

Notation von erweiterten Ereignisgesteuerten Prozessketten

Eine EPK ist ein Graph und besteht aus Knoten und Kanten (Abbildung 7.11), analog zum vorgestellten UML2-Aktivitätsdiagramm. Die Knoten des Graphen sind Ereignisse und Funktionen. Die eEPK kennt zusätzlich Organisationseinheiten, Anwendungssysteme und Informationsobjekte. *Ereignisse* repräsentieren einen eingetretenen Zustand, der Auslöser oder Ergebnis von Funktionen ist. *Funktionen* repräsentieren Aktionen und transferieren Input- in Outputdaten. Funktionen haben Entscheidungskompetenz über den weiteren Ablauf, Ereignisse nicht. *Organisationseinheiten* führen Funktionen aus und benötigen dazu Zugriff auf Informationsobjekte. *Informationsobjekte*, auch Datencluster genannt, repräsentieren Elemente der realen Welt, zwischen denen wechselseitige Beziehungen bestehen, zum Beispiel einen Kundenauftrag oder Kundenstammdaten. *Anwendungssysteme* sind Datenbanken oder Anwendungsprogramme. Die Kanten des Graphen sind der Kontroll- und Informationsfluss sowie die Verknüpfungsoperatoren. Der *Kontroll- und Informationsfluss* dient zur Verbindung von Ereignissen und Funktionen. Über ihn werden Daten, Informationen, Aufgaben und Gegenstände weitergeleitet. Ebenso beschreibt er die Beziehungen zwischen den Knoten des Graphen.

Ein besonderes Notationselement der EPK sind Prozesswegweiser. Sie zeigen die Verbindung von einem oder zu einem anderen Prozess. Sie verweisen auf EPK, die entweder vor oder nach der aktuellen EPK ausgeführt werden. Dadurch können einzelne EPK, die Prozessabschnitte darstellen, logisch zu einem großen Ganzen verbunden werden, ohne dass das einzelne Modell zu groß und unübersichtlich wird.

Notation

Prozesswegweiser

Beispiel

Um das Modell überschaubar zu halten, modellieren wir nur den Fall, dass der Kunde anhand seiner Benutzerkarte und seines Passworts authentifiziert werden kann. Für den Fall einer falschen Eingabe verweist das Modell auf einen anderen Prozess.

Beispiel

Vor- und Nachteile

Die Ereignisgesteuerten Prozessketten sind eine sehr anschauliche Modellierungsnotation, die durch das ARIS-Toolset eine gute Toolunterstützung genießt. Umfangreiche Prozesse können mit EPK leicht als einzelne kleinere Prozessabschnitte dargestellt werden, die durch Prozesswegweiser verbunden werden. Dadurch lassen sich Modelle konsistent aufteilen. Die Integration mit einem weiteren, dem eher strukturorientierten ARIS-Diagramm, ist gut gelöst.

Vorteile

In der Anwendung haben Ereignisgesteuerte Prozessketten jedoch den Nachteil, dass komplexe Zusammenhänge und Prozessabfolgen unter Berücksichtigung der oftmals selbstverständlichen Ereignisse oft zu unüberschaubar großen Modellen oder, wenn

Nachteile

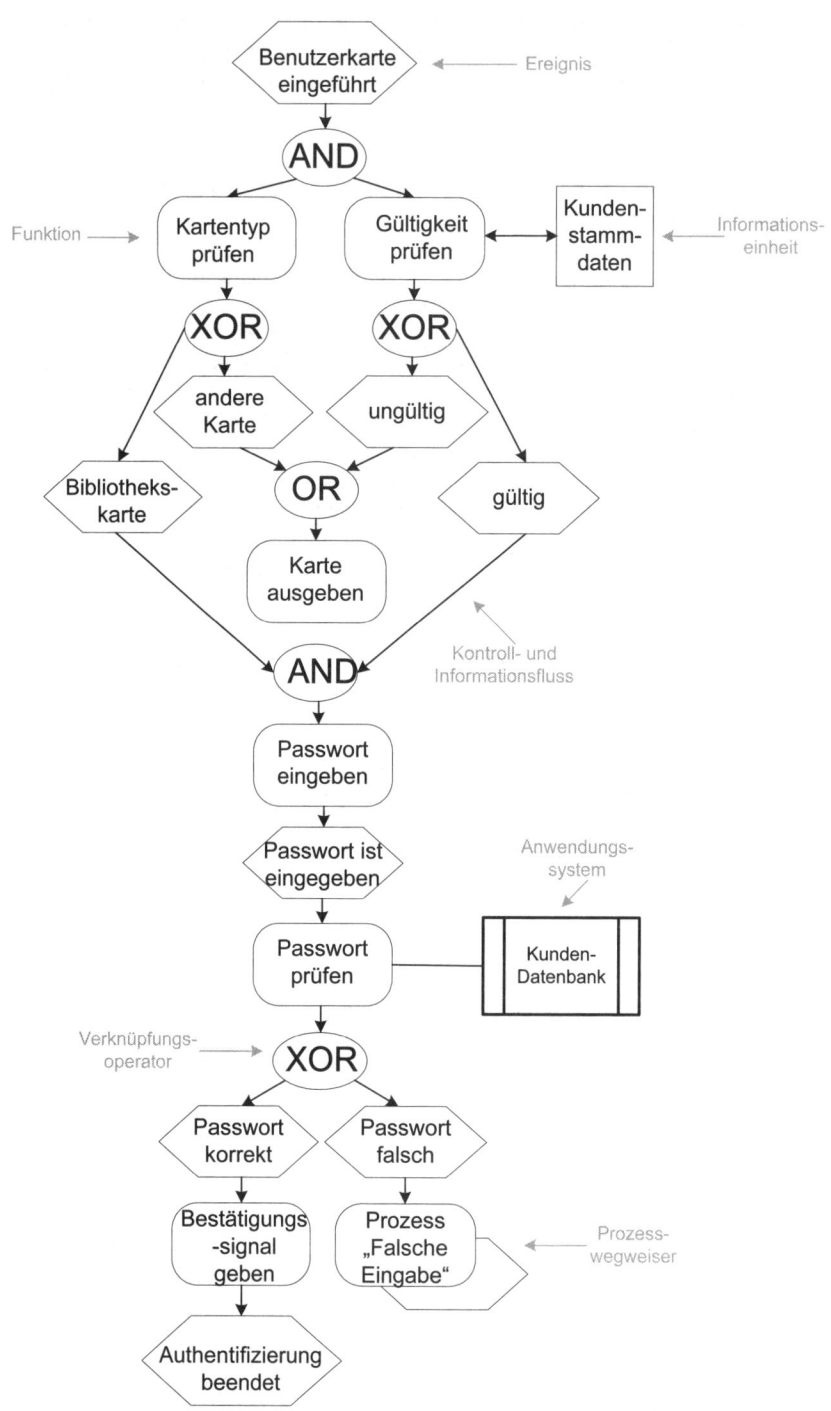

Abbildung 7.11: Beispiel eEPK – Notationselemente

sich die ordnende Funktion der Prozesswegweiser zu exzessiv eingesetzt wird, zu verwirrendem Puzzlewerk führen. Zudem kann nicht immer davon ausgegangen werden, dass alle Stakeholder mit der komplexen Notation vertraut sind und Ihre Modelle tatsächlich im Detail verstehen. Das Modellieren von Organisationseinheiten und Verantwortlichkeiten ist sehr umständlich und führt zu komplexen Diagrammen. Zudem haben EPK die Geschäftsprozesswelt im Visier und sind für die Modellierung technischer Abläufe nur zweite Wahl.

7.6   Der UML2-Zustandsautomat

Die UML2-Zustandsautomaten (präziser: StateCharts) basieren auf einer Arbeit von David Harel, der Mitte der 80er die allgemeinen Mealy- und Moore-Automaten kombinierte. Durch Anreicherung mit neuen Elementen konnte er die Erweiterten Endlichen Automaten definieren [Harel87]. Die Erweiterung war nötig, um z.B. komplexe Systeme überschaubar und vollständig auf einer detaillierten Ebene zu beschreiben.

Eine der herausragenden Eigenschaften der Harelschen Automaten besteht in der Möglichkeit, das Systemverhalten in immer kleinere, einfachere Teile zu zerlegen. Dies erleichtert die Entwicklung (kleine abgeschlossene Einheiten) ebenso wie das Testen (je kleiner die Testeinheit, desto geringer die zu berücksichtigenden In- und Output-Bedingungen). Die hier vorgestellten Zustandsautomaten erlauben Ihnen z.B. auch die Modellierung parallel ablaufender Zustandsautomaten. Gerade bei der Beschreibung von verteilten Systemen werden Sie diese Notationsmöglichkeit zu schätzen lernen.

Bei der Beschreibung des Verhaltens eines Systemteils durch Zustandsautomaten werden folgende vereinfachende Annahmen getroffen:

- Das System befindet sich zu einem bestimmten Zeitpunkt genau in einem Zustand.
- Der Übergang (Transition) von einem Zustand in den nächsten erfolgt ohne zeitliche Verzögerung.

Neben den UML2-Zustandsautomaten gibt es noch zahlreiche weitere Varianten von Zustandsautomaten, die z.B. durch Tools oder durch ihr Einsatzgebiet beeinflusst werden. Die Fähigkeiten variieren meist in der Möglichkeit zur Parallelisierung, der Ereignisverarbeitung (Reihenfolge- und Speicherung) und dem Ausführen von Aktionen und Operationen.

Notationselemente

Die Notationselemente zur Modellierung von Zustandsautomaten bestehen aus Zuständen, Transitionen, dem Zustandsautomaten an sich, Regionen, Start- und Endzuständen. Die wichtigsten Elemente wollen wir Ihnen kurz vorstellen.

Ein Rechteck mit abgerundeten Ecken symbolisiert einen *Zustand*. Zustände können interne Aktivitäten (z.B. Eintrittsaktivität) und ihre Auslöser enthalten.

Transitionen schaffen einen Übergang von einem zum nächsten Zustand. Dabei sollten sich zwei Transitionen, die denselben Ausgangszustand besitzen, durch verschie-

171

dene Trigger (Auslöser) oder, bei gleichem Trigger, durch verschiedene Guards (Bedingungen) unterscheiden. Transitionen werden durch eine durchgezogene, gerichtete und üblicherweise beschriftete Kante abgebildet.

Abbildung 7.12 zeigt Ihnen, wie der Teil des Authentifizieren unserer Bibliothek als Zustandsautomat aussehen könnte. Die Modellierung eines Systems durch Zustandsautomaten bietet noch viele weitere Möglichkeiten. Deshalb verweisen wir an dieser Stelle auf [Jeckle04].

Beispiel
Zustandsautomat

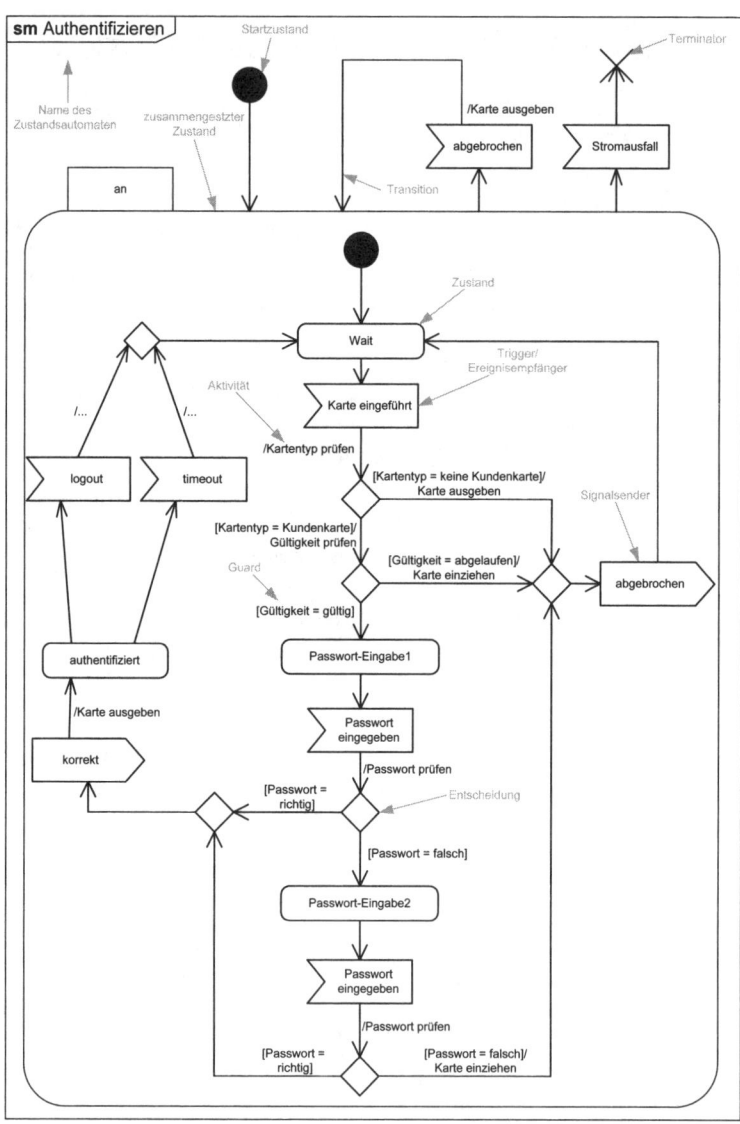

Abbildung 7.12: Zustandsautomat

172

Vor- und Nachteile

Mit Zustandsautomaten können Sie die Gesamtfunktionsweise Ihres Systems oder auch der einzelnen Komponenten verständlich abbilden. Der Fokus liegt hierbei auf der Abbildung asynchroner Ereignisse, welche von außen auf das (Teil-)System einwirken. Mittels der Zustandsautomaten können auch Klassen oder Komponenten, welche komplexes oder zustandsabhängiges Verhalten aufweisen, sehr gut im Detail modelliert und damit die Komplexität verständlich dokumentiert werden. Der Zustandsautomat lässt sehr viele Detailebenen zu und kann sowohl von Fachverantwortlichen, Endbenutzern und Entwicklern genutzt werden.

Vorteile

Zustandsautomaten werden nicht von jedem Stakeholder verstanden, da die Notation sehr komplex ist. Vor allem ab einer gewissen Detailebene sind sie meist sehr technisch orientiert und deswegen nicht ideal für jedermann. Da Zustandsautomaten teils für einzelne Klassen modelliert werden, kann der Zusammenhang zwischen den einzelnen Zustandsautomaten verloren gehen. Gute Zustandsmodellierung erfordert eine hohe Qualifikation vom Modellierer.

Nachteile

7.7 Der Programmablaufplan

Programmablaufpläne (PAP) sind weit verbreitete Hilfsmittel bei der Softwareentwicklung. Sie werden auch als Ablaufdiagramm, Flussdiagramm oder Blockdiagramm bezeichnet und sind in der DIN 66001 festgelegt. Darin sind die grafischen Notationselemente zur Darstellung des Ablaufes einer Programmstruktur vereinbart worden. PAP unterstützen, wie andere Dokumentationstechniken auch, ein Top-down-Vorgehen (siehe Kapitel 3 „Von der Idee zum System"), das heißt, die Komplexität eines Systems wird nach und nach zerlegt und die Vorgänge verfeinert.

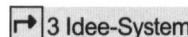 3 Idee-System

Notationselemente

Die Möglichkeiten zur ablauforientierten Dokumentation mit Hilfe von PAP sind sehr umfangreich. Deshalb wollen wir Ihnen zuerst ein mögliches Modell unseres Bibliothekssystems zeigen (Abbildung 7.13).

Auswahl von Notationselementen

Jeder PAP beginnt und endet mit einer Grenzstelle, die als Rechtecke mit abgerundeten Kanten dargestellt wird. Vergleichsoperatoren in Bedingungen (Verzweigungen) werden als Raute dargestellt. Mit ihrer Hilfe können aber auch Schleifen oder eine Auswahl dargestellt werden. Verweise auf die Dokumentation von Abläufen in einem anderen PAP, in unserem Beispiel das Aufrufen des Unterprogramms „Identifizieren", werden durch ein Rechteck mit zwei vertikalen Linien symbolisiert. Nach welchen Parametern das „Identifizieren" erfolgen soll, kann in einem Kommentar festgehalten werden. PAP bieten weiterhin die Möglichkeit, mit Verbindern zu arbeiten. Dadurch werden Verbindungslinien, die durch das gesamte Diagramm laufen würden, ersetzt und damit die Lesbarkeit verbessert. Ein- und Ausgabeoperationen werden durch ein Parallelogramm dargestellt. Ob es sich z.B. um eine manuelle oder maschinelle Ausgabe handelt, sollte durch die Beschriftung hervorgehen. Neben diesen Symbolen gibt es noch einige weitere Elemente des PAP. Dazu zählen das Symbol für Programmmodifikationen (z.B. die Einstellung von Parametern) oder ein Symbol für Operationen von Hand (z.B. der Eingriff des Bedieners bei einer Prozesssteuerung). Alle sonstigen Operationen (keine Ein-/Ausgabe, Programmmodifikationen oder Operationen von Hand) werden durch ein Rechteck symbolisiert. Dazu kommen Elemente zur Darstellung der Synchronisation bei Parallelbetrieb (Aufspaltung, Sammlung, Synchronisationsschnitt). Für weitere Details verweisen wir Sie auf die DIN 66001.

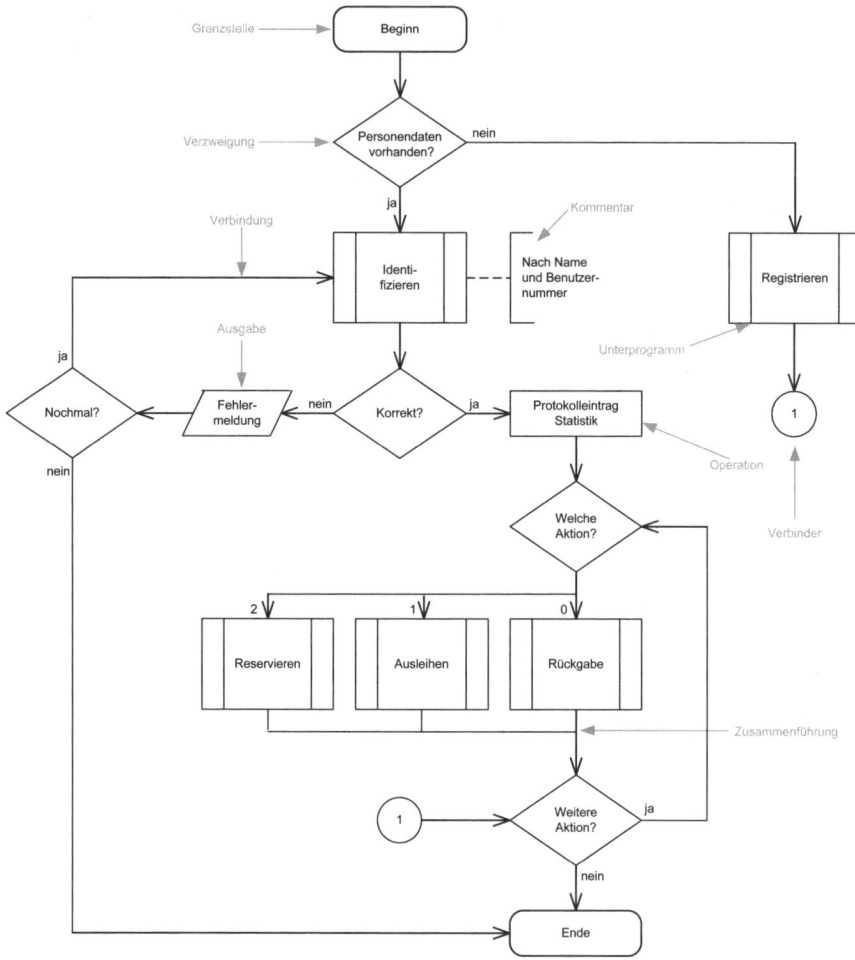

Abbildung 7.13: PAP – Notationselemente

Vor- und Nachteile

Vorteile

Die Darstellung von Abläufen mit Hilfe von PAP erleichtert Ihnen die übersichtliche Darstellung von Anweisungsteilen der Algorithmen, so dass sie gut lesbar sind. Dadurch sind sie für den Implementierer später leicht zu codieren. Zusätzlich sind Terminierung und Korrektheit leicht überprüfbar. Da jede Kontrollstruktur als Black-Box betrachtet werden kann, unterstützen PAP die Methodik der schrittweisen Verfeinerung.

174

Zwar scheinen Programmablaufpläne wegen ihrer grundsätzlich fehlenden Kontroll-strukturen zunächst besser dazu geeignet zu sein, Programme auf Assemblerebene abzubilden, als z.B. Struktogramme. Auch unterstützen sie gerade aufgrund dieser fehlenden Kontrollstrukturen den sog. Top-down-Entwurf, das heißt, die Arbeit an der Entwicklung einer Programmstruktur bereits in einem Stadium, wo die endgülti-ge Struktur noch nicht genau feststeht. Gerade dies ist aber bei nicht diszipliniertem Gebrauch von Programmablaufplänen auch ihr entscheidender Nachteil: Der Steuer-fluss kann beliebig kompliziert, insbesondere auch abweichend von den Regeln der strukturierten Programmierung formuliert werden. Die Verwendung der Pfeile zur Darstellung des Steuerflusses unterliegt keinerlei Einschränkungen. Sämtliche Ele-mentarstrukturen der strukturierten Programmierung – das heißt: Sequenz, Auswahl und Wiederholung – müssen eigens konstruiert werden. Dadurch wird der Steuer-fluss oftmals sehr unübersichtlich und damit schwer verifizierbar.

Nachteile

7.8   Das Petrinetz

Petrinetze (nach Prof. Carl Adam Petri, der 1962 in seiner Dissertation „Kommuni-kation mit Automaten" den Grundstein für diese Notation legte) werden heute viel-fältig zur Darstellung von nebenläufigen und verteilten Systemen herangezogen. Ne-benläufigkeit meint den parallelen Aufenthalt des Systems in mehreren Zuständen. In vielen anderen Notationen ist sie nicht vorgesehen und nur schwer zu modellieren, in Petrinetzen ist sie jedoch konzeptionelle Grundlage. Da sich Petrinetze gut zur Mo-dellierung und Simulation von komplexen Abläufen eignen, werden sie auch zur Darstellung von Workflows verwendet. Sowohl natürliche (z.B. der Workflow bei der Bearbeitung eines Kundenauftrags) als auch technische Prozesse (z.B. die Spezi-fikation des Verhaltens der Prozesssteuerung in der Automatisierungstechnik) kön-nen mit Petrinetzen dargestellt werden.

Anwendungs-bereich

Petrinetze eignen sich zur Dokumentation von Abläufen, die zeitlich parallel sein können, es aber nicht müssen. Über zeitliche Abläufe kann mit Petrinetzen keine Aussage getroffen werden.

Notation von Petrinetzen

Petrinetze (Abbildung 7.14) beschränken sich auf vier leicht verständliche Notations-elemente:

Notations-elemente

- *Stellen*, auch Plätze genannt, stellen Zustände dar, die für das Fortschreiten mit Token (s.u.) besetzt sein müssen oder während des Ablaufs erreicht werden kön-nen. Sie werden als Kreise notiert.
- *Transitionen* stellen Aktionen oder Ereignisse dar, für deren Ausführung oder Eintreten eine oder mehrere besetzte Stellen (Zustände) Voraussetzung sind, und nach deren Ausführung oder Eintreten bestimmte Zustände erreicht sind (Stellen besetzt werden). Transitionen werden als Rechtecke oder Balken notiert.
- *Flussrelationen*, auch Bögen oder Kanten genannt, stellen die Veränderung der Zu-stände eines Systems durch Transition dar. Dieser Vorgang wird auch Wirkung ge-nannt und als Pfeil notiert.

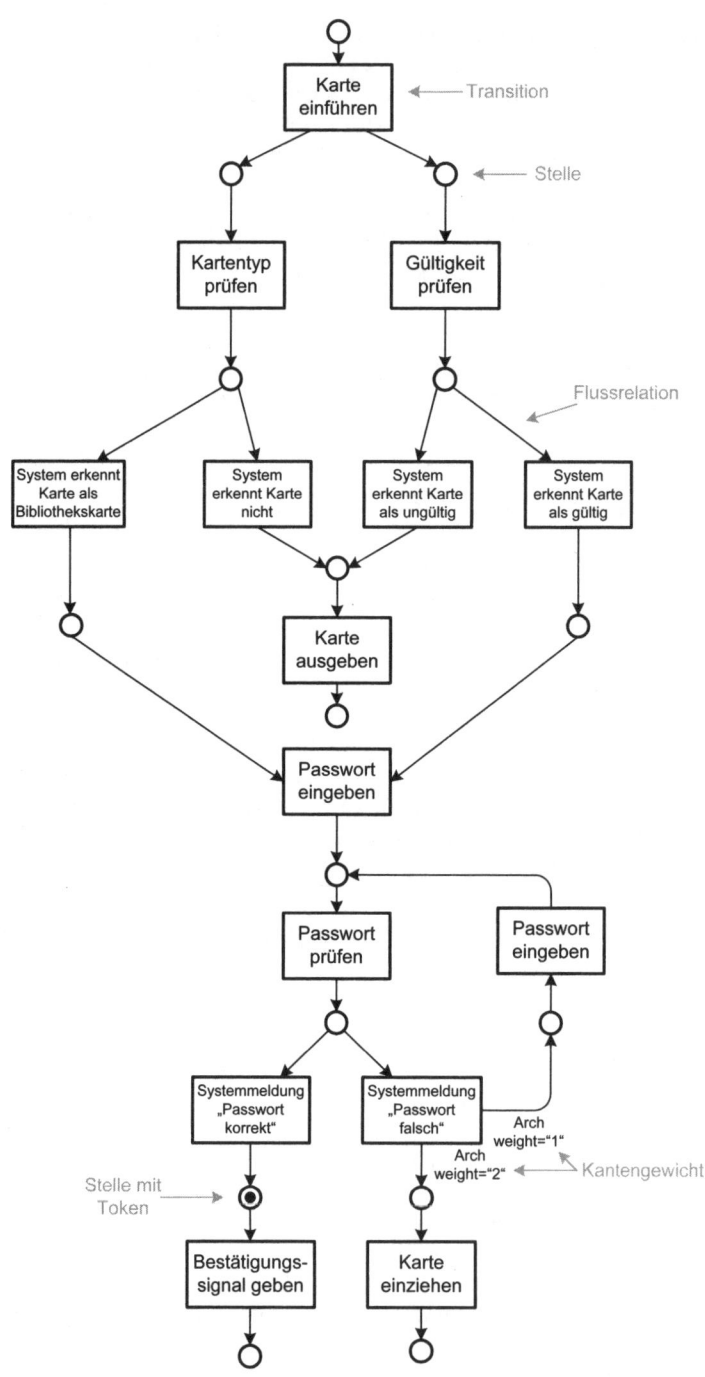

Abbildung 7.14: Petrinetz

- *Token*, auch Marken genannt, stellen Einheiten (Gegenstände, Informationen, Daten) dar, die im System weitergegeben werden können. Sie werden als fette Punkte notiert und befinden sich immer innerhalb einer Stelle. Eine Stelle darf durchaus mehrere Token gleichzeitig besitzen.

Ein Token kennzeichnet den aktuellen Ablaufpunkt. Eine Transition wird erst dann ausgeführt, wenn alle ihre Eingangsstellen mit mindestens einem Token besetzt sind. Nach dem Ausführen der Transition wird von jeder Eingangsstelle genau ein Token entfernt und jede Ausgangsstelle mit je einem Token besetzt.

Vor- und Nachteile

Petrinetze bestehen – im Vergleich zu anderen Techniken – aus sehr wenigen Notationselementen und stellen damit eine einfache und leichtverständliche Sprache dar. Erleichtert wird die Modellierung und Simulation zudem durch eine reichhaltige Auswahl von Tools für die verschiedensten Petrinetz-Klassen, die die Spezifikation, Simulation und Analyse von Petrinetzen unterstützen. Die Möglichkeit der Simulation des Prozessablaufs in einer Petrinetzspezifikation erlaubt die Validation bezüglich der Anforderungen des Systems. Dabei erlaubt die mathematische Fundierung der Petrinetztheorie formale Verifikation von Netzeigenschaften (z.B. durch Invarianten- oder Erreichbarkeitsanalyse).

Vorteile

Petrinetze sind jedoch in ihrer Ausdrucksfähigkeit relativ stark beschränkt. Zum Beispiel ist keine Aussage über zeitliches Verhalten möglich. Während Nebenläufigkeit sehr gut zu modellieren ist, können Entscheidungen („Entweder-oder"-Beziehungen) nur bedingt dargestellt werden. Zudem können Netze sehr schnell zu groß und unübersichtlich werden, da geeignete Operatoren fehlen, mit denen Netze zusammengesetzt werden können. Die Grundlagen der Modellierung mir Petrinetzen können von jedermann mit geringem Aufwand relativ schnell erlernt werden. Jedoch haben Nichtinformatiker/-mathematiker unter den Stakeholdern meist Probleme, Petrinetze tief greifend zu verstehen.

Nachteile

7.9   Szenarien

Szenarien sind Beschreibungen, die Situationen widerspiegeln, in denen Menschen Systeme nutzen. Die Beschreibung ist häufig idealisiert und episodenhaft. Szenarien spielen immer in einem klar definierten Kontext, der einleitend vorgestellt wird. Im Zentrum eines Szenarios steht generell mindestens eine handelnde Person, die ein Ziel anstrebt oder eine Aufgabe zu lösen hat. Vielfach wird allerdings von den Tätigkeiten einer konkreten Person abstrahiert und nur deren funktionale Rolle dargestellt. Szenarien beschreiben einen möglichen Handlungsstrang, der aus Sequenzen von Aktionen und Ereignissen besteht. Eine derartige Sequenz kann sowohl eine Normalsituation als auch eine Ausnahmesituation zum Inhalt haben. Die eingenommene Perspektive ist die des Anwenders mit seinen in der Situation relevanten Absichten. Diese werden wenn nötig um Hintergrundinformationen, wie individuelle Interessen und Vorwissen, ergänzt.

Beschreibung

Notation
Szenarien können mittels Freitext, strukturiertem Text oder Diagrammen notiert werden. Vorherrschend ist eine natürlichsprachliche Darstellung in strukturierter Form (Tabelle, Formular).

Beispiel
Unser Bibliotheksbeispiel zur „Authentifizierung" könnte als Szenario folgendermaßen lauten:

„Frau Meier kommt nach dem Einkaufen noch in die Bibliothek, um sich das Buch ,UML 2 glasklar' auszuleihen. Nachdem sie das Buch aus dem Regal geholt hat, geht sie an die Kundentheke. Dort führt sie ihre Kundenkarte in das Lesegerät ein und wartet auf die Reaktion des Systems. Dieses fragt ihr Passwort nach, welches sie unmittelbar daraufhin eingibt. Anschließend bestätigt ihr das System die korrekte Eingabe und bietet ihr in einem Auswahldialog neben anderen Menüpunkten die Ausleihfunktion an."

Vor- und Nachteile

Vorteile
Da Szenarien leicht verständlich sind, stellen sie eine gute Kommunikationsbasis zur Abstimmung zwischen Kunden/Nutzern und Entwicklern dar. Sie erleichtern so den Diskussions- und Abstimmungsprozess bei der Anforderungsanalyse. Dies ist vor allem für Systeme mit ausgeprägter Nutzerinteraktion von Vorteil. Szenarien bilden aufgrund ihrer vorwiegend textuellen Darstellungsform zudem eine ideale Basis für die Erstellung der Benutzer- und Systemdokumentation. Die Ausrichtung von Szenarien auf Nutzungssituationen qualifiziert sie in hohem Maß als Vorlage für die Ausarbeitung von Testszenarien.

Nachteile
Ein Nachteil stellt das häufige Fehlen klarer Einsatzrichtlinien dar. So kann man oft nicht auf methodisches Wissen zurückgreifen, wenn es darum geht zu entscheiden, wann welche Art von Szenario zu entwickeln ist, welches Abstraktionsniveau angemessen ist und wann sich der Einsatz von Szenarien noch lohnt. Ein weiterer Nachteil ist die Konsistenzsicherung der Szenarien mit anderen Arten der Spezifikation. Das Fehlen einer solchen Konsistenzsicherung führt dann häufig dazu, dass die während des Requirements Engineering erarbeiteten Szenarien nicht auch in späteren Phasen der Entwicklung genutzt werden. Siehe dazu auch [WEIDENHAUPT98].

7.10   Das UML2-Sequenzdiagramm

Definition
UML2-Sequenzdiagramme zeigen den Informationsaustausch zwischen beliebigen Kommunikationspartnern innerhalb eines Systems, zwischen System und Nutzer oder zwischen Systemen. Sie ermöglichen die Modellierung von festen Reihenfolgen, zeitlichen und logischen Ablaufbedingungen, Schleifen und Nebenläufigkeiten. Ein Sequenzdiagramm gibt Ihnen Antwort auf die Frage: „Wie und in welcher Reihenfolge läuft die Kommunikation zwischen Kommunikationspartnern ab?".

Immer dann, wenn zwei oder mehrere Einheiten, die eigenes Verhalten realisieren, miteinander kommunizieren, spricht man von Interaktion. Eine Interaktion definiert wiederum selbst eine spezielle Art von Verhalten.

Einsatz
In Sequenzdiagrammen lassen sich Interaktionen auf verschiedenen Abstraktionsebenen modellieren – ob Sie das Zusammenspiel der inneren Struktur einer Klasse, einer Komponente oder eines Systems visualisieren möchten, spielt letztlich für die

Wahl dieses Diagramms keine Rolle. Es ist zu jedem Zeitpunkt im Projekt sinnvoll nutzbar. Nutzen Sie das Sequenzdiagramm immer dann, wenn Sie eine Interaktion unter folgenden Randbedingungen darstellen möchten:

- Die Abfolge der Nachrichten ist wichtig.
- Die durch Nachrichten verursachten Zustandsübergänge sind kaum relevant.
- Die Interaktionen sind kompliziert und müssen stark gesteuert werden.
- Die technische Verbindung zwischen den Kommunikationspartnern ist uninteressant.
- Sie möchten Ablaufdetails zeigen.

Notation

Die Grundelemente einer Interaktion sind die Kommunikationspartner, die durch *Lebenslinien* repräsentiert sind, und *Nachrichten*, die von einem Kommunikationspartner, dem Sender, zu einem oder mehreren Empfängern geschickt werden.

Notation

Stellen Sie sich dabei unter einer Nachricht zum Beispiel Folgendes vor:

Definition „Nachricht"

- der Aufruf einer Operation (bei einer Klasse);
- die Rückantwort als Ergebnis einer Operationsabarbeitung;
- ein Signal (z.B. zur Übertragung eines Zeitereignisses);
- ein logisches, analytisches Ereignis (wie: Käufer unterschreibt Vertrag);
- das Setzen einer Variablen mit einem Wert.

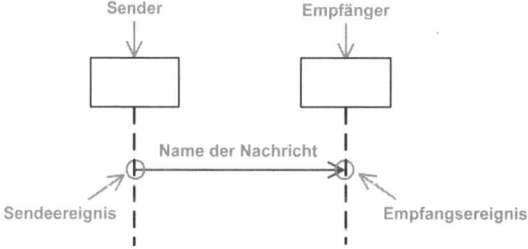

Abbildung 7.15: Grundprinzip einer Interaktion, hier in Sequenzdiagrammform

Beim Versenden der Nachricht treten mindestens zwei Ereignisse auf: ein *Sendeereignis beim Sender* als Auslöser der Nachricht und ein *Empfangsereignis beim Empfänger* zeitgleich mit dem Eintreffen der Nachricht.

Wir verdeutlichen den Einsatz der Notationselemente anhand unseres Bibliotheksbeispiels:

Beispiel

Eine *Lebenslinie* eines Kommunikationspartners wird im Sequenzdiagramm (Abbildung 7.16) als rechteckiger unausgefüllter Kasten mit angeschlossener Linie dargestellt. Die üblicherweise gestrichelte Linie repräsentiert die Lebenszeit eines Kommunikationspartners.

Lebenslinie

Aktionssequenzen stellen Tätigkeiten dar, die ein Kommunikationspartner während seiner Existenz neben dem Senden und Empfangen von Nachrichten ausführt (z.B. das Suchen und Prüfen der Benutzerdaten in der Datenbank).

Aktionssequenz

179

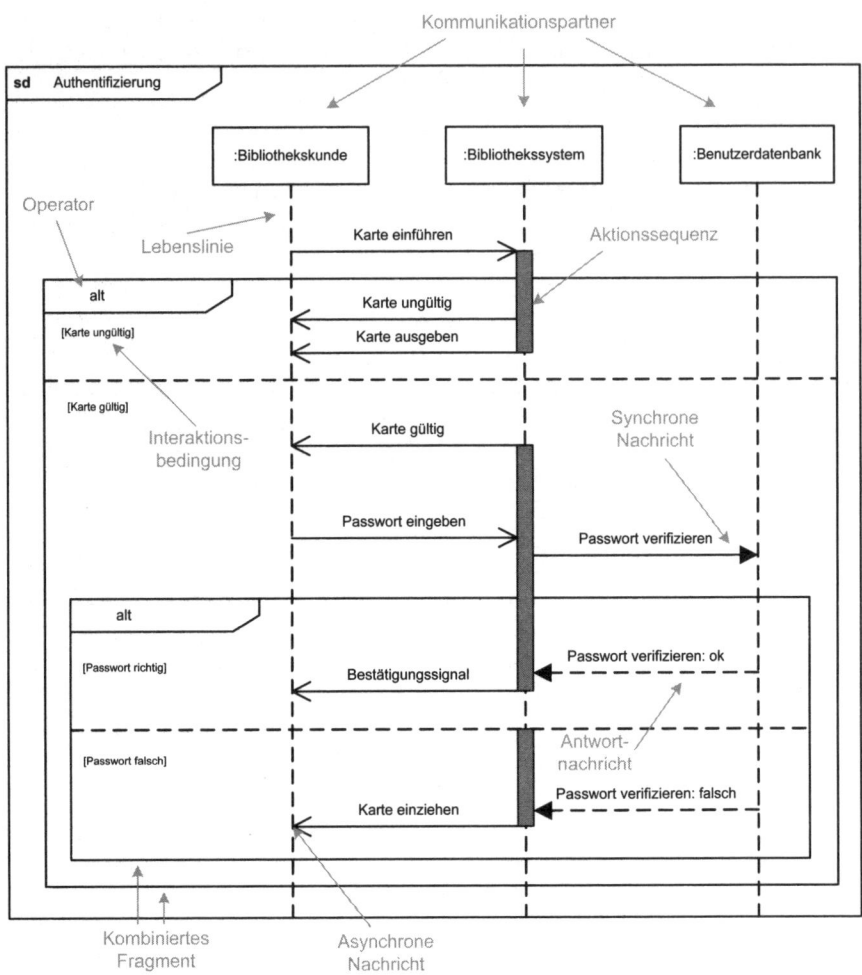

Abbildung 7.16: Sequenzdiagramm des Bibliotheksbeispiels

Nachricht

Eine *Nachricht* repräsentiert den Informationsfluss zwischen Kommunikationspartnern in einer Interaktion. Die Nachrichten werden als Pfeile zwischen den Lebenslinien der kommunizierenden Interaktionsteilnehmer – immer *vom Sender zum Empfänger* – dargestellt. Sie müssen sich bei der Modellierung einer Nachricht auf eine synchrone oder asynchrone Kommunikationsart festlegen. Bei der *synchronen Kommunikation (ausgefüllte Pfeilspitze)* wartet der Sender, bis das initiierte Verhalten beim Empfänger beendet wurde. Der Sender erhält daraufhin eine Antwortnachricht vom Empfänger und setzt erst dann seine Abarbeitung fort. Bei der *asynchronen Kommunikation (offene Pfeilspitze)* wartet der Sender nicht auf eine Antwort des Empfängers, sondern setzt unmittelbar nach dem Sendeereignis seine Abarbeitung (nebenläufig) fort.

Kombinierte
Fragmente

Kombinierte Fragmente bieten eine Fülle von Steuerungsmöglichkeiten für den Kontrollfluss. Je nach verwendeter Art ist es möglich, alternative oder parallele Abläufe zu modellieren, die Reihenfolge der verschiedenen Ereignisse in den Fragmenten zu beeinflussen, Nachrichtenfolgen zu wiederholen oder auch ungültige Abläufe hervorzuheben.

Für die präzise Semantik und weitere Notationsdetails sei an dieser Stelle wieder auf [Jeckle04] verwiesen.

Vor- und Nachteile

Das Sequenzdiagramm ist ein Interaktionsdiagramm und eignet sich, wie der Name schon sagt, besonders gut zur Darstellung sequenzieller Kommunikation zwischen Kommunikationspartnern (siehe auch Kontextabgrenzung im Kapitel 5 „Stakeholder, Ziele und der Systemkontext"). Dabei lässt sich die zeitliche Abfolge besonders intuitiv (von oben nach unten, in Leserichtung) modellieren. Sie können das Sequenzdiagramm auf beinahe allen Spezifikationslevels einsetzen und so generisch oder detailliert wie gewünscht modellieren. Neben dem Kommunikationsprotokoll (wann fließen welche Daten unter welcher Bedingung) zeigt ein Sequenzdiagramm auch noch die Verantwortlichkeiten der beteiligten Kommunikationspartner (wer sendet, wer empfängt, wie wird auf eine Nachricht reagiert).

Zwar können Aktionen bedingt dargestellt werden, aber insgesamt ist das Sequenzdiagramm nicht geeignet, um allgemeine Abläufe und Aktionen zu modellieren. Beziehungen zwischen den Interaktionspartnern, die nichts mit der Kommunikation direkt zu tun haben, können mit dem Sequenzdiagramm nicht ausreichend modelliert werden. Zudem muss auch bei diesem semiformalen Diagramm die Notation genauestens beachtet werden, damit keine Missverständnisse zwischen Stakeholdern auftauchen (z.B. Unterscheidung von synchronen und asynchronen Nachrichten anhand der Pfeilspitze). Es ist somit einiges an Erfahrung und Notationssicherheit nötig, um Sequenzdiagramme im Detail zu verstehen. Zwar mit der UML 2 entschärft, aber dennoch ein Problem: Sequenzdiagramme neigen zu ausufernder Größe, bereits kleine Kommunikationsabläufe führen zu großen, unüberschaubaren Diagrammen. Durch spezielle Zerlegungsmöglichkeiten mit Konsistenzregeln kann dem seit Version 2.0 der UML entgegengewirkt werden. Sequenzdiagramme sind weiterhin sehr aufwändig zu modellieren und werden daher meist nur für komplexe Szenarien verwendet.

Vorteile

 5 Ziele

Nachteile

7.11 Die Specification and Description Language (SDL)

Die „Specification and Description Language", kurz SDL, ist eine formale, ereignisorientierte und, in den neueren Versionen ab 1992, objektorientierte Dokumentationsmethode, die 1972 von der International Telecommunications Union (ITU) entwickelt wurde. Seit damals ist sie mehrfach überarbeitet worden. Die SDL wurde verfasst, um Spezifikationen für komplexe, ereignisgesteuerte Echtzeit- oder interaktive Applikationen zu erstellen, in denen parallele Aktivitäten ablaufen und die über Signale/Ereignisse kommunizieren. Die SDL ist ähnlich wie ARIS oder die UML als eine Sammlung von Diagrammtypen zu sehen. Sie setzt sich aus zwei äquivalenten Notationsformen zusammen. So wird die graphische Notation (SDL-GR) durch die textuelle Notation (SDL-PR) ergänzt.

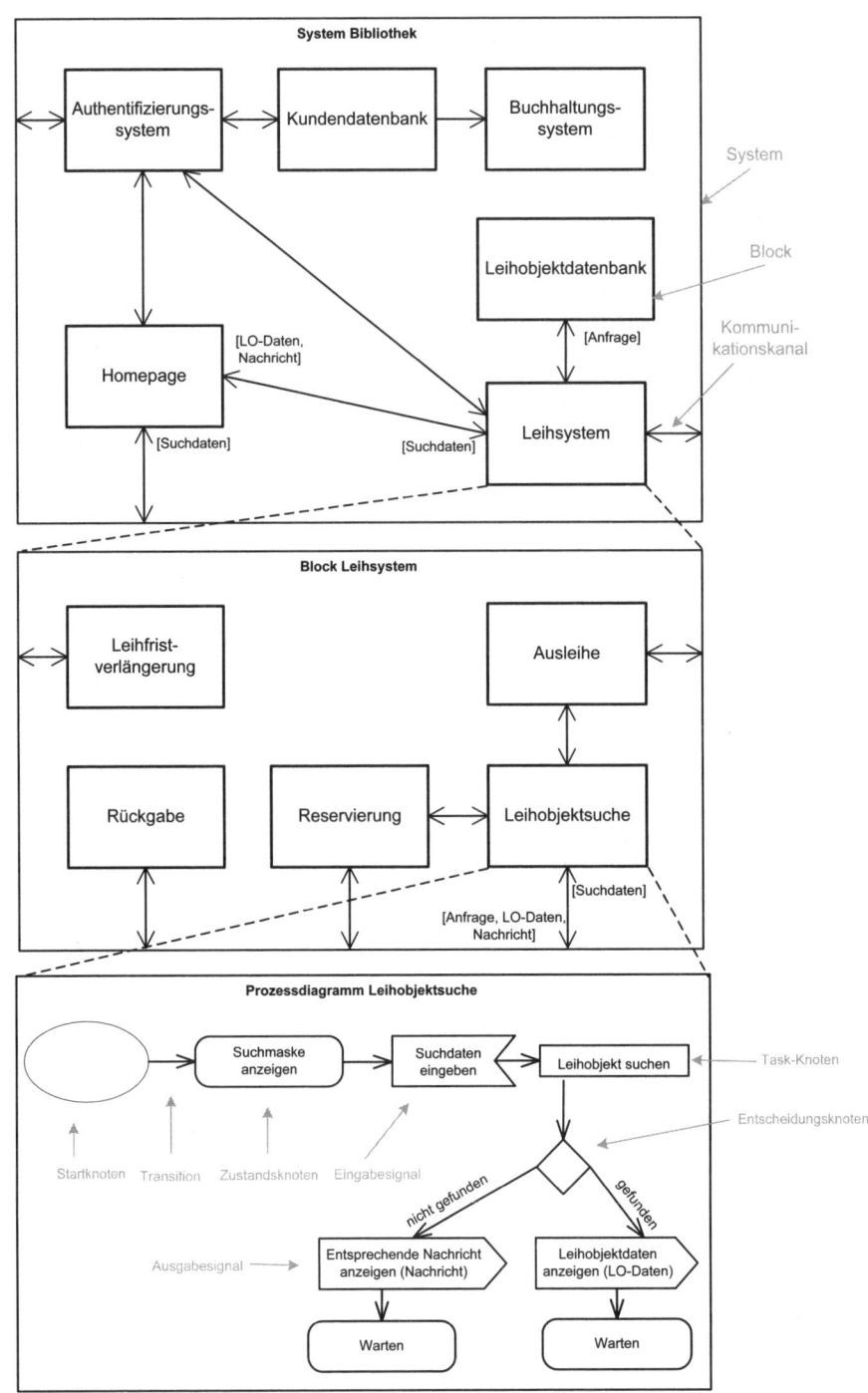

Abbildung 7.17: Diagrammzusammenhang in der SDL-Notation

Mit der SDL lassen sich Systeme in Untersysteme, Blöcke und Prozesse zerlegen und in entsprechenden Sichten darstellen. Dabei wird die Darstellung von Ebene zu Ebene immer weiter verfeinert. Diese hierarchische Einteilung erleichtert die schrittweise Zerlegung eines komplexen Systems (top-down). Ein System, als höchste Ebene, enthält einen oder mehrere Blöcke und die Schnittstellen zur Umgebung. Jeder Block kann seinerseits weitere abgeschlossene Blöcke enthalten. Die einzelnen Blöcke bestehen auf der untersten Ebene aus Prozessen. Zwischen Blöcken laufen Kommunikationskanäle, über die die Blöcke Signale austauschen. Die Signalflussrichtung wird durch Richtungspfeile angegeben, die bi- oder unidirektional sein können. Sowohl zeitverzögerte als auch verzögerungslose Kommunikation kann dargestellt werden.

> Notation

Das in der SDL umgesetzte objektorientierte Konzept der Generalisierung/Spezialisierung erleichtert die Strukturierung und Wiederverwendung. Das Konzept basiert auf der Deklaration von Typen. Die Deklaration kann dabei entweder direkt innerhalb eines Blockes oder auf Systemebene erfolgen. Es besteht sogar die Möglichkeit, die Deklaration komplett aus dem System auszulagern, so dass sie von anderen Systemen benutzt werden können.

Mit SDL werden oft zwei weitere Notationen verbunden, die aber im Grunde eigenständige Techniken darstellen.

Die Message Sequence Charts (MSC) sind vergleichbar mit den aus der UML 2.0 bekannten Sequenzdiagrammen. Sie können mit einem MSC entweder den Nachrichtenaustausch zwischen Prozessen modellieren oder sich durch die Ausführung eines Prototyps solche MSC erzeugen lassen. Diese erzeugten MSCs können zur Überprüfung des Systems auf Protokollebene genutzt werden.

Den engen Zusammenhang zwischen der Analyse und dem Test eines Systems spiegelt auch der enge Zusammenhang zwischen SDL und der Notation TTCN wider. TTCN bietet Ihnen die Möglichkeit, in sehr strukturierter Weise Testfälle für Ihr System zu schreiben. Auch hier hilft die saubere Definition von SDL: Aus dem SDL-Modell können Testfälle generiert werden, gegen die das spätere Produkt getestet werden kann [Sak04].

Vor- und Nachteile

Die größte Stärke der SDL liegt wohl in der Spezifikation von Echtzeit- und heterogenen Systemen. Sie bietet die Möglichkeit, Timer einzusetzen und Nebenläufigkeiten anschaulich darzustellen. Dabei verhelfen die sich ergänzenden Darstellungen (textuell und grafisch) zu größerer Eindeutigkeit und Klarheit. Die SDL bietet Möglichkeiten zur Abdeckung vieler Entwicklungsaspekte, von der Anforderungserhebung bis hin zur Implementierung. Bei ausreichendem Detaillierungsgrad kann sogar direkt Code generiert werden. Ein weiterer Punkt, der für die SDL spricht, ist die Kombination von Verhaltensspezifikation und Systemstrukturierung ohne Methodenbruch, da auf den abstrakten Ebenen eine rein statische Sicht auf das System wiedergegeben wird, während auf der konkreten, detailreichen Ebene, der Prozessebene, das dynamische Verhalten des Systems abgebildet wird.

> Vorteile

Jedoch ist die Notation wegen des gesamten Leistungsspektrums der Methode und wegen einer Reihe spezieller Symbole relativ umfangreich. Elementares ist noch gut erlernbar; ein tiefgreifendes Verständnis aller Notationsdetails erfordert jedoch viel

> Nachteile

Erfahrung. SDL-Spezifikationen werden auf der Prozessebene sehr schnell groß und unübersichtlich. Vor allem bei der Manipulation von Daten wächst ihr Umfang erheblich an. Des Weiteren ist hier ein Top-down-Vorgehen fast zwingend notwendig.

7.12 Entity-Relationship-Modellierung/ER-Diagramm

Die Historie

Die Entity-Relationship-Modellierung wurde entwickelt, um die Datensicht von Netzwerk- und Relationsmodellen auf Basis des relationalen Datenbankmodells zu vereinheitlichen. Zur Visualisierung steht eine standardisierte graphische Notation in Form des Entity-Relationship-Diagramms zur Verfügung, die im Laufe der Zeit mehrfach überarbeitet und ergänzt wurde. Man könnte das Modell als die „Wurzel" aller statischen daten- und objektorientierten Modellierungsansätze bezeichnen. Neben seiner weiten Verbreitung in der Planung von Datenbanken hat es auch beim Software-Engineering eine große Bedeutung erlangt. ERM beschreibt ein Systemmodell mit Hilfe von Entitäten und Relationen (engl.:„entities", „relationships"). Das ERM modelliert ausschließlich den strukturellen Aspekt eines Systemmodells (z.B. Daten, Informationseinheiten, Glossarbegriffe); Verhaltens- und Funktionsbeschreibungen sind nicht darstellbar.

Die Notationselemente der ER-Modellierung

Entitäten, Entitäten-Typen

Entitäten sind eindeutig identifizierbare Gegenstände der realen (z.B. Bücher) oder imaginären (z.B. Reservierung) Welt. Diese Entitäten werden durch die Einführung von verschiedenen Entitäten-Typen klassifiziert und im ER-Diagramm durch Rechtecke dargestellt.

Relations-Typ

Entitäten-Typen werden durch Beziehungen (Relationen) miteinander verknüpft. Z.B. ist der Entitäten-Typ „Entleiher" mit dem Entitäten-Typ „Leihobjekt" über die Beziehung „reservieren" verknüpft (siehe Abbildung 7.18). Die Beziehung „reservieren" besitzt ebenfalls einen Typ, den man als Relations-Typen bezeichnet, der im ER-Diagramm als Raute dargestellt wird.

Beziehungen eines Entitäten-Typs zu sich selbst (z.B. zur Bildung von Hierarchien) sind ebenfalls zulässig. Je nach Anzahl der beteiligten Entitäten-Typen werden Beziehungen als 1-, 2- oder n-stellige Beziehungen klassifiziert.

Attribute

Entitäten-Typen und Relations-Typen können Eigenschaften besitzen, welche in Form von Attributen beschrieben werden. Unterschieden werden Schlüsselattribute, die ein Objekt eindeutig identifizieren, und Nichtschlüsselattribute, die der Beschreibung zusätzlicher Eigenschaften eines Objektes dienen. Attribute werden durch Ovale symbolisiert, die mit dem dazugehörigen Entitäten-Typ verbunden sind. Handelt es sich um ein Schlüsselattribut, so wird es unterstrichen.

Erweiterte ER-Diagramme

Aufgrund der beschränkten Modellierungsmöglichkeiten wurde das „Basis-ER-Diagramm" im Laufe der Zeit durch weitere Notationselemente ergänzt.

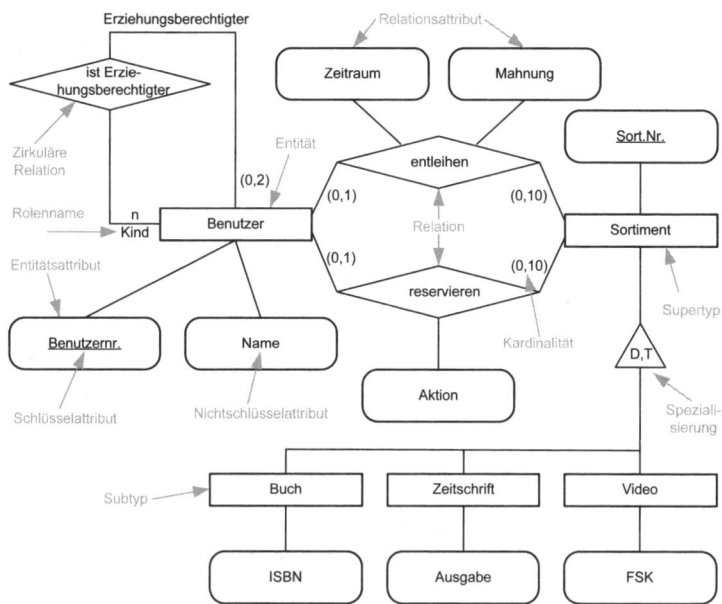

Abbildung 7.18: Entity-Relationship-Modell

Im „Basis-ER-Diagramm" konnten keine quantitativen Aussagen getroffen werden. Die Quantifizierung der Anzahl der an einer Beziehung beteiligten Elemente jedes Entitäten-Typs ist im erweiterten ER-Diagramm über die Angabe von „Kardinalitäten" möglich. Das erweiterte ER-Diagramm unterscheidet zwischen 1:1, 1:n, n:1 und n:m Kardinalitäten. Ob und wie oft ein Entitäten-Typ an einer Beziehung beteiligt ist, kann durch die (min,max)-Notation ausgedrückt werden. Eine Minimalkardinalität von 0 drückt die Möglichkeit einer Beziehung aus. Eine Minimalkardinalität von 1 oder mehr repräsentiert hingegen eine Notwendigkeit.

Kardinalitäten und Partizipationen

Die Möglichkeit, Generalisierungen und Spezialisierungen im ERM abzubilden, wurde ergänzt, um eine übersichtliche und natürliche Strukturierung der Entitytypen zu erzielen. Dabei werden gemeinsame Attribute einem gemeinsamen Supertyp zugeordnet. Dieser Vorgang wird als Generalisierung bezeichnet und durch ein Dreieck abgebildet. Die Umkehrung der Generalisierung heißt Spezialisierung. Die Eigenschaften und Beziehungen des Supertypen werden an die Subtypen vererbt.

Generalisierung, Spezialisierung

Vor- und Nachteile

Die Verwendung des ERM in Ihrem Projekt bietet Ihnen einige Vorteile. Die relativ einfache Notation ist schnell zu erlernen und auch für Nichtinformatiker schnell zu verstehen. So schaffen Sie eine geeignete Kommunikationsbasis und ein einfaches Kommunikationsmedium. Das ERM unterstützt Sie bei der Zerlegung von komplexen Hierarchien und Strukturen und trägt so zur Verständlichkeit bei. Ein weiterer Pluspunkt liegt in der großen Akzeptanz der ERM. ER-Diagramme eignen sich in der Analyse insbesondere für den Aufbau von Glossaren, für Definitionen oder um Begriffe zu ordnen.

Vorteile

Nachteile	Da die Motivation für die ERM in der klassischen Beschreibung von relationalen Datenbanken anzusiedeln ist, ergeben sich auch einige Nachteile. So erlaubt das ERM keine Beschreibung von Funktionen, Verhaltensweisen oder Kontrollstrukturen. Eine Ergänzung mit anderen Notationen ist daher immer notwendig.

7.13   Das UML2-Klassendiagramm

Das Konzept	Das UML2-Klassendiagramm gibt Ihnen die Möglichkeit, die Struktur des zu entwerfenden oder abzubildenden Systems darzustellen. Es zeigt dessen wesentliche statische Eigenschaften sowie ihre Beziehungen zueinander und versammelt die grundlegenden Modellierungskonstrukte der UML. Ein Klassendiagramm gibt Ihnen die Antwort auf die Frage: „Wie sind Daten und Verhalten meines Systems im Detail strukturiert?"

Notationselemente

Ein Klassendiagramm enthält vor allem folgende Elemente:

- Klassen,
- Attribute,
- Operationen,
- Assoziationen (mit den Sonderformen Aggregation und Komposition).

Klassen und Objekte	*Klassen* (engl. Class) sind das zentrale Element von Klassendiagrammen. Eine Klasse beschreibt eine Menge von Objekten mit gemeinsamer Semantik, gemeinsamen Eigenschaften und gemeinsamem Verhalten. Reale Ausprägungen einer Klasse heißen *Objekte* und stellen z.B. reale Dinge wie beispielsweise ein bestimmtes Buch im Regal dar. Die Klasse beschreibt, welche Informationen für ein Objekt definiert sind. Wie in erweiterten ER-Diagrammen sind *Generalisierungsbeziehung* zwischen Klassen darstellbar. Klassen liefern in ihrer Zusammenschau eine „Makrosicht" auf das mit Hilfe der UML abgebildete System. Aus Sicht der im System zu verwaltenden Daten dienen sie der Bildung von Sinnzusammenhängen. So grenzt die Klassenbildung Daten unterschiedlicher Zugehörigkeit im System gegeneinander ab und kann daher beispielsweise als Glossar für Fachbegriffe verwandt werden.
Attribute	Die innerhalb von Klassen organisierten *Attribute* beschreiben die Informationen zu den Objekten (z.B. ISBN eines Buchs). Sie vermitteln eine „Mikrosicht" auf die im System verwalteten Gesamtdaten.
Operationen	Eine *Operation* einer Klasse beschreibt das Verhalten der Objekte. Beispielsweise kann ein Buch verliehen oder ausgemustert werden. Für diese Vorgänge definiert die Operation die dabei zu erledigenden Aufgaben.
Assoziation	Eine *Assoziation* beschreibt Beziehungen zwischen Klassen und wird durch eine durchgezogene Linie dargestellt, die die teilnehmenden Klassen verbindet. Diese kann sowohl durch textuelle Angaben als auch durch grafische Symbole weiter konkretisiert werden, im Wesentlichen mit Angaben, die wir beim ER-Diagramm bereits diskutiert haben. Assoziationen dürfen durch beliebigen Text benannt sein, der ihre Bedeutung ausdrückt. Spezielle Assoziationen sind die *Aggregation* und *Komposition*, die „Teile-Ganzes-Beziehungen" beschreiben.

186

Beispiel

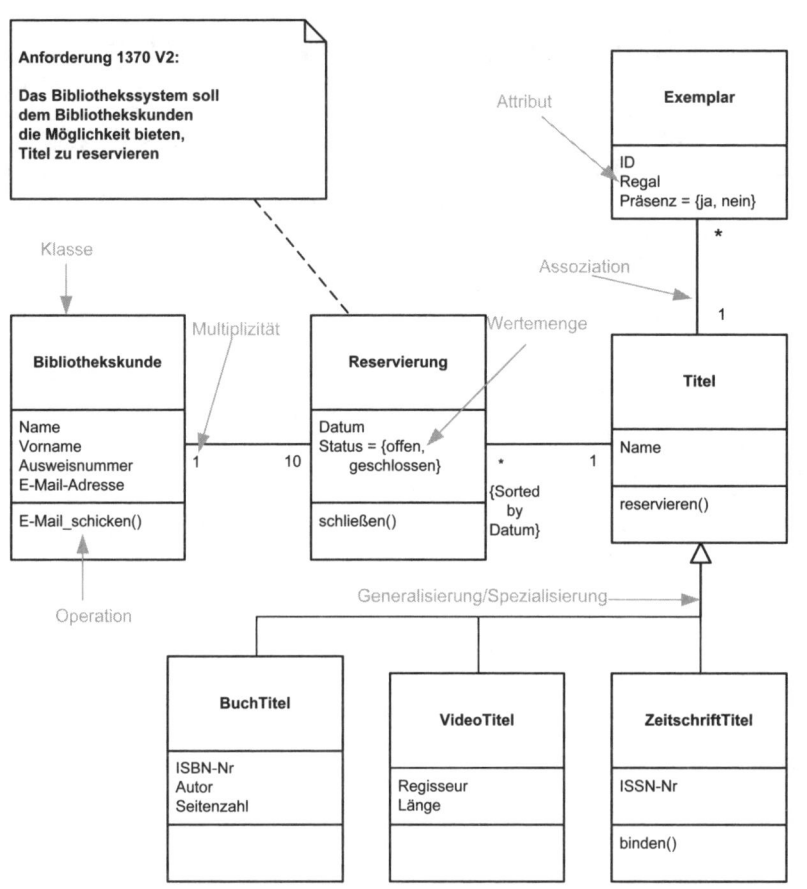

Abbildung 7.19: Klassendiagramm

Vor- und Nachteile

Klassendiagramme können in allen Granularitätsebenen zur Anforderungsnotation eingesetzt werden. Es können grundlegende Begriffsmodelle erstellt werden. Klassendiagramme können aber auch sehr implementierungsnah sein. Mit dem richtigen Software-Tool lässt sich aus einem Klassendiagramm dann direkt der entsprechende Programmcode erzeugen. Als Teil der UML erfreuen sich Klassendiagramme zudem einer großen Bekanntheit und Akzeptanz. Sie können damit auch vollständig die Information eines ER-Diagramms und vieles mehr abbilden.

Vorteile

Klassendiagramme sind jedoch eines der kompliziertesten Diagramme der UML, und Stakeholder ohne Grundkenntnisse des objektorientierten Gedankens werden mit ihnen nur wenig anfangen können. Für diese Gruppe reichen ER-Diagramme aus. Oder sie sollten die Diagramme als reines Begriffsmodell interpretieren.

Nachteile

7.14   Das UML2-Objektdiagramm

Konzept

Das Objektdiagramm der UML eröffnet Ihnen die Möglichkeit, die realen Ausprägungen von Klassen, Assoziationen und Attributen zu modellieren. Ein Objektdiagramm gibt Ihnen somit die Antwort auf die Frage „Wie sieht ein Schnappschuss meines Systems zur Ausführungszeit aus?". Das Objektdiagramm stellt Ihr System in einer Art „Momentaufnahme" dar. Es beschreibt die Ausprägungen innerhalb eines Systems, entweder ganz oder in Teilen, die zu diesem Zeitpunkt von Interesse sind. Am häufigsten wird es dafür verwendet, Ausprägungen von Klassen, deren Attribute und Beziehungen zu beschreiben.

Damit stellt es keine Alternative zu den im Klassendiagramm gezeigten Strukturen eines Systems dar, sondern bildet als Variante des Klassendiagramms eine Teilsicht darauf ab. Die UML kennt dabei drei Arten von Ausprägungen:[2]

■ das Objekt als Ausprägung einer Klasse,

■ den Link als Ausprägung einer Assoziation und

■ den Wert eines Attributs oder einfachen Objekts (d.h. eines Objekts, welches nur genau einen Wert enthält).

Notation

Das Objekt

Ein *Objekt* wird mittels eines Rechtecks dargestellt. Die Bezeichung des Objektes setzt sich dabei zusammen aus dem optionalen Objektnamen, gefolgt von den durch einen Doppelpunkt abgesetzten Klassennamen. Die gesamte Objektbezeichnung wird unterstrichen.

Der Link

Der *Link* stellt eine Ausprägung der Assoziation dar. Die Notation eines Links ist angelehnt an die der Assoziation. Ein Link verbindet Objekte miteinander. Kardinalitäten werden normalerweise nicht angetragen.

Die Werte

Im Objektdiagramm ist es möglich, *Werte* einer Ausprägung zu modellieren. Es handelt sich hierbei beispielsweise um Werte von Attributen einer Klasse. Bei der Modellierung müssen nicht zwingend alle Werte einer Ausprägung angegeben werden, es ist auch eine teilweise Spezifizierung erlaubt. Ein Wert wird typischerweise durch ein Gleichheitszeichen abgetrennt und nach dem Namen notiert.

Beispiel

Abbildung 7.20 zeigt ein Beispiel eines Objektdiagramms für das Bibliothekssystem.

Vor- und Nachteile

Vorteile

Objektdiagramme veranschaulichen komplizierte strukturelle Zusammenhänge beispielhaft und sind dadurch für viele Stakeholder leicht und intuitiv verständlich. Mittels Objektdiagrammen lassen sich Mengenverhältnisse und rekursive Beziehungen zwischen Klassen besonders gut darstellen. Sie sind zwingend nötig, um eine bestimmte Grundkonfiguration abzubilden oder um Testdaten zu modellieren.

---

[2] Nebenbei: In der UML gibt es streng genommen kein reines Objektdiagramm, denn viele Diagramme (z.B. Sequenzdiagramm, Verteilungsdiagramm) können auf Instanzebene als so genanntes Instanzdiagramm modelliert werden. Das Objektdiagramm bildet dabei eben das Instanzdiagramm des Klassendiagramms.

188

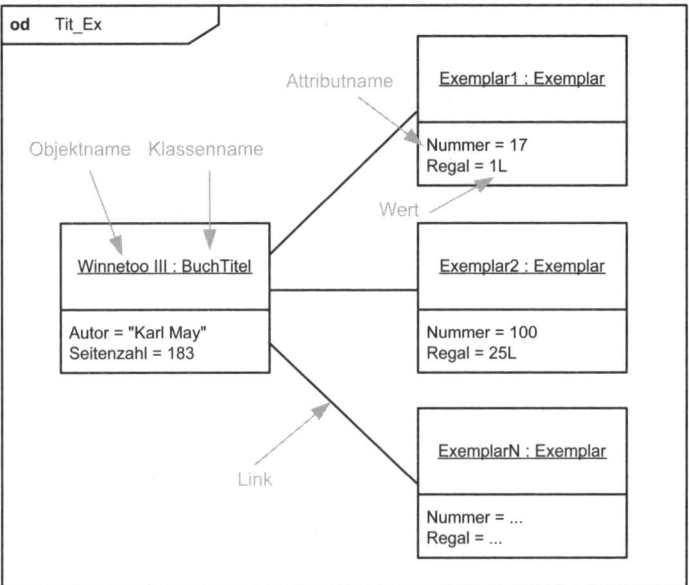

Abbildung 7.20: Objektdiagramm

Objektdiagramme sind von ihrer Natur her unvollständig und können nur beispielhaft verwendet werden. Sie werden in aller Regel sehr selten und nur bei komplizierten Strukturen modelliert, da in aller Regel das zugehörige Klassendiagramm ausreichen sollte. Zudem erfordern sie Kenntnisse in Objektorientierung, ohne die das Verstehen dieser Modellierungstechnik nicht möglich ist.

Nachteile

7.15 Oberflächenmodelle und -dialoge

Oberflächenmodelle und -dialoge (siehe Kapitel 14.5), auch Simulationsmodelle oder Prototypen genannt, werden im Kapitel 3 „Von der Idee zum System" als ein Teil der Vorgehensweise Object Engineering vorgestellt. Sie stellen eine weitere wichtige Dokumentationstechnik dar.

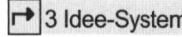 3 Idee-System

7.16 Entscheidungstabellen

Eine Entscheidungstabelle ist eine Art der Notation, um umfangreiche Bedingungen und Bedingungskombinationen strukturiert darzustellen. Lesen Sie dazu mehr im Kapitel 12 „Abnahmekriterien".

 12 AK

7.17 Natürlichsprachliche Anforderungen

Eine natürlichsprachliche Anforderung beziehungsweise Prosa ist wohl die am häufigsten genutzte Dokumentationstechnik überhaupt. Sie ist unendlich vielseitig einsetzbar und zumindest als Muttersprache recht verständlich. Jedoch birgt sie einige Tücken, die auf den ersten Blick schwer zu erkennen sind. Uns ist die natürlichsprachliche Dokumentation deshalb gleich zwei eigene Kapitel wert. Um Allgemeines über diese Methode zu erfahren und herauszufinden, wo die größten Tücken und Gefahren liegen und wie Sie diese vermeiden können, sehen Sie sich doch einmal das Kapitel 8 „Der lange Weg vom Satz zur Anforderung" an. Um einen in der Praxis sehr bewährten templatebasierten Ansatz für natürlichsprachliche Anforderungen zu erlernen, verweisen wir Sie auf Kapitel 9 „Anforderungsschablone".

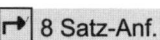

8 Satz-Anf.

9 Schablone

7.18 Die Wahl der richtigen Dokumentationstechniken

Beim Lesen dieses Kapitels werden Sie festgestellt haben, dass es sehr viele unterschiedliche Dokumentationstechniken gibt (und glauben Sie uns, wir haben uns hier nur auf eine kleine Auswahl der populärsten Methoden beschränkt). Welche dieser zahlreichen Techniken sind die richtigen für Sie? Da die Wahl der Dokumentationstechnik von vielen unterschiedlichen Faktoren abhängt, ist diese Frage nicht leicht zu beantworten. Meist reicht eine einzige Dokumentationstechnik nicht aus, da sie sehr geeignet für die Dokumentation eines Teilbereichs sein mag, dafür aber relativ unbrauchbar für einen anderen.

7.18.1 Einflussfaktoren bei der Wahl der Dokumentationstechniken

Bei der Wahl der Dokumentationstechniken ist es hilfreich, sich einige Fragen zu stellen und folgende Einflussfaktoren zu berücksichtigen:

■ Akzeptanz: Akzeptieren die Stakeholder die gewählte Dokumentationstechnik? Gibt die Wahl der Dokumentationstechnik einzelnen Stakeholdern Grund, die Anforderungen zu ignorieren oder gar abzulehnen? Insbesondere auf der Fach- oder Auftraggeberseite kann die Wahl einer zu unverständlichen oder komplizierten Dokumentationstechnik zu Verstimmungen führen.

■ Methodenkenntnis: Inwieweit verstehen die Stakeholder bestimmte Dokumentationstechniken? Ist Vorwissen vorhanden? Ist umfangreiches Vorwissen notwendig? Sind die Stakeholder bereit, sich mit einer ihnen unbekannten Modellierungssprache so weit vertraut zu machen, dass sie die Anforderungen verstehen? Haben die Implementierer Erfahrung mit dieser Dokumentationstechnik?

■ Können und Erfahrung des Dokumentierenden: In den meisten Fällen ist es ratsam, sich einer Technik zu bedienen, in der man relativ sicher ist. Fühlt sich der Dokumentierende wohl mit der gewählten Dokumentationstechnik?

■ Spezifikationsebene: Eine spezielle Dokumentationstechnik ist häufig nur für eine bestimmte Spezifikationsebene sinnvoll einzusetzen. Für welche Detailstufen kann eine jeweilige Technik angewandt werden?

■ Art des Systems: Die meisten Dokumentationstechniken sind von ihrem Erfinder für eine bestimmte Art von Produkt vorgesehen. Ist die Technik eher für technische Systeme oder für betriebswirtschaftliche Systeme empfehlenswert?

■ Weiterverwendung: Kann die Dokumentation später, zum Beispiel im Rahmen der Architektur, des Feindesigns oder Tests, weiterverwertet werden?

■ Anforderungstypen: Welcher Art sind die Anforderungen, die ich dokumentieren 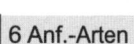 möchte (vgl. Kapitel 6 „Anforderung oder Anforderung")? Sind es Anforderungen an die zu verarbeitenden Informationen? Sind es vor allem funktionale Anforderungen? Sind es viele Qualitätsanforderungen? Sind es Anforderungen an die Benutzeroberfläche? Sind es vor allem weitere nicht-funktionale Anforderungen?

■ Komplexität des zu beschreibenden Produkts: Je nachdem, wie fachlich komplex das Produkt ist, können sich unterschiedliche Dokumentationstechniken als nützlich erweisen. Manche Techniken sind eher für triviale Produkte geschaffen, andere hingegen ermöglichen die Dokumentation komplizierter Anforderungsspezifikationen.

■ Konsistenz: Während der Anforderungsanalyse und darüber hinaus werden Anforderungen geändert oder durch neue Sichtweisen ergänzt. Diese Änderungen an Teilen der Spezifikation sollten immer konsistent zu anderen Anforderungen durchgeführt werden. Wahrt die Dokumentationstechnik in diesem Zusammenhang die Konsistenz oder führt sie schnell zu Widersprüchen in der Anforderungsspezifikation?

■ Eindeutigkeit: Dokumentationstechniken stellen Notationen zur Verfügung, die Anforderungen in unterschiedlicher Feinheit beschreiben können. Ist eine Technik geeignet, alle Details zur Erreichung von Eindeutigkeit zu spezifizieren?[3] (lassen sich z.B. mit einer verhaltensorientierten Technik Zeitbedingungen im Detail notieren)

■ Verfügbarkeit von Tools: Sicher, alle von uns vorgestellten Dokumentationstechniken können auch ohne Toolunterstützung genutzt werden. Aber Tools machen die Dokumentation um einiges leichter. Welche Tools sind im Unternehmen vorhanden? Welches Modellierungstool arbeitet am besten mit dem eingesetzten RM-Tool? Welche Diagrammarten werden vom Tool unterstützt?

---

[3] Beachten Sie, dass dies in der Praxis durch das eingesetzte Softwarewerkzeug stark beeinflusst wird. Obwohl eine Notationssprache vielleicht ausreichend Elemente zur eindeutigen Spezifikation definiert, ist eine ausreichende Toolunterstützung dieser Sprache oder Elemente noch lange nicht garantiert.

7.18.2 Auswahlempfehlungen

Die Einflussfaktoren erlauben Ihnen die verschiedenen Dokumentationstechniken nach Ihren Anforderungen zu evaluieren und gegebenenfalls zu ergänzen, da, wie bereits erwähnt, erst die Kombination der einzelnen Techniken zielführend ist.

Für die in diesem Kapitel vorgestellten Diagrammtypen und Techniken haben wir die Evaluierung bereits für Sie übernommen. Dabei sind neben den reinen Fakten auch Heuristiken und unsere Projekterfahrung eingeflossen. Die Bewertung ist wie bei den Ermittlungstechniken in Kapitel 4 in Matrixform aufgebaut.

Die Matrix der Auswahlempfehlung

Die Abbildung 7.21 zeigt die Matrix, in der Waagrechten die Einflussfaktoren und in der Senkrechten die entsprechende Technik.

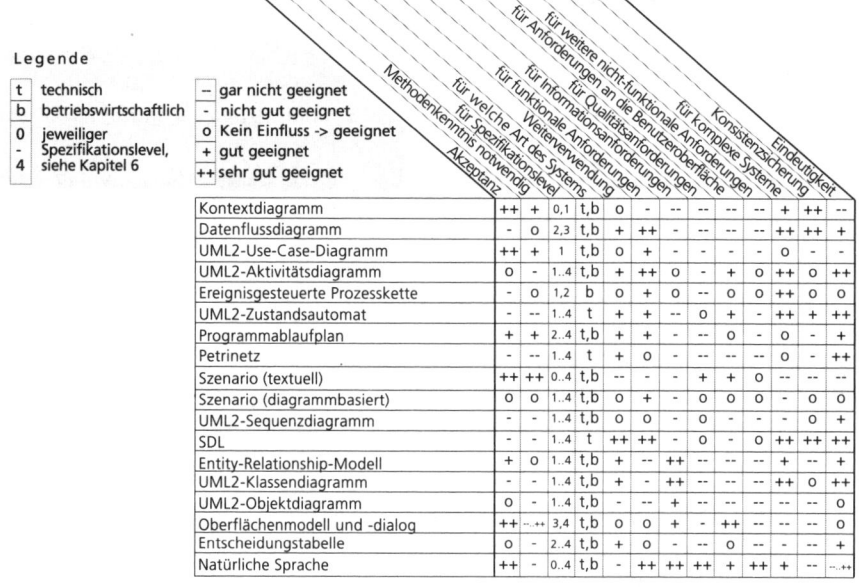

Legende

t	technisch
b	betriebswirtschaftlich
0	jeweiliger Spezifikationslevel,
4	siehe Kapitel 6

–	gar nicht geeignet
-	nicht gut geeignet
o	Kein Einfluss -> geeignet
+	gut geeignet
++	sehr gut geeignet

	Methodenkenntnis notwendig	Akzeptanz	für Spezifikationslevel	für welche Art des Systems	für funktionale Anforderungen	Weiterverwendung	für Informationsanforderungen	für weitere nicht-funktionale Anforderungen	für Anforderungen an die Benutzeroberfläche	für Qualitätsanforderungen	für Komplexe Systeme	Konsistenzsicherung	Eindeutigkeit
Kontextdiagramm	++	+	0,1	t,b	o	-	--	--	--	--	+	++	--
Datenflussdiagramm	-	o	2,3	t,b	+	++	-	--	--	--	++	++	+
UML2-Use-Case-Diagramm	++	+	1	t,b	o	+	-	-	-	-	o	-	-
UML2-Aktivitätsdiagramm	o	-	1..4	t,b	+	++	o	-	+	o	++	o	++
Ereignisgesteuerte Prozesskette	-	o	1,2	b	o	+	o	--	o	o	++	o	o
UML2-Zustandsautomat	-	--	1..4	t	+	+	--	o	+	-	++	+	++
Programmablaufplan	+	+	2..4	t,b	+	+	-	--	o	-	o	-	+
Petrinetz	-	--	1..4	t	+	o	-	--	-	-	o	-	++
Szenario (textuell)	++	++	0..4	t,b	--	-	-	+	+	o	--	--	--
Szenario (diagrammbasiert)	o	o	1..4	t,b	o	+	-	o	o	o	-	o	o
UML2-Sequenzdiagramm	-	-	1..4	t,b	o	o	-	o	-	-	o	-	+
SDL	-	-	1..4	t	++	++	-	o	-	o	++	++	++
Entity-Relationship-Modell	+	o	1..4	t,b	+	--	++	--	--	--	+	--	+
UML2-Klassendiagramm	-	-	1..4	t,b	+	-	++	--	--	--	++	o	++
UML2-Objektdiagramm	o	-	1..4	t,b	o	+	-	--	--	--	o	--	o
Oberflächenmodell und -dialog	++	--..++	3,4	t,b	o	o	+	-	++	--	--	--	--
Entscheidungstabelle	o	-	2..4	t,b	+	o	-	--	o	-	-	--	+
Natürliche Sprache	++	-	0..4	t,b	-	++	++	++	+	++	+	--	--..++

Abbildung 7.21: Die Empfehlungsmatrix der Dokumentationstechniken

Anwendung der Matrix

Die Matrix können Sie grundsätzlich auf unterschiedliche Weise nutzen. Zwei Beispiele sollen dies verdeutlichen:

a) Sie setzen in Ihrem aktuellen Projekt Use-Cases und Aktivitätsdiagramme ein und stellen fest, dass die Dokumentation von Datenelementen und Informationseinheiten aus Ihrer Sicht unzureichend ist.

Beim Studieren der Matrix sehen Sie, dass in diesem Bereich (Darstellung der Informationsanforderungen) die Use-Cases mit „-" und die UML2-Aktivitätsdiagramme mit neutral „o" bewertet wurden – was Ihre Probleme bestätigt. Die Lösung: Sie suchen eine adäquate Technik (z.B. das UML2-Klassendiagramm, ++) und ergänzen entsprechend Ihre Dokumentation – aber Vorsicht, vor jeder Auswahl einer Technik sollten die gesamten Konsequenzen betrachtet werden, z.B. das Minus bei der Akzeptanz eines Klassendiagramms.

b) Sie setzen noch überhaupt keine Technik ein und möchten mit der Dokumentation Ihrer Anforderungen beginnen. Zunächst ist hier wichtig, die Anforderungen an die Technik festzustellen, sprich: die wesentlichen Einflussfaktoren zu bestimmen (Was will ich dokumentieren? Auf welchem Spezifikationslevel werde ich dokumentieren? Wie wichtig ist die Akzeptanz in meinem Projektumfeld – oder besser: Wie leicht wird mir Akzeptanz entgegengebracht?). Abhängig von den Antworten sollten Sie drei bis fünf Haupteinflussfaktoren[4] bestimmen und danach die geeignete Technik in der Matrix suchen.

Unabhängig davon, wie Sie die Matrix einsetzen, werden Sie Kompromisse schließen und folgende Punkte abwägen müssen:

- Bringt eine weitere Technik wirklich den Qualitätsgewinn oder verwirrt sie nur?
- Passen die Techniken zusammen, gibt es evtl. ein vergleichbares Diagramm aus meiner bevorzugten Notationsfamilie?
- Je mehr unterschiedliche Techniken genutzt werden, desto höher ist in der Regel der Aufwand für die Traceability, die Schulung der Anwender bzw. Leser, für den Tooleinsatz und für die Erstellung an sich (Zeitaufwand).
- Wie reihen sich die Techniken in mein gewähltes Vorgehen ein? Beeinflusst die Technik mein Vorgehen oder meine Methode negativ?

7.19 Management-Zusammenfassung

In diesem Kapitel erfahren Sie etwas über die Auswahl und die Arten von verschiedenen Dokumentationstechniken, die Sie zum Aufschreiben des ermittelten Wissens benötigen. Dabei sind insbesondere folgende Punkte zu beachten:

- Das in den Köpfen der Stakeholder vorhandene und ermittelte Wissen muss durch eine geeignete Dokumentationstechnik zu Papier gebracht werden.
- Es gibt unterschiedliche Techniken (von der natürlichen Sprache bis hin zu präzisen, formalen Diagrammtypen), jede drückt einzelne Anforderungsarten und Sachverhalte besonders gut aus.
- Nur durch die Kombination von Dokumentationstechniken wird das gesamte Wissen umfassend und auf gleichwertigem Qualitätsniveau beschrieben.

---

[4] Einige Faktoren sind natürlich fest gegeben (z.B. technisches/betriebswirtschaftliches System), andere erfordern hingegen mehr Kopfarbeit und häufig auch Erfahrung mit dem zu spezifizierenden System.

- Neben der Art der Anforderungen sollten Sie weitere Einflussfaktoren (Akzeptanz, Spezifikationslevel, ...) bei der Auswahl der Technik berücksichtigen; eine Auswahlmatrix (siehe 7.18.2) hilft Ihnen dabei.
- Letztendlich ist die Dokumentationstechnik bzw. deren Wahl entscheidend für die Akzeptanz, da die Stakeholder mit der Notation tagtäglich umgehen müssen.

7.20 Haben Sie die passende Dokumentationstechnik gefunden?

- Wissen Sie, was Sie dokumentieren wollen?
- Welche Dokumentationstechniken gibt es, welche werden in Ihrem Projekt bereits eingesetzt?
- Welche Vor- und welche Nachteile würde die eine oder andere Technik bringen? Sind Sie sich dessen bewusst?
- Wer ist der Empfänger Ihrer Anforderung? Kann er die dokumentierten Anforderungen verstehen?

7.21 Weiterführende Literatur

[Chen76]
> **Chen, P.P.**: The Entity-Relationship-Model – Toward a Unified View of Data. ACM Transactions on Database Systems, Vol 1(1) 1976, S. 9–36.

[Cockburn01]
> **Cockburn, A.**: Writing Effective Use Cases, Addison-Wesley 2001, ISBN 0201702258.

[DeMarco78]
> **DeMarco, T.**: Structured Analysis and System Specification. Yourdon Press, 1978, New York.

[Harel87]
> **Harel, D.**: Statecharts: A Visual Formalism for Complex Systems. Science of Computer Programming (8). Elsevier. 1987.

[Hatley87]
> **Hatley, D.J.**; Pirbai, I.A.: Strategies for Real Time System Specification. Dorset House, 1987, New York.

[Jeckle04]
> **Jeckle, M.**; Rupp, C.; Hahn, J.; Zengler, B.; Queins, S.: UML 2 glasklar, Hanser 2004, ISBN 3-446-22575-7.

[Kruchten00]
> **Kruchten, P.**: The Rational Unified Process – Second Edition, Addison Wesley 2000, ISBN 0201707101.

[Oestereich01]
>   **Oestereich, B.**: Objektorientierte Softwareentwicklung – Analyse und Design mit der Unified Modeling Language, Oldenbourg 2001, ISBN 3-486-25573-8.

[Rauh92]
>   **Rauh, O.;** Stickel, E.: Beziehungsprobleme: Zur Quantifizierung von Beziehungsarten im ER-Modell. In: Informationstechnik, 34, 1992, S. 345–351.

[Rosemann95]
>   **Rosemann, M.**: Erstellung und Integration von Prozeßmodellen. Methodenspezifische Gestaltungsempfehlungen für die Informationsmodellierung. Dissertation an der Westfälischen Wilhelms-Universität Münster. Münster 1995.

[SAk04]
>   **SOPHIST GROUP;** Chris Rupp: Systemanalyse kompakt, Spektrum 2004, ISBN 3-8274-1509-8.

[Szallies98]
>   **Szallies, C.**: Software-Spezifikation mit ereignisgesteuerten Prozessketten (EPK), Düsseldorf 1998.

[Ward85]
>   **Ward, P.T.;** Mellor, S.J.: Structured Development for Real-Time-Systems. Vol. I, II, III, 1985. Prentice Hall, Englewood Cliffs, New Jersey.

[Weidenhaupt98]
>   **Weidenhaupt, K.;** Pohl, K.; Jarke, M.; Haumer, P.: Scenarios in Systems Development: Current Practice, In: IEEE Software, March 1998, S. 34–45.

195

Chris Rupp

„Der Unterschied zwischen dem richtigen Wort
und dem beinahe richtigen ist derselbe wie der
zwischen dem Blitz und dem Glühwürmchen."

Mark Twain

8

Der lange Weg
vom Satz zur Anforderung

Fragen, die dieses Kapitel beantwortet:

- Wie formuliere ich eine exzellente Anforderung?
- Wie erkenne und beseitige ich systematisch Lücken und Fehler in Anforderungen?
- Woran erkenne ich auf der sprachlichen Ebene Tilgungen, Generalisierungen und Verzerrungen?
- Wie behandle ich Grafiken in Anforderungsdokumenten?
- Wie beseitige ich Redundanzen?
- Wie definiere ich im Anforderungsdokument verwendete Grundbegriffe?

8.1 Das SOPHIST REgelwerk

Anforderungen werden von Stakeholdern formuliert – Menschen unterschiedlichen Wissens, sozialer Prägung und Erfahrung. Diese Vielfalt spiegelt sich in den Anforderungen wider und birgt die Gefahr von Informationsverlusten, Unvollständigkeiten oder Zweideutigkeiten. Vor diesem Hintergrund stellt sich bei der Erhebung von Anforderungen folgende zentrale Frage:

Was meint der Anforderer wirklich?

Wie erfährt man das, was der Urheber der Anforderungen meinte, als er die Anforderungen formulierte?

Die Antwort ist leider nicht so trivial, wie man es sich wünschen würde. Um dieses Problem zu lösen, haben wir Methodiken aus den Disziplinen Linguistik, Informatik, Psychologie und Psychotherapie in dem so genannten „SOPHIST REgelwerk" vereinigt.

Dieses Regelwerk basiert im Wesentlichen auf dem Metamodell der Sprache des Therapieansatzes Neuro-Linguistisches Programmieren (NLP) [Bandler75] [Bandler94]. Die Regeln des NLP helfen Therapeuten, die bei jedem Menschen vorhandene Intuition, ob ein Satz „richtig" (linguistisch: wohlgeformt) ist oder nicht, bewusst zu machen. Bei der Systementwicklung kann der Analytiker mit ähnlichen Regeln Effekte in natürlichsprachlichen Anforderungen systematisch aufspüren und beheben. Wegweisend bei der Entwicklung natürlichsprachlicher Ansätze war dabei der Linguist Noam Chomsky [Chomsky65], der wichtige linguistische Grundkonzepte erforschte und diese in der generativen Transformationsgrammatik (siehe dazu Artikel unter: www.sophist.de) beschrieb.

Neuro-Linguistisches Programmieren

Aufbauend auf einigen Thesen Chomskys wurde in der Psychotherapie ein Modell menschlicher Kommunikation und Ausdrucksweise erstellt und verfeinert. Maßgeblich daran beteiligt waren der Psychologe und Linguistikprofessor John Grinder und der Informatiker und Gestalttherapeut Richard Bandler. Mitte der 70er Jahre des 20. Jahrhunderts war es ihr Ziel, eine für jedermann erlernbare Therapieform zu entwickeln, die darauf beruht, dass der Therapeut die persönliche Wirklichkeit des Klienten versteht. Dazu muss der Therapeut herausfinden, was genau der Klient mit seinen Aussagen meint.

8.1.1 Übertragung auf die Anforderungsanalyse

Während der Zusammenhang zwischen Linguistik und natürlichsprachlicher Anforderung noch sehr eng ist, gilt dies für die Psychotherapie zumindest auf den ersten Blick nicht.

Jeder Analytiker sieht sich mit Anforderungen konfrontiert, die ein reales oder zu entwickelndes System[1] beschreiben sollen. Abbildung 8.1 veranschaulicht den Abbildungsprozess, der bei der Formulierung natürlichsprachlicher Anforderungen vollzogen wird.

---

[1] Wenn wir hier von System sprechen, so ist das sehr allgemein zu verstehen. Es kann sich hier um ein Software-System, ein Produkt, das vor allem aus Hardware besteht, oder auch um Prozesse innerhalb eines Unternehmens handeln, für die Anforderungen notiert werden.

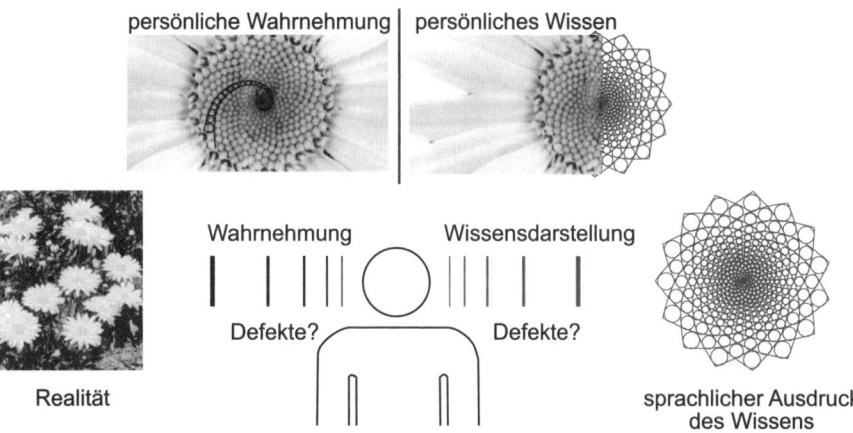

Abbildung 8.1: Transformationen bei der Erhebung natürlichsprachlicher Anforderungen

Ausgangspunkt (in der Abbildung links) ist die zu beschreibende Realität, das eigentlich von den Stakeholdern *gewünschte* System. Rechts befindet sich hingegen das *beschriebene* System, die formulierten Anforderungen, die der Systemanalytiker im Anforderungsdokument vorliegen hat. Zwischen den beiden Enden klafft eine Lücke, die aufgrund von komplexen, meist unbewussten Abbildungs- und Transformationsprozessen entsteht. Um die Lücke schließen zu können, ist es notwendig, die Prozesse näher zu analysieren. Erst dadurch kann der Analytiker wirklich verstehen, warum die Realität „verfälscht" oder nicht mehr abbildungstreu in den Anforderungen formuliert wird.

Transformationsprozesse

Der wichtigste Faktor in diesen Prozessen ist der Mensch, der durch seine soziale Prägung, sein Vorwissen und seine Erfahrungen beeinflusst wird. Psychologen sprechen hierbei von der so genannten „persönlichen Wirklichkeit". Die persönliche Wirklichkeit wirkt sich auf die Wahrnehmung der Realität aus, sodass sich jeder Mensch seine eigenen Vorstellungen von der Realität macht. Zum Beispiel sehen Bibliothekar A und Bibliothekar B ein und dasselbe Buch, machen sich aber davon ein vollkommen unterschiedliches Bild. Der eine merkt sich vielleicht den Autor und die behandelte Thematik, der andere interessiert sich überhaupt nicht für das subjektiv langweilige Thema, weiß aber, dass das Buch 850 Seiten Umfang hat. Beide Bibliothekare haben somit unterschiedliche Bilder (in der Sprache der Psychologen: Modelle) vom gleichen Buch – von der gleichen Realität. Dies hat zur Folge, dass es zur vollständigen Abbildung der Realität nicht ausreicht, nur einen Bibliothekar zu befragen.

Persönliche Wirklichkeit

Das Wissen ist „auf mehrere Köpfe verteilt". Dies ist eine wichtige Erkenntnis für die Anforderungsanalyse: Ein Analytiker muss stets mehrere Stakeholder zu dem gleichen Sachverhalt befragen, sonst wird er nie einen vollständigen Satz von Anforderungen erhalten, sondern nur das Abbild der persönlichen Wirklichkeit einer Person.[2]

Gefilterte Wissensfragmente

---

[2] Wir beabsichtigen keinesfalls, die persönliche Wirklichkeit der Stakeholder zu ändern oder anzugleichen, denn wir erheben Anforderungen an ein System und therapieren nicht die Stakeholder. Wir konzentrieren uns auf Aussagen über das System.

Woran liegt es aber, dass der Bibliothekar A sich den Autor und die Thematik merkt, während Bibliothekar B nur den Umfang des Buches kennt?

Dieses Phänomen bezeichnen Psychologen als Transformation. Jeder Mensch wendet bei der Wahrnehmung der Realität unbewusst derartige Transformationen (Umgestaltungsprozesse) an, die abhängig von seiner persönlichen Wirklichkeit sind.

Sprachlicher Ausdruck

Interessanterweise treten die Transformationen aber noch an einer weiteren Stelle im Abbildungsprozess von der Realität zur Anforderung auf. Und zwar dann, wenn das persönliche Wissen in Sprache ausgedrückt wird (in Abbildung 8.1 mit Wissensdarstellung bezeichnet). Wird Bibliothekar B nach dem Umfang befragt, könnte die Antwort lauten „ziemlich viel", obwohl er die genaue Anzahl (850 Seiten) kennt. Er wandelt (transformiert) somit sein in Gedanken vorhandenes Wissen um, während er es in Sprache ausdrückt. Analog transformiert der Schreiber von Anforderungen oder ein Interviewpartner im Gespräch sein Wissen beim konkreten Formulieren der Anforderungen.

Rekapitulieren wir nochmals: Es gibt zweierlei Transformationen. Zum einen nimmt jeder Mensch die Realität anders wahr und macht sich ein individuelles Bild davon. Zum anderen tritt eine Wandlung auf, wenn er sein Wissen (dieses Bild) in Sprache ausdrückt.

Informations-verlust und -verfälschung

Transformationen sind grundsätzlich nichts Problematisches und, wie wir noch sehen werden, sogar lebenswichtig. Für die Anforderungsanalyse stellen sie jedoch ein entscheidendes Problem dar. Wie in dem kleinen Beispiel angedeutet, gehen mit den Transformationen möglicherweise Informationen verloren. Es macht einen Unterschied, ob der Bibliothekar von 850 Seiten Umfang spricht, oder ob er den Umfang mit „ziemlich viel" beschreibt. Bei der Entwicklung eines Systems können sich solche scheinbaren Nuancen in enormen Kostenunterschieden ausdrücken. Um dem entgegenzuwirken, müssen die Transformationen rückgängig gemacht und die Anforderungen mit den verloren gegangenen Informationen angereichert werden.

Wahrnehmungs-transformation

Nun stellt sich die Frage: Ist dies überhaupt möglich und, wenn ja, wie geht der Systemanalytiker dabei vor? Zunächst lässt sich sagen, dass nur bestimmte Transformationen rückgängig gemacht werden können. Die Wahrnehmungstransformation (Realität → Persönliche Wirklichkeit) ist nicht mehr aufzulösen, da das individuelle Bild eines Menschen sich nicht problemlos beeinflussen lässt. Dies ändert sich unter Umständen, wenn sich die Erfahrungen und das soziale Umfeld des Menschen ändern. Unabhängig davon erfasst jeder Mensch immer nur einen Teil der Realität. Dieser Art von Transformation kann nur durch Befragung mehrerer Personen entgegengewirkt werden. Die unterschiedlichen Erfahrungen und Meinungen mehrerer Personen stellt aber auch eine Bereicherung für jedes Projekt dar. Sofern hier Synergien entstehen, kann ein insgesamt besseres System konstruiert werden.

Darstellungs-transformation

Darstellungstransformationen (Persönliche Wirklichkeit → Ausdruck in Sprache) lassen sich glücklicherweise hingegen sehr gut auflösen. Voraussetzung dafür ist allerdings, dass der Analytiker die möglichen Transformationsarten genau kennt.

Bandler und Grinder unterscheiden drei prinzipielle „Arten der Umgestaltung": *Tilgung, Generalisierung* und *Verzerrung*. Diese Einteilung mag vielleicht nicht disjunkt erscheinen. Sie hat sich jedoch in der Praxis bewährt und als nützlich erwiesen. Folgende Definitionen sind rein sprachwissenschaftlicher Natur. Die von uns eingeführten Definitionen nehmen nur Bezug auf die sprachlichen Effekte im Zusammenhang mit Anforderungen.

Tilgung (Deletion)

„Tilgung (englisch: Deletion) ist ein Prozess, durch den wir unsere Aufmerksamkeit selektiv bestimmten Dimensionen unserer [im Moment möglichen] Erfahrungen zuwenden und andere ausschließen. [...] Tilgung reduziert die Welt auf Ausmaße, mit denen wir umgehen können."[Bandler94]

Mit Hilfe der Tilgung ist es uns zum Beispiel möglich, das allgemeine Stimmengewirr in einem Raum mit vielen Menschen so zu filtern, dass uns nur noch die Stimme unseres Gesprächspartners bewusst erreicht (selektive Wahrnehmung).

Generalisierung (Generalization)

„Generalisierung (englisch: Generalization) ist der Prozess, durch den Elemente oder Teile eines persönlichen Modells von der ursprünglichen Erfahrung abgelöst werden, um dann die gesamte Kategorie, von der diese Erfahrung ein Beispiel darstellt, zu verkörpern." [Bandler94]

Ein Beispiel für eine Generalisierung ist die heiße Herdplatte, bei deren schmerzvoller Berührung ein Kind richtig generalisiert, dass alle heißen Herdplatten gefährlich sind, nicht nur die eine, an der es sich verbrannt hat. Eine falsche Generalisierung wäre die grundsätzliche Angst, Herdplatten anzufassen (also auch kalte), oder die Annahme, dass man sich nur an dieser einen speziellen Herdplatte die Finger verbrennen kann.

Verzerrung (Distortion)

„Verzerrung (englisch: Distortion) ist der Prozess, der es uns ermöglicht, in unserer Erfahrung sensorischer Einzelheiten eine Umgestaltung vorzunehmen." [Bandler94]

Eine Verzerrung findet zum Beispiel dann statt, wenn ein Sachverhalt, der ständig änderbar ist, als einer eingeschätzt wird, der irgendwann einmal entschieden wurde und nun unveränderlich ist.

Diese Transformationsarten werden auch auf dem Gebiet der Linguistik untersucht. Linguisten nehmen an, dass der Mensch im Geist (unbewusst oder unterbewusst) eine *vollständige sprachliche Repräsentation*, eine so genannte Tiefenstruktur bildet. Beginnt er dann zu reden oder zu schreiben, so trifft er eine Reihe von Auswahlentscheidungen hinsichtlich der Gestalt der zugehörigen so genannten Oberflächenstruktur, die er im Zuge dessen hervorbringt. Er wählt aus einer Menge von Transformationen eine bestimmte oder meist mehrere aus, durch deren Anwendung auf die Tiefenstruktur eine Oberflächenstruktur entsteht.

Ein Satz (eine Oberflächenstruktur) ist also eine andere Form des „Originals" (der Tiefenstruktur) im Kopf des Menschen, der unter Umständen Teile fehlen oder in der Teile falsch dargestellt werden. Aus dieser Annahme leitet sich auch das (linguistische) Ziel der Analyse von Anforderungen ab:

Man muss die Tiefenstruktur zu einer Oberflächenstruktur gewinnen, um ein vollständiges und nicht verändertes Bild der persönlichen Wirklichkeit eines Stakeholders zu erlangen.

Regelgeleitete Bildung sprachlicher Äußerungen

Das Verhalten der Menschen bei der Bildung sprachlicher Äußerungen ist offenbar regelgeleitet. Ein möglicher (und plausibler) Satz von Regeln wurde von Chomsky in der bereits erwähnten Generativen Transformationsgrammatik erstmalig dargelegt.

Die Tatsache, dass Menschen sich bei der Bildung von Oberflächenstrukturen an Regeln halten, lässt sich in der Analyse von Prosa-Anforderungen systematisch einsetzen. Der Analytiker will einen Teil der persönlichen Wirklichkeit des Verfassers verstehen, hat aber als Schnittstelle zwischen seinem Erkenntnisvermögen und der Wirklichkeit des Verfassers nur die sprachlichen Oberflächenstrukturen des Verfassers. Kann er aus ihnen die verwendeten Transformationen folgern, so ist es ihm möglich – eventuell durch gezielte Nachfrage –, an die Tiefenstruktur dessen zu gelangen, was der Verfasser ausdrückte.

8.2   Sprachliche Effekte

Sprachliche Effekte

Jede der erwähnten Transformationskategorien *Tilgung, Generalisierung* und *Verzerrung* zeigt sich in bestimmten so genannten sprachlichen Effekten (siehe Abbildung 8.2). Jeder Effekt führt zu qualitativ und semantisch minderwertigen Anforderungen, jedoch nicht in allen Fällen auch zu einem Defekt. Inwiefern ein sprachlicher Effekt ein Problem darstellt und damit behoben werden sollte, hängt von vielen Randbedingungen ab. Ein wichtiger Faktor ist sicherlich das Detaillierungsniveau, auf dem Sie gerade Anforderungen schreiben. Sprachliche Effekte auf der Ebene von Zielen oder eher von generischen Anforderungen (z.B. Ebene 1 und 2) sind normal und auf dem angestrebten Detaillierungsniveau auch nicht zu vermeiden. Achten Sie hier vor allem darauf, dass die für die Ebene und Leserschaft wichtigen Informationen nicht durch Effekte vernichtet werden. Schreiben Sie jedoch sehr detaillierte Anforderungen, die auch noch Teil eines Vertrages für eine externe Beauftragung werden, so sind sprachliche Effekte bei weitem schädlicher und sollten sehr kritisch geprüft und nach Möglichkeit beseitigt werden. Syntaktisch hingegen sind die Anforderungen meistens wohlgeformt („richtig"). Ihre Aufgabe ist es nun, die Effekte zu erkennen und zu beheben, sofern Sie die fehlende Information für wichtig halten. Dadurch werden auch sukzessive die einzelnen Transformationen rückgängig gemacht.

Anwendung des Regelwerks

Sie können sich zu unterschiedlichen Zeitpunkten auf die Suche nach Effekten machen. Einerseits ist das SOPHIST-REgelwerk bereits im Gespräch mit den Stakeholdern eine gutes Hilfsmittel, um Unklarheiten sofort methodisch aufzudecken. Dies bedeutet, dass Sie während des Gesprächs jeden Satz in Echtzeit mitparsen und nach

Tilgung

unvollständig spezifizierte
Prozesswörter

unvollständige Vergleiche
und Steigerungen

Modaloperatoren der
Möglichkeit

Modaloperatoren der
Notwendigkeit

implizite Annahmen

Generalisierung

Universalquantoren

unvollständig spezifizierte
Bedingungen

Substantive ohne Bezugs-
index

Verzerrung

Nominalisierungen

Funktionsverbgefüge

Abbildung 8.2: Die sprachlichen Effekte

Effekten untersuchen und deren Schwere beurteilen. Das Vorgehen benötigt etwas Übung, beseitigt Unklarheiten aber sofort am Ursprung. Einfacher ist der Umgang mit dem Regelwerk auf der Basis schriftlich vorliegender Anforderungen. Dort haben Sie Zeit, jeden Satz zu untersuchen und Defekte zu hinterfragen, die für Sie wichtige Informationen vernichten. Andererseits hilft das Regelwerk auch dem Anforderungsschreiber selbst. Auch ein sehr geübter Analytiker wird nicht aus dem Stegreif eine brillante Anforderung auf das Papier bringen. Er notiert normalerweise erst einmal seine Gedanken in einem ersten Anforderungsentwurf und entwickelt die Aussage dann mehr oder weniger systematisch zu einer guten Anforderung. Hier kann das SOPHIST-REgelwerk einen systematischen und deterministischen Weg zu guter Anforderungsqualität vorgeben.

Die jeweiligen Effekte treten in unterschiedlicher Häufigkeit auf, und es ist wichtig, dass Sie Ihre Aufmerksamkeit besonders auf die Gruppe der gefährlichen Wiederholungstäter konzentrieren. Mit der Erfahrung aus der Praxis haben wir folgende Rangliste der mit hoher Priorität zu beseitigenden Effekte bestimmt:

1. Nominalisierung
2. Unvollständig spezifizierte Prozesswörter
3. Substantive ohne Bezugsindex
4. Unvollständig spezifizierte Bedingung
5. Modaloperatoren der Notwendigkeit
6. Implizite Annahmen

I litliste der gefährlichen Wiederholungstäter

Es existiert kein Zwang, alle Anforderungen so weit zu perfektionieren, bis sie effektfrei sind. Konzentrieren Sie sich auf die Informationen, die Sie für den weiteren Prozess benötigen. Hinterfragen Sie vor allem an den Stellen, an denen fehlende oder falsche Informationen das höchste Risiko für Ihren Projekterfolg darstellen.

Angemessenheit statt Perfektion!

203

8.2.1 Tilgungen

Tilgung reduziert
die Welt
auf verdaubare
Ausmaße

Der Prozess der Tilgung reduziert die Welt auf Ausmaße, mit denen wir umgehen können. Diese Reduktion kann in einem gewissen Kontext sinnvoll sein, in Anforderungsdefinitionen an ein Softwaresystem können durch Tilgungen jedoch wichtige Anforderungen verloren gehen. Tilgung ist ein Prozess, durch den wir unsere Aufmerksamkeit bestimmten Dimensionen unserer Erfahrung zuwenden. Tilgungen sind an sehr unterschiedlichen sprachlichen Effekten zu erkennen, die wir im Folgenden erläutern.

Formen von Tilgung

> unvollständig spezifizierte Prozesswörter
> Modaloperatoren der Möglichkeit
> unvollständige Vergleiche
> Modaloperatoren der Notwendigkeit
> implizite Annahmen

Abbildung 8.3: Formen der Tilgung

Wir stellen Ihnen Regeln vor, mit denen Sie sprachliche Effekte gezielt finden können. Die Regeln beziehen sich in diesem Kapitel auf Anforderungen, können jedoch auf sämtliche natürlichsprachlichen Ausdrucksformen angewendet werden, zum Beispiel auf Interviews, Definitionen, Dokumentationstexte oder auf textuelle Beschreibungen innerhalb eines Objektmodells.[3]

Unvollständig spezifizierte Prozesswörter

Klare
Prozessdefinition

Manche Prozesswörter (Verben [Zeitwörter], Adjektive [Eigenschaftswörter] oder Adverbien [Umstandswörter]) erfordern mehr als ein Substantiv (Hauptwort). Das Verb „übertragen" zum Beispiel benötigt zu seiner vollständigen Erklärung zumindest die drei Ergänzungen, *was* übertragen, *von wo* es übertragen und *wohin* es übertragen wird. Ihr Sprachgefühl gibt Ihnen darüber Auskunft, um welche Informationen ein Prozesswort ergänzt werden muss, um vollständig spezifiziert zu sein. Ebenso verhält es sich mit Adjektiven und Adverbien. Dort tritt der Effekt zwar seltener auf, ist aber auch schwerer zu erkennen. Bei dem Adjektiv „sicher" müssen Sie sich z.B. die Fragen stellen, gegen *was* sicher und *wie* wird gesichert?

Zahlreiche sprachliche Effekte und insbesondere die unvollständig spezifizierten Prozesswörter lassen sich verhindern oder zumindest eingrenzen, wenn Anforderungen im Aktiv formuliert sind.[4]

---

[3] Wahlweise natürlich auch auf Zeitungsartikel, Liebesbriefe, Streitgespräche, Kommunikation mit Kollegen in der Kaffeeküche, Gehaltsverhandlungen, ..., eben auf alle Äußerungen, ob schriftlich oder mündlich, die in natürlicher Sprache geschehen.

[4] Liegt eine Anforderung im Passiv vor, so ist erst eine Passiv/Aktiv-Transformation notwendig. Dazu sind zahlreiche grammatikalische Besonderheiten – unterschiedlich nach deutscher und englischer Sprache – zu berücksichtigen. Da wir dieses Buch nicht mit lin-

① Regel 1: Formulieren Sie jede Anforderung im Aktiv

> Die Aktivformulierung einer Anforderung hat den Vorteil, dass der Täter, also die ausführende Person oder Einheit, in der Anforderung angegeben werden muss. Dies ist gerade bei Anforderungen entscheidend, da hier wichtig ist, ob die Aktivität vom System, vom Nachbarsystem oder vom Benutzer durchgeführt wird. Auf diese Weise erhält die Anforderung einen höheren Informationsgehalt und das Prozesswort wird näher spezifiziert, da angegeben wird, wer den Prozess durchführt.

Beispiel: Das Benutzerkennwort wird an einem Terminal des Bibliothekssystems eingegeben.

Anforderung

Bei dieser im Passiv formulierten Anforderung ist nicht klar, wer das Kennwort eingeben kann. Im Aktiv muss hingegen ein Akteur oder Verantwortlicher angegeben werden.

Beispiel: Der Bibliothekskunde muss das Benutzerkennwort an einem Terminal des Bibliothekssystems eingeben.

Anforderung

Diese Aussage ist schon ein Stück klarer, doch noch lange keine Anforderung an ein System. Hier wird lediglich etwas von einem Benutzer gefordert (und Sie wollen bei der Abnahme wohl kaum Ihren Benutzer testen). Leiten Sie nun die Anforderung an das System ab. Dies könnte beispielsweise das Bereitstellen einer Eingabemöglichkeit für das Benutzerkennwort und eine Prüfroutine für das Kennwort sein.

② Regel 2: Drücken Sie Prozesse durch Vollverben aus

> Jeder Prozess sollte durch ein Vollverb ausgedrückt werden. Adjektive oder aufwändige Phrasen verschleiern nur den Prozess und lassen die eigentlich durch die Anforderung geforderte Funktionalität in den Hintergrund treten. Vollverben verlangen zudem weitere Satzbestandteile, damit sie näher spezifiziert sind.

Beispiel: Zwischen den Leihobjekten muss ein Unterschied gemacht werden.

Anforderung

Wandelt man die unklare Formulierung „einen Unterschied machen" in das zugehörige Vollverb „unterscheiden" um, so wird deutlich, dass weitere Angaben zur vollständigen Spezifizierung fehlen. Zumindest die folgenden Fragen müssen Sie bei der Umformulierung der Anforderung beantworten:

- Wer unterscheidet?
- Was wird unterschieden?

Fragen

Eine verbesserte Anforderung könnte, nachdem die Antworten auf die Fragen eingearbeitet wurden, folgendermaßen lauten:

---

guistischen und grammatikalischen Vorgehensweisen überladen wollen, haben wir für die Leser, die es genau wissen wollen, dazu ein eigenes Papier auf unserer Homepage www.sophist.de zusammengestellt.

Anforderung

Beispiel: Das System unterscheidet

- *Video-Leihobjekte,*
- *Buch-Leihobjekte und*
- *Zeitschrift-Leihobjekte.*

 Regel 3: Decken Sie unvollständig spezifizierte Prozesswörter auf

 Bestimmen Sie die Verben in einer Anforderung und stellen Sie fest, ob ein Satz, der mehrere Akteure enthält, mit diesen Verben vorstellbar wäre. Ist dies der Fall, so ist aus dem Originalsatz Information getilgt worden. Ist die fehlende Information wissenswert, sollten Sie gezielt danach fragen.

Nimmt man etwa den Satz:

(1) Das Leihobjekt wurde gelöscht.

so kann man sich unter anderem folgende Ergänzung vorstellen:

(2) Das Leihobjekt wurde vom Administrator gelöscht.

In (1) wurde also der Akteur getilgt. Die Frage lautet daraufhin: „Wer hat das Leihobjekt gelöscht?" Dieser Schritt ist zum Beispiel auch dann nötig, wenn eine Anforderung aus einer Passivformulierung in eine Aktivformulierung überführt werden muss.

Um sprachliche Effekte zu beheben, stellt der Analytiker gezielte Fragen. Die Antworten liefern Informationen, die zur Beseitigung des Defekts notwendig sind.

Anforderung

Beispiel: Leihobjekte, die seit 3 Jahren nicht mehr entliehen wurden, sollen erkannt und über das Informationssystem gemeldet werden.

Bei dieser Anforderung sind die beiden Prozesswörter *erkennen* und *melden* zu hinterfragen.

erkennen:

Fragen

- Wer erkennt?
- Wie oder woran wird erkannt?
- Wann wird erkannt?

melden:

- Wer meldet?
- Was wird gemeldet?
- Wie wird gemeldet?
- Wo wird gemeldet?
- Wann wird gemeldet?

Anforderung

Beispiel: Die Auslastung der Systemressourcen soll überwachbar sein.

Bei dieser Anforderung sind die beiden Prozesse *auslasten* und *überwachen* zu hinterfragen.

überwachen:

Fragen

- Wer überwacht?

- Was wird überwacht?
- Wie wird überwacht?

auslasten:

- Wer oder was ist ausgelastet?
- Durch was ist er/sie/es ausgelastet?

Anhand der Fragen zu den Prozesswörtern lässt sich feststellen, ob diese ausreichend spezifiziert sind oder die Anforderung um weitere Informationen ergänzt werden muss. Einige Fragen lassen sich aus der Anforderung heraus beantworten. Zum Beispiel lautet die Antwort auf die Frage „Was wird überwacht?": die Systemressourcen. Hingegen bleibt die Frage „Wer überwacht?" in der Anforderung unbeantwortet. Hier handelt es sich um einen sprachlichen Defekt, der behoben werden muss.

Unvollständige Vergleiche und Steigerungen

Eine weitere Art der Tilgung, die sich durch die sprachliche Methode auffinden lässt, sind unvollständige Vergleiche (Komparative) und Steigerungen (Superlative). Ein Vergleich oder eine Steigerung benötigt immer einen Bezugspunkt, um vollständig zu sein. Zusätzlich muss die Abweichung natürlich auch messbar und damit überprüfbar sein. Dies bedeutet, die Messmethode sollte bekannt sein, damit schon beim Erstellen der Anforderungen klar ist, ob die Anforderung anschließend wirklich getestet werden kann. In vielen Fällen ist es auch sinnvoll, sich bereits mit der Messgenauigkeit auseinander zu setzen.

Messbarkeit, Bezugspunkt, Maßeinheit, Messgenauigkeit

Sprachliche Vertreter für Vergleiche und Steigerungen sind Begriffe wie „besser", „schneller", „leichter", „am schnellsten" oder „biggest", „more comfortable". Häufig besitzen Vergleiche und Steigerungen in der deutschen Sprache folgenden Aufbau:

Adjektiv + Endung „-er/-en" oder „-ste" oder Ergänzungen wie „weniger", „mehr".

In der englischen Sprache verhält es sich ähnlich:

Adjektiv + Endung „-er", „-est" oder Ergänzungen wie „more", „less", „least".

Regel 4: Ermitteln Sie unvollständige Vergleiche und Steigerungen

Bestimmen Sie die Vergleiche und Steigerungen in einer Anforderung. Enthalten sie den Bezugspunkt, auf den sich der Vergleich oder die Steigerung bezieht? Ist die Abweichung überhaupt messbar? Wenn ja, mit welchen Mitteln (Messmethode)? Mit welcher Genauigkeit kann gemessen werden?

Anforderung

Beispiel: Sonstige Bibliothekskunden sollen nur allgemein verfügbare Leihobjekte entleihen und einsehen dürfen.

Die folgenden Fragen sollten beantwortet werden und das gewonnene Wissen in die Überarbeitung der Anforderung einfließen.

Fragen

- Worauf bezieht sich das Wort „sonstige"?
- Welches sind die anderen Bibliothekskunden?

Anforderung

Beispiel: Der Ausleihvorgang soll für den Bibliothekskunden selbst online leicht durchführbar sein.

Fragen

- *Leicht durchführbar* im Vergleich wozu?
- Wodurch wird der Ausleihvorgang *leicht durchführbar*?
- Welches Messkriterium soll dafür bei der Abnahme angewendet werden?

Systematik statt Rätselraten

Die Behebung der unvollständigen Vergleiche und Steigerungen gestaltet sich unterschiedlich schwierig. Im ersten Beispiel kann durch leichtes Modifizieren der Anforderung der Bezugspunkt hinzugefügt werden. Beim zweiten Beispiel dagegen lässt sich die verwendete Phrase „leicht durchführbar" nur schwer oder gar nicht messen. Hier sind aufwändigere Umformulierungen der Anforderungen einhergehend mit der Einführung neuer, messbarer Kriterien nötig. Zuerst muss allerdings erst einmal der Wunsch des Stakeholders erfragt werden, der sich hinter einer derartigen Formulierung verbirgt. Sicherlich hatte der Schreiber dieser Anforderung einige sehr konkrete Sachverhalte im Sinn. Beispielsweise kann hinter einer derartigen Formulierung der Wunsch nach einem Hilfesystem stecken, welches bei jeder Benutzerinteraktion konsultiert werden kann und in mehreren Detaillierungsebenen Auskunft über mögliche Eingabewerte, Folgen und Ausnahmebedingungen der Aktion gibt. Dahinter kann sich aber auch die Forderung nach einem interaktiven Lernprogramm, einer grafischen Oberfläche, nach Spracherkennung, nach Mehrsprachigkeit oder nach der Konformität mit gängigen Oberflächenstandards verbergen. Es lohnt sich auf jeden Fall, dies zu erkunden, und derartig defektbelastete Anforderungen durch detailliertere zu ersetzen.

Modaloperatoren der Möglichkeit

Mögliches und Unmögliches klären

Oft ist es nicht nur notwendig, eine Funktion des Systems durch eine Anforderung einfach zu fordern, sondern auch, den Weg zu beschreiben, wie das System die Forderung erfüllen soll und welche Mittel dazu verwendet werden. Dies gilt insbesondere für fachlich komplexe Abläufe, die so genannte Geschäftslogik (englisch: business logic). Es genügt oftmals nicht einfach zu fordern, dass gewisse Ergebnisse ermittelt werden, sondern die Anforderungsspezifikation muss auch die Details enthalten, welche fachliche Geschäftslogik hinter der Ermittlung bestimmter Ergebnisse steht.

208

Dabei sind der fachliche Ablauf und die Zuständigkeiten anzugeben.[5] Implementierungsdetails (Einsatz einer bestimmten Datenbank, ...) sollten nicht beschrieben werden, außer wenn diese zum Beispiel aus Wartungsgründen auch ausdrücklich gefordert werden sollen.

Sprachliche Vertreter oder besser Signalwörter der Modaloperatoren der Möglichkeit sind Begriffe wie „kann", „darf", „es ist (nicht) möglich", „er/sie/ es ist außerstande".

 Regel 5: Klären Sie Mögliches und Unmögliches

> Stellen Sie bei Aussagen, die eine Möglichkeit oder auch Unmöglichkeit beschreiben (siehe Signalwörter), folgende Frage: Was macht das genannte Verhalten unmöglich beziehungsweise möglich?

Beispiel: ... insbesondere dürfen SW-Komponenten der Kundenverwaltungskomponente keine Weiterleitung von Stammdaten zum System durchführen beziehungsweise dafür verantwortlich sein.   Anforderung
Hier sollten Sie die folgende Frage stellen:
- Durch wen oder was wird das verhindert?   Frage

Verbessertes Beispiel: Ein Authentifizierungs- und Überwachungsmodul muss die Weiterleitung von Stammdaten durch die SW-Komponenten an das System verhindern.   Anforderung

Hier eine weitere Anforderung aus unserem Bibliothekssystem:

Beispiel: Dem System soll bekannt sein, welche Leihobjekte aus dem Bestand genommen werden dürfen.   Anforderung
- Wodurch wird das möglich?   Fragen
- Woher besitzt das System dieses Wissen?

Modaloperatoren der Möglichkeit führen häufig zu vergessenen Bedingungen. Prüfen Sie deshalb immer, ob alle relevanten Vorbedingungen notiert sind.

Verbessertes Beispiel: Das System muss dem Bibliothekar die Möglichkeit zur Verfügung stellen, Leihobjekte, die aus dem Bestand genommen werden dürfen, mit dem Status „zu vernichten" zu markieren.   Anforderung

Nach dieser verbesserten Anforderung ist klar, dass die Markierung durch den Bibliothekar vorgenommen wird und das System dann auf der Basis der Markierung „zu vernichten" weitere Operationen auf genau diesen Leihobjekten ausführen kann.

---

[5] Wir erleben häufiger, dass Anforderungen nur die Ergebnisse komplexer Berechnungen spezifizieren, zum Beispiel: „... Bei jedem Radarupdate soll die Flugplanroute neu berechnet werden". Uups, die komplexe Fachlogik, wie eine Flugplanroute zu berechnen ist, füllt Bücher, gehört zum zentralen Know-how der Flugsicherung und wurde hier und evtl. im gesamten Anforderungsdokument einfach getilgt. Wie nun ein Implementierer, der nicht nebenbei noch ein Flugsicherungsexperte ist, diese Anforderung umsetzen soll, ist ein Rätsel.

Zum Beispiel könnten eine Liste der Leihobjekte ausgedruckt werden und die einzelnen Leihobjekte dürften dann auch aus der Datenbank gelöscht werden oder als „nicht mehr verfügbar" gekennzeichnet werden.

Modaloperatoren der Notwendigkeit

Normalverhalten und Ausnahmeverhalten

Um die Funktionalität eines Systems vollständig zu beschreiben, müssen Anforderungen sowohl das gewünschte Normalverhalten als auch das Verhalten im Ausnahmefall – sofern dieser auftreten kann – beschreiben. Beim Schreiben einer Anforderung sollten Sie sich grundsätzlich fragen, ob das System das geforderte Verhalten immer sicherstellen kann oder ob es Randbedingungen gibt, unter denen dies nicht möglich ist. Leider sind Systeme in der Realität von äußeren Einflüssen abhängig, so werden zum Beispiel Daten und Ereignisse für die Weiterverarbeitung erwartet, die eventuell ausbleiben können. Beschreiben Sie das Verhalten des Systems in derartigen Ausnahmefällen, die es nicht selbst beheben kann.

Anforderungen, die Forderungen an das Systemverhalten stellen, erkennen Sie an den so genannten Modaloperatoren der Notwendigkeit. Das sind Begriffe wie „müssen", „sollen", „sollte", „es ist notwendig". Für Anforderungen, die mit Hilfe unserer Anforderungsschablonen formuliert wurden, die also bewusst diese Modaloperatoren enthalten, wird die Suche natürlich erfolgreich ausfallen. Wenden Sie diese Suchmethode deshalb verstärkt auf die frei formulierten Anforderungen an.

 Regel 6: Prüfen Sie die Modaloperatoren der Notwendigkeit auf benötigte Ergänzungen

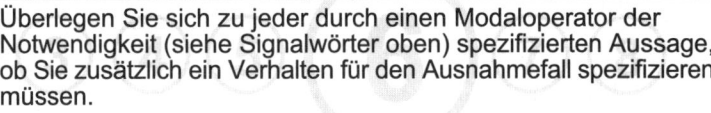

Überlegen Sie sich zu jeder durch einen Modaloperator der Notwendigkeit (siehe Signalwörter oben) spezifizierten Aussage, ob Sie zusätzlich ein Verhalten für den Ausnahmefall spezifizieren müssen.

Anforderung

Beispiel: Das Bibliothekssystem soll Daten von jedem System einer anderen Zweigstelle der Bibliothek empfangen und diese verarbeiten können.

Die Anforderung fordert ein Verhalten, welches aber nur den Normalfall betrachtet, dass Daten von einem Fremdsystem geliefert und verarbeitet werden können. Einige Fragen bezüglich möglicher Ausnahmefälle bleiben offen.

Fragen

- Was passiert, wenn keine Daten empfangen werden können, da keine geliefert werden?
- Was passiert, wenn empfangene Daten nicht verarbeitet werden können?

Vermutlich erwarten Sie vom System, dass es in diesen Fällen nicht einfach kommentarlos abstürzt, sondern ein definiertes Verhalten aufweist. Zum Beispiel könnten mögliche Schwierigkeiten beim Empfangen von Daten über die Benutzerschnittstelle angezeigt werden. Bei Problemen beim Verarbeiten der empfangenen Daten könnte es erwünscht sein, dass die fehlerhaften Datensätze dem Benutzer angezeigt werden sollen und dieser sie nachbearbeiten oder löschen kann.

Hier ein weiteres Beispiel zu den Modaloperatoren der Notwendigkeit.

Beispiel: Das System soll eine durch den Benutzer eingeleitete Sicherung des gesamten Leihbestands ermöglichen.

Anforderung

- Sonst passiert was?

Fragen

- Was passiert, wenn aus technischen Gründen eine Sicherung nicht möglich ist? Stürzt das System einfach ab? Tut es einfach nichts?

Auch hier muss das Verhalten im Ausnahmefall spezifiziert werden.

Beispiel: Die Performanz des Systems soll auch bei massiver Erweiterung des Leihobjektbestandes nicht unter die geforderten Werte fallen.

Anforderung

- Sonst passiert was?

Fragen

- Was passiert im Falle einer massiven Erweiterung des Leihobjektbestandes?
- Kann es andere Situationen geben, bei denen die Performanz beeinträchtigt werden könnte?

Die Beschreibung von Anforderungen an Ausnahmesituationen wird häufig vernachlässigt. Wir empfehlen, die möglichen Ausnahmefälle sofort bei der Erhebung von Anwendungsfällen mit zu erwähnen. Eine vollständige Definition des Systemverhaltens in Ausnahmefällen kann den identischen Aufwand bereiten wie die Definition des Systemverhaltens für die Normalfälle. Dies wird gerne unterschätzt, die Definition des Verhaltens in Ausnahmesituationen wird dann aus Zeitgründen unterlassen oder nur angerissen. Das Resultat ist dann ein System, welches bei minimalen Störungen der Umgebung ein unkalkulierbares Verhalten aufweist.

Implizite Annahmen

Viele Sachverhalte des zu beschreibenden Systems sind gerade dem erfahrenen Anwender völlig selbstverständlich, sodass er sie bei der Erhebung von Anforderungen gar nicht mehr kommuniziert. Es setzt sie als allgemein bekannt voraus.

Grundlegende Sachverhalte dokumentieren

Derartige grundlegende Aussagen, die wahr sein müssen, damit andere Aussagen (Anforderungen) einen Sinn ergeben, werden in Anforderungsdokumenten oft getilgt. Die getilgten Informationen werden implizite Annahmen (Präsupposition) genannt. Sie enthalten das grundlegende Wissen des Verfassers von Anforderungen über einen Ausschnitt der Realität. Diese Grundannahmen werden oftmals nicht formuliert, da der Verfasser der Anforderungen sie als selbstverständlich betrachtet oder sich scheut, die für

211

ihn banalen Sachverhalte niederzuschreiben. Wir bezeichnen das häufig als Muskelgedächtnis, dass es dem Stakeholder nicht mehr aktiv bewusst ist, welches umfassende Wissen er über das System überhaupt besitzt.

Für die spätere Umsetzung der Anforderungen in ein Produkt müssen diese implizit enthaltenen Annahmen jedoch explizit formuliert werden (Qualitätskriterium der Vollständigkeit). Annahmen, die in der Implementierung von einem Laien getroffen werden und nicht explizit gefordert werden, können die angemessene Funktionsfähigkeit des Systems gefährden.

 Regel 7: Finden Sie implizite Annahmen

Bestimmen Sie das Hauptverb eines Satzes und bilden Sie eine neue Oberflächenstruktur durch Negation dieses Verbs. Danach fragen Sie sich, welche Aussagen wahr sein müssen, damit beide Oberflächenstrukturen einen Sinn ergeben. Alle Aussagen, die Sie dabei entdecken werden, sind unter Umständen nicht formulierte Annahmen, die geklärt und expliziert werden müssen.

Aufdecken
impliziter
Annahmen

Implizite Annahmen können nur innerhalb kleiner, eng begrenzter Einheiten (etwa ein bis fünf Anforderungen) durch eine rein *syntaktische* Analyse erkannt werden, da die Informationen „spurlos" getilgt wurden. Zusätzlich muss logisch-inhaltlich auf Vollständigkeit geprüft werden. Ein fachfremder, aber analytisch ausgebildeter Leser hat bei weniger umfassenden Dokumenten gute Chancen, Tilgungen durch Lesen der Anforderungen aufzuspüren. Bei komplexeren Problemstellungen oder umfassenderen Dokumenten lassen sich getilgte Informationen mittels eines objektorientierten Analysemodells oder durch Beobachtungstechniken systematisch auffinden (siehe dazu Kapitel 3 „Von der Idee zum System").

↱ 3 Idee-System

Eine Möglichkeit, einige dieser Tilgungen in den natürlichsprachlichen Anforderungen zu entdecken, ist im Folgenden aufgeführt. Grundsätzlich sind vollständig getilgte Sachverhalte aber sehr schwer zu entdecken. Insbesondere, wenn ganze Sachverhalte oder Teile eines Systems verschwiegen werden, gibt es keinen uns bekannten Ansatz, der diese getilgten Anforderungen wirklich aufdeckt. Das effektivste Mittel sind Ermittlungstechniken, die diese unterbewussten Abläufe oder Bereiche dennoch entdecken. Dazu zählen insbesondere Beobachtungstechniken, Systemarchäologie und Feedback-orientierte Techniken. Details hierzu finden Sie in Kapitel 4 „Ermittlungstechniken". Am häufigsten entdeckt man derartige Tilgungen allerdings in einem informellen Gespräch am Rande der Analyse, wo in entspannter Atmosphäre die „Banalitäten" des beruflichen Alltags diskutiert werden und getilgte Anforderungen plötzlich zu Tage treten.[6]

↱ 4 Ermitteln

Zur Veranschaulichung der Regel 7 ein einfaches Beispiel. Lautet der Satz

(1) Mein Hund fiel gestern von der Leiter.

so macht man daraus mit *fallen* als Hauptverb

(2) Mein Hund fiel gestern *nicht* von der Leiter.

---

[6] Das sind die so genannten Zigaretten- und Kaffeepausen-Anforderungen, die auch in Verbindung mit einem Glas Bier oder Wein auftreten können. Lässt sich nun daraus schließen, dass Raucher, Kaffee-, Bier- und Weintrinker bessere Analytiker sind?

212

Damit beide Sätze gleichzeitig einen Sinn ergeben, muss angenommen werden, dass der Erzähler einen Hund hat und dass er eine Leiter besitzt. (Anmerkung: Dies ist nicht ganz präzise, da es ja nicht unbedingt die Leiter des Hundebesitzers gewesen sein muss, von der der Hund fiel, und dass der Hund auch irgendwie (wie?) auf die Leiter gelangt sein muss ... , jedoch reicht es für unsere Betrachtungen vollkommen aus.)

Beispiel: Der Typ des Leihobjekts wird in der Eingabemaske eingegeben.   Anforderung

Formulierung mit negativiertem Hauptverb: Der Typ des Leihobjektes wird nicht in der Eingabemaske eingegeben. Damit beide Aussagen einen Sinn ergeben, müssen zwei implizite Annahmen wahr sein:

- Es gibt einen Typ des Leihobjekts.
- Es gibt eine Eingabemaske.

Um diese beiden Sachverhalte, die einfach implizit vorausgesetzt wurden, zu hinterfragen, sind die beiden folgenden Fragen nötig:

- Wie ist der Typ des Leihobjekts definiert?   Fragen
- Was ist unter Eingabemaske zu verstehen?

Beispiel: Bei Überschreitung der Leihfrist soll eine Mahnung an den Entleiher ver-   Anforderung
schickt werden.

Implizite Annahmen:

- Es gibt eine Leihfrist.
- Es gibt eine Überschreitung der Leihfrist.
- Es gibt eine Mahnung.

Um die impliziten Angaben zu klären, können zum Beispiel die folgenden Fragen verwendet werden:

- Wie ist die Leihfrist definiert?   Fragen
- Wie lange dauert sie?
- Gilt die gleiche Leihfrist für alle Leihobjekte?
- Wie ist eine Überschreitung der Leihfrist definiert?
- Was ist eine Mahnung genau? Welche Informationen enthält sie?

Implizite Annahmen treten häufig in Zusammenhang mit Beziehungen zwischen Objekten auf.

 Regel 8a:

Überprüfen Sie, ob das Verhältnis zwischen mehreren Objekten *etwas Wesentliches* darstellt. Falls dies der Fall ist, formulieren Sie für das Verhältnis eine eigene Anforderung.

Beispiel: Das Bibliothekssystem soll dem Nutzer die Möglichkeit bieten, die Statistik   Anforderung
für die Entleihvorgänge abzurufen.

Diese Anforderung enthält die implizite Annahme, dass diese Statistik existiert. Das Verhältnis zwischen Statistik und Entleihvorgang ist so wesentlich, dass eine eigenständige Anforderung formuliert werden muss:

Anforderung

Beispiel: Das System soll eine Statistik für Entleihvorgänge erstellen, die pro Entleiher für den Zeitraum der letzten zwölf Monate die Anzahl der insgesamt entliehenen Exemplare, sortiert nach den Kategorien Buch, Video, Zeitschrift, sowie die mittlere Entleihdauer bezüglich der Kategorien umfasst.

 Regel 8b:

> Überprüfen Sie, ob das Verhältnis zwischen mehreren Objekten *etwas Wesentliches* darstellt. Falls dies *nicht* der Fall ist, formulieren Sie für das Verhältnis einen einzigen Begriff (geschlossene Einheit). Der verwendete Begriff ist dann allerdings meist eine Nominalisierung (siehe 8.2.3 Verzerrung), zu der eine grobe Definition hinterlegt sein muss.

Anforderung

Beispiel: Das Bibliothekssystem soll dem Nutzer die Möglichkeit bieten, die Entleihvorgangs-Statistik abzurufen.

8.2.2   Generalisierungen

Falsche
Generalisierung
vernichtet
Details

Die Generalisierung ist ein Prozess, durch den eine Erfahrung (Teile eines persönlichen Modells) von der ursprünglichen Erfahrung abgelöst wird, um dann als allgemeingültig zu gelten.

Die menschliche Fähigkeit, Erfahrungen zu generalisieren, ist ein Prozess, der überlebenswichtig ist. Dadurch können einmal gewonnene Erfahrungen auf verwandte Zusammenhänge übertragen werden. Hat man sich einmal an einer heißen Herdplatte die Hände verbrannt, hilft der Effekt der Generalisierung, diese Erfahrung nicht für jede heiße Herdplatte erneut machen zu müssen. Was bleibt, ist das Wissen, dass die Berührung irgend einer heißen Herdplatte zu unerwünschten Verbrennungen führt. Wichtig ist allerdings die passende Wahl der Gruppe von Sachverhalten, auf welche die Erfahrung transferiert wird. Durch eine zu starke Generalisierung entstehen globale Anforderungen an das System, die nur für einen Teilbereich des Systems richtig und sinnvoll sind. Sonder- und Fehlerfälle gehen hierbei häufig verloren.

Wir stellen Ihnen die drei am häufigsten auftretenden Varianten der Generalisierung vor.

Varianten der Generalisierung

> Universalquantoren
> unvollständig spezifizierte Bedingungen
> Substantive ohne Bezugsindex

Abbildung 8.4: Varianten der Generalisierung

Universalquantoren

Universalquantoren sind Angaben über Häufigkeiten. Über einen Universalquantor wird eine Menge von Objekten zu einer Gruppe zusammengefasst und dann eine Aussage über das Verhalten dieser Menge von Objekten getroffen. Die Gefahr bei der Verwendung von Universalquantoren besteht darin, dass das spezifizierte Verhalten oftmals nicht für alle so bezeichneten Objekte zutrifft. Es sind meist Elemente in der Gruppe enthalten, die einen Sonder- oder Ausnahmefall darstellen und für die das spezifizierte Verhalten falsch ist.[7]

Häufigkeiten richtig angeben

Diese Klasse von Generalisierungen lässt sich leicht an einigen Signalwörtern (den Quantoren) erkennen: zum Beispiel „nie", „immer", „kein", „jeder", „alle", „irgendeiner", „nichts".

 Regel 9: Bestimmen Sie die Universalquantoren

Bestimmen Sie die Universalquantoren einer Anforderung und fragen Sie jeweils, ob das geforderte Verhalten des Systems für wirklich *alle* Objekte aus der Menge gelten soll, die durch den Quantor zusammengefasst werden. Vielleicht gibt es Ausnahmen, die Sie zusätzlich spezifizieren müssen. Untersuchen Sie jeden Satz dahingehend, ob eine Menge an Objekten ausdrücklich definiert ist, für die das spezifizierte Verhalten gelten soll.

Beispiel: Jede Meldung/jeder Datensatz soll für die Aufzeichnung zusätzlich mit einem Zeitstempel etikettiert werden.

Anforderung

Aus dieser Anforderung ergeben sich zumindest die folgenden Fragen:

- Wirklich jede Meldung?
- Wirklich jeder Datensatz?

Fragen

Falls sich bei der Beantwortung dieser Fragen herausstellen sollte, dass es Ausnahmefälle gibt, so müssen diese spezifiziert und die Ausgangsanforderung geändert werden.

Beispiel: Die Entleihvorgangs-Statistik soll allein anhand der aufgezeichneten Daten erstellt werden.

Anforderung

- Was bedeutet „allein", „ausschließlich" oder „immer"?
- Wirklich immer?

Fragen

Auch Sätze, die keine explizite Aussage über die Menge von Objekten enthalten, für die das spezifizierte Verhalten eintreten soll, oder keine Angaben über die Häufigkeit von Verhalten spezifizieren, müssen überprüft werden. Häufig enthalten sie die implizite Annahme, dass das angegebene Verhalten für alle überhaupt relevanten Ob-

Aussagen über Mengen und Häufigkeiten

---

[7] Wie bei den meisten anderen Effekten auch ist bei der Hinterfragung der Universalquantoren wichtig, auf welcher Anforderungsebene sie etwas beschreiben. In einer groben Systembeschreibung können Universalquantoren verwendet werden, ohne einen möglichen Defekt zu verursachen. Erst auf detaillierteren Ebenen müssen Sie diesen Effekt beseitigen, da er zu nicht gewünschtem Verhalten führen kann.

jekte immer gelten soll, die explizite Angabe wurde also getilgt. Die folgende Beispielanforderung enthält keinen Universalquantor, dafür aber jede Menge getilgter Aussagen über derartige Quantoren.

Anforderung

Beispiel: Das System soll eine durch den Benutzer eingeleitete Sicherung von aufgezeichneten Daten auf Band ermöglichen.

Mindestens die folgenden Fragen sollten bezüglich der Beispielanforderung gestellt werden:

Fragen

- Darf jeder Benutzer die Sicherung einleiten?
- Alle jemals aufgezeichneten Daten?
- Kann die Sicherung immer geschehen?
  Also auch mehrfach parallel?

Der Realisierungsrahmen der oben definierten Anforderung liegt zwischen einer trivialen Sicherungssoftware für 1000 € und einer vollautomatischen Robotik-Sicherungsstation für mehrere Millionen €.[8]

Um die Eindeutigkeit zu gewährleisten und das Schreiben von Anforderungen zu erleichtern, sollten die Universalquantoren auf eine Anzahl eindeutig definierter Quantoren reduziert werden.

 Regel 10: Verwenden Sie nur definierte quantitative Angaben

Verwenden Sie als quantitative Angaben zum Beispiel nur „alle", „jeder/ jedem", „entweder", „immer", „oder" und „kein" im Deutschen und „not", „any", „each", „always", „every", „either" und „neither" im Englischen.

Anforderung

Verbessertes Beispiel: Das System soll jedem Nutzer jederzeit die Funktionalität zur Verfügung stellen, eine Sicherung aller aufgezeichneten Daten, die auf seiner lokalen Platte gespeichert sind, auf Band zu initiieren.

Die gleiche Anforderung wie im vorhergehenden Beispiel wurde hier mittels definierter Quantoren notiert.

Bedingungs-strukturen klarstellen

Unvollständig spezifizierte Bedingungen

Ein weiterer Indikator für einen möglichen Informationsverlust durch eine Generalisierung sind unvollständig spezifizierte Bedingungen. Anforderungen, die Bedingungen enthalten, geben das Verhalten bei Eintritt der Bedingung an (ist meist schon geschehen) und müssen aber auch beschreiben, was passieren soll, wenn die Bedingung nicht eintritt (fehlt häufig). Bei komplexeren Bedingungsstrukturen kann eine Entscheidungstabelle dabei helfen, nicht beschriebene Varianten von Aktionen oder Bedingungen ausfindig zu machen. Signalwörter für Bedingungen sind zum Beispiel „wenn", „dann", „falls", „im Falle von" und „abhängig von".

---

[8] Einen derartigen Sachverhalt sollte man dann vermutlich doch klarstellen, bevor das System beauftragt wird, sofern man bei seinem Auftragnehmer oder seiner Entwicklungsabteilung keine hellseherischen Fähigkeiten voraussetzt.

216

(11) Regel 11: Ermitteln Sie unvollständig spezifizierte Bedingungen

Bestimmen Sie die Bedingung(en) in der Anforderung und überprüfen Sie, ob sowohl für den Fall, dass die Bedingung eintritt, ein Verhalten spezifiziert ist (dann-Zweig), als auch dafür, dass sie nicht eintritt (sonst-Zweig). Stellen Sie sich zudem die zusätzlichen Fragen: „Sind alle möglichen Entscheidungskriterien (Bedingungen) aufgezählt?" und „Sind alle möglichen Varianten geschildert?"

Beispiel: Wenn die Abrechnungsdaten über die Schnittstelle zum Säumnis-Managementsystem angefordert werden, soll die Zeit für die Übermittlung eines Datensatzes unter 0.5 s liegen.   Anforderung

Mindestens die folgende Frage bleibt in dieser Anforderung offen:

- Welche Zeitanforderungen existieren in den Fällen, in denen die Abrech-   Frage
  nungsdaten *nicht* über die Schnittstelle zum Säumnis-Managementsystem angefordert werden (sofern es andere Schnittstellen gibt)?

Die Klärung dieser Frage kann zu einer Erweiterung der Anforderung führen, muss aber nicht.

*Beispiel: Es soll die Möglichkeit bestehen, die einzelnen Felder der Stammdatenmas-   Anforderung
ke zu editieren (im Falle einer Störung der automatischen Datenübertragung).*

Diese Anforderung wirft aufgrund der Klammerung eines Satzteils die folgende Frage auf:

- Was soll möglich sein, wenn *keine* Störung vorliegt?   Frage

Bei der letzten Anforderung muss auch klargestellt werden, ob der Ausdruck in Klammern lediglich eine Begründung liefert, warum das geforderte Verhalten benötigt wird, oder ob er wirklich eine Bedingung darstellt.

Hier ein weiteres Beispiel mit mehr als zwei Bedingungen:

Beispiel: Das Bibliothekssystem soll einem Bibliothekskunden   Anforderung

- *bei einem Schuldenstand von weniger als 5 € die Entleihe eines Leihobjekts ermöglichen,*
- *bei einem Schuldenstand von 5 € bis 15 € nur die Reservierung eines Leihobjekts ermöglichen und*
- *bei einem Schuldenstand von mehr als 15 € seinen Bibliotheksausweis sperren
  und ihm die Entleihe und Reservierung von Leihobjekten verweigern.*

Häufig lassen sich die zu spezifizierenden Fälle nicht einfach in zwei Kategorien (Störung/keine Störung) einteilen, sondern es muss wie in der letzten Anforderung eine genauere Fallunterscheidung getroffen werden. Dabei kann die Anforderung sehr komplex werden, sodass geeignetere Darstellungsmittel wie zum Beispiel Entscheidungstabellen (siehe Kapitel 12 „Abnahmekriterien") die bessere Alternative sind. Wie komplex Anforderungen sein können, zeigt sich, wenn beim letzten Beispiel die Bedingung „Der Bibliothekskunde darf insgesamt nur 10 Leihobjekte entleihen oder reservieren" zum vorhergehenden Beispiel noch hinzukommt.

 12 AK

Substantive ohne Bezugsindex

Klar definierte Substantive

Substantive (Wörter, die ein Lebewesen, eine Pflanze, einen Gegenstand oder einen Begriff bezeichnen) bergen ähnlich wie die Prozesswörter die Gefahr, dass sie unvollständig oder nicht spezifiziert sind. Linguisten sprechen hier von Substantiven ohne oder mit zu wenig Bezugsindizes. Sprachliche Vertreter für unvollständig spezifizierte Substantive sind Wörter wie „der Anwender", „der Controller", „das System", „die Meldung", „die Daten", „die Funktion".

 Regel 12: Hinterfragen Sie Substantive ohne Bezugsindex

Fragen Sie für jedes Substantiv der Anforderung, ob es eigentlich eine spezifische Person, eine spezifische Personengruppe, einen spezifischen Gegenstand oder eine Gruppe von Gegenständen der Welt bezeichnen sollte. Sie können bei Substantiven, die eine nicht genau einzugrenzende Menge von Objekten beschreiben, die folgenden Fragen stellen: „Wer ... genau?", „Was ... genau?", „Welcher Teil der genannten Menge?" Erweitern Sie solche Substantive dann durch eine genau festlegende Ergänzung.

Anforderung

Fragen

Beispiel: Die Daten sollen dem Anwender elektronisch dargestellt werden.
- Welche Daten genau?
- Welchem Anwender genau?

Anforderung

Fragen

Beispiel: Die Funktion des Informationssystems soll mittels Display dem Anwender eine zusätzliche Bestsellersuche auf dem Terminal ermöglichen.
- Welche Funktion genau?
- Auf welchem Display?
- Welchem Anwender genau?
- Mit welchem Terminal?

Anforderung

Verbessertes Beispiel: Die Suchfunktion des Informationssystems soll dem Bibliothekskunden eine Bestsellersuche ermöglichen. Das Bibliothekssystem soll dazu auf den Bildschirm der Informationsterminals eine Eingabemaske zur Verfügung stellen, mittels derer die Kategorie und der Leihgegenstandstyp ausgewählt werden kann, dessen Bestsellerliste angezeigt werden soll.

218

Regel 13: Verwenden Sie Substantive stets in der Einzahl

Die in einer Anforderung vorkommenden Substantive sollten zudem immer in der Einzahl (Singular) verwendet werden, außer der geforderte Sachverhalt bezieht sich ausschließlich auf eine Gruppe in ihrer Gesamtheit.

Beispiel: Jede Kundenadresse soll für den Nutzer editierbar sein.   Anforderung

In dieser Anforderung wird das Substantiv „Kundenadresse" richtig in der Einzahl verwendet.

Beispiel: Alle Adressen der Bibliothekskunden, deren Bibliotheksausweise gesperrt sind, sollen in einer Liste auf dem Terminal des Entleiharbeitsplatzes anzeigbar sein.   Anforderung

Hier taucht das Substantiv „Adressen" richtig in der Mehrzahl auf, da die geforderte Anzeigefunktion für Adressen gesperrter Bibliotheksausweis-Besitzer nur für alle Adressen gemeinsam gilt. Es ist hier nicht gefordert, dass eine einzelne Adresse ebenfalls anzeigbar sein soll.

Regel 14:

Falls es sinnvoll ist, sollten Sie den Artikel je nach Bedeutung durch „jeder", „alle" oder „genau ein" beziehungsweise „one among many", „any one" oder „each" ersetzen.
Angaben über die Menge der Objekte, die Substantive umschreiben, werden nicht nur durch Mehr- oder Einzahl ausgedrückt, sondern durch spezifische Angaben, die den Artikel (der, die, das, ein, eine, ein, ...) vor dem Substantiv ersetzen, noch näher spezifiziert.

In den beiden vorangegangenen Beispielen war deshalb von „*jede* Kundenadresse" und von „*allen* Kundenadressen" die Rede.

Beispiel: Ein Leihobjekt muss eine Identifizierungsnummer besitzen.   Anforderung

Die beiden unbestimmten sollten durch definierte Artikel ersetzt werden.

Verbessertes Beispiel: Jedes Leihobjekt muss genau eine Identifizierungsnummer besitzen.   Anforderung

Der unbestimmte Artikel (ein, eine oder eine deklinierte Form wie eines, einem, einen) sollte ausschließlich in Definitionen verwendet werden, da hier das Substantiv üblicherweise eingeführt wird und erstmalig in Erscheinung tritt.

Regel 15:

Verwenden Sie ein, eine (unbestimmter Artikel) nur vor einem Substantiv, das damit gerade definiert wird.

Beispiel

Beispiel einer Definition: Ein Leihobjekt ist ein konkretes Exemplar eines Buches, eines Videofilms oder einer Zeitschrift, das der Bibliothekskunde entleihen kann.

Beispiel

Beispiel einer Definition: Ein Nutzer des Bibliothekssystem ist eine natürliche Person, die einen authentifizierten Zugriff zum Bibliothekssystem besitzt und die Daten des Systems verändern darf. Der Bibliothekskunde ist kein Nutzer des Bibliothekssystems.

 Regel 16: Verwenden Sie den bestimmten Artikel vor einem Substantiv, das schon definiert ist

Ist keine Mengenangabe vor einem Substantiv notwendig oder sinnvoll, sollte in einer Anforderung immer der bestimmte Artikel (der, die, das oder eine deklinierte Form wie dem, den, des) verwendet werden.

Anforderung

Beispiel: Das Bibliothekssystem soll dem Nutzer die Möglichkeit zur Verfügung stellen, anhand der Identifizierungsnummer nach Leihobjekten zu suchen.

Anforderung

Beispiel: Bei der Aufnahme soll das Bibliothekssystem jedem Leihobjekt eine eindeutige Identifizierungsnummer zuweisen.

8.2.3 Verzerrungen

Verzerrungen berichtigen

Verzerrung ist der Vorgang, bei dem Tatsachen, die Realität und Erfahrung umgestaltet oder sogar verfälscht werden. Dies stellt ein enormes Problem für die Anforderungsanalyse dar, da ein Analytiker häufig nicht entscheiden kann, ob formulierte Sachverhalte korrekt sind oder verzerrt wurden. Wir stellen nachfolgend zwei sprachliche Konstrukte vor, die zumindest Hinweise auf mögliche Verzerrungen geben. Linguisten bezeichnen die beiden Arten von Verzerrungen als Nominalisierungen und Funktionsverbgefüge.

Arten der Verzerrung

> Nominalisierungen
> Funktionsverbgefüge

Abbildung 8.5: Arten der Verzerrung

Nominalisierungen

Komplexe Prozesse nicht zu Ereignissen konvertieren

Eine Nominalisierung ist eine komplexe Transformation, die ein Verb der Tiefenstruktur in ein Substantiv der Oberflächenstruktur verwandelt. Dadurch wird ein (oft länger währender) Prozess zu einem (einmaligen) Ereignis gemacht. Es entstehen Begriffswörter, die komplexe Prozesse in einem Begriff zusammenfassen, welche im Detail aufwändig zu beschreiben sind. Durch diese Umwandlung gehen eine Menge für die Beschreibung des Prozesses wichtiger Informationen verloren.

Sprachliche Vertreter der Klasse Nominalisierung aus unserem Bibliotheksumfeld sind „der Wiederanlauf", „die Reservierung", „die Rückgabe", ...

Grundsätzlich spricht nichts dagegen, nominalisierte Begriffe für einen komplexen Prozess zu verwenden, sofern der Prozess durch dieses Begriffswort eindeutig bezeichnet ist. Die Definition des nominalisierten Begriffs sollte dabei keinen Spielraum für Interpretationen des Prozesses erlauben und sowohl den Verlauf des Prozesses mit allen potenziell auftretenden Ausnahmen als auch sämtliche Eingabe- und Ausgabeparameter klären. Es ist also nicht unser Ziel, Nominalisierungen zu vermeiden oder zu verbieten, sondern sie nur dann zu verwenden, wenn der dahinter liegende Prozess selbstverständlich oder vollständig definiert ist. Bei der sprachlichen Analyse eines Textes sollten alle Nominalisierungen erkannt und daraufhin untersucht werden, ob sie an anderer Stelle im Anforderungsdokument ausreichend definiert wurden und ob sie wirklich allen Stakeholdern völlig klar sind.[9] Ist dies nicht der Fall, müssen Sie entweder eine neue Anforderung oder einen Glossareintrag erstellen.

 ## Regel 17: Hinterfragen Sie Nominalisierungen

Überprüfen Sie jedes Substantiv im Satz und fragen Sie sich, ob nicht ein Verb möglich wäre, das einen Vorgang beschreibt und das ähnlich klingt/aussieht und dem Substantiv in der Bedeutung ähnelt. Dazu zwei Tests:

1. Passt das Substantiv sinnvoll in die Phrase „ein(e) andauernde(r) ..." (im Sinne von kontinuierlich), so handelt es sich um einen Vorgang, der nominalisiert wurde.

2. Beschreibt ein Substantiv etwas, das man nicht anfassen kann? Auch hier handelt es sich wahrscheinlich um einen nominalisierten Prozess.

Kann eine der beiden Fragen mit „Ja" beantwortet werden, so müssen Sie das Substantiv dahingehend hinterfragen, ob nicht mit dem unterschlagenen Vorgang auch Informationen verloren gegangen sind.

Bemerkung zum ersten Test: Dieser Test liefert fast immer gute Ergebnisse. Wörter wie „Bibliothckskundc", „Lcihobjckt", „Statistik" ergeben als „ein andauernder Bibliothekskunde" et cetera keinen Sinn. Hingegen hat die Kombination mit den Wörtern Entleihe, Erstellung (einer Statistik), Reservierung, Leihfrist und Transformation eine Bedeutung (zum Beispiel noch andauernde Erstellung). Unter Umständen hängen an dem Vorgang Erstellung noch eine Reihe von fehlenden Informationen, etwa was erstellt wird, wie und wo. Jede Verzerrung kann, wie in diesem Beispiel gezeigt, eine Menge an Informationen vernichten und ist damit implizit auch ein Tilgungsdefekt.

Beispiel: Bei der Rückgabe eines vorgemerkten Leihobjekts soll eine Benachrichtigung verschickt werden.   Anforderung

---

[9] Wichtig ist, dass alle Stakeholder auch eine identische Interpretation des nominalisierten Begriffes im Kopf haben. In mehreren Projekten mussten wir feststellen, dass zentrale nominalisierte Begriffe von allen Stakeholdern als bekannt und selbstverständlich bezeichnet wurden. Gegen Ende der Analysephase wurde dem Analytiker anhand kontroverser Diskussionen über Anforderungen, in denen der Begriff auftauchte, klar, dass einzelne Stakeholder ein abweichendes Verständnis dieser zentralen Begriffe hatten.

Die Begriffe „Rückgabe" und „Benachrichtigung" beschreiben jeweils einen Prozess, der genauer analysiert werden sollte.

Fragen

- Was geschieht alles bei dem Prozess „Rückgabe"?
- Wann und durch wen oder was wird er initiiert?
- Wann und durch wen oder was wird er beendet?
- Welche Fehler-/Ausnahmefälle können bei diesem Prozess auftreten?
- Was passiert bei dem Prozess der „Benachrichtigung"?
- Wann und durch wen oder was wird er initiiert?
- Wann und durch wen oder was wird er beendet?
- Wer wird benachrichtigt?

Anforderung

Beispiel: „Es sollen Datenverluste erkannt und über die Systemüberwachungskompo-nente gemeldet werden."

Fragen

- Welche Daten gehen verloren?
- Wodurch gehen die Daten verloren?
- Wie wird der Verlust der Daten erkannt?
- Was wird überwacht?
- Wer oder was leistet die Überwachung?

Weitere Beispiele für nominalisierte Prozesse sind die Begriffe „die Aufnahme", „das Abspielen", „der Tag", „das Ereignis", „die Meldung", „die Medienverwaltung", „die Ausleihe" und natürlich auch der Begriff „Requirements-Engineering"[10].

Funktionsverbgefüge

Inhaltsarme Verben präzisieren

Funktionsverbgefüge (siehe Abbildung 8.6: Funktionsverbgefüge) sind Kombinatio-nen aus inhaltsarmen Verben (machen, können, haben, sein, ...) und sinngebenden Substantiven. Die Verben alleine reichen zur Beschreibung eines Prozesses nicht aus oder sind zu unpräzise.

---

[10] Auch Requirements Engineering ist eine wunderschöne Nominalisierung. Wer macht hier eigentlich was? Mit welchen Informationen? Wodurch startet der Prozess? Wodurch wird er beendet? Welche Ergebnisse werden erzielt? Welche Ausnahmebedingungen gibt es? Fragen über Fragen ... und doch ist der Begriff in aller Munde und jeder hat den Eindruck, genau zu verstehen, was gemeint ist. Im Marketing sind Nominalisierungen übrigens sehr beliebt.

Regel 18: Ersetzen Sie die Funktionsverbgefüge durch einfache, direkte Vollverben

> Funktionsverbgefüge führen zu einem mit Substantiven überladenen, schwer verständlichen Stil und bewirken oft, dass ein Vorgang in passivischer Sichtweise beschrieben wird. Viele Sätze sind unnötig indirekt ausgedrückt, sodass die eigentliche Tätigkeit, die normalerweise durch ein Vollverb beschrieben ist, in den Hintergrund gerät.

Im folgenden Beispiel verbirgt das Funktionsverbgefüge „zu Ende bringen" das unvollständig spezifizierte Prozesswort „beenden".

Beispiel: Das Bibliothekssystem muss die Berechnungen der Statistiken innerhalb einer Stunde zu Ende bringen.   Anforderung

Die folgenden Fragen sollten vor einer Umformulierung der Anforderung gestellt und beantwortet werden.

- Was heißt zu Ende bringen?   Fragen
- Wird die Berechnung abgebrochen oder muss sie innerhalb einer Stunde vollständig durchgeführt werden?
- Wie oder womit wird beendet?

Verbessertes Beispiel: Das Bibliothekssystem muss die Berechnungen der Statistiken selbstständig innerhalb einer Stunde vollständig durchführen und beenden.   Anforderung

Funktionsverbgefüge		Passiv		Aktiv
in Betrieb sein	→	betrieben werden	→	betreiben
im Bau sein	→	gebaut werden	→	bauen
zu Ende sein	→	beendet sein	→	enden
zu Ende bringen	→	zu Ende gebracht werden	→	beenden
sich in Anwendung befinden	→	angewendet werden	→	anwenden
Berechnungen anstellen	→	berechnet werden	→	berechnen
einen Unterschied machen	→	unterschieden werden	→	unterscheiden
eine Veränderung erfahren	→	verändert werden	→	verändern

Abbildung 8.6: Funktionsverbgefüge

Pathologie der Anwendungsfälle

Von Bernd Oestereich

Anwendungsfälle (englisch: use cases) sind populär geworden, unter anderem durch die Publikationen von Ivar Jacobson. Motivation zur Erfindung und zum Einsatz der Anwendungsfälle war die Tatsache, dass es bis dahin in den meisten Fällen ganz erhebliche Kommunikationsprobleme zwischen Softwareentwicklern und Anwendern beziehungsweise Fachabteilungen gab.

Die Softwareentwickler konfrontierten und quälten die Fachabteilungen immer wieder mit ganz speziellem technischem Vokabular, einer Informatik-Fachsprache und mit Diagrammen und Modellen, deren Notation und Semantik den Experten kaum verständlich war.

Die Anwender gerieten dadurch, dass Anforderungen nicht in ihrer Sprache, sondern in der Sprache der Informatiker beschrieben wurde, in die Defensive. Das Sprachmonopol lag bei den Softwerkern. Anwender und Fachexperten erstarrten vor Ehrfurcht beim Anblick komplizierter Diagramme, und nur die ganz Tapferen und Penetranten waren in der Lage, ernstlich die fachliche Korrektheit zu hinterfragen und die Anforderungen kritisch zu würdigen. So entstanden Systeme, die eigentlich nie jemand wollte.

Als Ausweg aus dieser Situation wurden die Anwendungsfälle propagiert. Beschreibungen in natürlicher Sprache, beispielsweise in Deutsch, also in der Sprache der Anwender. Ohne komplizierte Diagramme. Die Softwareentwickler sollten gezwungen werden, sich in die Sprache der Anwender hineinzubegeben, um auf diese Weise das Sprachmonopol und damit die Kritikfähigkeit bei den Anwendern zu belassen. Im Idealfall wurden die Anwendungsfälle von den Softwareentwicklern geschrieben und die Anwender konnten überprüfen, ob die Softwareentwickler die fachlichen Zusammenhänge und Anforderungen richtig verstanden hatten.

Schließlich fügte man noch eine einfache Diagrammart hinzu, die aber im Wesentlichen nur aus dem hochwissenschaftlichen Symbol des Strichmännchens bestand, so genannte Akteure, sowie Ovalen, in denen die Namen der Anwendungsfälle standen.

Überzeugt von der Sinnhaftigkeit und Zweckmäßigkeit des Konzeptes der Anwendungsfälle, setzten sie sich als Standard in der (nicht nur) objektorientierten Softwareentwicklung an vielen Stellen (außer im Umfeld rein technischer Systeme) durch.

Doch nun tauchten ganz neue Probleme auf.

Einige Entwickler versuchten mit Hilfe von Anwendungsfalldiagrammen Ablaufreihenfolgen zu definieren, indem sie die Anwendungsfälle mit Beziehungen (Include, Extend) verketteten. Hierfür waren diese Diagramme aber nicht konzipiert, und so klemmte man sich hier schnell die Nase. Vor allem führte dieses Vorgehen zu einer weitgehenden funktionalen Zerlegung des Systems und zu einer unüberschaubaren Menge kleinster Anwendungsfälle.

Nachdem man daraus gelernt hatte, folgten andere Probleme. Nun wurde mehr Wert auf die natürlichsprachliche Beschreibung der Anwendungsfälle gelegt, das heißt auf die Texte. Hier gab es ein großes Durcheinander, selbst nachdem sich Strukturierungs- und Gliederungsvorgaben durchsetzten und konvergierten (wobei beispielsweise die UML bis heute keine Vorgaben macht oder nicht einmal Empfehlungen gibt). Die Anwendungsfälle unterscheiden sich beispielsweise ganz erheblich bezüglich ihres Detaillierungs- und Abstraktionsgrades, einige begnügten sich mit ein paar Stichworten, schrieben nicht einmal vollständige deutsche Sätze. Andere konvertierten in die Belletristik und schrieben seitenlange Geschichten. Einige konzentrierten sich auf die wesentlichen fachlichen Sachverhalte, andere beschrieben genau die Beschaffenheit einzelner Schaltflächen.

Ganz häufig wurden zwar natürlichsprachliche Formulierungen und die deutsche Sprache gebraucht, doch waren diese weit davon entfernt, substanzielle Anforderungen zu sein. Stattdessen wurde unter Einsatz von Überstunden datenbankweise Wortmüll produziert. War es also ursprünglich eher so, dass Anwender die Anforderungsbeschreibungen nicht richtig verstehen konnten, woraufhin auf Anwendungsfälle zurückgegriffen wurde, so können wir heute feststellen, dass das Problem eher darin besteht, dass die Anwendungsfallautoren nicht in der Lage sind, brauchbare Beschreibungen zu produzieren.

Welches Fazit können wir daraus ziehen? Sollen wir uns von dem Konzept der Anwendungsfälle wieder verabschieden?

Ich denke, so schlimm ist es nicht. Was wir aber benötigen, sind eindeutige und objektive Kriterien zur Strukturierung und inhaltlichen Gestaltung von Anwendungsfallbeschreibungen. Wie detailliert soll die Beschreibung sein? Wie abstrakt sollte ein Anwendungsfall sein? Wie bestimme ich die genauen Grenzen zwischen den einzelnen Ablaufschritten in einem Anwendungsfall? Welche Arten von Informationen beziehungsweise Anforderungen müssen mindestens und welche sollten in Anwendungsfallbeschreibungen enthalten sein? Und einige Fragen mehr. In der UML und auch in vielen Vorgehensmodellen finden Sie hierauf keine nennenswerten Antworten.

Bernd Oestereich (Bernd.Oestereich@oose.de) ist geschäftsführender Gesellschafter der oose.de und Autor zahlreicher international verlegter Publikationen. Seine Publikationen sowie seine Beratungs- und Schulungstätigkeit geben immer wieder wichtige Impulse für die objektorientierte Softwareentwicklung. Infos auch zu Anwendungsfällen unter www.oose.de.

8.3 Weitere Aspekte der linguistischen Analyse

Im Folgenden erläutern wir fünf weiterführende Aspekte, die bei der linguistischen Analyse des Anforderungsdokuments und einer einzelnen Anforderung beachtet werden müssen. Sie lassen sich nicht sinnvoll den Klassen Tilgung, Generalisierung und Verzerrung zuordnen.

8.3.1 Redundanz

Oft ist es uns gar nicht bewusst, dass wir Sätze bilden, in denen überflüssige Informationen stecken. Für die verbale Kommunikation zwischen Menschen ist dies oft erheiternd und sinnvoll, für Anforderungen stellt es jedoch nur eine unnötige Verkomplizierung dar. Anforderungen werden dadurch schwer les- und analysierbar.

Redundante Aussagen kürzen

 Regel 19:

Vermeiden Sie es, etwas doppelt auszudrücken. Entfernen Sie Teile des Satzes, die Sie ohne Bedeutungsverlust straffen können.

Die folgenden Formulierungen können ohne Informationsverlust gestrafft werden. Der obsolete Anteil ist durchgestrichen dargestellt.

- small ~~in size~~
- yellow ~~in colour~~
- to cooperate ~~together~~
- a ~~true~~ fact
- They ~~were thought of or~~ stereotyped as lazy

Floskeln vermeiden

Ähnlich wie mit redundanten Aussagen verhält es sich auch mit floskelhaften Formulierungen. Auch hier können Teile einer Anforderung ohne Informationsverlust gestrichen oder umformuliert werden. In den Beispielen sind die zu streichenden Informationen wieder durchgestrichen dargestellt.

 Regel 20:

Streichen Sie floskelhafte Wörter und Wendungen oder drücken Sie diese kürzer aus.

Wendung oder Floskel	Verkürzter Ausdruck
Es kommt darauf an, dass	Wenn ... dann
Vor dem Hintergrund ...	Bei ...
Nötigenfalls ...	Wenn ...
Je nach dem ...	Wenn ... dann

Abbildung 8.7: Wendung oder Floskel (deutsch)

Wendung oder Floskel	Verkürzter Ausdruck
It seems that, ...	~~It seems that, ...~~
One must admit that, ...	~~One must admit that, ...~~
along the lines of	like
as a matter of fact	in fact
at all times	always
at the present time	now, currently
at this point in time	now, currently
because of the fact that	because
by means of	by
by virtue of the fact that because	because
due to the fact that	because

Abbildung 8.8: Wendung oder Floskel (englisch)

8.3.2   Nebensätze

Jede Anforderung sollte in einem einzigen Hauptsatz formuliert werden. Die einzigen Nebensätze, die notwendig sind, sind logische oder zeitliche Bedingungssätze (siehe dazu auch Kapitel 9 „Anforderungsschablone"). Andere Nebensätze, zum Beispiel auch Verbalphrasen, sollten Sie eliminieren oder zu Bedingungssätzen umwandeln. Zudem sollten Sie natürlich pro Satz auch nur eine Anforderung beschreiben.

Jede Anforderung in einen Hauptsatz

 9 Schablone

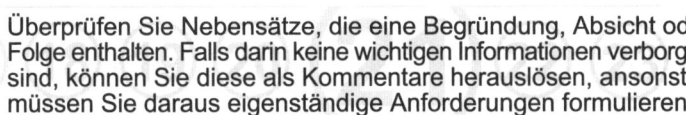

(21)   Regel 21:

> Überprüfen Sie Nebensätze, die eine Begründung, Absicht oder Folge enthalten. Falls darin keine wichtigen Informationen verborgen sind, können Sie diese als Kommentare herauslösen, ansonsten müssen Sie daraus eigenständige Anforderungen formulieren.

Dazu einige heuristische Regeln:

Schlüsselwörter zur Identifizierung von Nebensätzen, die eine Begründung, Absicht oder Folge enthalten, sind in der deutschen Sprache zum Beispiel: „weil", „damit", „um", „deshalb". Englischsprachige Vertreter von Schlüsselwörtern für Nebensätze sind zum Beispiel „because", „for", „in order to", „in order that", „that", „so that".

Beispiel: Um die Bearbeitungsvorgänge zu beschleunigen, muss das Bibliothekssystem die Leihobjektdaten per Strichcodeleser erfassen können.
Der Nebensatz „Um die ... beschleunigen" stellt keine geforderte Funktionalität des Systems dar und ist daher Kommentar.

Anforderung

Verbessertes Beispiel: Das Bibliothekssystem soll die Leihobjektdaten per Strichcodeleser erfassen.
Kommentar: Dadurch werden die Bearbeitungsvorgänge beschleunigt.
Falls sich allerdings etwas anderes hinter diesem Nebensatz verbergen sollte, muss dieser Sachverhalt auch als Anforderung notiert werden.

Anforderung

Beispiel: Die Leihobjektdatenbank soll editierbar sein, sodass die Leihobjekte auch manuell erfasst werden können.
Der Nebensatz „sodass ... können" stellt eine wesentliche Funktionalität des Systems dar, da eine manuelle Erfassung äußerst komplex gestaltet werden kann. Hier ist es nötig, die Anmerkung im Nebensatz als eine eigene Anforderung zu spezifizieren.

Anforderung

(1) Die Leihobjektdatenbank soll editierbar sein.
(2) Das System muss dem Nutzer die Möglichkeit bieten, jedes Leihobjekt manuell zu erfassen.

Anforderung

In diesem Beispiel kann darüber diskutiert werden, ob der Sachverhalt, der im Hauptsatz dargestellt wird, eine relevante Anforderung darstellt. Eventuell kann es sich um eine sehr generische Aussage handeln, die als einleitender Kommentar den detaillierteren Anforderungen vorangestellt werden kann. Dabei ist dann aber zu beachten, dass alle enthaltenen Detailanforderungen auch expliziert werden müssen.

> **㉒** **Regel 22:**
>
> Nebensätze, die in einem zeitlichen Verhältnis zum Hauptsatz stehen, müssen Sie in einen Wenn/Falls-Satz mit eventuellen Verneinungen umformulieren.
> Schlüsselwörter zur Identifizierung temporaler Nebensätze (Nebensätze, die in einem zeitlichen Verhältnis stehen) sind zum Beispiel: „bevor", „während", „nachdem", „solange", „bis", „unterdessen"; im Englischen: „before", „while", „after", „until" und „-ing-Phrasen".

Anforderung

Beispiel: Das Bibliothekssystem soll, während neue Leihobjektdaten eingespielt werden, keine Leihobjekte an einen Bibliothekskunden verleihen.

Verbessertes Beispiel: Wenn neue Leihobjektdaten eingespielt werden, soll das Bibliothekssystem keine Leihobjekte an einen Bibliothekskunden verleihen.

Bei der verbesserten Version des Beispiels steht die Bedingung, unter der das spezifizierte Verhalten gefordert ist, sofort am Anfang des Satzes. Das macht die Anforderung leichter lesbar. Zudem lassen sich Testfälle leichter ableiten, da die Ausgangsbedingungen sofort erkennbar sind, wenn sie definiert am Anfang der Anforderung stehen.

8.3.3 Definitionen

Definitionen legen Grundbegriffe fest

 6 Anf.-Arten

Definitionen dienen vor allem der Festlegung der Grundbegriffe, die das System konstituieren (siehe dazu auch Kapitel 6 „Anforderung oder Anforderung"). Durch festgelegte Begriffe lässt sich die Präzision der Anforderungen wesentlich steigern, da die in den Anforderungen verwendeten Wörter eindeutige Sachverhalte referenzieren.

Redundanz, Missverständnisse, Unklarheiten vermeiden

Definitionen helfen dabei, Redundanzen in Anforderungen zu vermeiden, da sie wichtige Informationen an einer Stelle zusammenführen. Folgende Probleme können durch Definitionen verhindert werden:

■ Unklare Fachbegriffe: die Bedeutung ist dem Systemanalytiker, evtl. auch anderen Projektmitarbeitern unklar, zum Beispiel „Drosselklappe"

■ Alltägliche Begriffe: können für die Stakeholder eine sehr spezielle Bedeutung haben, zum Beispiel „Artikel", „Anruf", „Buchung".

■ Verschiedene Begriffe für das gleiche „Ding" (Synonyme) durch verschiedene Quellen oder noch nicht feststehende Begriffswelt des Auftraggebers.

■ Gleicher Begriff für verwandte, aber doch unterschiedliche „Dinge" (Polysemie), zum Beispiel „Schule" = die Institution oder die Röhmschule in Kaiserslautern.

■ Identischer Begriff für völlig unterschiedliche Dinge (Homonyme), zum Beispiel „Steuer" (PKW) und „Steuer" (Finanzabgabe).

Definieren Sie für Ihr Projekt alle „erklärungsbedürftigen" Substantive und Verben/Prozessworte. Um neuen Mitarbeitern den Einstieg zu erleichtern, sollten Sie außerdem alle Abkürzungen, Akronyme und die zentralen Begriffe Ihres Fachgebiets definieren. Andererseits sollten Sie nicht beliebige Begriffe in ein Glossar aufnehmen, um die Übersicht über die wichtigen Begriffe zu behalten.

Folgende Informationen sollten Sie für Definitionen verwalten:

- Herkunft
- Beispiele, Gegenbeispiele
- Verwandte Begriffe und Synonyme
- Beziehungen zu anderen Begriffen
- Beschreibung und eventuell eine Kurzbeschreibung

Häufig treten in verschiedenen Projekten ähnliche Begriffe auf, da das System für denselben Kunden oder dieselbe Branche entwickelt wird. Diese Begriffe sollten Sie für Ihr aktuelles Projekt wiederverwenden oder sogar in einem zentralen, Projekt-übergreifenden Glossar definieren. Für einige Fachgebiete gibt es bereits Sammlungen von Definitionen, die Sie als Grundlage verwenden können. Zum Beispiel werden in [IEEE90] typische Begriffe des Software-Engineerings definiert. `[Definitionen wieder-verwenden]`

Die Definitionen werden zentral von einem Verantwortlichen gepflegt, um die Konsistenz sicherzustellen. Sie werden allen Projektmitarbeitern zur Verfügung gestellt, um ein einheitliches Begriffsverständnis zu schaffen. Sie erleichtern dadurch die Kommunikation zwischen den Projektbeteiligten und präzisieren gleichzeitig die Anforderungen. Sie schreiben verbindlich für alle Mitarbeiter vor, die Definitionen des Glossars zu verwenden. Es ist verpflichtend und juristisch verbindlich! Wichtig ist dabei aber, dass Sie kein allgemeingültiges, vielleicht sogar unternehmensweites Glossar anstreben sollten. Die Projekterfahrung zeigt uns deutlich, dass solche Versuche zum Scheitern verurteilt sind. Vielmehr ist es ratsam, für jedes Projekt passend ein eigenes Glossar anzulegen und dieses gegenüber anderen Projektglossaren konsistent zu halten.

Jeder Mitarbeiter sollte Zugang zum Glossar haben, um es als Kommunikationshilfe nutzen zu können. Sie können für das Glossar eine beliebige Darstellungsform nutzen, sofern sie verständlich und übersichtlich ist. Bewährt haben sich zum Beispiel Tabellen oder auch Klassendiagramme der UML.

Im Folgenden gehen wir noch etwas detaillierter auf die Definition von Substantiven, Adjektiven und Verben ein. Die Beschreibung ergänzt lediglich die Liste an Informationen, die eine Definition enthalten sollte.

Definition von Substantiven

Die Definition von Substantiven sollte immer identisch aufgebaut sein.

 Regel 23: Definieren Sie Substantive nach folgendem Schema:

Subjekt (= zu definierender Begriff) + Verb + Objekt(e) + Ergänzungen (Phrasen, Nebensätze).

Definition

Beispiel: Ein Leihobjekt ist ein konkretes Exemplar eines Buches, eines Videofilms oder einer Zeitschrift, das der Bibliothekskunde entleihen kann.

Zusätzlich können die Definitionen mit Hilfe folgender Konstrukte zusammengesetzt werden:

- Beiordnung (und, oder)
- Unterordnung durch Bedingungssätze (wenn, falls ... dann)
- Unterordnung durch Relativsätze (welcher, welches)
- Negation einer Phrase (ist nicht)
- Negation eines Substantivs (kein)
- Schlüsselwörter der Quantität (ein, einer, alle, jedes, ...)

Ein Substantiv dient nicht dem Benennen eines individuellen Gegenstandes, sondern bringt Ordnung in die Menge der individuellen Gegenstände. Beispielsweise benennt der Begriff „Bibliothekskunde" nicht einen individuellen Menschen, sondern bezeichnet eine ganze Menge von natürlichen Personen, die gewisse Eigenschaften besitzen (Berechtigungsstatus, Alter, ...).

Daraus ergeben sich drei grundsätzlich verschiedene Arten, einen Begriff zu definieren. Eine Definition kann abzielen

- auf das Sein (ein Bibliothekskunde ist eine natürliche Person),
- auf Merkmale (ein Bibliothekskunde besitzt genau einen Berechtigungsstatus) oder
- auf das Verhalten (ein Bibliothekskunde entleiht Bücher).

Die Definition eines Substantivs sollte die drei Aspekte vollständig abdecken. Dadurch wird eine Strukturierung des Begriffes erreicht. Zudem wird der Bereich von Gegenständen, den der Begriff abdecken soll, durch Attribute eingegrenzt und das Verhalten gegenüber anderen Gegenständen veranschaulicht. Oft werden diese drei Aspekte in *einem* Satz vermischt.

Anforderung

Beispiel:

Ein Bibliothekskunde ist eine natürliche Person.
Ein Bibliothekskunde besitzt genau einen Berechtigungsstatus.
Ein Bibliothekskunde entleiht Leihgegenstände.

Definition von Eigenschaftswörtern

Ein Eigenschaftswort wird immer zusammen mit einem zugehörigen Substantiv definiert.

Definierte Eigenschaftswörter

Für unser Bibliothekssystem muss die Eigenschaft *jugendgefährdend* definiert werden, da einige Leihgegenstände als jugendgefährdend klassifiziert werden.

 Regel 23: Definieren Sie Eigenschaftswörter (Adjektive) nach folgendem Schema:

Zu definierendes Eigenschaftswort + Hilfssubstantiv + „ist" + Hilfssubstantiv + Ergänzungen.

Beispiel: Ein jugendgefährdendes Leihobjekt ist ein Leihobjekt, das gemäß dem Gesetz über die Verbreitung jugendgefährdender Schriften (GjS) indiziert ist.

Definition

Als Hilfssubstantiv wird in diesem Fall das Substantiv *Leihobjekt* verwendet.

Definition von Verben

Auch Verben müssen häufig definiert werden. Hier die Regel sowie Beispiele zur Definition von Verben.

Definierte Verben

 Regel 23: Definieren Sie Verben nach folgendem Schema:

Verb im Infinitiv + „ist der Prozess" + Ergänzungen.

Beispiel: Authentifizieren ist der Prozess, bei dem der Nutzer sich gegenüber dem Bibliothekssystem mit der Benutzerkennung und dem Passwort bekannt macht.

Definition

Beispiel: Ausweisen ist der Prozess, bei dem ein Antragsteller für einen Bibliotheksausweis dem Bibliothekar seinen gültigen Personalausweis oder Reisepass vorlegt.

Die beiden Definitionen definieren Verben, die in Anforderungen verwendet werden. In Projekten erleben wir häufig, dass Stakeholder es nicht als sinnvoll erachten, derartige Verben zu definieren, da sie annehmen, dass die Bedeutung allen anderen Stakeholdern klar ist. Unserer Erfahrung nach lohnt es sich allerdings, sich auf eine minimierte Anzahl von definierten Verben in Form einer Prozesswortliste zu einigen.

8.3.4 Kommentare

Beim Schreiben von Kommentaren sind Sie bezüglich der sprachlichen Ausdrucksmittel völlig frei. Sie dienen nur der Erläuterung, haben keinen Anspruch auf juristische Verbindlichkeit und müssen nur verständlich formuliert sein. Sie können mittels Kommentaren zum Beispiel dem Leser einen Einblick in die Einsatzrealität des späteren Systems geben, Sinn und Zweck einzelner Funktionalitäten erklären oder komplexe fachliche Sachverhalte durch ein Bild oder Beispiel erläutern.

Kommentare als sprachlicher Kitt

Auch Formulierungen, die über Ziel und Zweck einer Anforderung Auskunft geben, sind als Kommentare aus der Anforderung herauszulösen.

Anforderung   *Beispiel: Um die Lesbarkeit zu erhöhen, soll das Bibliothekssystem sämtliche Texte in einer serifenlosen Schrift anzeigen.*

Anforderung   *Verbessertes Beispiel:*

Anforderung: Das Bibliothekssystem soll alle Texte in einer serifenlosen Schrift anzeigen.

Kommentar: Das erhöht die Lesbarkeit des Textes.

Überprüfen Sie vorhandene Kommentare, ob sie nicht implizit unverzichtbare Informationen enthalten, die eigentlich eine Anforderung darstellen.

Anforderung   *Beispiel:*

Anforderung: Das Bibliothekssystem soll dem Nutzer die Möglichkeit geben, sämtliche Leihobjektdaten einzugeben.

Kommentar: Das Bibliothekssystem unterstützt den Nutzer bei der Dateneingabe.

Dieser Kommentar beinhaltet wichtige Forderungen der Stakeholder an das System. Formulieren Sie ihn zu einer eigenständigen Anforderung um.

Anforderung   *Verbessertes Beispiel: Das Bibliothekssystem soll dem Nutzer die Möglichkeit geben, sämtliche Leihobjektdaten einzugeben. Das Bibliothekssystem muss den Nutzer bei der Dateneingabe unterstützen, indem es ...*

8.3.5   Grafische Elemente in Anforderungen

Anforderungen an die Benutzeroberfläche (englisch: Human Machine Interface, kurz: HMI) werden häufig in Form von Grafiken, Skizzen oder Bildschirmausdrucken (Screenshots) formuliert. Diese Vorgehensweise ist nicht unproblematisch, da sie manchmal mehr Fragen aufwirft, als durch das Abbild beantwortet werden.

Angeblich sagt ein Bild mehr als tausend Worte. Häufig implizieren Bilder aber auch sehr viele Interpretationen in den Köpfen unterschiedlicher Stakeholder. Ein Bild ist oft tausendfach unterschiedlich interpretierbar! Jeder Betrachter deutet ein bestimmtes grafisches Element anders, hat andere Vorstellungen oder assoziiert falsche Sachverhalte, die er vielleicht aus einem ähnlichen Bild kennt und nicht differenzieren kann. Bildern, die auf undefinierten Notationen aufbauen, fehlt das geforderte Qualitätsmerkmal der Eindeutigkeit. Hier hilft es, eine Anleitung beizufügen, was an einem Bild als relevant zu betrachten ist und wie es zu interpretieren ist. Das Gleiche gilt auch für Tabellen (siehe Abbildung 8.9 Kundennummernverteilung der Bibliothekskunden).

Anforderung   *Beispiel: Das Bibliothekssystem soll beim Neuanlegen automatisch einem Bibliothekskunden eine Kundennummer nach folgendem Schema zuweisen:*

232

Berechtigungsstatus des Bibliothekskunden	Bereich der Kundennummer
Historiker	1–10000
Journalist	10000–20000
Normalkunde	20000–100000
Jugendlicher	100000–150000

Abbildung 8.9: Kundennummernverteilung der Bibliothekskunden

Wenn Sie sich die Tabelle genauer ansehen, merken Sie, dass keine Angaben über die Grenzen oder Schrittweite gemacht worden sind. Zu welchem Status gehört die Grenze? Wie groß ist die Schrittweite zwischen zwei vergebenen Kundennummern? Es spricht nichts gegen die Verwendung dieser Tabelle, wenn Sie die fehlenden Informationen noch als Anforderungen hinzufügen.

Grafiken enthalten zudem oft redundante oder zu viele Informationen. Das muss nicht unbedingt negativ sein. Redundanz trägt oft zum besseren Verständnis bei.

Redundante und überflüssige Informationen

In Grafiken zu Anforderungen werden allerdings oft Funktionalitäten dargestellt, die nicht in dieser Weise oder schlimmstenfalls gar nicht gefordert werden.

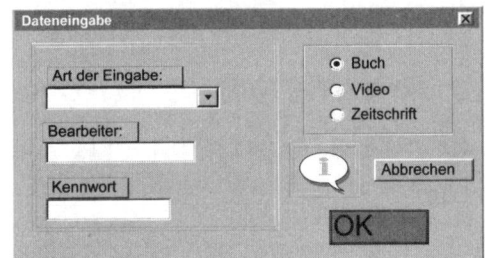

Abbildung 8.10: Beispiel: Grafische Darstellung

Nehmen wir als Beispiel, dass die Dateneingabemaske unseres Bibliothekssystems im Anforderungsdokument farbig abgedruckt ist und unter anderem einen roten Bestätigungsknopf mit dem Text OK in der rechten unteren Bildschirmhälfte darstellt. Kann und muss ich daraus folgern, dass es sich hierbei um eine Anforderung handelt, muss der Knopf im Endsystem auch rot sein? Muss er den Text OK tragen? In genau der gleichen Schriftart und Schriftgröße? Oder ist vielleicht nur die Reihenfolge der dargestellten Knöpfe und die Platzaufteilung verbindlich? Wenn die Position des Knopfes verbindlich ist, dann die genaue Position, oder sagt das Bild nur aus, dass der Knopf irgendwo im rechten unteren Bildschirmbereich landen soll?

Beispiel

Es ist nicht eindeutig, ob die *vollständige* Grafik eine juristisch relevante Anforderung darstellt oder nur Teilaspekte daraus relevant sind. Falls Sie derartige grafische Darstellungen verwenden, sollten Sie vorab definieren, welchen Sachverhalt Sie mit dem Bild beschreiben wollen (zum Beispiel die Farben, Positionen der Elemente, Schriftarten, Texte, ...).

Festlegung der grafischen Darstellung

Andererseits sind grafische Elemente und Tabellen ein Muss für das Anforderungsdokument. Die Veranschaulichung von Zusammenhängen, komplexen Verknüpfungen und Strukturen machen sie unabdingbar. Deshalb können sie in das Anforderungsdokument aufgenommen werden. Grafiken, die lediglich dazu dienen, eine Vorstellung zu kreieren, deren Details noch in Form von Anforderungen beschrieben werden, sollten nicht als rechtlich verbindliche Anforderung, sondern als erläuternde Ergänzung eingefügt werden. Sie haben den Status eines Kommentars. Grafiken, deren Notation genormt ist oder bei denen Sie angegeben haben, was Sie damit definieren können, sollten als Anforderung eingefügt werden.

Die in den Grafiken dargestellten, nicht normierten, Elemente auf deren Realisierung Sie aber Wert legen, sollten Sie dann zusätzlich als natürlichsprachliche Anforderung(en) formulieren. Zudem ist es auch ratsam, auf Normen (wie der Unified Modeling Language) basierende Grafiken zu verwenden, da dadurch der Formalisierungsgrad und Informationsgehalt erhöht wird. Kurzum: Grafiken ersetzen die natürlichsprachlichen Anforderungen nicht wirklich.

Redundanzen werden zu Inkonsistenzen

Sollten Sie Grafiken mit Anforderungen kombinieren, ist dabei häufig die Gefahr der Redundanz gegeben, die Sie nicht unterschätzen sollten. Wenn Sie nicht sicher sind, ob ältere Grafiken konsistent mit den Anforderungen sind, sollten Sie sie weglassen oder zumindest als potenziell veraltet kennzeichnen. Dieses Problem tritt häufig auf, da der Anforderungstext relativ schnell geändert oder überarbeitet wird, jedoch zur Grafikerstellung erst ein Grafiker oder/und ein spezielles Programm benötigt wird.

8.4 Der Algorithmus zum SOPHIST REgelwerk

Reihenfolge der Regelanwendung

Die in diesem Kapitel vorgestellten Regeln zur Verbesserung von natürlichsprachlichen Aussagen können bis zu einem gewissen Grad in beliebiger Reihenfolge angewendet werden. Erfahrene Analytiker gehen dabei intuitiv vor und beheben gleichzeitig mehrere sprachliche Effekte bei einer einzigen Umformung. Dazu stellen sie gezielt Fragen, deren Antworten ausreichend Informationen liefern.

Weniger erfahrene Analytiker sollten erst einmal systematisch nach einem vorgegebenen Schema vorgehen, um keine Effekte zu übersehen. Dazu wird jede Anforderung gezielt auf jeweils *einen* bestimmten sprachlichen Defekt hin überprüft, hinterfragt und verbessert. Die dadurch neu gewonnene(n) Anforderung(en) wird (werden) anschließend auf den nächsten Defekt hin untersucht. Dieser iterative Zyklus endet in der Theorie erst, wenn der letzte sprachliche Defekt behoben wurde. In Ihrer Projektrealität, wo Ressourcen nicht unbegrenzt zur Verfügung stehen und Termine drängen, werden Sie den Zyklus dann abbrechen, wenn die Anforderungen die angestrebte Qualität erreicht haben. Oder nutzen Sie einfach die in Abschnitt 8.2 aufgeführte Hitliste der gefährlichen Wiederholungstäter oder erstellen Sie sich mit Ihrer Erfahrung Ihre eigene Hitliste. Bei diesem Vorgehen ist es sinnvoll, die einzelnen Regeln in einer geschickten Reihenfolge anzuwenden. Dazu haben wir einen Algorithmus entworfen, mit dem die linguistische Analyse eines natürlichsprachlichen Satzes sukzessive und deterministisch durchgeführt werden kann.

Praxistauglicher Algorithmus

Dieser Algorithmus hat sich in der Praxis bewährt. Um ihn anzuwenden, ist es notwendig, die Satzteile (syntaktische Strukturelemente wie Verben, Adjektive, Substantive, ...) einer Anforderung zu bestimmen. Aufbauend darauf werden die Regeln mit dem bekannten Frage-Antwort-Mechanismus umgesetzt.

Der Algorithmus beseitigt somit einen Defekt nach dem anderen. Nachdem Sie den Algorithmus bezüglich einer Anforderung einmal vollständig durchlaufen haben, sollten Sie die bereits umgesetzten Regeln noch einmal überprüfen (iteratives Vorgehen). Dies ist nötig, da die Beseitigung eines Effektes auf Grund einer Regel am Ende des Algorithmus einen neuen Defekt in die Anforderung einbauen kann, der weiter vorne bereits abgeprüft wurde.

8.4.1 Der Algorithmus

```
FOR EACH Anforderung do:
    Formulieren Sie jede Anforderung im Aktiv (Regel 1).
    Bestimmen Sie die Verben.
        FOR EACH Verb
            Drücken Sie Prozesse durch Vollverben aus (Regel 2).
            Decken Sie unvollständig spezifizierte Prozesswörter auf
            (Regel 3).
            Finden Sie implizite Annahmen (Regel 7).
            Klären Sie Mögliches und Unmögliches (Regel 5).
            Finden Sie die Modaloperatoren der Notwendigkeit (Regel 6).
            Ersetzen Sie Funktionsverbgefüge durch einfache, direkte
            Vollverben (Regel 18).
        END FOR
    Bestimmen Sie die Universalquantoren (Regel 9).
        FOR EACH Universalquantor
            Verwenden Sie nur definierte quantitative Angaben (Regel 10).
        END FOR
    Bestimmen Sie die Substantive
        FOR EACH Substantiv
            Hinterfragen Sie Substantive ohne Bezugsindex (Regel 12).
            Verwenden Sie Substantive stets in der Einzahl (Regel 13).
            Falls es sinnvoll ist, sollten Sie den Artikel je nach Be-
            deutung durch "jeder", "alle" oder "genau ein" beziehungs-
            weise "one among many", "any one" oder "each" ersetzen
            (Regel 14).
            Verwenden Sie ein/eine (unbestimmter Artikel) nur vor einem
            Substantiv, das damit gerade definiert wird (Regel 15).
            Verwenden Sie den bestimmten Artikel vor einem Substantiv,
            das schon definiert ist (Regel 16).
            Hinterfragen Sie Nominalisierungen (Regel 17).
        END FOR
    Bestimmen Sie Adjektive und Adverbien
        FOR EACH Adjektiv/Adverb
            Ermitteln Sie unvollständige Vergleiche und Steigerungen
            (Regel 4).
        END FOR
    Überprüfen Sie, ob das Verhältnis zwischen mehreren Objekten etwas
    Wesentliches darstellt. Falls dies der Fall ist, formulieren Sie für
    das Verhältnis eine eigene Anforderung (Regel 8a).
    Überprüfen Sie, ob das Verhältnis zwischen mehreren Objekten etwas
    Wesentliches darstellt. Falls dies nicht der Fall ist, formulieren Sie
    für das Verhältnis einen einzigen Begriff (geschlossene Einheit)
    (Regel 8b).
    Vermeiden Sie es, etwas doppelt auszudrücken (Regel 19).
    Streichen Sie floskelhafte Wörter/Wendungen oder drücken Sie diese
    kürzer aus (Regel 20).
    Ermitteln Sie unvollständig spezifizierte Bedingungen (Regel 11).
    Überprüfen Sie Nebensätze, die eine Bedingung, Absicht oder Folge
    enthalten. Falls darin keine wichtigen Informationen verborgen sind,
    können Sie diese als Kommentare herauslösen, sonst müssen Sie daraus
    eigenständige Anforderungen formulieren (Regel 21).
    Nebensätze, die in einem zeitlichen Verhältnis zum Hauptsatz stehen,
    müssen Sie in einen Wenn/Falls-Satz mit eventuellen Verneinungen
    umformulieren (Regel 22).
END FOR
```

Haben Sie den Algorithmus für eine Anforderung so lange durchlaufen, bis keine der Regeln mehr verletzt ist oder Sie die Regelverletzung bewusst eingehen? Dann herzlichen Glückwunsch, Ihre Anforderung ist nun defektfrei.

Geschafft!!!

8.5 Management-Zusammenfassung

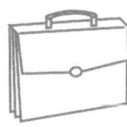

Der Prozess der Anforderungserhebung stellt unter den Problemstellungen des gesamten Requirements Engineerings eine der größten Herausforderungen dar. Aufgabe des Systemanalytikers ist es dabei, die gesamte Komplexität eines Systems durch einen *vollständigen* Satz von *qualitativ hochwertigen* Anforderungen zu finden. Für den Analytiker treten in diesem Zusammenhang zwei grundlegende Probleme auf:

- Wie „entlocke" ich den Stakeholdern die richtigen Anforderungen?
- Wie formuliere ich die gefundenen Anforderungen, sodass sie den anspruchsvollen Qualitätskriterien entsprechen?

Problem der Wissenssammlung

Das Problem der ersten Frage gründet weniger auf der mangelnden Bereitschaft oder Motivation der Stakeholder, Informationen preiszugeben, sondern hat tiefer liegende Ursachen. Linguisten und Psychologen haben dieses Phänomen untersucht und festgestellt, dass der Mensch bei der sprachlichen Darstellung von Sachverhalten (Realitäten) unbewusst Transformationen durchführt (siehe dazu auch Abbildung 8.1). Praktisch bedeutet dies eine Verfälschung der Realität oder, bezogen auf Anforderungen, eine falsche oder fehlerhafte Darstellung der gewünschten Systemfunktionalität.

Diese Kluft entsteht durch Umwandlung (Wahrnehmungstransformation) von gewünschten Anforderungen in ein persönliches Weltbild, das in hohem Maße von sozialer Prägung, Vorwissen und Umfeld bestimmt wird.

Entstehung sprachlicher Effekte

Hinzu kommt, dass bei der Darstellung des Weltbilds mittels der natürlichen Sprache (zum Beispiel in einem Anforderungsdokument) das Wissen nochmals gewandelt (transformiert) wird. Diese so genannte Darstellungstransformation äußert sich in sprachlichen Effekten der Anforderungen. Das heißt: In konkret formulierten Anforderungen fehlen bestimmte Informationen, die durch die sprachliche Umsetzung unterdrückt worden sind.

SOPHIST REgelwerk

Der Analytiker gelangt an das Wissen der Stakeholder, indem er verloren gegangene und fehlende Informationen anhand der sprachlichen Effekte aufspürt, bei den Stakeholdern *gezielt* nach den Informationen fragt und die Anforderung mittels der gegebenen Antworten so umformt, dass der Defekt eliminiert wird. Die Anforderung gewinnt dadurch an Qualität. Wir bezeichnen diese von uns entwickelte Vorgehensweise als *SOPHIST-REgelwerk*. Dabei kann ein Analytiker strukturiert anhand eines Algorithmus (siehe Abschnitt 8.4.1 „Der Algorithmus") eine Anforderung oder anderweitige natürlichsprachliche Repräsentationen auf sprachliche Effekte linguistisch untersuchen. Das REgelwerk ist aber nicht nur in der Reviewphase anwendbar, sondern auch konstruktiv beim Verfassen der Anforderung durch den Autor. Es spart Ihnen also Zeit und Kosten, das REgelwerk bei Ihren Anforderungsautoren zu etablieren.

Zusätzliche qualitätsverbessernde Maßnahmen

Eine ähnliche linguistische Behandlung wie Anforderungen sollten auch *Definitionen* erfahren. Dabei kann es sinnvoll sein, diese nach gewissen Satzmustern zu strukturieren (siehe Abschnitt 8.3.3 „Definitionen").

Grafische Elemente

In Anforderungsdokumenten werden zur Veranschaulichung häufig grafische Elemente (Skizzen, Screenshots, Tabellen) verwendet. Diese sollten vor allem zur Veranschaulichung dienen und nur bedingt als juristisch verbindliche Anforderung gesehen werden.

236

8.6 Haben Sie Ihre Anforderungen auf die Couch gelegt?

- Haben Sie die Aussagen Ihrer Stakeholder fundiert hinterfragt?

- Haben Sie die sprachlichen Effekte aus Ihren Anforderungen entfernt, die relevante Informationen vernichten?

- Sind die wichtigsten Fachbegriffe definiert und den Beteiligten geläufig?

- Ist Ihr Requirementsgehirn mit verstehbaren, weiterverwendbaren Anforderungen gefüllt?

8.7 Weiterführende Literatur

[Bandler75]
  Bandler, R.; Grinder, J.: The Structure of Magic II. Palo Alto/CA, Science and Behaviour Books 1975. ISBN 08314-0049-8

[Bandler94]
  Bandler, R.: Metasprache und Psychotherapie: Die Struktur der Magie I. Paderborn, Junfermann 1994. ISBN 3-87387-186-6

[Bechert70]
  Bechert, J.: Einführung in die generative Transformationsgrammatik. München, Hueber 1970

[Chomsky65]
  Chomsky, N.: Aspects of the Theory of Syntax. Cambridge/MA, The MIT Press 1965. ISBN 0-262-53007-4

[Frühauf88]
  Frühauf, K.; Ludewig, J.; Sandmayr, H.: Software-Projektmanagement und -Qualitätssicherung. Stuttgart, Teubner 1988. ISBN 3 7281 2585 7

[Gardner73]
  Gardner, T.: Hauptstränge der modernen Linguistik – Chomsky und die generative Grammatik. Göttingen, Vandenhoeck & Rupprecht 1973. ISBN 3-525-33547-1

[IEEE90]
  IEEE Standards Board: IEEE Std 610.12-1990(R2002): IEEE Standard Glossary of Software Engineering Terminology

[Ortner95]
  Ortner, E.: Elemente einer methodenneutralen Konstruktionssprache für Informationssysteme. In: Informatik Forschung und Entwicklung. Springer 10/1995

[Ortner96]
  Ortner, E. (Hrsg.): Natürlichsprachlicher Entwurf von Informationssystemen: Grundlagen, Methoden, Werkzeuge, Anwendungen. GI-Workshop, Tutzing, 28.–30. Mai 1996. Schriften zur Informationswissenschaft, Bd.25. Konstanz, Universitäts-Verlag 1996. ISBN 3-87940-572-7

[Robertson99]
> **Robertson, S.;** Robertson, J.; Foreword Weinberg, G.: Mastering the Requirements
> Process. Reading/MA, Addison Wesley 1999. ISBN 0-201-36046-2

[Sampson94]
> **Sampson, G.:** School of Linguistics. 3. Auflage. Stanford/CA, Stanford University
> Press, 1994. ISBN 0-8047-1084-8

[Savigny80]
> **von Savigny, E.:** Grundkurs im wissenschaftlichen Definieren. München, dtv 1980

[Searle96]
> **Searle, J. R.:** Speech Acts. An Essay In The Philosophy Of Language. 1. Auflage.
> Cambridge, Cambridge University Press, 1996. ISBN: 0-521-09626-X

[Wessells84]
> **Wessells, M. G.:** Kognitive Psychologie. München, Reinhardt 1984.
> ISBN 3-497-01210-6

Jürgen Hahn, Chris Rupp

„Die Grenzen meiner Sprache
sind die Grenzen meiner Welt."

Ludwig Wittgenstein

9

Anforderungsschablone –
der Bauplan einer Anforderung

Fragen, die dieses Kapitel beantwortet:

■   Wie formuliere ich gute Anforderungen und vermeide dabei typische Fehler?

■   Wie konstruiere ich eine perfekte Anforderung?

■   Was ist eine Anforderungsschablone?

■   Welche Vor- und Nachteile hat der schablonenbasierte Weg gegenüber dem
    analytischen Weg?

■   Was ist bei einer Anforderung besonders zu präzisieren?

9.1 Linguistische und philosophische Grundlagen

Lassen Sie uns einmal kurz zurückblicken, auf welche Art und Weise wir bisher versucht haben, Anforderungen zu erstellen, die unseren hohen Qualitätsansprüchen genügen.

Wir schaffen uns eine Ausgangsbasis, indem wir die Stakeholder möglichst umfassend nach ihren Anforderungen befragen. Alternativ gibt es bereits erste vage Beschreibungen des zu erstellenden Systems durch die Stakeholder selbst, beziehungsweise in Form der Dokumentation von Altsystemen. Diese Ergebnisse und Beschreibungen versuchen wir dann Satz für Satz in ihre Bestandteile zu zerlegen und jede Information zu erfragen, die noch fehlen könnte. Mit anderen Worten: Wir haben es hier mit einer sehr analytischen Arbeitsweise zu tun.

Was ist daran auszusetzen? Nun, grundsätzlich gar nichts. Betrachten wir aber die folgenden (fiktiven) Anforderungen genauer. Sie alle beschreiben den gleichen Sachverhalt, den Ausleihvorgang unseres Bibliothekssystems. Dieser Vorgang wird jedoch von unterschiedlichen Angestellten der Stadtbibliothek jeweils in eigenen Worten dargestellt.

Bibliothekar 1   *Bei jedem Leihvorgang wird neben der Benutzernummer die eindeutige Nummer des Buchs festgehalten.*

Bibliothekar 2   *Falls jeder Entleiher nicht mehr als zehn Leihobjekte gleichzeitig mit nach Hause nehmen will, wird er für die Entleihe und die ISBN des Buchs vermerkt.*

Bibliothekar 3   *Der Zeitpunkt des Entleihens eines Buchs, einer Zeitschrift oder eines Videos durch einen Bibliothekskunden soll zusammen mit ihm und der Kennzeichnung des Leihobjekts unter der Bedingung, dass er keine Schulden hat, vermerkt werden.*

Diese Antworten unterscheiden sich nicht nur in ihrer Satzstellung, Wortwahl und den verwendeten Begriffen, sondern auch in inhaltlicher Hinsicht. Speziell die Bedingungen, unter denen eine Ausleihe möglich sein soll, weichen voneinander ab. Es gibt vermutlich keinen einzigen Bibliothekar, der auf Anhieb alle Aspekte des Leihvorgangs vollständig nennen kann. Zudem werden verwandte, aber nicht zwangsläufig semantisch identische Substantive und Verben verwendet, wie zum Beispiel Entleiher/Bibliothekskunde oder festhalten/vermerken.

➡ 8 Satz-Anf.   Wenn wir nun die in Kapitel 8 „Der lange Weg vom Satz zur Anforderung" vorgestellte natürlichsprachliche Methode anwenden, gelangen wir sicher zu wesentlich präziseren und eindeutigeren Anforderungen, indem alle enthaltenen sprachlichen Effekte hinterfragt und das gewonnene Wissen in die Aussagen integriert wird. Die Anforderungen würden aber immer noch sehr unterschiedlich aussehen. Wir hätten diese Befragung der Bibliothekare vermutlich unendlich lange fortsetzen können, ohne jemals zwei exakt gleiche Antworten zu bekommen. Letztendlich lebt jeder Bibliothekar in seiner eigenen, subjektiven Wirklichkeit und die Frage ist, ob es überhaupt möglich ist, dass alle Beteiligten nach und nach ein gemeinsames, einheitliches Verständnis vom zu erstellenden System entwickeln können.[1]

Diese Problematik ist seit langer Zeit Gegenstand intensiver wissenschaftlicher Forschung, angefangen bei den Sophisten des antiken Griechenlands über Ludwig Wittgenstein, Gottlob Frege bis hin zu Noam Chomsky und John Searle sowie vielen anderen modernen Linguisten und Philosophen. Sie alle beschäftigen sich mit Fragen der Art:

> Können sich Menschen verständigen?

- Wie „funktioniert" Sprache?
- Was ist die innerste Natur von Sprache?
- Wie lässt sich Sprache formal beschreiben?
- Wie lernen Menschen Sprache?

Und die vielleicht wichtigste Frage:

- Können sich Menschen durch Sprache überhaupt verständigen?

Die beruhigende Antwort auf Letzteres ist: Grundsätzlich ja.

Unser schablonenbasierter Ansatz baut auf diesen linguistischen und philosophischen Grundlagen auf, deren ausführlichere Erläuterung jedoch den Umfang des Buchs sprengen und vermutlich auch einige Leser langweilen würde. Deshalb halten wir für alle Grundlagenforscher, Linguistik- und Philosophie-Fans einige Artikel auf unserer Web-Seite www.sophist.de bereit.

Im Folgenden werden wir uns vor allem mit der Tatsache beschäftigen, dass es Anforderungen gibt, die „besser" sind als andere. Daraus ergibt sich natürlich die Frage: Wie können wir *direkt* zur „besten" Formulierung gelangen? Die Antwort darauf ist das zentrale Anliegen des schablonenbasierten Weges zu perfekten Anforderungen.

> Der direkte Weg zur besten Formulierung

9.2 Der schablonenbasierte Ansatz

Mit erstaunlich einfachen Mitteln lassen sich Anforderungen hoher Qualität in einem optimalen Zeit- und Kostenrahmen verfassen. Das Kapitel beschreibt einen *schablonenbasierten* Weg zur Konstruktion und Qualitätssicherung von eindeutigen, vollständigen und testbaren Anforderungen.

Es gibt unterschiedliche Möglichkeiten, inhaltlich hervorragende Anforderungen zu erstellen. Beim analytischen Vorgehen, wie in Kapitel 8 beschrieben, werden Anforderungen mehr oder minder guter Qualität formuliert, dann analysiert und mit den Regeln der natürlichsprachlichen Methode schrittweise verbessert. Analyse und Verbesserung wären zumindest nicht in diesem Ausmaß notwendig, wenn zu Beginn bereits qualitativ hochwertige, das heißt vollständige, korrekte und verstehbare Anforderungen vorlägen.

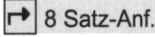 8 Satz-Anf.

---

[1] Philosophisch betrachtet wäre es interessant, die persönlichen Wirklichkeiten aller Bibliothekare abzugleichen. Für die Softwareentwicklung genügt es jedoch, ausreichend Anforderungen an das System zu sammeln und die Bibliothekare anschließend davon zu überzeugen, dass das neu erstellte System das beste ist, das sie bekommen konnten ☺.

Typische Formulierungsfehler ausschließen

Deshalb setzen neuere Ansätze bei der Frage an, wie eine optimale Anforderung syntaktisch auszusehen hat. Damit wird von vornherein ein erheblicher Anteil typischer Formulierungsfehler ausgeschlossen, wie zum Beispiel Passivsätze, die meist keine Auskunft darüber geben, von wem die spezifizierte Funktionalität erwartet wird. Der Verfasser einer Anforderung wird an die Hand genommen und mit Hilfe weniger, aber klarer Regeln zur qualitativ hochwertigen Anforderung geleitet.

Diese Vorgehensweise ist insgesamt deutlich effektiver als die analytische. Man versucht von Beginn an Fehler zu vermeiden, indem die Anforderungen nach bestimmten Regeln konstruiert werden. Die Konstruktion der Anforderungen ermöglicht es, jeder Anforderung eine ähnliche Struktur aufzuprägen. Ähnlich, wie ein Haus nach dem Plan eines Architekten gebaut wird, kann jede Anforderung nach einem Plan – besser nach einer Schablone (Template) zusammengesetzt werden. Wir sprechen daher von **syntaktischen Anforderungsschablonen**, da hier allein die Syntax (Struktur) einer Anforderung festgelegt wird, nicht aber ihre Semantik (Inhalt).

Natürliche Sprache „bändigen"

In der Praxis sind nur die *drei* weiter unten vorgestellten Schablonen für die Erstellung von funktionalen und technischen Anforderungen nötig, um ein System hinsichtlich dieser Anforderungsarten vollständig durch natürlichsprachliche Anforderungen spezifizieren zu können. Obwohl das angesichts der Vielfalt der natürlichen Sprache eine erstaunlich geringe Anzahl von Schablonen ist, hat sich dieses Vorgehen in unseren Projekten bewährt. Nicht zuletzt ist es gerade ein Ziel, unterschiedlich strukturierte Formulierungen und Äußerungen zu vereinheitlichen, was auch von der überwiegenden Zahl der *Stakeholder* akzeptiert und sogar begrüßt wird.

Definition: Anforderungsschablone

Definition

Eine Anforderungsschablone ist ein Bauplan, der die syntaktische Struktur einer einzelnen Anforderung festlegt.

9.3 Anforderungen – Schritt für Schritt

Für Anforderungen in deutscher Sprache benötigt man eine Anforderungsschablone, welche die Vielfalt der deutschen Sprache und die zahlreichen Satzbauarten berücksichtigt. Andernfalls wirken sich die Vorgaben negativ auf die Verständlichkeit der Anforderung aus, da die Sprache zu stark eingeschränkt wird. In Abschnitt 9.6 werden wir feststellen, dass im Englischen massive Einschränkungen gemacht werden können, da diese Sprache von vornherein deutlich weniger Varianten zulässt.

In sechs Schritten zur Anforderung

Die folgende Anleitung zeigt Ihnen, wie Sie regelgeleitet in nur sechs Schritten eine Anforderung auf der Basis einer Anforderungsschablone konstruieren können.

Schritt 1: Am Anfang steht der Prozess

Den geforderten Prozess bestimmen

Im Mittelpunkt jeder Anforderung steht die geforderte Funktionalität (wie drucken, speichern, übertragen, berechnen), die wir im Folgenden mit dem Begriff *Prozess* bezeichnen. Prozesse sind Vorgänge oder Tätigkeiten und sollten ausschließlich durch

Verben definiert werden. Ein Verb besitzt grammatikalisch gesehen eine hervorgehobene Stellung, da sich der gesamte Satz – oder in unserem Fall die gesamte Anforderung – an das Prozesswort bindet. Es ist daher unerlässlich, zu Beginn den geforderten Prozess zu bestimmen.

 Schritt 1

> Bestimmen Sie den Prozess, der mittels der Anforderung
> als Systemverhalten gefordert wird.

Da das Prozesswort die Semantik wesentlich bestimmt, muss es eindeutig definiert und allgemein verbindlich verwendet werden. Die dazu notwendigen Maßnahmen werden wir in einem eigenen Abschnitt (9.4.1) in diesem Kapitel beschreiben.

Schritt 2: Charakterisieren der Aktivität des Systems

Auf der Basis der Schablone konstruierte Anforderungen stehen stets im Aktiv, sodass „das System"[2] oder ein Teilsystem/Teilmodul *immer* das Subjekt der Anforderung bildet.

Drei Varianten möglich

Eng mit dem Prozesswort verknüpft ist die Systemtätigkeit. Bemühungen, diese zu klassifizieren, zeigen, dass folgende drei Arten von Systemaktivitäten für das Schreiben von Anforderungen relevant sind:

- Selbstständige Systemaktivität:
  Das System *führt* den Prozess *selbstständig* durch.
- Benutzerinteraktion:
  Das System *stellt* dem Nutzer die Prozessfunktionalität *zur Verfügung*.
- Schnittstellenanforderung:
  Das System führt einen Prozess in *Abhängigkeit von einem Dritten* (zum Beispiel einem Fremdsystem) aus, ist an sich passiv und wartet auf ein externes Ereignis.

Für jede dieser Systemaktivitäten gibt es eine Schablone.

 Schritt 2

> Wählen Sie genau eine der drei Anforderungsschablonen
> anhand der Art der Systemaktivität aus,
> die in Ihrer Anforderung vom System gefordert wird.

---

[2] Das System muss nicht zwingend als solches bezeichnet werden, beziehungsweise es muss, sobald mehr als ein System in Anforderungen genannt wird, für jedes System eine definierte Bezeichnung verwendet werden.

Wenn Sie Schritt 1 und 2 ausgeführt haben, haben Sie das Grundgerüst einer Anforderung erstellt (vgl. Abbildung 9.1). (Ein in spitzen Klammern gesetztes Wort ist entsprechend zu ersetzen.).

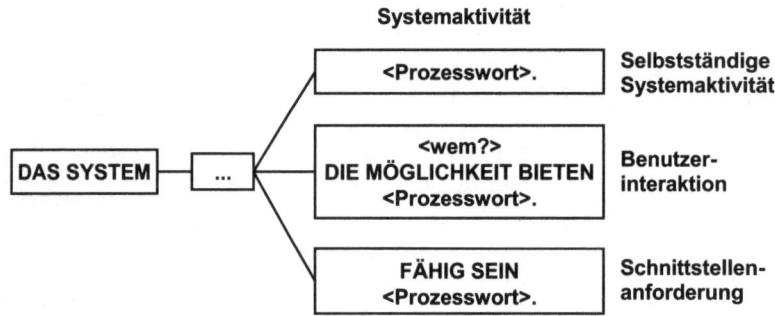

Abbildung 9.1: Der Kern einer Anforderung

Typ 1:
Selbstständige
Systemaktivität

Typ 1: Selbstständige Systemaktivität

Mit dem ersten Schablonentyp werden Anforderungen konstruiert, bei denen das System etwas selbstständig ausführt. Der Benutzer tritt dabei nicht in Erscheinung. Lässt man die rechtliche Verbindlichkeit, die wir in Schritt 3 besprechen, außer Acht, so ergibt sich folgendes Anforderungsgerippe:

■   DAS SYSTEM … <Prozesswort>

<Prozesswort> bezeichnet das in Schritt 1 ausgewählte Prozesswort, zum Beispiel „drucken" für eine Druckfunktionalität oder „berechnen" für eine Berechnung, die vom System durchgeführt wird.

Typ 2:
Benutzer-
interaktion

Typ 2: Benutzerinteraktion

Stellt das System dem Nutzer eine Funktionalität zur Verfügung (etwa über eine Eingabe- oder Auswahlmaske) oder tritt es mit ihm in Interaktion, dann werden die Anforderungen nach Schablonentyp 2 konstruiert:

■   DAS SYSTEM … <wem?> DIE MÖGLICHKEIT BIETEN <Prozesswort>

Der Nutzer, zum Beispiel der Administrator, der über die Funktionalität verfügen soll, wird mit <wem?> in die Anforderung eingebunden. Die „wem?"-Phrase kann nur dann als optional betrachtet werden, falls es eindeutig ist, wem das System die geforderte Funktionalität liefert! Wir haben sie im Rahmen der Schablonen nicht als optional gekennzeichnet, da das Weglassen einen Tilgungsdefekt darstellt. Selbst wenn die Funktionalität allen potenziellen Nutzern zur Verfügung gestellt wird, sollte dies notiert werden.

Typ 3:
Schnittstellen-
anforderung

Typ 3: Schnittstellenanforderung

Typ 3 deckt den Fall ab, in dem das System nur in Abhängigkeit Dritter potenziell eine Aktion ausführt. Stellen Sie sich dazu ein System vor, das seine Informationen nicht vom Benutzer, sondern von einem Nachbarsystem erhält. Diese Eingaben können azyklisch und unvorhersehbar sein. Immer wenn Nachrichten oder Daten eintreffen, reagiert unser fiktives System und führt eine Funktion aus. Zur Formulierung dieses geforderten Sachverhalts ist sowohl Typ 1 (selbstständige Systemaktivität) als auch Typ 2 (Benutzerinteraktion) ungeeignet. Letzterer scheidet aufgrund der mangelnden Benutzeraktivität aus und Typ 1 kann nicht verwendet werden, da das System nicht selbstständig – sprich von sich aus – einen Prozess ausführt. Die eigentliche Funktion führt das Nachbarsystem durch, indem es die Daten an die Schnittstelle des Empfängersystems versendet. Aus diesem Grund hat sich die folgende Formulierung als geeignet erwiesen.

 DAS SYSTEM … FÄHIG SEIN <Prozesswort>

Die hier aufgelisteten Schablonentypen decken die zur Konstruktion von Anforderungen notwendigen Varianten in aller Regel ab. Insbesondere wegen der Verständlichkeit und Lesbarkeit kann es im Ausnahmefall sinnvoll sein, etwa die Bedingungen an das Ende der Anforderung zu stellen. Aus Gründen der im weiteren Verlauf vorgestellten Methodiken ist dies aber nicht empfehlenswert.

Art der Aktivität des Systems

Schritt 3:   Festlegen der rechtlichen Verbindlichkeit

Um den Kern der Anforderung zu komplettieren, ist es noch notwendig, die juristische Relevanz der Anforderung festzulegen. Dabei wird in aller Regel zwischen rechtlich bindenden, dringend empfohlenen und zukünftigen Anforderungen unterschieden. Eine Möglichkeit, dies in einer Anforderung auszudrücken, stellen die Modalverben *muss*, *soll* und *wird* dar. Vergleichen Sie dazu Kapitel 6 „Anforderung oder Anforderung".

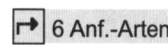 6 Anf.-Arten

③ **Schritt 3**

Legen Sie die rechtliche Verbindlichkeit Ihrer Anforderung fest!

Der Konstrukteur der Anforderung muss sich bereits jetzt über die juristische Relevanz des geforderten Sachverhalts klar werden, da das Schlüsselwort essenzieller Bestandteil der Anforderung sein wird.

Wie verbindlich ist die Anforderung?

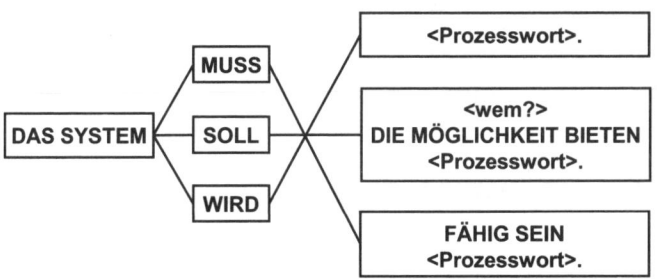

Abbildung 9.2: Der Kern einer Anforderung inklusive Modalverben

245

Die ersten
Schritte
am konkreten
Beispiel

Lassen Sie uns nun die bisherigen drei Schritte an einem Beispiel verdeutlichen. Nehmen wir an, unser geplantes System soll die Fähigkeit bieten, Informationen zu drucken.

- Schritt 1: Wir legen somit als Prozesswort „*drucken*" fest.

- Schritt 2: Anschließend stellt sich die Frage, ob das System von sich aus drucken soll oder dies dem Benutzer als Fähigkeit anbietet. Wir gehen von Letzterem aus und haben dadurch implizit die Anforderungsschablone 2 für die Spezifikation einer Benutzerinteraktion gewählt. Dies bedingt die Angabe eines Nutzers (<wem?>), in unserem Beispiel der Administrator.

- Schritt 3: Da uns die Druckfunktionalität als unerlässlich erscheint und diese im System realisiert werden muss, erklären wir diese Anforderung als rechtlich verbindlich.

In Abbildung 9.3 ist dieser Weg durch eine graue Hinterlegung hervorgehoben.

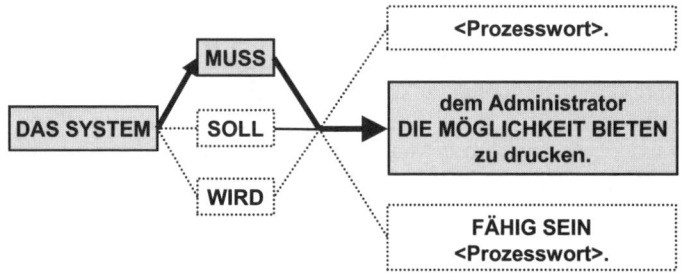

Abbildung 9.3: Den richtigen Weg durch die Schablone wählen

In nur drei Schritten haben wir somit das folgende Grundgerüst einer Anforderung erhalten:

*Anforderung Nr. 1, Version 1: Das Bibliothekssystem **muss dem Administrator** die Möglichkeit bieten zu **drucken**.*

Schritt 4: Feinschliff für den Prozess

Feinschliff
für den Prozess

Aus dem Beispiel wird bereits deutlich, dass es sich nur um den Kern einer Anforderung handeln kann. Zur Vollständigkeit fehlen noch weitere Bestandteile. In der Anforderung Nr.1, Version 1 ist keineswegs klar, *was* gedruckt oder *wohin* gedruckt werden soll. Sprachwissenschaftler würden hierbei von fehlenden Objekten und Ergänzungen sprechen. Einfach ausgedrückt, fehlt es an der näheren oder ergänzenden Bestimmung des Prozessworts „drucken". Wir erweitern daher unser Beispiel und die Schablone:

*Anforderung Nr. 1, Version 2: Das Bibliothekssystem muss dem Administrator die Möglichkeit bieten, eine Fehlermeldung **auf den Netzwerkdrucker** zu drucken.*

④ **Schritt 4**

> Überlegen Sie sich, welche Objekte und Ergänzungen der Objekte
> in Ihrer Anforderung noch fehlen, und ergänzen Sie diese.

Objekte und Ergänzungen werden in deutschen Sätzen *vor* dem Prozesswort eingefügt (siehe Abbildung 9.4).

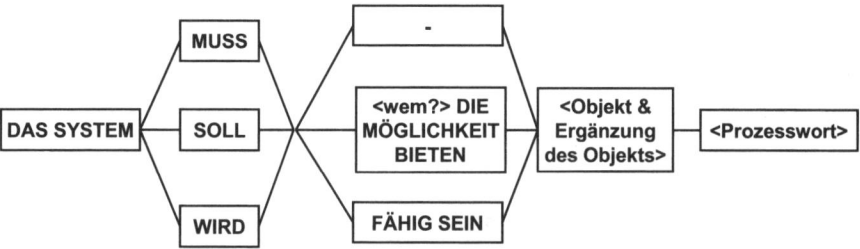

Abbildung 9.4: Prinzip einer vollständigen Anforderungsschablone ohne Bedingungen

Schritt 5: Formulierung von logischen und zeitlichen Bedingungen

Für Anforderungen in technischen Systemen ist es typisch, dass die geforderte Funktionalität nur unter bestimmten zeitlichen oder logischen Bedingungen ausgeführt
oder zur Verfügung gestellt wird. Um zeitliche von logischen Bedingungen klar unterscheiden zu können, wählen wir für zeitliche Bedingungen als temporale Konjunktion *wenn*, für logische Bedingungen als konditionale Konjunktion *falls*. Für zeitliche
Bedingungen bieten sich weitere temporale Konjunktionen an. An dieser Stelle
möchten wir uns der Einfachheit halber auf diese beiden Konjunktionen beschränken
und das Thema später nochmals aufgreifen.

Bedingungen zufügen

 Schritt 5

> Stellen Sie die Randbedingungen, unter denen Ihre
> Anforderung erfüllt werden soll, mittels eines Nebensatzes
> an den Anfang Ihrer Anforderung.

Wir erweitern unser Beispiel:

Anforderung Nr. 1, Version 3: ***Falls eine Fehlermeldung erzeugt wurde,*** *muss das
System dem Administrator die Möglichkeit bieten, die erzeugte Fehlermeldung auf
den Netzwerkdrucker zu drucken.*

Anforderung

Anmerkung: Das Voranstellen der Bedingungen hat bei der Anforderung den Umbau
der Satzstellung zur Folge. So rückt das Modalverb „muss" vor das Subjekt „das Sys-

tem". Wir unterscheiden daher die vollständige Anforderungsschablone mit vorange-
stellter Bedingung (Abbildung 9.5) von der vollständigen Anforderungsschablone
ohne vorangestellte Bedingung (Abbildung 9.4).

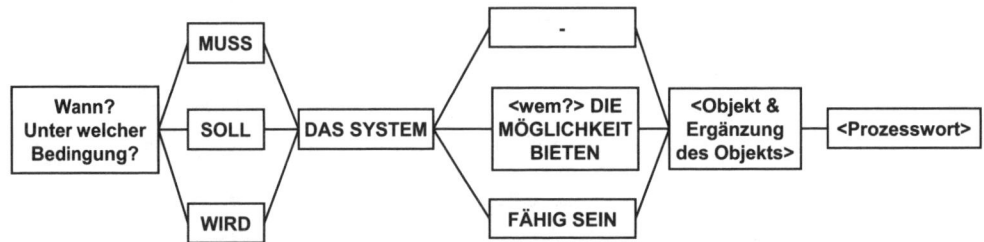

Abbildung 9.5: Die vollständige Anforderungsschablone inklusive Bedingungen

Den nachfolgenden schablonenbasierten Beispielanforderungen sind solche Bedingungen vorangestellt:

Weitere
Beispiele

Beispiel Typ 1: Selbstständige Systemaktivität

*Wenn ein Nutzer innerhalb eines Ausleihvorgangs einen Bibliothekskunden auswählt,
soll das Bibliothekssystem diesem Nutzer*

> *den Namen des Kunden,*
> *die Adresse des Kunden und*
> *den augenblicklichen Kontostand des Kunden anzeigen.*

Beispiel Typ 2: Benutzerinteraktion

Anforderung

*Falls ein Bibliothekskunde keine Leihobjekte entliehen hat, soll das Bibliothekssys-
tem einem Nutzer die Möglichkeit bieten, diesen Bibliothekskunden zu löschen.*

Anforderung

*Falls ein Bibliothekskunde weniger als 10 Leihobjekte entliehen hat, soll das Biblio-
thekssystem diesem Bibliothekskunden die Möglichkeit bieten, Leihobjekte online zu
reservieren.*

Beispiel Typ 3: Schnittstellenanforderung

*Wenn das Bibliothekssystem in Betrieb ist, soll das Bibliothekssystem fähig sein, Da-
ten für ein Software-Update von einem zentralen Administrationsrechner über das
lokale Netzwerk zu empfangen.*

Gut gemischt ist
halb gewonnen!

Unter Umständen kann nicht der komplette Sachverhalt in einem Satz ausgedrückt
werden. In anderen Fällen ist es unabdingbar, Detailinformationen zu formulieren.
Beides kann die Entstehung von Mischformen innerhalb einer Anforderung beziehungsweise in den Sätzen der Anforderung bewirken. Die folgenden Beispiele veranschaulichen diese Aspekte.

Anforderung

*Das Bibliothekssystem soll ausschließlich dem Administrator die Möglichkeit bieten,
neue Leihobjekte von externen Datenmedien in den Datenbestand des Bibliothekssystems zu importieren.*

Anforderung

*Falls während des Importierens ein semantischer oder syntaktischer Datenfehler
auftritt, soll das Bibliothekssystem dem Administrator für einzelne zu importierende*

neue Leihobjekte den jeweiligen Fehler (Fehlernummer und Fehlerbeschreibung) auf dem Bildschirm und auf dem Drucker ausgeben.

Wenn das Bibliothekssystem Daten neu eingegebener Bibliothekskunden oder neuer Leihgegenstände vom benachbarten Bibliothekssystem empfangen hat, soll das Bibliothekssystem die empfangenen Daten permanent speichern.

Anforderung

Schritt 6: Anwendung des SOPHIST REgelwerks (der natürlichsprachlichen Methode)

Nach dem fünften Schritt weist die Anforderung eine vollständige Struktur auf. Unabhängig davon ist die Anforderung noch nicht perfekt, da mit wenigen Ausnahmen die Semantik immer noch in der Gestaltungsfreiheit des Anforderers liegt. So lässt unser Vorgehen in Schritt 4 dem Anforderer die Möglichkeit, das Satzobjekt und seine Ergänzungen weitestgehend frei zu gestalten. Konsistenz und Vollständigkeit liegen somit in der Hand des Schreibers. Dadurch ist es nicht ausgeschlossen, dass sprachliche Defekte auftreten. Daher ist es sinnvoll, abschließend das SOPHIST REgelwerk (siehe Kapitel 8 „Der lange Weg vom Satz zur Anforderung") zur Vervollständigung der semantischen Bedeutung anzuwenden. Durch die Vorstrukturierung der Anforderung mittels einer der Schablonen wird die Anwendung der Methode nur wenige sprachliche Defekte aufzeigen, sodass der Aufwand im Gegensatz zu einem rein analytischen Vorgehen eher gering ist. Die Anforderung wird dadurch schrittweise verbessert, ohne ihre Struktur zu verlieren.

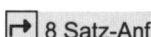 8 Satz-Anf.

 Schritt 6

Wenden Sie das SOPHIST REgelwerk auf Ihre konstruierte Anforderung an.

In folgendem Beispiel beinhaltet die Anforderung einen unvollständig spezifizierten Universalquantor („*alle* Daten"), obwohl die Anforderung nach dem Schablonentyp I konstruiert wurde.

An jedem ersten Tag eines Monats um 8.00 Uhr und unter der Bedingung, dass der Administrator die automatische Backup-Funktion aktiviert hat, soll das System alle Daten des Bibliothekssystems automatisch archivieren.

Durch die Nachfrage „Wirklich alle Daten?" ergibt sich folgende verbesserte Anforderung:

An jedem ersten Tag eines Monats um 8.00 Uhr und unter der Bedingung, dass der Administrator die automatische Backup-Funktion aktiviert hat, soll das System die Daten des Bibliothekssystems, die seit dem letzten Backup verändert wurden, automatisch archivieren (Delta-Sicherungsstrategie).

Anforderung

Die Schritte auf einen Blick

Abbildung 9.6: Der kurze Weg

Sie sehen, in nur sechs Schritten können Sie mittels des Schablonenansatzes ansprechende Anforderungen erhalten. Gratulation! Eigentlich könnten Sie sich nun zufrieden zurücklehnen. Dennoch möchten wir Ihnen im weiteren Verlauf des Kapitels nun wichtige Optimierungen dieses Vorgehens und die Integration in ein Gesamtvorgehen zeigen.

9.4 Semantische Präzisierung der Anforderungsschablone

Der Blick in vorhandene Anforderungsdokumente lässt erahnen, dass wir qualitativ damit vielleicht schon weiter gekommen sind als so mancher Anforderungsschreiber zuvor – ohne Anleitung. Dennoch stehen wir lediglich auf halber Strecke zu einer guten Anforderung. Sicherlich genügt die in Abschnitt 9.3 im sechsten Schritt konstruierte Anforderung mittleren bis hohen Qualitätsansprüchen, jedoch lassen sich noch zwei wesentliche Optimierungen vornehmen:

- semantische Definitionen der Bestandteile der Anforderungsschablone und
- logische Operatoren und semantisch prägnante Darstellungen (UND, exklusives ODER, inklusives ODER, ...).

Die in Abbildung 9.7 aufgeführten Elemente können natürlich nicht nur in Schablonen verwendet werden, sondern zum Beispiel auch in einer analytischen Vorgehensweise (zum Beispiel mittels SOPHIST REgelwerk) oder in Kombination mit formal notierten Anforderungen. Eine Anforderungsschablone bildet nur eine Hülle, indem sie die Bestandteile integriert und eine Anleitung gibt, wie diese abgestimmt, redundanzfrei und optimiert eingesetzt werden können.

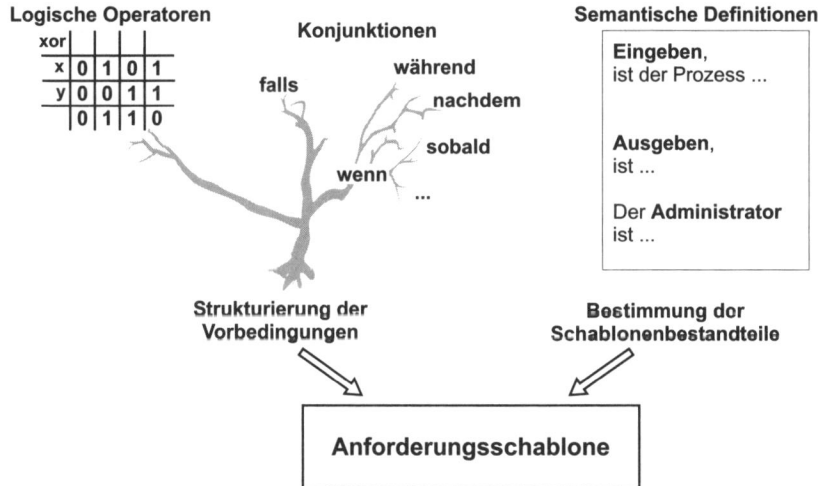

Abbildung 9.7: Schablonenbestandteile im Überblick

9.4.1 Semantische Definitionen

Die Anforderungsschablonen sind nichts anderes als Konstruktionsprinzipien. Sie stellen Syntaxbaupläne dar, die die prinzipielle Struktur von Anforderungen festlegen. Nicht mehr und nicht weniger. Eine Anforderungsschablone ist nur ein Behälter ohne Inhalt, den es zu füllen gilt. Dem Anforderer muss nun ein Hilfsmittel an die Hand gegeben werden, mit dem er regelgeleitet die ersetzbaren bzw. wählbaren Sym-

Die semantische Komponente

251

bole der Schablonen durch *definierte* Begriffe und Wörter ersetzen kann. Die bestehenden syntaktischen Strukturen müssen durch eine semantische Komponente so
ergänzt werden, dass unterschiedliche Verfasser bei der Formulierung des gleichen
Sachverhalts oder der gleichen geforderten Funktionalität auch die gleiche Wortwahl
treffen. Das ist nur dann möglich, wenn

■ der zur Verfügung stehende Wortschatz begrenzt ist und

■ die Bedeutung der verwendbaren Wörter eindeutig definiert wird.

Abbildung 9.8 zeigt beispielhaft eine semantische Definition der Anforderungsbe-
standteile. Die wichtigsten zu definierenden Elemente sind dabei die Prozessworte,
die – wie bereits erwähnt – den Kern der Bedeutung der Anforderung ausmachen, da
sie die geforderte Funktionalität ausdrücken. Zur Klarstellung dieser Funktionalität
ist es aber wichtig, genau zu wissen, was der Autor der Anforderung fordert. Oder
wissen Sie, was der Unterschied zwischen „eingeben", „einsetzen" und „einfügen"
(„enter", „input" und „insert") ist? Für den einen mag es keinen geben, er schreibt
diese Wörter je nach seinem aktuellen Befinden hin. Der nächste könnte differenzieren z. B. nach Nutzer- oder Systemeingabe (analog zu unseren Schablonentypen).
Falls für eine Aktivität unterschiedliche Begriffe gewählt werden sollen, je nachdem,
ob sie vom System oder vom Benutzer ausgeführt wird, können Prozessworte eindeutig einem Schablonentyp zugeordnet werden. Das ist sicherlich der gangbarere
Weg, wir haben ihn in vielen Projekten erfolgreich umgesetzt.

Der Informationsgehalt eines Prozesswortes wird durch die Zuordnung zu einem
Schablonentyp gesteigert, so dass langwierige Erklärungen entfallen und das Anforderungsdokument schlanker wird – vorausgesetzt, man kennt die Definitionen.

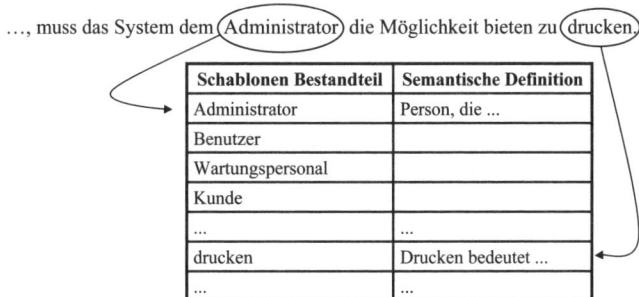

…, muss das System dem Administrator die Möglichkeit bieten zu drucken.

Schablonen Bestandteil	Semantische Definition
Administrator	Person, die ...
Benutzer	
Wartungspersonal	
Kunde	
...	...
drucken	Drucken bedeutet ...
...	...

Abbildung 9.8: Semantische Definition verschiedener Bestandteile der Anforderungsschablone

Definitionslisten
treffen
Festlegungen

In der Praxis hat sich der Aufbau von Definitionslisten als praktikabel erwiesen. Eine
Liste enthält dabei alle für einen bestimmten Bestandteil der Anforderungsschablone
zulässigen Wörter oder Wortgruppen inklusive folgender Informationen:

■ Typ der Schablone, in dem das Wort (oder die Wortgruppe) verwendet werden
darf,

■ Definition der semantischen Bedeutung des Wortes bzw. der Wortgruppe,

■ Einschränkungen bezüglich der Verwendbarkeit.

Die
Prozesswortliste

Abbildung 9.9 zeigt eine Definitionsliste, mittels derer die Bedeutung des Bestandteils
<Prozesswort> einer Anforderungsschablone eindeutig definiert ist. Für die weiteren

Elemente der Schablonen können ähnliche Listen definiert werden. Beispielsweise ist es sinnvoll, für den Typ 2 der Anforderungsschablone (Benutzerinteraktion) den Bestandteil <wem?> zu definieren, das heißt, sämtliche Nutzer, denen das System eine Funktionalität zur Verfügung stellen kann, eindeutig zu bestimmen. Folgerichtig werden diese Listen stets projektspezifisch erstellt oder ergänzt. Die Tabelle in Abbildung 9.9 stellt einen Ausschnitt aus einer in der Praxis eingesetzten Prozesswortliste dar.

Die Tabelle zeigt die Zuordnung von Prozesswörtern (erste Spalte) zu ihrer vereinbarten Bedeutung (zweite Spalte). Prozesswörter sind alle Wörter, die einen Vorgang beschreiben. Das sind klassischerweise Verben, aber auch substantivierte Verben, wie zum Beispiel „Eingabe", „Berechnung" oder „transmission". Sie beschreiben eine Funktion oder eine Tätigkeit, mit der Personen (Akteure), Medien, Hilfsmittel oder sonstige Objekte (grammatikalisch Verbalphrasen) verbunden sind. Dieser Kontext stellt den direkten Zusammenhang mit den Arten der Anforderungsschablonen dar (dritte bis fünfte Spalte).

Prozesswort	Semantische Definition des Prozessworts	selbstständige System-aktivität	Benutzer-interaktion	potenzielle Fähigkeit
aufbewahren	Das SYSTEM behält Informationen, und zwar länger als beim Prozess „sammeln" (zweitlängste Datenaufbewahrung, siehe auch „sammeln", „speichern").	Ja	Nein	Nein
auswählen	Der NUTZER wählt eines oder mehrere Elemente aus einer endlichen Menge von Elementen (siehe auch „bestimmen").	Nein	Ja	Nein
bestimmen	Das SYSTEM selektiert anhand bestimmter Selektionskriterien aus einer endlichen Menge (zum Beispiel aus einer Datenbank) ein oder mehrere Elemente.	Ja	Nein	Nein
darstellen	Das SYSTEM zeigt dem Nutzer Informationen an.	Ja	Nein	Nein
einfügen	Ausschließlich das SYSTEM gibt neue Daten ein oder überschreibt vorhandene Daten (siehe auch „eingeben", „einsetzen").	Ja	Nein	Nein
eingeben	Ausschließlich der NUTZER gibt neue Daten ein oder überschreibt vorhandene Daten (siehe auch „einfügen", „einsetzen").	Nein	Ja	Nein
einsetzen	Sowohl das SYSTEM als auch der NUTZER geben neue Daten ein oder überschreiben vorhandene Daten (siehe auch „einfügen", „eingeben").	Ja	Ja	Nein
empfangen	Das System IST IMSTANDE, Daten von einem externen System elektronisch entgegenzunehmen.	Nein	Nein	Ja
erstellen	Sowohl das SYSTEM (selbstständig) als auch der NUTZER erzeugen Objekte.	Ja	Ja	Nein

253

Prozesswort	Semantische Definition des Prozessworts	selbstständige System- aktivität	Benutzer- interaktion	potenzielle Fähigkeit
importieren	Der NUTZER importiert Informationen in das System.	Nein	Ja	Nein
löschen	Sowohl das SYSTEM (selbstständig) als auch der NUTZER entfernen Objekte.	Ja	Ja	Nein
sammeln	Das SYSTEM behält Informationen (kürzeste Datenaufbewahrung, siehe auch „aufbewahren", „speichern").	Ja	Nein	Nein
speichern	Das SYSTEM behält Informationen, und zwar länger als beim Prozess „aufbewahren" (längste Datenaufbe- wahrung, siehe auch „sammeln", „aufbewahren").	Ja	Nein	Nein
übertragen	Das SYSTEM versendet Informatio- nen an ein anderes System (siehe auch „empfangen").	Ja	Nein	Nein

Abbildung 9.9: Prozesswortliste Deutsch

Reduktion auf definierte Menge von Prozesswörtern

Um unseren Ansprüchen von einheitlichen Anforderungen zu genügen, muss die Menge aller zur Verfügung stehenden Prozesswörter beschränkt und beherrschbar sein. Dies wird implizit durch die Anforderungsschablone (zumindest teilweise) erreicht, da in allen Typen das Prozesswort nur als Verb im Infinitiv eingesetzt werden kann. Allerdings stellen alle Verben einer Sprache immer noch keine beherrschbare Menge dar. Daher reduziert man die Anzahl der Prozesswörter auf die tatsächlich für das System relevanten Verben. Das heißt, die Prozesswortliste enthält nur die Verben, die zur vollständigen Beschreibung der Funktionalität des Systems benötigt werden. Beschreiben Sie ein und dieselbe Funktionalität nur durch *ein* Prozesswort und verwenden Sie umgekehrt das *gleiche* Prozesswort nur für die Beschreibung *einer* Funktionalität. So halten Sie die Menge der Prozesswörter minimal. Dies hat zur Folge, dass umgangssprachlich synonym verwendete Prozesswörter wie „einge- ben", „einsetzen" und „einfügen" in einer Anforderung semantisch unterschiedliche Funktionalitäten beschreiben oder eben nur eines von ihnen verwendet wird. Gemäß unserer Prozesswortliste muss in der folgenden Anforderung das Prozesswort „spei- chern" verwendet werden, da die Daten langfristig gespeichert werden.

Anforderung

Das Bibliothekssystem soll fähig sein, Daten neu eingegebener Bibliothekskunden und neuer Leihobjekte von einem Bibliothekssystem eines anderen Standortes zu emp- fangen. Nachdem das Bibliothekssystem Daten neu eingegebener Bibliothekskunden oder neuer Leihgegenstände vom benachbarten Bibliothekssystem empfangen hat, soll das Bibliothekssystem die empfangenen Daten permanent speichern.

Dagegen darf bei einer kurzfristigen Speicherung, wie sie die folgende Anforderung fordert, nur das Prozesswort „aufbewahren" benutzt werden.

Anforderung

Nachdem sich ein Bibliothekskunde am Bibliothekssystem mit seiner Benutzerken- nung (Benutzername und Passwort) authentifiziert hat, soll das Bibliothekssystem den Benutzernamen und das Passwort bis zum Ende der Sitzung aufbewahren.

Sie fragen sich jetzt vielleicht, welchem Prozesswort welche semantische Bedeutung zukommt oder welcher Prozess hinter welchem Prozesswort steht? Nach welchen Kriterien die Zuordnung erfolgt? Die Antwort mag auf den ersten Blick verblüffen: Es gibt keine Zuordnung nach bestimmten Kriterien!

Willkürliche Zuordnung der Bedeutung ☺

Die Zuordnung, ob das Prozesswort „speichern" im Zusammenhang mit einer lang- oder kurzfristigen Speicherung steht, ist rein willkürlich.

Allgemein gilt: Die semantische Zuordnung einer Funktionalität, eines Prozesses oder eines Sachverhalts zu einem definierten Wort oder einer definierten Wortgruppe im Rahmen der Erstellung des Patternkatalogs ist willkürlich, eineindeutig und für alle Stakeholder verbindlich.

Vor allem die Verbindlichkeit für alle ist wichtig, da sonst die Definition und Vorbelegung der Wörter sehr stark differiert. Durch die Differenzierung scheinbar synonymer Wörter anhand einer Festlegung der dahinterstehenden Semantik in der Wortliste wird der Informationsgehalt der Wörter deutlich erhöht. Wenn Sie Anforderungen konstruieren, ist es daher wichtig, dass Sie sämtliche Wörter und die dazugehörig Semantik kennen. Ein Wort für einen Sachverhalt zu verwenden, das dafür ursprünglich nicht definiert wurde, wäre fatal. Jeder Leser des Anforderungsdokuments muss sich auf die Definitionen und die korrekte Verwendung der definierten Wörter oder Wortgruppen verlassen können. Deshalb muss die Verantwortung, die Wortlisten zu erstellen und zu pflegen, einer Person im Projekt oder Organisationseinheit im Unternehmen zugewiesen werden. Die notwendigen organisatorischen Maßnahmen dieses Vorgehens werden in Kapitel 15 „Und jetzt? – Strategien zur Einführung" näher betrachtet.

Verbindlichkeit der Definitionen sicherstellen

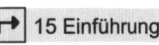 15 Einführung

9.4.2   Logische Operatoren

Komplexe Systeme neigen dazu, bestimmte Funktionalitäten erst unter einer Reihe von Vorbedingungen zur Verfügung zu stellen. Im Schritt 5 der oben dargestellten Konstruktion sieht sich der Anforderer folglich einer Menge an zeitlichen und logischen Bedingungen gegenüber, die er geschickt in der Anforderung unterbringen muss, so dass für den Leser keine Widersprüche entstehen. Es muss *eindeutig* klar sein, unter welchen Voraussetzungen die geforderte Funktionalität vom System bereitgestellt wird.

Komplexe Randbedingungen klarstellen

Erste Abhilfe können Sie durch eine genauere Formulierung der Bedingungen schaffen. Bisher unterscheiden wir nur zwischen zeitlichen (wenn) und logischen (falls) Bedingungen und haben noch keine konkreten Festlegungen getroffen, wie die Bedingung formuliert werden muss.

Zeitliche Bedingungen kann man sinnvoll weiter untergliedern, folgendes Beispiel soll dies veranschaulichen:

Zeitliche Bedingungen im Detail

Beispiel:

Nachdem sich ein Bibliothekskunde ... authentifiziert hat ...

Wenn das Bibliothekssystem Daten empfängt, muss das Bibliothekssystem alle zu sendenden Daten zurückhalten.

Während das Bibliothekssystem Daten empfängt, muss das Bibliothekssystem alle zu sendenden Daten zurückhalten.

Sobald der Bibliothekar den Notschalter berührt, ...

Wollen Sie diese Unterscheidungen bei der Erstellung der Anforderungen mit einfließen lassen, müssen auch diese Formulierungen für jeden Betroffenen eindeutig
sein beziehungsweise per semantischer Definition sichergestellt werden, sodass keine
Missinterpretation vorkommen kann. Des Weiteren darf keiner der Schreiber verse-
hentlich einen Satz mit einer der festgelegten Formulierungen niederschreiben, sonst
entstehen fachlich falsche Bedingungen.

Denkbar wäre, dass das Wort „nachdem" bedeutet, dass das System eine Aufgabe
erst vollständig abgearbeitet haben muss und die entsprechende positive Rückmel-
dung vorliegen muss, bevor die nächste Aufgabe überhaupt begonnen wird. Andernfalls müsste die Formulierung mit „sobald" gewählt werden. Die Definition kann hier
analog der Definition von Prozessworten vorgenommen werden.

Auch mit den logischen Operatoren UND, inklusives ODER (IODER) und exklusives ODER (XODER) in Kombination mit Klammern (siehe Abbildung 9.10) lassen
sich Anforderungen weiter präzisieren.

Definition
logischer
Operatoren

A UND **B**	Kurz: WENN beide A und B, (dann) das System…. Lang: … (nur) wenn beide der folgenden Bedingungen wahr sind: A, B
A XODER **B**	Kurz: WENN A oder B, (dann) das System … Lang: …wenn nur eine der folgenden Bedingungen wahr ist: A, B
A IODER **B**	Kurz: WENN eine oder beide A und B, (dann) das System… Lang: … (nur) wenn eine oder beide der folgenden Bedingungen wahr sind: A, B
A UND **B** UND **C**	(nur) wenn alle der folgenden Bedingungen wahr sind: A, B, C
A XODER **B** XODER **C**	wenn nur eine der folgenden Bedingungen wahr ist: A, B, C
A IODER **B** IODER **C**	(nur) wenn eine oder mehrere der folgenden Bedingungen wahr ist: A, B, C
A UND (**B** XODER **C**)	(nur) wenn A und eine der folgenden Bedingungen wahr ist: B, C
(**A** UND **B**) XODER **C**	wenn nur C oder beide der folgenden Bedingungen wahr sind: A, B
A UND (**B** IODER **C**)	(nur) wenn A und eine oder beide der folgenden Bedingungen wahr sind: B, C
(**A** UND **B**) IODER **C**	wenn nur C oder beide der folgenden Bedingungen wahr sind: A, B oder alle der folgenden Bedingungen wahr sind: A, B, C
A XODER (**B** IODER **C**)	wenn nur A oder eine oder beide der folgenden Bedingungen wahr sind: B, C
(**A** XODER **B**) IODER **C**	wenn nur C oder eine der folgenden Bedingungen wahr ist: A, B oder beide der folgenden Bedingungen wahr sind: A, C oder beide der folgenden Bedingungen wahr sind: B, C

Abbildung 9.10: Logische Operatoren zur Formulierung von Rahmenbedingungen

Alternativen
zu logischen
Operatoren

Zeitliche und logische (Vor-) Bedingungen einer Anforderung werden häufig aufgrund von sprachlichen Unzulänglichkeiten und Missverständnissen falsch interpretiert. Betrachten Sie dazu bitte die folgende Anforderung.

An jedem Dienstag um 8.00 Uhr oder an jedem Freitag um 9.00 Uhr und unter der Bedingung, dass mindestens 10 Neukunden seit der letzten Übertragung der Neukundenstatistik im Bibliothekssystem aufgenommen wurden, soll das Bibliothekssystem die Auswertungsdaten der Neukundenstatistik an den zentralen Administrationsrechner über das lokale Netzwerk automatisch übertragen. Das Bibliothekssystem soll dem Nutzer die Möglichkeit bieten, den Zeitpunkt der Übertragung der Neukundenstatistik auszuwählen.

Anforderung

Es ist nicht klar, ob die Bedingung, dass 10 Neukunden aufgenommen wurden, sich nur auf die Übertragung am Freitag oder auch auf die am Dienstag bezieht. Zudem ist es nicht eindeutig, ob das System die Daten *sowohl* am Dienstag *als auch* am Freitag übertragen kann (inklusives ODER) oder ob die Daten nur an einem einzigen Tag in der Woche übertragen werden – dann entweder am Dienstag oder am Freitag (exklusives ODER).

Durch die Verwendung von mathematisch definierten logischen Operatoren kann dies leicht vermieden werden. Die Anforderung wird damit bezüglich der Vorbedingungen interpretationsfrei.

(An jedem Dienstag um 8.00 Uhr XODER an jedem Freitag um 9.00 Uhr) UND unter der Bedingung, dass mindestens zehn Neukunden seit der letzten Übertragung der Neukundenstatistik im Bibliothekssystem aufgenommen wurden, soll das Bibliothekssystem die Auswertungsdaten der Neukundenstatistik an den zentralen Administrationsrechner über das lokale Netzwerk automatisch übertragen. Das Bibliothekssystem soll dem Nutzer die Möglichkeit bieten, den Zeitpunkt der Übertragung der Neukundenstatistik auszuwählen.

Anforderung

Diese Anforderung besagt eindeutig, dass entweder am Dienstag oder am Freitag eine Übertragung der Neukundenstatistik vorgenommen werden kann, allerdings unter der Bedingung, dass seit der letzten Übertragung mindestens zehn Neukunden aufgenommen wurden. Die Selektion, die das System dem Nutzer anbietet, muss dann ausschließenden Charakter haben.

Einen Nachteil haben die logischen Operatoren allerdings. Sie können zwar komplizierte Sachverhalte klar strukturieren und auch zum Verständnis beitragen, die Lesbarkeit verbessern sie aber nicht entscheidend. Ein Preis, den man für den höheren Grad an Formalisierung zahlen muss. Tief verschachtelte Strukturen und voneinander abhängige Bedingungen können dann nur durch entsprechende grafische Formatierungen des Textes nachvollzogen werden. In solchen Fällen sollten Sie semiformale Darstellungsmittel der UML wie Zustandsautomaten oder Aktivitätsdiagramme vorziehen, oder Entscheidungstabellen für die Darstellung verwenden.

Höhere Präzisierung kontra Lesbarkeit

9.5   Fallbeispiel: Bibliothek

Um den schablonenbasierten Ansatz zu vertiefen, skizzieren wir Ihnen in diesem Abschnitt *ein* mögliches Vorgehen zur Erhebung von Anforderungen an das Bibliothekssystems, in das die in diesem Kapitel vorgestellten Techniken integriert sind.

→ 3 Idee-System

Wie Sie in Kapitel 3 „Von der Idee zum System" erfahren haben, bilden Anwendungsfälle eine gute Ausgangsbasis für die Erhebung von Anforderungen. Im Rahmen der Anwendungsfallbeschreibungen stellen Sie die Abläufe und Schritte in Textform oder in einer semi-formalen Notation ideal mit einem Aktivitäts- beziehungsweise Zustandsdiagramm dar. Wann Sie welche UML-Diagrammtechnik für welche Art von Ablauf am besten einsetzen, behandelt [Hruschka02] ausführlich. Abbildung 9.11 zeigt dies beispielhaft für den Anwendungsfall „Leihobjekt inventarisieren".

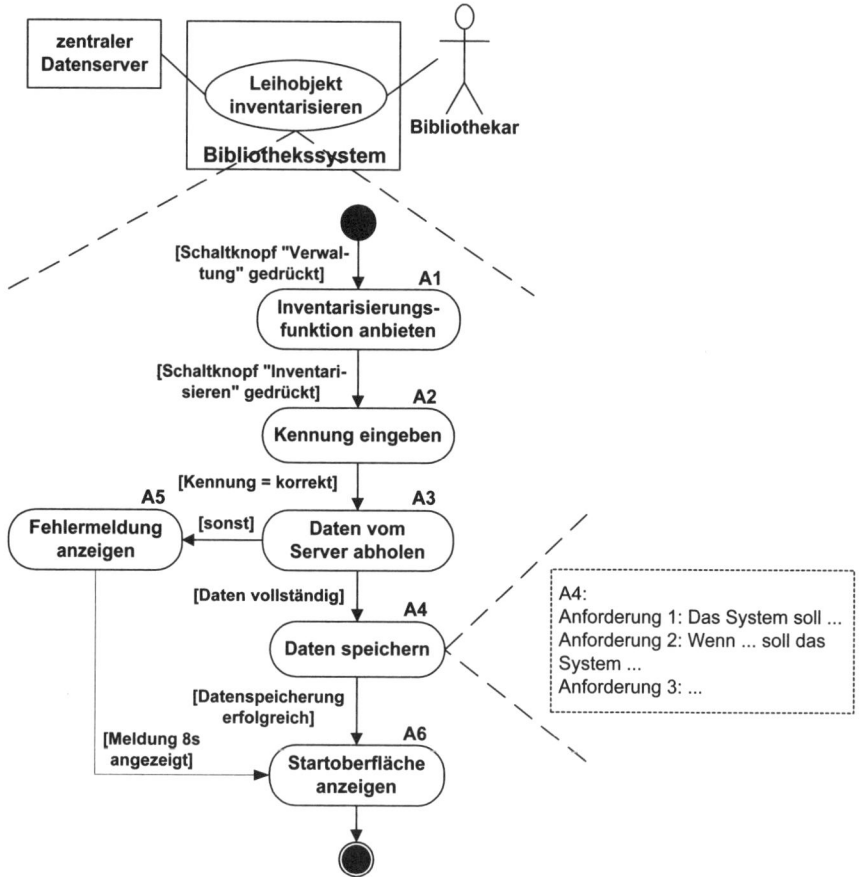

Abbildung 9.11: Aktivitätsdiagramm Leihobjekt inventarisieren

Erstellen Sie zunächst ein relativ abstraktes Aktivitäts- oder Zustands-Diagramm, das die einzelnen Aktionen des essenziellen Ablaufs des Prozesses, den Sie beschreiben wollen, grafisch darstellt. Nummerieren Sie die Zustände oder Aktionen durch, sodass Sie in den Anforderungen gut darauf Bezug nehmen können. Nun sollten Sie die einzelnen Aktionen des Aktivitätsdiagramms oder Zustände des Zustandsdiagramms durch 1 bis n **schablonenbasierte** Anforderungen beschreiben und damit präzisieren, wie das folgende Beispiel zeigt.

Use Case–
Ablaufdiagramm
– Anforderung

A1:

- [Nachdem ein Bibliothekar das Verwaltungsmodul durch Drücken des Schaltknopfs „Verwaltung" gestartet hat,] soll das Bibliothekssystem einen Schaltknopf „Inventarisieren" auf dem Bildschirm anzeigen.

- Das Bibliothekssystem soll dem Bibliothekar die Möglichkeit bieten, den Schaltknopf „Inventarisieren" durch Tastatur oder Maus zu drücken.

A2:

- [Nachdem der Bibliothekar den Schaltknopf „Inventarisieren" durch Tastatur oder Maus gedrückt hat,] soll das Bibliothekssystem dem Bibliothekar die Möglichkeit bieten, genau einen Leihobjekttyp zu selektieren.

- Nachdem der Bibliothekar genau einen Leihobjekttyp selektiert hat, soll das Bibliothekssystem dem Bibliothekar die Möglichkeit bieten, genau eine für den selektierten Leihobjekttyp spezifische Leihobjekttypkennung einzugeben.

- Das Bibliothekssystem soll die Eingabe nur von zulässigen Leihobjekt-typkennungen sicherstellen.

A3:

- Das Bibliothekssystem soll fähig sein, Leihobjektinformationsdaten vom zentralen Datenserver zu empfangen.

- [Nachdem der Bibliothekar die Kennung eingegeben hat,] soll das System die Leihobjektinformationsdaten mittels der Kennung beim zentralen Datenserver anfordern.

A4:

- [Nachdem das Bibliothekssystem die Leihobjektsinformationsdaten vom zentralen Datenserver vollständig empfangen hat,] soll das Bibliotheksinformationssystem dem Bibliothekar die Möglichkeit bieten, die Leihobjektsinformationsdaten zu speichern.

A5:

- Falls das Bibliothekssystem nicht fähig ist, Leihobjektinformationsdaten vom zentralen Datenserver zu empfangen, soll das Bibliothekssystem die Meldung 00765 auf dem Bildschirm anzeigen.

- Falls es nicht möglich ist, die Leihobjektinformationsdaten beim zentralen Datenserver anzufordern, soll das Bibliothekssystem die Meldung 00765 auf dem Bildschirm anzeigen.

A6:

- [Nachdem die Meldung 00765 für 8 Sekunden auf dem Bildschirm angezeigt wurde,] soll das Bibliothekssystem die Startoberfläche auf dem Bildschirm anzeigen.

- [Nachdem das Bibliothekssystem die Leihobjektsinformationsdaten erfolgreich gespeichert hat,] soll das Bibliothekssystem die Startoberfläche auf dem Bildschirm anzeigen.

In der Praxis würden zur fachlichen Vollständigkeit sicherlich noch mehr Anforderungen nötig sein, insbesondere müssten Abweichungen vom Normalverhalten viel genauer herausgearbeitet werden. Dies ist bei den Anforderungen zu A3/A5 ansatzweise geschehen. Mit Rücksicht auf den Buchumfang wollen wir uns hier jedoch auf die oben stehenden Anforderungen beschränken.

Prozessorientierte Gliederung + Navigierbarkeit

Durch die klare Gliederung der Anforderungen entlang des Prozesses erhalten Sie automatisch eine prozessorientierte Gliederung des Anforderungsdokumentes und eine leichte Navigierbarkeit unter den Anforderungen.

Ersparen Sie sich die Vorbedingungen!

Indem das Ablaufmodell (Aktivitätsdiagramm oder Zustandsautomat) grafisch den Ablauf und damit die Vorbedingungen für das Eintreten in eine Aktion oder einen Zustand vorgibt, können Sie sich beim Erstellen der Anforderungen eigentlich die Formulierung der Vorbedingung sparen, sofern Sie bereits durch das Diagramm ausgedrückt wird.

So könnten Sie zum Beispiel alle eingeklammerten Teile der vorhergehenden Anforderungen ohne Informationsverlust streichen, sofern das Diagramm Bestandteil des Anforderungsdokumentes und ebenfalls rechtlich verbindlich ist. Bedenken Sie bei diesem Vorgehen aber, dass die Anforderungen ohne das Diagramm nicht lesbar sind, da die Vorbedingungen dann nur noch im Diagramm enthalten sind.

Parallel zur Erstellung der Diagramme und Anforderungen sollten die Begriffsdefinitionen gepflegt werden:

Begriff	Typ	Erläuterung
zentraler Datenserver	Objekt	Rechner, auf dem Leihobjektinformationsdaten abgelegt sind.
Leihobjekttyp	Objekt	Der Leihobjekttyp beschreibt die Art eines auszuleihenden Leihobjekts. Folgende Leihobjekttypen werden unterschieden: • Buch • Video • Zeitschrift
Leihobjekttypkennung	Objekt	Die Leihobjekttypkennung beschreibt die eindeutige Kennung eines Leihobjekttyps. Folgende Leihobjekttypkennungen sind definiert: Buch – ISBN Video – Herstellernummer Zeitschrift – ISSN
...	...	...

Abbildung 9.12: Auszug aus der Definitionswortliste

9.6 Konstruieren im Englischen

Dieser Abschnitt zeigt Anforderungsschablonen für englischsprachige Anforderungen. Es können die gleichen Typen der Anforderungsschablonen wie im Deutschen verwendet werden. Die englische Sprache lässt darüber hinaus weitere Einschränkungen in der Formulierung zu, da sich der Satzbau beim Ergänzen von Bedingungen nicht verändert. Die Strukturen der Schablonen mit und ohne Bedingungen unterscheiden sich daher nicht.

Die verschiedenen Schablonentypen

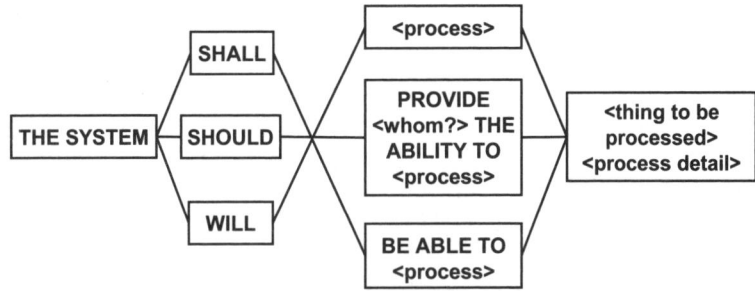

Abbildung 9.13: Die vollständige Anforderungsschablone ohne Bedingung im Englischen

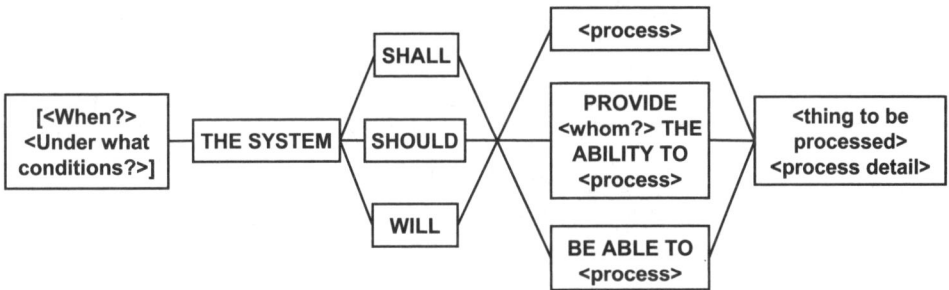

Abbildung 9.14: Die vollständige Anforderungsschablone mit Bedingung im Englischen

Am prinzipiellen Vorgehen – der Konstruktion in sechs Schritten – ändert sich im Englischen nichts. Zur Verdeutlichung noch einige Beispiele von englischen, schablonenbasierten Anforderungen und eine englische Prozesswortliste.

Typ 1: Selbstständige Systemaktivität
If a video borrowing object is returned and this video borrowing object with thereby terminated lending was lent the 30th time, the library system shall display a message on the user's display that the video borrowing object has to be replaced.

Typ 2: Benutzerinteraktion
Only, if no borrowing objects are lent by a library customer, the library system shall provide the user the ability to remove this library customer from the library system.

Typ 3: Schnittstellenanforderung
If the library system is in use, the library system shall be able to receive data for a software-update from a central administration computer over the local network.

Process	semantic definition of process word	system activity	user interaction	potential system ability
collect	The SYSTEM keeps information for a minimal duration (shortest data-storage, see „save", „store").	Yes	No	No
create	Both the SYSTEM (automatically) and the USER create object(s).	Yes	Yes	No
determine	The SYSTEM logically chooses one or more objects (according to selection criteria from a finite set such as databases).	Yes	No	No
display	The SYSTEM presents information to the user.	Yes	No	No
enter	Only the USER enters new data or overwrites existing data (see also "input", "insert").	No	Yes	No
import	The USER imports information into the system.	No	Yes	No
input	Both the SYSTEM and the USER enter new data or overwrite existing data (see also "enter", "insert").	Yes	Yes	No
insert	Only the SYSTEM enters new data or overwrites existing data (see also "enter", "input").	Yes	No	No
receive	The SYSTEM is capable of receiving data from external systems (electronic communication).	No	No	Yes
remove	The SYSTEM (automatically) or the USER delete objects.	Yes	Yes	No
save	The SYSTEM keeps information longer than collect (2nd longest data-storage, see also „collect", „store").	Yes	No	No
select	The USER chooses one or more elements from a finite set of elements (see also "determine").	No	Yes	No
store	The SYSTEM keeps information longer than save (longest data-storage, see also "collect", "save").	Yes	No	No
transmit	The SYSTEM sends information to another system (see also "receive").	Yes	No	No

Abbildung 9.15: Prozesswortliste Englisch

9.7 Erfahrungen aus der Praxis

Setzen Sie die Schablonentechnik nur dann ein, wenn sich in Ihren Projekten die Bereitschaft der Mitarbeiter herauskristallisiert, die Anforderungsschablone anzuwenden. Neben der reinen Methodenkenntnis müssen Ihre Anforderungsautoren bereit sein, sich einer stark normierten Vorgehensweise zu unterwerfen. Ihre stilistischen Freiheitsgrade bei der Formulierung von Anforderungen werden dabei stark eingeschränkt. Den besten Erfolg erzielten wir, wenn wir die Anforderungsschablonen nicht als ein Muss vorgeschrieben haben, sondern die Methode geschult und die Schablone als Hilfsmittel dargestellt haben.

Bereitschaft prüfen

Bei der Qualitätssicherung der Anforderungen sollten Sie Folgendes bedenken: Das Lesen von Dutzenden gleichstrukturierten Anforderungen stellt eine gewisse Hürde dar, ist ermüdend und erfordert eine Menge Konzentration.[3] Erwarten Sie nicht, dass jemand das gesamte Dokument liest. Strukturieren Sie Ihr Dokument so, dass unterschiedliche Leser ohne großen Suchaufwand an genau die Stellen gelangen, die für sie von Interesse sind.

9.7.1 Effektivität durch Softwareeinsatz

Eine weitere wichtige Erkenntnis, die wir aus unserer Projekterfahrung gewonnen haben, ist der Bedarf an technischer Unterstützung. Wir haben daher dieses Vorgehen in unser Requirements-Engineering und -Management Tool C.A.R.E. integriert (siehe dazu auch die Abbildungen 9.16-9.19). Neben der reinen Verknüpfung der Definitionen (Wortliste) und Schabloneninhalte zum Beispiel in Form von Hyperlinks sollte die Software den Verfasser auch methodisch unterstützen. Dazu gibt das Werkzeug dem Anwender die Schritte des Schablonenansatzes in Form eines Assistenten (Wizards) vor und bietet Ausfüllanleitungen für die einzelnen Typen an. Durch Vorgabe der Grundstruktur im Programm und wenige Freitextfelder wird der Nutzer dazu angeleitet, qualitativ hochwertige Anforderungen zu konstruieren.

 13 RM

Einer der größten Vorteile dieses Vorgehens ist die inhaltliche Auswertbarkeit der Anforderungen. Verändert oder veraltet eine semantische Definition, kann das etablierte Verknüpfungsnetz gezielt zur Identifikation relevanter Anforderungen eingesetzt werden. So lassen sich alle Anforderungen, die einen bestimmten Nutzer, zum Beispiel den Administrator, betreffen, herausfiltern. Durch reine Textindizierung ist dies zwar auch möglich, doch ist der Suchraum ungleich größer. Denn bei diesem Verfahren werden alle Anforderungen ermittelt, die das Wort Administrator enthalten, unabhängig davon, ob es im Kontext als Nutzer zu sehen ist.

Durch Auswahl- und Sperrmechanismen können Sie verhindern, dass nicht definierte Worte in Anforderungen verwendet werden. Beispielsweise können durch Vorgabe einer begrenzten Menge an klar definierten Nutzern Synonymbildung und Eigenkreationen unterbunden werden. Dieses Vorgehen findet dort seine Grenzen, wo die deutsche Sprache einen gewissen Freiraum erfordert, zum Beispiel durch Deklination in bestimmten Satzkonstruktionen. Weiterhin ist ein hinreichend großer Satz an Definitionen Voraussetzung für flüssiges Arbeiten.

---

[3] Es gibt Leute, die behaupten, dass das Lesen schablonenbasierter Anforderungsdokumente nach dem Schäfchenzählen die zweitbeste Einschlafmethode sei.

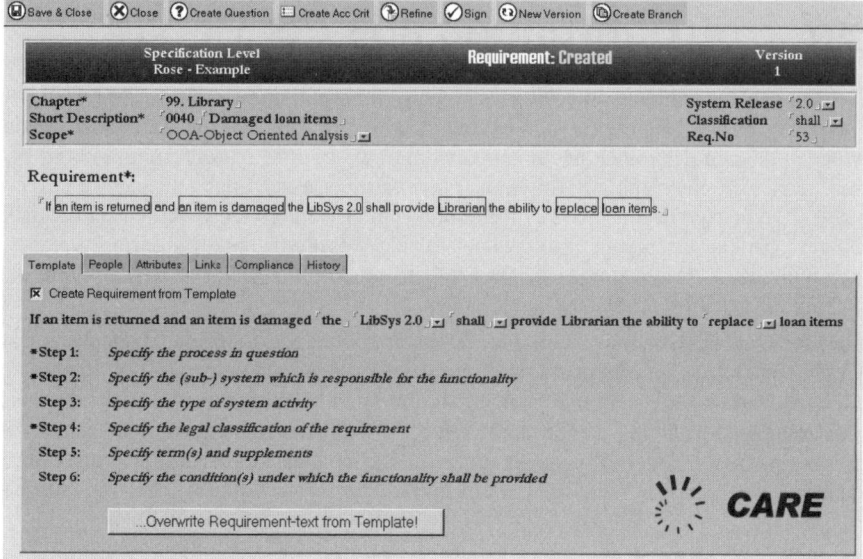

Abbildung 9.16: Übersicht: Arbeiten mit Case-Tool

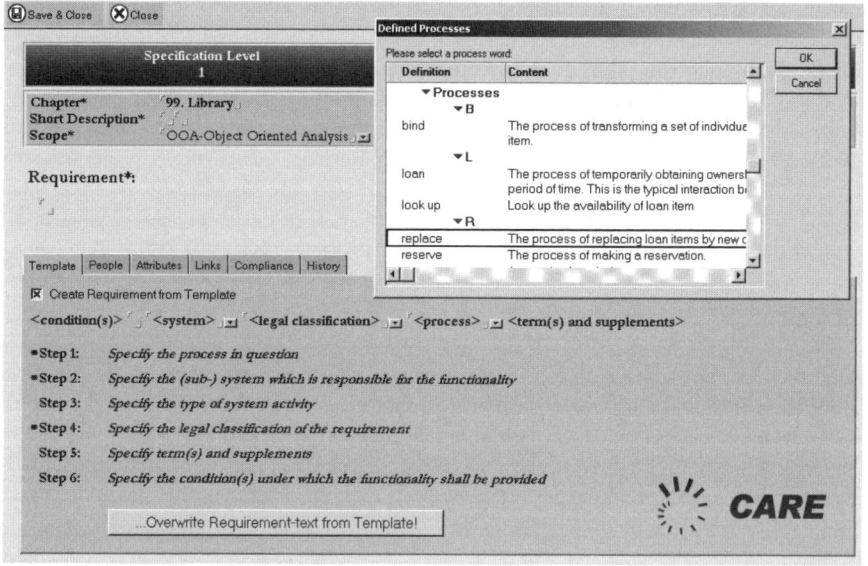

Abbildung 9.17: Spezifizieren des Prozesses

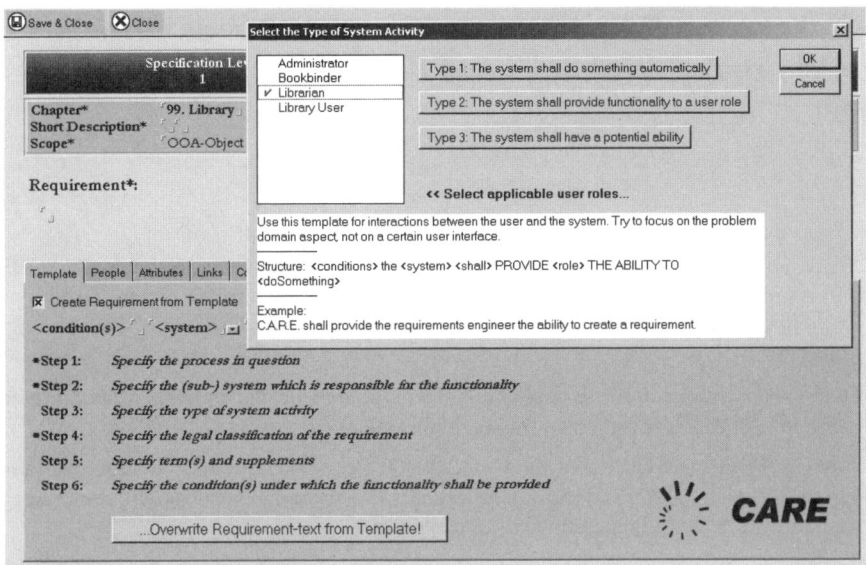

Abbildung 9.18: Auswahl der Systemaktivität

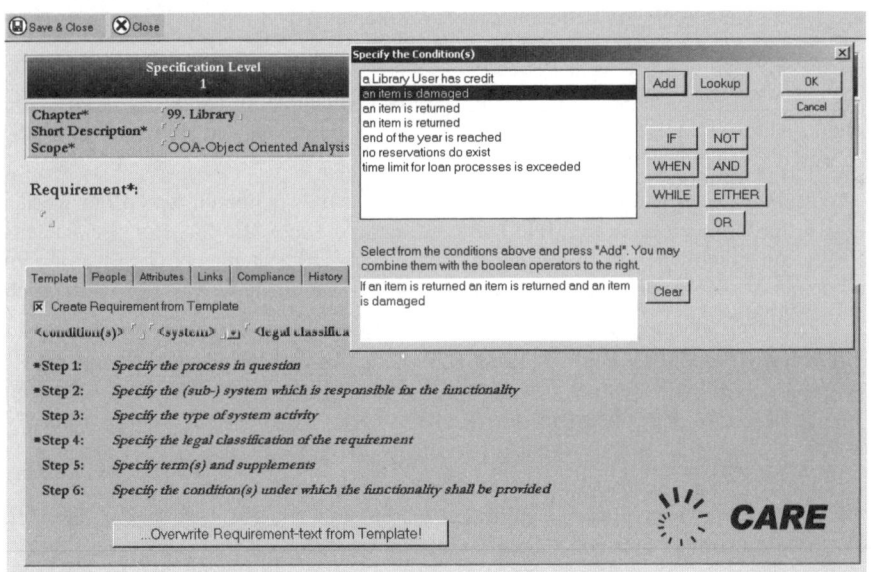

Abbildung 9.19: Spezifizieren der Bedingungen

Einsatz von Requirements Templates in der Praxis eines realen Projektes aus der Flugsicherung – ein Erfahrungsbericht

von Dirk Kuprat und Achim Billion

Ausgangssituation:

Nachdem ein Nachfolgesystem für die vorhandenen Flugplandatensysteme (DEPCOS und ZKSD) im Tower notwendig geworden war, initiierte die DFS Deutsche Flugsicherung GmbH das Projekt TFDPS (Tower-FlightplanData-Processing-System) mit hoher Priorität.

Dazu existierten ca. 900 betriebliche Anforderungen, für die rund 40 Mannjahre an Aufwand für die Softwareentwicklung veranschlagt wurden.

An dem Projekt TFDPS sind unterschiedliche Personengruppen beteiligt, wie zum Beispiel Lotsen, SW-Entwickler, QS-Manager, Auftragnehmer und Berater, deren Standorte sich über den gesamten Globus verteilen.

Gerade die Zusammensetzung dieser Projektgruppe sorgte für sehr heterogene, das heißt im Stil und Detaillierungsgrad sehr unterschiedliche Sichtweisen und Anforderungen. Häufig waren Anforderungen doppelt beschrieben, jedoch mit unterschiedlichen Bezeichnungen, viele Stellen wiesen Lücken auf.

Systematische Überarbeitung der Anforderungen:

DFS und SOPHIST haben gemeinsam die existierenden Anforderungen mit Hilfe methodischer Ansätze sowie der Datenbank C.A.R.E., die von der DFS und SOPHIST zusammen entwickelt wurde, überarbeitet.

Im Verlauf dieser Tätigkeit entstand eine Vielzahl neuer Fragen, daraufhin wurden die Anforderungen mehrere Male komplett umformuliert. Die Struktur der zunächst sehr unterschiedlichen Anforderungen konnte nach und nach angeglichen werden. Im gleichen Maße wurden die Anforderungen präzisiert, in ihrer Aussage verdeutlicht und redundanzfrei.

So wurde letztendlich deutlich, dass zahlreiche Anforderungen nichts anderes als Variationen einiger weniger Grundmuster waren, die dann verwendet wurden, um auch völlig neue Anforderungen zu erstellen.

Erkenntnisse:

Nachdem diese Grundmuster identifiziert waren, konnten innerhalb kurzer Zeit viele Anforderungen von sehr hoher Qualität erzeugt werden.

Alle am Projekt Beteiligten hatten somit zu einer einheitlichen Lesart der Anforderungen gefunden – für Außenstehende jedoch erwiesen sich die Texte nunmehr als Technokratenlektüre, spannend wie Gesetzestexte und verständlich wie eine mathematische Formelsammlung.

Deswegen wurden sie um ein paar erläuternde, „leichter verdauliche" Ausführungen und Zusammenfassungen angereichert, um sie so für Kollegen, die nicht permanent im Projekt mitarbeiteten, wieder leichter lesbar zu machen.

Fazit:

Die Anwendung von Requirements-Engineering und die Nutzung der C.A.R.E.-Datenbank während der Anforderungsphase war äußerst erfolgreich. Der Abstimmungsaufwand während der Realisierungsphase hat sich enorm reduziert.

Dirk Kuprat (dirk.kuprat@dfs.de) & Achim Billion (achim.billion@dfs.de), DFS Deutsche Flugsicherung GmbH. Beide Autoren arbeiteten viele Jahre im Tower Frankfurt der DFS Deutsche Flugsicherung GmbH. Seit mehreren Jahren sind sie für die Erstellung von betrieblichen Anforderungen für Towersysteme verantwortlich, welche Teil der Ausschreibungsunterlagen der DFS sind.

9.8   Management-Zusammenfassung

Für den überwiegenden Teil aller Anforderungen ist es weder notwendig noch sinnvoll, die Ausdrucksmöglichkeiten natürlicher Sprachen in ihrer vollen Bandbreite zuzulassen, da darin ein großes Potenzial für Fehler und Missverständnisse enthalten ist.

Die *drei syntaktischen Schablonen* dieses Kapitels liefern daher eine Vorlage, wie Anforderungen uniform bezüglich ihrer Syntax konstruiert werden können. Die Schablonen sind allerdings nur das Handwerkszeug, die Methodik verbirgt sich hingegen in einem sechs Schritte umfassenden Prozess, der neben der Auswahl der richtigen Schablone auch deren Ausfüllanleitung vorgibt.

Semantische Definitionen, die das Schablonenkonzept hervorragend ergänzen, erhöhen die Präzision der natürlichsprachlichen Anforderungen, ohne den Grad ihrer Formalität zu erhöhen und ohne die Lesbarkeit zu verschlechtern. Logische und zeitliche Bedingungen werden mit Konjunktionen und logischen Operatoren ausgedrückt. Damit werden Mehrdeutigkeiten in den Aussagen verhindert.

Der schablonenbasierte Weg verspricht insgesamt, den gesamten Analyseprozess wesentlich zu beschleunigen und *effizienter* zu gestalten. Gleichzeitig wird zentrales Know-how Ihres Geschäftsgebietes systematisch und wiederverwendbar strukturiert.

Um den Einsatz von Schablonen zu automatisieren und die Verwendung definierter Begriffe zu unterstützen, lohnt es sich, ein Tool einzusetzen.

Sprachvielfalt bändigen

6 Schritte zur Anforderung

Begriffswelt definieren

9.9   Sind Sie reif für Schablonen und eine definierte Begriffswelt?

- Ist Ihr Team bereit, mit Schablonen zu arbeiten?
- Konnten Sie sich auf die Verwendung eines eingeschränkten, aber definierten Wortschatzes einigen?
- Sind alle relevanten Begriffe Ihres Gegenstandsbereichs definiert?
- Haben Sie Ihre Prozesse durch UML-Diagramme vorstrukturiert, um ein gutes Gerüst für Ihre Anforderungen zu haben?
- Haben Sie über Tool-Unterstützung zur Optimierung des Prozesses nachgedacht?

9.10   Weiterführende Literatur

[Chomsky65]
> **Chomsky, N.:** Aspects of the Theory of Syntax. Cambridge/MA, The MIT Press 1965. ISBN 0-262-53007-4

[Heaton97]
> **Heaton, J.;** Groves J.: Introducing Wittgenstein. New York, Totem Books 1997. ISBN 1-874166-17X

[Hruschka02]
> **Hruschka, P.;** Rupp, C.: Agile Softwareentwicklung für Embedded Real-Time Systeme mit der UML. München, Wien, Hanser 2002. ISBN 3-446-21997-8

[Kamlah96]
> **Kamlah, W.;** Lorenzen, P.: Logische Propädeutik. Stuttgart, Metzler 1996. ISBN 3-476-01371-5

[Lyons95]
> **Lyons, J.:** Introduction to Theoretical Linguistics. Cambridge, Cambridge University Press 1995. ISBN 0-521-09510-7

[Maher97]
> **Maher, J.;** Groves, J.: Introducing Chomsky. New York, Totem Books 1997. ISBN 1-874166-42-0

[Morenberg97]
> **Morenberg, M.:** Doing Grammar. 2. Auflage. Oxford University Press 1997. ISBN 0-19-509783-1

[Peirce58]
> **Peirce, C. S.:** Selected Writings – Values in a Universe of Chance. New York, Dover Publications 1958. ISBN 0-486-21634-9

[Russell72]
> **Russell, B.:** A History of Western Philosophy. New York, Simon & Schuster 1972. ISBN 0-671-31400-9

[Sampson94]
> **Sampson, G.:** School of Linguistics. 3. Auflage. Stanford/CA, Stanford University Press, 1994. ISBN 0-8047-1084-8

[Searle96]
> **Searle, J. R.:** Speech Acts. An Essay In The Philosophy Of Language. 1. Auflage. Cambridge, Cambridge University Press, 1996. ISBN: 0-521-09626-X

Rolf Götz

10

Die nicht-funktionalen Anforderungen in der Systementwicklung

Fragen, die dieses Kapitel beantwortet:

- Was versteht man unter nicht-funktionalen Anforderungen, über die vielzitierten Performance-Aspekte hinaus?

- Welche Chancen eröffnet das Engineering von nicht-funktionalen Anforderungen der Systementwicklung?

- Welche Besonderheiten sollten Sie bei der Analyse und dem Management nicht-funktionaler Anforderungen beachten?

- Wie steigern Sie die Produktivität durch Wiederverwendung nicht-funktionaler Anforderungen?

10.1   Einleitung

Definition

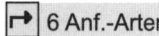 6 Anf.-Arten

Nicht-funktionale Anforderungen, das sind zunächst einmal alle Anforderungen, die nicht funktionaler Natur sind. Zusammen mit der Definition der verschiedenen Arten von Anforderungen aus Kapitel 6 „Anforderung oder Anforderung" ist diese simple Erklärung im Grunde ausreichend. Die folgende Aufzählung beschreibt, was genau wir unter nicht-funktionalen Anforderungen verstehen:

- technische Anforderungen,
- Anforderungen an die zu verarbeitenden Informationen,
- Anforderungen an die Benutzerschnittstelle,
- Qualitätsanforderungen,
- Anforderungen an sonstige Lieferbestandteile,
- Anforderungen an die Durchführung der Entwicklung und
- rechtlich-vertragliche Anforderungen.

Weite Auslegung

Manchmal werden derlei Aspekte auch als *non-behavioral requirements* ([Davis93]) oder als *Randbedingungen* (siehe Expertenbox von Dr. Peter Hruschka in diesem Kapitel) bezeichnet. Beachten Sie jedoch, dass wir den Begriff Anforderung weiter fassen als viele andere Experten: wir betrachten neben dem System auch alle anderen Arten von Produkten, und auch Entwicklungs- oder Wartungs-Prozesse sowie am Prozess beteiligte Personen. Viele Aussagen der Literatur beziehen sich nur auf Anforderungen an Systeme; deshalb werden wir uns jeweils ausdrücklich auf die verschiedenen Arten beziehen.

10.2   Chancen durch nicht-funktionale Anforderungen

Kümmern Sie sich in Ihren Systementwicklungs-Projekten um die nicht-funktionalen Anforderungen, denn damit eröffnen sich Ihnen folgende Chancen:

- zufriedene Kunden,
- vollständige Spezifikationen,
- sichere Planung,
- Rechtssicherheit,
- gestiegene Produktivität.

Es lohnt sich, jede dieser Chancen etwas genauer zu betrachten, bevor wir uns im darauf folgenden Abschnitt mit den Besonderheiten im Umgang mit nicht-funktionalen Anforderungen beschäftigen.

Kundenzufriedenheit

Qualitäts-erwartung

Gerade die Qualitätsanforderungen und die Anforderungen an die Benutzerschnittstelle enthalten diejenigen Aspekte eines Systems, die den Unterschied zwischen zufriedenen und unzufriedenen Kunden ausmachen. Zahlreiche Untersuchungen (zum Beispiel [Charette90]) ergeben, dass Stakeholder eher mal über fehlende Funktionen und Features hinwegsehen, wenn nur ihre Qualitätserwartungen erfüllt werden. Denken Sie beispielsweise an die Firma Apple™, die seit kurzem mit ihrem iPod™ erfolgreich ist. Dieser tragbare MP3-Spieler und Speicher gefällt durch sein herausragendes Design und seine einfache und intuitive Bedienung. Apple hat sich über Jahre den Ruf aufgebaut, hochwertige und zuverlässige Geräte herzustellen, die sich vom Aussehen her von der Masse abheben.

Worin die Qualitätserwartung der Stakeholder besteht, ist größtenteils nicht offensichtlich. Vor allem unter den Basisfaktoren, aber auch den Begeisterungsfaktoren des KANO-Modells (siehe Kapitel 6 „Anforderung oder Anforderung") verbergen sich oft nicht-funktionale Anforderungen. Sie sind den Stakeholdern also entweder nicht bewusst, oder sie haben Probleme, die sie zu formulieren (siehe Abschnitt 10.3).

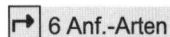 6 Anf.-Arten

Vollständigkeit

Die Entwickler der Systeme freuen sich über jede technische und Qualitäts-bezogene Anforderung. Sie ermöglichen ihnen einen Entwurf, der sich an der Erwartung der Stakeholder orientiert, *wie gut*[1] das Produkt seine Aufgaben erfüllen soll. Funktionale Anforderungen können meist nur auf Existenz der geforderten Leistung hin überprüft werden, also vorhanden oder nicht vorhanden. Nicht-funktionale Anforderungen hingegen lassen sich gut abstufen:

Wie gut?

Das Bibliothekssystem soll Fernleihe-Abfragen in 80% der Fälle innerhalb von 15 Sekunden ausführen und maximal 25 Sekunden dafür brauchen.

Die Zahlung muss spätestens 30 Tage nach Erreichen des jeweiligen Zahlungsmeilensteines erfolgen; die Summe der Tage zwischen den 4 Zahlungsmeilensteinen und der jeweiligen Zahlung darf jedoch 100 nicht überschreiten.

Insbesondere Tom Gilbs *Planguage*-Ansatz geht auf diesen Aspekt ein, siehe die Expertenbox von Intels Erik Simmons weiter hinten in diesem Kapitel.

Außerdem lassen sich aus nicht-funktionalen Anforderungen oft weitere funktionale und nicht-funktionale Anforderungen ableiten, was die Spezifikation an sich vollständiger macht. Aus einer nicht-funktionalen Anforderung einer Ebene ergeben sich so Anforderungen einer detaillierteren oder sogar der gleichen Ebene, auf die sonst niemand gekommen wäre.

Anforderungen ableiten

So wird aus der Modifizierbarkeitsanforderung[2]

Das Bibliothekssystem soll seine Oberfläche in einer von maximal fünf Sprachen darstellen können.

---

[1] Vorsicht vor der ungeeigneten Eselsbrücke, funktionale Anforderungen beschrieben das Was, die nicht-funktionalen das Wie. Sie ist missverständlich und falsch. „Wie riecht eine Nase?" ist einerseits eine Frage nach der Geruchseigenschaft einer Nase, also zum Beispiel, ob sie süßlich nach Nelken riecht oder scharf nach Pfefferminz. Andererseits ist es auch eine Frage nach dem Mechanismus, den die Natur für die Aufgabe des Riechorgans vorsieht. Wie also stellt die Nase es an, die verschiedenen Gerüche zu unterscheiden? In der zweiten Bedeutung des Wie geht es also mehr um funktionale Aspekte.

[2] Man könnte sie auch zu den Anforderungen an die Benutzeroberfläche zählen, aber nicht zu den funktionalen Anforderungen.

... unter anderem die funktionale Anforderung

Das Bibliothekssystem soll es dem Benutzer ermöglichen, die Dialogsprache umzuschalten.

↱ 6 Anf.-Arten | In Kapitel 6 „Anforderungen oder Anforderungen" erfahren Sie mehr über Ebenen von Anforderungen.

Planungssicherheit

Grenzen | Einigen sich Auftraggeber und Auftragnehmer auf Anforderungen an sonstige Lieferbestandteile, an die Durchführung der Entwicklung und auf vertraglich-rechtliche Anforderungen, so weiß jede Partei, was von ihr wann im Projektverlauf erwartet wird. Der dadurch skizzierte Lösungsweg bildet gewissermaßen ein zeitliches Gerüst und eine gemeinsame Planungssprache. Dem Auftragnehmer wird klar, was er zu liefern hat und welche Einschränkungen für seinen Entwicklungsprozess gelten. Der Auftraggeber hingegen kann sich zum Beispiel darauf verlassen, dass er wiederverwendbare Modelle bekommt, da sie in der von ihm geforderten Modellierungssprache verfasst wurden.

Rechtssicherheit

Rechte und Pflichten | Die Anforderungen an die Durchführung der Entwicklung und die rechtlich-vertraglichen Anforderungen verhindern viele potenzielle Streitereien zwischen Auftragnehmer und Auftraggeber. Indem sich die Parteien auf Angaben zum Beispiel zu Zahlungsmeilensteinen oder zum Berichtswesen einigen, sind Rechte und Pflichten klar geregelt. In der Praxis steht es insbesondere um diese Art von Anforderung nicht sehr gut, hauptsächlich weil in den oft komplexen Vertragswerken der Vorrang der Vertragsbestandteile nicht geregelt ist. Zusätzlich trifft man häufig auf Verweise auf zum Beispiel Standards, die vom Autor nicht richtig oder nicht vollständig verstanden werden und deshalb Widersprüche bilden.

Produktivitätssteigerung

Allen nicht-funktionalen Anforderungen ist gemein, dass sie sich deutlich besser wiederverwenden lassen als funktionale Anforderungen.[3] Untersuchungen zeigen, dass die Wiederverwendung von Anforderungen die Produktivität der Systementwicklung um das Dreifache steigern kann (Capers Jones in [Young2001]). Allerdings soll nicht unerwähnt bleiben, dass die Produktivität auch auf weniger als ein Drittel sinken kann, wenn man die notwendigen Tätigkeiten nicht sorgsam durchführt. Abschnitt 10.4 geht genauer auf die Voraussetzungen und Aufgaben im Rahmen der Wiederverwendung ein.

---

[3] Aus unserer Praxis heraus müssen wir diese allgemeine Aussage bei den Anforderungen an die zu verarbeitenden Informationen einschränken, denn die unterscheiden sich meist von Projekt zu Projekt. Selbst wenn Entitäten in zwei Projekten gleich bezeichnet werden, so unterscheiden sich die Bedeutungen der Entitäten doch meist im Detail.

Required Constraints – die wichtigste Nebensache bei der Systementwicklung

von Dr. Peter Hruschka

„Geforderte Randbedingungen" – das ist der Ausdruck, den ich viel lieber anstelle von „nicht-funktionale Anforderungen" verwende. Und meine Definition dafür ist einfach: alles, was dem Designer Freiheitsgrade entzieht beim Erfüllen der funktionalen Anforderungen (besser: „Required Features"). Zum Beispiel die Forderung nach einer Antwortzeit: Ein Designer darf keine Lösung konzipieren, die diese Zeit überschreitet – alles andere ist o.k. Oder die Forderung nach dem Gesamtgewicht eines Geräts: Jede Aufteilung in Komponenten ist möglich, solange die Gewichtssumme der Komponenten das Gesamtgewicht nicht überschreitet. Gute Kategorisierungen von Required Constraints finden Sie u.a. in [Robertson99] oder [Hatley00].

Ich habe das Wort „Nebensache" in der Überschrift gewählt, weil diese Required Constraints nur allzu oft in Projekten nicht ernst genommen werden. Man erfasst mit viel Aufwand und ungeheurem Detail alle Required Features – und übersieht die wichtigsten Randbedingungen. Die Folge: Wenn nichts vorgegeben wird, dann legen spätestens die Programmierer diese Eigenschaften (bewusst oder unbewusst) fest. Schemata wie in der o.a. Literatur helfen Analytikern, an all diese Kategorien zu denken und die Projektbeteiligten zu Aussagen zu diesen Themen zu bewegen.

Hat man Required Constraints einmal erfasst, dann sind sie nicht nur Fesseln, sondern auch Hilfen für den Designer. Das Wissen über eine maximale Antwortzeit für einen kompletten Anwendungsfall hilft beim Festlegen von abgeleiteten Anforderungen: z. B. über die einzusetzende Hardware, über Kommunikationsmechanismen zwischen Programmteilen oder bei der Wahl eines Algorithmus, der schnell genug einschwingt. Das Wissen über Häufigkeit und Verteilung von externen Ereignissen hilft evtl. bei der Task-Aufteilung (in Primärreaktion und Hintergrundverarbeitung). Kurz: Viele Entscheidungen, die Designer treffen, werden durch Required Constraints gesteuert und nicht dem Zufall überlassen.

Übrigens: Auch Required Constraints brauchen ihre Abnahmekriterien. Wenn Java als Programmiersprache gefordert wird, legen Sie bitte fest, wie viel Prozent andere Programmiersprachen Sie im Gesamtsystem tolerieren. Wenn Hitzebeständigkeit gefordert wird, legen Sie auch die Testkriterien dafür fest! Was für Required Features bezüglich Testbarkeit gilt, ist für Required Constraints genauso anwendbar. Frühzeitiges Feststellen von Required Constraints ist kein Zusatzaufwand in Projekten, sondern verkürzt den Designprozess und gibt gezielte Vorgaben für das Prototyping.

Dr. Peter Hruschka (hruschka@b-agile.de) ist unabhängiger Trainer und Methodenberater mit den Schwerpunkten Objektorientierung und Embedded Real-Time Systems. Er ist Autor, Herausgeber und Übersetzer zahlreicher Publikationen (www.b-agile.de).

273

10.3 Besonderheiten beim Requirements Engineering

Wir machen in diesem ganzen Buch nichts anderes, als die Ermittlung, Formulierung, Validierung und Verwaltung von Anforderungen zu beschreiben. Und das reicht noch nicht. Denn wenn es um nicht-funktionale Anforderungen geht, sollten Sie einige Besonderheiten kennen und wissen, wie man mit ihnen umgeht. Dies betrifft insbesondere die herausgehobene Stellung der nicht-funktionalen Anforderungen im RE-Prozess und die speziellen Qualitätskriterien, die für sie gelten.

Nicht-funktionale Anforderungen im RE-Prozess

Kommen wir in unserer Projektpraxis auf nicht-funktionale Anforderungen zu sprechen, so beobachten wir in der Regel eine Verhaltensweise, die uns vermuten lässt, dass wir bei Stakeholdern wie Analytikern einen „wunden Punkt" getroffen haben: ein gewisses Unbehagen macht sich breit. Näher betrachtet entpuppt sich dieses Unbehagen oft als

- Fremdheit gegenüber diesem scheinbar exotischen Bereich der Forderungen, die schwer zu formulieren und nicht immer nur objektiv prüfbar sind;
- Unkenntnis, dass es außer den Benutzern noch viele weitere Stakeholder gibt, die eben diese nicht funktional orientierten Forderungen haben und
- Schuldgefühl, sich zu wenig um diese Aspekte zu kümmern; und zwar trotz der in der Literatur allerorten präsenten Aufforderung, man solle doch gerade die nicht-funktionalen Anforderungen ermitteln und formulieren.

Mangelhafte Testbarkeit

Anforderungsspezifikationen zeichnen sich oft dadurch aus, dass sie entweder keine oder nur wenige nicht-funktionale Anforderungen enthalten oder nur solche der folgenden Qualität:

Das System soll einfach und verständlich aufgebaut sein, die Bedienung muss intuitiv sein.

Solcherlei Anforderungen sagen nichts über die Kriterien, was für den Stakeholder etwas einfach, verständlich oder intuitiv macht. Sie sind nicht testbar und bieten auch ansonsten keinen ersichtlichen Wert.

Gründe

Die Gründe für diese Anzeichen stiefmütterlichen Umgangs sind fast ebenso vielfältig. Sie liegen vor allem bei den Anforderungen an die Dienstqualität darin, dass in unserer technisierten westlichen Welt wenig Platz für scheinbar unquantifizierbare, subjektive Aussagen ist. Schon die Ausbildung wirkt in diesem Bereich seltsam beschnitten. Die Forschung und damit auch ein Großteil der Literatur hält sich mit prüfbaren Kriterien für gut formulierte nicht-funktionale Anforderungen und vor allem mit hilfreichen Anleitungen fürs Ermitteln und Formulieren derselben zurück. Auch ist vielen Analytikern nicht klar, wer denn die jeweiligen nicht-funktionalen Anforderungen vertritt. Und dabei gibt es doch beispielsweise in vielen Unternehmen eine Rechtsabteilung, und in dieser sitzen die Stakeholder für die rechtlich-vertraglichen Anforderungen.

Oft weiß auch das Management nicht, dass neben den Nutzern weitere Stakeholder einbezogen werden müssen und wie sehr es sich lohnt, Zeit und Geld für die Analyse ihrer Anforderungen locker zu machen. Siehe hierzu Kapitel 5 „Stakeholder, Ziele und der Systemkontext".

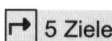 5 Ziele

Die technischen Anforderungen werden zwar oft und zahlreich spezifiziert, viele davon sind jedoch fehl am Platz. Sie sind für den Entwurf überflüssig und schränken die Lösungsmöglichkeiten unnötig ein.

Besonderheiten beim Ermitteln

Achten Sie darauf, beim Ermitteln der nicht-funktionalen Anforderungen alle relevanten Stakeholder einzubeziehen. Die funktionalen Anforderungen werden meist von den Systemnutzern genannt. Alle anderen Stakeholder können nicht-funktionale Anforderungen liefern. Eventuell haben Sie es in der Praxis mit so vielen verschiedenen Personengruppen zu tun, sodass die zur Verfügung stehende Zeit nicht reicht. In solchen Fällen ist es wichtig, die Stakeholderliste zu priorisieren und damit in eine Reihenfolge mit absteigender Wichtigkeit zu bringen. Die wichtigsten Stakeholder befragen Sie dann zuerst.

Stakeholder einbeziehen

Es gibt auch Situationen, in denen Sie die nicht-funktionalen Anforderungen konsequent an Ihrer Produktstrategie ausrichten: falls Sie beispielsweise wenig Geld für den Support der Anwender ausgeben möchten, so stellen Sie striktere Qualitätsanforderungen.

Da es für Stakeholder schwierig ist, nicht-funktionale Anforderungen zu erkennen, hat es sich als recht effektiv erwiesen, frühzeitig im Projektverlauf mit Prototypen zu arbeiten. Gerade Anwender sind anhand von Oberflächenprototypen besser in der Lage, Anforderungen zu nennen, die die Benutzerschnittstelle betreffen. Funktionale Prototypen hingegen helfen Ihnen, Ihre Lösungen mit Daten in signifikantem Ausmaß zu erproben. Damit gewinnen Sie Erkenntnisse über die Leistungsfähigkeit Ihres Designansatzes.

Beispiele zeigen

Die Stakeholder lassen sich auch effektiv unterstützen, indem Sie ihnen Beispiele nicht-funktionaler Anforderungen zeigen. Mehr dazu in Abschnitt 10.4.2.

Und wie bei allen Anforderungen gilt auch bei den nicht-funktionalen, dass Sie sie in angemessenem Umfang und in angemessener Detailliertheit ermitteln sollten. Überlegen Sie sich, wie viel Aufwand Sie sinnvollerweise investieren wollen oder können.

Besondere Qualitätskriterien fürs Formulieren

In erster Linie kommt es darauf an, nicht-funktionale Anforderungen so zu formulieren, dass sie testbar sind. Alle anderen Kriterien guter Anforderungen gelten natürlich auch, sind aber bei Weitem nicht so schwer einzuhalten wie die Testbarkeit. Deshalb sind besondere Vorkehrungen zu treffen, wie dieser Abschnitt zeigt und auch die Expertenbox zum Thema *Planguage* weiter hinten in diesem Kapitel.

In vielen halb-formalen Beschreibungssprachen wie UML oder SDL haben Sie die Möglichkeit, nicht-funktionale Aspekte zu modellieren. Beispielsweise lassen sich in den Sequenzdiagrammen der UML zeitliche Bezüge herstellen. Nutzen Sie das! Generell gilt jedoch für die meisten Arten nicht-funktionaler Anforderungen, dass sie in Prosa beschrieben werden, mit allen in Kapitel 7 „Dokumentation von Anforderungen" skizzierten Vor- und Nachteilen.

 7 Doku

Wieder-
verwendbarkeit

Falls Sie die Chance zu mehr Produktivität nutzen möchten, indem Sie nicht-funktionale Anforderungen in relevantem Maße wiederverwenden, sollten Sie auch darauf achten, diese geeignet zu strukturieren. Sie müssen entweder komplett unabhängig von den umgebenden Anforderungen sein oder in sich geschlossene Einheiten bilden, die diese Eigenschaft aufweisen. Überdies gehorcht der Aufbau von Anforderungsbibliotheken eigenen Gesetzen; mehr dazu in Abschnitt 10.4.2.

Besonderheiten beim Verwalten

 7 Doku

Neben den allgemeinen Aspekten guten Anforderungsmanagements (siehe Kapitel 13 „Ordnung im Chaos") kommt es bei nicht-funktionalen Anforderungen besonders darauf an, Verweise auf die Anforderungen herzustellen, auf die sie sich beziehen. Dies gilt insbesondere bei Qualitätsanforderungen, die oft beschreiben, in welchem Grad das System eine geforderte Eigenschaft oder Leistung aufweisen muss.

Es ist auch oft sinnvoll, bekannte Widersprüche zwischen Anforderungen zu kennzeichnen. So hat es der Auftraggeber leichter – nicht nur falls Sie gewisse Freiheitsgrade bei der Erfüllung der nicht-funktionalen Anforderungen vorsehen –, eine Kosten-Nutzen-Analyse vorzubereiten und Kompromisse einzugehen.

10.4 Handreichungen

Drei Tipps

Nach drei Abschnitten der Motivation und Erläuterung folgen nun die konkreten Anleitungen für den Umgang mit nicht-funktionalen Anforderungen. Sie gliedern sich in drei allgemeine Tipps:

- Verwenden Sie Standard-Gliederungen für Ihre Spezifikationen!
- Formulieren Sie Anforderungen mit einfachen erprobten Verfahren wie Tom Gilbs *Planguage*!
- Überlegen Sie sich ein für Sie geeignetes Verfahren zur Wiederverwendung wie unser IVENA (siehe 10.4.2)!

Jedem dieser Gedanken ist ein eigener Abschnitt gewidmet. Eine genaue Erläuterung von Planguage entnehmen Sie bitte der Expertenbox von Erik Simmons im Anschluss an Abschnitt 10.4.1.

10.4.1 Standard-Gliederungen

Mut zur Lücke

Nutzen Sie die Gliederungen aus den Standards oder anderen Literaturquellen als Ausgangspunkt für Ihre Anforderungsspezifikationen. Falls Sie zu bestimmten Aspekten partout nichts spezifizieren können – sei es weil aus den Stakeholdern nichts herauszubekommen ist oder weil Ihnen keine gute Formulierung einfällt –, lassen Sie sie bewusst weg. Vermerken Sie dann bei den entsprechenden Gliederungspunkten ausdrücklich, dass hierzu keine oder noch keine Forderungen existieren. So machen Sie den Lesern klar: hier wurde nichts übersehen.

Die Literatur bietet eine Reihe von geeigneten Gliederungen für Anforderungsspezi- **Qualitätsmodelle** fikationen. Besonders die folgenden eignen sich, weil sie umfassende und detaillierte Qualitätsmodelle beschreiben:

- DIN 66272 Dienstqualität [DIN 66272]
- ISO 9126 Software Product Quality [ISO9126]
- VOLERE Standardgliederung nach [Robertson99]
- Gliederung nach SPARDAT, siehe [Wallmüller01]
- Gliederung nach [Partsch98]

Die genannten Gliederungen gehen zumeist auf Qualitätsanforderungen und Anforderungen an die Benutzerschnittstelle ein. Zu den restlichen Arten von Anforderungen existieren keine systematischen Darstellungen.

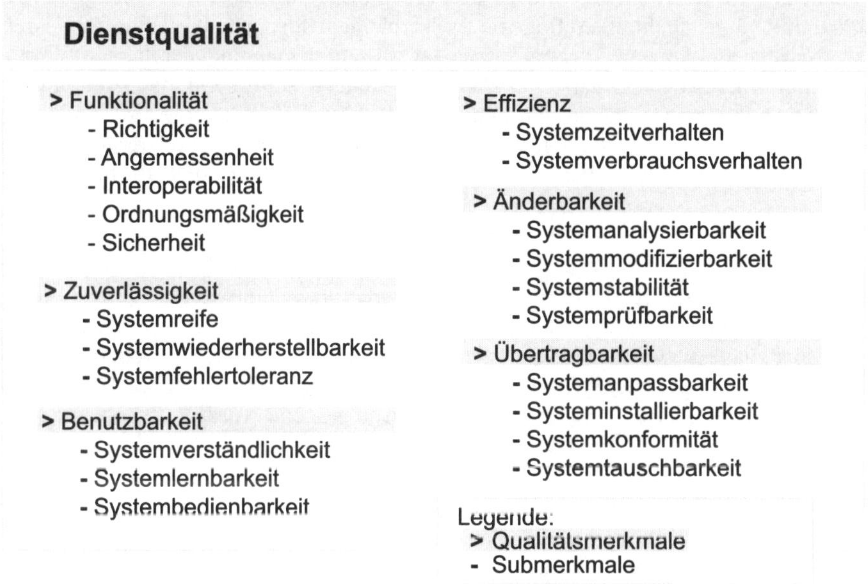

Dienstqualität

> Funktionalität
- Richtigkeit
- Angemessenheit
- Interoperabilität
- Ordnungsmäßigkeit
- Sicherheit

> Zuverlässigkeit
- Systemreife
- Systemwiederherstellbarkeit
- Systemfehlertoleranz

> Benutzbarkeit
- Systemverständlichkeit
- Systemlernbarkeit
- Systembedienbarkeit

> Effizienz
- Systemzeitverhalten
- Systemverbrauchsverhalten

> Änderbarkeit
- Systemanalysierbarkeit
- Systemmodifizierbarkeit
- Systemstabilität
- Systemprüfbarkeit

> Übertragbarkeit
- Systemanpassbarkeit
- Systeminstallierbarkeit
- Systemkonformität
- Systemtauschbarkeit

Legende:
> Qualitätsmerkmale
- Submerkmale

Abbildung 10.1: Nicht-funktionale Anforderungen an die Dienstqualität nach DIN 66272

Die Standards IEEE 1233 und IEEE 830 sagen zwar etwas zu Gliederungen für Anforderungsspezifikationen, detaillieren aber die nicht-funktionalen Aspekte nicht besonders. Siehe dazu auch Kapitel 13 „Ordnung im Chaos". **13 RM**

Den Aspekt der Sicherheit beleuchten besonders die ISO 17799 [ISO17799], die ISO **Sicherheit,** 15408 [ISO15408] und das Grundschutzhandbuch des Bundesamtes für Sicherheit in **Ergonomie** der Informationstechnik [GSHB]. Zum Thema Ergonomie informieren vor allem die ISO 9241 [ISO9241] sowie [Nielsen94] und [Shneidermann97].

Qualitätsanforderungen mit Planguage quantifizieren

von Erik Simmons, Intel Corporation, USA

In den letzten Jahrzehnten standen die Methoden, Prozesse und Vorteile von guten Anforderungsdefinitionen verstärkt im Zentrum der Aufmerksamkeit. An den Universitäten werden die Studenten nun mit den Grundkonzepten und -techniken der Anforderungsdefinition vertraut gemacht.

Trotz dieser und anderer Fortschritte werden nur wenige Techniken vermittelt, um Qualitätsattribute wie Performance, Zuverlässigkeit, Skalierbarkeit und Bedienfreundlichkeit adäquat anzugeben. In den meisten Fällen werden die Anforderungen in natürlicher Sprache formuliert und können so nur schwer oder gar nicht in angemessener Weise getestet werden. Qualitative Begriffe wie *einfach, schnell, zuverlässig, skalierbar, effizient, robust* und eine Vielzahl anderer Ausdrücke bieten einen fruchtbaren Boden für Missverständnisse zwischen Stakeholdern.

Planguage wurde von Tom Gilb entwickelt, um die aufgeführten Probleme bei der Quantifizierung qualitativer Begriffe zu vermeiden. Planguage ist eine Schlüsselwort-gesteuerte Sprache, deren Name eine Zusammenfassung der beiden Wörter Planning und Language darstellt. Planguage kann in Anforderungsspezifikationen, Design-Dokumenten, Plänen und anderen Fällen verwendet werden, in denen eine klare Spezifikation erforderlich ist, aber die natürliche Sprache verwendet werden muss. Planguage verfügt über verschiedene interessante Features und Vorteile:

Einfach zu lernen und anzuwenden

Planguage kann in nur wenigen Stunden Einzelpersonen und Gruppen im Rahmen eines Lehrplans für das Requirements-Engineering vermittelt werden. Obwohl diese kurze Einführung nicht ausreicht, um die erfolgreiche Übernahme und Verwendung von Planguage sicherzustellen, können mit etwas nachfolgender Betreuung und einem Beispielkatalog ziemlich gute Ergebnisse erzielt werden. Ende des Jahres 2003 waren bei Intel über 6000 Personen in Planguage geschult worden, obwohl der Kurs nur für wenige Mitarbeiter vorgeschrieben ist.

Flexibilität und Wiederverwendbarkeit

Planguage ist erweiterbar und kann an die jeweiligen Anforderungen angepasst werden. Die umfangreiche Struktur von Planguage erlaubt den Einsatz in den verschiedensten Projektarten zur Definition funktionaler und nicht funktionaler Anforderungen. Die Anpassung und Erstellung neuer Schlüsselwörter ist nicht nur erlaubt, sondern wird auch gefördert, wenn dies die Umstände erfordern. Darüber hinaus können Planguage-Aussagen einfach wiederverwendet werden, entweder im Original oder als abstrakte Vorlagen.

Auslassungen werden vermieden

Einer der größten Vorteile von Planguage ist, dass bei der Quantifizierung qualitativer Aussagen Auslassungen vermieden werden. Da Schlüsselwörter für alle wichtigen Dimensionen festgesetzt sind, ist die Wahrscheinlichkeit gering, dass Benutzer erforderliche Informationen weglassen. Planguage ist in dieser Hinsicht ebenso effizient, unabhängig davon, ob sie als Tabelle in einem Dokument oder als Teil eines automatisierten Anforderungs-Repositorys implementiert wird. In beiden Fällen heben die Benutzer die Fähigkeit hervor, Themen durch die vollständige, getrennte und konsistente Behandlung wichtiger Quantifizierungsdimensionen ans Licht zu bringen.

Quantifizierung qualitativer Aussagen

Planguage erlaubt die Quantifizierung qualitativer Aussagen. Es ist in hervorragendem Maße für Qualitätsanforderungen geeignet.

Trennung von Erfolg und Überleben

Bei der Erwägung qualitativer Konzepte gibt es in der Regel viele Erfüllungsgrade (oder einen Erfüllungsbereich). Die Frage ist nicht, ob ein System zuverlässig oder sicher ist, sondern *wie* zuverlässig oder sicher es ist. Planguage zeichnet sich hier dadurch aus, dass mehr als ein Erfüllungsgrad verwendet wird. Indem der bislang beste Erfüllungsgrad, der optimale Grad, der Plangrad und der Grad, unter dem finanzielle oder politische Fehler auftreten, spezifiziert werden können, erstellt Planguage ein detailliertes und vollständiges Bild des Erfolgs und Überlebens. Planguage ermöglicht, wohlinformierte fundierte Entscheidungen zu treffen.

Schlüsselwörter und Syntax von Planguage

Planguage verfügt über eine umfassende Menge von Schlüsselwörtern. Die häufig verwendeten Schlüsselwörter finden Sie in Abbildung 10.2.

Tag	Eindeutiger, dauerhafter Kennzeichner
Ambition	Eine kurze, einfache Beschreibung des in der Planguage-Aussage enthaltenen Konzepts
Stakeholders	Eine wesentlich von der Anforderung betroffene Partei
Priority	Der Anspruch der Anforderung auf rare Ressourcen
Scale	Die zur Quantifizierung der Aussage verwendete Skala
Meter	Der Prozess oder das Gerät, mit dem ein Punkt auf der Skala angegeben wird
Minimum	Der Mindestlevel zur Vermeidung von Fehlern (politisch, finanziell etc.)
Target	Das Level, auf dem von einem soliden Erfolg gesprochen werden kann
Outstanding	Ein erweiterbares Ziel, wenn alles nach Wunsch verläuft
Wish	Eine angestrebte Erfüllungsebene, die mit den vorhandenen Mitteln eventuell nicht erreicht werden kann
Past	Angabe der früheren Ergebnisse zu Vergleichszwecken
Trend	Ein historischer Bereich oder die Extrapolierung von Daten
Record	Das beste bekannte Ergebnis
Defined	Die offizielle Definition eines Begriffs

Abbildung 10.2: Häufig verwendete Schlüsselwörter von Planguage[4]

---

[4] Beachten Sie, dass die Schlüsselwörter Minimum, Target und Outstanding eine Intel-Anpassung der ursprünglichen Begriffe von Planguage für diese Ziele darstellen. Es gibt noch viele weitere Schlüsselwörter. Vergleichen Sie hierzu die Quellenhinweise zu diesem Einschub.

Neben den Schlüsselwörtern enthält Planguage auch verschiedene nützliche Symbole:

- Fuzzy-Konzepte, für die noch weitere Details erforderlich sind, werden in spitze Klammern gesetzt: <fuzzy-concept>
- Qualifier (Kennzeichner), mit denen andere Schlüsselwörter modifiziert werden, werden in eckige Klammern gesetzt: [Wann, welcher…]
- Eine Zusammenstellung von Objekten wird angegeben, indem die Elemente in geschweifte Klammern gesetzt werden: {Element1, Element2 …}
- Die Quelle für eine Aussage wird mit einem Pfeil gekennzeichnet: Aussage ← Quelle

Qualifier verwenden

Qualifier ermöglichen eine präzise Beschreibung der Bedingungen und Ereignisse. Sie erweitern Planguage und machen die Sprache präziser und besser einsetzbar. Im Folgenden finden Sie verschiedene (nicht zusammenhängende) Beispiele für die Verwendung von Qualifiern:

Scale[Q1 '00]: 20000 verkaufte Einheiten

Minimum [Erstes Jahr]: 120000 verkaufte Einheiten

Wish [Erstes Release, unternehmensweite Version]: 1. Dez. 2004

Meter [Prototyp]: Befragung der Zielgruppe

Meter [Release-Kandidat]: Praxisdaten Nutzbarkeit

Eine Grundanwendung von Planguage

Anforderungen enthalten oft Aussagen wie die folgende:

„Das System muss einfach erlernbar sein."

Bei dieser ersten Anforderung wird so gut wie jeder zustimmen, dass sie in dieser Form nicht getestet werden kann. Es liegt am Tester oder einer anderen Person, anzugeben, was „einfach" ist, was „erlernbar" bedeutet und wie getestet werden soll, ob das Produkt die Mindestqualitätslevel erfüllt.

Hier die Planguage-Version:

Tag: Lernbar

Ambition: Das System soll so erstellt werden, dass es einfach erlernbar ist.

Scale: Zeit, die ein Einsteiger benötigt, um einen Auftrag mit einem Element abzuschließen, wobei nur die Online-Hilfe zur Verfügung steht.

Meter: Messungen, die mit 100 Einsteigern beim Test der Benutzeroberfläche gewonnen werden.

Minimum: Nicht über 7 Minuten bei 80% der Messungen, 10 Minuten bei 100% der Messungen.

Scale: maximal 5 Minuten 80% der Zeit

Wish: maximal 3 Minuten 100% der Zeit

Past [unser Altsystem]: 11 Minuten ← aktuelle Statistiken am Standort

Einsteiger: definiert: eine Person mit weniger als sechs Monaten Erfahrung mit Web-Anwendungen und keine vorherige Erfahrung mit unserer Web-Site

Diese Aussage bietet viel Information in einem kompakten Format. Darüber hinaus ist sie testbar und weniger mehrdeutig als die ursprüngliche Anforderung.

Das zweite Beispiel ist eine echte Anforderung in der originalen Formulierung. Nur der Firmenname wurde geändert (UE steht für Unterhaltungselektronik):

„Die dritte zentrale Anforderung ist der Stromverbrauch. Im Allgemeinen werden die Stromverbrauchsanforderungen von den Anforderungen an den Geräuschpegel oder der UE-Kompatibilität gesteuert. Die Kunden äußerten den Wunsch nach einem geringen aktiven Stromverbrauch, sodass die passive Kühlung verwendet werden kann. Dies ist aber nur eine mögliche Implementierung, andere Implementierungen müssten von der Konstruktion berücksichtigt werden. Der Stromverbrauch im Standby-Modus sollte die von UE-Geräten erzielten Werte erfüllen: 5-10 W, ohne eingeschalteten Ventilator. Die Kosten sind ein Faktor. 10 W Standby ist akzeptabel, wenn die Implementierungskosten unter denen von 5 W Standby liegen. Diese Anforderungen wurden von Unternehmen1, Unternehmen2, Unternehmen3, Unternehmen4 und Unternehmen5 geäußert.“

Dieselbe Anforderung sieht in Planguage so aus:

Tag: Standby: ⇐{Unternehmen1, Unternehmen2, Unternehmen3, Unternehmen4, Unternehmen5}

Ambition: Niedriger Systemstromverbrauch bei ausgeschaltetem Ventilator und nicht aktiver Festplatte

Scale: Watt

Meter: Messungen bei drei Einheiten für 10 Sekunden bei 23 °C, ± 2 °C

Minimum: 10 W

Scale [KostenOK]: 5 W

KostenOK: Design- und Fertigungskosten übersteigen die Kosten der 10W-Version um nicht mehr als 25%

Hinweis: Bezieht sich auf die UE-Kompatibilitätsanforderungen. Passive Kühlung im System ist wünschenswert.

Diese umgeschriebene Aussage ist rückverfolgbar (da sie eindeutig und dauerhaft durch das Tag identifiziert ist), messbar (und testbar) sowie präziser als das Original, wobei weniger Platz und Wörter benötigt werden. Da die niedrigere Wattzahl in diesem Beispiel besser ist, enthält Minimum den höchsten akzeptierbaren Wert.

Eine geeignete Anforderung an das in diesem Buch verwendete Bibliothekssystem ist beispielsweise folgende:

Tag: Geräuschpegel

Ambition: Geringer Geräuschpegel am Arbeitsplatz des Bibliothekars, damit weniger Dauer-Stressbelastung des Mitarbeiters

Scale: Sone

Meter: Arithmetisches Mittel der Messungen bei drei vollständig ausgestatteten Bibliotheks-Arbeitsplätzen (wie durch diese Spezifikation beschrieben), im reflexionsarmen Raum nach DIN 45 635

Minimum: 1,5 Sone

Target: 0,8 Sone

Outstanding: 0,5 Sone

Past: An der Hörposition des Bibliothekars wurden im vergangenen Jahr Messreihen aufgenommen, die eine durchschnittliche Lautheit von 4 Sone = 60 dB(A) ergaben

Hinweis: Ermittlung des Sone-Wertes nach DIN 45 631 (Berechnung des Lautstärkepegels und der Lautheit aus dem Geräuschspektrum; Verfahren nach E. Zwicker)

Erfahrungen von Intel mit der Einführung von Planguage

Planguage ist bei Intel eines der beliebtesten Themen in den Kursen zur Definition von Anforderungen. Das Material wurde einem breiten Querschnitt im Unternehmen präsentiert – sowohl hinsichtlich des Tätigkeitsspektrums als auch der geografischen Standorte. Die Teilnehmer begrüßen Planguage, da sie ein echtes Problem mit Eleganz und Einfachheit löst. Die meisten Teams kennen die Frustration durch nicht abgestimmte Erwartungen, die von schwachen qualitativen Begriffen herrühren. Planguage bietet die Chance, diese Probleme gleich zu Beginn zu vermeiden. Auch Test-Teams und Qualitätssicherungs-Mitarbeiter schätzen die Klarheit und Zuverlässigkeit der Planguage-Anforderungen.

Wenn Personen beim Erlernen von Planguage Schwierigkeiten haben, dann meistens bei den ersten Versuchen, die Skalen und Messinstrumente für Planguage-Aussagen zu ermitteln. Hier werden manchmal Skalen und Messinstrumente durcheinander gebracht. In einem solchen Fall hilft ein einfaches Beispiel wie die Erdgasversorgung oder die örtliche Wasserversorgung, um das Denken für weniger eindeutige Situationen zu schulen.

Obwohl Planguage ein einfaches Konzept mit einem gewissen Reiz ist, benötigen die Lernenden in der Regel nach der Schulung in Planguage eine gewisse Hilfestellung, bis sie völlig unabhängig damit arbeiten können. Bei der Hilfestellung funktionieren zwei Strategien sehr gut: Folgebetreuung von erfahrenen Planguage-Benutzern und ein Beispielkatalog mit Planguage-Anforderungen, die Ideenanreize und Vorlagen enthalten. Dieser Katalog kann mit der Entwicklung neuer Materialien erweitert und auch als Website implementiert werden, um die Wiederverwendung zu fördern.

Weitere Informationen

Planguage wird in verschiedenen Papern und Präsentationen auf der Website von Tom Gilb dargestellt: http://www.gilb.com. Insbesondere enthält das Skript *Competitive Engineering* eine detaillierte Behandlung von Planguage.

Erik Simmons ist als Platform Quality Engineer für die Requirements Engineering-Praktiken bei Intel verantwortlich. Er hat 15 Jahre lang Erfahrungen in den verschiedensten Bereichen des Software- und Qualitäts-Engineerings gesammelt. (erik.simmons@intel.com)

10.4.2 Wiederverwendung mit IVENA

IVENA steht für <u>I</u>ntegriertes <u>V</u>orgehen zur <u>E</u>rmittlung <u>n</u>icht-funktionaler <u>A</u>nforderungen. Wir haben diese Methode entwickelt, um Sie wirksam beim Wiederverwenden von Anforderungen zu unterstützen. Wie in der Einleitung dieses Kapitels dargestellt, steckt in der Wiederverwendung sehr viel Potenzial, aber auch ein erhebliches Risiko. Sie sollten also gut vorbereitet sein.

Doch worum geht es überhaupt?

Aufbau von IVENA

IVENA besteht aus einem Leitfaden und einer Referenz-Beispiel-Datenbank.

Die Referenz-Beispiel-Datenbank enthält nicht-funktionale Anforderungen, die bereits einmal innerhalb der eigenen oder einer fremden Organisation verwendet wurden. Zu jedem Referenzbeispiel existieren Informationen der folgenden Arten:

Datenbank

- Konkretes Beispiel, also etwa mit Werten zu Antwortzeiten, Zahlungsmeilensteinen etc., zusammen mit einer Referenz auf mindestens eine Spezifikation, in der die Anforderung verwendet wird (Schlüsselwörter MINIMUM, TARGET usw. in Planguage, siehe den vorangegangenen Abschnitt).

- Abstrahierte Form, geeignet als Schablone für neue Spezifikationen. Daran sind die veränderlichen und festen Bestandteile des Referenz-Beispiels zu erkennen und insbesondere die Ideen, die die Anforderung testbar machen (Schlüsselwörter SCALE und METER in Planguage, siehe den vorangegangenen Abschnitt).

- Querbezüge, zum Beispiel zu Anforderungen, die notwendig zusätzlich zur fraglichen Anforderung formuliert werden müssen oder die der fraglichen widersprechen und deshalb nicht zusätzlich formuliert werden dürfen.

- Allgemeine Hinweise, zum Beispiel zu Stolperfallen im Umgang mit der Anforderung, zu Projekterfahrungen, zu passenden Ansprechpartnern oder mit Literaturangaben.

- Eindeutige Kennzeichnung, damit man auf die Anforderung verweisen und sie wiederfinden kann.

Geordnet sind die Referenz-Beispiele anhand eines möglichst detaillierten Qualitätsmodells, zum Beispiel dem der DIN 66272. Die Luxus-Variante so einer Datenbank enthält gleich fertige Modelelemente und Abnahmekriterien zu jeder Anforderung und ordnet jedes Referenz-Beispiel mehreren Kategorien verschiedener Qualitätsmodelle zu.

Der IVENA-Leitfaden enthält erstens einen Fundus an Qualitätsmodellen, zum Beispiel aus Standards (siehe 10.4.1), oder aus vorangegangenen Projekten. Zweitens enthält er Kriterien für die Auswahl der passenden Referenz-Beispiele, zum Beispiel den Anwendungsbereich, die Systemkritikalität, das Vertragsmodell und so weiter. Diese Kriterien stammen ebenfalls aus vorangegangenen Projekten.

Leitfaden

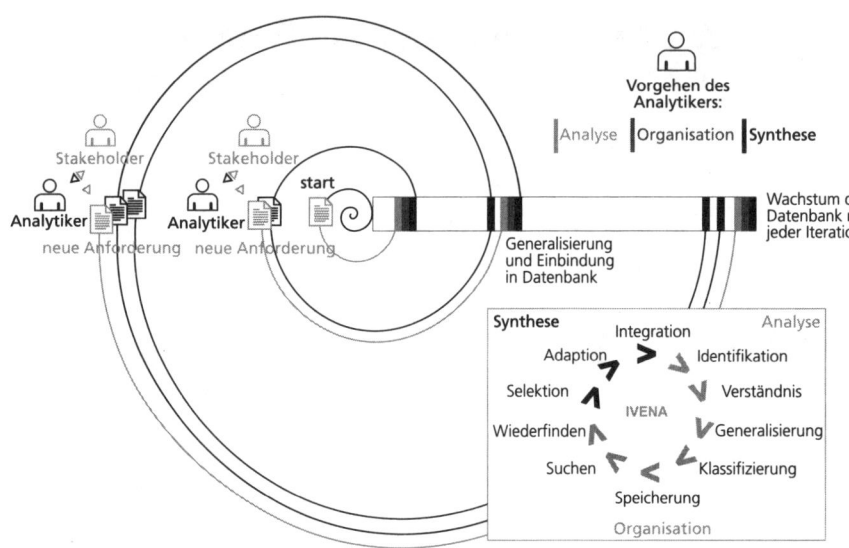

Abbildung 10.3: Nicht-funktionale Anforderungen mit IVENA

Vorgehen mit IVENA

IVENA gibt folgende Schritte vor, die sich in der Praxis bewährt haben (vergleiche auch Abbildung 10.2):

Schritt 1.
Der Analytiker ermittelt die nicht-funktionalen Anforderungen bei den Stakeholdern mit einer Vorgehensweise seiner Wahl (siehe Kapitel 4 „Anforderungsermittlung"). Der Leitfaden gibt ihm dafür konkrete Anhaltspunkte: Der Fundus an Gliederungen bietet dem Analytiker eine Anleitung für jeden einzelnen Schritt an und hilft, an alles zu denken. Aus der Projektsituation leitet er anhand der im Leitfaden genannten Kriterien diejenigen Bereiche ab, in denen etwas spezifiziert werden sollte.

Schritt 2.
Der Analytiker überprüft in der Referenz-Beispiel-Datenbank, ob er eine bestehende Anforderung wieder verwenden kann beziehungsweise ob eine Anforderung von einer bereits bestehenden abgeleitet werden kann. Wenn sich im Gespräch neue Ansätze ergeben, so werden diese in Hinblick auf eine Wiederverwendung in Schritt 4 zur Referenz-Beispiel-Datenbank hinzugefügt.

Schritt 3.
Der Analytiker dokumentiert die zusammen mit dem Stakeholder definierten Begriffe und Bewertungsmaßstäbe und bildet daraus unter Umständen sogar weitgehend mechanisch eine Anforderung, die er zum Beispiel direkt in einer Anforderungsdatenbank ablegt.

Schritt 4.
Nach getaner Arbeit wird die Referenz-Beispiel-Datenbank um die neuen Erfahrungen aus dem Interview und um die neuen Anforderungen erweitert. Jede Möglich-

keit, eine Anforderung testbar zu gestalten, und alle ihre Varianten werden strukturiert aufbereitet und stehen damit für jede weitere Anwendung von IVENA zusätzlich zur Verfügung. Auch der Leitfaden wird gegebenenfalls ergänzt.

Voraussetzungen

Der Wiederverwendungs-Ansatz mit IVENA ist nicht weiter schwierig, es kommt
jedoch sehr auf den Inhalt des Leitfadens und der Referenz-Beispiel-Datenbank an.
Aller Anfang ist schwer, aber mit der Zeit werden die gesammelten Informationen
immer vollständiger und effektiver einsetzbar.

Um das eingangs beschriebene Risiko zu minimieren, sich in Folgeprojekten in den
Fehlern und unausgegorenen Ideen der vorangegangenen Projekte zu verheddern,
sind einige Voraussetzungen zu erfüllen.

Zunächst sollte es einen Analytiker geben, der den Überblick behält. Diese auch *Wie-*   Mensch
derverwendungs-Manager oder sprachlich eleganter *Bibliothekar* genannte Person
muss einerseits zu den erfahreneren Mitarbeitern zählen, andererseits muss ihm die
Führungsebene auch genügend Zeit für seine Rolle zubilligen. Es hört sich zwar selbstverständlich an, dass der Bibliothekar auch genügend Elan mitbringen muss, seinen
vermeintlich langweiligen Job zu tun; aber schlecht motivierte Bibliothekare sind in
der Praxis häufiger anzutreffen, als man denkt. Diesen Umstand kann man getrost
dem Management anlasten, das die Chancen noch nicht erkannt hat.

Als zweites sollte man in der Organisation einen Prozess etablieren, der die Schritte   Prozess
1 bis 4 unterstützt. Er regelt insbesondere,

- wie die Analytiker den Leitfaden und die Referenz-Beispiel-Datenbank technisch
  nutzen;
- wie jeder einzelne Analytiker wiederverwendbare Anforderungen identifiziert,
- wie die Erfahrungen und wiederverwendbaren Anforderungen eines Projektes in
  Referenzdatenbank und Leitfaden gelangen.

Und drittens sind diese doch recht komplexen Anforderungen kaum zu erfüllen,   Werkzeug
wenn die Anforderungsspezifikationen in einer Textverarbeitung oder einer Tabel-
lenkalkulation verwaltet werden. Datenbankorientierte Ansätze sind unabdingbar.
Auf unserer Webseite finden Sie im Downloadbereich einen anpassbaren Fragebogen, der Ihnen den Vergleich der verschiedenen Requirements-Management-Werk-
zeuge erleichtert. An gleicher Stelle haben wir für Sie die wichtigsten Vor- und Nachteile der verschiedene Lösungen zusammengefasst.

10.5   Management-Zusammenfassung

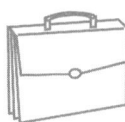

Zu einer erfolgreichen Systementwicklung gehört nicht nur die Umsetzung der funktionalen Anforderungen, sondern auch die Berücksichtigung der nicht-funktionalen Anforderungen.

Kümmern Sie sich in Ihren Systementwicklungs-Projekten um die nicht-funktionalen Anforderungen, denn damit eröffnen sich Ihnen folgende Chancen:

- zufriedene Kunden,
- vollständige Spezifikationen,
- sichere Planung,
- Rechtssicherheit,
- gestiegene Produktivität.

Der Status Quo ist allerdings nicht sehr begeisternd. Die nicht-funktionalen Anforderungen werden eher stiefmütterlich behandelt, denn es ist schwierig, diese scheinbar schlecht testbaren Anforderungen zu ermitteln und gut zu formulieren. Es mangelt an konkreten Handreichungen für die Analytiker, der Bereich ist wenig erforscht und es werden kaum Techniken gelehrt.

Eine sehr einfache und gleichzeitig effiziente Technik zur Formulierung testbarer Anforderungen ist Planguage, entwickelt von Tom Gilb. Es hat sich in der Praxis namhafter Unternehmen bewiesen.

Die Produktivität in der Systementwicklung lässt sich mit dem bewussten Umgang mit nicht-funktionalen Anforderungen steigern, weil sie besonders gut wiederverwendbar sind, wenn man es richtig anstellt. Zuwächse um das Dreifache sind möglich, wenn

- sich geeignete Mitarbeiter um die Aufbereitung der Projekterfahrungen kümmern,
- für die Aufbereitung der Projekterfahrungen ausreichend Aufwand vorgesehen wird,
- ein Prozess zur Aufbereitung der Projekterfahrungen etabliert wird und
- professionelle Anforderungsmanagement-Werkzeuge verwendet werden.

Beachten Sie diese Punkte nicht, sind auch Einbrüche auf weniger als ein Drittel möglich.

Es gibt einen bereits erfolgreich beschrittenen Weg, wie Unternehmen ihre Anforderungen strukturiert ermitteln, formulieren, prüfen und letztendlich bei Bedarf für Folgeprojekte wiederverwenden können. Diesen Weg beschreibt die Integrierte Vorgehensweise zur Ermittlung nicht-funktionaler Anforderungen (IVENA). Sie gewährleistet durch ihren zweiteiligen Aufbau (Leitfaden für die Vorgehensweise, Referenz-Beispiel-Datenbank) und ein durchdachtes Vorgehen bei der Analyse eine aktive Einbeziehung aller Stakeholder und eine strukturierte Konservierung der Projekterfahrungen.

10.6   Kontrollfragen

■ Sind Ihnen die Besonderheiten beim Engineering nicht-funktionaler Anforderungen klar?

■ Kennen Sie einige der Qualitätsmodelle und Standard-Gliederungen für Anforderungsspezifikationen?

■ Wissen Sie, wie man nicht-funktionale Anforderungen mit *Planguage* formuliert?

■ Greifen Sie bereits auf erarbeitetes Wissen in Bezug auf die nicht-funktionalen Anforderungen zurück?

■ Hat Ihr Bibliothekar genügend Zeit und Elan?

10.7   Weiterführende Literatur

[Charette90]
> **Charette, Robert N.:** Applications Strategies for Risk Analysis. New York, McGrag-Hill 1990

[Davis93]
> **Davis, A.M.:** Software Requirements – Objects, Functions, & States, Prentice Hall 1993. ISBN 0-13-805763-x

[DIN94]
> **Norm DIN 66272:** Bewerten von Softwareprodukten: Qualitätsmerkmale und Leitfaden zu ihrer Verwendung. Ausg. Oktober 1994. DIN Deutsches Institut für Normung e.V.

[GSHB]
> **Grundschutzhandbuch** des Bundesamtes für Sicherheit in der Informationstechnik: http://www.bsi.de/gshb/deutsch/menue.htm

[Hatley00]
> **Hatley, D.;** Hruschka, P.; Pirbhai, I.: Process for System Architecture and Requirements Engineering. New York, Dorset House 1999. ISBN 0-932-63341-2

[ISO15408]
> **ISO/IEC 15408:** Information technology - Security techniques - Evaluation criteria for IT security, International Organization for Standardization 1999

[ISO17799]
> **ISO/IEC 17799-1**: Information security management - Part 1: Code of Practice for Information security management, International Organization for Standardization 1999

[ISO9126]
> **ISO/IEC 9126**: Information technology - Software product quality - Part 1: Quality model, International Organization for Standardization 2000

[ISO9241]
> **ISO/IEC 9241-1**: Ergonomic requirements for office work with visual display terminals (VDTs) - Part 1: General introduction. International Organization for Standardization 1997

[Nielsen94]
Nielsen, J.: Usability Engineering, Morgan Kaufmann 1994, ISBN 0-125-18406-9

[Robertson99]
Robertson, S.; Robertson, J.; Foreword Weinberg, G.: Mastering the Requirements Process. Reading/MA, Addison Wesley 1999. ISBN 0-201-36046-2

[Shneidermann97]
Shneidermann, B.: Designing the User Interface, Addison Wesley 1997, ISBN 0-201-69497-2

[Wallmüller01]
Wallmüller, E.: Software-Qualitätsmanagement in der Praxis. München, Wien, Hanser 2001. ISBN 3-446-21367-8

[Young2001]
Young, R.: Effective Requirements Practices. Addison-Wesley Information Technology Series 2001. ISBN 0-201-70912-0

Dirk Schüpferling

„Man muss Zustimmung für seine Arbeit suchen, nicht Beifall."

Charles Montesquieu

11

Prüfen von Anforderungen – ungeahntes Verbesserungspotenzial

Fragen, die dieses Kapitel beantwortet:

- Welches Ziel hat das Prüfen von Anforderungen?
- Wie stelle ich eine hohe Qualität der Anforderungen sicher?
- Wie werden Anforderungen effektiv auf ihre Qualität geprüft?
- Wie können gefundene Fehler und Mängel beseitigt werden?
- Welche Möglichkeiten haben Sie bei divergierenden Stakeholdermeinungen?

11.1   Analytische Qualitätssicherung

Konstruktive
Qualitäts-
sicherung

☛ 6 Anf.-Arten

☛ 3 Idee-System

Haben Sie das Ziel und den Rahmen Ihres Systems abgesteckt? Sind alle Stakeholder eingebunden worden? Haben Sie Art und Detaillierungsgrad der Anforderungen bestimmt? Wurden die Anforderungen nach der Anforderungsschablone entworfen? Dann haben Sie bereits während der Systemanalyse einige Möglichkeiten genutzt, die Qualität Ihrer Anforderungen sicherzustellen (konstruktive Qualitätssicherung). In Kapitel 3 wurden diese Verfahren zum Systemanalyse-Prozess Object Engineering zusammengefasst.

Analytische
Qualitäts-
sicherung

Als eine weitere Möglichkeit, die Qualität der Anforderungen zu verbessern, empfehlen wir Ihnen die analytische Qualitätssicherung (siehe [Wallmüller01]), bei der Sie die Anforderungen nach der Dokumentation und vor der Verwendung auf ihre Qualität prüfen. Wir werden Ihnen in diesem Kapitel einige Techniken vorstellen, mit denen Sie mit vergleichsweise geringen Kosten das Risiko vermindern können, auf Basis fehlerhafter Anforderungen etwas nicht Gewünschtes zu entwickeln.

11.1.1   Ziel guter Anforderungen

Wie können Sie feststellen, ob Ihre Anforderungen genau das beschreiben, was die Stakeholder von dem Produkt erwarten, das für sie entwickelt werden soll?

☛ 1 Qualität

In Kapitel 1 hatten wir Ihnen eine Reihe von Qualitätskriterien vorgestellt, die hochwertige Anforderungen erfüllen müssen. Sind diese Kriterien erfüllt, können Sie wesentlich sicherer sein, dass die Anforderungen das von Ihrem Stakeholder gewünschte System wiedergeben und dass sie weiterverwendbar sind.

Qualitätskriterien

Wir teilen die Qualitätskriterien für gute Anforderungen in die Kategorien Syntaktisch, Semantisch und die Qualitätskriterien bezüglich der Weiterverwendung ein.

■ Syntaktisch
  Die Kriterien, die beschreiben, dass Anforderungen auf gültige Weise formuliert und repräsentiert werden: Verfolgbarkeit, Redundanzfreiheit, gute Struktur, angemessener Umfang, Eindeutigkeit, Notwendigkeit, rechtliche Verbindlichkeit

■ Semantisch
  Die Kriterien, die sich auf inhaltliche und fachliche Aspekte beziehen: Korrektheit, Gültigkeit, Vollständigkeit

■ Bezüglich der Weiterverwendung
  Kriterien, die beschreiben, dass die Anforderungen in anderen Schritten der Systementwicklung eingesetzt werden können: Realisierbarkeit, Bewertbarkeit, Verständlichkeit

Bei der Systemanalyse sollten Sie nicht nur auf die Erfüllung der Qualitätskriterien achten, sondern auch berücksichtigen, dass Ihre Stakeholder möglicherweise unterschiedliche Vorstellungen von dem zu erstellenden System besitzen. Ihre Aufgabe als Analytiker ist es, solchen unterschiedlichen Meinungen in der Systementwicklung gerecht zu werden. In den meisten Fällen werden Sie versuchen, einen Konsens zwischen den Stakeholdern herbeizuführen (siehe 11.3.2). In manchen Fällen, wie z.B. bei einer Produktentwicklung, kann es auch richtig sein, dass ein konfigurierbares Produkt erstellt wird, das dann alle verschiedenen Wünsche bzw. Meinungen der Stakeholder unterstützt.

11.1.2 Mängel und Fehler

Beim Prüfen von Anforderungen ist es unser Ziel, einerseits einen Nachweis der Korrektheit der geprüften Anforderungen zu erbringen und andererseits Verstöße gegen die Qualitätskriterien zu finden. Diese Verstöße können Mängel oder Fehler der Anforderungen sein. Mängel stellen in diesem Sinne fehlende Informationen dar, so genannte Anforderungslücken. Fehler sind dagegen falsche Aussagen, Inkonsistenzen zwischen Anforderungen und damit inkorrekte Anforderungen.

Üblicherweise werden Mängel und Fehler gemeinsam gefunden, weshalb wir in diesem Kapitel nicht weiter zwischen ihnen unterscheiden werden und sie wertungsneutral als Auffälligkeiten bezeichnen. Auffälligkeiten deshalb, weil Mängel und Fehler in den Anforderungen nicht immer zu fehlerhaftem Verhalten des Produkts führen. Zum Beispiel können Lücken in den Anforderungen während der Implementierung geschlossen werden. Auch bei Widersprüchen besteht die Chance, dass die Wahl des Programmierers auf die richtige Anforderung fällt.

Auffälligkeiten

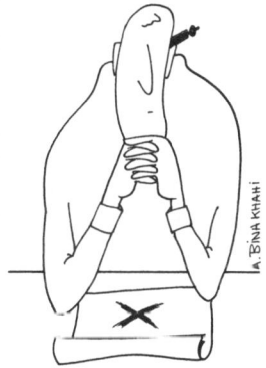

11.1.3 Vorgehen

Der Systemanalyse-Prozess gibt keine Vorgaben zum Prüfen der Anforderungen. Die Techniken der analytischen Qualitätssicherung können frühestens eingesetzt werden, nachdem die Anforderungen dokumentiert wurden, und spätestens, bevor die Anforderungen realisiert werden.

Zeitpunkt der Prüfung

Wenn Sie sofort prüfen, erhalten Sie ein sehr schnelles Feedback bezüglich Ihrer Anforderungen. Allerdings laufen Sie Gefahr, dass die Anforderungen innerhalb kurzer Zeit geändert werden und Sie deshalb mehrmals dieselben Bereiche Ihres Anforderungsdokuments prüfen. Prüfen Sie erst, wenn Ihre Anforderungen eine gewisse

Stabilität besitzen, dann haben Sie die Möglichkeit, größere Blöcke von Anforderungen zusammenzufassen und als Ganzes zu prüfen. Außerdem haben sich dann eventuelle Lücken und damit Fehlerquellen teilweise bereits „von selbst" erledigt.

Wir empfehlen Ihnen, die Anforderungen möglichst bei der Erstellung zu prüfen (konstruktive Qualitätssicherung) *und* nach einiger Zeit mit den in diesem Kapitel vorgestellten Prüftechniken erneut zu prüfen. Auf diese Weise provozieren Sie zwar mehrere Analyse-Zyklen im Rahmen derselben Funktionalität, aber Sie geben Ihren Stakeholdern die Möglichkeit, ihre Wünsche bezüglich des zu entwickelnden Systems zu hinterfragen und beugen damit späteren Änderungen vor. Zudem stellen Sie *vor* der Implementierung sicher, dass sich die Anforderungen nicht geändert haben und die Stakeholder auch mit einigem zeitlichen Abstand noch dieselbe Meinung besitzen.

Ihre Aufgabe ist es, die Stakeholder dabei zu unterstützen, eine Meinung zu finden. Durch wiederholte Prüfung derselben Anforderungen erhalten die Stakeholder die Chance, sich intensiv Gedanken über das zu erstellende System zu machen und vielleicht Ihre Aussagen mit denen anderer Stakeholder abzugleichen. Dies ist besonders bei der Vermeidung von Widersprüchen von Vorteil.

Prüfende Personen

Wichtig ist auch die Wahl des richtigen Personenkreises, der die Anforderungen prüfen soll. Analytiker prüfen sehr effizient, finden aber in der Regel weniger semantische Fehler, weil sie darauf geschult sind, logische Zusammenhänge zu erfassen und somit Lücken und Widersprüche zu erkennen. Um inhaltliche Fehler zu identifizieren, fehlt ihnen jedoch teils das nötige Wissen aus dem Fachbereich. Ungeübte Stakeholder benötigen meist mehr Zeit, um zu prüfen. Besonders aufwändig wird die Prüfung, wenn Sie viele Stakeholder berücksichtigen müssen. Trotzdem können nur die Stakeholder selbst prüfen, ob die Anforderungen ihren Vorstellungen entsprechen.

Alternativ können Sie Auditoren hinzuziehen, denen das Projektumfeld unbekannt ist. Sie finden insbesondere formale Auffälligkeiten, die den am Projekt beteiligten Personen aus Gewohnheit nicht mehr auffallen, aber auch inhaltliche, wie z.B. unklare oder fehlende Definitionen. Oft können diese externen Auditoren auch Verbesserungspotenzial vor allem im Bereich der Prozessoptimierung und der Checklisten aufzeigen. Die folgende Tabelle soll Ihnen als kleine Hilfe dienen, um den richtigen Personenkreis zu finden, der geeignet (+) bzw. besonders geeignet (++) ist, Ihre Anforderungen hinsichtlich der unterschiedlichen Kriterien zu prüfen. Mit (0) sind die Rollen bewertet, die normalerweise nicht geeignet sind zu prüfen. Natürlich gibt es immer wieder „Ausnahmepersonen", die einfach alles wissen.

Neuling oder erfahrener Prüfer?

Nachdem Sie entschieden haben, aus welchem Personenkreis die Prüfergruppe bestehen soll, sind noch einige andere Aspekte zu klären. Wollen Sie feste Prüfer in Ihrem Projekt etablieren oder arbeiten Sie mit wechselnden Prüfern? Einerseits steigt die Effektivität und die Erfahrung der Prüfer mit jeder durchgeführten Prüfung an, da sich die Einarbeitungszeit verkürzt und die Prüfer ein Auge für Fehler entwickeln. Andererseits wird das Wissen um Prüftechniken nicht weitergegeben und der Zeitaufwand für die Durchführung der Prüfung immer den gleichen Personen auferlegt. Hier eine Empfehlung zu geben, ist schwer, da sie von vielen Rahmenbedingungen abhängt. Nutzen Sie jedoch trotz der möglichen Zeitersparnis die Chance, unterschiedliche Personen prüfen zu lassen. Denn jede Person, die schon Prüfer war, wird das dabei gewonnene Wissen bei der Erstellung der Anforderungen gebrauchen und sozusagen nebenbei deren Qualität verbessern.

292

	Fachliche Richtigkeit	Auftrag des Projektes / Notwendigkeit / rechtliche Verbindlichkeit	Vollständigkeit	Verständlichkeit, gute Struktur	Eindeutigkeit, Widerspruchs- freiheit und Konsistenz	Traceability / Nachvollziehbarkeit	Realisierbarkeit	Testbarkeit	Kritikalität
Anwender	+	+	++	++	0	0	0	0	0
Fachlich Verantwortlicher	++	+	0	0	0	0	0	0	++
Analytiker	0	0	++	+	++	++	+	+	+
Projektleiter	+	++	0	+	0	0	0	0	+
Entwickler	0	0	0	0	0	0	++	0	0
Tester	0	0	0	+	+	0	0	++	0
Projektexterne QS	0	0	++	+	+	+	0	+	0

Tabelle 11.1: Prüfende Personen

Nicht zu unterschätzen sind auch folgende Aspekte: Wie ist das Know-how der Prüfer hinsichtlich des Fachgebiets und der Prüftechniken? Wie sieht es mit der Teamfähigkeit der Prüfer aus? Sind Prüfer aus allen relevanten Stakeholdergruppen beteiligt? Erst wenn Sie auch auf diese Fragen zufrieden stellende Antworten haben, ist der Kreis Ihrer Prüfer gefunden.

Auch die Anzahl der Prüfer spielt eine große Rolle. Es gibt zwei Größen, die den Rahmen abstecken: Effizienz und Effektivität. Die Effektivität, also wie viele Auffälligkeiten die Prüfer finden können, steigt mit deren Anzahl. Jedoch ist dieser Anstieg nicht linear, da unterschiedliche Prüfer auch immer eine gewisse Menge an identischen Auffälligkeiten finden. Deshalb ist die Größe der Effizienz meist wichtiger. Wann werden mit einer möglichst kleinen Menge an Leuten möglichst viele verschiedene Auffälligkeiten gefunden? Es gibt leider kein Rezept, an das man sich halten kann, da Faktoren wie Erfahrung und Tagesform des Prüfers sowie die Art des Prüfgegenstands eine Rolle spielen. Für die Inspektion existieren aber Studien in [Gilb93], die belegen, dass sich Teamgrößen von zwei bis drei Prüfern für maximale Effizienz und vier bis fünf Prüfer für maximale Effektivität bewährt haben.

Anzahl der Prüfer

11.2   Prüfen von Anforderungen

Das Unmögliche möglich machen –
Review der Anforderungen

Von Karol Frühauf, Helmut Sandmayr

Reviews, Inspections, Walkthroughs – oder wie man sie auch immer nennt – die Prüfung von Entwicklungsergebnissen durch lesende Menschen sind Verifizierungsverfahren: Ein Entwicklungsergebnis wird gegen eine (geprüfte und freigegebene) Vorgabe geprüft. Beispielsweise wird die Beschreibung des Architekturentwurfs mit der Spezifikation der Anforderungen abgeglichen oder der Code mit der Beschreibung des Detailentwurfs. Es wird geprüft, ob das Produkt, wie im Ergebnis dargestellt, allen Festlegungen aus dem Vorgabedokument (und den zusätzlich geltenden internen Normen und Konventionen) genügt.

Es hat sich mittlerweile bis zur letzten Software-Küche im entlegensten Software-Dorf herumgesprochen, dass jene Fehler am teuersten sind, die wir mit gut gemeinten, aber falsch spezifizierten Anforderungen verursachen. Deshalb ist es nicht nur wichtig, durch systematische Vorgehensweise Fehler in der Spezifikation der Anforderungen zu vermeiden, sondern auch auf irgendeine Art zu versuchen herauszufinden, in welchem Maße dies gelungen ist. Eine Verifizierung der Anforderungen ist nicht möglich, weil es keine formale Vorgabe gibt, gegen die man sie abgleichen könnte. Die Anforderungen selbst können nur validiert werden, das heißt mit den Bedürfnissen der Benutzer abgeglichen und für gültig erklärt werden. Wohl aber kann geprüft werden, ob das Dokument als solches den geltenden internen Normen und Konventionen genügt.

Kann man Anforderungen reviewen? Kann man Reviews als Validierungsverfahren einsetzen? Man kann. Der Schlüssel ist der Fragenkatalog. Man kann einen generellen einsetzen, in dem Fragen nach der Darstellung und Formulierung der Anforderungen enthalten sind, die auf Eindeutigkeit der Aussagen abzielen (in diesem Buch gibt es zuhauf Beispiele für Fragen, die hilfreich sein können) oder auf das Vorhandensein der Anforderungen an die unterschiedlichen Aspekte des Produkts (funktionale Anforderungen, Anforderungen an die verschiedenen Eigenschaften, „-barkeiten" und „-itäten", Anforderungen an die Konfigurierung, Installation, Betrieb etc.). Den Prüfenden solche Fragen zur Verfügung zu stellen, ist vergleichsweise leicht. Noch leichter ist es, Fragen nach der Gestaltung des Dokuments (Titelseite mit allen Angaben, Identifikation des Dokuments inkl. Version, Seiten- und andere Nummerierungen etc.) oder des Texts (Unterscheidung zwischen Anforderung und Erläuterung, Identifikation der Anforderungen etc.) oder anderer Darstellungsformen (Vollständigkeit der Tabellen, Verwendung von Symbolen in Diagrammen, Korrektheit von Diagrammen etc.) zu finden. All dies muss geprüft werden, aber es reicht nicht aus. Die Anforderung kann zum Beispiel eindeutig einen Wert von 4 Sekunden für die Reaktionszeit fordern. Wenn 4 Sekunden der falsche Wert ist, wird das Produkt weniger bis gar nicht nützlich sein, je nachdem, für welche Funktion diese Reaktionszeit gefordert wurde. Es muss also die Korrektheit jeder einzelnen Anforderung geprüft werden. Welche mit den größten Risiken verbunden sind, das weiß (hoffentlich) der Auftraggeber für die Spezifikationsarbeit. Es ist seine Aufgabe, spezifische Fragen vorzubereiten, die auf die Korrektheit der spezifizierten Anforderungen abzielen. Noch schwieriger als die Korrektheit ist die Vollständigkeit der Anforderungen zu prüfen. Ob die Anforderungen in sich abgeschlossen, das heißt keine losen Enden und keine Widersprüche vorhanden sind, das kann man im allgemeinen Fragenkatalog abhandeln. Ob eine Anforderung fehlt oder eine überflüssig ist, dafür muss wieder der Auftraggeber spezifische Fragen vorbereiten. Die Risiken helfen ihm wieder, aber auch die Kenntnis der Quellen, aus denen die Anforderungen geschöpft wurden, und des Nutzens, den eine erfüllte Anforderung den Benutzern bringen wird. Das sind die Ansätze für einen wirksamen, spezifischen Fragenkatalog.

Anforderungen sollten auf alle Fälle einen Review durchlaufen, sie mit Hilfe eines allgemeinen Fragenkatalogs zu prüfen, ist besser, sprich: wirksamer, als ohne. Der zusätzliche spezifische, auf das Produkt und die Situation zugeschnittene Fragenkatalog ist der Schlüssel zu der von den gröbsten Fehlern befreiten Anforderungsspezifikation.

Karol Frühauf und Helmut Sandmayr sind spezialisiert auf allgemein gültige Prinzipien der vernünftigen Software-Entwicklung und ihrer Organisation. Zu ihrer Verbreitung gründeten sie 1987 die Firma INFOGEM AG. Alle drei leben noch.

11.2.1 Prüftechniken

Prüftechniken

> Stellungnahme
> Inspektion
> Prototyp/Simulationsmodell
> Analysemodell

> Walkthrough
> SOPHIST Regelwerk
> Abnahmekriterien

Zu den häufigsten manuellen Prüftechniken, um Auffälligkeiten in Anforderungen zu erkennen, zählen Reviews. Man unterscheidet dabei anhand des Grades der Formalität der Vorbereitung und der Durchführung zwischen Stellungnahme, Walkthrough und Inspektion (siehe [Wallmüller01] [VM97]). Grundsätzlich ist zu beachten, dass mit der Leistungsfähigkeit der Technik auch deren Formalität, also der Zeitaufwand und damit die Kosten, steigen. Wir haben zudem sehr gute Erfahrungen mit dem SOPHIST REgelwerk, prototypischer Konsolidierung, Abnahmekriterien und Analyse-Modellen gesammelt. Detailliertere Beschreibungen dieser Techniken finden Sie in [SOPHIST04].

 8 Satz-Anf.

 12 AK

Stellungnahme

Die Stellungnahme gehört zu den wenig formalen, aber dadurch sehr schnell und zeitnah durchzuführenden Prüftechniken. Der Autor gibt dabei das zu prüfende Dokument z.B. einem fachlich versierten Kollegen zum Lesen. Dieser markiert die Auffälligkeiten und der Autor pflegt die daraus resultierenden Änderungen ins Dokument ein.

Vorteil	Nachteil
Die Technik beruht auf dem Prinzip, dass vier Augen mehr als zwei sehen bzw. der Autor eines Dokuments oft so tief in der Thematik steckt, dass ihm z.B. Lücken in den Anforderungen nicht mehr auffallen.	Da meist keine Checklisten oder sonstige formale Hilfsmittel benutzt werden, kann der Prüffokus nur schwer festgelegt bzw. eingehalten werden, und die Effizienz variiert stark.
	Meist liegt kein formaler Prozess zu Grunde, sodass Fristüberschreitungen bei der Abgabe der Ergebnisse ein häufiges Problem sind.

Walkthrough

Ziel des Walkthroughs [VM97] ist es, ein gemeinsames Verständnis der Anforderungen bei allen Beteiligten zu erreichen. Dazu leitet der Autor die Prüfer schrittweise, z.B. anhand einer Präsentation, durch den Prüfgegenstand. Dabei erläutert er auch den Entstehungsprozess bzw. seine Gedankengänge, die zu den vorgestellten Anforderungen geführt haben. Diese Erläuterungen haben oft den positiven Nebeneffekt, dass der Autor selbst viele Fehler entdeckt. Die Prüfer stellen zusätzlich Fragen und versuchen so, mögliche Probleme zu identifizieren.

Vorteil	Nachteil
Schaffung eines gemeinsamen Verständnisses der Anforderungen.	Keine Kontrolle der Einarbeitung der Auffälligkeiten.
Mittel zur Entscheidungsfindung, für das Auflösen von Konflikten und den Austausch von Informationen.	Der Autor lenkt die Sitzung und kann somit über Schwächen des Prüflings hinwegtäuschen.
Weniger Zeitaufwand als für die Inspektion.	Weniger effektiv als die Inspektion.

Inspektion

Sieben Phasen der Inspektion

Eine Inspektion[1] nach [Gilb93] (deutsche Phasennamen nach [Wallmüller01]) läuft in mehreren aufeinander folgenden Phasen ab.

- Entry/Auslöser: Der Inspektionsleiter prüft vorab den Prüfgegenstand gegen relevante Entry-Kriterien/Auslösekriterien, z.B. „Erstellen des Dokuments abgeschlossen", „Code enthält Kommentare" oder „Checkliste vorhanden", um keine Ressourcen für Dokumente zu verschwenden, die noch nicht für einen Review geeignet sind.

- Planning/Planung: Der Inspektionsleiter ermittelt die Anzahl der Inspektionszyklen, stellt die Inspektorengruppe und die Checklisten mit Punkten, auf die besonders geprüft wird, zusammen und erstellt auf dieser Basis den Masterplan. Dieser wird für jeden Prüfgegenstand separat erstellt und enthält Informationen über Prüferkreis, relevante Dokumente, optimale Checking-Raten und Termine.

---

[1] In der Fachliteratur auch Software-Inspektion oder technischer Review genannt. Unterschiede liegen z.B. in der Rolle des Autors bei der Prüfung oder der Verwendung von Metriken.

- Kickoff/Vorbesprechung: Der Inspektionsleiter erläutert den Inspektoren, was von ihnen im Detail erwartet wird, und verteilt den Prüfgegenstand und die Checklisten an die Teilnehmer. Bei erfahrenen Inspektoren ist diese Phase nicht mehr notwendig.
- Individual Checking/Individuelle Vorbereitung: Jeder Inspektor prüft nun einzeln für sich mit Hilfe der Checklisten den Prüfgegenstand. Ziel ist es, in einer vorgegebenen Zeit möglichst viele major defects (Auffälligkeiten, die zu schwerwiegenden Fehlern führen könnten) zu finden.
- Logging Meeting/Reviewsitzung: Der Inspektionsleiter liest die Anforderungen vor und die Inspektoren melden ihre im Individual Checking oder während des Logging Meetings gefundenen Auffälligkeiten. Der Protokollant nimmt alles auf. Der Fokus der Sitzung liegt eindeutig auf dem Aufzeigen von möglichen Problemen und nicht auf dem Lösen derselben. Diskussionen sollten nicht entstehen, da der Autor nicht auf der Anklagebank sitzt. Vielmehr soll ihm Verbesserungspotenzial aufgezeigt werden, ohne dabei seine Arbeit zu bewerten. Neben den Auffälligkeiten können auch Vorschläge zur Verbesserung des Inspektionsprozesses oder der Checklisten aufgenommen werden.
- Edit and Follow-up/Nachbereitung und Bewertung: Der Autor des Prüfgegenstands arbeitet nun alle gefundenen Fehler ein. Anschließend kontrolliert der Inspektionsleiter stichpunktartig die Änderungen.
- Exit/Ende: Der Inspektionsleiter prüft die Erfüllung der Exit-Kriterien/Endekriterium, z.B. müssen alle Fehler ausgebessert sein, um sicher zu gehen, dass der Prüfgegenstand den gestellten Anforderungen entspricht. Anschließend erstellt der Inspektionsleiter eine Auswertung der Inspektion (Vorlagen in [Gilb93]), um ihre Effektivität mit anderen Inspektionen zu vergleichen.

Vorteil	Nachteil
Findet die meisten Auffälligkeiten. Findet auch tief sitzende Fehler. Metriken sind fester Bestandteil der Methode.	Sehr von der Erfahrung und dem Können des Inspektionsleiters und in abgeschwächter Form der Inspektoren abhängig. Falsche Inspektionsraten (zu schnelles oder langsames Vorgehen beim Prüfen) beeinträchtigen das Ergebnis extrem. Höchste formale Ansprüche und damit am zeitaufwändigsten und kostenintensivsten.

SOPHIST REgelwerk

Das SOPHIST REgelwerk bzw. die natürlich-sprachliche Methode ist ein Hilfsmittel, das dem Analytiker linguistische Regeln an die Hand gibt, mit deren Hilfe er die Anforderungen auf syntaktische Defekte prüft.

↪ 8 Satz-Anf.

Vorteil	Nachteil
Kann bereits während der Anforderungserstellung konstruktiv eingesetzt werden, um qualitativ hochwertige Ergebnisse zu erzielen.	Nur auf natürlich-sprachliche Anforderungen anwendbar. Einsatz des kompletten Regelwerks besonders für Ungeübte sehr zeitaufwändig.

Prototyp/Simulationsmodell

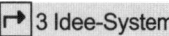

In einem Prototyp (siehe auch Kapitel 3) werden die Anforderungen teilweise umgesetzt, um ihre Realisierbarkeit und Annahmen über meist nicht-funktionale Anforderungen wie zum Beispiel Zeitverhalten oder Usability zu prüfen. Sie sind außerdem ein gutes Mittel, um fehlende oder ungeeignete Funktionalitäten aufzuzeigen, die erst bei der Benutzung des lauffähigen Systems auffallen würden.

Vorteil	Nachteil
Vermittelt ein Gefühl für das Verhalten des zu entwickelnden Produkts.	Erstellung ist aufwändig und zeitraubend.
Hilfe zur Steigerung der Vorstellungskraft bei komplexen Systemen und Abläufen.	Implementierer lassen sich oftmals zu ungewünschten Spielereien bei der Erstellung hinreißen.

Abnahmekriterien

Derjenige, der Abnahmekriterien erstellt, findet sehr effektiv Fehler in Anforderungen und fehlende Anforderungen, da er die Testbarkeit der Anforderungen sehr formal prüft.

Vorteil	Nachteil
Weiterverwendung als Basis der Testdurchführung.	Zeitaufwändig im Rahmen der Analyse.
Für alle Arten von Anforderungen einsetzbar.	Vorwissen und Erfahrung hinsichtlich Testen und AK-Formulierung nötig.
Unterstützt 4-Augen-Prinzip.	Nur ein Teil der QS-Kriterien lassen sich mit AKen finden.
Hohe Fehleridentifikationsrate.	

Analysemodell

Ein parallel zu den Anforderungen erstelltes Analysemodell bietet die Möglichkeit, Anforderungen in einer anderen Darstellung zu reflektieren. Fehler in und zwischen Anforderungen sowie fehlende Anforderungen werden im Modell sehr gut erkannt. Z.B. eignet sich ein Zustandsdiagramm in tabellarischer Form gut, um Lücken in Anforderungen zu finden. Ein weiterer Aspekt ist das oft fehlende Mengegerüst. Wie viele Leihobjekte darf ein Entleiher maximal zur selben Zeit ausleihen? Mit Hilfe eines Analysemodells werden diese Lücken, Redundanzen und vor allem auch Widersprüche in der Benennung von Begriffen schnell offenkundig. Sind vielleicht der Entleiher, der Benutzer und der Kunde einer Bibliothek dieselbe Person?

Vorteil	Nachteil
Alternative Darstellungsform hilft, Fehler durch Sichtwechsel zu finden.	Setzt Fachwissen zum Lesen der Modelle voraus.
Hilfe bei der Prüfung von Mengengerüst und Begriffsmodell.	Keine Toolunterstützung bei der Versionierung von Modellen.
Methodisches Vorgehen zur Entdeckung von Widersprüchen.	Tracing von Anforderungen und Modell oft zeitraubend und schwierig.

11.2.2 Hilfsmittel bei der Prüfung

Neben der Wahl der richtigen Prüftechniken spielt die Wahl der richtigen Hilfsmittel ebenso eine große Rolle, um möglichst viele Auffälligkeiten zu finden, die zu schwerwiegenden Fehlern führen können. Die Effektivität von Reviews lässt sich mithilfe einer geeigneten Lesetechnik steigern. Der Analytiker gibt dem Prüfer eine Lesetechnik und damit eine Anleitung an die Hand, welche Aspekte der Anforderungen er besonders berücksichtigen muss. Folgende Techniken werden häufig eingesetzt:

Beim **Ad-hoc**-Lesen (ohne Vorgaben) konzentriert sich der Prüfer üblicherweise auf einzelne Anforderungen und bestimmte Aspekte, die er persönlich für wichtig hält. Diese Technik findet oft in der Stellungnahme Verwendung.

Lesetechniken

In einer **Checkliste** geben die Analytiker bestimmte Kriterien vor, die geprüft werden müssen. In der Literatur [Gilb93] oder im Internet [RT] gibt es eine Vielzahl von vorgefertigten Checklisten zu den unterschiedlichsten Projektumfeldern. Diese Checklisten sollten jedoch auf keinen Fall unreflektiert übernommen, sondern eher als Anregung aufgefasst werden. Je nach Erfahrungsgrad der Prüfer und Fokus der Prüfung sollte eine individuelle Checkliste entworfen werden.

Beim **ablauforientierten Lesen** liest der Prüfer die Anforderungen anhand von Szenarien, die er „durchspielt" und sich das Verhalten des Systems in diesem Szenario vorstellt. Diese Technik wird üblicherweise in Walkthroughs eingesetzt und führt zu einem besseren Verständnis der Anforderungen und damit zu besseren Ergebnissen der Prüfung.

Bei der **schrittweisen Abstraktion** baut der Prüfer ein gedankliches Modell der Anforderungen, in dem er jeweils eine Anzahl von Anforderungen abstrahiert, um deren gemeinsames Ziel zu ermitteln. Diese Lesetechnik hilft, den Sinn einzelner Anforderungen zu erkennen.

Beim **perspektivenbasierten** Lesen nimmt der Prüfer eine bestimmte Sichtweise ein, unter der er die Anforderungen prüft. Alle Sichten zusammen ergeben ein vollständiges Bild des Systems. Die Sichten können zum Beispiel Stakeholdergruppen repräsentieren, sodass alle Meinungen zu einem System berücksichtigt werden. Alternativ sind auch Methoden wie z. B. die Walt-Disney-Strategie möglich, die realistische, kritische und kreative Aspekte berücksichtigen (siehe auch [Kellner02]).

Auswirkungen der Hilfsmittel

Untersuchungen wie in [Porter95] oder [Porter98] zeigen, dass Checklisten gegenüber Ad-hoc-Lesen keine nennenswerte Verbesserung ergeben. Hingegen konnte die Effitivität mit Hilfe von ablauforientiertem Lesen und schrittweiser Abstraktion deutlichgesteigert werden (++). Perspektivenbasiertes Lesen sollten Sie auf jeden Fall einsetzen, wenn nicht zu jeder Stakeholdergruppe ein Repräsentant als Prüfer zur Verfügung steht, um trotzdem alle Gruppen zu berücksichtigen.

Durch eine geeignete Strukturierung der Anforderungen (Hierarchisierung) können die Lesetechniken ablauforientiertes Lesen und schrittweise Abstraktion unterstützt werden. Diese und andere Erfahrungen aus der Praxis haben wir in nachfolgender Tabelle 11.2 zusammengefasst.

Prüftechnik	Ad-hoc-Lesen	Checkliste	ablauforientiertes Lesen	schrittweise Abstraktion	Perspektiven- basiertes Lesen
Stellungnahme	++				+
Inspektion	+	++			+
Walkthrough		+	++		+
Regelwerk					
Prototyp					++
Abnahmekriterien					
Modell				++	

Tabelle 11.2: Effektivität der Hilfsmittel

11.2.3 Auswahl einer Technik

Nachdem Sie nun verschiedene Prüftechniken und Hilfsmittel kennen, steht noch die Frage offen, welche Technik in Ihrem Projekt am sinnvollsten einzusetzen ist. Die Auswahl hängt davon ab, welche Technik unter den für Ihr Projekt existierenden Randbedingungen einsetzbar ist und welchen Erfolg sie verspricht. Wir zeigen Ihnen auch, mit welcher Technik Sie welche Verstöße gegen Qualitätskriterien am ehesten finden.

Effektivität der Prüftechnik

In Tabelle 11.3 haben wir die Effektivität, den Aufwand und die Formalität der beschriebenen Prüftechniken einander gegenübergestellt und auf der Basis unserer Erfahrungen aus Projekten bewertet. Eine große Rolle spielt bei dieser Taxonomie allerdings die individuelle Erfahrung der Analytiker, weshalb diese Bewertung nicht unreflektiert übernommen werden kann.

Aufwand der Prüftechniken

Die Effektivität kennzeichnet die Zahl der gefundenen Fehler von wenigen (--) bis sehr vielen (++). Der Aufwand zeigt den Gesamtaufwand mit Vorbereitung und Durchführung der Prüfung von sehr gering (++) bis sehr hoch (--). Die Formalität beschreibt von sehr gering (--) bis sehr hoch (++), wie umfangreich die Formalismen des Prozesses festgelegt sind und wie genau diese für eine erfolgreiche Durchführung der Prüfung einzuhalten sind. Dies ist z.B. ein Indikator für die Wiederholbarkeit einer Prüfung.

Prüftechnik	Effektivität	Aufwand	Formalität
Stellungnahme	0	--	--
Inspektion	++	++	++
Walkthrough	0	+	-
Regelwerk	+	++	++
Prototyp	++	--	0
Abnahmekriterien	++	-	+
Modell	++	-	+

Tabelle 11.3: Eigenschaften der Prüftechnik

Taxonomie bezüglich Projektrandbedingungen

Nicht jede Technik ist für alle Projektsituationen geeignet. Einige Projektrandbedingungen haben Auswirkung auf die Einsetzbarkeit einer Technik. Wir haben unsere Erfahrungen bezüglich einiger dieser Auswirkungen in Tabelle 11.4 zusammengefasst.

Je nach Projektrandbedingung kann eine Empfehlung zum Einsatz einer Prüftechnik von sehr geeignet (++) bis ungeeignet (--) schwanken. Sind z.B. Ihre Stakeholder auch in anderen Projekten eingebunden und deshalb nur schwer verfügbar, raten wir Ihnen vom Einsatz der Inspektion ab, da jeder Prüfer eine gewisse Vorbereitungszeit vor dem eigentlichen Meeting benötigt.

Prüftechnik	geringe Motivation der Stakeholder	geringes Abstraktionsvermögen der Stakeholder	fixiertes, knappes Projektbudget	schlechte Verfügbarkeit der Stakeholder	hohe Kritikalität des Systems	großer Systemumfang	umfangreiche nicht-funktionale Anforderungen
Stellungnahme	--	-	++	-	0	-	-
Inspektion	-	0	+	-	+	0	0
Walkthrough	-	+	+	-	-	0	+
REgelwerk	++	++	++	+	++	+	+
Prototyp	++	++	--	+	+	--	+
Abnahmekriterien	+	++	-	0	++	0	++
Modell	++	-	-	0	++	++	-

Tabelle 11.4: Prüftechniken und Projektrandbedingungen

Sie haben nun alle Informationen gesammelt und ausgewertet, um sich für ein Vorgehen entscheiden zu können. Aber denken Sie daran, auch das Prüfen von Anforderungen ist eine Tätigkeit, die mit steigender Erfahrung der beteiligten Personen an Effizienz gewinnt. Es ist also kein Zeichen für ein ungeeignetes Vorgehen, wenn die erste Prüfrunde keine befriedigenden Ergebnisse liefert.

11.3 Fehlerkorrektur

Als Ergebnis der Prüfung der Anforderungen liegt eine Liste von Fehlern und Anmerkungen zu den Anforderungen vor. Im nächsten Schritt müssen die Anmerkungen eingearbeitet und die Fehler korrigiert werden.

11.3.1 Beheben von Fehlern

Für Fehler, die auf divergierende Stakeholdermeinungen zurückzuführen sind, muss eine Entscheidung getroffen werden, wie sich das System bezüglich der abweichenden Meinung verhalten soll. Alle anderen Arten von Fehlern können durch einen einzelnen Stakeholder korrigiert werden, indem er Anforderungen ändert, löscht oder neue Anforderungen ergänzt.

In beiden Fällen können bei der Überarbeitung jedoch weitere Fehler auftreten. Es können z.B. ungewollte Widersprüche zu anderen Anforderungen oder neue Meinungsdifferenzen mit anderen Stakeholdern entstehen. Deshalb müssen die geänderten Anforderungen anschließend erneut geprüft werden. Techniken wie die Inspektion verfügen eigens über Exit-Kriterien für den Abschluss eines Reviews (siehe 11.2.1 Inspektion), mit deren Hilfe bestimmt werden kann, ob ein Prüfgegenstand den Reviewprozess erfolgreich abschließen darf.

11.3.2 Konsolidierung divergierender Meinungen

Fehler, die auf divergierende Stakeholdermeinungen zurückgehen, müssen im Regelfall in Zusammenarbeit mit allen Stakeholdern korrigiert werden, die eine Meinung zu diesem Thema haben. Dies bedeutet einen nicht unerheblichen Aufwand, dessen Notwendigkeit Sie vorab prüfen sollten.

Das Ziel ist es, mit der Konsolidierung eine Entscheidung herbeizuführen. Gelingt dies nicht, sollten Sie diese Meinungsunterschiede an Ihren Auftraggeber weiterleiten. Andernfalls ist es Ihnen nicht möglich, ein (für alle Stakeholder) fehlerfreies System zu erstellen.

In einigen Fällen ist es nicht nötig, allen Stakeholdern gerecht zu werden. Oft entscheiden wenige Stakeholder über „richtig" und „falsch" und geben diese Meinung den anderen vor. Auf jeden Fall sollten Sie vermeiden, dass Stakeholder beliebige Anforderungen in das System phantasieren und sich ein System der übernächsten Generation wünschen. Für Goldrandlösungen haben Sie vielleicht im nächsten Release Zeit übrig ...

Konsolidierungs-Techniken

Es existieren eine Reihe von Vorgehensweisen, die bei der Konsolidierung eingesetzt werden, um eine Entscheidung herbeizuführen. Wir haben einige dieser Techniken zusammengestellt, die wir in unterschiedlichen Projekten erfolgreich eingesetzt haben.

Bevor die Anforderungen konsolidiert werden können, müssen Sie die jeweilige Methode mit allen Beteiligten abstimmen. Die gewählte Methode sollte von allen Stakeholdern anerkannt sein, sonst müssen Sie immer mit Widerständen gegen das erreichte Ergebnis rechnen.

- Einigung
  Die Stakeholder diskutieren, bis eine gemeinsame Meinung gefunden ist. Dies ist möglich, solange nur eine begrenzte Zahl von Stakeholdern beteiligt ist. Im Allgemeinen kostet diese Methode viel Aufwand, führt jedoch zur Zufriedenheit aller Stakeholder.

- Ober sticht Unter
  Einer der Stakeholder hat Entscheidungskompetenz und legt nach Prüfung aller Alternativen fest, welche Variante „korrekt" ist. Voraussetzung ist, dass seine Entscheidungskompetenz von allen Stakeholdern anerkannt ist.

- Abstimmung
  Die Stakeholder entscheiden per Mehrheitsabstimmung über die realisierte Variante. Diese Methode eignet sich insbesondere bei einer großen Zahl von Stakeholdern.

- Geringstes Übel
  Jeder Stakeholder kann einige der zur Auswahl stehenden Lösungen ausschließen. Aus den Varianten, die keiner der Stakeholder ausschließt, wird mit einer anderen Methode die endgültige Lösung ausgewählt. Mit dieser Methode schließen Sie aus, dass unakzeptable Lösungen gewählt werden. Allerdings besteht die Gefahr des Blockierens von Alternativen.

- Kompromiss
  Der Analytiker sucht einen „Mittelweg", der möglichst nah bei allen vorgeschlagenen Alternativen liegt. Dieser ist zwar für keinen Stakeholder „richtig", jedoch möglicherweise ein akzeptabler Kompromiss. Dies funktioniert nur, wenn die Lösungen nicht zu stark voneinander abweichen.

- Konfigurierbarkeit
  Das System wird konfigurierbar realisiert, sodass es alle Alternativen unterstützt. Diese Möglichkeit bedeutet einen höheren Realisierungsaufwand, ermöglicht es aber, die Wünsche aller Stakeholder zu berücksichtigen.

Die Konsolidierungstechniken

11.3.3 Analytiker als Moderator

Nicht selten kommt es vor, dass in einer Konsolidierungsrunde die Meinungen verschiedener Interessensgruppen mit abweichenden Zielen aufeinander prallen. Häufig werden unterschwellige Konflikte durch unterschiedliche Meinungen zu (unschuldigen) Anforderungen eines Systems ausgetragen.

Die Ziele jedes Projektbeteiligten, die möglicherweise weit über das aktuelle Projekt hinausgehen, können großen Einfluss auf sein Verhalten in der Zusammenarbeit mit den anderen Projektmitgliedern haben. Diese von den Anforderungen des aktuellen Projekts unabhängigen Zielkonflikte und „Spiele" der Projektbeteiligten können dazu führen, dass ergebnislos große Aufwände in die Einigung zu Anforderungen fließen.

Die Aufgabe des Analytikers ist es, solche Spiele zu erkennen und gegebenenfalls gegenzusteuern. Häufig ist es hilfreich, die Ziele der beteiligten Personen herauszufinden, um die Motivation hinter dem unkonstruktiven Verhalten zu erfahren. Auflösen lassen sich solche Situationen aber nur mit viel Menschenkenntnis, Fingerspitzengefühl oder strikten Vorgaben der Projektleitung. In [Berne03] werden einige der Spiele beschrieben und Möglichkeiten zum Umgang mit ihnen gezeigt.

11.4 Management-Zusammenfassung

Gute Anforderungen müssen eine Reihe von Qualitätskriterien wie z.B. Vollständigkeit oder Redundanz- und Widerspruchsfreiheit erfüllen. Zur Prüfung dieser Qualitätskriterien gibt es verschiedene manuelle Prüfmethoden von unformalen wie der Stellungnahme bis zu sehr formalen wie der Inspektion. Sie müssen den Mix aus Techniken finden, der Ihnen am meisten Hilfe zur Qualitätsoptimierung der Anforderungen bietet. Bei der Auswahl sind neben der Formalität auch andere Rahmenbedingungen ausschlaggebend. Wie viele Ressourcen, sowohl personelle als auch zeitliche, haben Sie für die Prüfung? Sind schon Prüftechniken bzw. ein Prüfprozess etabliert? Haben Sie ein bestimmtes Vorgehen einzuhalten?

Erst wenn Sie diese Fragen geklärt haben, können Sie mit der Prüfung beginnen. Die dabei gefundenen Fehler werden anschließend im Dokument korrigiert. Bei widersprüchlichen Meinungen Ihrer Stakeholder sollten Sie zur Klärung eine Konsolidierungstechnik einsetzen.

11.5 Stellen Sie die Qualität Ihrer Anforderungen sicher?

- Haben Sie die Qualitätskriterien gefunden, die Ihnen bei den vorliegenden Anforderungen besonders wichtig sind?
- Haben Sie die Technik gewählt, die Ihnen auf dem Weg der Qualitätssteigerung von Anforderungen am meisten Hilfe bietet?
- Liegen die Anforderungen nach der Reviewphase in einer für Sie zufrieden stellenden Qualität vor?

11.6   Weiterführende Literatur

[Berne03]
> **Berne, E.**: Spiele der Erwachsenen. Reinbek, Rowohlt Verlag 2002. ISBN 3-499-61350-6

[Gilb93]
> **Gilb, T.;** Graham, D.: Software Inspection. Boston, Addison Wesley 1993. ISBN 0-201-63181-4

[Kellner02]
> **Kellner, H.**: Kreativität im Projekt. München, Hanser Verlag 2002. ISBN 3-446-21910-2

[Porter95]
> **Porter, A.;** Votta, L.; Basili, V.: Comparing Detection Methods For Software Requirements Inspections: A Replicated Experiment. IEEE Transactions on Software Engineering, Vol 21, No. 6, 1995.

[Poter98]
> **Porter, A.;** Votta, L.: Comparing Detection Methods For Software Requirements Inspections: A Replication Using Professional Subjects. Empirical Software Engineering, 3, 355 – 379, 1998.

[RT]
> **Reviewtechnik**: http://www.reviewtechnik.de/

[SOPHIST04]
> **SOPHIST Group;** Rupp, C.: Systemanalyse kompakt. München, Elsevier GmbH 2004. ISBN 3-827-41509-8

[VM97]
> **V-Modell**: Allgemeiner Umdruck Nr. 251, Entwicklungsstandard für IT-Systeme des Bundes, Methodenzuordnung. Anlage 1: Review, Juni 1997.

[Wallmüller01]
> **Wallmüller, E.**: Software-Qualitätsmanagement in der Praxis. München, Hanser Verlag 2001. ISBN 3-446-21367-8

Andreas Günther

> *„Prüfe die Rechnung, du musst sie bezahlen."*
>
> Bertolt Brecht

12

Abnahmekriterien –
der Prüfstein für Ihre Anforderungen

Fragen, die dieses Kapitel beantwortet:

- Was sind Abnahmekriterien?

- Wofür benötigen wir Abnahmekriterien ?

- Wie gliedern sich Abnahmekriterien in den Entwicklungsprozess ein?

- Welche Qualitätsmerkmale gibt es für Abnahmekriterien?

- Welche Arten von Abnahmekriterien werden unterschieden?

- Wie finde ich die richtigen Abnahmekriterien zu einer Anforderung?

- Wie kann ich mittels formalisierter und natürlichsprachlicher Abnahmekriterien Anforderungen verbessern?

- Was sind Testszenarien und wozu benötige ich sie?

- Welche Beziehung besteht zwischen Anforderungen, Abnahmekriterien und Testszenarien?

- Welche Richtlinien und Erfahrungswerte gibt es zu Abnahmekriterien und Testszenarien?

12.1 Einleitung

Vor Inbetriebnahme eines Produkts muss geprüft werden, ob das Produkt die daran gestellten Anforderungen erfüllt. Dazu dienen technische und betriebliche Tests beziehungsweise Abnahmen. Wird ein Produkt auf der Basis eines Vertrags erstellt, ist eine Abnahme zwischen Auftraggeber und Auftragnehmer wichtig, um die Qualität des Produkts und den Erfüllungsgrad gegenüber den Anforderungen im Vertrag zu prüfen. Der Auftraggeber nimmt das Produkt und gegebenenfalls die durchgeführten Prozesse gegenüber dem Auftragnehmer ab. Er benötigt kostenoptimierte und aussagekräftige Verfahren für den Test und die Abnahme. Theoretisch sollte ein Produkt oder Prozess in Bezug auf die daran gestellten Anforderungen beurteilt werden. In vielen Projekten trifft man jedoch auf Maßnahmen ohne Methode, die weder rechtliche Sicherheit geben noch für die Qualitätssicherung tauglich sind. In jedem Fall aber kosten sie viel Zeit und Geld. Effektiver ist dagegen das methodische Erstellen von Abnahmekriterien auf der Basis erhobener Anforderungen.

Wie genau ist ein Abnahmekriterium definiert?

Definition

Ein Abnahmekriterium ist eine Anweisung für den Test bezüglich einer Anforderung (oder eines Anforderungsteils), die die Prüfung und Bewertung des erstellten Produktes oder durchgeführten Prozesses gegenüber dieser Anforderung (oder des Teils) beschreibt.

Abnahme-kriterium

Ein Beispiel eines Abnahmekriteriums:

Ausgangssituation: Der Administrator ist im Bibliothekssystem angemeldet.

Ereignis: Der Administrator startet einen Report mit Ausgabe auf dem Drucker.

Erwartetes Ergebnis: Das Bibliothekssystem hat den vom Administrator gewählten Report nach maximal 20 Sekunden auf dem Drucker ausgegeben.

Mit einem Abnahmekriterium wird also die Vorschrift definiert, auf welche Art und Weise ein Prüfling auf Spezifikationstreue getestet werden kann. Ein Abnahmekriterium wird genau für eine Anforderung beziehungsweise einen Anforderungsteil definiert. Falls mit einem Abnahmekriterium nicht die vollständige Spezifikationstreue einer (komplexen) Anforderung im Prüfling nachgewiesen werden kann, kann es auch mehrere Abnahmekriterien für eine Anforderung geben (siehe auch Anhang A „Informationsarten"). Der Zusammenhang zwischen einer Anforderung und den zugehörigen Abnahmekriterien wird in Abbildung 12.1 dargestellt.

Anhang A

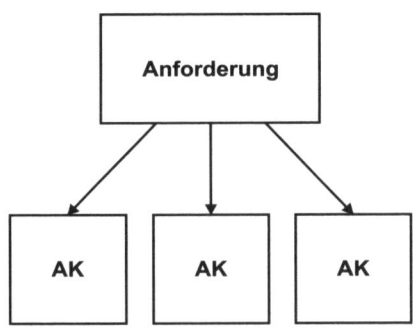

Abbildung 12.1: Zusammenhang zwischen Anforderung und Abnahmekriterien (AK)

Einige gebräuchliche Synonyme für den Begriff Abnahmekriterium sind: Testkriterium, Akzeptanzkriterium, Prüfkriterium, Annahmekriterium, Testfall, Testschritt oder in der englischen Sprache: acceptance criterion, test criterion, test case, test step.

Im Verlauf eines idealtypischen Entwicklungsprozesses beispielsweise eines Software-Produktes mit den Phasen Analyse, Entwurf, Implementierung und Test werden die Anforderungen vom Groben ins Feine detailliert. Die Tests dagegen werden auf unterschiedlichen Ebenen vom Feinen zum Groben hin stattfinden, was das V-Modell des Testens grafisch darstellt (siehe Abbildung 12.2 und [Bröhl95]).

Abnahme-
kriterien im
Entwicklungs-
prozess

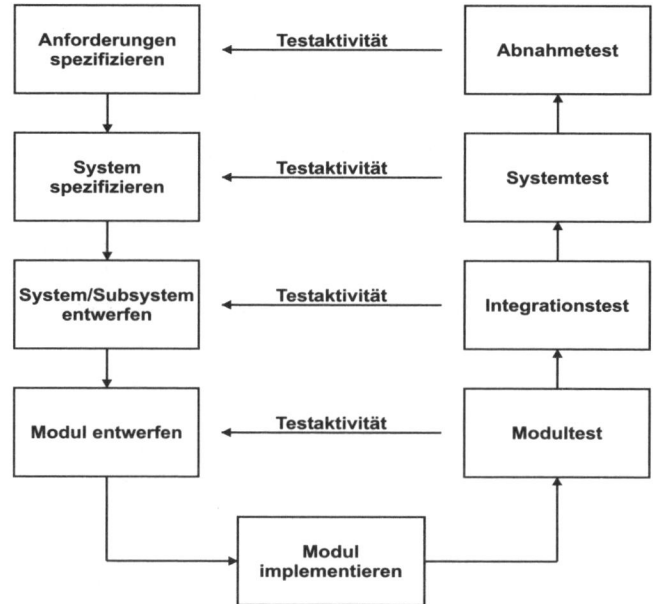

Abbildung 12.2: Testaktivitäten gemäß V-Modell

Die Testaktivität in Bezug auf einen Prüfling wird sich jeweils auf einer bestimmten Granularitätsebene abspielen. Wie aus Abbildung 12.2 ersichtlich ist, werden während der Modultests Softwaremodule gegenüber Modulentwürfen getestet, wohingegen während der vertraglichen Abnahme die Software gegenüber den Anwenderforderungen getestet wird. Anweisungen für den Test eines Produkts bezüglich einer Anforderung – also Abnahmekriterien – gliedern sich in die jeweiligen Ebenen ein, in denen eine Testaktivität stattfindet.

Anmerkung zur Verdeutlichung:

In diesem Kapitel werden wir uns mit solchen Abnahmekriterien beschäftigen, die den Test eines Prüflings (Software, Hardware, Prozess, Dokumentation, ...) gegenüber Anforderungen aus einem Pflichten-/Lastenheft beschreiben. Bezogen auf Software werden wir den Prüfling also auf Basis von Anforderungen testen und nicht auf Basis der Beschreibungen des Designs der Software. Zudem betrachten wir ausschließlich die Erstellung von Abnahmekriterien zu natürlichsprachlichen Anforderungen. Es werden demnach keine semi-formalen Formen der Anforderungsdarstellung betrachtet, wie zum Beispiel in der objektorientierten Analyse notiert.

⤏ 1 Qualität

Qualitäts-
merkmale für
Abnahmekriterien

Testbarkeit

Wie Sie bereits in Kapitel 1 „Anforderungsqualität" gesehen haben, lassen sich für Anforderungen einige unterschiedliche Qualitätsmerkmale definieren. Für Abnahmekriterien ist dies ebenfalls sinnvoll. Es gelten folgende Qualitätsmerkmale:

1) Abnahmekriterien müssen testbar sein. Die Testbarkeit setzt sich zusammen aus Durchführbarkeit, Messbarkeit und Reproduzierbarkeit.

   ■ Abnahmekriterien müssen insofern durchführbar sein, als der Test überhaupt möglich und der Testaufwand im Vergleich zum Nutzen „erträglich" ist. Falls ein Systembetrieb mit bis zu 1000 Clients gefordert wird und anfangs lediglich 10 Clients geplant sind, wird es ein hoher Aufwand sein, die restlichen Clients für den Test zu installieren, um das System gegenüber der Anforderung genau zu testen. Dies bedeutet, dass bereits bei der Erhebung der Anforderungen zu beachten ist, wie hoch der Testaufwand sein wird und ob die Anforderung tatsächlich in der Form gewünscht ist. Falls im Rahmen des Tests ein Emulationssystem für die Systemumgebung verwendet wird, müssen sich die Abnahmekriterien zudem an den Möglichkeiten dieses Emulationssystems orientieren, da sonst der Test nicht durchführbar ist.

   ■ Während des Testens muss bewertet beziehungsweise gemessen werden können, ob die Anforderung exakt in das Produkt oder den Prozess eingeflossen ist oder nicht. Falls bei Betrachtung des Prüflings nicht festgestellt oder nicht gemessen werden kann, ob eine (eventuell interne) Software-Funktion ausgeführt wurde oder nicht, kann man sich den Test auch gleich sparen. In diesem Fall ist es nicht sinnvoll, eine Anforderung zu notieren, weil die Erfüllung nicht geprüft werden kann. Falls Sie doch nicht testbare, produktinterne Anforderungen notieren wollen, empfehlen wir Ihnen, dies im Rahmen von lösungsorientierten Anmerkungen zu Anforderungen zu formulieren. Diese Anmerkungen stellen keine verbindliche Anforderung dar, sondern geben einen Hinweis auf die Lösung, die sich in ähnlichen Produkten in der Vergangenheit bewährt hat. Eine andere Variante stellen Dokumententests oder Design-Reviews für eine nicht testbare Anforderung dar. So kann beispielsweise die Forderung nach einer ODBC-Schnittstelle nicht mittels Black-Box-Methoden geprüft werden, jedoch durch Aufzeigen von Programmierdokumentationen oder mittels eines Design-Reviews.

   ■ Zudem müssen Abnahmekriterien reproduzierbar sein. Falls aufgrund eines Fehlers im Produkt oder Prozess Nachbesserungen durchgeführt werden, sollte der Prüfling im zweiten Test vollständig bezüglich aller Anforderungen getestet werden. Die Korrektheit ist einfacher zu bewerten, wenn beim zweiten Test für ein Abnahmekriterium dasselbe Ergebnis wie während des ersten Tests zustande kommt (Stichwort: regression test). Daher dürfen Zufallsgeneratoren während eines Tests keine Eingabedaten für Abnahmekriterien liefern. Dagegen sind Zufallsgeneratoren für die Erzeugung von Initialtestdaten sinnvoll. Diese Daten dürfen sich jedoch im Testverlauf nicht ändern.

Vollständigkeit

2) Abnahmekriterien müssen vollständig bezüglich der Anforderung sein. Dies bedeutet, dass mit dem Abnahmekriterium genau die Funktionalität oder Eigenschaft des Produkts oder Prozesses bewertet werden kann, die in der Anforderung spezifiziert wurde. Nicht mehr, aber auch nicht weniger! Dies ist wichtig, weil während eines Tests nur selten das Anforderungsdokument zu Hilfe genommen wird. Häufig wird ein eigens strukturierter Testablauf aufbauend auf Abnahme-

kriterien bestimmt, der meist auf alltäglichen Anwendungsfällen basiert (siehe dazu Abschnitt „Testszenarien – Der rote Faden für Abnahmekriterien"). Das Anforderungsdokument an sich wird dann nicht in den Test einbezogen, weil es nicht immer an Anwendungsfällen orientiert ist. Daher dürfen in Abnahmekriterien keine zusätzlichen Leistungen oder Eigenschaften versteckt sein, die in den eigentlichen Anforderungen nicht auftauchen. Genauso wenig dürfen Details aus Anforderungen in Abnahmekriterien ausgelassen werden. Hinweis: Schauen Sie zudem auf eventuelle Übersichts- oder ergänzende Diagramme zu Anforderungen. Dort sind teils weitere zu testende Aspekte versteckt.

3) Abnahmekriterien zu einer Anforderung müssen minimal sein, damit der Testaufwand in einem zeitlich wie finanziell tragbaren Rahmen bleibt. Minimal bedeutet hierbei, dass die Anzahl der Testfälle auf fachlich relevante beschränkt wird und in der Regel keine Testfälle redundant existieren. Dabei sollten Sie berücksichtigen, dass trotz Minimalität der einzelnen Kriterien in der Gesamtheit der Abnahmekriterien die Vollständigkeit gewahrt sein muss. Zu diesem scheinbaren Widerspruch zwischen vollständigem und minimalem Test mehr im Abschnitt „Wie finde ich die richtigen Abnahmekriterien für eine Anforderung: Methoden und Strategien".

Minimalität

Abnahmekriterien werden in erster Linie erstellt, um eine Basis für die Verifikation eines Prüfgegenstandes zu erhalten. Darüber hinaus dienen Abnahmekriterien im Rahmen des Requirements Engineering auch der qualitativen Verbesserung der Anforderungen innerhalb der Analyse. Um Fehler in der Analyse zu vermeiden und qualitativ hochwertige Anforderungen zu erheben, sieht die Vorgehensweise Object Engineering neben den Komponenten natürlichsprachliche Methode, Analysemodell und Simulationsmodell auch vor, Abnahmekriterien für Anforderungen zu erstellen (siehe auch Kapitel 3 „Von der Idee zum System"). Der Einsatz von Abnahmekriterien stellt ein mächtiges Instrument zur Qualitätssicherung der Anforderungen dar. Sie dienen der Erläuterung, Vervollständigung und der Prüfung des Qualitätsmerkmals Testbarkeit von Anforderungen. Abnahmekriterien führen zu erhöhter Klarheit und Verständlichkeit der meist abstrakt formulierten Anforderungen und zu einer vollständigeren Anforderungsbasis. Wie dies genau funktioniert, werden wir im Abschnitt „Mittels Abnahmekriterien Anforderungen verbessern" schildern.

Verbesserung der Anforderungen

↱ 3 Idee-System

Zudem können Sie mittels Abnahmekriterien Ihre Spezifikation notieren. Abnahmekriterien werden dann nicht rein zu Testzwecken formuliert, sondern stellen selbst die Spezifikationsbasis dar. Sie sind damit ebenfalls eine Art der Anforderungsnotation. Mehr zu diesem Thema finden Sie innerhalb des Kapitels 14 „Ergänzende Kurzgeschichten".

↱ 14 Kurzgesch.

12.2   Arten von Abnahmekriterien

Es existieren unterschiedliche Möglichkeiten, Abnahmekriterien zu klassifizieren. Wir verwenden dafür zwei Dimensionen. Einerseits unterscheiden wir Abnahmekriterien nach der Art ihrer Darstellung. Abnahmekriterien können wenig formal, sprich natürlichsprachlich, oder weitgehend formal, sprich formalisiert, dargestellt werden.

In der zweiten Dimension differenzieren wir die Abnahmekriterien nach ihrem Abstraktionsgrad. Abnahmekriterien lassen sich mit mehr oder weniger konkreten Werten bestücken. Diese Werte, die tatsächlichen Testdaten für die Prüfungs- und Bewertungsvorschrift, werden in konkreten Abnahmekriterien bereits festgelegt. In abstrakten Abnahmekriterien sind dagegen keinerlei konkrete Werte enthalten.

Vier Arten von Abnahmekriterien

Auf Basis dieser Klassifikation ergeben sich vier unterschiedliche Arten von Abnahmekriterien (siehe Abbildung 12.3):

- natürlichsprachlich abstrakt,
- natürlichsprachlich konkret,
- formalisiert abstrakt und
- formalisiert konkret.

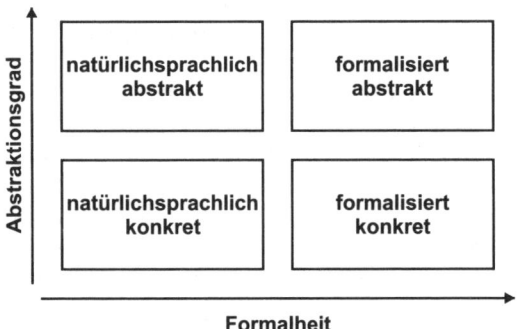

Abbildung 12.3: Arten von Abnahmekriterien

12.2.1   Natürlichsprachliche Abnahmekriterien

Natürliche Sprache ist ohne eine standardisierte Form eher unstrukturiert. Wenn Sie Abnahmekriterien mittels natürlicher Sprache formulieren wollen, ist es daher notwendig, eine standardisierte äußere Form zu definieren. Dies erleichtert Ihnen die Erstellung und Lesbarkeit dieser Art von Abnahmekriterien.

Standardisierte Form

Ein natürlichsprachliches Abnahmekriterium gliedert sich in die drei Teile:

- Ausgangssituation des Tests,
- Ereignis des Tests,
- Erwartetes Ergebnis.

Diese drei, zeitlich aufeinander folgenden Schritte wollen wir näher betrachten:

Ausgangssituation des Tests:

Mit der Ausgangssituation beschreiben Sie, welchen Zustand der Prüfling und die Testumgebung haben muss, damit das Abnahmekriterium durchgeführt werden kann. Dies kann bei einem Softwaretest zum Beispiel die Nennung von Wertebelegungen der variablen Systemparameter sein, das Vorhandensein von Nachbarsystemen, Testdatengeneratoren, aber auch die erfolgreiche Durchführung von zeitlich „vorgelagerten" Abnahmekriterien.

Ausgangs-situation des Tests

Die Ausgangssituation des Tests findet man in Anforderungen meist innerhalb von Bedingungen und sonstigen Einschränkungen der Funktionalität oder Eigenschaft, oder deren Negation. Beispiel: „Nur wenn die Variable den Wert 5 hat ..." oder „Ist der Systemadministrator angemeldet, soll das System ...".

Ereignis des Tests:

Hier tragen Sie das Ereignis ein, welches den Prüfling veranlassen wird, sich gemäß der Anforderung zu verhalten (englisch: event oder auch trigger). Dies wird bei einem Softwaretest typischerweise eine Nutzereingabe, das Eintreffen einer Meldung an einer Systemschnittstelle oder auch ein zeitlich orientiertes Ereignis sein, welches die Software veranlasst, eine Aktion auszuführen.

Ereignis des Tests

In einer Anforderung sind dies meist Satzteile, die das Wann der Aktion beschreiben. Zum Beispiel: „Wenn der Nutzer auf den Ausleihen-Button drückt, soll das System ..." oder: „Beim Eintreffen einer Meldung soll das System ...".

Erwartetes Ergebnis:

Mit dem erwarteten Ergebnis legen Sie fest, welchen Soll-Zustand der Prüfling bei korrektem Verhalten einzunehmen hat. Dieses gewünschte Resultat ist die Nachbedingung der in der Anforderung spezifizierten Funktionalität oder Eigenschaft und wird meist mit dem Prozesswort des Satzes ausgedrückt. Zum Beispiel: „... soll das System den Report drucken" oder „... soll das System die Meldung versenden".

Erwartetes Ergebnis

Beispiel für ein natürlichsprachliches Abnahmekriterium:

Anforderung: Wenn ein Nutzer innerhalb eines Ausleihvorgangs einen Bibliothekskunden auswählt, soll das Bibliothekssystem diesem Nutzer

Anforderung

- *den Namen des Kunden,*
- *die Adresse des Kunden*
- *und den augenblicklichen Kontostand des Kunden*

anzeigen.

Natürlichsprachliches Abnahmekriterium zur Anforderung:

> *Ausgangssituation:* Ein Nutzer ist im Bibliothekssystem angemeldet. Es ist mindestens ein Bibliothekskunde erfasst.
>
> *Ereignis:* Im Rahmen eines Ausleihvorgangs wählt der Nutzer einen Kunden aus.
>
> *Erwartetes Ergebnis:* Das Bibliothekssystem zeigt dem Nutzer, der den Kunden im Rahmen des Ausleihvorgangs auswählt, den Namen, die Adresse und den augenblicklichen Kontostand des ausgewählten Kunden an.

Abnahme-kriterium

Das oben genannte Beispiel eines natürlichsprachlichen Abnahmekriteriums soll Ihnen die Aufteilung dieser Vorschrift eines Tests beziehungsweise Testschrittes im Rahmen eines Gesamttests verdeutlichen. In diesem Beispiel sind keinerlei tatsächliche Testdaten integriert, sondern abstrakte, natürlichsprachliche Konstrukte gewählt, welche ähnlich der abstrakt formulierten Anforderung beschrieben wurden. Jedoch können wir, falls gewünscht, die tatsächlichen, konkreten Testdaten bereits in das Abnahmekriterium einfügen. Die Testvorschrift, welche mit dem Abnahmekriterium geliefert wird, ist dann mit den Testdaten bestückt, die zum Beispiel während des Produkttests herangezogen werden. Ein Beispiel für obige Anforderung besagt mehr als 1000 Worte:

Natürlichsprachliches konkretes Abnahmekriterium zur Anforderung:

Abnahme-kriterium

> *Ausgangssituation:* Der Bibliothekar „Sokrates" ist im Bibliothekssystem angemeldet. Es ist der Bibliothekskunde „Protagoras" mit der Adresse „Philosophenweg 42, Athen" erfasst. Der Bibliothekskunde „Protagoras" hat augenblicklich zwei Bücher (Exemplare 4711, 4712) ausgeliehen.
>
> *Ereignis:* Im Rahmen des Ausleihvorgangs wählt Bibliothekar „Sokrates" den Kunden „Protagoras" aus.
>
> *Erwartetes Ergebnis:* Das Bibliothekssystem zeigt dem Bibliothekar „Sokrates" den Namen „Protagoras", die Adresse „Philosophenweg 42, Athen" und den augenblicklichen Kontostand von zwei Büchern an.

Weitere Beispiele natürlichsprachlicher Abnahmekriterien zur Verdeutlichung:

Für die folgende natürlichsprachlich abstrakte Formulierung der Abnahmekriterien zur Anforderung sind zwei Abnahmekriterien nötig, um das gesamte Spektrum der Anforderung abzudecken.

Anforderung

Anforderung: Das Bibliothekssystem soll fähig sein, Daten neu eingegebener Bibliothekskunden und neuer Leihgegenstände von einem Bibliothekssystem eines anderen Standortes empfangen zu können. Nachdem das Bibliothekssystem Daten neu eingegebener Bibliothekskunden oder neuer Leihgegenstände vom benachbarten Bibliothekssystem empfangen hat, soll das Bibliothekssystem die empfangenen Daten permanent speichern.

Abnahmekriterium 1:

Abnahme-kriterium

> *Ausgangssituation:* Es stehen zwei miteinander verbundene Bibliothekssysteme zur Verfügung. In Bibliothekssystem B wurde ein neuer Bibliothekskunde angelegt. Die Daten des neu angelegten Bibliothekskunden wurden zum Bibliothekssystem A gesendet.
>
> *Ereignis:* Im Bibliothekssystem A werden die Daten des Bibliothekskunden empfangen.
>
> *Erwartetes Ergebnis:* Nach einem Systemstart sind die Daten des im Bibliothekssystem B eingegebenen Bibliothekskunden vorhanden.

Abnahmekriterium 2:

Abnahme-kriterium

> *Ausgangssituation:* Es stehen zwei miteinander verbundene Bibliothekssysteme zur Verfügung. In Bibliothekssystem B wurde ein neues Leihobjekt angelegt. Die Daten des neu angelegten Leihobjektes wurden zum Bibliothekssystem A gesendet.

Ereignis: Im Bibliothekssystem A werden die Daten des Leihobjektes empfangen.

Erwartetes Ergebnis: Nach einem Systemstart sind die Daten des im Bibliothekssystem B eingegebenen Leihobjektes vorhanden.

Für die folgende natürlichsprachlich konkrete Formulierung der Abnahmekriterien zur Anforderung sind drei Abnahmekriterien nötig, um das gesamte Spektrum der Anforderung abzudecken.

Anforderung: Das Bibliothekssystem soll ausschließlich dem Administrator die Möglichkeit bieten, neue Leihgegenstände von externen Datenmedien in den Datenbestand des Bibliothekssystems importieren zu können. Falls während des Importierens ein semantischer oder syntaktischer Datenfehler auftritt, soll das Bibliothekssystem dem Administrator für einzelne zu importierende, neue Leihgegenstände den jeweiligen Fehler (Fehlernummer und Fehlerbeschreibung) auf dem Bildschirm und auf dem Drucker ausgeben.

Anforderung

Abnahmekriterium 1:

Ausgangssituation: Der Administrator „Aristoteles" ist im Bibliothekssystem angemeldet. Leihgegenstände (Bücher) mit folgenden ISBN sind auf einem externen Medium verfügbar, aber noch nicht im Bibliothekssystem vorhanden: 3-234-87611-3, 3-234-62311-2, 3-234-82341-8, 3-543-67384-3, 3-335-83547-1, 3-736-11673-3, 3-887-35261-5, 3-372-83644-3, 3-225-88833-1, 3-088-22709-2, 3-11776-11223-9, 3-332-33451-3, 3-290-74622-3.

Abnahme-kriterium

Ereignis: Der Administrator „Aristoteles" überträgt die neuen Bücher von dem externen Medium in das Bibliothekssystem.

Erwartetes Ergebnis: Das Bibliothekssystem hat alle obigen Bücher in den Bücherbestand aufgenommen.

Abnahmekriterium 2:

Ausgangssituation: Der Administrator „Aristoteles" ist im Bibliothekssystem angemeldet. Leihgegenstände (Bücher) mit folgenden ISBN sind auf einem externen Medium verfügbar, aber noch nicht im Bibliothekssystem vorhanden: x-234-87611-3, 3-234-62311-2, 3-234-82341-8, 3--67384-3, , 3-736, 3-887-aaaaa-5.

Abnahme-kriterium

Ereignis: Der Administrator „Aristoteles" überträgt die neuen Bücher von dem externen Medium in das Bibliothekssystem.

Erwartetes Ergebnis: Das Bibliothekssystem hat „Aristoteles" auf dem Bildschirm und dem Drucker folgende fehlerhafte Daten inklusive Fehlernummer und Fehlerbeschreibung ausgegeben: „x-234-87611-3" (Fehlernummer 17, „semantischer Fehler"), „3--67384-3" (Fehlernummer 18, „syntaktischer Fehler"), „3-736" (Fehlernummer 18, „syntaktischer Fehler"), „3-887-aaaaa-5" (Fehlernummer 17, „semantischer Fehler").

Abnahmekriterium 3:

Ausgangssituation: Der Bibliothekar „Sokrates" ist im Bibliothekssystem angemeldet. Leihgegenstände (Bücher) mit folgenden ISBN sind auf einem externen Medium verfügbar, aber noch nicht im Bibliothekssystem vorhanden: 3-234-87611-3, 3-234-62311-2, 3-234-82341-8, 3-543-67384-3, 3-335-

Abnahme-kriterium

315

83547-1, 3-736-11673-3, 3-887-35261-5, 3-372-83644-3, 3-225-88833-1, 3-088-22709-2, 3-11776-11223-9, 3-332-33451-3, 3-290-74622-3.

Ereignis: Der Bibliothekar „Sokrates" versucht, die neuen Bücher von dem externen Medium in das Bibliothekssystem zu übertragen.

Erwartetes Ergebnis: Das Bibliothekssystem gewährt es dem Bibliothekar „Sokrates" nicht, neue Leihgegenstände vom externen Datenmedium in den Datenbestand des Bibliothekssystems zu importieren.

Hinweis: Falls Anforderungen sehr komplexe Inhalte aufweisen, ergeben sich daraus meist eine Vielzahl von natürlichsprachlichen Abnahmekriterien. Um diese unübersichtliche Menge strukturiert darzustellen, können Sie die im Folgenden beschriebenen Entscheidungstabellen verwenden.

12.2.2 Formalisierte Abnahmekriterien

Standardisierte Form

Neben den natürlichsprachlichen Abnahmekriterien haben auch die formalisierten Abnahmekriterien eine definierte Struktur. Formalisierte Abnahmekriterien werden in Form so genannter Entscheidungstabellen dargestellt.

Liste der Bedingungen	Bedingungszeiger Kombination aller Werte für die Bedingung
	Die Zellen einer Zeile enthalten die möglichen Werte der jeweiligen Bedingung.
	Bei mehreren Zeilen entspricht jede Spalte einer Bedingungskombination.
Liste der Aktionen	Aktionszeiger Belegung der jeweiligen Bedingungskombinationen mit Aktionen

Abbildung 12.4: Form einer Entscheidungstabelle

Jede Entscheidungstabelle besteht aus vier Quadranten: Im oberen linken Quadranten werden die Bedingungen aus der Anforderung vermerkt. Diese Bedingungen beschreiben mögliche Zustände des Prüflings als Ausgangsbasis für eine darauf folgende Aktion. Die Bedingungen sind mit der Ausgangssituation eines natürlichsprachlichen Abnahmekriteriums zu vergleichen.

Im unteren linken Quadranten tragen Sie die Aktion beziehungsweise die Aktionen laut Anforderung ein, die je nach Bedingung beziehungsweise Bedingungskombination spezifiziert wurde.

Im oberen rechten Quadranten stehen die Bedingungszeiger (Kombinationen aller Werte für die Bedingungen). Pro Bedingung werden dort alle Werte oder auch Wertebereiche eingetragen. Wenn Sie nun mehrere Bedingungen nennen und untereinander in die Entscheidungstabelle eintragen, entstehen mehrere Bedingungskombinationen innerhalb des formalisierten Abnahmekriteriums.

Im unteren rechten Quadranten werden die Aktionszeiger festgelegt. Der Aktionszeiger (X) bedeutet, dass vom Prüfling erwartet wird, die Aktion auszuführen, der Aktionszeiger (-) zeigt an, dass die Aktion aufgrund der Wertekombination der Bedingungen nicht ausgeführt werden soll.

Durch diese festgelegte Form wird mit der Entscheidungstabelle eine zu prüfende Testvorschrift mit dem jeweiligen erwarteten Ergebnis beschrieben.

Genau wie natürlichsprachliche Abnahmekriterien lassen sich formalisierte Abnahmekriterien zu Anforderungen abstrakt formulieren oder auch mit konkreten Testwerten belegen.

Beispiel für ein formalisiertes Abnahmekriterium:

Anforderung: Das Bibliothekssystem soll ausschließlich dem Administrator die Möglichkeit bieten, neue Leihgegenstände von externen Datenmedien in den Datenbestand des Bibliothekssystems importieren zu können. Falls während des Importierens ein semantischer oder syntaktischer Datenfehler auftritt, soll das Bibliothekssystem dem Administrator für einzelne zu importierende, neue Leihgegenstände den jeweiligen Fehler (Fehlernummer und Fehlerbeschreibung) auf dem Bildschirm und auf dem Drucker ausgeben.   Anforderung

Hier zuerst ein Beispiel eines formalisiert abstrakten Abnahmekriteriums zur Anforderung:

Abnahme-kriterium

1. Nutzer ist Administrator	j						n					
2. Importieren neuer Daten	j			n			j			n		
3. Fehler aufgetreten	se	sy	n	se	sy	n	se	sy	n	se	sy	n
1. Übertragung möglich	-	-	x	-	-	-	-	-	-	-	-	-
2. Bildschirmausgabe Fehlernummer	x	x	-	-	-	-	-	-	-	-	-	-
3. Bildschirmausgabe Fehlerbeschreibung	x	x	-	-	-	-	-	-	-	-	-	-
4. Druckausgabe Fehlernummer	x	x	-	-	-	-	-	-	-	-	-	-
5. Druckausgabe Fehlerbeschreibung	x	x	-	-	-	-	-	-	-	-	-	-

Legende: j = ja, n = nein, se = semantisch, sy = syntaktisch

Abbildung 12.5: Beispiel eines formalisiert abstrakten Abnahmekriteriums

Das Ziel ist, die Entscheidungstabelle so übersichtlich wie möglich zu gestalten. Es ist nicht immer sinnvoll, alle möglichen Bedingungskombinationen, die sich aus den Werten aller Bedingungen ergeben, zu testen. Manche Bedingungskombinationen sind fachlich nicht relevant und können somit zusammengefasst werden. Dies bezeichnet man auch als Konsolidieren der Entscheidungstabelle. Nach dem Konsolidieren tritt als Bedingungszeiger der Irrelevanzzeiger (-) auf.   Konsolidierung

Beispiel einer konsolidierten Entscheidungstabelle:

Abnahme-
kriterium

1. Nutzer ist Administrator		j		n
2. Importieren neuer Daten		j	n	-
3. Fehler aufgetreten	se oder sy	n	-	-
1. Übertragung möglich	-	x	-	-
2. Bildschirmausgabe Fehlernummer	x	-	-	-
3. Bildschirmausgabe Fehlerbeschreibung	x	-	-	-
4. Druckausgabe Fehlernummer	x	-	-	-
5. Druckausgabe Fehlerbeschreibung	x	-	-	-

Legende: j = ja, n = nein, se = semantisch, sy = syntaktisch

Abbildung 12.6: Konsolidierte Entscheidungstabelle

Hinweis: Innerhalb der Entscheidungstabelle in Abbildung 12.6 sind in den rechten drei Spalten fachlich nicht relevante Bedingungskombinationen konsolidiert. Zusätzlich wurden auch die Bedingungsausprägungen von „Fehler aufgetreten", nämlich „semantisch" und „syntaktisch" konsolidiert. Um jedoch vollständig zu testen, wäre für jede Ausprägung eine eigene Testdurchführung sinnvoll. Nur so kann entschieden werden, ob beide Arten von Fehlern korrekt berücksichtigt werden.

Ein Beispiel für ein formalisiertes konkretes Abnahmekriterium zur gleichen Anforderung:

Abnahme-
kriterium

1. Nutzer ist	Administrator Aristoteles				Bibliothekar Sokrates oder Bibliothekar Gorgias
2. neue Daten	j		n		-
3. Fehler aufgetreten	se	sy	n	-	-
1. Übertragung möglich	-	-	x	-	-
2. Bildschirmausgabe: Nr.17, semantischer Fehler	x	-	-	-	-
3. Bildschirmausgabe: Nr.18, syntaktischer Fehler	-	x	-	-	-
4. Drucker: Nr.17, semantischer Fehler	x	-	-	-	-
5. Drucker: Nr.18, syntaktischer Fehler	-	x	-	-	-

Legende: j = ja, n = nein, se = semantisch, sy = syntaktisch

Abbildung 12.7: Beispiel eines formalisiert konkreten Abnahmekriteriums

Formalisierte Abnahmekriterien sind im Gegensatz zu den natürlichsprachlichen eher komplex. Durch die einzelnen Bedingungskombinationen ergeben sich unterschiedliche Fälle, die während des Testens durchgeführt werden. Diese unterschiedlichen Fälle (Spalten in der Entscheidungstabelle) werden sonst mit mehreren natürlichsprachlichen Abnahmekriterien beschrieben. Daher ergibt sich zu einer Anforderung äußerlich – aber nur äußerlich – im Vergleich zu den natürlichsprachlichen meist eine geringere Anzahl von formalisierten Abnahmekriterien, die dafür aber umfassender sind.

12.3 Die richtigen Abnahmekriterien finden: Methoden und Strategien

Nachdem Sie die Arten von Abnahmekriterien nun kennen, stellt sich die Frage: Wie finde ich das richtige Abnahmekriterium beziehungsweise die richtigen Abnahmekriterien für eine bestimmte Anforderung? Im Folgenden werden wir Methoden und Strategien aufzeigen, die in der Literatur als Methoden zur Testfallermittlung beschrieben werden und fast ausschließlich auf den Modultest einer Software angewendet werden. Sie werden grob unterteilt in Black-Box- und White-Box-Verfahren. Die Vorgehensweisen der Black-Box-Verfahren eignen sich auch hervorragend zum Finden beziehungsweise zum Erstellen von Abnahmekriterien.

Wo immer dies möglich ist, sollten sich Anforderungen für Software am Ergebnis orientieren, um den Designern und Programmierern nicht unnötig enge Grenzen zu stecken. Die interne Struktur der Lösung ist bei guten Anforderungen freigestellt und kann folglich auch nicht zur Erstellung von Abnahmekriterien herangezogen werden. Der Prüfgegenstand und auch die Anforderung wird als „schwarzer Kasten", als „Black-Box" betrachtet. Die Prüfung ist dabei ergebnisorientiert. Es gibt aber auch Fälle, in denen ein bestimmter Ablauf oder eine bestimmte Struktur vorzugeben und zu prüfen ist (zum Beispiel die Forderung eines bestimmten Algorithmus). Für solche Anforderungen sollten Sie dann Abnahmekriterien mit Hilfe von White-Box-Verfahren formulieren unter Berücksichtigung der fachlichen Logik und Struktur des Prüflings. Diese Art der Prüfung ist dann strukturorientiert. Der Unterschied zwischen Black-Box- und White-Box-Verfahren ist in der Abbildung 12.8 dargestellt.

Unterschied Black-Box und White-Box

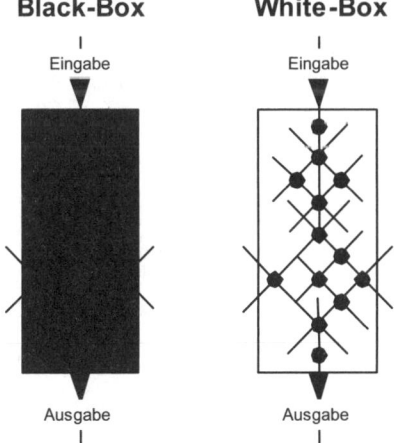

Abbildung 12.8: Black-Box- und White-Box-Prüfling

319

Granularitäts-
ebenen

⮕ 6 Anf.-Arten

Die auf einer grobgranularen Anforderungsebene existierenden Black-Box-Anforde-
rungen und -Abnahmekriterien werden häufig auf einer detaillierteren Ebene in mehrere verknüpfte White-Box-Anforderungen und -Abnahmekriterien aufgeteilt. Zur
hierarchischen Gliederung von Anforderungen siehe Kapitel 6 „Anforderung oder
Anforderung".

Die Wahl der Testmethode Black-Box oder White-Box ist von der jeweiligen Granularitätsebene abhängig (siehe Abbildung 12.9). Meist ist es sinnvoll, während eines
Modultests mit Hilfe der White-Box-Methoden zu testen. Auf der Ebene der Anwenderforderungen sind sie dagegen kaum sinnvoll, wenn nicht gar ungeeignet. Der Einblick in die internen Strukturen des Prüflings wird dem Anwender oder Tester desselben nicht immer gewährt. Einen Überblick über die Projektabschnitte und die üb-
lichen Testmethoden finden Sie in Abbildung 12.9 (siehe auch [Bröhl95]).

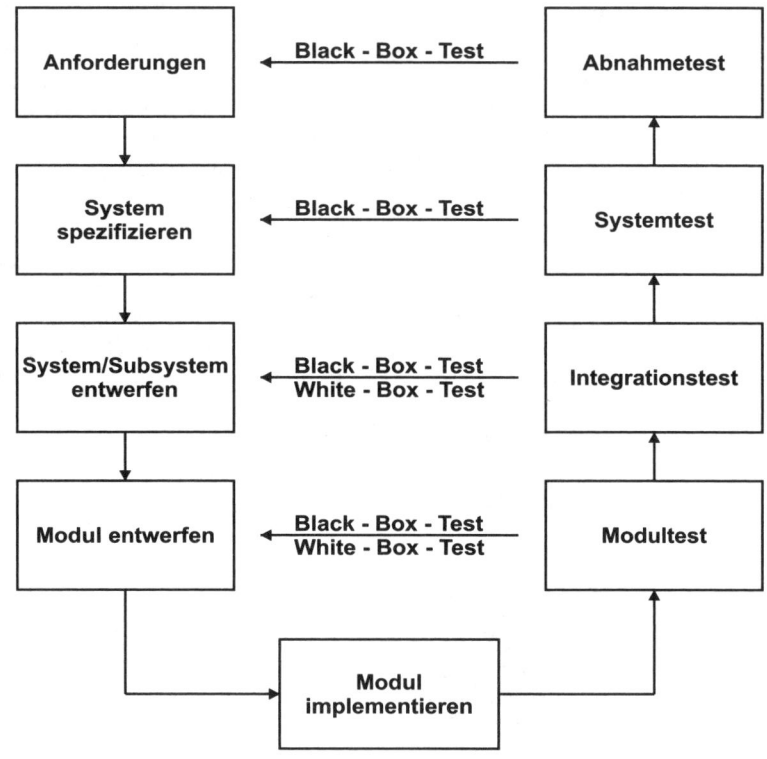

Abbildung 12.9: Black-Box- und White-Box-Tests gemäß V-Modell ([Bröhl95])

In den folgenden Abschnitten werden Sie einen kurzen Einblick in die Theorie der
ergebnisorientierten Black-Box-Testmethoden erhalten, welche die Grundlage zum
Finden der „richtigen" Abnahmekriterien darstellt. Wir werden keine entwurfsorien-
tierten Ansätze, sprich: White-Box-Testmethoden betrachten, weil diese in der Literatur bereits ausführlichst behandelt wurden und eher für softwareinterne Tests herangezogen werden.

Da bei ergebnisorientierten Anforderungen der interne Ablauf nicht berücksichtigt wird beziehungsweise werden kann, findet er auch bei der Erstellung der Abnahmekriterien keine Beachtung. Berücksichtigt werden die Eingaben und die Ausgaben der Black-Box. Falls mehrere Eingaben und zudem Bedingungen die Ausgaben verändern, müssten alle Kombinationen von verschiedenen Eingaben und Bedingungen getestet werden. Aus Gründen der Kosteneffektivität können meist nicht alle der möglichen Kombinationen mit ihren jeweils erwarteten Ausgabewerten überprüft werden. Daher werden unterschiedliche, sich ergänzende und aufeinander aufbauende Ansätze verfolgt, um die Anzahl der Abnahmekriterien und damit auch die Kosten für den Test zu reduzieren, ohne die Abdeckung und Gültigkeit des Tests zu stark einzuschränken.

Black-Box-Verfahren

Die folgenden Methoden eignen sich zur Erstellung von ergebnisorientierten (Black-Box-) Abnahmekriterien:

- Funktionsabdeckung,
- Äquivalenzklassenbildung,
- Grenzwertanalyse,
- Intuitive Abnahmekriterien-Ermittlung.

12.3.1 Funktionsabdeckung

Abnahmekriterien gemäß der Methode der Funktionsabdeckung werden geschrieben, um nachzuweisen, dass die jeweilige Funktion oder auch Eigenschaft laut Anforderung vorhanden und auch durchführbar ist. Zu diesem Zweck wird jeweils ein Abnahmekriterium geschrieben, mit dem geprüft werden kann, ob die Forderung erfüllt wurde oder nicht. Dazu ein Beispiel.

Zweck der Funktionsabdeckung

Anforderung: Das Bibliothekssystem soll dem Nutzer die Möglichkeit bieten, Bibliothekskunden und Leihgegenstände permanent im Bibliothekssystem löschen zu können.

Anforderung

Abnahmekritcrium 1:

Ausgangssituation: Ein Nutzer ist im Bibliothekssystem angemeldet. Im Bibliothekssystem ist mindestens ein Bibliothekskunde erfasst.

Abnahmekriterium

Ereignis: Ein Nutzer löscht einen erfassten Bibliothekskunden aus dem Bibliothekssystem.

Erwartetes Ergebnis: Nach einem Systemstart befindet sich der gelöschte Bibliothekskunde nicht mehr im Bibliothekssystem.

Abnahmekriterium 2:

Ausgangssituation: Ein Nutzer ist im Bibliothekssystem angemeldet. Im Bibliothekssystem ist mindestens ein Leihobjekt erfasst.

Abnahmekriterium

Ereignis: Ein Nutzer löscht ein erfasstes Leihobjekt aus dem Bibliothekssystem.

Erwartetes Ergebnis: Nach einem Systemstart befindet sich das gelöschte Leihobjekt nicht mehr im Bibliothekssystem.

Mit der Methode der Funktionsabdeckung wird allerdings nur das Normalverhalten geprüft, Fehlerfälle werden nicht berücksichtigt. Dies ist nur der Minimalansatz. Im Regelfall sind anhand der folgenden Methoden (Äquivalenzklassenbildung, Grenzwertanalyse, intuitive Abnahmekriterien-Ermittlung) weitere Abnahmekriterien zu ermitteln (besonders, um Fehlerfälle zu erkunden).

12.3.2 Äquivalenzklassenbildung

Zweck der Äquivalenz- klassenbildung

Basierend auf der funktionalen Spezifikation eines Prüflings können Äquivalenzklassen der Eingabewerte gebildet werden. Werte aus einer Äquivalenzklasse verursachen ein identisches funktionales Verhalten oder eine identische Eigenschaft (Äquivalenz = Gleichwertigkeit). Ziel der Äquivalenzklassenbildung ist es, eine hohe Wahrscheinlichkeit der Fehlerentdeckung mit einer minimalen Anzahl von Abnahmekriterien zu erreichen, um den scheinbaren Widerspruch zwischen der Minimalität und der Vollständigkeit von Tests zu beherrschen. Das Prinzip besteht darin, den gesamten möglichen Wertebereich für Eingabedaten einer Anforderung so in Äquivalenzklassen zu unterteilen, dass man annehmen kann, dass mit jedem beliebigen Repräsentanten einer Äquivalenzklasse das gleiche Verhalten wie mit jedem anderen Repräsentanten der gleichen Äquivalenzklasse erreicht wird. Auf diese Weise wird die Testfallanzahl auf ein nötiges Minimum beschränkt. Bei der Einteilung der Wertebereiche sind nicht nur die zugelassenen, gültigen oder auch vorgeschriebenen Eingabewerte zu berücksichtigen, sondern auch ungültige Eingaben zu prüfen. Hierbei wird während des Testens ersichtlich, wie der Prüfling auf ungültige Eingabewerte beziehungsweise bei fachlichen Fehlerfällen reagiert. Man spricht auch von gültigen und ungültigen Äquivalenzklassen.

Die Äquivalenzklassenbildung ist eine einfache Methode, um Bedingungen und Ausprägungen von formalisierten Abnahmekriterien (Entscheidungstabellen) zu finden[1]. Dabei werden nicht nur die korrekten Eingaben gefunden, sondern auch die nicht minder wichtigen Fehleingaben.

Anmerkung: Bisher wurden lediglich Äquivalenzklassen für Eingabewerte berücksichtigt. Äquivalenzklassen sind jedoch ebenfalls für Ausgabeklassen möglich und sinnvoll.

Beispiel:

Anforderung

Anforderung: An jedem Dienstag um 8.00 Uhr und unter der Bedingung, dass:

- *das letztmögliche Rückgabedatum eines Leihobjekts um mehr als eine Woche überschritten wurde, soll das Bibliothekssystem eine erste Mahnung für einen Bibliothekskunden bezüglich eines Leihobjekts drucken;*

- *das letztmögliche Rückgabedatum eines Leihobjekts um mehr als zwei Wochen überschritten wurde, soll das Bibliothekssystem eine zweite Mahnung für einen Bibliothekskunden bezüglich eines Leihobjekts drucken;*

---

[1] Versuchen Sie beispielsweise mit dem SOPHIST Regelwerk, Ihre Äquivalenzklassen zu identifizieren. Die sprachlichen Effekte „Modaloperatoren der Notwendigkeit", „Universalquantoren" und „Unvollständig spezifizierte Bedingungen" bieten sich dabei besonders an. Mehr dazu in Kapitel 8 „Der lange Weg vom Satz zur Anforderung".

■ *das letztmögliche Rückgabedatum eines Leihobjekts um mehr als drei Wochen überschritten wurde, soll das Bibliothekssystem eine Meldung an den Geschäftsführer bezüglich des Leihobjekts eines Bibliothekskunden erstellen.*

Die Erstellung der Abnahmekriterien erfolgt in vier Schritten:

(1) Analyse der möglichen Eingabewerte, der möglichen Ausgabewerte/Aktionen/ Eigenschaften und der Bedingungen/Voraussetzungen gemäß Anforderung.

Analyse der Eingabewerte

Eingabewerte:

■ letztmögliches Rückgabedatum eines Leihobjekts.

Ausgabewerte:

■ erste Mahnung,

■ zweite Mahnung,

■ Meldung an den Geschäftsführer.

Bedingungen:

■ letztmögliches Rückgabedatum mehr als eine Woche überschritten
→ erste Mahnung;

■ letztmögliches Rückgabedatum mehr als zwei Wochen überschritten
→ zweite Mahnung;

■ letztmögliches Rückgabedatum mehr als drei Wochen überschritten
→ Meldung an den Geschäftsführer.

(2) Einteilung der Wertebereiche der Eingaben in Äquivalenzklassen (lRD = letztmögliches Rückgabedatum).

Einteilung der Wertebereiche

Äquivalenzklasse	Wertebereich
1	<= lRD + eine Woche
2	> lRD + eine Woche und <= lRD + zwei Wochen
3	> lRD + zwei Woche und <= lRD + drei Wochen
4	> lRD + drei Wochen

Abbildung 12.10: Äquivalenzklassen der Eingabewerte

(3) Auswahl eines Repräsentanten für jede Äquivalenzklasse (lRD = letztmögliches Rückgabedatum).
Hinweis: Falls Sie abstrakte Abnahmekriterien formulieren, entfällt dieser Schritt innerhalb der Äquivalenzklassenmethode.

Repräsentanten wählen

Äquivalenzklasse	Werteauswahl
1	2 Tage vor lRD
2	lRD + 11 Tage
3	lRD + 16 Tage
4	lRD + 32 Tage

Abbildung 12.11: Werteauswahl pro Äquivalenzklasse

Formulierung
der Abnahme-
kriterien

(4) Formulieren eines Abnahmekriteriums für jede Äquivalenzklasse mit dem jeweils ausgewählten Wert:

Abnahmekriterium 1:

Abnahme-
kriterium

Ausgangssituation: Das letztmögliche Rückgabedatum eines Leihobjektes wird in zwei Tagen erreicht sein.

Ereignis: Es ist Dienstag, 8.00 Uhr.

Erwartetes Ergebnis: Das Bibliothekssystem druckte keine Mahnung.

Abnahmekriterium 2:

Abnahme-
kriterium

Ausgangssituation: Das letztmögliche Rückgabedatum eines Leihobjektes ist um 11 Tage überschritten.

Ereignis: Es ist Dienstag, 8.00 Uhr.

Erwartetes Ergebnis: Das Bibliothekssystem druckte für den entsprechenden Bibliothekskunden eine erste Mahnung bezüglich des überfälligen Leihobjekts.

Abnahmekriterium 3:

Abnahme-
kriterium

Ausgangssituation: Das letztmögliche Rückgabedatum eines Leihobjektes ist um 16 Tage überschritten.

Ereignis: Es ist Dienstag, 8.00 Uhr.

Erwartetes Ergebnis: Das Bibliothekssystem druckte für den entsprechenden Bibliothekskunden eine zweite Mahnung bezüglich des überfälligen Leihobjekts.

Abnahmekriterium 4:

Abnahme-
kriterium

Ausgangssituation: Das letztmögliche Rückgabedatum eines Leihobjektes ist um 32 Tage überschritten.

Ereignis: Es ist Dienstag, 8.00 Uhr.

Erwartetes Ergebnis: Das Bibliothekssystem erstellt eine Meldung an den Geschäftsführer bezüglich des überfälligen Leihobjekts eines Bibliothekskunden.

12.3.3 Grenzwertanalyse

Zweck der
Grenzwert-
analyse

Eine oft verwendete Vorgehensweise ist der Test der Grenzen einer Äquivalenzklasse. Dieses Verfahren wird als Grenzwertanalyse bezeichnet. Es basiert auf der Erfahrung, dass Fehler besonders häufig an den unmittelbaren Grenzen von Wertebereichen auftreten. Ziel der Grenzwertanalyse ist es, Abnahmekriterien zu definieren, mit denen Fehler im Zusammenhang mit der Behandlung der Grenzen von Wertebereichen aufgedeckt werden können. Ausgangspunkt sind die mittels Äquivalenzklassenbildung ermittelten Wertebereiche. Hier wird nun nicht irgendein Repräsentant der Äquivalenzklasse für das Abnahmekriterium ausgewählt, sondern unmittelbar an die Grenzen anschließende Repräsentanten. Dabei ist die geforderte beziehungsweise mögliche Messgenauigkeit und Messtoleranz zu berücksichtigen. Die Grenzwertanalyse stellt damit eine Sonderform und sinnvolle Ergänzung zur Äquivalenzklassenbildung dar.

Anmerkung: Wie auch bei der Äquivalenzklassenmethode kann die Grenzwertanalyse sinnvoll bei den Grenzfällen von Klassen von Ein- und Ausgabewerten genutzt werden.

Da die Grenzwertanalyse auf der Basis der Äquivalenzklassenbildung durchgeführt wird, greifen wir auf das obige Beispiel zurück. **Beispiel**

Welche Werte werden nun aus der jeweiligen Äquivalenzklasse gewählt? (lRD = letztmögliches Rückgabedatum)

Äquivalenzklasse	Wertebereich	Werteauswahl
1	<= IRD + eine Woche	IRD + 7 Tage
2	> IRD + eine Woche und <= IRD + zwei Wochen	IRD + 8 Tage, IRD + 14 Tage
3	> IRD + zwei Wochen und <= IRD + drei Wochen	IRD + 15 Tage, IRD + 21 Tage
4	> IRD + drei Wochen	IRD + 22 Tage

Abbildung 12.12: Werteauswahl für die Grenzwertanalyse

Für die im Rahmen der Grenzwertanalyse gewählten Werte wird jeweils ein Abnahmekriterium formuliert, um die genaue Einhaltung der Anforderung zu testen.

Abnahmekriterium 1:

Ausgangssituation: Das letztmögliche Rückgabedatum eines Leihobjektes ist um 7 Tage überschritten. **Abnahmekriterium**

Ereignis: Es ist Dienstag, 8.00 Uhr.

Erwartetes Ergebnis: Das Bibliothekssystem druckte keine Mahnung.

Abnahmekriterium 2:

Ausgangssituation: Das letztmögliche Rückgabedatum eines Leihobjektes ist um 8 Tage überschritten. **Abnahmekriterium**

Ereignis: Es ist Dienstag, 8.00 Uhr.

Erwartetes Ergebnis: Das Bibliothekssystem druckte für den entsprechenden Bibliothekskunden eine erste Mahnung bezüglich des überfälligen Leihobjekts.

Abnahmekriterium 3:

Ausgangssituation: Das letztmögliche Rückgabedatum eines Leihobjektes ist um 14 Tage überschritten. **Abnahmekriterium**

Ereignis: Es ist Dienstag, 8.00 Uhr.

Erwartetes Ergebnis: Das Bibliothekssystem druckte für den entsprechenden Bibliothekskunden eine erste Mahnung bezüglich des überfälligen Leihobjekts.

Abnahmekriterium 4:

Ausgangssituation: Das letztmögliche Rückgabedatum eines Leihobjektes ist um 15 Tage überschritten. **Abnahmekriterium**

Ereignis: Es ist Dienstag, 8.00 Uhr.

Erwartetes Ergebnis: Das Bibliothekssystem druckte für den entsprechenden Bibliothekskunden eine zweite Mahnung bezüglich des überfälligen Leihobjekts.

Abnahmekriterium 5:

Abnahme-kriterium

Ausgangssituation: Das letztmögliche Rückgabedatum eines Leihobjektes ist um 21 Tage überschritten.

Ereignis: Es ist Dienstag, 8.00 Uhr.

Erwartetes Ergebnis: Das Bibliothekssystem druckte für den entsprechenden Bibliothekskunden eine zweite Mahnung bezüglich des überfälligen Leihobjekts.

Abnahmekriterium 6:

Abnahme-kriterium

Ausgangssituation: Das letztmögliche Rückgabedatum eines Leihobjektes ist um 22 Tage überschritten.

Ereignis: Es ist Dienstag, 8.00 Uhr.

Erwartetes Ergebnis: Das Bibliothekssystem erstellt eine Meldung an den Geschäftsführer bezüglich des überfälligen Leihobjekts eines Bibliothekskunden.

12.3.4   Intuitive Abnahmekriterien-Ermittlung

Zweck

Ziel der intuitiven Abnahmekriterien-Ermittlung ist es, die bereits systematisch ermittelten Abnahmekriterien um weitere zu ergänzen. Grundlage hierfür ist eine auf Erfahrung beruhende Erwartungshaltung. Bestimmte, immer wieder auftretende Standardfehler und fehlerverdächtige Situationen sind, genau wie eine hohe Kritikalität einer Anforderung, Ausgangspunkt für zusätzliche Abnahmekriterien. Funktionen oder Teilsysteme, in denen bereits früher typische Fehler gefunden wurden, sollten Sie ebenfalls intensiver prüfen. Die Anzahl der gefundenen Fehler ist häufig direkt proportional zur Anzahl der noch nicht gefundenen Fehler.

Für die folgende Anforderung haben wir oben lediglich Abnahmekriterien formuliert, die das Vorhandensein von Daten auf dem externen Datenmedium voraussetzen. Dies muss jedoch nicht zwangsläufig so sein. Diesen Fall wollen wir mit einem zusätzlichen Abnahmekriterium testen.

Beispiel:

Anforderung

Anforderung: Das Bibliothekssystem soll ausschließlich dem Administrator die Möglichkeit bieten, neue Leihgegenstände von externen Datenmedien in den Datenbestand des Bibliothekssystems importieren zu können. Falls während des Importierens ein semantischer oder syntaktischer Datenfehler auftritt, soll das Bibliothekssystem dem Administrator für einzelne zu importierende, neue Leihgegenstände den jeweiligen Fehler (Fehlernummer und Fehlerbeschreibung) auf dem Bildschirm und auf dem Drucker ausgeben.

Zusätzliches Abnahmekriterium:

> *Ausgangssituation:* Der Administrator „Aristoteles" ist im Bibliothekssystem angemeldet. Auf einem externen Medium sind keine Leihgegenstände verfügbar (nicht nur keine neuen).

Abnahme-kriterium

> *Ereignis:* Der Administrator „Aristoteles" startet die Übertragung von Daten auf dem externen Medium in das Bibliothekssystem.

> *Erwartetes Ergebnis:* Das Bibliothekssystem führt keine Übertragung durch, gibt keinen Fehler aus und beendet den Vorgang.

Zudem ist es sinnvoll, Abnahmekriterien zu formulieren, mit denen bestimmte fehlerverdächtige und teils programmiersprachenabhängige Testfälle vorgegeben werden. Diese Testfälle können folgende Inhalte haben:

- äußerst lange Zeichenketten für Eingabefelder;
- leere Zeichenketten in Eingabefeldern;
- den Wert Null für Zahlen, die in Berechnungen münden;
- ungültige Datumswerte (zum Beispiel: 31.4.);
- für existierende Beziehungen zwischen Objekten das Objekt, auf das verwiesen wird, löschen und die Beziehung abfragen;
- Umlaute und Sonderzeichen für Eingaben verwenden, diese drucken und zu anderen Systemen übertragen lassen und die korrekte Umsetzung prüfen;
- Richtlinien verletzen: Ein Wert (zum Beispiel die Postleitzahl) darf nur aus einer bestimmten Menge von Werten gewählt werden: dann Auswahl eines ungültigen Wertes;
- Formatbeschränkungen überschreiten, zum Beispiel: Postleitzahl „1234567", „1,7" versus „1.7";
- Eingabefelder auf Typ prüfen: zum Beispiel: Hausnummer „12-14B" oder Postleitzahl „ABC".

12.3.5 Abnahmekriterien für nicht-funktionale Anforderungen

Besonders bei nicht-funktionalen Anforderung finden wir in der Realität meist nur unzureichende Spezifikationen beziehungsweise auch entsprechend minderwertige Abnahmekriterien – wenn solche überhaupt formuliert wurden. Unsere dringende Empfehlung ist es, auch für nicht-funktionale Anforderungen Abnahmekriterien zu spezifizieren. Vermeiden Sie dabei aber häufig übliche, vage formulierte Anforderungen wie „Das System soll auf zukünftigen Plattformen installierbar sein.", „Der Auftraggeber soll ein Benutzerhandbuch erstellen." oder „Das System soll auch mit großen Datenmengen effizient arbeiten." (siehe dazu Kapitel 10 „Die nicht-funktionalen Anforderungen in der Systementwicklung"). Formulieren Sie nicht nur die Anforderungen in testbarer Form, sondern geben Sie mit den Abnahmekriterien konkrete Testvorgaben an, die eine auf den ersten Blick nicht testbare Leistung oder Eigenschaft objektiv prüfbar gestalten. Notieren Sie die Abnahmekriterien wie oben erwähnt in natürlichsprachlicher Form.

Zweck

 10 nfA

 10 nfA

Hier folgen nun exemplarische Hinweise, welche konkreten Tests hinsichtlich nicht-funktionaler Anforderungen möglich sind. Ein ähnliches Verfahren ist in Kapitel 10 „Die nicht-funktionalen Anforderungen in der Systementwicklung" im Rahmen der Expertenbox „Qualitätsanforderungen mit Planguage quantifizieren" dargestellt.

Test bezogen auf	Testmöglichkeit
Sonstige Lieferbestandteile: Dokumentationen	Testen Sie hier gemäß Ihrer Anforderungen vor allem die Vollständigkeit inhaltlicher Aspekte und auf formale Kriterien hin.
Durchführung der Entwicklung: Prozesse	Die erste Prüfung kann hier entlang des erstellten Projektplans erfolgen. Weitere Prüfungen sollten in regelmäßigen Abständen basierend auf Dokumenten und mittels Audits geschehen.
Durchführung der Entwicklung: Standards	Die erste Prüfung kann hier entlang des erstellten Projektplans und Projekthandbuchs erfolgen. Zudem können Sie mit Hilfe von Audits arbeiten und Projektdokumente inspizieren .
Durchführung der Entwicklung: Tools	Die erste Prüfung kann hier entlang des erstellten Projekthandbuchs erfolgen.
Qualitätsmerkmal Zuverlässigkeit	Test der Verfügbarkeit bezogen auf die Dauer der Testdurchführung.
	Breakdown des Systems und Messen der Zeit für das Wiederherstellen des Systems.
	Bei Unterteilung des Systems ggf. Test der jeweiligen Zuverlässigkeiten inklusive eventueller Prioritäten der Verfügbarkeit.
Qualitätsmerkmal Benutzbarkeit	Zeittest zur Erlernbarkeit mit einer Auswahl von Probenutzern.
	Zeittest für Bedienbarkeitstests mit Probenutzern für eine Auswahl an Funktionen.
	Test basierend auf dem referenzierten Styleguide (Layoutvorgaben, Eingabe- und Ausgabeformate, Schriftgrößen, max. Anzahl Benutzereingaben für Funktionsanwahl, Anordnung von Oberflächenelementen usw.).
Qualitätsmerkmal Effizienz	Zeittest einzelner Funktionen beziehungsweise Funktionsklassen.
	Lasttests mit konkreten Testdatenmengen gemäß dem Mengengerüst.
	Test mit konkreten Testdaten, welche die Ressourcen mittels Verbrauchstests referenzieren.
Qualitätsmerkmal Funktionalität	Test genauer Sicherheitsanforderungen wie Passwortschutz, Verschlüsselung usw. vor allem mittels negativer Testfälle.
	Test der Genauigkeit von Funktionen beziehungsweise Berechnungen inklusive der Angabe der Messmethode.
	Test der Konformität zu referenzierten Standards. Beachten Sie dabei eventuelle Deltabeschreibungen zwischen Systemanforderung und Standard, falls diese voneinander abweichen.

Test bezogen auf	Testmöglichkeit
Qualitätsmerkmal Änderbarkeit	Dokumententest des Programmcodes entlang Programmierrichtlinien (maximale Anzahl Schachtelungstiefen, maximale Anzahl Codezeilen pro Funktion usw.).
	Dokumententest des Programmcodes entlang Dokumentationsvorschriften (einleitende Beschreibung der Verarbeitung und der Ziele einer programmierten Funktion, genaue Gliederung und Inhalte der Programmierdokumentation).
	Dokumententest der Architektur und des Designs aufgrund Analysierbarkeit (Schichten, Kapselung, Komponentenbildung).
	Früher Dokumententest der Testumgebung im Projekthandbuch und den durchzuführenden Testmethoden deutlich vor Testbeginn.
	Test durch funktionale Prüfung der geforderten Konfigurierbarkeit.
Qualitätsmerkmal Übertragbarkeit	Installations- und Systemtest rotierend auf den genannten Zielumgebungen.
	Dokumententest des Programmcodes entlang Implementierungsrichtlinien (Kapselung von Operationen beziehungsweise Teilsystemen, etc.).

In der Praxis hat sich gezeigt, dass es vielen Anforderungsermittlern schwer fällt, nicht-funktionale Anforderungen zu formulieren. Oft verfügen sie aber bereits über eine Vorstellung, wie solche Anforderungen getestet werden können. Verwenden Sie Abnahmekriterien daher auch zur Verbesserung Ihrer nicht-funktionalen Anforderungen (Details siehe folgender Abschnitt) und setzen Sie sie nicht allein zur Verbesserung von funktionalem Systemverhalten ein.

Hinweis: Die Wiederverwendung im Sinne der Vorgehensweise IVENA (siehe Kapitel 10 „Die nicht-funktionalen Anforderungen in der Systementwicklung") funktioniert besonders effizient auch für entsprechende Abnahmekriterien.

 10 nfA

12.4 Mittels Abnahmekriterien Anforderungen verbessern

⇥ 3 Idee-System In Kapitel 3 „Von der Idee zum System" haben wir kurz dargestellt, dass Sie die Anforderungsqualität prüfen und zu besseren Anforderungen gelangen können, indem Sie Abnahmekriterien erstellen. Wie aber funktioniert dies genau? Diese Frage beantworten wir getrennt nach formalisierten und natürlichsprachlichen Abnahmekriterien.

12.4.1 Mittels formalisierter Abnahmekriterien Anforderungen verbessern

Problemstellung
In vielen Anforderungen sind lediglich diejenigen Verhaltensweisen oder Eigenschaften beschrieben, die unter normalen Bedingungen erwartet werden. Nun neigt die an sich chaotische Welt dazu, nicht immer den geordneten Normalfall anzustreben. Häufig treten Fehlerfälle auf, die in Anforderungen oft vernachlässigt werden. Zudem werden selten auftretende Situationen in den Anforderungen vergessen. Dies führt dazu, dass Designer/Entwickler nicht wissen, wie sich das Produkt in einem solchen Falle verhalten soll. Zwar kann es der Kreativität der Entwickler überlassen werden, was zu tun ist. Aber wenn der Anforderer bereits eine bestimmte Vorstellung von dem Verhalten oder der Eigenschaft hat, sollte er sie mit in die Anforderungen aufnehmen, um sie zu komplettieren.

Lösung
Vor allem mit Hilfe formalisierter abstrakter Abnahmekriterien können Sie diese Lücken in Anforderungen finden. Bedingungskombinationen, zu denen keine definierte Aktion spezifiziert wurde, werden aufgedeckt. Anschließend kann der fehlende Aspekt in die bestehende Anforderung integriert werden.

Formalisierte Abnahmekriterien werden mit Entscheidungstabellen dargestellt. Das Ziel beim Erstellen einer Entscheidungstabelle ist es, alle Regeln der natürlichsprachlichen Anforderung in entsprechende Aktionszeiger umzusetzen.

Den Ausgangspunkt stellt diese Anforderung dar:

Anforderung
Wenn ein Bibliothekskunde augenblicklich nicht mehr als zehn Leihobjekte geliehen hat, soll das Bibliothekssystem dem Bibliothekskunden die Möglichkeit bieten, nicht reservierte Leihobjekte auszuleihen.

Gehen Sie folgendermaßen vor:

Bedingungen einfügen
(1) Setzen Sie jede Bedingung in der Anforderung in eine Zeile der Bedingungsliste im formalisierten Abnahmekriterium (Entscheidungstabelle) um.

Bedingungen laut Anforderung:
- ein Bibliothekskunde
- nicht mehr als zehn Leihobjekte geliehen
- nicht reserviertes Leihobjekt

1. Bibliothekskunde	j				n			
2. mehr als 10 Leihobjekte	j		n		j		n	
3. Leihobjekt ist reserviert	j	n	j	n	j	n	j	n

Legende: j = ja, n = nein

Abbildung 12.13: Bedingungen aus der Anforderung

(2) Danach überführen Sie die geforderte(n) Aktion(en) oder Eigenschaft(en) aus der Anforderung in die Aktionsliste der Entscheidungstabelle. — *Aktionen einfügen*

Aktion laut Anforderung:

■ Das Bibliothekssystem bietet die Möglichkeit an, Leihobjekte auszuleihen.

1. Bibliothekskunde	j				n			
2. mehr als 10 Leihobjekte	j		n		j		n	
3. Leihobjekt ist reserviert	j	n	j	n	j	n	j	n
1. Leihobjekt ausleihen möglich								

Legende: j = ja, n = nein

Abbildung 12.14: Bedingungen und Aktion aus der Anforderung

(3) Falls es mehrere Bedingungen gibt, betrachten Sie nun die aus den verschiedenen Bedingungen resultierenden Bedingungskombinationen. Welche Bedingungskombination ist logisch, welche nicht? Eliminieren Sie die fachlich nicht logischen Bedingungskombinationen, um unnötige beziehungsweise nicht durchführbare Tests auszuschließen. — *Bedingungskombinationen tilgen*

1. Bibliothekskunde	j				*n*			
2. mehr als 10 Leihobjekte	j		n		*j*		*n*	
3. Leihobjekt ist reserviert	j	n	j	n	j	n	j	n

Legende: j = ja, n = nein

Abbildung 12.15: Unnötige Bedingungskombinationen

Fachlich nicht relevant beziehungsweise unlogisch zu kombinieren ist bei der obigen Bedingungskombination, wenn ein potenzieller Entleiher kein Bibliothekskunde ist und entschieden werden soll, ob der Bibliothekskunde mehr als zehn Leihobjekte geliehen hat oder nicht. Logisch vertretbar, jedoch nicht notwendig ist die Bedingungskombination zwischen dem Fall, dass ein potenzieller Ausleiher kein Bibliothekskunde ist, und der Frage, ob ein Leihobjekt reserviert ist oder nicht. Anmerkung: Aus Gründen der Übersichtlichkeit der Entscheidungstabelle sollten Sie die unlogischen Bedingungskombinationen untereinander am Anfang der Bedingungsliste einfügen.

Es resultiert folgende Kombination von Bedingungsausprägungen:

1. Bibliothekskunde		j		n	
2. mehr als 10 Leihobjekte		j	n	-	
3. Leihobjekt ist reserviert	j	n	j	n	j	n

Legende: j = ja, n = nein

Abbildung 12.16: Zusammenfassung der Bedingungskombinationen

Aktionszeiger setzen

(4) Setzen Sie nun die Aktionszeiger (X) und (–) für die einzelnen Aktionen/Eigenschaften unter einer bestimmten Bedingungskombination. Falls in der Anforderung nicht klar ersichtlich ist, welcher Zustand unter einer Bedingungskombination einzunehmen ist, fügen Sie einen Punkt (.) in die Zelle ein. Wenn die Anforderung für eine bestimmte Bedingungskombination keine entsprechende Aktion/ Eigenschaft enthält, fragen Sie weiter, ob die geforderte Aktion einfach nur nicht ausgeführt werden soll oder ob in diesem Fall gar eine andere Aktion/Eigenschaft nötig ist. Fügen Sie dann für die neu ermittelten Aktionen/Eigenschaften jeweils eine neue Zeile hinzu und setzen den Aktionszeiger (X) unter die gewünschte Bedingungskombination. Die daraus resultierende Entscheidungstabelle:

1. Bibliothekskunde		j			n	
2. mehr als 10 Leihobjekte		j		n	-	
3. Leihobjekt ist reserviert	j	n	j	n	j	n
1. Leihobjekt ausleihen möglich	.	.	.	x	.	.
2. Meldung: Ausleihe nicht gestattet	x	x	x	-	-	-
3. Reservierung möglich	x	x	-	-	-	-

Legende: j = ja, n = nein

Abbildung 12.17: Aktionszeiger gemäß Anforderung

Wir haben hier zwei auszuführende Aktionen unter der Bedingung hinzugefügt, dass der potenzielle Ausleiher ein Bibliothekskunde ist und dieser mehr als zehn Leihobjekte entliehen hat. Diese Aktionen sind: Meldung, dass das Ausleihen nicht gestattet ist, und die Möglichkeit, das gewünschte Leihobjekt für den Bibliothekskunden zu reservieren.

Anforderung überarbeiten

(5) Für alle Punkte in den Zellen der Bedingungszeiger fügen Sie nun den fehlenden sprachlichen Teil in die Anforderung ein und setzen in der Entscheidungstabelle den Punkt in ein (X) oder (–) um – je nachdem, ob die Aktion unter der Bedingungskombination ausgeführt werden soll oder nicht. Auch ist es notwendig, dass Sie neue Aktionen innerhalb der Entscheidungstabelle auch in die Anforderung integrieren (oder in eine neue Anforderung einfließen lassen). Die Entscheidungstabelle mit vollständig gesetzten Aktionszeigern:

1. Bibliothekskunde		j			n	
2. mehr als 10 Leihobjekte		j		n	-	
3. Leihobjekt ist reserviert	j	n	j	n	j	n
1. Leihobjekt ausleihen möglich	-	-	-	x	-	-
2. Meldung: Ausleihe nicht gestattet	x	x	x	-	-	-
3. Reservierung möglich	x	x	-	-	-	-

Legende: j = ja, n = nein

Abbildung 12.18: Entscheidungstabelle mit allen Aktionszeigern

332

Die überarbeitete und verbesserte Anforderung lautet dann wie folgt:

Wenn ein Bibliothekskunde augenblicklich nicht mehr als zehn Leihobjekte geliehen hat, soll das Bibliothekssystem dem Bibliothekskunden die Möglichkeit bieten, nicht reservierte Leihobjekte auszuleihen, sonst nicht.

Wenn der Nutzer versucht, ein Leihobjekt auszuleihen, und wenn der Bibliothekskunde augenblicklich mehr als zehn Leihobjekte entliehen hat oder das Leihobjekt reserviert ist, soll das Bibliothekssystem dem Nutzer melden, dass eine Ausleihe nicht gestattet ist, sonst nicht.

Wenn der Nutzer versucht, ein Leihobjekt auszuleihen, und wenn der Bibliothekskunde augenblicklich mehr als zehn Leihobjekte entliehen hat, soll das Bibliothekssystem dem Nutzer die Möglichkeit bieten, das gewünschte Leihobjekt für diesen Bibliothekskunden zu reservieren, sonst nicht.

(6) Nachdem die Anforderung nun verbessert wurde, konsolidieren Sie abschließend die Entscheidungstabelle. Dies bedeutet, dass Sie diejenigen Ausprägungen einer Bedingung zusammenfassen, die zu gleichen Aktionen führen. Die Tabellengröße (Anzahl der Spalten der Entscheidungstabelle) und somit der Testaufwand wird damit reduziert, ohne dass wichtige Testfälle vernachlässigt werden.

Konsolidierung

1. Bibliothekskunde		j		n
2. mehr als 10 Leihobjekte	j	n		-
3. Leihobjekt ist reserviert	-	j	n	-
1. Leihobjekt ausleihen möglich	-	-	x	-
2. Meldung: Ausleihe nicht gestattet	x	x	-	-
3. Reservierung möglich	x	-	-	-

Legende: j = ja, n = nein

Abbildung 12.19: Resultierende Entscheidungstabelle

12.4.2 Mittels natürlichsprachlicher Abnahmekriterien Anforderungen verbessern

Mit formalisierten Abnahmekriterien lassen sich Lücken bezüglich Aktionen und Bedingungskombinationen in Anforderungen effektiv aufdecken und anschließend füllen. Das Erstellen natürlichsprachlicher Abnahmekriterien fördert dagegen oft zutage, dass die tatsächlich auslösenden Ereignisse für Software-Aktionen oder, allgemeiner, Vorgänge nicht oder nur undeutlich beschrieben sind. Beispiele:

Ziel

(a) Das Bibliothekssystem soll wöchentlich für Bibliothekskunden Mahnungen erstellen, die Leihobjekte enthalten, welche länger als vereinbart ausgeliehen sind.

(b) Der Auftragnehmer zur Realisierung des Bibliothekssystems soll für alle zu erstellenden Dokumente im Rahmen des Vertrages eine Fortschrittsstatistik über Fertigstellungsgrade liefern.

333

In beiden Anforderungen ist nicht geklärt, wann die spezifizierte Funktionalität, der Zustand, die Aktion, das Produkt oder die Eigenschaft tatsächlich gewünscht ist. Und genau hier kommen die natürlichsprachlichen Abnahmekriterien ins Spiel. Die Form eines natürlichsprachlichen Abnahmekriteriums (siehe Abschnitt „Arten von Abnahmekriterien") fordert, dass das auslösende Ereignis für den Test angegeben werden muss. Falls der Autor der Anforderung bisher vergessen haben sollte, wann dem Wunsch in der Anforderung entsprochen werden soll, wird dies beim Formulierungsversuch des Ereignisses im Abnahmekriterium aufgedeckt. Die Anforderung kann dann um diesen Aspekt ergänzt werden.

Die beschriebenen Defekte in den oben genannten Anforderungen könnte man genauso gut mit der natürlichsprachlichen Methode finden. Und zwar mit folgenden Transformationen: Modaloperatoren der Notwendigkeit, unvollständig spezifizierte Bedingungen und unvollständig spezifizierte Prozessworte (die Frage nach dem Wann). Eine gewissenhafte Überarbeitung der Anforderungen mit der natürlichsprachlichen Methode ist jedoch aufwändig. Zudem ist es wahrscheinlich, dass dabei manche Aspekte vernachlässigt werden. Wenn Sie Abnahmekriterien formulieren, gewinnen Sie dadurch eine weitere Chance, die Anforderungsqualität zu verbessern und eine Basis für den Test zu erstellen.

Betrachten wir nun folgendes Beispiel:

Anforderung

Anforderung: Wenn ein Video-Leihobjekt 30mal ausgeliehen wurde und es entsprechend den Ordnungsrichtlinien der Bibliothek entsorgt und durch ein neues Video ersetzt werden muss, soll das Bibliothekssystem dem Nutzer eine Meldung auf dem Bildschirm anzeigen.

Aus dieser Anforderung ergibt sich das erwartete Ergebnis für das Abnahmekriterium ganz klar: Das Bibliothekssystem zeigt dem Nutzer die Meldung auf dem Bildschirm an, dass das Video-Leihobjekt entsprechend den Ordnungsrichtlinien der Bibliothek entsorgt und durch ein neues Video ersetzt werden muss. Unklar bleiben hier jedoch das Ereignis und die Ausgangssituation des Abnahmekriteriums. Wann ist der genaue Zeitpunkt, zu dem das Bibliothekssystem die Meldung anzeigen soll? Diese Frage bleibt in der Anforderung unbeantwortet. Die Antwort ist jedoch wichtig, um ein natürlichsprachliches Abnahmekriterium überhaupt formulieren zu können. Als wir bei den Stakeholdern nachfragten, sagten diese, dass die besagte Meldung erscheinen soll, wenn das Video im Bibliothekssystem als zurückgegeben eingegeben wird.

Verbesserte Anforderung: Wenn ein Video-Leihobjekt zurückgegeben wird und dieses Video-Leihobjekt mit der damit beendeten Ausleihe das 30. Mal ausgeliehen wurde, soll das Bibliothekssystem dem Nutzer eine Meldung auf dem Bildschirm anzeigen, dass das Video-Leihobjekt entsprechend den Ordnungsrichtlinien der Bibliothek entsorgt und durch ein neues Video ersetzt werden muss.

Da nun das genaue Ereignis bekannt ist, kann das komplette natürlichsprachliche Abnahmekriterium formuliert werden.

Abnahmekriterium:

Abnahme-
kriterium

Ausgangssituation: Ein Bibliothekskunde hat ein Video-Leihobjekt entliehen. Das Video-Leihobjekt wurde bisher 29mal entliehen. Ein Nutzer ist im Bibliothekssystem angemeldet.

Ereignis: Der Nutzer kennzeichnet das Video-Leihobjekt im Bibliothekssystem als zurückgegeben.

Erwartetes Ergebnis: Das Bibliothekssystem zeigt dem Nutzer eine Meldung auf dem Bildschirm an, dass das Video-Leihobjekt entsprechend den Ordnungsrichtlinien der Bibliothek entsorgt und durch ein neues Video ersetzt werden muss.

Es existiert ein weiterer wichtiger Grund dafür, natürlichsprachliche Abnahmekriterien zu erstellen. Besonders konkrete natürlichsprachliche Abnahmekriterien sind sehr gut für die Prüfung geeignet, ob eine Anforderung testbar ist. Wenn Sie versuchen, in natürlichsprachlichen Abnahmekriterien das erwartete Ergebnis mit konkreten Werten zu formulieren, betrachten Sie diesen Aspekt sehr wahrscheinlich unter einem anderen Blickwinkel als in der abstrakt formulierten Anforderung. Sie können damit leicht nachvollziehen, ob das geforderte Ergebnis im Produkt oder Prozess tatsächlich erkennbar sein wird. Bei Anforderungen des Spezifikationslevels 2 und 3 ist die Testbarkeit besonders zu beachten. Häufig werden fertiggestellte Produkte gemäß dieser Art von Anforderung abgenommen. Die Tests sind meist so genannte Black-Box-Tests, weil der Prüfling nur von außen betrachtet werden kann und seine interne Struktur nicht ersichtlich ist. Teilweise hat der Auftraggeber nicht die Rechte an der Software und daher auch keine Möglichkeit, während des Tests den Programmcode einzusehen. | *Testbarkeit der Anforderung*

Ein Beispiel, um zu verdeutlichen, wie Sie eine Anforderung prüfen und anschließend testbar gestalten können:

Anforderung: Das Bibliothekssystem soll nur Bibliothekaren die Möglichkeit zur Verfügung stellen, Leihobjekte zurückgeben zu können. Damit ein Video-Leihobjekt nicht zu häufig ausgeliehen wird, soll das Bibliothekssystem die bisherige Anzahl der Ausleihen des Video-Leihobjekts um eins erhöhen. | *Anforderung*

Versuch, das Abnahmekriterium zu formulieren:

Ausgangssituation: Ein Bibliothekskunde hat ein Video-Leihobjekt entliehen. Das Video-Leihobjekt wurde bisher sieben mal verliehen. | *Abnahme-kriterium*

Ereignis: Der Bibliothekskunde gibt das Video-Leihobjekt zurück und der Bibliothekar kennzeichnet das Video-Leihobjekt im Bibliothekssystem als zurückgegeben.

Erwartetes Ergebnis: Das Video-Leihobjekt steht als Verleihungsobjekt zur Verfügung. Die bisherige Anzahl der Ausleihen des Video-Leihobjekts wird um eins auf acht erhöht.

Wenn einem Testbeauftragten des Auftraggebers aufgrund rechtlicher Vereinbarungen nicht gestattet ist, den Programmcode einer Software beziehungsweise die Werte interner Variablen einzusehen, ist es nicht möglich zu prüfen, ob der Wert um eins erhöht wurde oder nicht. Deswegen muss bei der Formulierung der Anforderungen bereits darauf geachtet werden, wie getestet wird. Die Anforderung muss derart erhoben werden, dass sie genau das beschreibt, was man später der Software als Black-Box ansehen wird. Dabei wird die Anforderung nicht selten komplett umgeschrieben und die Funktionalität beschrieben, die tatsächlich gefordert ist und getestet werden kann.

Tatsächliche, nun testbare Anforderung:

Anforderung

Das Bibliothekssystem soll nur Bibliothekaren die Möglichkeit zur Verfügung stellen, Leihobjekte zurückgeben zu können. Wenn das zurückgegebene Leihobjekt ein Video-Leihobjekt ist und bisher 30 mal ausgeliehen wurde, soll das Bibliothekssystem dem Bibliothekar, nachdem das Video-Leihobjekt zurückgegeben wurde, eine Meldung auf seinem Bildschirm anzeigen, dass das Video-Leihobjekt nicht mehr ausgeliehen werden darf.

Wie man diesen Ausführungen entnehmen kann, ist der gewissenhafte Einsatz von Abnahmekriterien mit relativ hohem Aufwand verbunden, liefert aber auch sehr wichtige Ergebnisse. Durch das Erstellen von Abnahmekriterien werden Lücken und Fehler in den Anforderungen aufgedeckt, die dann behoben werden können. Dadurch wird die Qualitätssicherung der Anforderungen effektiv unterstützt. Aus der Erfahrung in der Praxis heraus lässt sich sagen, dass das gewissenhafte Formulieren von Abnahmekriterien elementarer Bestandteil jeder Systementwicklung sein sollte, der an Spezifikationstreue, Testbarkeit und Vollständigkeit gelegen ist.

12.5 Testszenarien – der rote Faden für Abnahmekriterien

Problemstellung

Wenn Sie nun Abnahmekriterien zu Anforderungen formuliert haben, existieren die Abnahmekriterien je nach Art und Weise der Verwaltung entweder in einem eigenen Dokument oder verteilt über das Anforderungsdokument bei der jeweiligen Anforderung, zu der sie gehören. Auch wenn in Anforderungen mehrere fachliche Fälle (zum Beispiel Normalverhalten und Fehlerfall) beschrieben werden, die in der Realität in völlig unterschiedlichen, zeitlich versetzten Situationen auftreten werden, stehen sie alle gruppiert neben dieser Anforderung. Die Abnahmekriterien sind damit in der Regel nicht so geordnet, wie es für einen Test sinnvoll wäre. Ein erstelltes Produkt (vor allem Software und Hardware) wird häufig anhand typischer Arbeitsvorgänge, die es unterstützt, getestet. Diese Arbeitsvorgänge entsprechen meist mehreren kleinen Arbeitsschritten, die im Software- oder Hardware-„Alltag" nacheinander auftreten (Geschäftsvorfall, Anwendungsfall, use case). Soll mit den Abnahmekriterien ein laut Anforderung spezifizierter Prozess geprüft werden (zum Beispiel der Software-Erstellungsprozess), so wird dies ebenfalls anhand des zeitlichen Verlaufs des (Software-Erstellungs-)Prozesses geschehen.

Lösung

Es ist daher sehr nahe liegend, für den Test mehrere Abnahmekriterien in genau der Reihenfolge eines definierten Geschäftsvorfalls zu ordnen, in der wir wirklich testen. Dazu verwenden wir Testszenarien.

Testszenarien werden folgendermaßen definiert:

Definition

Ein Testszenario ist eine zeitlich geordnete Sammlung von Abnahmekriterien, die als Leitfaden für einen Test herangezogen werden kann.

Für den Begriff Testszenario gibt es einige Synonyme: Testprozedur, Prüfszenario, Prüfprozedur, Szenario, oder englisch: test procedure, test scenario.

Die folgende Abbildung zeigt ein Testszenario in der von uns definierten Form. In diesem Testszenario werden die unterschiedlichen Arbeitsschritte erfasst, die mit einem Video-Leihobjekt im Bibliothekssystem durchgeführt werden können.

Testszenario 3: Video-Leihobjekte					
Ausgangssituation/Vorbedingungen: Es wurden bislang keine Daten im System erfasst. Ein Bibliothekar ist im System angemeldet.					
Test-schritt	Abnahme-kriterium	Kurzbeschreibung des Abnahmekriteriums (Ereignis/erwartetes Ergebnis)	Ergebnis des Tests (Fehlergrad) und Beschreibung	Datum/ Uhrzeit	Tester
1	331	Video-Leihobjekt erfassen[2]	OK	7.1.2004/ 9.12	AG
2	78	Bezeichnung des Video-Leihobjekts modifizieren	OK	7.1.2004/ 9.13	AG
3	3	Video-Leihobjekt verleihen	nicht OK (3) Das System hat die Eingabe des Leih-objektes verweigert.	7.1.2004/ 9.42	AG
4	577	Video-Leihobjekt mahnen	OK	7.1.2004/ 9.47	AG
5	17	Video-Leihobjekt zurückgeben	nicht OK (1) Das System vermerkte das zurückgegebene Leihobjekt als noch immer entliehen.	7.1.2004/ 9.51	AG

Standardisierte Form

Abbildung 12.20: Format und Beispiel eines Testszenarios

Neben dem Namen des Testszenarios enthält die Tabelle die Beschreibung der Ausgangssituation und Vorbedingungen für das Testszenario, die zu Beginn aufgesetzt werden müssen, damit das Testszenario durchgeführt werden kann. Die Spalte „Testschritt" gibt die laufende Nummerierung der Testschritte zur Ordnung vor. In der Spalte „Abnahmekriterium" wird der Verweis zum Abnahmekriterium vermerkt (für formalisierte Abnahmekriterien zudem Verweis auf die Bedingungskombination). In der Spalte „Kurzbeschreibung des Abnahmekriteriums (Ereignis/erwartetes Ergebnis)" wird der Kernpunkt des Testschrittes beschrieben, der laut Abnahmekriterium vorgeschrieben ist und getestet werden soll. „Ergebnis des Tests" wird als Erweiterung zur Testdokumentation des Testszenarios benutzt, um einerseits anzugeben, dass der Testschritt erfolgreich abgeschlossen wurde. Andererseits dient die Spalte bei Fehlverhalten dazu, den Misserfolg inklusive der Beschreibung des Fehlverhaltens und des Fehlergrads festzuhalten. Die Spalte „Datum/Uhrzeit" dient weiterhin

---

[2] Falls das Erfassen des Video-Leihobjekts mit unterschiedlichen Techniken ermöglicht wird, könnten in dieser einen Zeile auch Dopplungen existieren. Dann würde einerseits das Erfassen mittels der Tastatur, andererseits das Erfassen mittels Mausauswahl getestet werden.

der Dokumentation des Testverlaufes. In der Spalte „Tester" wird der Name oder das Kürzel des-/derjenigen angegeben, die den Test durchführten.

Anmerkung 1: Die Spalte „Kurzbeschreibung des Abnahmekriteriums (Ereignis/ erwartetes Ergebnis)" sollte bestenfalls nicht redundant (und eventuell bald inkonsistent) zum Abnahmekriterium verwaltet werden, sondern mittels eines Tools per elektronischem Verweis angezeigt werden. Die Spalten „Ergebnis des Tests", „Datum/Uhrzeit" und „Tester" werden nur verwendet, wenn ein Testszenario in Papierform vorliegt. Bei Verwendung eines Tools können Sie diese Informationen elektronisch verwalten.

Anmerkung 2: Der Fehlergrad sollte vor dem Test vom Testverantwortlichen definiert werden und kann beispielsweise die Werte 1=hoch, 2=mittel und 3=niedrig einnehmen. Zudem legt der Testverantwortliche fest, welche Auswirkungen das Auftreten eines Fehlers eines bestimmten Grades auf den Testverlauf und das Testergebnis hat. Das Auftreten eines Fehlers mit dem Grad 1 kann beispielsweise zum Testabbruch führen. Weiterhin sollte definiert sein, ab welcher Anzahl von Fehlern des Grades 2 und 3 die Abnahme nur mit Auflagen erfolgt beziehungsweise die Abnahme des Systems ganz verweigert wird.

Beziehung: Anforderungen, Abnahmekriterien und Testszenarien

Die eindeutige Zuordnung eines oder mehrerer Abnahmekriterien zu genau einer Anforderung ist Voraussetzung für die Wartung der Abnahmekriterien, die sich mit einer Änderung der zugehörigen Anforderung ebenfalls verändern. Ebenso ist es wichtig, die Verbindung zwischen Abnahmekriterien und Testszenarien festzuhalten (siehe Abbildung 12.21). Ist ein Abnahmekriterium in ein Testszenario eingebettet, sollten Sie die Information verwalten, in welchem Testszenario es an welcher Stelle steht. Für die Verbindung eines Testschrittes im Testszenario mit einem Abnahmekriterium sollten Sie beachten, dass ein (ganzes) natürlichsprachliches Abnahmekriterium oder ein Teil eines formalisierten Abnahmekriteriums (Spalte einer Entscheidungstabelle) integriert werden kann. Siehe dazu auch Kapitel 13 „Ordnung im Chaos" und Anhang A.

↪ 13 RM

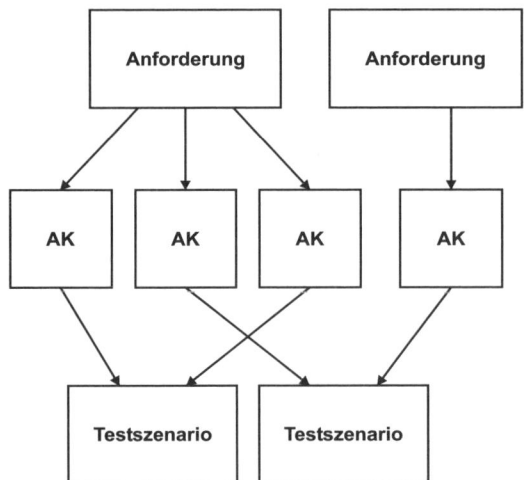

Abbildung 12.21: Zusammenhang: Anforderung, Abnahmekriterien und Testszenario

338

Für viele Abnahmekriterien sind in der Ausgangssituation beziehungsweise in den Vorbedingungen des Tests gewisse Zustände festgesetzt, um die Testdurchführung zu ermöglichen. Damit Sie nicht für jedes Abnahmekriterium eine eigene neue Ausgangssituation aufsetzen müssen, lohnt es sich bei verschiedenen Abnahmekriterien, gemeinsame (Teil-)Daten zu verwenden. Dies bedeutet, dass Sie in einem Abnahmekriterium in der Ausgangssituation das erwartete Ergebnis des vorherigen Abnahmekriteriums heranziehen können. Im Testszenario ist somit ein fließender Übergang zwischen den einzelnen Abnahmekriterien entstanden, sodass Sie keine spezielle Ausgangssituation für einzelne Testschritte während des Tests vorbereiten müssen.

Viele nicht perfekte Anforderungsdokumente enthalten Anforderungen, die nicht einzeln testbar sind. Nun ist es eventuell zu spät, die Anforderungen zu ändern, weil der Vertrag zwischen Auftraggeber und Auftragnehmer bereits unterschrieben ist und die Änderungswünsche nur noch per Änderungsantrag erwirkt werden können. Für den Test werden dann häufig komplexe Situationen konstruiert, mit denen die Anforderung doch noch getestet werden kann. In solchen Fällen helfen Ihnen Testszenarien, die nicht-testbaren Anforderungen in den Test einzuordnen. Das Gleiche gilt für Constraint-Anforderungen. Diese Randbedingung beziehungsweise der geforderte Nebeneffekt des Produkts ist (fast) immer nur im Zusammenhang mit anderen, meist funktionalen Anforderungen testbar. Um einen zusätzlichen Testaufwand zu vermeiden, werden diese Constraint-Anforderungen parallel zu einer funktionalen Anforderung im Testszenario getestet (siehe Abbildung 12.22). Ein Beispiel dazu:

Testen nicht testbarer Anforderungen

Constraint-Anforderung: Wenn ein Nutzer eine Eingabe im Bibliothekssystem tätigt, soll das Bibliothekssystem die jeweilige Ausgabe spätestens nach einer Sekunde abgeschlossen haben.

Anforderung

Abnahmekriterium 443 zur Constraint-Anforderung:

> *Ausgangssituation:* Ein Nutzer ist im Bibliothekssystem angemeldet.
>
> *Ereignis:* Der Nutzer tätigt eine Eingabe.
>
> *Erwartetes Ergebnis:* Das Bibliothekssystem hat die entsprechende Ausgabe nach maximal einer Sekunde abgeschlossen.

Abnahme-kriterium

Funktionale Anforderung: Wenn ein Video Leihobjekt zurückgegeben wird und dieses Video-Leihobjekt mit der damit beendeten Ausleihe das 30. Mal ausgeliehen wurde, soll das Bibliothekssystem dem Nutzer eine Meldung auf dem Bildschirm anzeigen, dass das Video-Leihobjekt entsprechend den Ordnungsrichtlinien der Bibliothek entsorgt und durch ein neues Video ersetzt werden muss.

Anforderung

Abnahmekriterium 289 zur funktionalen Anforderung:

> *Ausgangssituation:* Ein Bibliothekskunde hat ein Video-Leihobjekt entliehen. Das Video-Leihobjekt wurde bisher 29 mal entliehen. Ein Nutzer ist im Bibliothekssystem angemeldet.
>
> *Ereignis:* Der Nutzer kennzeichnet das Video-Leihobjekt im Bibliothekssystem als zurückgegeben.
>
> *Erwartetes Ergebnis:* Das Bibliothekssystem zeigt dem Nutzer eine Meldung auf dem Bildschirm an, dass das Video-Leihobjekt entsprechend den Ordnungsrichtlinien der Bibliothek entsorgt und durch ein neues Video ersetzt werden muss.

Abnahme-kriterium

339

Erfüllung der
Anforderung

Zu einer Anforderung gibt es meist mehrere Abnahmekriterien, die dann meist in unterschiedlichen Testszenarien integriert sind. Es ist grundsätzlich davon auszugehen, dass nur das Prüfen sämtlicher Abnahmekriterien mit einer jeweils positiven Bewertung zu einer vollständigen Erfüllung der Anforderung im Prüfling führt. Sie sollten während des Testens jeweils für ein Abnahmekriterium dokumentieren, ob das Testergebnis mit dem erwarteten Ergebnis übereinstimmt. Erst wenn alle Abnahmekriterien zu einer Anforderung positiv bewertet wurden, ist die Anforderung vollständig und bejahend getestet.

Testszenario

Testschritt	Abnahme-kriterium	Kurzbeschreibung des Abnahmekriteriums (Ereignis/erwartetes Ergebnis)	Ergebnis des Tests (Fehlergrad), Beschreibung	Datum/ Uhrzeit	Tester
...	...	...	...	...	...
5	298	Video-Leihobjekt zurück-geben und Aussortierung anzeigen	OK	7.1.2000/ 14.00	AG
	443	maximale Zeit einer Ausgabe	OK	7.1.2000/ 14.00	AG
...	...	...	...	...	...

Abbildung 12.22: Testen einer Constraint-Anforderung in einem Testszenario

Scheinbar paradox

Karol Frühauf und Helmut Sandmayr, INFOGEM AG

- Wenn man nicht testet, findet man keine Fehler, also kann man früher ausliefern.
- Wozu den Aufwand schätzen, wenn sich die Anforderungen doch ändern werden.
- Je weniger Fehler in Reviews gefunden werden, umso weniger Reviews muss man machen.
- „Wir planen das Tunen ein", sagte der Pragmatiker und stürzte sich in das Codieren, ohne Design.
- Konfigurationsmanagement macht eigentlich nichts, aber es macht wohl was aus, keins zu haben.
- Seit wir uns nach den Objekten orientieren, ist uns die Struktur abhanden gekommen.

Karol Frühauf und Helmut Sandmayr sind spezialisiert auf allgemeingültige Prinzipien der vernünftigen Software-Entwicklung und ihrer Organisation. Zu ihrer Verbreitung gründeten sie 1987 die Firma INFOGEM AG. Alle drei leben noch.

12.6 Empfehlungen und Erfahrungen

Die Erstellung der richtigen Abnahmekriterien zu einer Anforderung ist ein komplexes und hochgradig dynamisches, je nach Projektgegebenheit unterschiedliches Vorhaben. Es lassen sich unserer Meinung nach keine allgemeingültigen Normen definieren, welche den Prozess der Erstellung der Abnahmekriterien kategorisch über alle Projekte regeln. Um Sie dennoch während des Suchens, Findens und Erstellens der richtigen Abnahmekriterien zu unterstützen, schildern wir Ihnen die Empfehlungen, die sich aus unserer Erfahrung ergeben haben.

12.6.1 Formulieren Sie die Abnahmekriterien während der Analyse!

Wenn Sie Abnahmekriterien rein zu Testzwecken[3] formulieren wollen, können Sie verschiedene Zeitpunkte für dieses Vorhaben wählen. Eines sollte jedoch unstrittig sein: Abnahmekriterien können erst erstellt werden, wenn es bereits Anforderungen gibt. Dies ist aber auch schon der einzige unstrittige Faktor, welcher den Zeitpunkt der Erstellung von Abnahmekriterien bestimmt. Danach kommen für die Erstellung der Abnahmekriterien zum Beispiel im Rahmen einer Softwareentwicklung mehrere Zeitpunkte in Frage.

Erstellung der Abnahmekriterien in der Analyse

Das kann unter anderem sein:

- während des Schreibens der Anforderungen,
- vor der Ausschreibung (falls vorgesehen),
- vor der Auftragsvergabe (falls vorgesehen),
- vor dem Entwurf,
- vor der Implementierung,
- während der Implementierung,
- vor den Modultests,
- vor der Werkabnahme,
- vor der Endabnahme.

Aus unserer Sicht sollten Sie die Abnahmekriterien innerhalb der Anforderungsanalyse erstellen, also solange Ihre Anforderungen noch geändert werden können. Der Grund dafür ist folgender: Erstellen Sie die Abnahmekriterien erst später und werden dabei neue Aspekte einer Anforderung entdeckt, so müsste nicht nur die entsprechende Anforderung angepasst werden, sondern auch das bestehende Design beziehungsweise der bereits vorhandene Quellcode oder gefertigte Hardwareteil. Dies bedeutet einen erhöhten Zeit- und Kostenaufwand. Das Vorziehen der Abnahmekriterien-Erstellung aus der späteren Abnahme in die Analyse bedeutet keinen zusätzlichen Aufwand. Im Gegenteil: Weil der Aufwand zur Fehlerbehebung exponentiell anwächst, je weiter man sich in Richtung Projektabschluss bewegt, stellt es ein enor-

---

[3] Hinsichtlich Abnahmekriterien als Spezifikationsbasis siehe Kapitel 14 „Ergänzende Kurzgeschichten"

mes Einsparungspotenzial dar, ohne zusätzliche Kosten zu verursachen. Da ein Fehler umso mehr Kosten verursacht, je später er entdeckt wird, scheiden spätere Zeitpunkte aus. Im Endeffekt lässt sich sagen: Je später Sie die Abnahmekriterien im Projektverlauf erstellen, desto kleiner ist ihr Nutzen (weil keinerlei Möglichkeit mehr besteht, die Anforderungen zu überarbeiten)! Abnahmekriterien für ein fertiges Produkt oder einen bereits durchgeführten Prozess zu erstellen, ist aus der Sicht der Qualitätssicherung der Anforderungen unsinnig.

Bei großem Projektdruck kann es darauf hinauslaufen, dass die Abnahmekriterien dem Produkt oder dem Prozess angepasst werden. Nach unserem Verständnis muss es aber so sein, dass das Produkt oder der Prozess den Anforderungen und zugehörigen Abnahmekriterien folgt.

Ein Charakteristikum von konkret formulierten Abnahmekriterien ist zudem, dass sie die Anforderungen veranschaulichen. Auf diese Weise können Designer und Entwickler die fachlich reale Absicht begreifen, die mit einer abstrakt formulierten Anforderung nur schlecht transportiert wird. Anforderungen werden somit besser verstanden und können leichter und richtiger in das Design, das Produkt oder den Prozess überführt werden.

12.6.2 Formulieren Sie die Abnahmekriterien zu mittelfeinen Anforderungen!

Abnahme-
kriterien
zu mittelfeinen
Anforderungen

Dass Abnahmekriterien bereits während der Analyse erstellt werden sollen, haben wir gezeigt. Aber wann genau während der Analyse sollten sie erstellt werden, um Anforderungen zu verbessern? Anforderungen haben die Eigenschaft, sich während der Anforderungsanalyse ständig zu verändern. Daher ist es sinnvoll, Abnahmekriterien zu Anforderungen erst dann zu schreiben, wenn eine grundlegende Änderung der Anforderungen in der Analyse nicht mehr sehr wahrscheinlich ist.

Zum einen sollten Sie Abnahmekriterien zu einzelnen Anforderungen dann schreiben, wenn die jeweilige Anforderung eine gewisse Reife besitzt. Je gröber und somit vager die Anforderungen sind, desto mehr nicht geforderte Details fördert das Erstellen von Abnahmekriterien zu Tage. Diese bisher nicht geforderten Details müssen in bestehende Anforderungen eingearbeitet werden oder in neue Anforderungen münden. Dieser Prozess erfordert für unreife Anforderungen viel Zeit und könnte mit der sprachlichen Methode effektiver erarbeitet werden. Dagegen ist es aber aufwändig und teilweise unmöglich, bestimmte Defekte in Anforderungen mit Hilfe der sprachlichen Methode oder eines Analysemodells zu beheben; was wiederum mittels Abnahmekriterien leicht möglich ist.

Zum anderen sollten Sie Abnahmekriterien nicht zu beliebigen Anforderungen schreiben, sondern fachlich zusammenhängende Anforderungspakete betrachten und zu dieser Menge von sich gegenseitig bedingenden Anforderungen Abnahmekriterien formulieren. Dies kann ein (Unter-)Kapitel oder auch ein Geschäftsvorfall/Use-Case sein.

12.6.3 Werden Sie sich über das Ziel klar, das Sie mit Abnahmekriterien verfolgen!

Das Ziel, das Sie mit der Erstellung der Abnahmekriterien anstreben, kann je nach Projektgegebenheit völlig unterschiedlich sein und bedingt die Art der Abnahmekriterien und die Erstellung der Testszenarien.

Das Ziel der Erstellung der Abnahmekriterien

Sie können Ihre Anforderungen optimal verbessern, wenn Sie zuerst formalisierte abstrakte Abnahmekriterien zu einer Anforderung formulieren, um fehlende Aspekte in Anforderungen zu ergänzen. So können Sie Ihre Anforderungsbasis komplettieren. Danach sollten Sie natürlichsprachliche konkrete Abnahmekriterien zu den einzelnen Fällen der formalisierten Abnahmekriterien (Spalten der Entscheidungstabelle) erstellen. Natürlichsprachliche konkrete Abnahmekriterien sind besonders anschaulich, da sie reale Werte aus dem Fachbereich enthalten, und bieten eine sehr gute Grundlage für Testszenarien und den Test.

Liegt ein Auftraggeber/Auftragnehmer-Verhältnis zur Realisierung eines Produktes vor, wird meist der Test des Produkts vereinbart. Es kann festgelegt werden, dass der Auftragnehmer die komplette Testvorbereitung durchführt. Somit erstellt dieser dann je nach Vereinbarung die einzelnen Testvorschriften in Form von Abnahmekriterien und/oder Testszenarien. In diesem Falle ist es sinnvoll, dass der Auftraggeber formalisierte abstrakte Abnahmekriterien erstellt, um die Anforderungsbasis zu komplettieren. Der Auftragnehmer erstellt dann auf Basis der formalisierten abstrakten Abnahmekriterien konkrete natürlichsprachliche Abnahmekriterien und Testszenarien. Dadurch wird dem Auftraggeber deutlich, ob der Auftragnehmer die abstrakt formulierten Anforderungen richtig verstanden hat und das konkrete natürlichsprachliche Abnahmekriterium entsprechend formulierte.

Falls die Empfänger der Anforderungen im Fachbereich nicht allzu kundig sind, sollten auf alle Fälle konkrete Abnahmekriterien erstellt werden, am besten durch beide Parteien (Anforderer und Anforderungsempfänger) gemeinsam. Konkrete Abnahmekriterien lassen sich leichter lesen und verstehen als abstrakte. Erstellen Sie Produkte für verschiedene Standorte und sollen diese mit unterschiedlichen Daten oder Rahmenbedingungen getestet werden, so formulieren Sie abstrakte Abnahmekriterien. Abstrakte Abnahmekriterien enthalten keinerlei konkrete (standortspezifische) Werte für zu verarbeitende Daten. Die konkreten Daten für den Test werden dann in den standortspezifischen Testszenarien festgelegt.

Wollen Sie basierend auf Anforderungen lediglich Abnahmekriterien in einer detaillierteren Ebene formulieren, dann verwenden Sie zuerst formalisierte Abnahmekriterien zur Grobstrukturierung und als Wegweiser. In einem zweiten Schritt spezifizieren Sie mittels natürlichsprachlicher Abnahmekriterien.

12.6.4 Achten Sie auf eine präzise Abbildung zwischen Anforderung und Abnahmekriterium!

Konsistenz
zwischen
Anforderung
und Abnahme-
kriterium

Wichtig ist, dass Sie mit dem Abnahmekriterium oder den Abnahmekriterien zu einer Anforderung genau alle Aspekte der Anforderung abdecken. Nicht weniger, aber auch nicht mehr. Unsere Erfahrung zeigt, dass besonders Anwender eines späteren Produktes eher in Oberflächenanforderungen denken als in funktionalen Anforderungen. Dies ist an sich in Ordnung, erschwert jedoch teilweise die Erstellung von Abnahmekriterien zu funktionalen Anforderungen, weil sich dann unter Umständen Oberflächendetails in das (funktionale) Abnahmekriterium „einschleichen". Obwohl bisher per Anforderung keinerlei Oberflächendetails gefordert wurden, erscheinen diese dann im Abnahmekriterium und es ist nicht klar, ob es sich nun um eine vergessene Anforderung oder lediglich um ein anschauliches Beispiel handelt. Auf der anderen Seite ist es wichtig, dass Sie alle Aspekte der Anforderung mit einem Abnahmekriterium testen. Falls Sie einen Aspekt vernachlässigen und diesen nicht testen, prüfen Sie das Produkt oder den Prozess nur unvollständig.

12.6.5 Passen Sie die Art des Abnahmekriteriums der Art der Anforderung an!

Arten von
Anforderungen

Haben Sie keine komplexen fachlichen Zusammenhänge und Abläufe mit den Anforderungen spezifiziert, dann ist es sinnvoll, wenn Sie nur Abnahmekriterien und keine Testszenarien erstellen. Falls erforderlich, kann in der Ausgangssituation oder Bedingung des Abnahmekriteriums (je nach Art des Abnahmekriteriums) das Ablaufen eines vorgelagerten Abnahmekriteriums vorgeschrieben und dadurch ein fachlicher Zusammenhang im Test bewirkt werden, ohne dass Testszenarien erstellt werden müssen. Natürlich können Sie auch lediglich einen Teil der Abnahmekriterien in Testszenarien integrieren und den Rest der Abnahmekriterien ohne Testszenario während des Tests heranziehen.

Wenn Sie Anforderungen an ein System spezifizieren und die darin zu verarbeitenden Daten eher einfach strukturiert sind, dann erstellen Sie nur abstrakte und keine konkreten Abnahmekriterien. Die konkreten Werte für den Test des Systems führen Sie dann in den Testszenarien ein.

Erstellen Sie dann formalisierte Abnahmekriterien, wenn die Anforderung an sich vielschichtig und verzweigt ist. Bei Anforderungen, welche eine Aktionsausführung des Systems lediglich bei bestimmter (komplexer) Eingangsbedingung fordern, wird mit einem formalisierten Abnahmekriterium je nach Bedingungskombination dargelegt, ob beziehungsweise welche Aktion das System ausführen soll. Profane Benutzerfunktionalitäten ohne jegliche Ausführungsbeschränkung lassen sich dagegen am besten in Form von natürlichsprachlichen Abnahmekriterien formulieren.

Wenn Sie neben den funktionalen Anforderungen an ein Softwaresystem auch Anforderungen an die Benutzungsoberfläche spezifizieren, dann empfehlen wir, dass Sie zuerst Abnahmekriterien für die reinen Funktionen erstellen. Abnahmekriterien für die Benutzungsoberfläche werden erst später, kurz vor dem Test, vervollständigt. Anforderungen an die Benutzungsoberfläche sind, wenn nicht gerade mit umfangreichen Simulationen stabilisiert, meist sehr schnelllebig oder verändern sich im Rahmen eines Prototyping. Die dazugehörigen Abnahmekriterien sind langlebiger und deren Pflegeaufwand verringert sich.

12.6.6 Je höher die Kritikalität einer Anforderung ist, desto mehr Abnahmekriterien sind notwendig!

Bei der Erstellung von Abnahmekriterien sollten Sie die Kritikalität einer Anforderung beachten (siehe Kapitel 6 „Anforderung oder Anforderung"). Um den Aufwand für die Erstellung der Abnahmekriterien und der Testszenarien auf ein realistisches Maß zu reduzieren, gilt der Grundsatz „So wenig Abnahmekriterien wie möglich, aber so viele wie nötig". Für jede kritische Anforderung schreiben wir jedoch zusätzliche Abnahmekriterien, um sicher zu sein, dass die Anforderung auch genau so in das Produkt oder den Prozess eingeflossen ist wie gefordert. Die intuitive Ermittlung von Abnahmekriterien ist dafür besonders geeignet.

Kritikalität der Anforderung

↪ 6 Anf.-Arten

Zudem ist es möglich, dass Sie ein Abnahmekriterium innerhalb verschiedener fachlicher Kontexte, sprich Testszenarien, testen. Dies erhöht zwar den Testaufwand, Sie erhalten jedoch auch eine höhere Sicherheit bezüglich der tatsächlichen Korrektheit des Prüflings.

12.6.7 Abnahmekriterien für eine Anforderung soll jemand schreiben, der nicht die Anforderung geschrieben hat!

In unseren Projekten hat sich gezeigt, dass am besten diejenigen Abnahmekriterien erstellen sollten, die nicht die Anforderung geschrieben haben, jedoch ausreichend Kenntnis vom Fachgebiet besitzen. Dadurch wird das Abnahmekriterium von einer Person geschrieben, welche die Anforderung nicht lösungsorientiert und unvoreingenommen betrachtet.

Autor der Abnahme-kriterien

Die Prüfung der erstellten Abnahmekriterien erfolgt dann genau umgekehrt. Ein Abnahmekriterium weicht nicht selten völlig von der ursprünglich beabsichtigten Bedeutung der Anforderung ab. Daher sollte wiederum der Ersteller der Anforderung die dazu formulierten Abnahmekriterien unter den Gesichtspunkten prüfen, ob alle Abnahmekriterien erstellt wurden und diese die anfängliche Intention der Anforderung widerspiegeln.

Wenn Sie sich beispielsweise dazu entschieden haben, zuerst formalisierte abstrakte Abnahmekriterien zu formulieren und danach natürlichsprachliche konkrete Abnahmekriterien zu den einzelnen Fällen der formalisierten Abnahmekriterien (Spalten der Entscheidungstabelle) zu erstellen, ist folgende Aufteilung sinnvoll: Anforderungen werden häufig von Anwendern oder dem Produktmanagement formuliert. Nun sollten die formalisierten Abnahmekriterien von Systemanalytikern, Designern, Entwicklern oder auch Qualitätssicherungsbeauftragten geschrieben werden, weil diese das Produkt häufig aus einem anderen Blickwinkel betrachten als die Anforderer (Fachexperten). Die natürlichsprachlichen konkreten Abnahmekriterien können nun wieder von den Anforderern formuliert werden, da diese meist viele reale Beispiele aus ihrem Alltag in die konkreten Abnahmekriterien einfließen lassen können.

12.6.8 Verwenden Sie die Abnahmekriterien als Vertragsbestandteil!

Abnahme-
kriterien als
Vertrags-
bestandteil

Falls Sie als Auftraggeber oder Auftragnehmer eines Projektes Abnahmekriterien erstellen und zwischen den beiden (externen) Parteien ein Vertrag existiert, sollten Sie die Abnahmekriterien als Vertragsbestandteil aufnehmen. Dadurch sind beide Parteien an einen festen Rahmen für die Testaktivitäten gebunden. Für den Auftraggeber besteht der Vorteil in der frühen präziseren Spezifikation, was und in welchem Umfang zu realisieren und zu testen ist. Dadurch wird die Anzahl von Änderungsanträgen seitens des Auftraggebers erfahrungsgemäß reduziert, da der Auftragnehmer deutliche, rechtlich verbindliche Vorgaben erhält. Der Vorteil für den Auftragnehmer liegt darin, dass er sich während der Entwicklung an den Testfällen des Systems bzw. Produkts orientieren kann und zudem während der Abnahme keine Überraschungen aufgrund neuer, bisher unbekannter Testfälle und meist neuer Funktionalität erlebt. Die während der Abnahme so beliebte Diskussion über den Testumfang ist von Anfang an ausgeschlossen. Jedoch empfehlen wir in diesem Fall, die Abnahmekriterien abstrakt zu formulieren. Bei der Vorgabe konkreter Testdaten besteht die Gefahr, dass das System zu sehr an diesen Testdaten entlang entwickelt wird und das System mit anderen Werten nicht korrekt arbeitet. In diesem Fall ist beispielsweise die Erstellung abstrakter Abnahmekriterien durch den Auftraggeber sinnvoll und später die Ergänzung der konkreten Testdaten durch den Auftragnehmer.

12.7 Management-Zusammenfassung

Um die Qualität eines erstellten Produkts oder durchgeführten Prozesses sicherzustellen, sind kostenoptimierte und aussagekräftige Verfahren für die Tests und die Abnahme nötig. Das Erstellen von Abnahmekriterien auf der Basis erhobener Anforderungen ist hierfür eine effektive Methode. Zusätzlich dienen Abnahmekriterien der qualitativen Verbesserung von Anforderungen innerhalb der Analyse, wobei darauf zu achten ist, dass je nach Art des Abnahmekriteriums unterschiedliche qualitative Aspekte der Anforderung beeinflusst werden können.

Abnahmekriterien müssen testbar, reproduzierbar und vollständig bezüglich der Anforderung sein, aber minimal, um einen zeitlich wie finanziell tragbaren Rahmen für den Test zu erhalten.

Wir können Abnahmekriterien natürlichsprachlich oder weitgehend formal, sprich formalisiert, mittels Entscheidungstabellen darstellen. Außerdem unterscheiden sich Abnahmekriterien im Abstraktionsgrad (abstrakt oder konkret mit tatsächlichen Testdaten bestückt). So ergeben sich vier unterschiedliche Arten von Abnahmekriterien: natürlichsprachlich abstrakt, natürlichsprachlich konkret, formalisiert abstrakt und formalisiert konkret.

Auf der Suche nach dem richtigen Abnahmekriterium für eine bestimmte Anforderung helfen uns verschiedene Verfahren: die so genannten Black-Box- und White-Box-Verfahren. Bei der Erstellung von ergebnisorientierten Black-Box-Abnahmekriterien, bei denen die innere Struktur des Prüflings nicht berücksichtigt wird, eignen sich Methoden wie die Äquivalenzklassenbildung, die Funktionsabdeckung, die Grenzwertanalyse und die intuitive Abnahmekriterien-Ermittlung.

Soll ein zeitlich zusammenhängender Ablauf eines Produkts oder Prozesses getestet werden, können Sie die Abnahmekriterien chronologisch ordnen. Es entsteht ein so genanntes Testszenario, das die Vielzahl aller Abnahmekriterien für den eigentlichen Testvorgang systematisiert.

Die Erstellung der richtigen Abnahmekriterien zu einer bestimmten Anforderung ist ein komplexes und hochgradig dynamisches, je nach Projektgegebenheit unterschiedliches Vorhaben. Daher lassen sich unserer Meinung nach keine allgemeingültigen Normen definieren. Folgende Empfehlungen basieren auf unseren Erfahrungen:

- Formulieren Sie die Abnahmekriterien während der Analyse!
- Formulieren Sie die Abnahmekriterien zu mittelfeinen Anforderungen!
- Werden Sie sich über das Ziel klar, welches Sie mit Abnahmekriterien verfolgen!
- Achten Sie auf eine präzise Abbildung zwischen Anforderung und Abnahmekriterium!
- Passen Sie die Art des Abnahmekriteriums der Art der Anforderung an!
- Je höher die Kritikalität einer Anforderung ist, desto mehr Abnahmekriterien sind notwendig!
- Abnahmekriterien für eine Anforderung soll jemand schreiben, der nicht die Anforderung geschrieben hat!
- Verwenden Sie die Abnahmekriterien als Vertragsbestandteil!

12.8   Kontrollfragen

- Setzen Sie Abnahmekriterien als Methode zur Verbesserung der Anforderungen ein?
- Wählen Sie die Art des Abnahmekriteriums je nach Art der Anforderung?
- Haben Sie die richtige Art von Abnahmekriterien für Ihr Projekt gewählt?
- Setzen Sie Abnahmekriterien und Testszenarien als Basis für die Abnahme des Produkts ein?

■ Integrieren Sie die Abnahmekriterien als Vertragsbestandteil?

■ Verwenden Sie Methoden und Strategien zum Finden der richtigen Abnahmekriterien?

■ Erfüllen die Abnahmekriterien die zu erfüllenden Qualitätsmerkmale?

■ Verwalten Sie die Beziehungen zwischen Anforderungen, Abnahmekriterien und Testszenarien?

12.9 Weiterführende Literatur

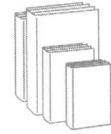

[Binder99]
> **Binder, R.:** Testing Object-Oriented Systems – Models, Patterns, and Tools. Reading/MA, Addison Wesley Longman 1999. ISBN 0-201-80938-9

[Bröhl95]
> **Bröhl, A. P.;** Dröschel, W.: Das V-Modell. 2. Auflage. München, Wien, Oldenbourg 1995. ISBN 3-486-23470-6

[Liggesmeyer90]
> **Liggesmeyer, P.:** Modultest und Modulverifikation. Mannheim, BI Wissenschaftsverlag 1990. ISBN 3-411-14361-4

[Pol00]
> **Pol, M.;** Koomen, T.; Spillner, A.: Management und Optimierung des Testprozesses. Heidelberg, dpunkt.verlag. ISBN 3-932588-65-7

[Wallmüller01]
> **Wallmüller, E.:** Software-Qualitätssicherung in der Praxis. 2. Auflage, München, Wien, Hanser 2001. ISBN 3-446-21367-8

Thorsten Cziharz

*„Es ist nicht genug zu wissen –
man muss auch anwenden;
es ist nicht genug zu wollen –
man muss auch tun."*

J. W. von Goethe

13

Ordnung im Chaos – Requirements-Management

Fragen, die dieses Kapitel beantwortet:

- Was ist bei Projektbeginn für das Requirements-Management festzulegen?
- Wie können die erhobenen Informationen abgelegt werden?
- Welche Abhängigkeiten existieren zwischen den Informationen?
- Wie halte ich den aktuellen Projektstand fest?
- Wie kann der Projektverlauf protokolliert werden?
- Kann man den weiteren Verlauf des Projektes abschätzen?
- Gibt es Unterstützung durch Tools?

13.1   Einleitung

In den vorangegangenen Kapiteln haben wir Ihnen Maßnahmen vorgestellt, mit deren Hilfe Sie eine qualitativ hochwertige, vollständige Sammlung der ermittelten Anforderungen zusammenstellen können. Doch diese Sammlung ist natürlich nicht in Stein gemeißelt, sondern unterliegt fortwährenden Änderungen und bedarf daher einer Verwaltung, das Requirements-Management (RM). Es umfasst Prozesse, die notwendig sind, um einerseits Anforderungen und die dazugehörigen Informationen für verschiedene Rollen aufzubereiten und andererseits diese konsistent zu ändern [Sommerville97]. Das Requirements-Management ist ein zentraler Punkt innerhalb der Softwareentwicklung und muss während des gesamten Projektes berücksichtigt werden.

Die Anforderungsverwaltung konzentriert sich auf die Aktivitäten der Strukturierung, der Priorisierung und Bewertung, der Dokumentation von Beziehungen und der Organisation und Kontrolle von Änderungen.

13.1.1   Herausforderungen

Zur Wiederholung: Das Requirements-Management umfasst alle Maßnahmen, welche die Anforderungsanalyse und die weitere Verwendung der Anforderungen unterstützt. Dies schließt das Verwalten von weiteren Informationen rund um die einzelnen Anforderungen, zu denen Ziele, Definitionen oder auch Anwendungsfälle gehören (siehe Abschnitt 13.3), und deren weitere Verwendung, z.B. in späteren Projektphasen oder zur Wiederverwendung, mit ein.

Herausforderungen an das RM

Die Annahme, dass sich der Einsatz von Requirements-Management-Techniken erst ab einer Projektgröße mit mehreren hundert Anforderungen als rentabel erweist, ist grundsätzlich falsch. Richtig ist dagegen, dass mit zunehmender Größe eines Projekts die Forderungen an das Requirements-Management zunehmen und spezielle Verfahren notwendig sind, um die Komplexität, die vor allem örtlich und organisatorisch verteilte Projekte mit sich bringen, zu bewältigen. Wir gehen im Folgenden auf die wichtigsten Herausforderungen ein.

Informationsaustausch

Aktuelle Daten

Je mehr Personen an einem Projekt beteiligt sind, desto mehr Informationen werden produziert und kommuniziert. Der größte Teil der Kommunikation bezieht sich auf die Verteilung und den Austausch von Informationen. Dabei tritt das Problem auf, dass die Beteiligten (zum gleichen Zeitpunkt) stets identische Informationen (gleicher Überarbeitungsstand) vorliegen haben müssen. Ansonsten fehlt die gemeinsame Kommunikationsbasis. Arbeiten die Betroffenen auf falschen Vorgaben und veralteten Daten, endet das nach wenigen Bearbeitungsschritten häufig in einem organisatorischen Chaos. Änderungsvorgänge sind dann häufig nicht mehr nachvollziehbar. Daher ist es wichtig, Informationen auf dem schnellsten Weg zu verteilen und die Benutzer über etwaige Änderungen automatisch (!) zu informieren.

350

Räumliche und zeitliche Verfügbarkeit

Eng verbunden mit dem Informationsaustausch ist die räumliche und zeitliche Verfügbarkeit. Moderne Projekte zeigen sich gern global. Unter Umständen sind die Organisationseinheiten über verschiedene Länder verteilt oder es werden externe Berater eingebunden, die häufig aus Kosten- und Zeitgründen nicht vor Ort agieren. Daher wird es immer notwendiger, an allen Orten und zu jeder Zeit die Projektinformationen zur Verfügung zu stellen. Das bedingt, dass alle relevanten Informationen für jeden jederzeit zugänglich sein müssen oder die Möglichkeit existieren muss, Kopien davon anzulegen, die sich bei Bedarf mit dem zentralen Datenbestand abgleichen lassen (?).

Verschiedene Standorte

Transaktionsmanagement

Moderne Datenbanksysteme verfügen über ein Transaktionsmanagement. Darunter versteht man Verfahren, Methoden und Algorithmen, die den gleichzeitigen Zugriff auf gleiche Daten oder Informationen automatisch regeln. Das Transaktionsmanagement ist auch im Requirements-Management sehr wichtig. Besonders, wenn viele Personen zur gleichen Zeit an den gesammelten Informationen arbeiten, kann es vorkommen, dass eine Information von mehreren Personen geändert wird. Wie bereits angedeutet, kann das Problem (elektronisch gestützt) weitestgehend automatisch gelöst werden (zum Beispiel durch Sperren, sodass der Schreibzugriff immer nur für eine Person zu einem Zeitpunkt gestattet wird). Falls ein solcher Konflikt entsteht, ist es wichtig, dass sämtliche Informationen erhalten bleiben, damit die beteiligten Personen oder der fachlich Verantwortliche sich für die korrekte Version entscheiden können.

Konflikte

Workflow-Konzept

Bei mehreren tausend gesammelten Informationen ist es notwendig, diese gezielt zu steuern, sodass ein bestimmter Bearbeiter die ihm zugeordneten Informationen ohne großen Aufwand auffinden kann. Es kann keinem Beteiligten zugemutet werden, aus der Vielzahl an Anforderungen oder Fragen die richtigen herauszusuchen. Dieses Problem kann entweder auf konventionelle Weise durch eine sortierte Aktenablage oder elektronisch mit Hilfe von Ansichten gelöst werden (siehe auch Kapitel 13.2 und Kapitel 13.4.).

Zuordnen von Informationen

Sicherheitsprobleme und Zugriffsschutz

Insbesondere bei der Neuentwicklung auf einem umkämpften Markt oder bei sicherheitskritischen oder militärischen Systemen ist es notwendig, Datenschutzaspekte auch während der Anforderungsanalyse zu berücksichtigen. Wir möchten dieses Thema hier kurz erwähnen, obwohl es das Requirements-Management an sich nur peripher tangiert. Zum Zugriffsschutz allgemein zählt aber auch, dass gewisse Aktionen nur durch autorisierte Personen mit Unterschrift oder Signatur durchgeführt werden dürfen. Beispielsweise darf eine Information nur durch die fachlich verantwortliche Person abgezeichnet werden. Überdies ist es sinnvoll, Informationen und

Spionage und Rechte

351

Auswertungen wie Statistiken oder Kostenanalyse nur bestimmten Personengruppen zugänglich zu machen. Weiterhin ist es denkbar, dass bestimmte Teile des Anforderungsdokuments nur an spezielle Auftragnehmer gelangen dürfen. All dies ist nur durch die Definition von Rollen, der damit verbundenen Vergabe von Rechten (siehe Abschnitt 13.2) und zusätzliche Verwaltungsinformationen möglich.

Komplexität der Informationen

Datenmengen

Häufig wird das Problem der Komplexität unterschätzt, die sich aus der Masse an Informationen im Repository ergibt. Durch den Einsatz moderner Werkzeuge für die Verwaltung von Anforderungen wird einem das häufig nicht bewusst. Die tatsächliche Anzahl an Informationen schließt nicht nur die aktuellen Versionen, sondern auch die alten und annullierten mit ein. Dies bedeutet einen nicht zu unterschätzenden Aufwand für intelligentes Speichermanagement oder ein hervorragendes Ablagesystem. Stößt ein solches Verwaltungssystem – elektronisch oder nicht – an seine Grenzen, kann dies das Aus für ein Projekt bedeuten. Daher sollten Sie sich auf ein System verlassen, das sich in anderen, auch größeren Projekten bewährt hat.

Projektcontrolling

Ziel eines jeden Projektes ist es, die operativen Ziele einzuhalten. Ein wichtiges Hilfsmittel sind dabei Controlling-Verfahren zur Überwachung des Projektfortschritts. Das Requirements-Management kann diesen Prozess unterstützen, indem es die Verwaltungsinformationen der einzelnen Informationen statistisch auswertet und somit Aussagen über den Fortgang und Ressourcenverbrauch liefert. Welche Statistiken dabei sinnvoll sind, stellen wir Ihnen im Abschnitt 13.5.5 vor.

Einsatz
eines Tools

Aus den verschiedenen Problemstellungen ist klar geworden, dass besonders bei komplexen, verteilten Projekten eine moderne und effiziente Anforderungsanalyse nur mit Hilfe von Softwareunterstützung zu realisieren ist.[1] Wir werden diesen Punkt im Abschnitt 13.6 behandeln.

Wie Sie sehen, muss sich das Requirements-Management vielen Herausforderungen stellen. Was genau hinter diesen einzelnen Punkten steckt und welche Konsequenzen sich daraus ergeben, erfahren Sie in den folgenden Abschnitten. Nur so viel vorneweg: Ein sehr gutes Requirements-Management wirkt sich auf Ihr gesamtes Projekt und damit auf Ihr Endprodukt aus. Es ...

Auswirkungen
des RM

- vereinfacht die Überwachung komplexer Projekte während aller Phasen;
- verbessert die Qualität von Anforderungen, Produkten, Prozessen;
- erhöht die Kundenzufriedenheit;
- reduziert die Projektkosten und die Laufzeit;
- verbessert die Teamkommunikation.

---

[1] Nähere Informationen zu einem Tool, das wir ziemlich perfekt finden, bietet unsere Webseite *www.sophist.de* unter dem Stichwort C.A.R.E. ☺.

13.1.2 Auf den Rahmen kommt es an

Die Bedeutung des Requirements-Managements innerhalb des Entwicklungsprozesses steht im engen Zusammenhang mit den Rahmenbedingungen Ihres Projektes. Diese geben vor, wie intensiv und mit welcher Aufmerksamkeit die Anforderungsverwaltung gewürdigt werden muss. Vor dem eigentlichen Prozess sollten Sie sich deshalb über folgende Punkte klar sein:

Requirements-Management wird umso wichtiger…

- ◼ *… je höher die Zahl der Anforderungen ist.*
  Eine Spezifikation, die nur einige Seiten umfasst, lässt sich sehr leicht überblicken. Sobald aber die Analyse intensiver betrieben wird oder das System komplexer ist, steigt auch die Anzahl der Anforderungen und der zusätzlichen Informationen, die verwaltet werden müssen.

- ◼ *… je länger die geschätzte Lebensdauer der Software ist.*
  Haben Systeme es bis zur Einführung geschafft, leben sie häufig länger als gedacht. Haben Sie keine klaren Indizien, die dagegen sprechen, rechnen Sie immer mit einer längeren Laufzeit und mit dementsprechend langen Änderungs- und Wartungszeiten.

- ◼ *… je häufiger Anforderungen geändert werden.*
  Gerade mit iterativen und inkrementellen Vorgehensweisen werden mehrer Entwicklungsstände gleichzeitig spezifiziert – und geändert. Ohne systematisches Vorgehen ein sicherer Weg ins Chaos.

- ◼ *… je höher die Anzahl der Beteiligten ist.*
  Viele Stakeholder bedeuten sowohl viele Quellen als auch viele Leser von Anforderungen. Diese müssen angeleitet werden, um Anforderungen strukturiert einzustellen und diese leicht wieder zu finden; häufig kommt auch ein Rechte- und Rollenkonzept zum Einsatz, um die Beteiligten zu unterstützen und die Anforderungen zu schützen.

- ◼ *… je schlechter die Stakeholder zu erreichen oder einzubeziehen sind.*
  Sind Stakeholder schlecht in ein Projekt einzubeziehen, liegt es häufig daran, dass sie über mehrere Standorte verteilt sitzen oder oft unterwegs sind. Hier kann ein guter Lieferservice helfen, die Stakeholder besser zu integrieren.

- ◼ *… je höher die Qualitätsansprüche an die Software sind.*
  Höherer Qualitätsanspruch bedeutet meist mehr Reviews und eine detailliertere Spezifikation. Mehr Reviews führen zu mehr beteiligten Personen (Rechte und Rollen) und mehr Dokumenten (Prüfergebnisse, Fragen, …); eine detailliertere Spezifikation führt natürlich zu mehr Informationen.

- ◼ *… je mehr Wiederverwendung betrieben werden soll.*
  Wiederverwendung von Anforderungen ist eine feine Sache und kann auch viel Geld sparen. Egal, ob Sie etwas Vorhandenes wiederverwenden möchten oder etwas Wiederverwendbares erstellen sollen, kommen Sie hier an einen Punkt, an dem Sie sich mit dem Unterschied zwischen „der gleichen" und „derselben" Anforderung auseinander setzen dürfen.

■ *… je komplexer der Prozess ist.*
Ein komplexer RE-Prozess bedarf natürlich mehr Unterstützung, um Informationen zu steuern und um nicht im völligen Wirrwarr zu versinken.

■ *… je inhomogener die Stakeholdermeinungen sind.*
Falls Sie vermuten, dass die Meinungen über die einzelnen Anforderungen in Ihrem Projekt stark auseinander gehen, sollten Sie vorsehen, die Spezifikation nicht nur als Ergebnisdokumentation, sondern auch als eine Art Diskussionsplattform zu nutzen. Besonders wichtig ist bei dieser Rahmenbedingung auch die Dokumentation von Entscheidungen und Begründungen.

■ *… je mehr Releases entwickelt werden.*
Wenn Sie mehrere System Releases (oder auch Prototypen) entwickeln, bedeutet dies, dass Sie zu jedem Release eine passende Spezifikation benötigen oder auf einer alten Spezifikation aufsetzen müssen, um ein Update für ein Release auszuliefern. Auch dies erzeugt einen erhöhten Aufwand für die Kontrolle über die Informationen.

■ *… falls Sie iterativ/inkrementell vorgehen.*
Ein iterativ/inkrementelles Vorgehen bedeutet, dass Sie gleichzeitig und an mehreren Stellen und für unterschiedliche Entwicklungsstände versuchen, Anforderungen zu spezifizieren und zu ändern. Ohne zusätzliche Informationen zu den Anforderungen und ohne elektronische Unterstützung ist dies ein fast aussichtsloses Unterfangen.

■ *… falls Sie Produktfamilien/reihen beschreiben.*
Produktfamilien/reihen sind sozusagen die Steigerungsform von iterativem/inkrementellem Vorgehen und die härteste Rahmenbedingung für das RM. In solchen Projekten findet man meist auch alle anderen genannten Rahmenbedingungen wieder. Besonders wichtige Rahmenbedingungen sind hier die Wiederverwendung von Anforderungen und ein „etwas" komplexerer iterativ/inkrementeller Ansatz.

So unterschiedlich die Rahmenbedingungen sind, die das Requirements-Management vorfindet, so unterschiedlich sind auch die Lösungen, die in Projekten anzutreffen sind. Dieses Kapitel leitet Sie an, die wichtigsten Verfahren in Ihrem Projekt einzuführen.

Na, neugierig geworden? Legen wir los!

13.2 Stakeholder und Prozess – individuell für jedes Projekt

13.2.1 Stakeholder und warum sie was fordern

Bei einem Projekt sind bereits von der ersten Idee an eine Vielzahl von Personen beteiligt (siehe auch Kapitel 5 „Stakeholder, Ziele und der Systemkontext"). Auch das Requirements-Management hat seine Stakeholder. Jede dieser Personen hat eine eigene Sicht auf das Projekt und ist mit Interessen und Aufgaben am Projekt beteiligt, die sich von denen aller anderen unterscheiden können. Je nachdem, welche Stakeholder beteiligt sind, lassen sich aber auch wichtige Erkenntnisse für das Requirements-Management ableiten. So ergeben sich aus den ermittelten Stakeholdern die Anzahl und Art der Projektrollen und deren unterschiedliche Sichten auf das Projekt. Sie definieren die Art der Anforderungen. Außerdem lassen sich Schlüsse über die für die Zusammenarbeit benötigte Infrastruktur und die zukünftige Rechteverwaltung ziehen.

➡ 5 Ziele

Wie Sie bereits wissen, verfolgen die unterschiedlichen Stakeholdergruppen zwar meist dasselbe Ziel - den Projekterfolg - die Motivation, also der erwartete Nutzen, ist jedoch unterschiedlich. Dies gilt auch für die Anforderungsverwaltung. Hier einige Beispiele:

Stakeholder-sichten

- *der Projektleiter:*
  Er möchte immer über den aktuellsten Stand des Projektes informiert sein. Zusätzlich braucht er Informationen über die Auswirkungen von Anforderungsänderungen und die Zuständigkeit, um Kosten und Aufwände abzuschätzen.
- *der Anforderer:*
  Er möchte wissen, woher eine Anforderung stammt, ob alle Anforderungen, die er vielleicht selbst formuliert hat, erfüllt werden und in welchem Testfall er die Umsetzung überprüfen kann.
- *der Systemanalytiker:*
  Er möchte die Konsistenz gegenüber den Vorgängerdokumenten überwachen und wissen, welche Anforderungen bei Änderungen betroffen sind.
- *der Entwickler:*
  Er möchte wissen, auf welches Anforderungsdokument er sich beziehen kann, ob alle Anforderungen im Entwurf berücksichtigt sind und warum eine Anforderung wie umgesetzt wurde.
- *der Tester:*
  Er braucht Informationen, ob das System die Anforderungen erfüllt und welche Testfälle bei Änderungen erneut durchgeführt werden sollen.

Diese unterschiedlichen Sichten müssen in einem Projekt natürlich berücksichtigt werden. Allerdings lassen sich Personen, die ähnliche Aufgaben und Verantwortlichkeiten haben, zu Gruppen zusammenfassen. Sie nehmen im Projekt die gleiche Rolle wahr. Durch diese Zusammenfassung zu Gruppen entsteht ein Rollenmodell.

355

Das Rollenmodell

Ziel des Rollen-
modells

Ziel eines Rollenmodells ist es, alle vorkommenden Rollen und Stakeholdergruppen zu identifizieren und ihnen Eigenschaften zuzuordnen. Definiert werden sollten die Aufgaben, Verantwortlichkeiten oder Weisungsbefugnisse dieser Rollen. Es werden aber auch Anforderungen an den Inhaber der Rolle formuliert. Ein Rollenmodell erzeugt Transparenz für die Projektbeteiligten, da ihnen klar gezeigt wird, für welchen Bereich sie zuständig sind und was von ihnen erwartet wird.

Wie kommt man zu einem solchen Modell?

V-Modell

Abhängig von dem Vorgehensmodell, das Sie gewählt haben, werden Ihnen bereits eine Anzahl von Rollen vorgegeben. Besonders das V-Modell 97 enthält bereits ein sehr umfangreiches Rollenmodell (siehe Abbildung 13.1).

	Manager	Verantwortliche	Durchführende
Submodell PM	Projektmanager	Projektleiter Rechtsverantwortlicher Controller	Projektadministrator
Submodell QS	Q-Manager	QS-Verantwortlicher	Prüfer
Submodell KM	KM-Manager	KM-Verantwortlicher	KM-Administrator
Submodell SE	Projektmanager IT-Beauftragter Anwender	Projektleiter	Systemanalytiker Systemdesigner SW-Entwickler HW-Entwickler Technischer Autor SEU-Betreuer Datenadministrator IT-Sicherheitsbeauftragter Datenschutzbeauftragter Systembetreuer

Abbildung 13.1: Rollen im V-Modell

Falls Sie ein Vorgehensmodell gewählt haben, das keine oder nur wenig Angaben macht, so müssen Sie selbst Rollen definieren. Aber auch vorgegebene Rollenmodelle sollten nicht einfach übernommen werden. Auch sie müssen für das jeweilige Projekt angepasst werden.

Hier eine Aufstellung der wichtigsten im Requirements-Management vertretenen Rollen mit ihren Aufgaben und Verantwortlichkeiten:

Rollen für das
Requirements-
Management

- Der *Systemanalytiker* ist für die Analyse und für die Qualität der Anforderungen zuständig.

- Der *Fachexperte* ist für bestimmte Themengebiete eines Systems bzw. im Projekt zuständig; er besitzt das fachliche Know-how und dient sozusagen als Informationsquelle.

- Der *verantwortliche Fachexperte* ist für bestimmte Themenbereiche verantwortlich und besitzt die Funktion des Entscheiders, der letztendlich über die fachliche Korrektheit von Aussagen entscheidet.

- Der *Anforderer* erstellt, bearbeitet oder verbessert die Anforderungen. In der Praxis ist er häufig der Fachexperte.

356

- Der *Tester* überprüft das System auf korrekte Implementierung der Anforderungen.
- Der *Projektleiter* trägt unter anderem die juristische Verantwortung und bestätigt die endgültige Korrektheit der Anforderungen.

Definieren Sie sämtliche Projektrollen eindeutig und projektspezifisch. Halten Sie schriftlich zusätzliche Kriterien wie Personenzahl, Qualifikation, Standort und Projektphase fest.

Vorgehen

Aufgabenbereiche und -abgrenzungen werden für jede Rolle festgelegt; die einzelnen Tätigkeiten, die eine Rolle ausführt, werden angegeben. Dabei ist es unter Umständen auch notwendig, die Grenzen zu beschreiben, das heißt, auch die Tätigkeiten, die einer Rolle nicht zugeordnet sind. Dies ist besonders dann wichtig, wenn beteiligte Personen bereits Projekterfahrung mit verschiedenen Rollen besitzen. Machen Sie die Rollenverteilung öffentlich zugänglich. Dadurch wird die Transparenz erhöht und Unklarheiten über Zuständigkeiten werden verhindert.

Die Rolleneinteilung richtet sich nach Größe und fachlichen Schwerpunkten eines Projektes. Beispielsweise sind die Rollen aus dem Bereich Qualitätsmanagement bei sicherheitskritischen Projekten besonders wichtig. Bei komplexen Projekten müssen besondere Forderungen an die Fähigkeiten der Systemanalytiker berücksichtigt werden.

Ausrichtung auf Schwerpunkte des Projektes

Nachdem Sie alle bekannten Rollen identifiziert und in ein Rollenmodell überführt haben, ordnen Sie den Projektmitarbeitern diese Rollen zu. Insbesondere bei kleinen Projekten ist es durchaus üblich, dass ein und dieselbe Person mehrere Rollen einnimmt. Üblicherweise wird jedoch zum Beispiel die Rolle des Anforderers mit mehreren, den einzelnen Fachbereichen zugeordneten Mitarbeitern besetzt.

13.2.2 Prozessfindung

Innerhalb eines Projektes muss ein Konzept vorhanden sein, um Information aller Art gezielt innerhalb der unterschiedlichen Arbeitsschritte zu lenken, Entscheidungen zu dokumentieren und Dokumente zu übergeben. Ein solches Konzept ist das Workflowmanagement.

Das Workflowmanagement

Unter einem Workflow versteht man einen computergestützt administrierbaren, organisierbaren und steuerbaren Prozess (Definition laut [DIN96]).

Definition Workflow

Um in ein Projekt einen Workflow einzuführen, müssen Sie also einen Prozess entwerfen, der einen Ablauf für Ihre Informationen definiert. Die Etablierung eines solchen Konzeptes wird umso wichtiger, je größer das Projekt, also je mehr Personen beteiligt sind und je mehr Informationen erfasst, verwaltet und bearbeitet werden. Im Bereich des Requirements-Managements geht es darum, alle Arten von Informationen gezielt Personen zur Bearbeitung zuzuweisen. Nur durch einen solchen Lenkungsmechanismus lässt sich sicherstellen, dass alle Bearbeitungsschritte durchgeführt werden und dass keine Dokumente verloren gehen.

Ziel

Den Beteiligten gibt dies die Möglichkeit, gezielt die Informationen zu suchen, die ihnen für den nächsten Bearbeitungsschritt zugewiesen sind. Nach Beendigung der Bearbeitung bestätigt der Verantwortliche dann den Abschluss seiner Arbeit und ordnet die Information dem nächsten Bearbeiter zu.

Den Rahmen für das Workflowmanagement bildet ein Statusmodell, in dem der Abschluss der wichtigsten Bearbeitungsschritte festgehalten wird, ähnlich den Meilensteinen in einem Projekt.

Anleitung zur Definition/Findung eines Workflows

Beachten Sie bei der Festlegung des Workflows fachliche, geographische und psychologische Aspekte. Bei geographischen Aspekten sind die Reisekosten für Meetings, Diskussionen und Reviews zu beachten bzw. durch elektronische Übertragungssysteme abzudecken. Besondere Sorgfalt gelten Schnittstellen zwischen zwei Bearbeitungsschritten, zwischen denen es Konflikte gibt. Solche Konflikte können durch unterschiedliche Interessen entstehen, aber auch persönlicher Natur sein. Beziehen Sie hier beide Parteien besonders stark in die Erstellung des Workflows ein.

Um die wichtigsten Schritte zu ermitteln, beantworten Sie sich folgende Fragen:

- Welchen Stand der Bearbeitung oder des Fortschritts wollen Sie kenntlich machen?
- Wann wechselt die Verantwortung für eine Information?
- Ab wann soll eine Information öffentlich zugänglich/verborgen werden?
- Welche Entscheidungen wollen Sie dokumentieren?

Die so ermittelten Schritte müssen jetzt nur noch in eine sinnvolle Reihenfolge gebracht und dokumentiert werden.

Darstellung eines Workflows mittels Zustandsautomat

Das Ergebnis lässt sich besonders gut mit Hilfe von Diagrammen, wie zum Beispiel mit einem Zustandsautomat (Abbildung 13.2) aus der UML-Notation, veranschaulichen.

Jede Information hat einen auf ihre Bedürfnisse abgestimmten Lebensweg. Auf dem (und nur auf dem) kann sie sich bewegen. Auf diesem Weg sind die Stationen, die sie durchläuft, genauso festgelegt wie die Bedingungen, die für das Erreichen der Stationen zu erfüllen sind. Dazu kommen die Transportmittel und die Routenplanung. All dies kann in Zustandsautomaten festgehalten werden. Zustandsautomaten haben Sie bereits im Zusammenhang mit der Dokumentation von Anforderungen (Kapitel 7) kennen gelernt. Hier die wichtigsten Elemente für unser Beispiel.

↱ 7 Doku

- *Zustand*
  Er gibt an, wie weit die Bearbeitung fortgeschritten ist. Vergleicht man den Lebensweg einer Information mit einem Projektplan, dann entsprechen die Zustände der Information den Meilensteinen im Plan. An die Zustände sind in den Tools meist auch Informationskonstellationen für die weitere Bearbeitung gebunden.

358

■ *Eintrittsbedingungen*

Keine Information darf einfach so einen Zustand einnehmen! Es gelten Voraussetzungen, um in einen Zustand versetzt zu werden. Zum einen können auf einen aktuellen Zustand nur bestimmte Folgezustände folgen. Zum anderen können Bedingungen vorhanden sein, die vorher erfüllt sein müssen (zum Beispiel: Alle Fragen wurden beantwortet).

Die Abbildung 13.2 zeigt Ihnen einen Ausschnitt aus dem Zustandsautomaten für Abnahmekriterien (siehe Abschnitt 13.3). Er enthält neben den eigentlichen Zuständen auch Voraussetzungen für den Übergang in einen anderen Zustand und Aktionen, die in dem Zustand möglich sind. Die Zustandsautomaten für die Informationen der anderen Bereiche (siehe Abschnitt 13.3) finden Sie auf unserer Homepage *www.sophist.de*. 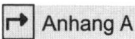 Anhang A

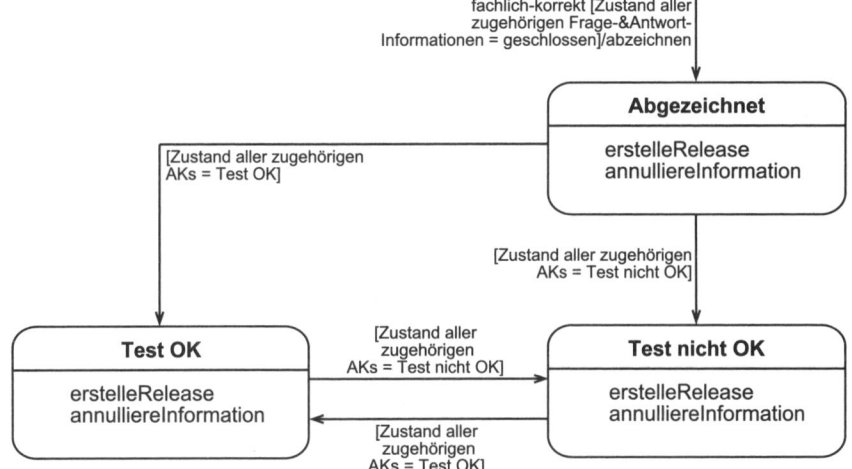

Abbildung 13.2: Ausschnitt aus einem Zustandsautomaten

Qualität durch exzellente Anforderungen

von Dr. Ernest Wallmüller

Viele der Probleme mit schlechter Produktqualität lassen sich auf mangelhafte oder falsche Anforderungen zurückführen. Wir diskutieren daher einige der besten Praktiken, Methoden und Hilfsmittel, um Anforderungen zu ermitteln und zu dokumentieren.

Nach dem IEEE-Standard Glossary of Software Engineering Terminology sind Anforderungen wie folgt definiert:

(1) Eine Bedingung oder Fähigkeit, die ein Benutzer benötigt, um ein Problem zu lösen oder ein Ziel zu erreichen.

(2) Eine Bedingung oder Fähigkeit, die ein System oder Teil eines Systems erbringen oder besitzen muss, um einen Vertrag, einen Standard, eine Spezifikation oder ein verlangtes Dokument zu erfüllen.

(3) Eine dokumentierte Repräsentation einer Bedingung oder Fähigkeit, wie in (1) oder (2) referenziert.

Nichts ist wichtiger für den Erfolg eines Softwareprojekts, als zu verstehen, was die zu lösende Aufgabenstellung ist. Die Anforderungen an ein Projekt oder Produkt liefern die Grundlage für den Erfolg des Projekts und die Qualität des Produkts. Wenn das Entwicklerteam und der Kunde keine Übereinstimmung hinsichtlich der Anforderungen finden, ist die Wahrscheinlichkeit groß, ein Produkt zu entwickeln, das keiner will. Die Schlüsselbereiche für qualitativ gute Anforderungen sind:

- Involvierung des Kunden und der Benutzervertreter so früh und so intensiv wie möglich ist die beste Gewähr, dass ein qualitativ gutes Produkt entsteht.

- Verwendung einer einfachen, konsistenten und genauen Ausdrucksweise zur Formulierung der Anforderungen vermeidet das Entstehen von Abweichungen und Missverständnissen.

- Iterative und inkrementelle Entwicklung der Anforderungen bringt raschen und sichtbaren Projektfortschritt.

- Darstellung der Anforderungen auf verschiedene Arten hilft sicherzustellen, dass sie auch jeder versteht.

- Vollständigkeit und Korrektheit der Anforderungen kann nur mit allen Beteiligten gemeinsam geprüft und sichergestellt werden.

- Feststellen der Machbarkeit, der Kosten und Priorisierung der Anforderungen hilft bei der Klärung, was der Auftraggeber wirklich will, braucht und sich auch leisten kann.

- Kontrolle der Art und Weise, wie Anforderungen geändert werden (Change Management), vermeidet Kostenüberschreitungen und Zeitverzögerungen.

Modernes Qualitätsmanagement hilft, die geeigneten Prozesse auszuwählen, anzupassen und einzuführen. Die Gewinnung von guten Anforderungen ist als geplanter und gut ausgeführter Prozess zu organisieren. Wir geben daher nachfolgend einen Abriss zu einem generischen Requirements Engineering Prozess (REP) an.

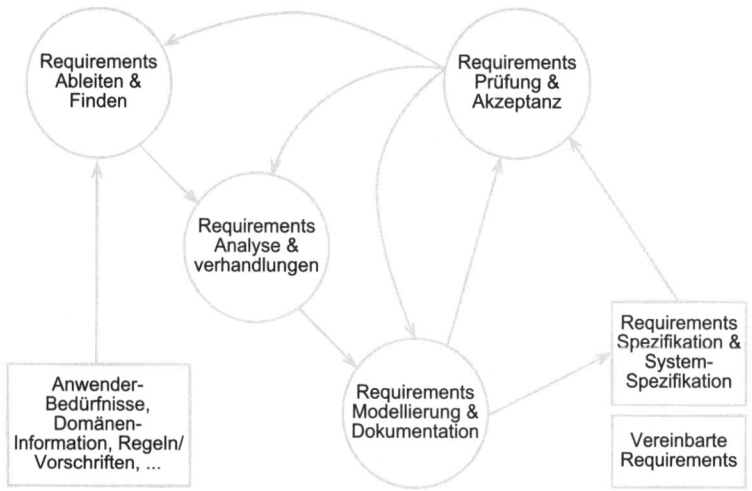

Abbildung 13.3: Abriss eines generischen RE-Prozesses

Erster Schritt in einem REP ist das Finden und Ableiten von Anforderungen. Dazu werden die Stakeholder des Projekts befragt. Auch die Analyse vorhandener Systeme ist hilfreich. Im zweiten Schritt erfolgt die Analyse und das Verhandeln der Anforderungen. Vielfach geht man von der Annahme aus, dass die Anforderungen stabil sind und nicht verändert werden. Dies ist aber in den seltensten Fällen so. Durch Aufzeigen der Widersprüche, Redundanzen und Unvollständigkeiten der Anforderungen sowie der Möglichkeiten, mit dem vorhandenen Budget auszukommen, ändern oder reduzieren Stakeholder ihre Vorstellungen über die Anforderungen. Dies führt zu einer Klärung und Übereinstimmung der Anforderungen zwischen Entwicklern und Stakeholdern.

Im nächsten Schritt erfolgt die Modellierung und Dokumentation der Anforderungen. Dazu gibt es verschiedene Methoden und Techniken wie zum Beispiel Use-Case-Modelle, Funktions- und Datenmodelle etc. Wichtig dabei ist, dass die Stakeholder die Darstellung der Anforderungen im gewählten Modell und der daraus abgeleiteten Dokumentation noch verstehen und sich damit identifizieren können. Im letzten Schritt erfolgt die Prüfung in Form von Reviews, Simulation oder Prototyp-Validierung. Ziel dabei ist, ein valides Anforderungsdokument zu erhalten, das von den Stakeholdern auch akzeptiert (genehmigt) wird.

Die Ermittlung und Dokumentation von guten Anforderungen gehört zu den schwierigsten Aufgaben in der heutigen von Globalisierung und Zeitdruck geprägten Software-Welt.

Gute Anforderungen werden letztendlich wie eine Schachtel guter Schokolade wahrgenommen, von der wir wissen, was drinnen ist und wie sie schmeckt.

Dr. Ernest Wallmüller ist Universitätsdozent für Wirtschaftsinformatik an der Universität Linz sowie erfahrener Coach und Geschäftsführer von Qualität & Informatik, Zürich (www.itq.ch). Privat ist er verheiratet mit Agathe, die ihm beim Bücherschreiben hilft. Er hat zwei Jungs, mit denen er die Anforderungen an Fußball studiert.

13.3 Was verwaltet Requirements-Management

Während der Anforderungsanalyse sammeln Sie große Mengen an Informationen. Diese Informationen stellen das Startkapital Ihres Projektes dar. Genau wie Ihr Startkapital müssen Sie auch Ihre Informationen anlegen und verwalten. Dies geschieht, indem Sie Ihr Wissen strukturiert nach Informationsarten (Abschnitt 13.3.1) in Ihrem Requirements-Gehirn ablegen. Alle diese Informationsarten besitzen Attribute (Abschnitt 13.3.2), welche die einzelnen Informationen genauer charakterisieren und Ihnen das Leben leichter machen.

Struktur im Informations-dschungel

13.3.1 Welche Informationen ...

Die wichtigsten
Arten von
Informationen

Wir wollen Sie nicht lange auf die Folter spannen. Hier unsere Hitliste der wichtigsten Arten von Informationen:

 5 Ziele

- *Ziele*
  Hier werden die Führungsziele sowie die strategischen und operativen Ziele, die das Projekt verfolgt, festgehalten. Sie stellen den Grundstock für das Projekt dar (siehe auch Kapitel 5 „Stakeholder, Ziele und der Systemkontext"). Wichtige Inhalte sind die Bedeutung, die Reichweite, der Zeithorizont und die Messbarkeit.

- *Interview*
  Interviews stellen ein Mittel für die Erhebung von Informationen dar. Die inhaltliche Planung und die Ergebnisse der Durchführung fließen wiederum in andere Dokumente ein. Hier sollten die Namen der Beteiligten, Datum, Uhrzeit und Dauer sowie natürlich der Interviewtext selbst aufgeführt werden. Das Interview selbst kann als Fragebogen, als individuelles Gespräch oder als Selbstaufschreibung durchgeführt werden.

- *Use Case*
  Use Cases zerteilen das Themengebiet in handhabbare Stücke. Gleichzeitig helfen sie bei der Aufdeckung von Lücken zwischen Zielen und Anforderungen. Sie beinhalten mindestens Akteure, Auslöser, Bedingungen, das Ergebnis und die wichtigsten Schritte. Sie können als Diagramm, Tabelle oder natürlichsprachlich verfasst werden.

- *Anforderung*
  Die Anforderung stellt die zentrale Information dar. Hier werden die einzelnen Forderungen und damit verbundene Zusatzinformationen abgelegt. Sie enthält Hinweise über die juristische Klassifikation, die Priorität, die Anforderungsart und die Detailstufe. Sie wird grafisch, tabellarisch oder natürlichsprachlich beschrieben.

- *Definition*
  In Definitionen wird die Bedeutung von Begriffen (Substantive, Verben, Adjektive) in einem bestimmten Umfeld exakt beschrieben. Sie dienen als Grundlage für das Verständnis des Anforderungsdokuments. Sie enthalten Details zur Klassifikation und zu verwandten Begriffen.

- *Frage & Antwort*
  Fragen & Antworten existieren immer nur in Verbindung mit anderen Informationen, auf die sich die Frage bezieht. Sie dienen zur Klärung von Problemen und Unklarheiten. Hinweise auf die Dringlichkeit, die Abhängigkeit und ob zu der Frage eine Meeting einberufen werden soll.

- *Änderungsantrag*
  Hier werden Änderungsanträge (Change Requests) für bereits abgenommene Informationen verwaltet, bis der Wunsch abgelehnt oder eingearbeitet wird. Attribute sind die Priorität sowie mögliche Kosten und entstehende Nebeneffekte.

- *Problem Report*
  Ist eine Anforderung falsch realisiert worden oder existiert eine Fehlermeldung, so verwalten Sie diese Information bis zur Einarbeitung oder Ablehnung in einem Problem Report. Problem Reports müssen in der Regel immer umgesetzt

werden und sind deshalb mit Kosten verbunden. Deshalb müssen Aufwand und Priorität erfasst werden.

■ *Testszenarien*
Testszenarien fassen verschiedene Abnahmekriterien zu einem ablauffähigen Vorgang zusammen. Dieser kann Grundlage für die Abnahme von Teilen des Systems oder des ganzen Systems sein (siehe auch Kapitel 12 „Abnahmekriterien"). Die tabellarisch oder natürlichsprachlich abgefassten Testszenarien enthalten Details zu den getesteten Abnahmekriterien, dem Testergebnis, dem Tester sowie Datum und Uhrzeit.

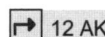 12 AK

■ *Abnahmekriterium*
Gewisse Informationsarten (zum Beispiel Anforderungen) enthalten Einzelheiten, die auf Erfüllung hin getestet werden müssen. Eine Beschreibung, wie ein Teilbereich dieser Forderungen getestet werden kann, wird im Abnahmekriterium verwaltet (siehe auch Kapitel 12 „Abnahmekriterien"). Abnahmekriterien können natürlichsprachlich (abstrakt oder konkret) oder formalisiert (abstrakt oder konkret) verfasst werden. Abnahmekriterien bestehen aus Angaben zur Testbarkeit (Durchführbarkeit, Messbarkeit, Reproduzierbarkeit), zur Vollständigkeit bezüglich der Anforderungen und zur Minimalität des Testaufwandes.

 12 AK

Welche Arten von Informationen Sie benötigen, hängt natürlich von Ihrem Projekt ab. In der Praxis kann es sein, dass Ihnen nicht für jede Art von Information eine separate Vorlage zur Verfügung steht. Ein Beispiel dafür sind Änderungsanträge und Problem Reports, für die häufig nur ein gemeinsames Formular existiert, und dann in diesem Formular festgehalten wird, um was es sich handelt. Besonders wichtig ist diese Trennung oder explizite Nennung in Ihrem Anforderungsdokument, da hier nicht nur Anforderungen, sondern meist Anforderungen, Definitionen und Kommentare „durcheinander" stehen.

Zusammenfassung von Informationsarten

Zusätzlich zu den schon aufgeführten Inhalten der einzelnen Informationen gibt es noch Attribute, die alle gemeinsam haben.

13.3.2   ... und was zu den Informationen dazu

Für jede Art von Information neben der eigentlichen Information gibt es eine Reihe zusätzlicher beschreibender Angaben, die so genannten Attribute. Der Aufzählung oben könnten Sie die speziellen Attribute zu einer Art von Information entnehmen. Diese speziellen Attribute sind charakteristisch für eben genau diese eine Art von Information. Der Auslöser ist ein typisches Attribut für einen Anwendungsfall – und eben nicht für eine Frage oder eine Antwort.

Verwaltungsinformationen

Neben diesen speziellen Attributen gibt es eine Anzahl von Attributen, die allen Informationen gemein sind.

■ *Status*
Hier steht der aktuelle Zustand der Information, z.B. in Bearbeitung.

■ *Version*
enthält Angaben zu der Version der Information.

■ *Eindeutige Identifizierung*
Bei der Menge und Vielzahl der verwalteten Informationen ist es unabdingbar, eine einzelne Information eindeutig identifizieren und damit auch referenzieren zu können. Um Kommunikation zu ermöglichen, muss der Identifier auch für Menschen verständlich sein.

■ *Kapitelstruktur*
Eine Überschrift, die der hierarchischen Gliederung der Informationen dient.

■ *Autor*
Angaben zum Namen des Erstellers einer Information. Er ist der Ansprechpartner, wenn es um Fragen der Entstehung und Quelle der Information geht.

■ *Verantwortlicher*
Hier steht der verantwortliche Eigentümer der Information. Der Eigentümer steht als fachlicher Ansprechpartner zur Verfügung. Er kann Auskunft über das in der Information behandelte Thema geben.

■ *Nächster Bearbeiter*
Diese Angabe ermöglicht die gezielte Zuordnung der Information zu einer Person oder einem Team, die bzw. das für den nächsten Bearbeitungsschritt zuständig ist (siehe Abschnitt 13.2).

■ *Signaturen*
Alle Aktionen mit Zeitpunkt, Person und Aktionsname werden festgehalten, die eine Änderung der Information oder ihrer Attribute zur Folge haben.

■ *Historie*
Es werden alle Änderungen an einer Information protokolliert. In dieser Protokollierung steht der Änderungsaspekt, also inhaltliche Bearbeitungen, im Vordergrund. Zustandsübergänge, die auch Änderungen sind, werden als Signaturen getrennt aufgeführt.

Auch hier gilt: Erfolgreiches Requirements-Mangement basiert auf einer Risiko- und Chancenbetrachtung speziell für Ihr Projekt. Prüfen Sie genau, welche Ziele Sie mit dem Requirements-Management verfolgen und welche Informationen für Ihren Projekterfolg entscheidend sind. Nutzen Sie nur diese.

13.4   Was das Wiederfinden erleichtert

Im Abschnitt 13.3 haben Sie erfahren, dass jede Information einer hierarchischen Gliederungsstufe, einer Kapitelstruktur, zugeordnet ist. In diesem Abschnitt möchten wir Ihnen Möglichkeiten aufzeigen, wie diese Struktur und der Inhalt eines Anforderungsdokuments aussehen können. Wir bieten Ihnen ein vordefiniertes Schubladenmodell, in dem Sie Ihre Informationen ablegen können. Wir halten uns dabei weitestgehend an den IEEE-Standard 830-1998 [IEEE 830-98], der grundlegende Strukturen bereitstellt. Diese Strukturen müssen allerdings projektspezifisch angepasst und häufig für die nicht-funktionalen Anforderungen (siehe Kapitel 10 „Die nicht-funktionalen Anforderungen in der Systementwicklung") erweitert werden. Neben dem IEEE-Standard gibt es noch zahlreiche andere Ansätze, Standards und Normen,

➡ 10 nfA

die überwiegend im militärischen Bereich Anwendung finden oder in abgewandelter Form in Behörden und Institutionen benutzt werden. Bekannte Vertreter sind:

- Volere Requirements Specification (Muster zur Gliederung einer Anforderungsspezifikation) [Robertson99]
- NASA-DID-P200 (Standard der NASA) [NASA91]
- V-Modell (Softwareprozessmodell, das Vorschläge zur Strukturierung von Anforderungsdokumenten macht) [VMR97]
- DoD 2167A (Standard des amerikanischen Verteidigungsministeriums, der durch den MIL-STD-498 abgelöst wurde) [DoD88]
- MIL-STD-498 (abgelöst durch IEEE/EIA 12207) [DoD94]
- IEEE/EIA 12207 [IEEE12207]

Standards, Normen und Ansätze zur Gliederung von Anforderungsdokumenten

Viele dieser Ansätze gehen weit über die Festlegung einer Struktur für Anforderungsdokumente hinaus (zum Beispiel Volere). Einige sind nur noch aus historischer Sicht relevant (MIL-STD-498 wurde durch IEEE/EIA 12207 abgelöst). Der IEEE-Standard versucht, die verschiedenen Ansätze zu vereinen, was zwangsläufig zu Kompromissen innerhalb der Struktur geführt hat. Daher verweisen wir an geeigneter Stelle auf Möglichkeiten, wie der Gliederungsvorschlag des IEEE sinnvoll ergänzt werden kann.

Bevor wir den Inhalt im Detail erläutern, möchten wir Sie an die Definition von „Anforderungsdokument" erinnern (siehe Kapitel 1 „Anforderungsqualität").

➡ 1 Qualität

Im Deutschen wird auch der Begriff „Anforderungsspezifikation" (englisch requirements specification) verwendet. Gemeint ist damit das Gleiche, nämlich die Gesamtheit aller Anforderungen. Dazu können auch die Attribute zählen, die eine Anforderung besitzt. Zu Anforderungen zählen hier auch:

- Projektziele,
- Anwendungsfälle und
- Definitionen.

Hingegen zählen andere Informationen (wie Abnahmekriterien oder Fragen), die Sie im Abschnitt 13.3 kennen gelernt haben, nicht dazu. Für das bessere Verständnis können Sie sich das Anforderungsdokument als eine Sammlung von Informationen vorstellen, die zu einer Mappe zusammengeheftet sind.

Wenn Sie diese Informationen auf eine geeignete Weise in elektronischer Form verwalten, können sie nach verschiedenen Kriterien innerhalb der Mappe sortiert werden. Der gesamten Mappe – dem Anforderungsdokument – wird zur leichteren Navigation und Lesbarkeit eine Kapitelstruktur aufgeprägt.

Ein zweiter Begriff, den wir in diesem Abschnitt benutzen, ist der Begriff Repository. Das Repository umfasst neben dem Anforderungsdokument sämtliche weiteren Arten von Informationen. Somit gilt:

Das Repository beschreibt den aktuellen Entwicklungsstand des Analyseergebnisses.

Repository

13.4.1 Gliedern und Strukturieren

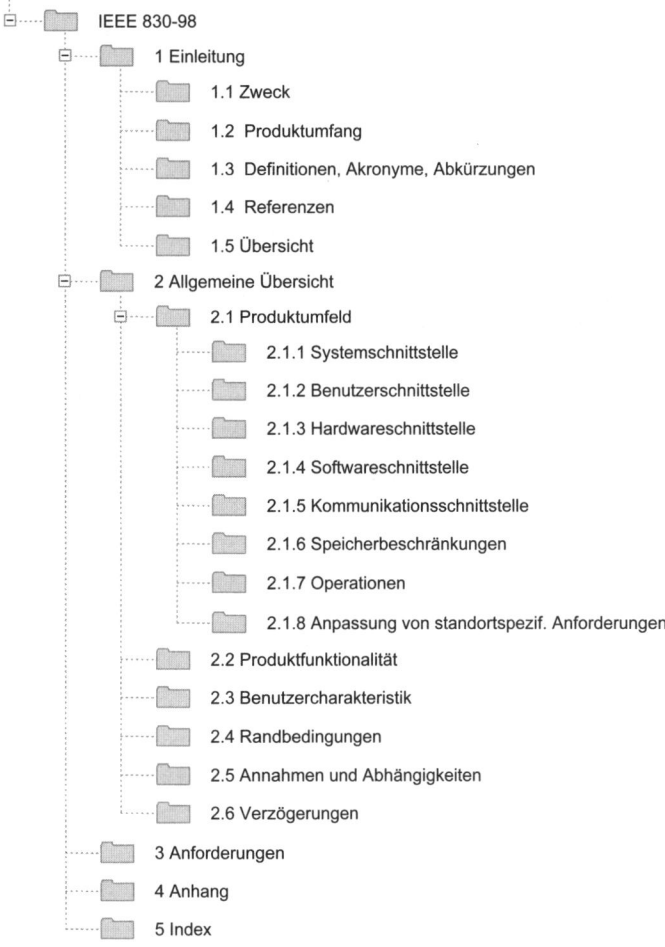

6 Anf.-Arten

Die nachfolgende Gliederung nach [IEEE 830-98] beschreibt den Aufbau eines Anforderungsdokuments, präziser einer Softwareanforderungsspezifikation (siehe Kapitel 6 „Anforderung oder Anforderung"). Wichtig ist bei dem Gesamtdokument, dass die Konsistenz zu bestehenden Spezifikationen, wie zum Beispiel der Systemanforderungsspezifikation gewahrt bleibt. Wir werden das im Folgenden als vorausgesetzt annehmen und nicht in jedem Abschnitt erneut erwähnen. Zur Wahrung der Konsistenz und besserer Wartbarkeit ist es sinnvoll, an geeigneter Stelle Referenzen einzufügen, sodass gleiche Informationen nicht mehrmals in unterschiedlichen Dokumenten aufbewahrt werden müssen.

Abbildung 13.4 zeigt die Gliederung, die nach [IEEE 830-98] als Kapitelstruktur vorgeschlagen wird.

Abbildung 13.4: Übersicht der Kapitelstruktur nach IEEE 830-98

366

Die Gliederung im Einzelnen

Der Einleitungsabschnitt *(1. Einleitung)* enthält dokumentübergreifende Informationen, die überwiegend verwaltungstechnischen Charakter haben: Zweck, Zielgruppendefinition und Leseanleitung.

IEEE 830-98
Einleitung

Der Abschnitt Zweck *(1.1 Zweck)* beschreibt, warum das Anforderungsdokument verfasst wurde. Geben Sie zudem die Zielgruppe des Anforderungsdokuments an. Sollte der Leserkreis des Dokumentes bezüglich Interesse, Vorwissen und Wissensbedarf nicht einheitlich sein, so strukturieren Sie das Anforderungsdokument so, dass jeder Leserkreis sich genau die benötigten Informationen ohne Suchaufwand herauspicken kann. Viele Projektbetroffene (wie zum Beispiel das Management oder die Projektleitung) werden das Anforderungsdokument nie ganz durchlesen. Sie möchten stattdessen einen kurzen Überblick über das Projekt und die geforderte Funktionalität. Dafür ist ein Leseleitfaden innerhalb der Einleitung sehr hilfreich. Erwarten Sie bitte nicht, dass sich jeder Leser durch mehrere hundert Seiten Informationen kämpft![2]

Im Rahmen des Abschnitts 1.1 *(Zweck)* kann zudem eine kurze Leseanleitung gegeben werden. Zum Beispiel können Sie hier die Anforderungsschablone erläutern, sofern Ihre Anforderungen mit deren Hilfe formuliert wurden.

Der zweite Gliederungsunterpunkt der Einleitung *(1.2 Produktumfang)* befasst sich mit dem zu erstellenden Produkt, genauer mit der zu erstellenden Software. Dazu sind Angaben wie Produktname, Vorteile und Ziele, die mit der Produkteinführung verbunden sind, zu machen (siehe Kapitel 5 „Stakeholder, Ziele und der Systemkontext").

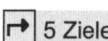 5 Ziele

In Anforderungen verwendete Definitionen, Akronyme und Abkürzungen sollten an zentraler Stelle *(1.3 Definitionen, Akronyme und Abkürzungen)* verwaltet werden. Halten Sie diesen Abschnitt ständig aktuell und beseitigen Sie Inkonsistenzen. Unabhängig davon sollte zur Verwaltung die Informationsart „Definition" verwendet werden.

Das Begriffs-
modell
dokumentieren

Im Unterkapitel „Referenzen" *(1.4 Referenzen)* müssen sämtliche Dokumente angegeben werden, die durch das Anforderungsdokument referenziert werden. Dieses Unterkapitel ist gerade bei technischen Projekten, bei denen auf umfangreiche Standards verwiesen wird, stark frequentiert. Bei den Angaben sind insbesondere Titel, Version, Datum, Ablageort oder Pfad, unter Umständen der Herausgeber oder Verlag und Bezugsquellen wichtig.

Referenzen
angeben

Zum Abschluss der Einleitung *(1.5 Übersicht)* ist es sinnvoll, die weitere Struktur (Aufbau) des Anforderungsdokuments zu erläutern, da diese vom Standard durchaus abweichen kann. Ein gutes Navigationskonzept sorgt dafür, dass Ihre Leser sich mehr als nur die Einleitung zu Gemüte führen.

Den weiteren
Aufbau erläutern

Unter der allgemeinen Übersicht *(2. Allgemeine Übersicht)* werden – entgegen den irreführenden Bezeichnungen der Gliederung – keine konkreten Anforderungen verwaltet. Stattdessen werden zusätzliche Informationen geliefert, die das Verständnis der Anforderungen erhöhen sollen. Im Gegensatz zur Einleitung sind dies rein fachliche Informationen und dienen nicht der Verwaltung oder Organisation des Anfor-

IEEE 830-98
Allgemeine
Übersicht

---

[2] Kennen Sie auch das flaue Gefühl, wenn Sie ein Anforderungsdokument von mehreren hundert Seiten auf den Tisch gelegt bekommen? Eine mangelnde Strukturierung Ihres Anforderungsdokumentes nach Zielgruppen ist ein sicherer Garant dafür, dass das Dokument nie wirklich gelesen wird.

derungsdokuments. Hier steht beispielsweise die Einbettung der Software in das Umfeld im Vordergrund *(2.1 Produktumfeld)*. Als grafische Darstellung können Sie zum Beispiel ein Kontextdiagramm einsetzen, um Ihr System von der Umwelt abzugrenzen (siehe Kapitel 7 „Dokumentation von Anforderungen").

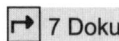 7 Doku

Den richtigen
Kontext setzen

Zudem werden an dieser Stelle die zahlreichen Schnittstellen des Softwareprodukts beschrieben. Dazu gehört insbesondere die Verbindung zum System *(2.1.1 Systemschnittstelle)* und zum Benutzer *(2.1.2 Benutzerschnittstelle)*. Dabei sollten Software-ergonomische Gesichtspunkte (leichte Bedienbarkeit, Layout, Farben) beschrieben werden. Aus *2.1.3 Hardwareschnittstelle* muss der logische und physikalische Zusammenhang einzelner Softwarekomponenten mit der Hardware deutlich werden. Hier werden Konfigurationsmöglichkeiten erörtert und unterstützende Geräte oder Hardwarestandards aufgelistet. Komplementär wird dazu auch die für das Produkt notwendige Software *(2.1.4 Softwareschnittstelle)* beschrieben. Unter Angabe von Name und Versionsnummer der Software muss exakt erläutert werden, warum der „zusätzliche" Softwareeinsatz nötig ist und durch welche Schnittstellen diese Software an das zu entwickelnde Produkt angebunden werden soll. Falls es eine Kommunikationsfunktionalität besitzt, muss die Anbindung an ein Netzwerk oder an eine weitere Kommunikationseinrichtung zum Beispiel durch Auflistung der zu unterstützenden Protokolle beschrieben werden *(2.1.5 Kommunikationsschnittstelle)*. Zum Umfeld des Produktes gehören auch die Speichermedien. Gibt es hier Beschränkungen oder Anforderungen (Zugriffszeit, Größe, Austauschbarkeit, ...), werden diese in Kapitel *2.1.6 Speicherbeschränkungen* aufgeführt. *2.1.7 Operationen* ist unserer Meinung nach nur optional zu verstehen. Hier werden normalerweise spezielle Operationen und Funktionen aufgelistet, die der Benutzer benötigt. Es wird an dieser Stelle nicht die Funktionalität (funktionale Anforderungen), sondern die Art und Weise, wie diese Funktionen genutzt werden können, erörtert. Dazu gehören Auflistungen über die Modi der Funktionen beziehungsweise Intervalle und zeitliche Bedingungen, in denen die Operationen ausgeführt werden (Beispiel*: Der Kundendatenstamm der Bibliothek muss alle zwei Wochen durch die Backup-Funktionalität gesichert werden*). Diese Anforderungen gehören unseres Erachtens zu den funktionalen oder nicht-funktionalen Anforderungen und sollten deshalb auch an der entsprechenden Stelle beschrieben werden. Ebenso verhält es sich mit dem Abschnitt *2.1.8 Anpassung von standortspezifischen Anforderungen*. Hier müssen gemäß dem Standard Anforderungen, Bestandteile und Vorbelegungswerte für Variablen, die vom Standort oder Arbeitsmodus der Software abhängen, aufgeführt werden. Dies kann an dieser Stelle nur auf einem sehr abstrakten Niveau geschehen. Detailliertere Beschreibungen sollten bei den einzelnen Anforderungen stehen.

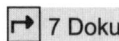 1 Qualität

Dieses Kapitel des Anforderungsdokuments sollten Sie so verfassen, dass sich Leser einen Überblick verschaffen können. Dabei ist es wichtig, dass keine Redundanzen entstehen (siehe Kapitel 1 „Anforderungsqualität"). Eine weitere mögliche Gliederung der Anforderungen nach objektorientierten Gesichtspunkten speziell für sehr technisch orientierte Systeme bietet Ihnen [Hruschka02].

Funktionen
grob darstellen

Für einen groben Überblick ist es auch wichtig, die Funktionalität und die groben Aufgaben des Produkts – unterstützt durch Grafiken – zu skizzieren *(2.2 Produktfunktionalität)*. Dies sollte typischerweise in anderen (weniger detaillierten) Dokumenten wie der Systemanforderungsspezifikation bereits geschehen sein und daher an dieser Stelle nur noch referenziert werden.

368

Damit das Anforderungsdokument korrekt analysiert werden kann, ist es wichtig, sich ein Bild vom Nutzer des Produkts (Zielgruppe) zu machen. Verschiedene Nutzer haben unterschiedliche Anforderungen (siehe Kapitel 5 „Stakeholder, Ziele und der Systemkontext").

➡ 5 Ziele

Um diese Anforderungen bewerten zu können, sollten Sie im Anforderungsdokument *(2.3 Benutzercharakteristik)* jeweils das vorausgesetzte Wissen, den erforderlichen Erfahrungshorizont und das erwartete technische Verständnis des Nutzers mit angeben.

Der Nutzer im Blickfeld

In *2.4 Randbedingungen* sollten weitere, bisher nicht aufgeführte Bedingungen, die den Entwicklungs- und auch Analyseprozess beeinträchtigen können, aufgeführt werden. Dies muss wieder auf einem hohen Abstraktionsniveau erfolgen – die konkrete Umsetzung (Ausfüllen) erfolgt dann in den einzelnen Anforderungen. Als mögliche Randbedingungen nennt der Standard auszugsweise Überwachungsfunktionalität, Durchführung paralleler Operationen oder Sicherheitsbestimmungen.

Randbedingungen – weitere Fesseln

Die bisherigen Gliederungspunkte bezogen sich ausschließlich auf Bedingungen und Einflüsse, die das zu entwickelnde Produkt betreffen. Überdies kann es sein, dass das Anforderungsdokument, sprich: seine Struktur oder sein Inhalt, durch sich verändernde Annahmen und Abhängigkeiten beeinträchtigt wird. Es ist durchaus denkbar, dass z.B. aus Kostengründen Teile des Bibliothekssystems nicht im ersten Release fertiggestellt werden können. Häufig werden solche Kosten- oder Projektentscheidungen erst getroffen, wenn das Anforderungsdokument zumindest teilweise erstellt wurde. Folglich kann es notwendig werden, das Anforderungsdokument dementsprechend umzustrukturieren beziehungsweise zu verkleinern, sodass nur noch relevante Anforderungen festgehalten werden. Die damit verbundenen Maßnahmen und Abhängigkeiten sind gegebenenfalls in *2.5 Annahmen und Abhängigkeiten* festzuhalten. Der Abschnitt *2.6 Verzögerungen* hat ebenfalls optionalen Charakter. Hier werden die Anforderungen aufgelistet, die aller Voraussicht nach in nächster Zukunft – in den nächsten Releases – nicht umgesetzt werden können. Diese Entscheidung sollte jedoch auch bei der jeweiligen Information festgehalten werden.

Der wichtigste Teil des gesamten Dokuments ist der Anforderungsteil *(3. Anforderungen)*. Er enthält sowohl die funktionalen als auch nicht-funktionalen Anforderungen (siehe Kapitel 6 „Anforderung oder Anforderung") an das Produkt. Dieser Teil stellt sowohl den wichtigsten als auch den in der Fachwelt umstrittensten Teil dar. Umstritten deshalb, weil es zahlreiche Vorschläge und Meinungen gibt, wie dieser Bereich zu gliedern ist. Wir möchten an dieser Stelle darauf verzichten, Ihnen eine konkrete Gliederung vorzuschlagen, da diese sicherlich nur für eine winzige Teilmenge der in der Praxis durchgeführten Projekte gültig wäre. Vielmehr zeigen wir Ihnen kurz auf, welche prinzipiellen Möglichkeiten Sie haben, die Anforderungen innerhalb des Dokuments anzuordnen.

IEEE 830-98 Anforderungen

➡ 6 Anf.-Arten

Zunächst ist es sinnvoll, die funktionalen und nichtfunktionalen Anforderungen zu separieren. Ansätze, Strukturen und Normen zur Gliederung von nicht-funktionalen Anforderungen können Sie im Kapitel 10 „Die nicht-funktionalen Anforderungen in der Systementwicklung" nachlesen. Die dort aufgezeigte Gliederung kann nahtlos für alle Projekte in das Anforderungsdokument übernommen werden. Die funktionalen Anforderungen hingegen können auf mehrere Arten angeordnet werden.

➡ 10 nfA

Entscheidend ist, dass kein Projekt mit nur einer Sichtweise auf die Anforderungen auskommt. Das heißt aber nicht, dass auf eine Gliederungsstruktur innerhalb des Anforderungsdokuments verzichtet werden kann. Diese Gliederung ist aber nur eine Sicht auf die Anforderungen und gibt im Wesentlichen die logische Struktur der zu erstellenden Software wieder. Sie entspricht häufig der Aufteilung in Module (nicht zu verwechseln mit den Komponenten, die erst im Entwurf festgelegt werden). Im Bibliothekssystem (siehe Kapitel 2 „Das Bibliothekssystem") beispielsweise kann ein Modul den Ausleihvorgang darstellen (siehe Abbildung 13.5).

➡ 2 Das Beispiel

Abbildung 13.5: Beispiel für die Kapitelstruktur (Ausschnitt) aus dem Anforderungsdokument für das Bibliothekssystem

IEEE 830-98 Anhang und Index

Im vorletzten Abschnitt des Anforderungsdokuments *(4. Anhang)* können weiterführende Informationen, die das Dokument sinnvoll ergänzen, untergebracht werden. Denkbar wären weiterführende Unterlagen zu Benutzercharakteristik, Standards, Konventionen oder Hintergrundinformationen zum Anforderungsdokument.

Den Abschluss bildet der Index *(5. Index)*, der üblicherweise ein Inhaltsverzeichnis (Kapitelstruktur) und ein Indexverzeichnis enthält. In dem hochgradig dynamischen Anforderungsdokument ist dies ein neuralgischer Punkt, der ständig aktuell zu halten ist.

Die vorgestellte Gliederung stellt eine Möglichkeit der Strukturierung dar und gibt Ihnen zumindest eine Checkliste für die Inhalte, die sie abdecken sollten, wenn Sie Ihr Anforderungsdokument auf andere Weise gliedern wollen.

13.4.2   Filtern und Sortieren

Filtern

Im letzten Abschnitt haben wir gezeigt, welche Datenflut ein Projekt im Bereich der Anforderungen erzeugt, und dass eine Anforderungsverwaltung Möglichkeiten besitzen muss, Herr der Lage zu bleiben. Um mit einer solchen Masse und Vielfalt sinnvoll zu arbeiten, müssen diese Informationen nicht nur erfasst, sondern auch gezielt aufbereitet und wiedergewonnen werden können. Ein Requirements-Management-Tool (siehe Abschnitt 13.6) kann Ihnen die gesammelten Informationen nicht nur in ihrer Gesamtheit anzeigen, sondern auch nach verschiedenen Kriterien filtern. Damit wird diese riesige Menge handhabbar.

Beispiele für solche Filter:

- Alle freigegebenen Anforderungen.
- Alle offenen Fragen.
- Alle Anforderungen, für die eine Person verantwortlich ist.
- ...

Klassischerweise bekommt man Anforderungen immer in ihrer Kapitelstruktur dargestellt. Oft wünscht man sich jedoch eine Darstellung in einer anderen Reihenfolge, also mit anderer Sortierung.   **Sortieren**

Beispiele für solche Sortierungen:

- Nach Kapitelstruktur
- Nach eindeutiger Identifizierung
- Nach Fachbereich und nach Kapitelstruktur
- Nach Änderungsdatum
- ...

Filter und Sortierungen werden meist zusammen verwendet, um Ansichten zu definieren.   **Ansichten**

Beispiele für solche Ansichten:

- Alle Informationen für das erste System Release nach Kapitel sortiert
- Alle Anforderungen für das erste System Release nach Fachbereich sortiert
- ...

Diese Liste lässt sich beliebig fortsetzen. Wichtig ist, dass Sie jederzeit die für Sie gerade richtige Brille aufsetzen können und nicht verschwommene, sondern klare Strukturen sehen. Die Bedeutung von Filtern werden Sie auch noch im Zusammenhang mit Baselines kennen lernen.

Die Einführung von RE-Methoden und Tools

von Matthias Recknagel

Die Einführung eines modernen Requirements-Engineering umfasst in der Regel drei Bereiche: eine Methode, die festlegt, wie die Anforderungen generell erhoben und dokumentiert werden sollen. Die Festlegung der im jeweiligen Umfeld am besten geeigneten Methode erfordert Fachkenntnisse, wie sie beispielsweise im vorliegenden Buch vermittelt werden. Durch den Prozess wird beschrieben, in welcher Reihenfolge die verschiedenen Aktivitäten aufeinander folgen und wer die Verantwortung für die einzelnen Prozessschritte trägt. Um den Prozess für die Anwendung der gewählten Methode im realen Projekt festzulegen, sind Kenntnisse des übergeordneten Software-Entwicklungsprozesses und der Firmenkultur erforderlich. Häufig wird mit der neuen Methode auch ein neues Tool für das Requirements-Management eingeführt, das die gewählte Methodik unterstützt und die Verwaltung der Anforderungen in den nachfolgenden Phasen des Projektes erleichtert. Die Einführung des Tools erfordert neben der Auswahl des unter den gegebenen Randbedingungen optimalen Werkzeuges vor allem die Kenntnis der Funktionalität des jeweiligen Werkzeuges und die Beherrschung der zum Betrieb erforderlichen Infrastruktur.

Am wenigsten Aufmerksamkeit wird in dieser Aufzählung meist der Einführung an sich geschenkt. Der Erfolg der Einführung hat maßgeblichen Einfluss auf die Erfolgschancen aller anderen Komponenten des Requirements-Engineerings. So können beispielsweise die gewählten Vorgehensweisen zur Erhebung und Dokumentation von Anforderung nur dann einen Beitrag zur Verbesserung der Spezifikationsqualität liefern, wenn sie von den betroffenen Mitarbeitern verstanden und angewandt werden. Die Einführung des Requirements-Engineerings erfordert die Veränderung von gelebten Prozessen im Unternehmen und von teilweise seit vielen Jahren eingeübten Gewohnheiten der Mitarbeiter! Beides sind Bereiche, die in der klassischen Ausbildung von Informatikern oder Ingenieuren bestenfalls am Rande gestreift werden, für den Erfolg der Einführung aber letztlich ausschlaggebend sind. Verbindet man diese Tatsache mit der Erkenntnis, dass die Einführungsphase von RE-Maßnahmen zu einem der bestimmenden Faktoren für den Erfolg der RE-Maßnahmen wird, kann man leicht erkennen, welche Bedeutung einer professionell geplanten und durchgeführten Einführung in der Praxis zukommt.

Voraussetzung für die Veränderung von Gewohnheiten ist zunächst das Erlernen der neuen Arbeitsweisen. In der Praxis bedeutet dies, dass die neuen Methoden und Prozesse den Mitarbeitern sorgfältig vermittelt werden müssen. Grundsätzlich gibt es verschiedene Wege, dieses Ziel anzugehen. Die Auswahl des geeignetsten Weges ist abhängig von der Unternehmenskultur, den durch das Projekt festgelegten Randbedingungen und den zur Verfügung stehenden Ressourcen. Denkbar ist hier beispielsweise eine Kombination aus Schulung und Coaching Als äußerst effizient hat sich aber auch die Vorgehensweise herausgestellt, bei der die neue Methode von Mitgliedern des mit der Einführung betrauten Projektteams im produktiven Umfeld angewandt wird. Auf diese Weise wird einerseits eine Entlastung der zu schulenden Mitarbeiter erreicht und gleichzeitig der Nachweis erbracht, dass die neue Methode tatsächlich für die vorliegenden Aufgabenstellungen geeignet ist. Der Erfolgsfaktor dieser Vorgehensweise ist darin zu sehen, dass Methoden- und Fachspezialisten hier im Team zusammenarbeiten.

Eine große Herausforderung bei der Einführung besteht im Überwinden von Widerständen. Dies ist umso leichter, je kleiner die Distanz zwischen Lernendem und Lehrendem ist. Auch unter diesem Aspekt erweist sich die Zusammenarbeit von Methoden- und Fachspezialisten in einem Team als vorteilhaft. Die Zusammenarbeit minimiert die Distanz zwischen den beiden Lernpartnern, die erarbeiteten Ergebnisse können direkt in das Entwicklungsprojekt einfließen und die Eignung der Vorgehensweise wird an einer Aufgabenstellung aus der Praxis bewiesen.

Widerstände bei der Einführung von RE-Methoden äußern sich auf vielfältige Art und Weise. Es gibt Mitarbeiter, die im „Es-war-schon-immer-so" verharren, und andere, die nach außen zwar aktiv mitarbeiten, zu einer Veränderung der eigenen Arbeitsweise aber nicht bereit sind. Teilweise wird eifrig auf die gewohnte Art und Weise weitergearbeitet, um dann kurz vor dem vereinbarten Fertigstellungstermin der Spezifikation zu argumentieren, dass eine Umstellung auf die neue Methode nun schon aus zeitlichen Gründen nicht mehr möglich sei.

Die Widerstände sind ernst zu nehmen und gegebenenfalls anzusprechen. Geschieht dies nicht, läuft das Projekt Gefahr, durch ständige Reibungsverluste, mangelnde Beteiligung und subtile Verweigerungstechniken zu scheitern oder weit hinter dem theoretisch möglichen Erfolg zurück zu bleiben. Die Überwindung von Widerständen erfordert ein Team von Spezialisten, die mit menschlichen Ängsten und Gewohnheiten ebenso gut umgehen können wie mit den fachlichen Bestandteilen der einzuführenden Vorgehensweisen. Während für den Bereich der „reinen" sozialen Kompetenz meist in ausreichendem Maß Trainer zur Verfügung stehen oder eingekauft werden, ist die Kombination von sozial kompetenten und kompatiblen Unterstützern, die gleichzeitig über die erforderliche fachspezifische RE-Kompetenz verfügen, sehr viel seltener anzutreffen.

Wie können Tools bei der Einführung von RE-Maßnahmen helfen?

In der Praxis treten RE-Tools meist gegen das am weitesten verbreitete „Werkzeug" zur Erstellung von Anforderungen an, das praktisch allgegenwärtige Textverarbeitungsprogramm eines großen amerikanischen Softwarekonzerns. Da Textverarbeitungsprogramme den Benutzer aufgrund ihrer universellen Eigenschaften bei der Erstellung und Gestaltung von Texten nicht einschränken, wird der Umstieg auf ein RE-Tool für den Einzelnen praktisch immer als Beschneidung der Möglichkeiten empfunden, woraus sich eine weitere Quelle für Widerstände gegen Veränderungen ergeben kann. Diesen Einschränkungen stehen spezielle Funktionen gegenüber, die die Arbeit mit Anforderungen erheblich erleichtern, teilweise unter realen Projektbedingungen sogar erst möglich machen. Als Beispiele hierfür können Traceability, d. h. die Vernetzung von Anforderungen über verschiedene Ebenen hinweg, und die Versionierung von Anforderungen genannt werden. Die Werkzeuge unterstützen den Anwender, den unterschiedlichen Forderungen verschiedener Zulassungsverfahren, z. B. aus der Luftfahrt oder der medizinischen und pharmazeutischen Technik, gerecht zu werden.

RE-Tools unterstützen den Anwender in erster Linie bei der Dokumentation und Verwaltung der Anforderungen. Meist erfolgt dies mit Hilfe einer zentralen Datenbank, sodass auch die Frage nach dem Ort der aktuellen Version der Spezifikation der Vergangenheit angehört und der Zugriff auf die darin verwalteten Inhalte gezielt festgelegt und überwacht werden kann. Darüber hinaus unterstützen viele RE-Tools den Abstimmungsprozess der Anforderungen und dokumentieren gleichzeitig deren Veränderungen über die Zeit. In jedem Fall helfen RE-Tools dabei, ein evtl. vorhandenes Mengenproblem zu lösen. Auch inhaltlich kann das geeignete Tool einen Beitrag zur Steigerung der Qualität der Anforderungen leisten. So stellt beispielsweise die Attributierung von Anforderungen neben der inhaltlichen Differenzierung auch eine Möglichkeit zur Überwachung und Steuerung des Reifegrades der Spezifikation dar.

Die am weitesten verbreiteten RE-Tools unterstützen von Haus aus keinen bestimmten Prozess zur Analyse von Anforderungen. Dies bietet einerseits den Vorteil, das gewählte Werkzeug flexibel an die im Einzelfall vorliegenden Randbedingungen anpassen zu können. Andererseits führt der Einsatz eines RE-Tools ohne einen auf die Erfordernisse des Entwicklungsgegenstandes, die Entwicklungspartner und die zur Verfügung stehenden Ressourcen zugeschnittenen Prozesses in der Regel zu keiner nachhaltigen Verbesserung der Qualität des Ergebnisses. Neben der Auswahl des geeigneten Tools und der Planung der Einführung ist der Definition eines zu den genannten Faktoren kompatiblen Prozesses die größte Aufmerksamkeit zu schenken. Zu beachten ist in diesem Zusammenhang jedoch, dass der Prozess trotz möglicher Unterstützung durch das Tool so einfach wie möglich bleibt. Die vielfältigen Funktionen der RE-Tools führen häufig dazu, alle zur Verfügung gestellten Fähigkeiten der Software auszuschöpfen oder diese gar noch mit Hilfe integrierter Skriptsprachen zu erweitern. Erliegt man dieser Versuchung, so bewegt sich der Schwerpunkt eines Projektes zur Einführung von RE-Methoden immer weiter weg von den fachlichen Methoden hin zur Anpassung, Optimierung und Erweiterung der Tools.

Denkt man weiter über die Konsequenzen der Einführung neuer Tools nach, so kann man auch zu dem Schluss kommen, dass Tools Probleme nicht wirklich lösen, sondern die bekannten nur durch neue Probleme ersetzen. Bei zentralen Lösungen fallen beispielsweise stets administrative Aufgaben an, neue Schnittstellen sind zu bedienen oder gar erst zu realisieren, der Betrieb ist auch unter widrigen Umständen zu gewährleisten und bereits bestehende Inhalte sind aus Altsystemen zu übernehmen.

Trotz der genannten Risiken stellt die Einführung eines Tools in den meisten Fällen doch die bessere Lösung dar. Der Grund dafür ist neben den technischen Aspekten wieder einmal in den menschlichen Faktoren zu sehen. Wie bereits erwähnt, erfordert die Einführung von RE-Methoden die Umstellung der Arbeitsweise bei einer Tätigkeit, die für die meisten als etwas ganz Normales erscheint. Schließlich geht es ja „nur" darum aufzuschreiben, was das zu entwickelnde Produkt leisten soll. Führt man die den Grundsätzen des Requirements-Engineerings gehorchenden Vorgehensweisen in Verbindung mit einem neuen Tool ein, so kann dies unter bestimmten Voraussetzungen entscheidend dazu beitragen, die alten Gewohnheiten der Betroffenen aufzubrechen. Dies gilt in besonderem Maße in Bereichen, in denen der Spezifikationsmethode bis jetzt gar keine oder nur wenig Aufmerksamkeit geschenkt wurde, d. h. in einer Umgebung, in der keine Sensibilisierung für den methodischen Anspruch dieser Tätigkeiten vorhanden ist. Das (neue) Tool zur Erfassung und Verwaltung der Anforderungen hilft, einen deutlichen Schnitt zur bisher praktizierten Arbeitsweise herbeizuführen und bietet gleichzeitig eine Möglichkeit zur Identifikation mit der neuen Methode.

Die Wahl des geeigneten Tools in Verbindung mit der richtigen Methodik ermöglicht es vielfach erst, neue Ansätze des Requirements-Engineerings, wie beispielsweise den Produktlinienansatz, in den Entwicklungsprozess einzuführen und auch bei zunehmendem Umfang und Komplexität der Systeme eine gleich bleibende Qualität der Spezifikationen zu gewährleisten. Entscheidend dabei ist, das Tool bei der Ausarbeitung des Gesamtkonzeptes nicht zu sehr in den Vordergrund zu stellen. Dies gilt vor allem für inhaltliche Entscheidungen, bei denen stets die fachlich methodischen Fakten oder die Anforderungen des Prozesses im Mittelpunkt des Interesses stehen sollten. Je sorgfältiger hier vorgegangen wird, desto einfacher wird es, die betroffenen Mitarbeiter für die neue Vorgehensweise zu motivieren. Für den Einsatz von Tools sollte dagegen der Grundsatz „so wenig wie möglich" gelten. In der Praxis wird dies immer noch einen erheblichen Anteil der zu leistenden Arbeit ausmachen. Bescheidenheit in diesem Punkt wird sich vom ersten Moment an positiv auf die für Betrieb und Pflege der anzusetzenden Kosten auswirken, im Falle der meist unvermeidbaren Änderungen führt sie zu einer deutlichen Reduzierung des erforderlichen Aufwandes.

Entscheidend für die Akzeptanz des Gesamtprojektes Requirements-Engineering wird jedoch die Einführung der neuen Arbeitsweisen bei den Betroffenen sein. Das Ziel, Betroffene hier zu Beteiligten zu machen, ist schnell formuliert, in der Praxis aber häufig nur schwer zu erreichen. Wichtig ist in diesem Zusammenhang, den Aufwand für die Einführung bei der Planung des Vorhabens nicht zu unterschätzen

374

und professionelle Partner einzubeziehen, die neben der fachlichen Qualifikation auch die nötige Erfahrung im Umgang mit den betroffenen Mitarbeitern mitbringen. Der Nutzen eines professionellen Anforderungsmanagements wird sich nur dann einstellen, wenn die zugrunde liegenden Ideen nicht nur in Form von abstrakten Prozessbeschreibungen existieren, sondern von allen Beteiligten in der täglichen Arbeit gelebt werden.

Matthias Recknagel ist seit dem Abschluss seines Studiums der Luft- und Raumfahrttechnik in verschiedenen Funktionen an zahlreichen Software-Entwicklungsprojekten aktiv. Am Fraunhofer Institut für Produktionstechnik und Automatisierung war er für Auftraggeber aus der Industrie für die Entwicklung verschiedener Mess- und Prüfsysteme tätig. Seit 2001 ist er in der Pkw-Entwicklung der DaimlerChrysler AG für den Spezifikationsprozess bei der Entwicklung von Telematiksystemen verantwortlich.

13.5 Spielzüge des Requirements-Managements

Wenn Sie sich für eine Struktur für das Anforderungsdokument entschieden haben, beginnen Sie diese zu füllen. Das geschieht aber nie Kapitel für Kapitel, von oben nach unten, sondern Sie werden die Ihnen gerade zur Verfügung stehenden oder erhobenen Informationen in diese Struktur einsortieren oder bestehende Informationen anpassen und präzisieren. Um den Überblick zu behalten und nicht im Chaos zu versinken, müssen Sie die Entstehung Ihres Repositorys nachvollziehen können.

13.5.1 Traceability

Unter Traceability versteht man die Nachvollziehbarkeit von Entscheidungen und Abhängigkeiten zwischen Informationen und deren Repräsentationsformen, vom Projektbeginn bis zu seinem Ende.

Definition
Traceability

Bei der Erstellung einer Systemspezifikation erzeugen Sie ein Abbild eines Teils der realen Welt mit allen für das Projekt relevanten Informationen. Dabei entsteht ein komplexes Werk, das möglichst in sich vollständig, frei von Redundanzen und eindeutig sein soll. Jedes Hinzufügen, Ändern oder gar Löschen kann diese Harmonie durcheinander bringen. Sie brauchen also ein Verfahren, mit dessen Hilfe Sie die Komplexität dieses Gebildes handhabbar machen und mit dem Sie nur diesen für die Ergänzung, Änderung oder Löschung relevanten Bereich betrachten können. Traceability für Anforderungen ermöglicht Ihnen z.B. die Beantwortung folgender Fragen:

- Welche Anforderung stammt von welchem Kunden?
- Welche Entscheidung führte zur Ablehnung einer Anforderung?
- In welcher Komponente wurde die Anforderung umgesetzt?
- Welcher Test deckt die Überprüfung einer Anforderung ab?
- Gibt es Anforderungen, deren Realisierung die betrachtete Anforderung beeinflussen?
- ...

375

Aber wie funktioniert das?

Jede neue Information basiert auf einer anderen. Jede Änderung hat einen Grund. Diese Zusammenhänge macht man sich zunutze. Bei Änderungen oder Entscheidungen werden die Gründe und die beteiligte Personen mit dokumentiert. Damit kann man auch zu einem späteren Zeitpunkt noch Fragen zu diesem Vorgang beantworten oder von den beteiligten Personen beantworten lassen. Bei den ersten Anforderungen eines Systems hat man meist einen guten Überblick über das Dokument oder die für die aktuelle Anforderung relevanten Informationen. Bevor dieses nützliche Wissen verloren geht, wird es in Form von Verweisen, so genannten Traceability-Links mitdokumentiert.

Voraus-
setzungen

Um Traceability-Links für Anforderungen aufbauen und definieren zu können, müssen Sie einige Voraussetzungen erfüllen:

- *eindeutige Identifikation:*
Die Basis für Traceability bildet die Möglichkeit, Informationen eindeutig zu identifizieren. Meist dient hierfür eine eindeutige, für den Menschen lesbare Nummer.

- *klar definierte Ziele:*
Jedem Beteiligten müssen die definierten Ziele, die Sie mit der Traceability erreichen wollen, bekannt sein. Diese Ziele geben vor, welche Artefakte nachvollziehbar miteinander verknüpft werden, z.B. ein Klassendiagramm mit einer Anforderung oder eine Anforderung mit einem Testfall. Da Traceability-Links zusätzlich zu den Anforderungen erfasst werden müssen, hat der Verantwortliche teilweise einen hohen Mehraufwand zu bewältigen, dem oft kein direkter Nutzen gegenüber steht (Payoff-Problematik).

- *Definition der Struktur und des Inhaltes der Trace-Daten:*
Ein einfacher Verweis ist oft nicht genug – man muss auch wissen, was sich hinter dem Verweis befindet und welche Bedeutung er hat. Wenn Sie auf Definitionen verweisen, dürfte anhand des Ziels den meisten klar sein, dass hier Begriffe definiert werden. Wenn Sie auf andere Anforderungen verweisen, ist dies nicht mehr so klar. Eventuell ist das Ziel Ihres Verweises eine alte Version oder eine neuere Version oder eine Verfeinerung oder eine geltende nicht-funktionale Anforderung oder eine technische Anforderung oder … zu dieser Anforderung. Legen Sie auch fest, ob Sie einen Verweis in beide Richtungen benötigen.
Die Strukturierung von Trace-Daten ermöglicht die Erfassung in einem Informationsmodell und bildet die Basis für die Unterstützung durch ein Werkzeug (siehe Abschnitt 13.6). Abhängig von den Zielen beinhalten Trace-Daten Angaben zu Quellen und Zielpunkten des Traceability-Links, Zeitpunkt der Entstehung oder Änderung, dem „Autor" oder dem Typ des Links (z.B. „wird verfeinert von", „wird realisiert durch", ...).

- *Festlegung von Aufwand und Nutzen:*
Die Menge theoretisch möglicher Traceability-Links kann schon bei relativ einfachen Systemen sehr groß werden. Zusammen mit der schon erwähnten Payoff-Problematik zeigt sich, dass es notwendig ist, sich bei der Traceability auf das Wesentliche zu beschränken und den geschätzten Aufwand und Nutzen sorgfältig gegeneinander abzuwägen. Legen Sie fest, was nachvollziehbar sein soll und auf welcher Detailebene der Aufbau von Traceability überhaupt sinnvoll ist (Doku-

menten-, Anforderungs-, Attributebene). Nur so können Sie den Nutzen und die Ziele den potentiellen Traceability-Verfassern kommunizieren. Beziehen Sie dabei den ganzen Entwicklungsprozess in Ihre Betrachtung mit ein. Manchmal zeigt sich der Nutzen erst, wenn andere Personen mit der Anforderung arbeiten. Der Realisierer erkennt, an welcher Stelle noch Informationen stehen. Bei Änderungen findet man einfach Stellen, die eventuell ebenfalls geändert werden müssen.

■ *Traces müssen sofort gesetzt werden:*
Alle Traces müssen sofort gesetzt werden und nicht erst nach der Fertigstellung eines Dokumentes. Traces nutzen Ihnen während der Erstellung des Dokumentes genauso wie beim Arbeiten mit dem Dokument. Und nur so bleibt Ihr Dokument immer aktuell und entgeht der Gefahr, dass etwas vergessen wird.

Eines der wichtigsten Kriterien ist natürlich die technische Umsetzung. Je nachdem, welches Tool Sie für die Verwaltung von Informationen einsetzen, werden Verweise automatisch gepflegt oder Sie müssen selbst Hand anlegen. Die Spannbreite reicht von textuellen Referenzen bis zu Hyperlinks. Für textuelle Verweise ist die eindeutige Identifikation besonders wichtig, bei Hyperlinks sollten Sie die Schnittstellen zwischen Programmen beachten. Bedenken Sie, dass Sie nicht nur Informationen verbinden wollen, die während der Anforderungserhebung entstehen, sondern z.B. auch die der Entwicklung.

Haben Sie die Voraussetzungen erfüllt und alle wichtigen Punkte definiert und festgelegt, so haben Sie einen ersten Schritt in Richtung effektiver Anforderungsverwaltung getan. Trotz des Mehraufwandes, den Sie leisten müssen, ist die Traceability essenziell für Ihren Projekterfolg. Denn ohne Traceability ist ein Änderungsmanagement nicht möglich. Nur Traceability-Links beschreiben, welche Artefakte von einer Änderung betroffen sind. Durch ihren Bezug zur Quelle einer Anforderung können die betroffenen Stakeholder selektiert und die Änderungen abgestimmt werden.

Ein Wort zum Schluss: Änderungen von Anforderungen können zu Änderungen der Traceability führen. So können neue Traceability-Links benötigt werden, weil Teile einer Anforderung ergänzt wurden. Im umgekehrten Fall müssen vielleicht Traceability-Links entfernt werden, da eine Anforderung aufgeteilt wurde.

13.5.2 Versionierung und Verfeinerung

Anforderungen müssen ständig angepasst werden. Ursachen sind meist Überarbeitungen aufgrund von Ergänzungen, Erweiterungen oder Änderungen der Informationen, wie sie zum Beispiel beim Hinterfragen von Anforderungen mittels der natürlichsprachlichen Methode (siehe Kapitel 8 „Der lange Weg vom Satz zur Anforderung") auftreten. Deshalb muss das Requirements-Management dafür sorgen, dass alle Veränderungen nicht nur erfasst, sondern auch kanalisiert werden. Um die Traceability auch hier zu gewährleisten, gibt es zwei Möglichkeiten: die Versionierung und die Verfeinerung.

↪ 8 Satz-Anf.

An jeden Zustand einer Information sind Rechte gekoppelt, die regeln, wer Änderungen durchführen oder die Information in den nächsten Zustand überführen darf. Sobald die Bearbeitung einer Information abgeschlossen und die Richtigkeit bestätigt ist, dürfen keine inhaltlichen Änderungen mehr durchgeführt werden. Sollte eine

Versionierung – neuer Startpunkt im Werdegang

Bearbeitung unumgänglich sein, wird eine neue Version erzeugt. Versionen einer Information bilden eine Kette, das heißt, es existiert höchstens ein Vorgänger bzw. höchstens ein Nachfolger einer betrachteten Version.

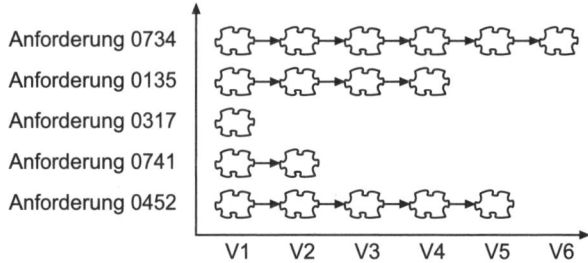

Abbildung 13.6: Kettenstruktur der Versionierung

Verfeinerung – Eltern-Kind-Beziehungen visualisiert

Im Gegensatz dazu erzeugt das Verfeinern von Informationen eine Baumstruktur, das heißt, es existiert höchstens ein Vorgänger, aber beliebig viele Nachfolger. Informationen werden verfeinert, um einen bestätigten Sachverhalt näher zu spezifizieren. Zum Beispiel kann eine grobe Anforderung eines Nutzers durch mehrere wesentlich detailliertere Anforderungen genauer spezifiziert werden.

Diese Baumstruktur funktioniert so lange, wie der Blickwinkel gleich bleibt. Ändert sich der Blickwinkel, zum Beispiel von der Beschreibung der Fachlichkeit hin zur Beschreibung der technischen Umsetzung funktioniert dies meistens nicht mehr. Hier entsteht eine n:m-Beziehung, mit natürlich wachsender Komplexität in Bezug auf die Traceability.

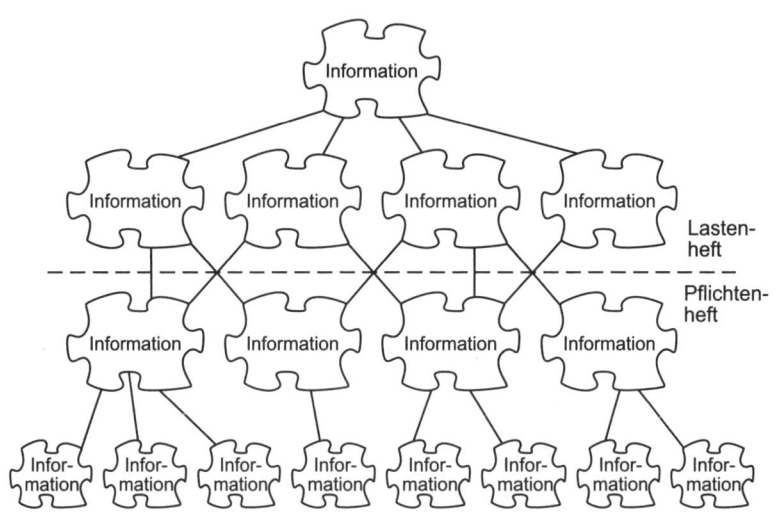

Abbildung 13.7: Baumstruktur der Verfeinerungen

13.5.3 System Release, Baseline, Branch

Produkte werden weiterentwickelt und unterliegen Änderungen. Diese Stufen der Weiterentwicklung werden auch System Releases genannt. Dabei müssen Zusammenhänge und Unterschiede zwischen früheren und aktuellen Versionen in den Spezifikationen für die System Releases jederzeit erkennbar sein. Dies stellt keine neue Erkenntnis dar und lässt sich auch technisch schnell mittels eines Attributs „System Release" für die Informationen scheinbar einfach lösen.

Baseline

Als Baselines oder Dokument Release bezeichnet man eine genau spezifizierte Menge an Informationen (z.B. Anforderungen, Abnahmenkriterien, ...) zu einem definierten Zeitpunkt, welche im Rahmen eines Konfigurationsmanagements verwaltet werden. Baselines werden erstellt, um den Inhalt und Zustand einer Information und damit indirekt den Stand einer Entwicklung festzuhalten. Informationen, die zu einer solchen Baseline gehören, dürfen inhaltlich nicht verändert werden. Sie bieten die Möglichkeit einer gemeinsamen, definierten Basis für Gespräche zwischen Projektbeteiligten, während das Projekt (zwischenzeitlich) weitergeführt werden kann. Überdies ermöglichen sie, ein Projekt auf einem definierten Stand wieder aufzusetzen (Reproduktion), falls sich beispielsweise das Projekt seit einer bestimmten Baseline in eine falsche Richtung entwickelt hat. Ein geeigneter Zeitpunkt kann das Erreichen eines Meilensteins, der Abschluss der Spezifikation eines Teilbereiches oder eines System Releases (siehe Abbildung 13.8) sein.

Ziele Baseline

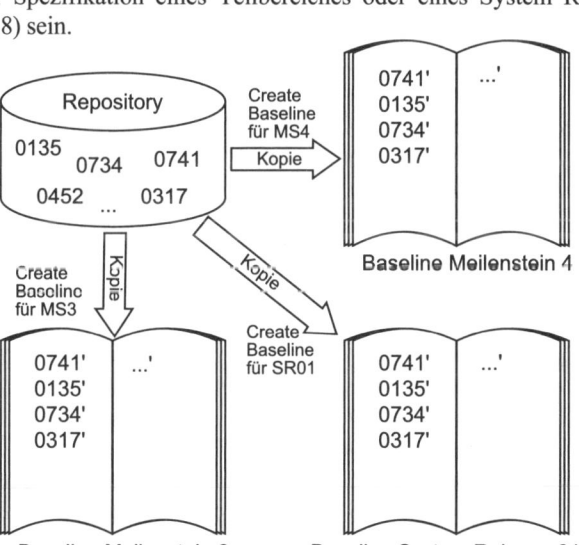

Abbildung 13.8: Aktive Informationen und Baselines

Baselines schließen häufig nicht sämtliche Informationen ein. So kann es nötig sein, nur bestimmte Teile des Anforderungsdokumentes festzuhalten, weil genau dieser Teil der einzige ist, der bereits sinnvoll strukturiert ist. Überdies ist es manchmal

Umfang der Baseline

interessant, eine personenbezogene Baseline zu erstellen, das heißt, man bezieht nur Informationen ein, deren Autor eine bestimmte Person ist. Sie benötigen daher die Möglichkeit, den Inhalt einer Baseline Ihren Bedürfnissen anzupassen. Sie können Filter einsetzen, die nur die Informationen anzeigen, die gewissen Kriterien für bestimmte Verwaltungsinformationen genügen (siehe Abbildung 13.9). Zudem kann es sinnvoll sein, bestimmte Informationen nicht mit in die Baseline aufzunehmen, wenn diese bereits eindeutig oder überflüssig sind. Manchmal ergibt es wenig Sinn, bei Anforderungen den Zustand mit anzugeben, wenn eine Baseline alle abgenommenen Anforderungen enthalten soll. Der Zustand ist dann implizit das Filterkriterium.

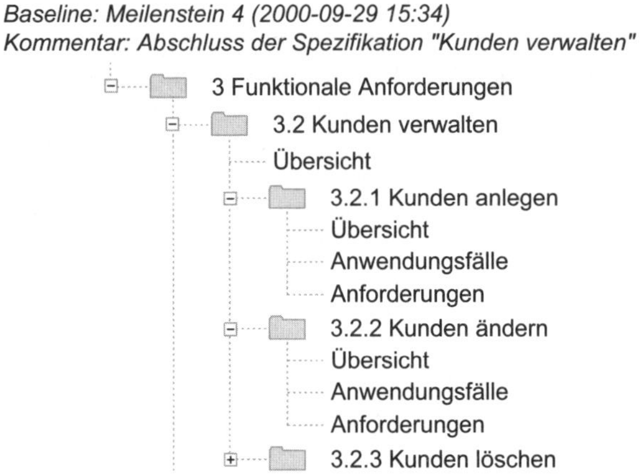

Baseline: Meilenstein 4 (2000-09-29 15:34)
Kommentar: Abschluss der Spezifikation "Kunden verwalten"

```
⊟····☐    3 Funktionale Anforderungen
    ⊟····☐    3.2 Kunden verwalten
        ····Übersicht
        ⊟····☐    3.2.1 Kunden anlegen
            ····Übersicht
            ····Anwendungsfälle
            ····Anforderungen
        ⊟····☐    3.2.2 Kunden ändern
            ····Übersicht
            ····Anwendungsfälle
            ····Anforderungen
        ⊞····☐    3.2.3 Kunden löschen
```

Abbildung 13.9: Struktur für einen Teilbereich des Anforderungsdokuments

Traceability

Die Verweise zwischen den aktuellen Informationen und den daraus erstellten Baselines müssen bidirektional nachvollziehbar sein. Die einzelnen Informationsarten müssen dementsprechend Verweise oder zusätzliche Verwaltungsinformationen besitzen.

Eindeutigkeit

Da in einem Projekt mehrere Baselines erstellt werden, muss eine eindeutige Identifikation für die Baseline vergeben und auch Datum/Uhrzeit sollten vermerkt werden. Anforderungsmanagement-Programme erledigen dies normalerweise automatisch.

System Release

Nur noch in wenigen Fällen wird ein Produkt einmal entwickelt und anschließend nie wieder verändert. Vielmehr ist es heute so, dass ein Produkt sich in Stufen entwickelt und in Betrieb genommen wird. Diese verschiedenen Stufen nennt man System Releases. Auf der anderen Seite hat man eine riesige Menge von Informationen, die mit dem Produkt, oder genauer gesagt, mit den System Releases des Produktes zusammenhängen. Die große Frage lautet: Welche Informationen gelten für welches Release?

Der erste Schritt besteht darin, dass jede Information einen Vermerk (Attribut) bekommt, für welches System Release sie gültig ist. Doch wie meistens steckt der Teufel im Detail.

Die trivialen Fälle sind, dass eine Information für mehrere oder nur für ein bestimmtes System Release gilt. Die Herausforderung beginnt, falls eine Information für unterschiedliche System Releases unterschiedliche Ausprägungen hat. Für das erste System Release könnte ein Benutzer durch seinen Vor- und Nachnamen gekennzeichnet sein, für ein späteres System Release neben seinem Namen auch durch seine Bankverbindung (siehe Abbildung 13.10).

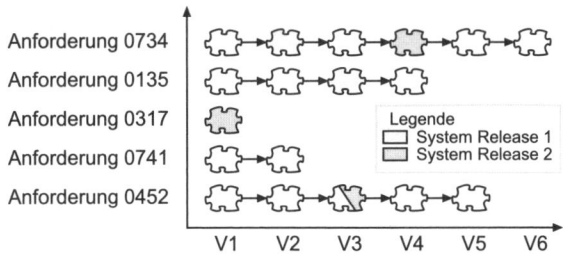

Abbildung 13.10: Weiterentwicklung von Anforderungen

Um der Problematik und Komplexität Herr zu werden, bieten viele Tools die Funktionalität „Branch".

Branch

Ein Zweig (Branch) ist die Kopie einer Anforderung, welche sich in geringen Details vom Original unterscheidet.
Definition Branch

Die Verzweigung stellt tooltechnisch einen einfachen Mechanismus bereit, in der Anwendung gehört er zu einem der kompliziertesten. Legen Sie nicht nur vorher fest, wie dieser Mechanismus eingesetzt werden soll, sondern probieren Sie ihn auch aus. Gerade dieser Mechanismus führt bei unmotivierter Anwendung zu mehr Chaos, als dass er einen Nutzen bringt.

Der Branch wird meistens eingesetzt, um ausgehend von einem alten Stand einer Spezifikation einen neuen Stand für ein neues „Zwischen System Release" zu erzeugen (siehe Abbildung 13.11).

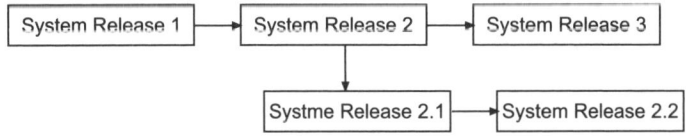

Abbildung 13.11: Grundkonzept Branch

Was macht diesen Mechanismus so kompliziert?

Ein Faktor ist, dass die eindeutige Identifizierung plötzlich nicht mehr so eindeutig ist. Im Beispiel bedeutet dies, dass plötzlich zum Beispiel mehrere unterschiedliche Anforderungen mit der Nummer 4711 auftauchen können. Um die Anforderung eindeutig zu identifizieren, wird dann die Angabe des System Releases nötig. Ein weiterer Faktor ist, dass es mehrere Vorgehensweisen gibt, um die gleiche Problematik zu lösen.

Das Ziel ist jedoch allen gemein: einerseits für jedes System Release über einen gültigen Stand von Informationen zu verfügen, andererseits nachträglich neue „Zwischen-System Releases" einzufügen.

Eine mögliche Art der Verwaltung möchten wir Ihnen jetzt vorstellen.

Anmerkung: Wir beschränken uns hier auf Anforderungen; die Aufgabe einer IST-Analyse und ähnlicher Artefakte sei hier für eine Komplexitätsreduktion ebenfalls weggelassen.

Normalerweise fangen Sie an, das SOLL-System zu spezifizieren. Alle Anforderungen werden mit „System Release = SOLL" markiert.

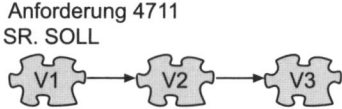

Abbildung 13.12: Startstruktur ohne Branch

Irgendwann werden Sie eine System Release-Planung durchführen. Sie legen den Umfang für das erste System Release fest. Ordnen Sie allen Anforderungen, die im ersten System Release berücksichtigt werden sollen, ein „System Release = 1" zu. Tritt jetzt der Fall auf, dass Sie eine Anforderung nicht genau auf das System Release passt, sondern kleinerer Änderungen bedarf, erstellen Sie einen Branch der Anforderung an das SOLL*System*Release und ordnen dann diesem Branch „System Release = 1" zu (siehe Abbildung 13.13).

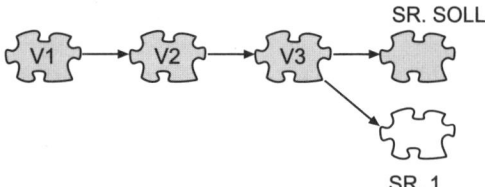

Abbildung 13.13: Branch einer Anforderung

Mit der Zeit entsteht eine Art Baum-Struktur, die an ihren Blättern jeweils gültige Anforderungen für das zugeordnete System Release enthält (siehe Abbildung 13.14).

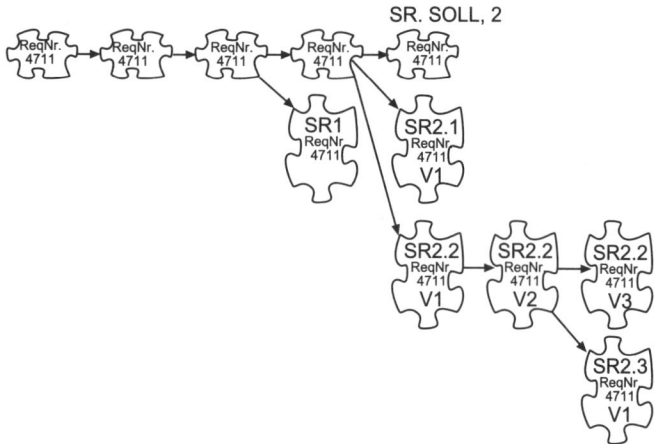

Abbildung 13.14: Endstruktur für Release-Planung durch Branches

Tools sollten Sie dabei unterstützen, die Verbindungen zwischen den Informationen zu erzeugen und zu pflegen. Um nicht nur einen Branch, sondern auch einen Merge, also das Zusammenführen von Zweigen, zu unterstützen, bieten viele Tools die Möglichkeit, Anforderungen zu vergleichen.

13.5.4 Produktlinien und -familien

Wie bereits am Anfang dieses Kapitels erwähnt, zählen Produktlinien und -familien zu den komplexen Herausforderungen. Zum einen liegt das daran, dass zurzeit noch keine wirklich durchdachten Vorgehen auf dem Markt sind und die „Szene" noch eher forschend tätig ist. Natürlich gibt es bereits Ansätze für die Entwicklung von Light-, Standard- und Deluxe-Produkten. Auch im Bereich von Einzelprodukten, die zu einem größeren zusammengestellt wird, gibt es gute Vorschläge. Die meisten existierenden Ansätze sind entweder software- oder hardwarelastig. Ein Vorgehen, das alle Aspekte berücksichtigt, fehlt noch. Sobald sich hier etwas Neues ergibt, werden wir es auf unserer Homepage veröffentlichen.

Aus Sicht des Requirements-Managements ist dieses Thema natürlich ebenfalls komplex. Sollten Sie jedoch iterative/inkrementelle Projekte bereits verwalten und um die Materie von System Releases, Baselines und Branches Bescheid wissen, sind die Produktlinien nur die konsequente nächste Stufe. Das heißt, dass Informationen nicht nur die Zusatzinformation bekommen, in welchem System Release sie zum Einsatz kommen, sondern zusätzlich, in welchem übergeordneten Produkt.

Abbildung 13.15 und Abbildung 13.16 zeigen den fast schon typischen Aufbau, der sehr an die Mengenlehre erinnert. Es gibt Informationen, die für jedes Einzelprodukt gelten, genauso gibt es Anforderungen, die in mehreren Kontexten gelten.

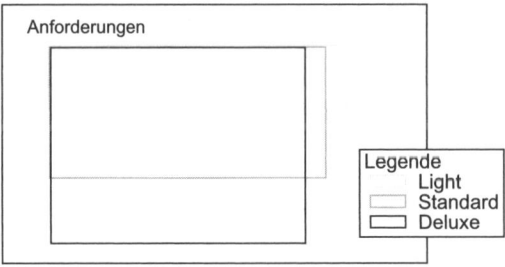

Abbildung 13.15: Anforderungen einer Produktlinie

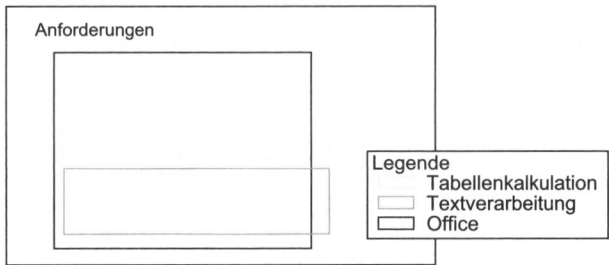

Abbildung 13.16: Anforderungen einer Produktfamilie

383

13.5.5 Auswertungen

Projektcontrolling

Ziel eines jeden Projektes ist es, die operativen Vorgaben einzuhalten. Ein wichtiges Hilfsmittel sind dabei Controlling-Verfahren zur Überwachung des Projektfortschritts. Das Requirements-Management kann diesen Prozess unterstützen, indem es die Verwaltungsinformationen der einzelnen Informationsarten statistisch auswertet und somit Aussagen über den Fortgang und Ressourcenverbrauch liefert. Welche Statistiken dabei sinnvoll sind, wollen wir Ihnen nun vorstellen. Dabei zeigen wir auch, welche Verwaltungsinformationen die Informationsarten besitzen müssen, damit eine Auswertung überhaupt möglich ist.

Folgende Statistiken werden wir näher betrachten:

- Earned-Value-Methode
- Coverage by Model
- Current
- Progress

Earned-Value-Methode

Mittels der Earned-Value-Methode wird der Umfang der geleisteten Tätigkeiten in Relation zum gewünschten Umfang (Soll) bestimmt. Übertragen auf die Anforderungsanalyse gibt das Verfahren Aufschluss über den Fortschritt einer einzelnen Anforderung bis hin zum gesamten Projekt.

Die Basis der Methodik bildet eine A-priori-Abschätzung über die Gesamtzahl der zu erwartenden Anforderungen. Die dabei verwendete Größe hängt von vielen Einflussfaktoren ab und hat sehr starke Auswirkung auf das statistische Resultat. Mit einzubeziehen sind Projektgröße, Verfeinerungsgrad und System Releases, da diese Informationen Aufschluss über die Anzahl der Anforderungen geben können. Da diese Berechnung sehr schwierig ist, sollte sie nur von erfahrenen Projektbeteiligten durchgeführt oder zumindest überwacht werden.

Vorgehen

Der Fortschritt einer Anforderung kann anhand ihres Zustands ermittelt werden. Dies ist auch ein Grund, warum Zustände als Attribut einer Information überhaupt eingeführt werden. Jedem Zustand müssen Sie einen prozentualen Wert zuweisen, der den Aufwand zur Erreichung des Zustandes (ausgehend vom Vorgängerzustand) wiedergibt. Die Summe der Werte beträgt folglich 100% (siehe Abbildung 13.17). Die Zuweisung der Werte sollte flexibel gehalten werden, aber für alle Anforderungen einheitlich sein, das heißt, der Wert ist mit dem Zustand und nicht mit einer bestimmten Anforderung verbunden. Es kann außer den Zustandswerten auch sinnvoll sein, weitere Verwaltungsinformationen mit einzubeziehen. Über die Konsistenz (wie Konsistenz mit Objektmodell) kann zum Beispiel auch die Umsetzung einer Anforderung im weiteren Softwareentwicklungsprozess statistisch erfasst werden.

Gemäß der Abbildung 13.17 beträgt der Fortschritt für eine Anforderung, die im Zustand „Abnahmekriterien vollständig" und konsistent mit dem Objektmodell ist, 75 Prozent.

Zustand oder Verwaltungsinformation	(projektspezifischer) Fortschrittsfaktor in %
Erzeugt	0 %
Abgezeichnet	30 %
Abnahmekriterien vollständig	30 %
Konsistenz mit dem Objektmodell erfüllt	15 %
Konsistenz mit dem Prototyp erfüllt	15 %
Verifiziert	5 %
Genehmigt	5 %

Abbildung 13.17: Empfohlene Zuordnung des Fortschrittsfaktors zu den Zuständen

Der Fortschritt einer einzelnen Anforderung ist relativ uninteressant. Für aussagekräftige Ergebnisse werden Anforderungsgruppen gebildet und für diese das Earned Value berechnet. Gruppen können ganze Kapitel umfassen oder aus Anforderungen gebildet werden, deren Verwaltungsinformationen bestimmten Werten (zum Beispiel alle Anforderungen des Verfeinerungsgrades 1) genügen. Nicht zuletzt – und das ist häufig der Normalfall – werden alle Anforderungen des Projektes zur Berechnung des gesamten Earned Values mit einbezogen. Zur Berechnung des Fortschritts einer ganzen Gruppe ist nur das arithmetische Mittel zu bilden:

Bildung von Gruppen

$$\text{Fortschritt}_{\text{Gruppe}} = \frac{\sum \text{Fortschrittswert der Anforderung der Gruppe}}{\text{Anzahl der Anforderungen in der Gruppe}}$$

Fortschritt

Um den Earned Value einer Gruppe von Anforderungen zu bestimmen, muss noch eine Abschätzung über die Anzahl aller (noch zu erhebenden) Anforderungen, die das Gruppenauswahlkriterium erfüllen, getroffen werden.

$$\text{Earned Value}_{\text{Gruppe}} = \frac{\text{Anzahl der Anforderungen in der Gruppe}}{\begin{array}{c}\text{Anzahl der zu erwartenden}\\\text{Anforderungen in der Gruppe}\end{array}} * \text{Fortschritt}_{\text{Gruppe}}$$

Earned Value

Um den Fortschritt des gesamten Projekts zu ermitteln, muss die Gruppe bewerteter Anforderungen dementsprechend auf sämtliche Anforderungen des Projekts ausgedehnt werden.

Coverage by Model

Mit Hilfe der statistischen Auswertung „Coverage by Model" (Abdeckung durch das Objektmodell) kann eine Aussage über den Modellierungsstand aller Anforderungen eines Projektes getroffen werden. Dazu müssen die notwendigen Verwaltungsinformationen in einer Anforderung bereitgestellt werden. Zum einen ist es wichtig festzuhalten, ob eine Anforderung überhaupt modelliert wird, zum anderen muss eine Beziehung zwischen Anforderung und Objektmodell hergestellt werden. Diese Verwaltungsinformationen werden in Feldern wie *Klasse, Attribut, Service, Relation* und *Konsistent mit dem Objektmodell* abgelegt. Nicht modellierbare Anforderungen dürfen die Statistik nicht beeinflussen.

Vorbereitung

Die Beziehung zwischen Anforderung und Objektmodell kann auf drei unterschiedliche Weisen klassifiziert werden:

Einteilung

385

- *Abgedeckt*
  Die Anforderung wurde vollständig in das Objektmodell integriert.

- *Nicht abgedeckt*
  Die Anforderung wurde überhaupt nicht in das Objektmodell integriert.

- *Unvollständig oder nicht korrekt abgedeckt*
  Die Anforderung wurde nur teilweise integriert.

Der letzte Fall liegt typischerweise dann vor, wenn die Konsistenz mit dem Objekt-modell noch nicht bestätigt werden kann, aber eine Klasse oder ein Attribut als Ver-waltungsinformation zu der Anforderung bereits besteht.

Eine aufbereitete Statistik, die eine Aussage über die Abdeckung trifft, können Sie der Abbildung 13.18 entnehmen. Normalerweise werden dabei alle modellierbaren Anforderungen mit einbezogen und keine Gruppen gebildet.

Datum	Anzahl der modellierbaren Anforderungen	Abgedeckt	Nicht abgedeckt	Unvollständig oder nicht korrekt abgedeckt	Abdeckung in Prozent
27.07.04	6041	2341	400	3300	39%
20.08.04	6428	2678	250	3500	42%
11.09.04	6916	4563	120	2233	66%

Abbildung 13.18: Beispiel einer tabellarischen Statistik über den Fortschritt der Modellierung

Alternativ kann die Statistik auch als Diagramm abgebildet werden:

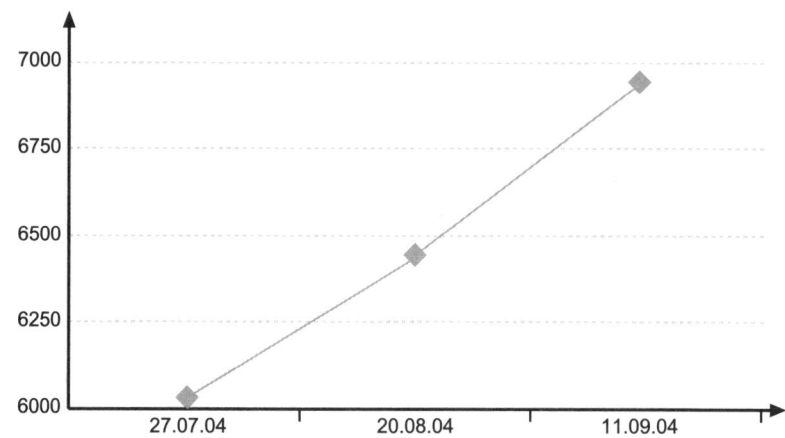

Abbildung 13.19: Beispiel einer grafischen Statistik über den Fortschritt der Modellierung

Current (Trend)

Mittels der Current- oder Trendstatistik ist es möglich, den zeitlichen Verlauf im Lebenszyklus einer Informationsart zu beobachten. Dies ist am einfachsten über eine Tabelle (siehe Abbildung 13.20) zu realisieren. Dabei wird die Anzahl der Tage angegeben, die eine Informationsart benötigt hat, um einen bestimmten Zustand zu erreichen.

Information	Erzeugt	Einzuarbeiten	Geschlossen
Referenz auf Interview	0 Tage	2 Tage	45 Tage

Abbildung 13.20: Statistik – zeitlicher Verlauf im Lebenszyklus für Trendberechnung

Die Trendstatistik ist auch auf Kapitelebene übertragbar. Das heißt, es werden alle Informationen einer bestimmten Art (zum Beispiel alle Interviews aus dem Kapitel „Kunden verwalten" des Bibliotheksbeispiels) betrachtet. Zudem wird der Zeitverlauf in Klassen eingeteilt, wobei eine Klasse einer bestimmten Anzahl an Tagen entspricht. Die Abbildung 13.21 zeigt einen Auszug aus einer Trendstatistik für Interviews. Als Zelleninhalte werden die Anzahl der Informationen, deren Zustände innerhalb des Zeitraums erreicht wurden, festgehalten. Der Tabelle ist beispielsweise zu entnehmen, dass neun Interviews des Kapitels „Kunden verwalten" den Zustand „geschlossen" bereits in weniger als fünf Tagen erreicht haben.

Informations-art	Zustand	Kapitel	0 Tage	1–5 Tage	> 5 Tage
Interview	Einzuarbeiten	Kunden verwalten	5	10	0
		Medien verwalten	8	13	2
		...			
	Geschlossen	Kunden verwalten	0	9	6
		Medien verwalten	0	2	21
		...			

Abbildung 13.21: Beispiel für den zeitlichen Verlauf im Lebenszyklus von Interviews

Progress (Projektfortschritt)

Neben dem Fortschritt einer einzelnen Anforderung können auch Fortschrittskennzahlen für das gesamte Projekt (bezogen auf eine Informationsart) aus den Analyseergebnissen gewonnen werden. Dazu wird die Gesamtanzahl einer Informationsart zu einem bestimmten Zeitpunkt festgehalten und nach verschiedensten Kriterien aufgeschlüsselt. Abbildung 13.22 verdeutlicht diesen Sachverhalt.

Datum	Gesamt	Geändert	Aktiv	Annulliert	Versioniert	Erzeugt	Einzuarbeiten	Geschlossen
27.07.04	2018	1024	1952	2	64	512	256	1184
20.08.04	4096	30	3964	4	128	2000	1334	630
...								

Abbildung 13.22: Beispiel für eine Statistik für den Projektfortschritt von Interviews

In der Spalte „Gesamt" ist die gesamte Anzahl einer bestimmten Informationsart vermerkt. Wichtig ist dabei, dass diese Zahl niemals abnehmen kann, denn es werden keine Informationen gelöscht, sondern nur annulliert. Die Gesamtzahl setzt sich aus der Anzahl der aktiven, versionierten und annullierten Informationen zusammen, wobei aktive Informationen all jene sind, die nicht annulliert oder versioniert sind. Zusätzlich gibt es noch eine Spalte „Geändert", welche die Anzahl der Informationen wiedergibt, die in den letzten 28 Tagen verändert wurden. Das Verhältnis der Spalten „Erzeugt", „Einzuarbeiten" und „Geschlossen" lässt einen Rückschluss auf den aktuellen Projektfortschritt zu.

13.6   Am Simulator

In den bisherigen Kapiteln und ganz besonders in diesem wurden Ihnen die komplexen Zusammenhänge der Anforderungsanalyse und des Requirements-Managements gezeigt. Die vielfältigen Abhängigkeiten und Prozesse, die dabei beachtet und durchlaufen werden müssen, machen es dem Mensch fast unmöglich, diesen Massen an Informationen Herr zu werden. Wie heutzutage üblich, verlangt auch diese Thematik nach einer Computer-Unterstützung, die – natürlich und wie immer mit nur einem Knopfdruck – dem geplagten Anwender unter die Arme greift.

Ohne eine Softwareunterstützung lässt sich in räumlich verteilten, komplexen Projekten eine effiziente und reibungslose Anforderungsverwaltung nicht realisieren. Stellen Sie sich vor, Sie müssten Ihre Traceability ohne ein RM-Tool organisieren, und das am besten auf Papierbasis. Dieser Aktenberg soll natürlich nach Ihren Sicherheitskonzepten verwaltet werden, Ihren Stakeholdern global zur Verfügung stehen und ein effektives Workflowhandling ermöglichen. Sie haben Recht: Unmöglich! Sie sind auf ein RM-Tool angewiesen. Doch bedenken Sie: Es heißt Tool-UNTERSTÜTZUNG, denn es ersetzt nicht das methodische Vorgehen. Das Motto „Erst der Mensch, dann die Methode und zum Schluss das Tool!" müssen Sie stets im Hinterkopf behalten. *(Motivation)*

Doch welche Kriterien muss ein RM-Tool erfüllen, um Ihnen des Leben leichter zu machen? Softwarelösungen im Bereich des Requirements-Managements sind keine Produkte von der Stange und unterscheiden sich teilweise grundlegend voneinander. Was sollte ein RM-Tool also alles können? *(Aufgaben eines RM-Tools)*

- Verwalten aller Anforderungen
  (z.B. Anforderungen, Modelle, Testpläne, Änderungswünsche,...)

- Verwalten logischer Beziehungen zwischen Dokumenten
  (Stichwort: Traceability)

- Editieren von Dokumenten
  (Mchrbcnutzcrfähigkcit, Zugriffskontrolle, Konfigurations- und Versionsmanagement)

- Organisation der Information
  (Gruppierung, Hierarchiebildung, Attributierung mit Zusatzinformationen)

- Reporte generieren
  (z.B. „Wo sind die Anforderungen realisiert?", „Warum befindet sich dieses Stück Code hier?", ...)

Sie können in Ihrem Projekt natürlich Standardsoftware (Text- und Grafikeditoren, Flowcharter, Tabellenkalkulationen, Datenbanken, Reportgeneratoren oder Groupware) zur Anforderungsverwaltung heranziehen. Deren Vorteil liegt darin, dass sie in der Regel bereits verfügbar sind. Sie müssen sich allerdings bewusst sein, dass Sie einen hohen Anpassungs- und Wartungsaufwand betreiben müssen, um diese Software als Verwaltungsgrundlage nutzen zu können. Genauso problematisch ist die Integration der Werkzeuge. Sie müssen auch abwägen, ob Sie mit der reduzierten Funktionalität, wie z.B. dem Fehlen der Mehrbenutzerfähigkeit bei Texteditoren, gegenüber spezialisierten RM-Tools auskommen oder nicht. *(Standardsoftware)*

RM-Tools

Heute stehen circa 10 kommerzielle RM-Tools auf dem Weltmarkt zur Verfügung. Die erfolgreichsten Werkzeuge sind DOORS (Telelogic), RequisitePro (IBM Rational), RTM (Integrated Chipware), Caliber (Borland) und natürlich unser CARE (SOPHIST Group). Der grundsätzliche Aufbau ist dabei weitestgehend identisch und entspricht dem in Abbildung 13.23 gezeigten.

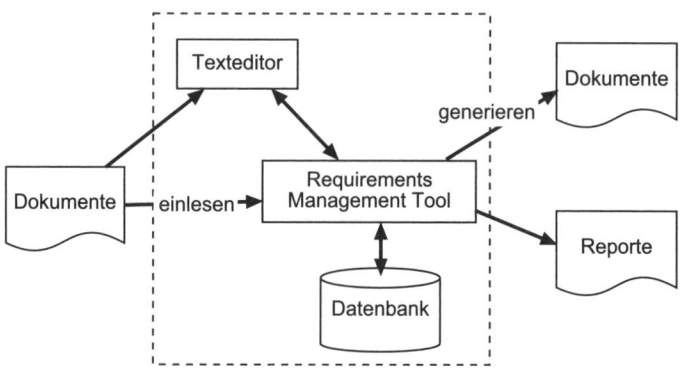

Abbildung 13.23: Grundsätzlicher Aufbau von RM-Tools

Diese Tools unterstützen die Durchführung eines RE-Prozesses optimal durch ihre zentralen Features:

- Modellbasierte Anforderungsverwaltung mit Attributen
- Organisation der Anforderungen (meist durch Hierarchien)
- Versionsmanagement der einzelnen Anforderungen
- Konfigurationsmanagement/Baselining
- Mehrbenutzerfähigkeit (z.B. bei der Zugriffskontrolle)
- Traceability-Management
- Änderungskontrolle

Sie sehen also, die zentralen Features sind nahezu deckungsgleich mit den von uns oben aufgestellten Forderungen. Es gibt aber leider noch einige wenige Schwächen, oder besser Nachteile. Nennen wir das Kind beim Namen: Solche Tools sind relativ teuer und rechnen sich erst langfristig. Außerdem gestaltet sich die Einbindung von grafischen Modellen schwierig. Abhilfe können hier CASE-Tools (Modellierungswerkzeuge) schaffen, deren Integration allerdings ebenfalls Probleme bereitet. Beispiele von CASE-Tools aus dem Bereich der Unified Modeling Language (UML) wären Tau (Telelogic), Rational Rose/XDE (IBM), Rhapsody (i-Logix), Together (Borland) oder Poseidon (Gentleware). Sie dienen der Dokumentation und Überprüfung von grafischen Modellen und können so die Schwäche der RM-Tools ausgleichen. Außerdem verfügen manche über eine integrierte Codegenerierung (aus den Modellen), sodass eine frühe Validierung durch Simulationen möglich wird.

Auswahl von RM-Tools

Welches Werkzeug für Ihr Projekt oder Ihre Firma am besten geeignet ist, lässt sich pauschal schwer sagen, da die Werkzeugbewertung sehr viele Facetten besitzt. Eine vollständige Bewertung aller angebotenen Tools innerhalb eines vertretbaren Rahmens ist unmöglich. Deshalb wollen wir Ihnen hier eine zweistufige, Szenario-basierte Vorgehensweise vorstellen, mit der sich das Konfliktfeld zwischen Aufwand und

390

Untersuchungsgenauigkeit minimieren lässt. Die erste Stufe beinhaltet eine Herstellerbefragung mittels eines Fragebogens. Dadurch erhalten Sie Informationen, auf deren Basis eine Vorauswahl der relevanten Produkte getroffen werden kann. Die Inhalte des Fragebogens sollten sich auf die Bereiche Firmendaten, Marktstellung, Lizenzen, Support, Mitarbeiterschulung, technische Voraussetzungen, Gruppenunterstützung und Veröffentlichungen konzentrieren. Ist die Auswertung abgeschlossen, so beginnt die zweite Stufe, die nutzungsabhängige, detaillierte Werkzeugbewertung. Dazu benötigen Sie zuerst einen generischen Bewertungsrahmen, der die Werkzeuge aus jeder Sichtweise beleuchtet.

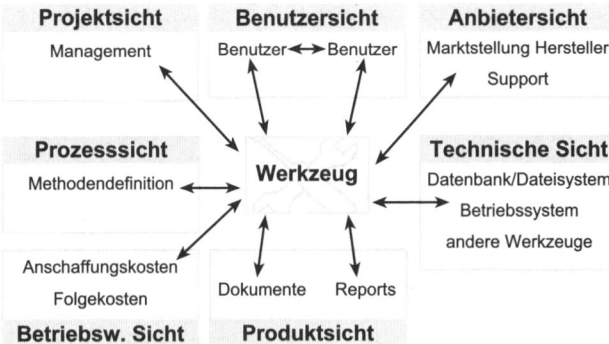

Abbildung 13.24: Bewertungsrahmen für RM-Tools

Welche Kriterien die einzelnen Sichten genau beinhalten, finden Sie in Anhang A.

➦ Anhang A

Im nächsten Schritt müssen Sie sich konkrete, anwendungsspezifische Nutzerszenarien überlegen. Ein Nutzungsszenario kann z.B. das Einbinden von Word-Dokumenten oder das Erstellen von Reports über selektive Abhängigkeiten von Anforderungen sein. Haben Sie die Nutzungsszenarien definiert, so zeigt sich oft, dass diese noch weiter verfeinert werden können und damit eine kontext-spezifische Anpassung des Bewertungsrahmens möglich ist. Erst jetzt kann mit der eigentlichen detaillierten Werkzeugbewertung begonnen werden. Einen Fragebogen für die Tool-Evaluierung finden Sie auf unserer Homepage *www.sophist.de*.

Anforderungen als Grundlage für Entwicklungsvorhaben in der Software-Erstellung

von Martina Kratzsch

In den letzten Jahren hat sich das Arbeiten im Rahmen von Projekten immer stärker durchgesetzt. Die wohl wichtigste Voraussetzung für eine erfolgreiche Projektarbeit ist neben dem fachlichen Expertenwissen meines Erachtens das Vorgehen nach einem gewählten Vorgehensmodell. Davon gibt es verschiedene auf dem Markt. Vergleicht man sie miteinander, wird man jedoch feststellen, dass alle mehr oder weniger der gleichen Strategie folgen: Ziele definieren – relativ grobe Definition des zu erstellenden Produktes aus der zukünftigen Benutzersicht – Verfeinern dieser Anforderungen in Hinblick auf die spätere Entwicklung – Design der einzelnen Teile und Komponenten des Produktes – Zusammenfügen der Teile zu dem einen Produkt – Kontrolle der Einhaltung der am Anfang erstellten Definition.

Was sich in der Theorie so einfach anhört, ist in der Praxis jedoch offenbar alles andere als einfach umzusetzen. So beherrscht noch immer die Vorstellung „Das machen wir mal eben!" das Geschehen. Nur langsam setzt der Prozess des Umdenkens ein. Zugegebenermaßen ist dies ein sehr steiniger Weg. Im Rahmen von zwei Projekten ist mir dies sehr deutlich geworden.

Erst nach einiger Zeit der Mitarbeit in anderen Projekten wurde mir das eine und wenig später das zweite Projekt übertragen. Voller Begeisterung und Enthusiasmus machte ich mich an die Realisierung. Doch wo beginnen? Nur mit meinen eigenen Vorstellungen von der Durchführung eines Projektes und einigen rudimentären Kenntnissen aus dem Studium konnte das Unterfangen nicht gut gehen. Das wurde sehr schnell klar. So kam bald der Entschluss, sich eines definierten Vorgehensmodells zu bedienen. Dabei fiel die Wahl auf das V-Modell. Wie sich später herausstellte, eine gute Wahl, da auch das unternehmensinterne Vorgehen an das V-Modell angelehnt ist. Mit dieser Entscheidung waren die Probleme aber nicht aus der Welt geschafft! Im Gegenteil: Ich hatte den Eindruck, als ob es jetzt erst richtig losgehen würde. Unter „Projekthandbuch" und „Projektplan" konnte ich mir ja noch etwas vorstellen, aber bei „Fachliche Anforderungen" und „Technische Anforderungen" wurde es doch etwas komplizierter. Das V-Modell sagt dazu: „Alle vom Anwender vorgegebenen fachlichen Anforderungen an das System und die zugehörigen Randbedingungen." Na prima, waren die ersten Gedanken, das ist doch einfach! Wir wissen ja, was wir wollen: ein System, das diese und jene Eigenschaften besitzt. Das zu Papier zu bringen, sollte doch nicht so schwer sein. Doch wie immer steckt der Teufel im Detail. Kaum war ein Satz zu Papier gebracht, taten sich gleich zig neue Fragen und Probleme auf. Was soll eigentlich das zu entwickelnde System können? Was ist doch eher eine Anforderung an den Menschen, der das System später einmal bedienen wird? Ist die Formulierung so, wie sie jetzt gewählt wurde, eindeutig genug? Sagt sie genau das aus, was ich als Verfasser damit ausdrücken will? Entspricht das, was ich da aufschreibe, tatsächlich den Anforderungen der Anwender? Fragen über Fragen! Und das Schlimme daran: Irgendwann ist in einem einfachen Word-Dokument die Übersicht einfach weg!

Softwareunterstützung

Das war der Zeitpunkt, als bei uns im Projekt die Erkenntnis reifte, wir brauchen für das Erfassen und Verwalten der Anforderungen eine Toolunterstützung. Diese haben wir dann auch beschafft und setzen sie seitdem in unseren Projekten ein. In diesem Tool sind mittlerweile sämtliche fachlichen und nichtfachlichen Anwenderforderungen enthalten. Im Verlaufe der Arbeit mit dem Tool haben sich weitere Vorteile einer solchen Datenbank-unterstützten Anforderungsverwaltung gezeigt. So sind jetzt alle Fragen, die im Verlaufe des Projektes zu den Anforderungen besprochen wurden, direkt mit den entsprechenden Anforderungen verknüpft und damit dokumentiert. Die Anforderungen durchlaufen jetzt einen gewissen Workflow. Was sich im ersten Moment sicher etwas bürokratisch anhört, entpuppt sich bei genauerem Hinsehen als überaus sinnvoll. Damit haben wir z.B. die Möglichkeit, eine einzelne Anforderung einem Release zuzuordnen, Anforderungen in verschiedenen Versionen zu halten und – für die Zusammenarbeit mit der Entwicklungsmannschaft überaus hilfreich – Anforderungen vom Auftraggeber bzw. Projektleiter abzeichnen zu lassen. Damit werden die Anforderungen fixiert und dienen als Basis der Zusammenarbeit zwischen Fach- und IT-Seite, zwischen Auftraggeber und Auftragnehmer.

In einem nächsten Schritt können nun zu jeder abgezeichneten Anforderung sehr sauber Abnahmekriterien erstellt und erfasst werden. Das von uns verwendete Tool bietet auch hier wieder die entsprechende Unterstützung des Workflows an. Da die erstellten Abnahmekriterien direkt mit der entsprechenden Anforderung in der Datenbank abgelegt werden, können wir somit der IT-Entwicklung ein weiteres Hilfsmittel für das Verständnis der Anforderungen an die Hand geben. Diese Abnahmekriterien dienen daher gleichzeitig als QS-Maßnahme für die Anforderungen wie auch als Basis für die späteren Abnahmetests.

Bisher habe ich mich nur über die Anwenderforderungen ausgelassen. In einer weiteren Detaillierungsstufe sieht das V-Modell die Technischen Anforderungen vor. Leider ist dieser Begriff etwas unglücklich gewählt, da auch wir in unserem Projekt anfänglich Probleme mit der Unterscheidung zwischen Technischen und technischen Anforderungen hatten. Nachdem diese Barriere überwunden war, ging es in Analogie zu den Anwenderforderungen an die Definition der Technischen Anforderungen samt Abnahmekriterien.

Im Verlaufe der beiden Projekte haben wir auf Entwickler- und fachlicher Seite einige Zeit benötigt, um den Sinn hinter der formalen Definition der Anforderungen an ein zu entwickelndes System zu erkennen. Nachdem dieser bei allen am Projekt Beteiligten zur Selbstverständlichkeit geworden ist, haben die Anforderungen eine zentrale Stellung in den Projekten angenommen. Sie sind heute quasi die Schnittstelle zwischen den Fachleuten einerseits und den Entwicklern andererseits. Aus heutiger Sicht wage ich zu behaupten, dass das Vorgehen so, wie wir es gewählt haben, innerhalb der Projekte von allen mitgetragen wird.

Etwas problematischer ist es jedoch mit der Projektumgebung. Ich habe immer wieder zu argumentieren, warum das konsequente und detaillierte Ausarbeiten der Anforderungen an ein zu erstellendes Produkt, sei es eine Software, ein Gerät oder einfach ein Prozess, von so zentraler Bedeutung für den erfolgreichen Verlauf des Projektes oder Vorhabens ist. Immer noch sehe ich „fachliche Spezifikationen", die auf nur wenigen Seiten eine Beschreibung des gewünschten Systems und zugleich quasi schon den gesamten Systementwurf enthalten.

Dennoch denke ich, dass wir auf dem richtigen Weg sind. Die Zahl der Projekte, die sich eines definierten Vorgehens bedienen und sich auch intensiv Gedanken um die Anforderungen machen, wächst ständig! Als einen großen Erfolg in dieser Richtung stufe ich die Bemühungen unseres Unternehmens ein, ein Tool zur Anforderungserfassung und -verwaltung in das IT-Produktportfolio aufzunehmen.

Martina Kratzsch (M.Kratzsch@DeutschePost.de) arbeitet als Diplom-Informatikerin in der Zentrale der Deutschen Post in Bonn. Schwerpunkte bilden das Requirements-Management sowie die projektbegleitende Qualitätssicherung.

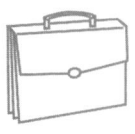

13.7 Management-Zusammenfassung

In diesem Kapitel haben Sie erfahren, welche komplexen Abhängigkeiten zwischen Informationen existieren und wie Sie diese verwalten.

Rollenmodell & Workflow-Konzept

Eine definierte Arbeitsumgebung erleichtert das Arbeiten im Projekt. Erreicht wird dies, indem Sie alle am Projekt Beteiligten erfassen und ihnen Rollen zuordnen. Dieses *Rollenmodell* dient als Basis, um die benötigten Arbeitsschritte Ihres Prozesses festzulegen (*Workflow-Konzept*).

Informations-arten

Nachdem dieser Grundstein gelegt wurde, werden Informationen gesammelt. Alle *Arten von Informationen* werden gespeichert und der Fortschritt des Entwicklungsprozesses dieser Information dokumentiert (*Zustand*). Die während des Projektes durchgeführten Änderungen werden eingearbeitet (*Versionierung*) und Informationen weiter *verfeinert*.

Traceability & Baselines

Bei diesem Vorgehen entstehen Abhängigkeiten zwischen den Informationen. Ein Ziel des Requirements-Managements ist es, diese Informationen zu erhalten und damit die Entstehung des Anforderungsdokumentes sowohl transparent als auch nachvollziehbar zu machen (*Traceability*). Dazu ist es auch nötig, Momentaufnahmen (*Baseline*) des Projektfortschrittes zu erstellen, welche die Möglichkeit und Sicherheit bieten, auf einen definierten Stand zurückzugehen und neu aufzusetzen.

Verteiltes Arbeiten

Besondere Forderungen an den Prozess stellen Projekte, in denen nicht zentral, sondern auf mehrere Standorte *verteilt* gearbeitet wird. Hier müssen Probleme wie die Aktualität der vorliegenden Informationen oder Sicherheit bei der Übertragung von Daten beachtet und gelöst werden.

Statistiken

Eine der häufigsten Fragen an Projektleiter ist: „Wie weit ist Ihr Projekt und was kostet es?" Eine Frage, die ebenso häufig mit einem ehrlichen Schulterzucken zu beantworten wäre. Mit Hilfe von *Statistiken* lässt sich eine genaue Aussage bzw. Prognose darüber erstellen – oder zumindest die Frage zur Zufriedenheit des Fragenden beantworten.

Software-unterstützung

Um diese Statistiken zu erstellen und um nicht selbst in dem komplexen Netz aus Informationen gefangen zu werden, bietet sich eine *Softwareunterstützung* an. Diese Softwarelösungen sorgen für Ordnung im Chaos.

13.8 Kennen Sie Ihr Chaos

- Welche Stakeholder hat Ihr Requirements-Management?
- Welche Arten von Informationen mit welchen Verwaltungsinformationen wollen Sie erfassen?
- Welche Abhängigkeiten zwischen den Informationen sollen verwaltet werden?
- Welche Tools gibt es im Hause, welche sollen eingesetzt werden, und funktioniert die Kommunikation wirklich?

13.9   Weiterführende Literatur

[DeMarco98]
      DeMarco, T.: Der Termin: Ein Roman über Projektmanagement. München, Wien, Hanser 1998. ISBN 3-446-19432-0

[DoD88]
      US Department of Defense: DOD-STD-2167A, Defense System Software Development, Feb. 29, 1988

[DoD94]
      US Department of Defense: MIL-STD-498, Software Development and Documentation, Dec. 5, 1994

[DIN96]
      DIN Deutsches Institut für Normung e. V. (Hrsg.): Geschäftsprozessmodellierung und Workflow-Management: Forschungs- und Entwicklungsbedarf im Rahmen der entwicklungsbegleitenden Normung (EBN); Berlin et al. 1996

[Hruschka02]
      Hruschka, P.; Rupp, C.: Agile Softwareentwicklung für Embedded Real-Time Systeme mit der UML. München, Wien, Hanser 2002. ISBN 3-446-21997-8

[IEEE12207]
      IEEE/EIA 12207: Information Technology – Software life cycle processes. 1st ed., Aug. 1, 1995

[IEEE830-98]
      IEEE Std 830-1998: IEEE Recommended Practice for Software Requirements Specifications. Approved 25 June 1998. IEEE-SA Standards Board
      Print: ISBN 0-7381-0332-2, SH94654; PDF: ISBN 0-7381-0448-5, SS94654

[Leffingwell99]
      Leffingwell, D.; Widrig D.: Managing Software Requirements: A Unified Approach. Reading/MA, Addison Wesley 1999. ISBN 0-201-61593-2

[NASA91]
      National Aeronautics and Space Administration: NASA-STD-2100-91, NASA Software Documentation Standard, July 29, 1991

[Robertson99]
      Robertson, S.; Robertson, J.; Foreword Weinberg, G.: Mastering the Requirements Process. Reading/MA, Addison Wesley 1999. ISBN 0-201-36046-2

[SommerKont97]
      Sommerville, I.; Kontonya, G.: Requirements Engineering Processes and Techniques. Chichester, New York, Wiley 1997. ISBN 0-471-97208-8

[SommerSawy97]
      Sommerville, I.; Sawyer, P.: Requirements Engineering A Good Practice Guide. Chichester, New York, Wiley 1997. ISBN 0 471 97444 7

[VMR97]
      Allgemeiner Umdruck Nr. 250/1, Entwicklungsstandard für IT-Systeme des Bundes, Vorgehensmodell. Teil 1: Regelungsteil. Juni 1997

[Wallmüller01]
      Wallmüller, E.: Software-Qualitätsmanagement in der Praxis. München, Wien, Hanser 2001. ISBN 3-446-21367-8

Chris Rupp, Andreas Günther,
Martina Kratzsch, Jürgen Hahn,
Annette Haupt

„Ein neuer Gedanke wird zuerst verlacht,
dann bekämpft, bis er nach längerer Zeit
als selbstverständlich gilt."

Arthur Schopenhauer

14

Ergänzende Kurzgeschichten –
was Sie vielleicht nicht wissen müssen

Die Themen dieses Kapitels:

■ Requirements-Engineering und Offshore Development (*Chris Rupp*)

■ Benutzerhandbuch als Anforderungsspezifikation (*Chris Rupp*)

■ Abnahmekriterien als Spezifikation (*Andreas Günther*)

■ Requirements-Engineering im Projekt (*Martina Kratzsch*)

■ Anforderungsmuster (*Jürgen Hahn*)

■ Optik – Haptik – Akustik und deren Spezifikation (*Annette Haupt*)

Nachdem Sie jetzt fast das Ende des Buches erreicht haben, wollen wir Ihnen noch einige Einblicke in Spezialthemen des RE geben.

14.1 Requirements-Engineering & Offshore Development

Im Vorfeld der Erweiterung der Europäischen Union dominierte nur ein Thema die Nachrichten: die Abwanderung von Arbeitsplätzen. Zugegeben, ein heikles Gebiet, aber dennoch eine mögliche Antwort auf die Herausforderungen, die deutsche Unternehmer im 21. Jahrhundert zu lösen haben.

Dies gilt besonders für die IT in den Unternehmen, die sich scheinbar unlösbaren Forderungen ausgesetzt sieht. So steigen Ansprüche stetig, die an die IT gestellt werden. Rufe nach Kostenreduzierungen werden laut. Die Steigerung von Integration und Verfügbarkeit bei erhöhtem Komplexitätsgrad muss bewältigt werden. Jede dieser Forderungen soll mit geringerem Budget zur vollsten Zufriedenheit realisiert werden. Deshalb ist es kein Wunder, wenn sich Unternehmen, auf der Suche nach Alternativen, dem Ausland zuwenden. Die Heilsversprechen der Offshore-Anbieter sind verlockender denn je. Welches Management kann schon den Anpreisungen eines Schlaraffenlandes widerstehen, das die Lösungen aller Probleme verspricht.

Wie kann RE in Offshore-Projekten aussehen? Kurz gesagt: alle in den vorherigen Kapiteln erläuterten Maßnahmen, Vorgehensweisen und sonstige Regeln können 1:1 auf Offshore-Projekte übertragen werden. Der Unterschied zu Projekten mit lokalen Anbietern ist zum einen die größere räumliche Distanz, zum anderen sind es Unterschiede in den Vorgehensmodellen und den vertraglichen Vereinbarungen. Diese werden wir Ihnen in den kommenden Abschnitten erläutern.

14.1.1 Heilsversprechungen des Offshoring

Anpreisungen der Werbebroschüren

Jedes Management, das sich die Broschüren von Offshore-Anbietern ansieht, muss sich unweigerlich die Frage stellen, warum man nicht schon vor Jahren seine Strategie geändert und sich die Vorteile des Offshore Development (kurz Offshoring) zu nutze gemacht hat. Angepriesen wird die Erhöhung der Flexibilität beim Ressourcenbedarf und -einsatz. Und als wäre das noch nicht genug, spart man auch noch 60% der Kosten, wandelt fixe in variable Kosten um, senkt das Projektrisiko durch die geringeren Investitionen und erhält nach kurzer Zeit die ersten messbaren Ergebnisse. Also, warum noch zögern? Erobern wir die Welt, und das ganz ohne Risiko! Doch so einfach scheint es dann doch nicht zu sein. Über was sollte sich ein Unternehmer vor der Vergabe von Projekten ins Ausland im Klaren sein?

14.1.2 Wie funktioniert Offshoring?

Vorgehensmodelle

Ganz allgemein könnte man Offshoring als eine IT-Auslagerung bezeichnen, bei der Arbeiten und Funktionen an einen ausländischen IT-Dienstleister abgegeben werden.

Dabei kann man vier typische Vorgehensmodelle identifizieren. Sie ergeben sich aus den unterschiedlichen Konstellationen, den Tätigkeiten und den möglichen Kombinationen, die sich aus Ihrem Know-how und Management und dem des Anbieters ableiten lassen.

Facilitator-Modell

Das Facilitator-Modell beruht auf der Inanspruchnahme eines erfahrenen Vermittlers für Offshore-Projekte.

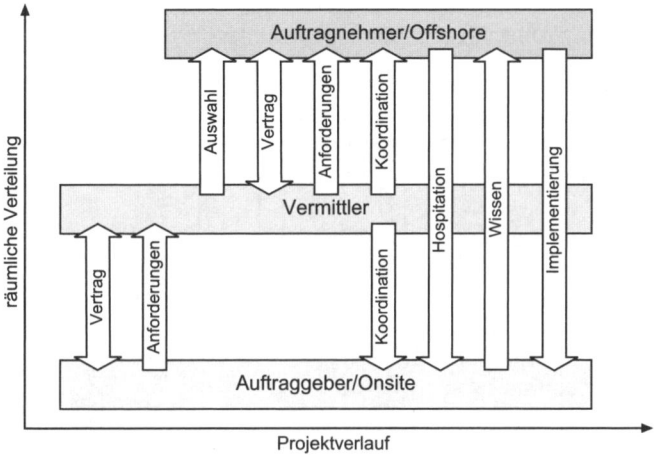

Abblidung 14.1: Das Facilitator-Modell

Nach Vertragsabschluss zwischen Auftraggeber und Vermittler erhält der Vermittler die ersten, eventuell noch relativ ungenauen, Anforderungen an das zu entwickelnde System. Aufgrund dieser Informationen wählt der Vermittler den Offshore-Partner aus und schließt mit diesem einen Vertrag. Der Vermittler übergibt das Anforderungsdokument (eventuell überarbeitet) an den Offshore-Anbieter und übernimmt die Projektkoordination zwischen Auftraggeber und Auftragnehmer. Durch Hospitation des Projektteams beim Auftraggeber werden die restlichen relevanten Anforderungen erhoben, so dass danach die Entwicklung erfolgen kann. Nach Implementierung des Systems ist die Zusammenarbeit des Auftraggebers mit dem Offshore-Partner beendet, was langfristige Abhängigkeiten vom Offshore-Partner vermeidet. Die Kooperation des Auftragsgebers mit dem Vermittler ist meist auf längere Zeit angelegt. So eignen sich z.B. Vermittler in Nearshore-Ländern (z.B. in Lettland) zur dauerhaften Koordination bei wechselnden Partnern in Offshore-Ländern oder noch billigeren Nearshore-Ländern[1] (z.B. der ehemaligen UdSSR). Solche Vermittler stellen eine Art Brückenkopf dar. Sie gewinnen mit der Zeit ein umfassendes Wissen über das Auftraggeberunternehmen und besitzen gleichzeitig Kontakte zum Offshore-Land. Somit können extreme kulturelle und sprachliche Unterschiede überbrückt werden.

Rollen des Vermittlers

---

[1] Als Nearshoring wird aus zentraleuropäischer Sicht die Auslagerung von Dienstleistungen ins (ost-)europäische Ausland bezeichnet.

Co-operation Offshore & On-site

Stellen Sie sich folgende Situation vor: Ihre Firma arbeitet bereits mit einem externen, in Deutschland angesiedelten Unternehmer zusammen, mit dessen Qualität und Leistung Sie eigentlich zufrieden sind. Aber dieser Unternehmer kann dem Kostendruck nicht mehr standhalten. Der lokale Anbieter hat nun seinerseits die Wahl, seine Ressourcen durch Kooperation mit einem Offshore-Anbieter zu erhöhen. Für Sie als Auftraggeber entstehen dadurch keinerlei Abhängigkeiten zu einem Offshore-Partner, da der Offshoring-Vertrag direkt zwischen Ihrem lokalen Anbieter und dem Offshore-Partner geschlossen würde. Der lokale Anbieter ist auch für die Projektkoordination und den Transfer von Wissen zuständig. Dadurch vermeiden Sie als Auftraggeber jegliche Abhängigkeit und Kommunikationsaufwendungen mit einem Offshore-Partner.

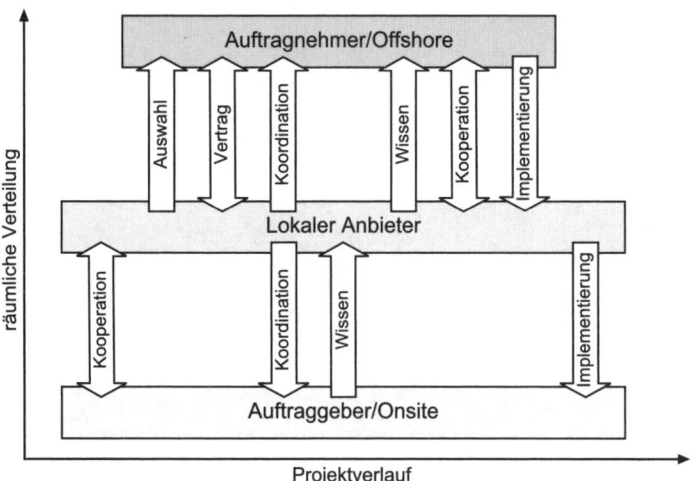

Abbildung 14.2: Co-operation Offshore & On-site

Schwierigkeiten   Der lokale Partner sollte allerdings über eine gewisse Erfahrung im Offshoring verfügen oder kompetente Beratung hinzuziehen. Denn bedenken Sie, je mehr Partner in einem Projekt involviert sind, desto wichtiger ist es, die einzelnen Verantwortlichkeiten und zu erbringenden Leistungen explizit festzulegen. Die Kooperation mit dem Onshore-Partner (einem Partner im eigenen Land) ist meist auf längere Zeit angelegt.

Offshore Workbench

Sollte Ihr Unternehmen über eine komplette Ausgliederung der Softwareproduktion nachdenken, so kann eine Offshore Workbench für Sie die größten Kosteneinsparungen erzielen.

Voraussetzung: Sie eignet sich speziell für sehr gut abgrenzbare Projekte. Sie hat nur einen Haken:
Pilotprojekt   Man sollte dieses Modell erst nach einem erfolgreich abgeschlossenen Pilotprojekt etablieren, da es auf eine längerfristige Bindung zum Offshore-Partner ausgelegt ist. Eine Offshore Workbench ist ähnlich einer verlängerten Werkbank in klassischen

Produktionsbetrieben organisiert, das heißt, Ihr Partner wird zum festen Bestandteil Ihrer Produktion. Deshalb muss der Offshore-Anbieter gut über die Arbeitsweisen und das Umfeld des Auftraggebers Bescheid wissen (z.B. über ein oder mehrere Pilotprojekte). Die Kommunikation sollte in kleinen gemischten Teams erfolgen, die auch den Wissenstransfer sicherstellen. Durch die Zusammenarbeit bietet sich die Möglichkeit, Korrekturen und Änderungen jederzeit durchzuführen. Diese enge Verzahnung hat leider den Nachteil, dass dadurch eine gewisse Abhängigkeit von einem Offshore-Anbieter entsteht. Deshalb sind die Anforderungen an das Management eines Workbench-Modells höher, da derartige Offshore-Teams wie die eigenen Mitarbeiter gehegt und gepflegt werden müssen.

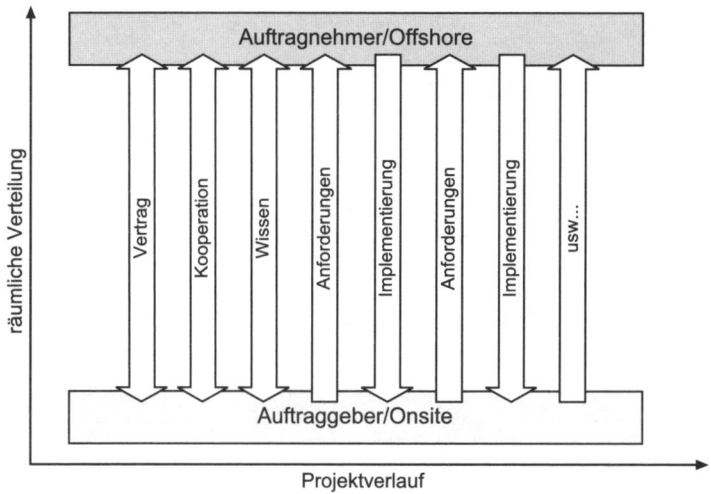

Abbildung 14.3: Offshore Workbench

In Sequenz

Dieses Modell (Abbildung 14.4) eignet sich gut für den Einstieg in den Offshoring-Markt durch ein Pilotprojekt (z.B. zur Evaluierung eines Partners). Allerdings sollte es sich bei dem Projekt um einen klar abgrenzbaren, möglichst vom täglichen Geschäft unabhängigen Bereich handeln. Die Kosteneinsparung ist im Vergleich zu den anderen Modellen gering, da hohe Aufwendungen in die Erstellung einer sehr umfassenden, detaillierten Spezifikation fließen.

Zum Ausprobieren

Der Auftraggeber übergibt sein Pflichtenheft, und der Offshore-Anbieter setzt es Wort für Wort um. Während des Projektes wird nur minimal zwischen den Partnern kommuniziert. Da der Auftraggeber trotzdem am Erfolg des Projektes interessiert ist, muss er sich im Klaren sein, dass die Anforderungen an die Dokumentation, den Projektplan sowie an eine detaillierte Kalkulation sehr hoch sind. Denn der Offshore-Anbieter wird nur liefern, was im Pflichtenheft festgelegt wurde.

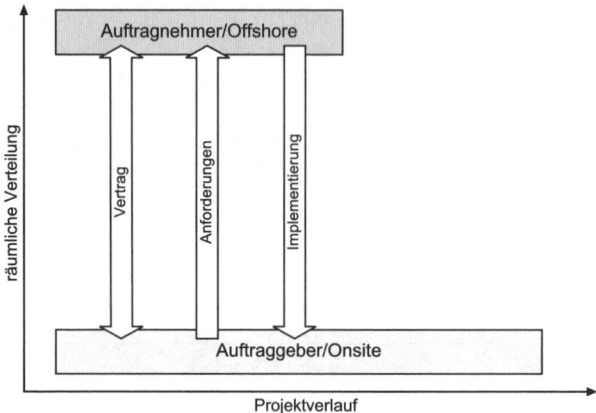

Abbildung 14.4: In Sequenz

Zwischenfazit

Welches Modell für welches Projekt und Unternehmen am besten ist, kann nicht pauschal festgelegt werden. Je nach Zielsetzungen und Randbedingungen können – oder besser müssen – die Modelle angepasst werden. In der Praxis funktionieren auch Kombinationen und Mischformen der einzelnen Vorgehensweisen. Deshalb sollten die folgenden Vorteile und Risiken von Offshoring sorgfältig gegeneinander abgewogen werden.

14.1.3 Vorteile von Offshoring

Die Gründe, warum Unternehmen Aufträge ins Ausland verlagern, sind in den Heilsversprechungen schon angerissen worden. Da es davon allerdings so viele gibt, sind sie uns eine noch nähere Betrachtung wert. Dabei ist zu beachten, dass die meisten Gründe miteinander in Verbindung stehen.

Minimierung des Projektrisikos

Fangen wir gleich mit der Minimierung des Projektrisikos, einem nicht unerheblichen Grund, an. Bei der Software-Entwicklung bewegen Sie sich permanent am Abgrund zu Zeit- und Budgetüberschreitungen. Je nachdem, in welcher Phase eines Projektes die Fehler gemacht werden, können die Investitionen mehr oder weniger stark anwachsen und so, im schlimmsten Fall, an die Substanz eines Unternehmens gehen. Setzen Sie aber in arbeitsintensiven Projektphasen günstigere Arbeitskräfte ein, können eventuelle Fehlschläge leichter abgefedert werden.

Variabilität

Der zweite Vorteil liegt ebenfalls auf der Hand. Durch die Unterhaltung einer internen IT-Mannschaft entstehen enorme Fixkosten. In Zeiten einer guten Auftragslage müssen vielleicht weitere Spezialisten eingestellt werden, die Fixkosten steigen. Die Aufträge gehen zurück, die Fixkosten bleiben gleich. Offshoring umgeht dieses Problem. Haben Sie den richtigen Partner gefunden und sind Ihre Verträge dementsprechend ausgearbeitet, so wandeln Sie Fixkosten in variable Kosten um, da Sie nur die Arbeitskräfte entlohnen müssen, die Sie zur Bewältigung Ihrer momentanen Auftragslage brauchen. So kommt ein Unternehmen gleich in den Genuss von zwei Vorteilen: 1. den Zugriff auf variables, erprobtes Know-how, 2. die Flexibilisierung von Ressourcen und dadurch die Umwandlung von fixen in variable Kosten.

Viele Offshore-Anbieter besitzen Entwicklungsbüros, die über den ganzen Globus verteilt sind. Das Arbeiten in verschiedenen Zeitzonen ist in anderen Branchen ein Nachteil. Doch genau dieser Nachteil bietet der Softwareentwicklung einen enormen Vorteil: Mit Hilfe der neuen Kommunikationsmedien und Softwaretools ist es möglich, die Zeitbarrieren zu überbrücken und so eine Verfügbarkeit von 24 Stunden täglich, 7 Tage die Woche, zu erreichen. Dieser Vorteil gewinnt vor allem bei den immer stärker nachgefragten Supportprozessen an Bedeutung. *(Arbeitszeit)*

Der nächste Vorteil lässt sich am besten mit dem Wort „Computer-Inder" beschreiben. Als Anfang des Jahrtausends die Diskussion über den einfacheren Zuzug von qualifizierten Fachkräften eröffnet wurde, war das Kind bereits in den Brunnen gefallen und die eingeleiteten Maßnahmen hatten nicht den gewünschten Erfolg. Durch Offshoring wird ein Unternehmen hingegen in die Lage versetzt, den Mangel an qualifizierten Mitarbeitern auszugleichen, ohne den langen bürokratischen Akt für die Genehmigung einer Greencard durchlaufen zu müssen. *(Zugriff auf qualifizierte Arbeiter)*

In unserer globalisierten Welt steigt der Druck auf Unternehmen, wettbewerbsfähig zu sein, immer mehr an. Wettbewerbsfähig ist man allerdings nur dann, wenn man einem Kunden ein angemessenes Preis-Leistungs-Verhältnis offerieren kann. In langfristigen Entwicklungsprojekten nimmt der Faktor Lohnkosten deshalb den dominierenden Part ein. Der Faktor Qualität, der den Industriestaaten früher einen Wettbewerbsvorteil verschafft hat, wird, auf den Konkurrenzkampf bezogen, immer unwichtiger. Nicht weil Qualität nicht mehr gewünscht ist, sondern weil sich das Qualitätsniveau immer weiter angleicht. *(Reduzierte Gesamtkosten)*

Der Mehrwert von Offshoring kann mit Hilfe des PARETO-Prinzip verdeutlicht werden: In der Softwarebranche entfallen ca. 50% des gesamten Mehrwertes auf Funktionen, die direkt oder indirekt mit dem Kunden verbunden sind (Kunden-Akquise, Verkauf, Marketing, Projektleitung). Da diese Funktionen auf persönlichem Kontakt beruhen, sollten sie auch in Kunden-Nähe verbleiben. Der zweitgrößte Teil (ca. 30%) entfällt auf „intellektuell" anspruchsvolle Aufgaben, wie Spezifikation, funktionelle Analyse, Auswahl von Technologie und Methoden, Bestimmung von Strategien. Diese Tätigkeiten sollten nur dann ins Ausland vergeben werden, wenn man einen Partner mit entsprechenden Erfahrungen gefunden hat. Die verbleibenden 20% des Mehrwertes entfallen auf Aufgaben wie Fein-Design, Kodieren, Testen oder Erstellen von Dokumentationen. Diese sind relativ problemlos zu verlagern. Im Kontrast zu diesen Zahlen steht der in den einzelnen Phasen zu erbringende Aufwand, denn dabei stellt man fest, dass die Aufgaben Fein-Design, Kodieren, Testen oder Erstellen von Dokumentationen etwa 80% in Anspruch nehmen. Da es sich, wie schon erwähnt, um die Bereiche handelt, die relativ problemlos ausgelagert werden können, verschafft dieses Verhältnis Offshoring einen entscheidenden Vorteil. *(PARETO-Prinzip)*

14.1.4   Risiken beim Offshoring

Nachdem wir Offshoring in den Himmel gehoben haben, müssen wir nun leider wieder auf den Boden der Tatsachen zurückkommen. Dass in Offshore-Projekten nicht alles Gold ist, was glänzt, belegen viele fehlgeschlagene Projekte sowie die immer noch vornehme Zurückhaltung einiger Unternehmen. [Moczadlo02] führte eine Studie über die „Chancen und Risiken des Offshore Development" durch. Die drei folgenden Punkte stellen dabei die größte Herausforderung dar.

Sprachliche Schwierigkeiten

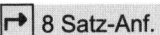 8 Satz-Anf.

Kommunikation stellt innerhalb eines Software-Entwicklungsprozesses einen der sensibelsten Komplexe dar (Kapitel 8 „Der lange Weg vom Satz zur Anforderung"). Hier kommt es bereits bei Inhouse-Projekten zu Schwierigkeiten, und das, obwohl hier die Partner dieselbe Sprache sprechen. Solche Informationsverluste oder -veränderungen können zum gefürchteten „Vorbeientwickeln" führen. In Offshore-Projekten haben Sie im besten Fall einen Partner, der Ihre Sprache spricht. Der Worst Case tritt aber ein, wenn die Kommunikation für Sie und Ihren Partner in einer für beide fremden Sprache geführt werden muss. Durch den Wortschatz, der auch bei noch so intensivem Lernen immer begrenzt bleibt, können sich implizite Annahmen schnell potenzieren, sodass das Verstehen von Sachverhalten oder das Nachvollziehen von Änderungen schnell zum bekannten Hellsehen für Fortgeschrittene mutieren können. Das Hinzuziehen eines Übersetzers kann dieses Risiko zwar minimieren, aber nicht gänzlich beseitigen. Erfolgt die Kommunikation nur über einen oder wenige Mitarbeiter, so kommen Sie schnell in eine zusätzliche Abhängigkeit.

Kulturelle Unterschiede

Ein systematisch unterschätzter Problembereich sind die kulturellen Unterschiede. Viele Unternehmen haben die Vorstellung, dass ihre funktionierende Strategie und Vorgehensweise problemlos von einem Land auf das andere übertragbar ist. Leider falsch! Die Missachtung der Kultur und Mentalität des Partnerlandes kann schnell zum Bumerang werden.

Beispiel: Indien

Nehmen wir als Beispiel den Marktführer in Sachen Offshoring: Indien. Die indische Kultur kennt sehr strenge Hierarchien, die sich auch im Managementstil widerspiegeln. Ein angestellter indischer Programmierer würde sich nie trauen, Sie auf einen Fehler in Ihrer Anforderungsspezifikation hinzuweisen oder Verbesserungsvorschläge zu machen, selbst wenn er ein Problem erkannt hat. Außerdem sollten Sie daran denken, bei Änderungen oder Beschwerden immer direkt mit der Spitze Ihres Partners zu kommunizieren. Nur so können Sie Einfluss auf den Entscheidungsprozess nehmen.

Management-Denken

Falsche
Vorstellungen

In den Köpfen des Managements dominiert die Vorstellung: „Ich vergebe einen Auftrag ins Ausland, lehne mich zurück und erhalte mein bestelltes Produkt zu einem Bruchteil der sonst zu zahlenden Kosten!" Auch das ist leider ein großer Irrtum. Gerade Offshore-Projekte müssen vom Top-Management permanent mit „Kapital und

Köpfen" unterstützt werden. Sie müssen sich bewusst sein, dass vor einem Offshore-Projekt viele zeit- und kostspielige Hausaufgaben stehen, ohne die ein Projekt mit hoher Wahrscheinlichkeit zum Scheitern verurteilt ist. Vor Beginn des Projektes sollten Sie unbedingt eine Globalisierungsstrategie im Unternehmen verankern. Diese sollte selektiv, flexibel und vor allem langfristig passend sein (denn Offshore rechnet sich erst auf lange Sicht). Die Ziele Ihrer Strategie müssen Ihren internen Mitarbeitern verdeutlicht werden, denn verunsicherte Mitarbeiter sind schlechte Mitarbeiter. Da Sie diese aber noch für andere Aufgaben, wie z.B. zum Spezifizieren und Testen, brauchen, können Sie sich unmotivierte und daher unproduktive Mitarbeiter nicht leisten. Der größte Fehler, den das Top-Management allerdings machen kann und warum Offshore Projekte im Nachhinein von vielen als Fehlschläge interpretiert werden, ist eine unrealistische Einschätzung der Kostenersparnis. Offshore hält nämlich eine Vielzahl von versteckten Kosten für Sie bereit.

Zum Schluss noch die goldene Regel des Offshoring: „Never outsource a problem!"

14.1.5 Der Offshore-Vertrag

Der Detaillierungsgrad der Anforderungen im Offshore-Vertrag ist abhängig von dem Vorgehensmodell, das Sie wählen.

Wenn Sie sich für eine Offshore Workbench entschieden haben, so können die Anforderungen weniger explizit gestaltet werden, da Sie hier eng und langfristig mit Ihrem Partner zusammenarbeiten. Außerdem beruht dieses Modell auf intensiver Kommunikation und Wissenstransfer zwischen den Beteiligten, so dass es sich auch für ein agiles Vorgehen eignet, in dem Anforderungsänderungen schnell und (falls richtig strukturiert und gemanagt) gut eingearbeitet werden können. Hier wird die Zusammenarbeit meist mittels eines Dienstleistungsvertrages geregelt.

Für die anderen Modelle bietet sich eher ein Werkvertrag mit einem Festpreis an. Für die Anforderungen stellt sich die Situation deshalb etwas anders dar. Der Fokus des Auftraggebers liegt deutlich auf der Reduzierung der Kosten, er ist auf der Suche nach dem günstigsten Anbieter. Die Offshore-Anbieter stehen im wachsenden Offshore-Markt in starker Konkurrenz zueinander. Sie planen knapp und verlangen dafür bei der Vergabe eine klare, verbindliche Kalkulationsgrundlage. Deshalb wird das gelieferte Produkt auch nur jene Funktionalitäten enthalten, die schriftlich vereinbart wurden. Für Sie als Auftraggeber gilt daher: „Alles muss rein!". Um Zusatzkosten für Änderungen zu vermeiden, müssen Sie viel Zeit und Geld in eine exakte Systemanalyse und in Ihr Anforderungsdokument stecken. Bleibt nur noch die Frage zu klären, wie man ein möglichst perfektes Anforderungsdokument erhält.

14.1.6 RE in Offshore-Projekten

In Kapitel 1 „Anforderungsqualität" haben wir Ihnen die primären Aufgaben der Anforderungen und der Hauptprobleme der Systemanalyse vorgestellt. Kombiniert mit den erläuterten Problemen des Offshoring können sich bei einem räumlich verteilten Projekt fatale Auswirkungen ergeben, wie Sie sich sicher vorstellen können.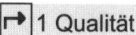

Grundsätzliche Problembereiche	Auf den ersten Blick erscheinen agile Vorgehensweisen und Offshoring als unvereinbare Gegensätze. Agile Vorgehensmodelle beruhen auf der Lösung einzelner Teilbereiche durch Kommunikation von Angesicht zu Angesicht. In Offshore-Projekten ist das nicht möglich. Dazu kommt noch das Arbeiten in unterschiedlichen Zeitzonen, sodass Teammeetings erschwert werden. Außerdem benötigt das Arbeiten nach dem „shared code ownership"-Prinzip exzellente Verbindungen, die teuer und in manchen Teilen der Welt nicht in der erforderlichen Qualität vorhanden sind. Zudem beeinträchtigen Unterschiede in der Kultur und Mentalität die Einführung eines agilen (antiautoritären) Projektstils.
Chancen agiler Methoden	Agile Methoden eröffnen jedoch auch Chancen [Fowler03]. Durch kurze Iterationen wird eine regelmäßige und dadurch bessere Kommunikation sozusagen erzwungen, sodass Offshore-Anbieter und Auftraggeber in regelmäßigem Kontakt bleiben müssen. Durch regelmäßige Meetings und ständiges Hinzufügen zum Code sind Ergebnisse jederzeit sichtbar. So kann der Projektfortschritt verfolgt und Fehler können schnell erkannt und korrigiert werden, bevor es zu einer Lawine von Folgefehlern kommt. Zudem ist durch die inkrementelle Implementierung zu erwarten, dass marktrelevante Teillösungen schon ab einem sehr frühen Zeitpunkt produziert werden.
Allgemeine Ratschläge	Unabhängig davon, ob Sie nun ein agiles Vorgehen gewählt haben oder nicht, gibt es Faktoren, die das Offshoring erleichtern. Wenn Sie nicht an eine ausschließliche Wissensvermittlung über Papier glauben, sollten von beiden Seiten „Botschafter" entsendet werden. Dies stärkt nicht nur Ihre Geschäftsbeziehungen, sondern führt den Beteiligten die Projektziele deutlich vor Augen. Das Projekt sollte zusätzlich von einem gemischten Teams bearbeitet werden, um die Kommunikation zu verbessern. Ebenso erleichtert die gemeinsame Erarbeitung eines OO-Analysemodells die Zusammenarbeit. Wenn Sie den Fortschritt im Blick behalten wollen, verwalten Sie alle Dokumente in einer gemeinsamen Datenbank und sorgen dafür, dass der Zugriff auf den aktuellen Source-Code jederzeit für alle Projektbeteiligten auf beiden Seiten möglich ist („shared code ownership"). Halten Sie frühzeitiges Feedback für sinnvoll, so lassen Sie sich Prototypen anfertigen oder etablieren kurze Release-Zyklen.

14.1.7   Fazit

Sollten Sie mit Ihrem Unternehmen in Erwägung ziehen, Projekte ins Ausland zu verlagern, dürfen Sie die folgenden Punkte auf keinen Fall außer Acht lassen. Erarbeiten Sie eine Globalisierungsstrategie und verankern Sie diese fest in Ihrem Unternehmen. Informieren Sie die internen Mitarbeiter über alle Ziele und legen Sie ihnen alle Fakten, auch wenn sie unangenehm sind, auf den Tisch. Schulen Sie Ihre Mitarbeiter für die zukünftigen Aufgaben. Wählen Sie danach ein geeignetes Pilotprojekt aus und erarbeiten Sie ein detailliertes Anforderungsdokument und einen detaillierten Projektplan. Nehmen Sie sich Zeit bei der Auswahl des richtigen Partners und behalten Sie die versteckten Kosten im Hinterkopf. Erstellen Sie einen vollständigen, dem Vorgehensmodell angepassten Vertrag und sorgen Sie für die nötigen Ressourcen innerhalb des Projektmanagements, denn hier muss eine regelmäßige Kontrolle der Arbeiten vorgenommen werden. Falls Sie diese Punkte beherzigen, steht Ihrem Erfolg nichts mehr im Wege!

14.2 Benutzerhandbuch als Anforderungsspezifikation

In Zeiten immer kürzerer Innovationszyklen und immer knapperer Projektbudgets werden immer größere Einschnitte im Zeit- und Kostenbudget der Projekte vorgenommen. Eine vollständige Anforderungsspezifikation wird dabei häufig als Erstes in Frage gestellt, da ihre Erstellung und Pflege aufwendig und kostenintensiv ist. Verantwortliche und Durchführende sind immer weniger vom vermeintlichen „Overhead" einer fundierte Systemanalysen zu überzeugen.

Um dennoch das Risiko von unzufriedenen – weil unverstandenen – Kunden zu vermeiden, müssen effektive Methoden zur Systemanalyse gefunden werden, die eine erfolgreiche Systementwicklung bei knappem Budget ermöglichen. Eine Lösungsidee, die enormen Aufwand sparen kann, ist, statt der Anforderungsspezifikation in der Systemanalyse[2] das Benutzerhandbuch zu erstellen.

14.2.1 Doppelter Aufwand

Ein Benutzerhandbuch enthält an vielen Stellen sehr ähnliche Inhalte wie eine klassische Anforderungsspezifikation. Beide beschreiben aus Anwendersicht, wie sich das System verhält. Gibt es eine Möglichkeit, diese redundanten Anteile zusammenzufassen?

Gemeinsamkeiten

Eine Anforderungsspezifikation enthält Anforderungen an ein System, die bei der Entwicklung des Systems realisiert werden. Sie beschreibt dabei lösungsneutral, wie sich das System gegenüber dem Benutzer verhält.

---

[2] Auch wenn für eine Anforderungsspezifikation kein Budget vorhanden ist, so lässt sich jeder Kunde davon überzeugen, dass definitiv ein Benutzerhandbuch erstellt werden muss. Im Folgenden benutzen wir den Begriff (Benutzer-)Handbuch stellvertretend auch für weitere Artefakte, wie das Online-Handbuch, ein Hilfesystem oder Internet-Tutorials, die ähnliche Inhalte besitzen.

Das Benutzerhandbuch dient dem Anwender des Systems als Leitfaden und Referenz, um das System zu benutzen. Bis auf das Aussehen der Oberfläche spart ein Handbuch auch die Realisierungsdetails aus.

Qualität der Artefakte

Beide Artefakte haben etwas gemeinsam. Sie müssen qualitativ hochwertig sein, um Ihren Projekterfolg nicht zu gefährden. Eine qualitativ schlechte Systemspezifikation stellt eine Systementwicklung vor massive Probleme, wie im CHAOS-Report der Standish-Group ([CHAOS]) dokumentiert wurde. Ein fehlendes oder unzureichendes Benutzerhandbuch kann ein System unbrauchbar machen, da es die Benutzung erschwert. Beide Artefakte müssen also erstellt und der entsprechende Aufwand eingeplant werden. Im Grunde leisten Analytiker und Handbuch-Schreiber damit ähnliche Arbeit doppelt. Beide beschreiben, wie sich das System aus der Black-Box-Sicht, also aus der Sicht des Anwenders, verhält.

Unsere Idee ist daher, beide Artefakte zu einer *Handbuch-Spezifikation* zu vereinen und die Chance auf eine gute Anforderungsspezifikation *und* ein gutes Handbuch, bei gleichzeitiger Kostensenkung, zu steigern.

14.2.2 Überschneidungen der Artefakte

Um Ihnen unseren Gedankengang hinter dieser Überlegung näher zu bringen, wollen wir Ihnen zunächst drei Begriffe (Abbildung 14.5) vorstellen:

- Handbuch-Forderungen (Informationen, die für das Handbuch und die Spezifikation relevant sind);
- reine Anforderungen (Anforderungen, die nur in der Spezifikation benötigt werden);
- reine Handbuch-Beschreibungen (Texte, die nur für das Handbuch relevant sind).

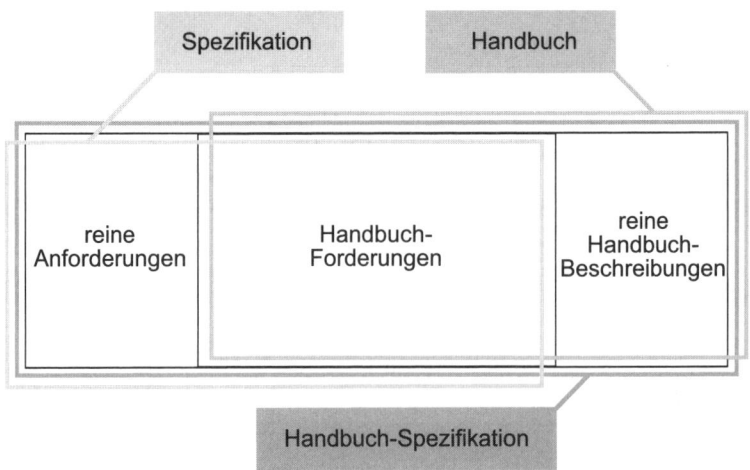

Abbildung 14.5: Drei Arten von Informationen

Handbuch-Forderungen

Die Informationen, die sowohl für die Anforderungsspezifikation als auch für das Handbuch relevant sind, bezeichnen wir als Handbuch-Forderungen. Sie stellen den Kern der Handbuch-Spezifikation dar.

Alle wesentlichen Abläufe des Systems, die für den Benutzer sichtbar sind und in deren Rahmen er mit dem System interagiert, müssen im Benutzerhandbuch beschrieben sein. Wie Ihnen Abbildung 14.6 verdeutlicht, stellt unsere Handbuch-Forderung gleichzeitig eine Anforderung dar.

> *Um eine Packliste Werbemittel zu erstellen, haben Sie die Möglichkeit,*
> *folgende Informationen einzugeben:*
>
> *– Verantwortlicher*
>
> *– Werbeplan**
>
> *– Notizen**
>
> ** In diesen Feldern können auch Grafiken, Worddokumente oder andere Datei- formate*
> *(wie z. B. filename.ZIP) abgelegt werden.*

Abbildung 14.6: Beispiel für eine Handbuch-Forderung

Reine Anforderungen

Einige Informationen sind für die Systemspezifikation relevant, später aber nicht im Handbuch zu finden. Dies sind z. B.:

- Schnittstellenanforderungen zu Nachbarsystemen
- Komplexe Algorithmen (z. B. in einem Wettervorhersagesystem)
- Anforderungen an die Dienstqualität (z. B. Performance, Sicherheit, Zuverlässigkeit, Robustheit)
- Weitere nicht-funktionale Anforderungen (z. B. technische Anforderungen, sonstige Lieferbestandteile)
- Referenzen auf weitere relevante Dokumente und Standards

Die reinen Anforderungen müssen nicht im Stil von Handbuch-Forderungen formuliert werden, da nur Projektbeteiligte diese Informationen lesen.

> *Das System soll fähig sein, die bestehenden Ressourcenobjekte aus dem Ressourcenver-*
> *waltungssystem über die Schnittstelle xy zu empfangen.*

Abbildung 14.7: Beispiel für eine reine Anforderung

Reine Handbuch-Beschreibungen

Reine Handbuch-Beschreibungen sind die Informationen, welche nur für das Handbuch und nicht für die Spezifikation benötigt werden.

Zu typischen Handbuch-Beschreibungen zählen z.B. einführende Texte, also ein Willkommenstext oder ein Kapitel „Erste Schritte".

409

> *Vielen Dank, dass Sie sich zum Kauf unseres Produktes xy entschieden haben.*
> *Mit Hilfe der neuen Version x.0 werden Sie...*

Abbildung 14.8: Beispiel für eine reine Handbuch-Beschreibung

14.2.3 Ziele und Leser der Artefakte

Spezifikation

Eine Anforderungsspezifikation wird benötigt, um die Funktionalitäten und nicht-funktionalen Aspekte eines Systems vollständig zu beschreiben. Erst auf der Basis von Anforderungen kann ein System entworfen, implementiert und letztendlich getestet werden. Grundsätzlich dient eine Spezifikation in jeder Entwicklungsphase auch als Diskussionsgrundlage zwischen den Projektbeteiligten (Anwender, Projektleiter, Entwickler, Architekten und Tester). In der Wartung und Pflege hilft dieses Dokument wesentlich, alle fachlichen Fragen zu klären. Eine Systemspezifikation wird also von Personen gelesen, die ein grundlegendes technisches Verständnis besitzen und deswegen für Ihre Arbeit eine präzise Beschreibung benötigen.

Handbuch

Das Benutzerhandbuch ist meist ein integraler Bestandteil eines Produkts und kann das Qualitätsempfinden des Benutzers erheblich beeinflussen. Ziel des Benutzerhandbuchs ist es, dem Anwender einen Leitfaden sowie eine Referenz an die Hand zu geben, mit deren Hilfe er das System einfach erlernen und benutzen kann. Es wird von Menschen gelesen, die das System als reines Werkzeug betrachten und sich nicht tiefer für die technischen Hintergründe interessieren. Für sie ist vor allem Verständlichkeit und Übersichtlichkeit wichtig.

Handbuch-Spezifikation

Um die beiden Artefakte zu einer Handbuch-Spezifikation kombinieren zu können, müssen Sie darauf achten, beide langfristig zu pflegen. Nur so kann ein System gewartet oder, sollte dergleichen geplant sein, erweitert werden. Um beiden Zielgruppen gerecht zu werden, muss eine Handbuch-Forderung die Präzision der Anforderungsspezifikation mit der Übersichtlichkeit und Einfachheit des Benutzerhandbuchs kombinieren.

14.2.4 Das Vorgehen

Wie wirkt sich aber die Zusammenfassung von Benutzerhandbuch und Anforderungsspezifikation auf die Tätigkeiten des Requirements-Engineering (Ermitteln, Dokumentieren, Verwalten und Prüfen) aus? Wir konnten dieses Vorgehen bereits bei der Entwicklung eines Datenbank-Systems einsetzen, mit dessen Hilfe Messeauftritte vor- und nachbereitet werden. Dabei wurden Anforderungen von unterschiedlichen Stakeholder-Gruppen ermittelt und in Form eines Benutzerhandbuchs dokumentiert.

Anforderungsermittlung

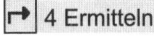 4 Ermitteln

Bei der Anforderungsermittlung (siehe Kapitel 4 „Anforderungsermittlung") werden alle Wünsche und Vorstellungen der Stakeholder vollständig gesammelt. Die dabei eingesetzten Methoden sind unabhängig von der Form der Dokumentation der Ergebnisse. Durch das Verwenden eines Handbuchs als Systemspezifikation fällt es leicht,

410

bei der Ermittlung der Anforderungen die richtige Sicht einzunehmen. Jeder Stakeholder hat eine intuitive Vorstellung, welche Informationen ein Handbuch enthält. Definitionen wurden erstellt, um eine hohe Präzision der Handbuch-Forderungen zu erreichen.

Die Stakeholder der Messe-Datenbank waren größtenteils Anwender ohne Erfahrung in der Anforderungsermittlung. Es fiel ihnen sehr leicht, mit den anschaulich beschriebenen Anforderungen zurechtzukommen. Sie waren leicht zu überzeugen, ihre Anforderungen sogar selbst zu dokumentieren.

Dokumentieren

Beim Dokumentieren (siehe Kapitel 7 „Dokumentation von Anforderungen") gilt es, die ermittelten Anforderungen an das System für alle Projektbeteiligten verständlich zu beschreiben. Dabei muss eine passende Struktur sowie eine geeignete Beschreibungssprache gefunden werden.

↱ 7 Doku

Das Schreiben eines Benutzerhandbuchs bedeutet immer das Verwenden von einfachen Notationsmitteln, also von verständlicher Sprache. Formale Sprachen wie die UML sollten möglichst sparsam eingesetzt werden.

Die Struktur des Handbuchs orientiert sich an den Aufgaben des Benutzers. Die Anforderungen werden gemäß den Tätigkeiten des Anwenders angeordnet.

Für die Messe-Datenbank wurde eine Struktur gemäß Use-Cases gewählt. Die Tätigkeiten auf oberster Ebene waren „Messe vorbereiten", „Messe durchführen" und „Messe nachbereiten". Darunter waren einzelne Aktivitäten wie „Packliste anlegen" beschrieben. Darin waren die Anforderungen gemäß dem Ablauf einer typischen Benutzerinteraktion strukturiert.

Verwalten

Eine Handbuch-Spezifikation, als Vereinigung von Benutzerhandbuch und Systemspezifikation, stellt besonders hohe Anforderungen an die Verwaltung der Handbuch-Forderungen, die ein Tool zwingend notwendig machen (siehe Kapitel 13 „Ordnung im Chaos").

↱ 13 RM

Unterschiedliche Personen, in den Rollen Analytiker und Handbuch-Schreiber, sind daran beteiligt, Handbuch-Forderungen zu schreiben. Die parallele Arbeit dieser Personen muss unterstützt werden. Änderungen müssen verwaltet, Workflows unterstützt sowie ein Rechte- und Rollensystem umgesetzt werden.

Um eine Handbuch-Spezifikation zu verwalten, ist es außerdem notwendig, die beiden Sichten Anforderungsspezifikation und Benutzerhandbuch erzeugen zu können. Es muss per Knopfdruck möglich sein, die jeweils interessanten Arten von Informationen (Handbuch-Forderung, reine Anforderung, reine Handbuch-Beschreibung) als Handbuch oder als Anforderungsspezifikation ausgeben zu lassen.

Die Handbuch-Forderungen der Messe-Datenbank wurden mithilfe der Anforderungs-Datenbank CARE (siehe [SOPHIST]) verwaltet. Es wurden eigene Attribute benutzt, um die Art der Informationen zu klassifizieren und entsprechende Sichten zu bilden.

Prüfen

11 Prüfen

Die große Stärke der Handbuch-Forderungen, die gute Verständlichkeit und Akzeptanz, kommen besonders beim Prüfen zum Tragen (siehe Kapitel 11 „Prüfen von Anforderungen"). Die Bereitschaft der Stakeholder, sich mit den Handbuch-Forderungen auseinander zu setzen, ist wesentlich höher als bei klassischen Anforderungen. Die gute Verständlichkeit kann dazu beitragen, dass mehr Fehler gefunden werden.

In unserem Projekt fiel es den Stakeholdern aufgrund der ablauforientierten und anschaulichen Dokumentation leicht, sich die Abläufe des Systems vorzustellen. Sie konnten die beschriebenen Prozesse daher einfach hinterfragen und die Handbuch-Forderungen dadurch auf fachliche Richtigkeit prüfen.

14.2.5 Tipps für die Umsetzung

Aus unseren Erfahrungen haben wir einige Tipps für die Realisierung einer Handbuch-Spezifikation zusammengestellt.

Benötigte Rollen

13 RM

Durch die Kombination der Artefakte Anforderungsspezifikation und Benutzerhandbuch müssen die beiden Rollen (siehe Kapitel 13 „Ordnung im Chaos") Systemanalytiker und Handbuch-Schreiber sehr eng zusammenarbeiten, sodass beide ihre Stärken beitragen können. Der Handbuch-Schreiber achtet auf die gute Verständlichkeit und Lesbarkeit der Handbuch-Forderungen. Der Systemanalytiker achtet dagegen auf eine hohe Präzision und Eindeutigkeit.

In der Praxis

Nach unserer Erfahrung kann diese Zusammenarbeit sehr fruchtbar sein, sofern die Chemie zwischen den beiden Beteiligten stimmt. Wir konnten eine gesteigerte Effektivität sowohl bei der Anforderungsanalyse als auch beim Schreiben des Handbuchs feststellen.

Zustandsmodell der Handbuch-Forderungen

13 RM

Diese Rollenaufteilung schlägt sich auch in dem Zustandsmodell für Handbuch-Forderungen (Abbildung 14.9) nieder. Mögliche Zustände einer Anforderung kennen Sie ja bereits aus Kapitel 13 „Ordnung im Chaos". Der Status jeder einzelnen Handbuch-Forderung wird mithilfe des Zustandsmodells protokolliert und so der Fortschritt der Systemanalyse und des Schreibens des Handbuches dokumentiert.

8 Satz-Anf.

Während der Systemanalyse ermittelt und notiert der Analytiker sowohl reine Anforderungen als auch Handbuch-Forderungen (Status: Spec Created). Das Ziel ist es, essenzielle und lösungsneutrale Forderungen der Stakeholder zu erfassen. Der Analytiker ist dafür verantwortlich, qualitativ hochwertige Anforderungen zu dokumentieren. Er nutzt dazu z.B. Techniken wie das SOPHIST-REgelwerk, das in Kapitel 8 „Der lange Weg vom Satz zur Anforderung" beschrieben ist. Die Art der Formulierung der Anforderungen muss vorab mit dem Handbuchschreiber abgeklärt werden. Nach Freigabe durch den Kunden wechseln beide in den Zustand „Spec Created". An dieser Stelle empfiehlt sich die Sicherung des aktuellen Standes (baseline).

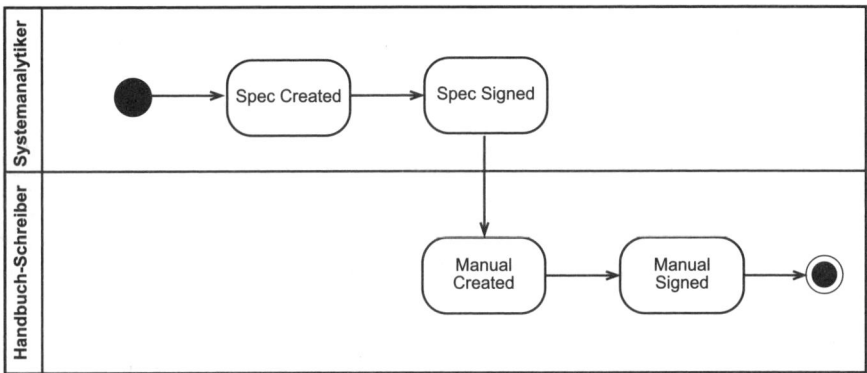

Abbildung 14.9: Vereinfachtes Statusmodell

In den Zuständen „Spec Created" und „Spec Signed" besteht eine Handbuch-Forderung aus essenziellen, lösungsfreien Anforderungen. Mit dem Übergang in den Zustand „Manual Created" fügt der Handbuch-Schreiber Screenshots ein und ändert Formulierungen zugunsten eines vergnüglich zu lesenden Handbuchs. Nach erneuter Freigabe durch den Kunden wechseln die Handbuch-Forderungen in den Status „Manual Signed".

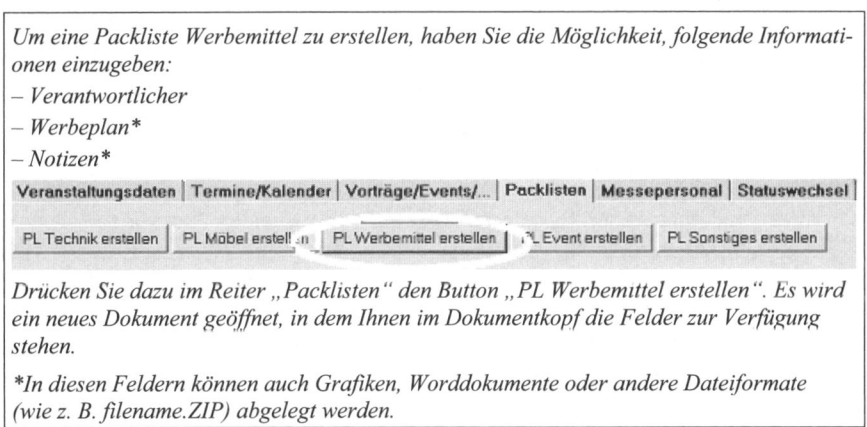

Um eine Packliste Werbemittel zu erstellen, haben Sie die Möglichkeit, folgende Informationen einzugeben:

– Verantwortlicher

– Werbeplan*

– Notizen*

Drücken Sie dazu im Reiter „Packlisten" den Button „PL Werbemittel erstellen". Es wird ein neues Dokument geöffnet, in dem Ihnen im Dokumentkopf die Felder zur Verfügung stehen.

*In diesen Feldern können auch Grafiken, Worddokumente oder andere Dateiformate (wie z. B. filename.ZIP) abgelegt werden.

Abbildung 14.10: Handbuch-Forderung, Status „Manual Signed"

Da der Handbuch-Schreiber die Freiheit hat, die Handbuch-Forderung zu verändern, gehen bei diesem Schritt möglicherweise für die Anforderungen wichtige Informationen verloren. Zudem werden mit der Benutzerschnittstelle Realisierungsinformationen in die ursprünglich essenzielle Anforderung aufgenommen.

Um zu einem späteren Zeitpunkt die essenziellen Anforderungen wieder erhalten zu können, sollte beim Übergang von der Anforderung zur Handbuch-Forderung möglichst automatisch eine neue Version der Handbuch-Forderung erzeugt werden. Die alten Versionen werden wichtig, sobald sich die Anforderungen an das System ändern oder die essenziellen Anforderungen für ein weiteres System wieder verwendet werden sollen.

Wichtig!

413

Formulierungsregeln für Handbuch-Forderungen

Qualität

Einige Regeln für die Formulierung der Handbuch-Forderungen steigern den Nutzen bei der Kombination von Benutzerhandbuch und Systemspezifikation. Der Aufwand beim Formulieren des Handbuchs hängt zu einem großen Teil von der Qualität der Handbuch-Forderungen ab, die vom Analytiker geschrieben werden.

Wir haben einige Regeln zusammengestellt, die den Schritt von der Anforderung zum Handbuch erleichtern, da sie die Verständlichkeit der Anforderung erhöhen, ohne ihre Präzision zu beeinträchtigen. In [Cockburn03] sind einige dieser Regeln für die Use-Case-Analyse beschrieben.

- Verwenden Sie die Gegenwartsform (im Gegensatz zu dem, was bei Anforderungen meist gemacht wird, die in der Zukunftsform notiert werden).
- Verwenden Sie ein ausdrucksstarkes Verb im Aktiv.
- Beschreiben Sie, wie der Benutzer erfolgreich sein Ziel erreicht.
- Machen Sie deutlich, WER etwas tut (Benutzer, System, ...).
- Schreiben Sie aus der Sicht des Anwenders.

Struktur der Handbuch-Spezifikation

Eine Handbuch-Spezifikation (siehe Abbildung 14.5) besteht aus „reinen Anforderungen", „Handbuch-Forderungen" und „reinen Handbuch-Beschreibungen".

Handbuch-Forderungen müssen so strukturiert werden, dass sie sowohl im Handbuch als auch in der Spezifikation verwendet werden können. Handbücher sind in der Regel entsprechend den typischen Interaktionen des Benutzers aufgebaut, sodass ein Benutzer im Falle eines Problems bei einer Tätigkeit mit dem System nachschlagen kann, wie er es löst.

Standards

Für die Gliederung einer Systemspezifikation gibt es einige Standards wie z.B. IEEE-830-1998 in [IEEE830] oder Volere, das in [Robertson99] beschrieben ist. Die Gliederung der funktionalen Anforderungen wird in ihnen jedoch offen gelassen, da sie sehr stark vom beschriebenen System abhängt. Wir empfehlen eine Strukturierung nach Use-Cases, in der die wesentlichen Anwendungsfälle als Gliederung der detaillierten Anforderungen dienen (siehe [Cockburn03]).

Eine Use-Case-Struktur eignet sich nach unseren Erfahrungen ebenfalls sehr gut, um ein Benutzerhandbuch zu gliedern. Anhand seines aktuellen Ziels kann der Anwender so schnell an die Beschreibung der benötigten Funktionalität gelangen, zu der er eine Erläuterung sucht.

Die reinen Anforderungen können in einer beliebigen, für Systemspezifikationen geeigneten Struktur dokumentiert werden, in der die Handbuch-Forderungen mit ihrer Use-Case-Struktur auf diese Weise nur einen Teil bilden. Es empfiehlt sich die Verwendung eines Standards (z. B. IEEE, Volere).

Reine Handbuch-Beschreibungen werden analog in einer für ein Benutzerhandbuch geeigneten Struktur verfasst.

In der Praxis

Für die Handbuch-Forderungen der Messe-Datenbank haben wir sehr positive Erfahrungen mit der Use-Case-Struktur gemacht. Informationen waren sowohl für die Anwender als auch für die Entwickler leicht zu finden.

414

14.2.6   Diskussion

Aus eigenen Erfahrungen in Forschungs- und Industrieprojekten können wir erste
Vor- und Nachteile des Einsatzes eines Benutzerhandbuchs als Spezifikation aufzeigen. Dan Berry belegt in [Berry03] einige der Vorteile an weiteren Fallstudien.

Die signifikantesten Vorteile sind:

- Hohe Akzeptanz bei Anwendern und Entwicklern.   Vorteile
- RE-Methoden und -Vorgehen werden gut unterstützt.
- Große Aufwands- und Kostenersparnis.
- Geeignet für Systeme, deren Funktionalitäten sich in einer Benutzeroberfläche
  widerspiegeln.
- Geeignet für Altsystemerweiterungen (oft sind keine aktuellen Systemspezifikationen verfügbar, die eine Grundlage für die Erweiterung bieten könnten. Das ak-
  tuellste Dokument ist in vielen Fällen das Benutzerhandbuch. Zusammen mit der
  in [John03] beschriebenen Technik zur strukturierten Extraktion von Anforderungen an eine Produktfamilie aus Benutzerdokumentationen kann dabei ein
  großer Gewinn erzielt werden).

Wichtige Nachteile:

- Nicht jedes System ist geeignet (z.B. komplexe Algorithmen, kein echter Benut-   Nachteile
  zer vorhanden, nur ein minimaler Teil der Funktionalität ist von der Oberfläche
  aus beobachtbar).
- Nicht für jede Detaillierungsebene geeignet (abstrakte oder Komponenten-
  Anforderungen haben kein Pendant im Benutzerhandbuch).
- Das Vorgehen erfordert agile Entwicklungsmethoden, die von konservativen
  Unternehmen häufig abgelehnt werden.
- Die Anforderungen, die bei der Systementwicklung benötigt werden, aber im
  Handbuch nicht enthalten sind, bedeuten einen zusätzlichen Aufwand gegenüber
  der Verwaltung des einzelnen Artefakts Benutzerhandbuch. Steigt die Zahl die-
  ser Anforderungen über eine gewisse Grenze, lohnt es sich nicht, die restlichen
  Anforderungen zusammen mit dem Benutzerhandbuch zu organisieren.

Der Gewinn

Wenn Sie die Systemanalyse mit Hilfe der Handbuch-Spezifikation durchführen,   Reduzierter
liegt Ihr Gewinn besonders in der hohen Qualität der Artefakte Benutzerhandbuch   Aufwand
und Systemspezifikation, bei gleichzeitig geringerem Aufwand. Dies wird vor allem
durch die enge Zusammenarbeit zwischen Analytiker und Handbuch-Schreiber erreicht, die gegenseitig von ihren Fähigkeiten profitieren und diejenigen Aspekte der
gemeinsamen Arbeit optimieren, die sie beherrschen. In der Wartung und Pflege des
Systems wird ebenfalls Aufwand gespart, da die sonst redundante Information in
Benutzerhandbuch und Systemspezifikation nun gemeinsam verwaltet wird. Zudem
haben wir Vorteile festgestellt, die vor allem auf der guten Verständlichkeit der
Handbuch-Forderungen basieren.

14.2.7 Fazit

Um ein Handbuch bei der Anforderungsanalyse benutzen zu können, müssen einige Voraussetzungen geschaffen werden. Ein entsprechender Requirements-Engineering-Prozess muss definiert und gelebt werden. Es reicht nicht aus, einen Handbuch-Schreiber statt einer Systemanalyse das Handbuch schreiben zu lassen, denn der Prozess der Systemanalyse umfasst vielfältige Tätigkeiten, wie das Ermitteln und Prüfen von Anforderungen. Zudem müssen auch die Anforderungen erfasst werden, die über ein Handbuch hinausgehen, wie z.B. nicht-funktionale Anforderungen.

Mit dem beschriebenen Verfahren konnten wir eine deutlich höhere Effektivität bei der Systemanalyse und beim Schreiben des Handbuchs beobachten. Gleichzeitig erreichten wir eine deutlich verbesserte Qualität gegenüber einem herkömmlichen Vorgehen. Den klarsten Vorteil sehen wir darin, dass die Akzeptanz der Systemanalyse steigt und damit die Bereitschaft aller Stakeholder, an ihr teilzunehmen.

Weitere Diskussionen, Forschungen und Praxistests müssen zeigen, ob weitere Probleme auftreten, welche Risiken entstehen und wie schwer diese im Vergleich zu den beobachteten Vorteilen wiegen.

14.3 Abnahmekriterien als Spezifikation

Im vorherigen Abschnitt haben wir gezeigt, dass doppelter Aufwand während der Analyse durch die Kombination verschiedener Dokumentationsarten reduziert werden kann. Dort wurden die Dokumentationsarten Anforderungen und Benutzerhandbuch vereint. In diesem Abschnitt verdeutlichen wir nun die Kombination von Anforderungen und Abnahmekriterien.

Sie können Abnahmekriterien rein als Prüfanleitung für ein System bzw. allgemein als Produkt gemäß einer Anforderung auffassen. Dann entspricht der Inhalt des Abnahmekriteriums genau dem Inhalt der Anforderung (siehe Kapitel 12 „Abnahmekriterien"). Diese Abnahmekriterien werden typischerweise kurz vor Durchführung der Tests und Abnahmen vorbereitet. Anders ist es, wenn Sie die Abnahmekriterien als Qualitätssicherungsmaßnahme hinsichtlich Ihrer Anforderungen verwenden, wie es in Kapitel 12 gezeigt wurde. Dann werden die Abnahmekriterien zwar früh während der Anforderungsanalyse formuliert, die in diesen beiden Dokumentationen verwendeten Informationen sind jedoch identisch beziehungsweise redundant spezifiziert. Es wird jeweils das gleiche Wissen in einer anderen Dokumentationsart notiert.

Abnahmekriterien können jedoch auch im Sinne einer Spezifikation verstanden werden, da sie wie herkömmliche Anforderungen[3] ein Verhalten oder eine Eigenschaft eines Produkts definieren. Die Art der Notation unterscheidet sich zwar von herkömmlichen natürlichsprachlichen Anforderungen, ähnelt aber der von beispielsweise Use-Case-Beschreibungen. Innerhalb von Use-Case-Beschreibungen werden ebenso Vorbedingungen, Aktionsschritte inklusive Alternativen und Nachbedingungen formuliert.

Daher können Sie Abnahmekriterien anstatt herkömmlicher Anforderungen als Spezifikation beziehungsweise Notation verwenden. Herkömmliche Anforderungen finden sich dann lediglich auf einer abstrakteren Spezifikationsebene. Auf einer detaillierteren Spezifikationsebene werden Abnahmekriterien als Verfeinerung formuliert (siehe hierzu auch Kapitel 6 „Anforderung oder Anforderung"). Der Zusammenhang wird in Abbildung 14.11 gezeigt.

Abnahme-
kriterien
als Prüfanleitung

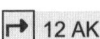 12 AK

Abnahme-
kriterien
als Spezifikation

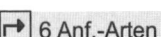 6 Anf.-Arten

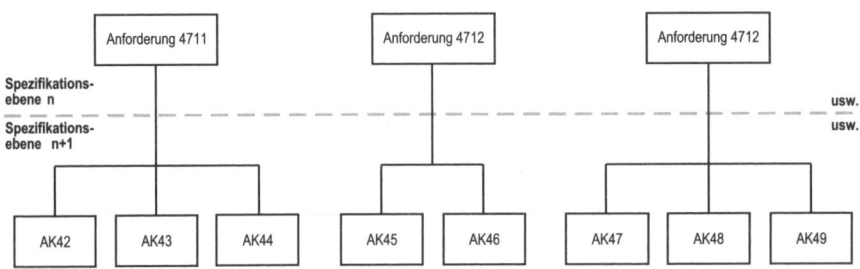

Abbildung 14.11: Einordnung der Abnahmekriterien als Spezifikation

---

[3] Unter herkömmlichen Anforderungen sind all jene Aussagen gemeint, die mit natürlichsprachlichen Sätzen, Use-Cases und sonstigen semi-formalen Malereien spezifiziert werden. Bei Verwendung der Abnahmekriterien als Notation kann man Abnahmekriterien an sich ebenso als eine Anforderung bezeichnen – was jedoch teils zu Verwirrungen führt, da diese Begriffsverwendung noch nicht gebräuchlich ist.

14.3.1   Die Vorgehensweise

Das allgemeine
Vorgehen

Auch wenn Sie Abnahmekriterien zum Spezifizieren verwenden, ist eine Top-down-Vorgehensweise bei der Analyse sinnvoll. Abnahmekriterien werden von Stakeholdern kaum a priori formuliert, Anforderungen verschiedener Ebenen hingegen schon. Von der ersten Idee zu detaillierten Abnahmekriterien zu gelangen, ist deswegen ein schwieriges Unterfangen. Dies liegt vor allem daran, dass die unterschiedlichen Abnahmekriterien zum Beispiel zu einer Funktion jeweils nur einen Teilaspekt enthalten und somit die Vollständigkeit der kompletten Funktionsbeschreibung schwerer zu erzielen ist. Für die betrachtete Art der Anforderungsanalyse ist eine schrittweise Annäherung an die vollständige Spezifikation mittels Abnahmekriterien notwendig. Dabei existieren beispielsweise folgende unterschiedliche Wege, um zum Ziel zu gelangen:

- von Entscheidungstabellen zu natürlichsprachlichen Abnahmekriterien;
- von Verhaltensbeschreibungen zu Abnahmekriterien;
- von simplen Use-Cases zu Abnahmekriterien;
- von komplexen Use-Cases über Verhaltensbeschreibungen und Testszenarien zu Abnahmekriterien;
- die direkte Formulierung von Abnahmekriterien für nicht-funktionale Aspekte wie beispielsweise sonstige Lieferbestandteile oder Prozesse.

In den folgenden Abschnitten werden zwei ausgewählte, sehr effiziente Wege vorgestellt.

Von Entscheidungstabellen zu natürlichsprachlichen Abnahmekriterien

Vorgehen

➡ 12 AK

Es ist möglich, für die Spezifikation nach der Art der Abnahmekriterien zu unterteilen. *Formalisierte* Abnahmekriterien (siehe dazu Kapitel 12 „Abnahmekriterien") stellen dabei eine erste Gliederung der Spezifikation dar, um die Detailspezifikation zu strukturieren und einen guten Überblick zu erzielen. Dies ist vor allem wichtig, weil natürlichsprachliche Abnahmekriterien jeweils nur kleinere Teilaspekte der Spezifikation abdecken, aber keinen Zusammenhang im Groben darstellen. Daher kann mit Entscheidungstabellen der Zusammenhalt vieler einzelner natürlichsprachlicher Abnahmekriterien hergestellt und damit ein besseres Verständnis erzielt werden. Zudem ermöglicht die Verbindung von Entscheidungstabellen zu natürlichsprachlichen Abnahmekriterien, einen speziellen, mit einem einzelnen Abnahmekriterium beschriebenen Aspekt des Produkts zielsicher wieder zu finden und so besser in der Spezifikation zu navigieren.

Basierend auf dieser ersten Unterteilung werden dann die detaillierten *natürlichsprachlichen* Abnahmekriterien spezifiziert. Dies geschieht durch feineres Beschreiben jeder einzelnen Spalte der noch grob spezifizierten Entscheidungstabelle mittels eines natürlichsprachlichen Abnahmekriteriums.

➡ 12 AK

Jedes natürlichsprachliche Abnahmekriterium enthält eine Ausgangssituation, das Ereignis und das erwartete Ergebnis. Nähere Informationen finden Sie dazu in Kapitel 12 „Abnahmekriterien". Die Bedingungen in der Entscheidungstabelle werden entweder als Ausgangssituation oder Ereignis formuliert. Die Aktion in der Entscheidungstabelle ergibt das erwartete Ergebnis im natürlichsprachlichen Abnahmekriterium.

418

Das Vorgehen ist in Abbildung 14.12 veranschaulicht.

1.Bedingung 1	j		n
2.Bedingung 2	j	n	-
3.Bedingung 3	-	j	n	-

1.Aktion 1	-	-	X	-
2.Aktion 2	X	X	-	-
3.Aktion 3	X	-	-	-

usw...

AK1:
- Ausgangssituation: ...
- Ereignis: ...
- erwartetes Resultat: ...

AK2:
- Ausgangssituation: ...
- Ereignis: ...
- erwartetes Resultat: ...

usw...

Abbildung 14.12: Der Weg von Entscheidungstabellen zu natürlichsprachlichen Abnahmekriterien

Entscheidungstabellen sind sinnvoll einzusetzen, da sie vor allem die vollständige Spezifikationsbreite unterstützen und somit weniger Anforderungen fehlen werden. Für eine Detailspezifikation sind die formalisierten Abnahmekriterien jedoch weniger brauchbar, weil innerhalb einer Tabelle mit mehreren Bedingungskombinationen wenig Platz vorhanden ist. Hier kommen die Vorteile der natürlichsprachlichen Abnahmekriterien ins Spiel, da sie durch die Dreiteilung in Ausgangssituation, Ereignis und erwartetem Ergebnis einen Ablauf im Detail aufnehmen können. Sie fordern immer ein Ereignis, welches innerhalb Entscheidungstabellen teils verloren geht. Und darüber hinaus können Sie mit natürlichsprachlichen Abnahmekriterien ausführlicher in Prosa spezifizieren als innerhalb einer Entscheidungstabelle, ohne diese Form der Notation überzustrapazieren.

Von Verhaltensbeschreibungen zu natürlichsprachlichen Abnahmekriterien

Anstatt formalisierter Abnahmekriterien sind auch Verhaltensdiagramme sinnvoll einzusetzen, falls innerhalb der Spezifikation dynamisch komplexes Verhalten beschrieben ist. Dafür können Sie alle in Kapitel 7 „Dokumentation von Anforderungen" vorgestellten Verhaltensdiagramme wie Aktivitätsdiagramme, Zustandsdiagramme, Sequenzdiagramme, ereignisgesteuerte Prozessketten, Petrinetze usw. verwenden. Ohne Einschränkung können Sie die Dokumentationsart nutzen, die am besten passt.

Vorgehen

 7 Doku

Ein Aktivitätsdiagramm beispielsweise gruppiert einzelne natürlichsprachliche Abnahmekriterien, da es als Verhaltensdiagramm in adäquater Weise Systemabläufe, die aus mehreren funktionalen Schritten bestehen, als Anforderungen veranschaulichen. Für ein Aktivitätsdiagramm ist diese zweite Möglichkeit des Vorgehens in Abbildung 14.13 exemplarisch dargestellt.

Beachten Sie bei der Modellierung der Verhaltensdiagramme immer deren Granularität in Bezug auf die von Ihnen gewählte Spezifikationsebene. Häufig werden zu detaillierte Aktionen, Zustände etc. modelliert. Zu feine Aktionen sind jedoch mit Hilfe eines Black-Box-Tests etwa durch den Benutzer nicht mehr testbar.

419

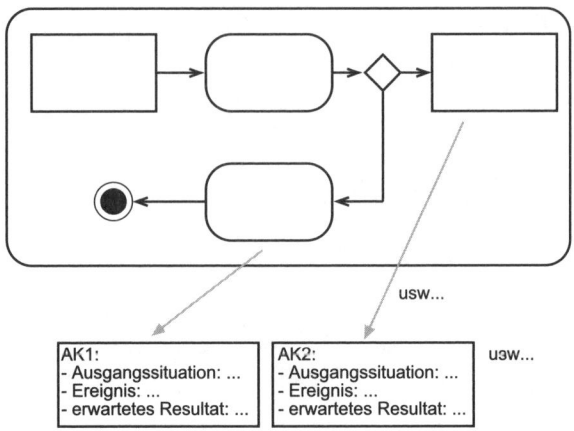

Abbildung 14.13: Der Weg von Aktivitätsdiagrammen zu natürlichsprachlichen Abnahmekriterien

Zusammenhang:
Diagramm – AK

Normalerweise sollten Sie bei diesem Vorgehen für alle Aktionen beispielsweise in Ihrem Aktivitätsdiagramm ein eigenes natürlichsprachliches Abnahmekriterium formulieren, um die Details zu spezifizieren. Abhängig von der Detailtiefe Ihres Verhaltensdiagramms können Sie aber auch mehrere Abnahmekriterien pro Aktion spezifizieren. Dies ist der Normalfall, da die Abnahmekriterien die detailliertere Spezifikationsebene darstellen und für einen Schritt im Verhaltensdiagramm beispielsweise der Standardablauf und zudem mehrere Fehlervarianten verfeinert werden. Andererseits können aufgrund vieler Bedingungen und Verzweigungen auch gelegentlich zwei Aktionen mit einem Abnahmekriterium abgedeckt werden. Wir empfehlen Ihnen, bei Verhaltensdiagrammen das Hauptaugenmerk auf die fachliche Verständlichkeit zu legen. Vor allem sollten die Diagramme den fachlichen Hintergrund für das Ermitteln der natürlichsprachlichen Abnahmekriterien visualisieren. Beachten Sie bei den Verhaltensdiagrammen weniger die Formalität und die Spezifikationsebene. Spätestens die natürlichsprachlichen Abnahmekriterien sollten dann wieder zu der von Ihnen gewählten Spezifikationsebene passen.

Detailtiefe

Falls unterschiedliche Personen die Verhaltensdiagramme und die Abnahmekriterien formulieren, beschreiben Sie die Elemente des Verhaltensdiagramms stets sehr ausführlich. Die Person, die versucht, Abnahmekriterien zu formulieren, kann den fachlichen Zusammenhang im Diagramm sonst kaum erkennen und keine konkreten Details aus dem Diagramm ableiten. Arbeiten Sie hier mit Kommentaren, um Ihr Verhaltensdiagramm klarer zu spezifizieren.

14.3.2　Erfahrungswerte und Richtlinien

Erfahrungen und
Richtlinien

Die bisherigen Anwendungen von Abnahmekriterien als Spezifikationsnotation ergaben viele interessante Erfahrungswerte, die für herkömmliche Anforderungen teilweise nicht zutreffen.

Achten Sie auf die folgenden Rahmenbedingungen und Richtlinien, falls Sie Abnahmekriterien als Spezifikation verwenden:

- Nutzen Sie für die Ermittlung der richtigen Auswahl von Abnahmekriterien die in Kapitel 12 „Abnahmekriterien" beschriebenen Black-Box-Testmethoden! Nur so wird es Ihnen möglich sein, Ihre Spezifikation vollständig zu beschreiben. Vor allem die Techniken der Äquivalenzklassenmethode und der Grenzwertanalyse sind geeignet, um die richtige Auswahl an Abnahmekriterien zu ermitteln.

- Schreiben Sie Kommentare zu Abnahmekriterien, um die Verständlichkeit zu erhöhen!

- Strukturieren Sie funktionale Abnahmekriterien möglichst immer mittels Entscheidungstabellen, Verhaltensdiagrammen et cetera! Zudem ist es sinnvoll, die gesamte Anforderungsspezifikation entlang einer Kapitelgliederung zu unterteilen. Die Kapitelgliederung kann sich an Use-Cases orientieren oder eine fachliche Struktur darstellen.

- Greifen Sie für nicht-funktionale Abnahmekriterien zwecks Wiederverwendung stets auf eine Referenz-Datenbank zurück (siehe Kapitel 10 „Die nicht-funktionalen Anforderungen in der Systementwicklung")!

- Falls Sie die Abnahmekriterien rein als Spezifikation verwenden und nicht als Qualitätssicherungsmaßnahme von Anforderungen, dann denken Sie auch an die Qualitätssicherung der erstellten Abnahmekriterien! Dies kann beispielsweise mittels der Erstellung von Testszenarien oder mit dem SOPHIST REgelwerk geschehen (siehe Kapitel 8 „Der lange Weg vom Satz zur Anforderung").

Beachten Sie auch bei Abnahmekriterien alle Aspekte der Verwaltung: Identifikation, Nachvollziehbarkeit, Versionierung et cetera! Mehr dazu in Kapitel 13 „Ordnung im Chaos".

14.3.3   Vor- und Nachteile des Ansatzes

Vorteile

Die Vorteile des Dokumentierens der Spezifikation in Form von Abnahmekriterien liegen vor allem in der Zeitersparnis, da die Beschreibungen der Eigenschaften und Leistungen des Produkts nicht doppelt notiert und verwaltet werden müssen. Nach unseren Erfahrungen reduziert sich der Aufwand etwa um ein Drittel gegenüber der Spezifikation mit herkömmlichen Anforderungen und dem zusätzlichen Erstellen von Abnahmekriterien. Vorteile

Zudem ist die Spezifikation von vornherein deutlich testbarer, weil Abnahmekriterien selbst meist testbarer sind als herkömmliche Anforderungen. Wichtige Elemente von Anforderungen wie Vorbedingungen und Ereignisse werden in einem Abnahmekriterium seltener vergessen.

Nachteile

Vor allem haben wir festgestellt, dass Abnahmekriterien schlechter lesbar sind als herkömmliche natürlichsprachliche Anforderungen. Abnahmekriterien – sowohl Entscheidungstabellen als auch Abnahmekriterien in natürlichsprachlicher Form – sehen einerseits formaler aus als natürlichsprachliche Anforderungen. Andererseits wird eine spezifizierte Funktion in der Regel über mehrere Abnahmekriterien verteilt beschrieben. Nachteile

Die Formulierung von herkömmlichen natürlichsprachlichen Anforderungen zeigt die Tendenz, zu oberflächlich und generisch zu sein. Bei der Spezifikation mit Abnahmekriterien besteht hingegen die Gefahr, sich als Requirements-Engineer zu sehr im Detail zu verlieren. Weitestgehend grobgranulare Abnahmekriterien auf beispielsweise Spezifikationsebene 2 zu formulieren, ist gewöhnungsbedürftig.

Weil die Spezifikation sowohl in Anforderungen als auch in Abnahmekriterien gefasst sein kann, müssen Sie sich für eine dieser beiden als rechtlich verbindliche Spezifikation entscheiden. Ungereimtheiten haben wir erlebt, wenn sich ein Vertragspartner auf die Anforderungen, der andere allein auf die Abnahmekriterien beruft.

14.4 Requirements-Engineering im Projekt

Die Autorin

Projekte spielen im Leben von Martina Kratzsch (M.Kratzsch@DeutschePost.de) eine ganz zentrale Rolle. Beruflich setzt sie als Diplom-Informatikerin in der Zentrale der Deutschen Post in Bonn alles daran, die Fachabteilungen auf dem Weg von der Idee zum System zu unterstützen. Ihre Kernkompetenzen liegen dabei in den Bereichen Projekt- und frühes Anforderungsmanagement. Nach Feierabend widmet sie sich intensiv ihrer Familie und dabei insbesondere ihren vier „Langzeitprojekten" Nathalie, Lukas, Josefine und Johannes.

14.4.1 Einleitung

Am Anfang steht die Idee, und aus der wird ein Projekt. Doch bevor es so weit ist, sollten einige Überlegungen angestellt werden, um die „richtigen" Ideen auszuwählen. Dass dies gar nicht so einfach ist, zeigt sich in der Praxis immer wieder. Ein Blick hinter die Kulissen von Projekten zeigt ziemlich schnell, wo die Knackpunkte liegen.

In der Praxis sind die meisten Projekte „Schnellstarter"– selbst wenn es auf den ersten Blick gar nicht danach aussieht. Häufig erkennt ein Mitarbeiter oder ein Vorgesetzter irgendwo in einem Prozess Potential und beauftragt ein „Projekt". Mehr oder weniger schnell wird ein Verantwortlicher gefunden. Diesem wird kurz beschrieben, worum es geht, und dann soll es auch schon losgehen – mit der Lösung des Problems. Meistens wird eine Lösungsidee sogar gleich mitgeliefert. Warum also noch Energie in Zieldefinitionen oder Anforderungsanalyse stecken? Schließlich ist der Lösungsansatz bekannt und ein Fertigstellungstermin ist auch vorgegeben. Ach ja, wie viel es maximal kosten darf, steht natürlich auch fest.

14.4.2 Die Praxis zeigt ...

Während weniger erfahrene Projektleiter der Zieldefinition oder Anforderungsanalyse zumindest zu Beginn des Projektes kaum Beachtung schenken werden – schließlich scheint doch alles sonnenklar –, werden Projektleiter mit mehr Erfahrung dies bestätigen können und, hoffentlich, entsprechend handeln.

Beide Projektleiter werden sich aber einig sein, dass kleinere, unkritische Vorhaben sicher keines besonders strukturierten Vorgehens bedürfen. Für größere Vorhaben hat es sich jedoch als allgemein sinnvoll erwiesen, sich des Projektmanagements als Hilfsmittel zu bedienen. Auch hierzu bietet das [PMBoK] eine Definition:

Projektmanagement ist die Anwendung von Wissen, Fähigkeiten, Werkzeugen und Verfahren auf Projektvorgänge, um die Projektanforderungen zu erfüllen. Das Projektmanagement wird durch die Anwendung von Prozessen wie Initiierung, Planung, Durchführung, Steuerung und Abschluss umgesetzt. Das Projektteam managt die Arbeit von Projekten. Diese Arbeit umfasst typischerweise: — Definition Projektmanagement

- *Konkurrierende Anforderungen an Inhalt und Umfang, Zeit, Kosten, Risiko und Qualität.*
- *Stakeholder mit unterschiedlichen Bedürfnissen und Erwartungen.*
- *Identifizierte Anforderungen.*

In dieser Definition taucht schon wieder das Wort „Anforderung" auf. Irgendetwas scheint also doch dran zu sein an diesen „Anforderungen".

14.4.3 Die Anforderungen

Das [PMBoK] bietet dem Projektmanager zur strukturierten Abarbeitung von Projekten neun Wissensgebiete. Aus der Sicht der Ziele und Anforderungen ist vor allem das Inhalts- und Umfangsmanagement von Interesse. Dieses Wissensgebiet beschäftigt sich mit dem Inhalt und dem Umfang sowohl in Bezug auf das Produkt als auch auf das Projekt. Für das Produkt werden die Eigenschaften und Funktionen ermittelt, die das Produkt oder die Dienstleistung kennzeichnen. Für das Projekt werden die Arbeiten ermittelt, die notwendig sind, um ein Produkt bzw. eine Dienstleistung mit den geforderten Eigenschaften zu erstellen. Das [PMBoK] konzentriert sich in seinen Aussagen jedoch ausdrücklich auf Inhalt und Umfang des Projektes. Die Prozesse, Werkzeuge und Verfahren zum Management des Inhalts und des Umfangs des Produktes sind dagegen in der Regel abhängig vom Anwendungsbereich und finden sich als Teil des Projektlebenszyklus wieder. — Inhalts- und Umfangsmanagement

Sehr viele Projektteams arbeiten heute im Bereich des Projektmanagements sehr erfolgreich nach dem [PMBoK]. Die durch das [PMBoK] nicht abgedeckten Bereiche, werden jedoch oft stiefmütterlich behandelt. Dies hat zur Folge, dass diese Teams weiterhin vor dem Problem stehen, die mit dem Projekt verfolgten Ziele sowie die Anforderungen an das Produkt in geeigneter Weise zu ermitteln (Kapitel 4 „Anforderungsermittlung") und zu dokumentieren (Kapitel 7 „Dokumentation von Anforderungen". Das Wissen darum, dass Ziele und Anforderungen in einem ähnlich strukturierten und gegliederten Prozess ermittelt, dokumentiert und verfolgt werden können wie die Bearbeitung eines Projektes an sich, ist heute im Gegensatz zum Projektmanagementansatz noch nicht so verbreitet.

↱ 4 Ermitteln
↱ 7 Doku

Anforderungs-änderungen

Dabei unterliegen Anforderungen genau wie das Projekt einem Lebenszyklus: von der groben Idee über weitere Verfeinerungen bis zur endgültigen Version, die im Produkt umgesetzt und getestet werden kann. Allerdings ist es mit den Anforderungen wie im richtigen Leben – nichts bleibt konstant. Es ist also damit zu rechnen, dass sich im Laufe der (Projekt-)Zeit eine Reihe von Anforderungen ändern oder wegfallen und auch neue Anforderungen hinzukommen. Je länger ein Projekt dauert, desto mehr Anforderungen werden absolut betroffen sein. Um sich dennoch ständig im Projektrahmen zu bewegen, ist es für eine erfolgreiche Projektabwicklung von immenser Bedeutung, einerseits Anforderungen an das Produkt oder die Dienstleistung frühzeitig und in der nötigen Detailtiefe zu ermitteln und zu dokumentieren. Andererseits müssen Änderungen an den Anforderungen ebenfalls frühzeitig erkannt und behandelt werden. Sich schleichend ändernde Anforderungen stellen ein hohes Risiko für den Erfolg des gesamten Projekts dar. Im Projektalltag wird daher ein Vorgehen benötigt, das diese beiden großen Prozesse rund um die Anforderungen abdeckt und dabei so früh wie möglich ansetzt.

14.4.4   ... zurück zur Praxis

Mal zu vage ...

Kommen wir zu den Schnellstarter-Projekten zurück. Der Start der Arbeiten erfolgt meist problemlos, und schon nach relativ kurzer Zeit liegen erste, viel versprechende Ergebnisse auf dem Tisch. Voller Enthusiasmus wird weiter gearbeitet. Aber irgendwann taucht eine Frage oder ein Problem auf, bei dem es scheinbar überhaupt kein Vorwärtskommen mehr gibt. Nach dem Ausprobieren mehrerer Lösungsmöglichkeiten, die alle nicht zum gewünschten Ergebnis führen, wird, meistens mit Unterstützung Projektexterner, versucht, die verfahrene Projektsituation zu analysieren. Dabei stellt sich fast immer heraus, dass die Ursache für die aktuelle Situation viel früher im Projekt lag. Sei es, dass die Beteiligten, inklusive Stakeholder und Auftraggeber, die zu Projektbeginn oft nur vage formulierten Ziele unterschiedlich interpretieren oder dass die Anforderungen an das zu erstellende Produkt nicht oder nicht detailliert genug erfasst und dokumentiert wurden. Wenn Ziele und Anforderungen doch frühzeitig erfasst und dokumentiert wurden, dann wurde vielleicht schlicht vergessen, den Auftraggeber zu befragen, ob sich in den erfassten Anforderungen seine Erwartungen an das Produkt widerspiegeln. Je nach Projekt wird das anfangs Versäumte nun mit viel Energie nachgeholt oder das Projekt gänzlich als gescheitert erklärt – mit allen Konsequenzen für die Sache und die beteiligten Personen.

... mal zu detailliert!

Allerdings gibt es auch das umgekehrte Problem. In diesem Fall wurde am Anfang des Projektes sehr viel Energie in eine umfassende, sehr detaillierte Anforderungserhebung, -dokumentation und -abstimmung gesteckt. Bedingt durch die Laufzeit des Gesamtprojektes (eventuell sogar mehrere Jahre) werden sich aber sehr viele dieser mit viel Aufwand erhobenen Anforderungen stark ändern. Würden nun die eingangs erhobenen Anforderungen genau so in einem einzigen Wurf in einem System umgesetzt, liefe das auf das gleiche Ergebnis hinaus, wie wenn keine Anforderungen vorliegen: Das Produkt würde mit hoher Wahrscheinlichkeit an den Wünschen und Erwartungen des Kunden vorbei entwickelt, oder es wird nie fertig.

Für die Praxis stellt sich damit die Frage, wie der Spagat zwischen früher Anforderungsaufnahme einerseits und erwartungsgerechtem Ergebnis auf der anderen Seite zu schaffen ist. Bei kurzen Projekten, die nur einige Wochen insgesamt laufen, ist dies sicher kein so großes Problem. Meine Erfahrungen basieren jedoch eher auf „Langläufern".

14.4.5   Persönliche Erfahrungen

In einem konkreten Projekt, welches ich zur Realisierung übernommen hatte, konnten wir auf einem sehr umfangreichen, aber auch sehr detaillierten Anforderungsdokument aufbauen, das in mehrmonatiger Arbeit sehr systematisch erarbeitet worden war. Die Anforderungen waren auch in einer sehr umfangreichen Review-Sitzung mit allen erdenklichen Stakeholdern abgestimmt. Das war eigentlich eine sehr gute Basis für ein erfolgreiches Projekt. Insbesondere wenn man dazu noch das für unseren Bereich gültige Vorgehensmodell beachtet, welches eine wasserfallartige Projektabwicklung in einem Durchlauf basierend auf dem V-Modell 97 vorsah. *(Voraussetzungen)*

Unter diesen Voraussetzungen wurde mit der Realisierung begonnen. Leider stellte sich nach einiger Zeit heraus, dass sich die (Post-)Umwelt in der Zwischenzeit mit großen Schritten weiterentwickelt hat. Dies hatte zur Folge, dass eine Reihe von Anforderungen nicht mehr gültig waren und einer Überarbeitung bedurften. Und während diese Anforderungen aktualisiert wurden, veralteten die nächsten. Schnell waren wir eigentlich nur noch damit beschäftigt, unsere Anforderungen auf dem aktuellen Stand zu halten. So ging es einige Monate, und unsere eigentliche Arbeit im Projekt litt darunter deutlich. Unser Ziel war es aber immer noch, ein komplettes System auszuliefern. Aber irgendwie hatten alle den Eindruck, dass wir uns ständig im Kreis drehten. Irgend etwas musste also geschehen! *(Realisierungsprobleme)*

Nach langem Ringen haben wir uns dann doch von der Vorstellung getrennt, ein einziges Release auszuliefern, in dem alle Anforderungen auf einmal umgesetzt sind. Wir wollten uns nun in einem ersten Schritt auf das Kernsystem konzentrieren und es Schritt für Schritt ausbauen. Das war der Durchbruch! Jetzt hatte das, war wir vor uns sahen, endlich eine handliche Größe. Allerdings tauchten damit gleich neue Fragen auf: Was gehört eigentlich zum Kernsystem? Was könnte dann in den nächsten Schritten enthalten sein? Was machen wir jetzt mit unseren Anforderungen, die wir doch mit so viel Mühe immer versucht haben, aktuell zu halten? Wir kamen also nicht umhin, eine Release-Planung aufzusetzen. Aber – wie kann man eigentlich eine wirklich gute Release-Planung aufsetzen? Welche speziellen Anforderungen müssen die Anforderungen erfüllen, damit sie für eine Release-Planung nutzbar sind (atomar, testbar, ...)? Wie geht man mit Änderungen während des Releases um (Anforderungen kommen dazu oder fallen weg)? Wie kann man den Fortschritt des Releases *(Der 1. Schritt)* messen? Klappt dies auf Basis von Einzelanforderungen? Wie spielen in die Release-Planung die Abnahmekriterienen mit hinein?

Der 2. Schritt

In unserem Projekt haben wir uns entschieden, dem Timeboxing-Ansatz zu folgen. Pro Jahr gibt es zur Zeit drei Release-Zyklen. Jeder einzelne Zyklus setzt sich dabei aus mehreren Phasen zusammen. Begonnen wird mit einer Definition des inhaltlichen Umfangs der jeweiligen Phase. Dies beginnt bereits zwei bis drei Release-Zyklen vorher und findet seinen Abschluss kurz nach der Fachlichen Abnahme des vorherigen Releases. Somit steht ca. 10 Wochen vor Redaktionsschluss für das Release der Inhalt im Wesentlichen fest. In der folgenden Zeit schließt die Fachseite die Aktualisierung der für das kommende Release verbindlichen Anforderungen ab. Dies geschieht bereits in enger Zusammenarbeit und in Abstimmung mit der IT-Seite. Gleichzeitig ist dies die letzte Möglichkeit, Anforderungen zu diesem Release hinzuzunehmen oder wegzulassen. Der Redaktionsschluss kennzeichnet das Ende dieser fachlichen Phase. Zu diesem Termin übergibt die Fachseite der IT-Seite den endgültigen Stand der Anforderungen samt aller zugehörigen Abnahmekriterien für das Release in Form eines Auszuges aus der Anforderungsdatenbank. Dieser Auszug ist das verbindliche Dokument für die Abnahme und im Streitfall gültig. Im Wesentlichen wird jedoch sowohl von der Fach- als auch von der IT-Seite direkt auf der Anforderungsdatenbank gearbeitet. In den folgenden acht Wochen erarbeitet die IT den aktuellen Release-Stand und testet diesen IT-intern. Dazu leitet sie aus jedem Abnahmekriterium mindestens einen Testfall ab. Die erfolgreiche Abarbeitung sämtlicher für dieses Release relevanten Testfälle ist zu dokumentieren.

Zu Beginn der einwöchigen Fachlichen Abnahme liegt somit das komplette System für das jeweilige Release samt Dokumentation aller durchlaufenen Testfälle und den entsprechenden Dokumenten vor. Während der Fachlichen Abnahme prüft die Fachseite nun, ob das System sich entsprechend den Anforderungen verhält. Dies geschieht dadurch, dass wir die Protokolle der Testdurchläufe ansehen und dabei prüfen, ob das richtige Abnahmekriterium richtig im Testfall umgesetzt und dieser erfolgreich abgearbeitet wurde. Parallel dazu lassen wir uns einige Testfälle auch noch einmal am System zeigen und nehmen „live" kleinere Modifizierungen an den Parametern des Testfalls vor, um die Stabilität des Testfalls zu prüfen. In der Anforderungsdatenbank wird zu jedem während der Fachlichen Abnahme untersuchten Abnahmekriterium des Ergebnis der Prüfung notiert. Wurden hinreichend viele Abnahmekriterien positiv bewertet, so wird die Fachliche Abnahme des Releases erklärt. Diese ist Voraussetzung für die außerhalb des Projektes durchgeführte Betriebliche Abnahme. Gibt es auch von dort „grünes Licht", steht dem Roll-Out des Releases nichts mehr im Wege.

14.4.6　Fazit

Alles in allem liegen bei uns zwischen Redaktionsschluss und Roll-Out eines Releases ca. 12 Wochen. Nach einigen Durchläufen hat sich der Release-orientierte Ansatz bei uns gut bewährt. Da für jedes Release bereits recht früh festgelegt ist, welche Themen es enthalten wird, können wir uns diesen konzentrierter widmen. Dass dabei andere Anforderungen vorerst „auf der Strecke" bleiben, ist bei diesem Ansatz nicht weiter tragisch. In dem Moment, in dem sie Bestandteil eines Releases werden, wird auch für eine Aktualisierung der Anforderungen gesorgt. Somit haben wir für uns eine Lösung gefunden, um den Spagat zwischen früher Anforderungsaufnahme einerseits und erwartungsgerechtem Ergebnis auf der anderen Seite zu schaffen.

14.5   Anforderungsmuster

14.5.1   Einführung

Viele unserer Beratungskunden beginnen Ihre Projekte nicht auf der grünen Wiese, sprich von Grund auf neu, sondern entwickeln bestehende Altsysteme weiter und setzen damit zwangsläufig auf mehr oder minder guten Anforderungsdokumenten auf, falls so etwas überhaupt existiert.

Selten: „Grüne Wiese Projekte"

Grundsätzlich ist diese Nutzung der Altanforderungen erstrebenswert, da dadurch eines der wichtigsten Leitmotive jedes ingenieurmäßigen Vorgehens praktiziert wird:

„Wiederverwenden statt Neuerfinden"

Dass dies kein Selbstläufer ist, liegt auf der Hand. Es ist ein Irrglaube, dass aus schlechten oder schlecht zusammengestellten Anforderungen durch geschickte Auswahl und Kombination gute Anforderungsdokumente werden. In aller Regel entstehen durch falsche oder nur teilweise Übernahme bzw. Hinzufügen von Redundantem sogar schlechtere Spezifikationen. Anforderungen müssen mindestens einmal in ihrem Leben analytisch untersucht oder präzise konstruiert werden. Das dazu nötige Handwerkszeug haben wir Ihnen in den Kapiteln 8 und 9 ausführlich vorgestellt. Diese Maßnahmen sind aber oft nur der halbe Weg zum Ziel.

Wiederverwendung kein Garant für hohe Qualität

➦ 8 Satz-Anf.
➦ 9 Schablone

Und was ist das Ziel? Idealerweise eine in weiten Teilen generierte Anforderungsspezifikation, die sich aus Bausteinen wiederverwendeter Anforderungen zusammensetzt. Vor allem kleine Anforderungsbausteine (mit 15-20 Anforderungen) haben den Vorteil, dass die Mitarbeiter sie leicht gesamtheitlich erfassen, überarbeiten und komplettieren können. Große en bloc wieder verwendete Anforderungsdokumente, werden meist kaum gelesen und häufig unreflektiert übernommen.

Teile und Herrsche

427

Die einzelnen Bausteine bilden für sich qualitativ hochwertige Sammlungen exzellenter Anforderungen – eine gute Ausgangsbasis für das „automatische" Zusammenstellen Ihrer Anforderungsdokumente.

Diese Bausteine müssen allerdings gut strukturiert sein, um insbesondere die Auswahl und die Integration in das Anforderungsdokument zu erleichtern. Wir nutzen dazu die Erkenntnisse aus der Muster- oder Patternbewegung (siehe u.a. [Buschmann98], [Conrad00]) und strukturieren die Bausteine in Form von Mustern, wie sie mittlerweile in vielen Bereichen innerhalb und außerhalb der Informatik anerkannt sind. Natürlich sind hier spezielle Erweiterungen und Ergänzungen notwendig, der Grundgedanke der Wiederverwendung bleibt jedoch über allem bestehen.

Fazit: Anforderungsmuster stellen, vereinfacht ausgedrückt, wiederverwendbare Teile eines Anforderungsdokuments dar, die gleichzeitig qualitativ hochwertig sind.

Dies wird durch die Verwendung etablierter Methoden wie Schablonen, Abnahmekriterien und Modellausschnitte erreicht. Den Kern der Anforderungsmuster bildet dabei ein Problem der Analyse, das durch die mitgelieferten Anforderungen Abnahmekriterien oder Modellelemente gelöst wird.

↱ 1 Qualität

↱ 9 Schablone

↱ 12 AK

Bevor Sie weiterlesen, noch ein Tipp: Um die Methodenintegration und die Qualität der Anforderungsmuster vollends zu verstehen, raten wir Ihnen dringend, die Kapitel 1, 9 und 12 vorab zu lesen. Dort gewonnene Erkenntnisse über Qualitätskriterien, Anforderungsschablonen und Abnahmekriterien fließen allesamt in die Muster ein.

Mehr zu Mustern

Mehr zu Mustern, zur Mustergemeinde, zur Historie von Mustern, gängigen Darstellungsweisen finden Sie in der zahlreichen Literatur, unter anderem in [Alexander77], [Alexander79], [Buschmann98], [Conrad00], [Coad95], [Eilebrecht03], [Fowler96], [Gamma94], [Meszaros98], [Quibeldey-Cirkel99], [Schmidt00].

14.5.2 Grundlagen zu Anforderungsmustern

Falls Sie dieses Buch bis zu diesem Kapitel vollständig gelesen haben, sind Sie bereits mit zahlreichen Methoden und Vorgehensweisen der Anforderungsanalyse vertraut. Wir zeigen nun, wie Wiederverwendung und Anforderungsanalyse im Rahmen der Anforderungsmuster zusammenspielen. Doch zunächst die Definition für ein Anforderungsmuster:

Definition:
Anforderungs-
muster

Definition:

Ein Anforderungsmuster ist ein Lösungskonzept zu einer speziellen Problemstellung der Anforderungsanalyse. Es vereinigt die Diskussion des Problems, Konsequenzen der Anwendung und eine Lösung.

Die Lösung bildet eine unter synergetischen Gesichtspunkten abgewogene Kombination aus natürlichsprachlichen Anforderungen, Anforderungsschablonen, Analysemodell, Abnahmekriterien und übergreifenden semantischen Definitionen.

Entwurfsprinzipien von Anforderungsmustern

Um den Mustergedanken mit den Methoden der Anforderungsanalyse zu verbinden, sind zwei wesentliche Schritte notwendig:

1. Verknüpfung der Methodenbausteine der Anforderungsanalyse (Schablonen, Abnahmekriterien, semantische Definitionen, ...)

2. Einbettung in das Musterschema (Name, Kontext, Problem, Lösung, ...)

Die beiden Punkte sind *nicht* unabhängig zu sehen, denn eine wesentliche Mustereigenschaft ist die Allgemeingültigkeit der Lösung. Muster müssen bei der gleichen Problem/Kräfte/Kontext-Struktur *unabhängig von sonstigen Randbedingungen einsetzbar* sein. Die gleiche Annahme trifft aber auf die Kombination der Methodenbausteine *nicht uneingeschränkt zu.* Anforderungen sind unabhängig von ihrem Abstraktionsgrad *konkret*. Da Abnahmekriterien und Modellausschnitt eng damit verbunden sind, sind auch sie konkret. Abstrahiert man nun die Anforderungen zu stark, ist das entstehende Muster zwar korrekt, aber für die praktische Anwendung unbrauchbar. Werden hingegen die Methoden unter Einbeziehung konkreter Anforderungen kombiniert, ist das Resultat nicht flexibel und nur eingeschränkt wiederverwendbar. Daraus leiten sich folgende Entwurfsentscheidung für Anforderungsmuster ab:

Methoden-einbettung im Musterschema

- Das Ziel der Wiederverwendung erfordert die Einführung von Platzhaltern (Nichtterminalbegriffen[4]) bei semantischen Definitionen.

- Bei der Verwendung von Anforderungsmustern müssen überflüssige Anforderungen aufgrund realer Gegebenheiten gestrichen werden. Die Aufnahme oder Eliminierung von Anforderungen wird über ein Entscheidungsflussdiagramm bestimmt.

- Verschiedene Abnahmekriterien dürfen in keiner engen Beziehung zueinander stehen. Dies verhindert zum Beispiel die Verwendung von Testfällen (zusammenhängende Kette von Anforderungen). Dies liegt auf der Hand, da die korrespondierenden Anforderungen auch wegfallen können.

- Der Bedingungsteil der Anforderungsschablone sollte nur sparsam verwendet werden. Bedingungen schaffen Abhängigkeiten und schränken die Freiheitsgrade ein. Wir empfehlen an dieser Stelle die Verwendung von Platzhaltern.

Diese Punkte betreffen in erster Linie die Kombination der Methodenbausteine und zwar im Lösungsteil des Musters (siehe Abbildung 14.14) Das Musterschema bleibt mit Ausnahme von einigen Erweiterungen unberührt und bildet die bekannten Strukturen ([Gamma94] oder [Buschmann98]) im Wesentlichen nach.

---

[4] Nichtterminalbegriffe sind Platzhalter in Sprachen und dadurch Elemente einer Metasprache. Sie werden durch nicht weiter ersetzbare Terminalsymbole im jeweiligen Kontext ausgetauscht. So ist PROZESSWORT in der Anforderungsschablone aus Kapitel 9 ein Nichtterminalsymbol, das durch Terminalsymbole wie „suchen, eingeben, speichern, ..." bei der Instanziierung der Schablone ersetzt wird.

429

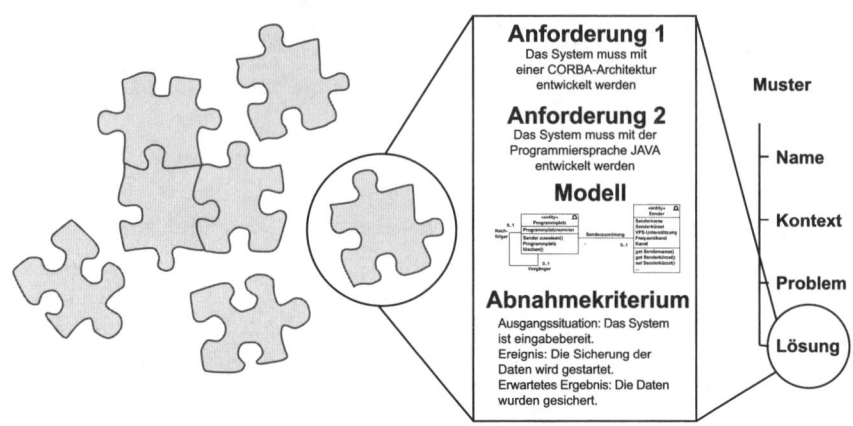

Abbildung 14.14: Arbeiten mit Anforderungsmustern

Welche Problemklasse löst ein Anforderungsmuster?

Typische
Probleme,
die ein
Anforderungs-
muster löst

Der *Problemteil eines Anforderungsmusters* beschreibt eine Tätigkeit des Analytikers, die er bei der Erstellung eines Anforderungsdokuments durchführen muss.

Beispiele für Problemteile:

1. Sie sind Analytiker und sollen die Anforderungen für ein Identifikationsverfahren schreiben. Welche Anforderungen müssen berücksichtigt werden?
2. Ihr System wird nach dem V-Modell entwickelt. Sie sollen die Anforderungen für die Rollenvergabe formulieren. Welche Anforderungen sind relevant?
3. Sie müssen Anforderungen für mehrere Produktlinien schreiben. Wie werden gemeinsame („Commonalities") und veränderliche Bestandteile („Varibilities") getrennt?
4. Sie spezifizieren neben den Softwareanteilen auch Hardware. Wie ergänzen sich die beiden Spezifikationsteile?

Physikalische Gesetze des Requirements Engineering

Von Sven Biedermann

Der von Boehm [Boehm81] aufgestellte Vergleich über Kosten der Behebung von Konzeptfehlern in Analyse, Design und Implementierung ist in der Systementwicklung ebenso fundamental wie die Newton'schen Gesetze in der Physik. Der Boehm'sche Kostenvergleich mit seinem Verhältnis von 1:10:100 für die relativen Fehlerbehebungskosten legt nahe, der Systemanalyse ein entsprechendes Gewicht einzuräumen. Diese sollte folglich sehr gründlich gemacht werden. Die Vision ist das *fehlerfreie* Konzept. Versucht man sich dieser Vision zu nähern, kommt plötzlich der Faktor Zeit ins Spiel – ein perfektes Konzept lässt sich nicht in einer Nachtschicht niederlegen. Die Existenz der Zeit macht in der Physik Positionsänderungen von Massen möglich, in der Systemanalyse Änderungen an Anforderungen. Peter Hruschka gibt in [Hruschka00] 1–2% Änderungen an Anforderungen pro Monat an.

In einem meiner Projekte versuchten wir, die umfangreichen Anforderungen „perfekt" zu beschreiben. Die Analysephase dauerte fast 1 Jahr. Während dieser Zeit änderten sich ca. 10% der Anforderungen. Das stimmt gut mit der Schätzung von Hruschka überein, da sich ca. 2% der Anforderungen mehrfach änderten.

Später im Design stellte die pedantisch arbeitende Entwicklermannschaft in ca. 4% der Anforderungen Inkonsistenzen und Fehler fest. Untersuchungen ergaben, dass sich über zwei Drittel dieser Fehler aufgrund von Änderungen eingeschlichen hatten. Dies ist im Einklang damit, dass die Komplexität von Systemen exponentiell mit Änderungen am System wächst [Jacobsen92]. Auch hier schlägt die Physik hart zu: die Thermodynamik lässt grüßen!

Wenn wir uns von der Physik noch weiter verführen lassen – wie könnte dann eine Relativitätstheorie der Systementwicklung aussehen? Die Arbeit, die die Änderungen verursachen, könnte man mit e bezeichnen, die Masse der Anforderungen als m. Die sich ändernden Anforderungen pro Zeiteinheit verstecken sich im c^2. Das ist zwar sehr gewagt, zumal ich kein Physiker bin. Trotzdem kann ich einige wichtige Schlussfolgerungen für meine Arbeit ziehen:

E) Die Anforderungsanalyse sollte nur bis zu dem Punkt betrieben werden, wo die Gefahr, wesentliche Sachverhalte übersehen zu haben, auf ein *akzeptables Risiko* gesunken ist. „Fehlerfreiheit" bleibt eine Vision. Materialisiert sich hier vielleicht die Heisenberg'sche Unschärferelation?

m) Der Faktor Zeit spielt vor allem in großen Projekten mit viel Masse eine wesentliche Rolle. Man benötigt eine (realistische) *Terminvorgabe*, zu der die Anforderungsanalyse abgeschlossen sein muss. Andernfalls verwandelt sich ein Projekt schnell in ein schwarzes Loch.

c) Ein Projekt benötigt einen definierten Prozess zur Behandlung von Änderungen. Der Auftraggeber trägt die Verantwortung. So können überflüssige Änderungen vermieden werden. Die Lichtgeschwindigkeit wird steuerbar.

c) Für die Analyse benötigt man ein Team, das entsprechend geschult und in der Lage ist, Anforderungen nicht nur *in hoher Qualität*, sondern auch *effektiv* zu erheben, d.h. man lässt den Anforderungen keine Zeit, sich zu ändern. Die berühmte Gleichung findet ohne c^2 statt.

Dipl.-Inf. Sven Biedermann (Sven.Biedermann@Biedermann-Consulting.de) ist Baujahr 68. Er beschäftigt sich seit 1990 mit objektorientierter Software-Entwicklung. Heute führt er zusammen mit seiner Frau die Biedermann Consulting GmbH. Nach der Arbeit fotografiert er gern.

14.5.3   Anforderungsmuster am Beispiel

Wir betrachten in diesem Abschnitt wiederum ein Beispiel aus dem Bibliothekssystem, um die bisher theoretischen Ausführungen zu Anforderungsmustern zu veranschaulichen, zu bestätigen und vor allem ihre praktische Anwendbarkeit zu verdeutlichen.

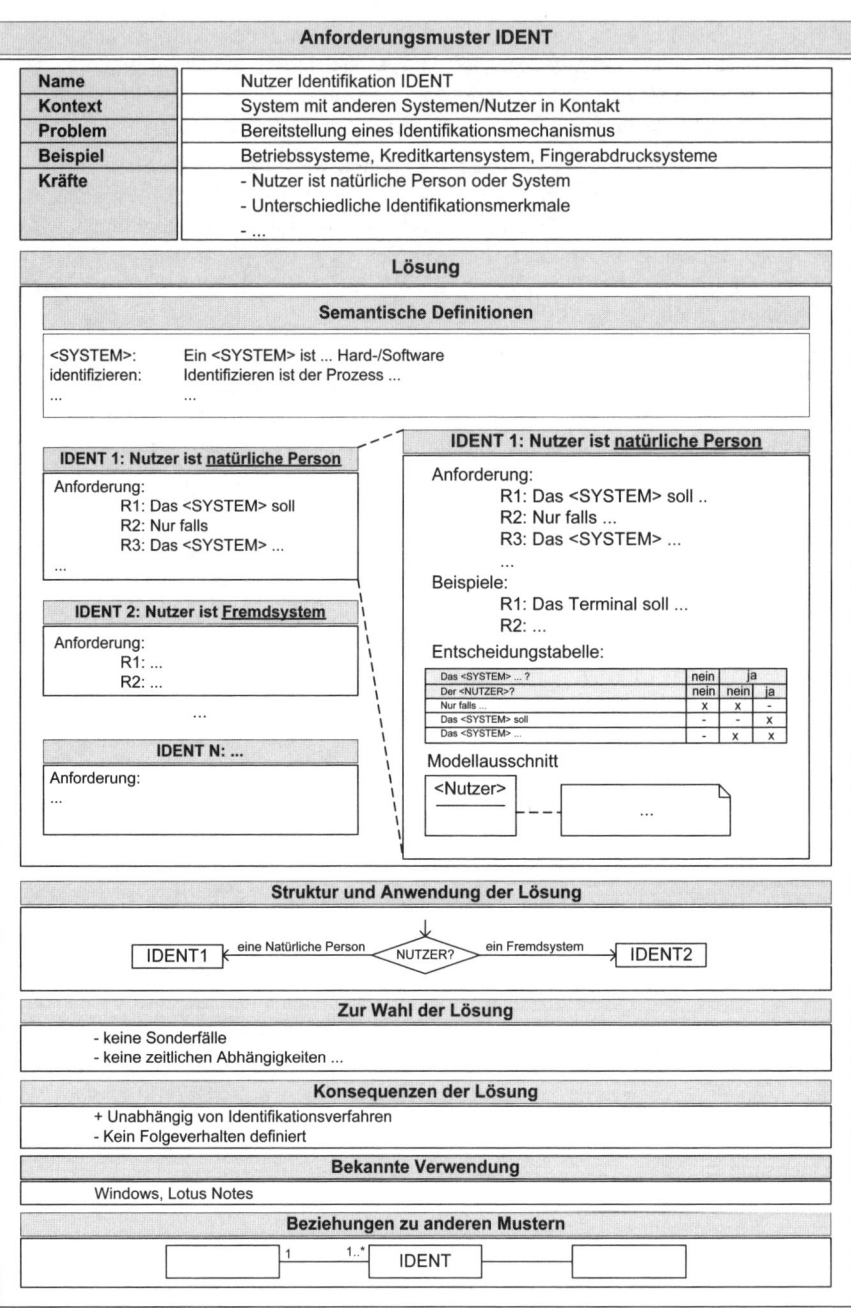

Abbildung 14.15: Anforderungsmuster

Dazu haben wir die *Identifikation von Benutzern* als Muster gewählt. Identifikationsverfahren (zum Beispiel mittels Benutzername und Passwort) sind nicht nur allgemeinverständlich und hinlänglich bekannt, sondern werden auch in den unterschiedlichsten Systemen verwendet. So gibt es allein im Bibliothekssystem eine Reihe von Situationen, für die eine Benutzeridentifikation erforderlich ist. Beispielsweise muss sich der Bibliothekar am System identifizieren.

Anforderungsmuster „Identifikation"

Zudem sind Anforderungen zur Identifikation ja nicht nur für Bibliotheken relevant. Denken Sie nur an Ihr Betriebssystem, einen Geldautomaten oder vielleicht ein Zugangssystem, das Sie jeden Tag auf dem Weg zu Ihrem Arbeitsplatz durchlaufen. Dadurch ist das wesentliche Musterkriterium der *Allgemeingültigkeit* gegeben.

Da der Umfang des Buches begrenzt ist, können wir in Abbildung 14.15 nur Ausschnitte des Anforderungsmusters „Identifikation" abdrucken. Das vollständige Muster erhalten Sie auf unserer Webseite *www.sophist.de* zum Herunterladen.

Vollständiges Muster auf der Webseite

Ein Anforderungsmuster besitzt folgende Bestandteile: Name, Kontext, Problem, Beispiel, Kraft, Lösung, Struktur und Anwendung der Lösung, Zur Wahl der Lösung, Konsequenzen der Lösung, Bekannte Verwendung, Beziehungen zu anderen Mustern. Die wichtigsten werden wir Ihnen als Nächstes vorstellen.

Die Bestandteile spiegeln eine erweiterte Musterstruktur wider, die in ihrem Lösungsteil die Bausteine der Anforderungsanalyse vereinigt. Der Block „Struktur und Anwendung der Lösung" ist ein Alleinstellungsmerkmal für Anforderungsmuster.

Bestandteil: Lösung

Übersicht

Der Lösungsteil eines Anforderungsmusters zerfällt in zwei Bereiche (siehe Abbildung 14.15): die semantischen Definitionen und die Lösungsblöcke (IDENT 1, IDENT 2, IDENT 3 usw.). Ein Lösungsblock enthält eine Kombination von mehreren natürlichsprachlichen, schablonenbasierten Anforderungen (abstrakt und beispielhaft), die zugehörigen Abnahmekriterien und den zugehörigen Modellausschnitt. Die semantischen Definitionen definieren Begriffe der Anforderungen, des Modellausschnitts und der Abnahmekriterien und gehören logisch zum Glossar oder Definitionsteil der entstehenden Spezifikation.

komplexer Lösungsteil

Semantische Definitionen

Semantische Definitionen (siehe Kapitel 9) in der Anforderungsanalyse definieren in aller Regel Entitäten aus dem konkreten System oder Projektumfeld. Durch den Einsatz von Anforderungsmustern sind nun zusätzliche Definitionen notwendig, die ansonsten nicht benötigt werden. Semantische Definitionen definieren in Anforderungsmustern Terminalbegriffe und Nichtterminalbegriffe.

9 Schablone

Terminalbegriffe treten so, wie sie definiert wurden, in Anforderungen, Abnahmekriterien oder dem Modellausschnitt auf. In vielen Fällen stellen sie Prozesswörter und damit Verben dar, sie können aber zum Beispiel auch Substantive oder Adjektive sein. Ein Teil der Terminalbegriffe steht eng mit der Problemstellung des Anforderungsmusters in Beziehung, zum Beispiel der Begriff „identifizieren" im Rahmen des

Terminalbegriffe sind Wörter der Anwendersprache

Identifikationsmusters. Andere Terminalbegriffe sind allgemeiner und werden in vielen anderen Mustern auch benötigt, wie die Begriffe „abbrechen" oder „bestätigen".

Nichtterminalbegriffe sind Hilfsmittel der Muster

Nichtterminalbegriffe kommen ausschließlich in der Beschreibung des Anforderungsmusters vor. Sie werden bei dessen Benutzung, das heißt beim Erstellen der Anforderungsdokumente durch einen oder mehrere Terminalbegriffe ersetzt. Die Einführung einer Metaebene für Begriffe ist nötig, um die Wiederverwendung und Flexibilität der Muster zu sichern. Der Abgrenzung und der Lesbarkeit wegen sind Nichtterminalbegriffe in spitze Klammern gesetzt. Nachfolgendes Beispiel verdeutlicht dies.

<SYSTEM>

> *Definition:*
> - Ein <SYSTEM> ist eine echte oder unechte Teilmenge von Hard- und Softwarekomponenten.
> - Ein <SYSTEM> führt Funktionen aus.
>
> *Beispiele für <SYSTEM>:*
> Geldautomat, Datenbank, Abrechnungsmodul, Videokarte, ...

Die Beispiele im Rahmen der Definition zeigen mögliche Terminalbegriffe auf, die projektspezifisch beim Anwenden des Anforderungsmusters zu definieren und anstelle der <NICHTTERMINALBEGRIFFE> einzusetzen sind. Beispielsweise könnte die mögliche Ausgangssituation eines Abnahmekriteriums lauten:

„**<Das SYSTEM>** ist mit **<dem NUTZER>** verbunden."

Bei *Benutzung (Instanziierung)* des Musters wird der Inhalt zwischen den eckigen Klammern vielleicht durch

„**Das Backupmodul** ist mit **dem Server** verbunden."

ersetzt. Backupmodul und Server sind dann als Terminalbegriffe zu definieren.

Neben dem eigentlichen Nichtterminalbegriff umschließen die eckigen Klammern häufig noch Füllwörter, um im konkreten Fall einen grammatikalisch korrekten natürlichsprachlichen Satz zu gewährleisten.

Lösungsblöcke

Der zweite Bereich des Lösungsteils eines Anforderungsmusters besteht aus mehreren kleinen Blöcken. Um die Erklärung einfacher zu gestalten, beginnen wir mit einem Beispiel, an dem sich der nachfolgende Text orientiert und das den Lösungsblock IDENT-2 zeigt:

IDENT-2: <KENNUNG> bestätigen

Anforderungen:

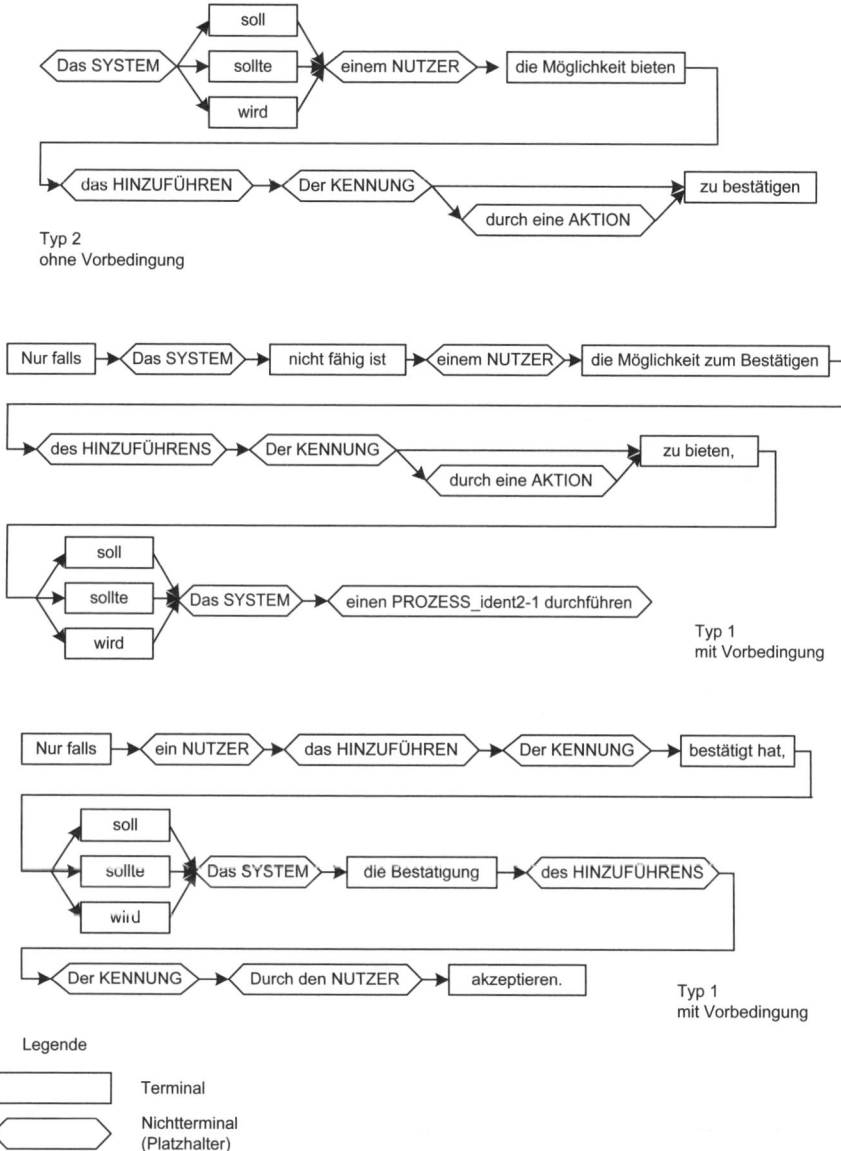

Typ 2
ohne Vorbedingung

Typ 1
mit Vorbedingung

Typ 1
mit Vorbedingung

Legende

Terminal

Nichtterminal
(Platzhalter)

Beispielanforderungen:

- **Das Bibliothekssystem** soll **einem Anwender** die Möglichkeit bieten, **die Eingabe eines Benutzernamens durch Drücken der Eingabetaste** zu bestätigen.

- Nur falls **das Bibliothekssystem** nicht fähig ist, **dem Anwender** die Möglichkeit zum Bestätigen **der Eingabe des Benutzernamens durch Drücken der Eingabetaste** zu bieten, **soll das Bibliothekssystem permanent die Meldung 47 auf dem Bildschirm ausgeben.**

- Nur falls **der Anwender die Eingabe des Benutzernamens** bestätigt hat, soll **das Bibliothekssystem** die Bestätigung **der Eingabe des Benutzernamens durch den Anwender** akzeptieren.

Abnahmekriterium (Entscheidungstabelle):

1. <NUTZER> ist mit <dem SYSTEM> verbunden	J			N
2. <SYSTEM> ist fähig eine Möglichkeit zum Bestätigen zu bieten	J	N	-	
3. <NUTZER> bestätigt	J	N	-	-
1. <SYSTEM> bietet Möglichkeit zum Bestätigen an	X	X	-	-
2. <SYSTEM> führt <PROZESS_ident-2-1> durch	-	-	X	-
3. <SYSTEM> akzeptiert Bestätigung	X	-	-	-
Prozessstatus: <NUTZER> **bestätigt erfolgreich** <HINZUFÜHREN>	X	-	-	-
Prozessstatus: <das HINZUFÜHREN> ist nicht bestätigt	-	X	X	X

Abbildung 14.16: Beispiel Entscheidungstabelle IDENT-2

Die Entscheidungstabelle ist bereits konsolidiert, da die Zeilen 2 und 3 keinen Sinn ergeben, wenn niemand mit dem System verbunden ist (wer sollte dann bestätigen?). Des Weiteren definieren die beiden letzten Zeilen den Zustand des Systems/Prozesses nach Abarbeitung des Szenarios. Dadurch können Szenarienketten über Zustände (Vor-/Nachbedingung) aufgebaut werden.

Modellausschnitt:

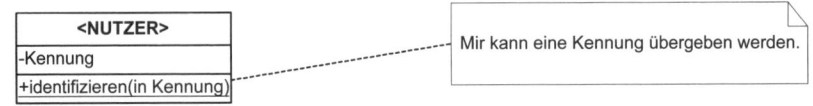

Abbildung 14.17: Modellausschnitt zu IDENT-2

Das Beispiel zeigt einen Lösungsblock mit vier Abschnitten: Anforderungen, Beispiel-anforderungen, Abnahmekriterien und Modellausschnitt.[5] Eingeleitet wird ein Block durch die Kurzbezeichnung des Musters (im Beispiel: IDENT für die Identifikation), einer fortlaufenden Nummer (2) im Muster und einer kurzen Beschreibung der Funktionalität (<KENNUNG> bestätigen), die durch die Anforderungen im Lösungsblock gefordert wird. Die folgenden vier Abschnitte enthalten die bereits ausführlich dargelegten Analysetechniken. Der Abschnitt „Beispielanforderungen" zeigt eine konkrete Instanziierung mit realen Beispieldaten der schablonenbasierten Anforderungen des ersten Abschnitts. Der Übersichtlichkeit halber sind die ersetzten Nichtterminale fett gesetzt. Im Abschnitt „Abnahmekriterien" sind sowohl natürlichsprachliche als auch formale Abnahmekriterien (wie im obigen Beispiel die Entscheidungstabelle) möglich. Im Modellausschnitt gibt es keinerlei Einschränkungen hinsichtlich der Diagrammarten, es ist aber davon auszugehen, dass hier nur statische Strukturen abgebildet werden.

Inhalt eines Lösungsblocks

Bestandteil: Struktur und Anwendung der Lösung

Obwohl der Beispielauszug im vorangegangenen Abschnitt relativ klein war, lässt er doch ein Problem bei der Anwendung von Anforderungsmustern erahnen: die Übersicht über die Lösungsblöcke geht sehr schnell verloren. Bei der Annahme von nur 4 Lösungsblöcken à 3 Anforderungen ist mit gut 20 (natürlichsprachlichen) Abnahmekriterien zu rechnen. Ohne konkrete Anwendungshilfen ist ein sinnvolles und vor allem schnelles Arbeiten dann schon nicht mehr möglich. Dem wirkt der Teil „*Struktur und Anwendung der Lösung*" entgegen. Er enthält einen Wegweiser zur Anwendung der Lösungsblöcke in Form eines Flussdiagramms.

Problem: Anforderungs-muster sehr komplex!

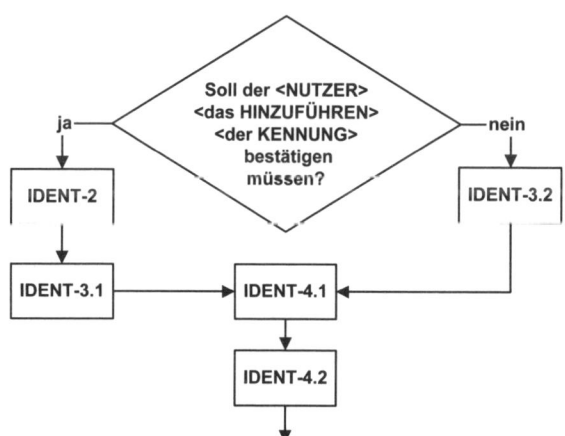

Abbildung 14.18: Flussdiagrammausschnitt zur Anwendung des Anforderungsmusters IDENT

---

[5] Obwohl sehr viele Detailinformationen in den Anforderungen vorhanden sind, bleiben diese – aus Analyse-Sicht – in dem Modellausschnitt ohne Belang. Ein Analysemodell soll die fachlichen Zusammenhänge veranschaulichen und Details weglassen.

Abbildung 14.18 zeigt einen Teil eines solchen Flussdiagramms. Es besteht aus zwei wesentlichen Elementen: der Entscheidungsfrage (Raute) und dem Block (Rechteck). Mit der Frage kann der Musteranwender entscheiden, ob die spezifische Teilproblemstellung in seinem zu spezifizierenden System/Prozess auftritt, und dementsprechend den Weg im Flussdiagramm wählen. Befindet sich auf dem Weg ein Block, so ist der zugehörige gleichnamige Lösungsblock mit allen Elementen aufzunehmen. (Die Abbildung lässt erahnen, dass das vollständige Anforderungsmuster weit mehr Lösungsblöcke enthält, als wir in diesem Buch unterbringen können.)

Nicht alle Lösungsblöcke sind relevant! Wird in der Abbildung 14.18 die Frage mit Nein beantwortet, so sind mindestens die Lösungsblöcke 3.2, 4.1 und 4.2 in das Anforderungsdokument zu übernehmen.

Wie das obige Beispiel (Block 4.1 und 4.2) auch zeigt, ist eine bedingungslose Aufnahme, das heißt unabhängig vom gewählten Weg, möglich. Dies trifft immer dann zu, wenn die zugehörigen Anforderungen für das beschriebene Problem grundsätzlich relevant und daher nicht verzichtbar sind. (So muss im Rahmen einer Identifizierung an irgendeiner Stelle im Ablauf die Identität geprüft werden. Das ist essenziell und kann nicht weggelassen werden.)

Falls die Verhältnisse überschaubar sind, kann auch auf das Flussdiagramm verzichtet und stattdessen Prosa formuliert werden. Nichtterminalbegriffe und damit die semantischen Definitionen erstrecken sich auch auf diesen Musterteil. Sie treten bei den Abfragen (Rauten) auf.

Bestandteil: Beziehungen zu anderen Mustern

Um Anforderungsmuster in ein Mustersystem einzugliedern, müssen mögliche Beziehungen zu anderen Mustern unabhängig von ihrem Typ dargestellt werden. Dafür eignet sich am besten das UML-Klassendiagramm:

Einfache Darstellung der Beziehungen

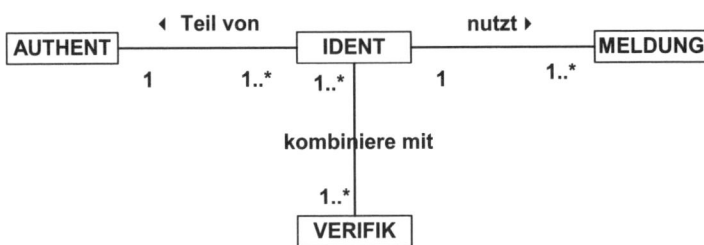

Abbildung 14.19: Musterbeziehungen des Anforderungsmusters IDENT

Mustersysteme ermöglichen, logisch abhängige oder benachbarte Muster, in unserem Fall Anforderungen, zu finden und mit bestehenden Mustern zu verknüpfen oder diese auch zu ersetzen (Alternativmuster). Mustersysteme stellen also ein Hilfsmittel zur Erreichung einer vollständigen Spezifikation dar.

Weitere Bestandteile eines Anforderungsmusters

Neben den bisher vorgestellten Bestandteilen gibt es noch sieben weitere Musterteile, von denen wir die wichtigsten im Folgenden kurz erläutern.

Der Sinn des *Beispiels* ist es, gerade bei Anforderungsmustern die Problemstellung zu veranschaulichen. Dabei sollte auch das Umfeld deutlich werden, d. h. die im Beispiel aufgezeigten Punkte können durchaus über das hinausgehen, was im eigentlichen Muster erfasst wird. Gerade an dieser Stelle bietet sich unseres Erachtens die Gelegenheit, Abläufe und Verhalten darzustellen. Deshalb sind hier Sequenz- oder Aktivitätsdiagramme besonders geeignet. Bei Anforderungen an die Durchführung der Entwicklung sind auch kleine Szenarien denkbar, z. B. die Zusammensetzung des Projektteams aus einem alten Projekt inklusive Rollenverteilung und Arbeitsfluss.
Beispiel

Als Beispiel dienen in unserem Muster IDENT moderne Betriebssysteme, die eine Anmeldung erfordern, oder aber auch Webseiten, die Zugriffe auf Bankkonten bereitstellen (Homebanking).

In dem Teil, der die Wahl der Lösung beschreibt, wird weniger das Warum beschrieben, als vielmehr das Wie. Es geht um die Abhängigkeiten und die Kohäsion der Lösungsblöcke – sind sie eng miteinander verstrickt oder eher lose? Zudem sind hier Hinweise auf mögliche Ergänzungen oder Abänderungen der einzelnen Anforderungen angebracht.
Zur Wahl der Lösung

Beim Identifizieren besteht beispielsweise eine essenzielle Abhängigkeit zwischen der Möglichkeit, ein Passwort einzugeben, und der Passwortprüfung – wenn keine Passworteingabe nötig ist, muss auch keines durch das System geprüft werden.

Eng verbunden mit der Wahl sind die *Konsequenzen der Lösung*sanwendung. Wichtig ist hier die Ausgewogenheit zwischen positiven und negativen Auswirkungen. An dieser Stelle sind auch Kommentare sinnvoll, die die Konsequenzen eines *einzelnen Lösungsblocks* näher beschreiben und nicht nur das Anforderungsmuster in seiner Gesamtheit betrachten.
Konsequenzen der Lösung

Beispiel (IDENT): Da der Nutzer (<NUTZER>) sowohl ein Fremdsystem als auch eine natürliche Person sein kann, hat der Anwender des Anforderungsmusters mehr Freiheitsgrade, für den Leser verkompliziert sich aber der Sachverhalt.

14.5.4   Fazit

Diese Kurzgeschichte konnte Ihnen nur die Idee und Grundstruktur eines Anforderungsmusters beispielhaft vermitteln. Es bleiben einige Fragen zum Einsatz, zum Verwalten und zum Schreiben von Anforderungsmustern offen (z.B. in welchen Schritten sollten Anforderungsmuster erstellt werden, wie wende ich sie an, was sollte ein Musterverwaltungstool leisten, u.v.m.). Sind Sie überdies an der Diskussion von Vor- und Nachteilen interessiert, so finden Sie auf unserer Homepage www.sophist.de einen ausführlichen Artikel mit Antworten zu diesen Fragen und das vollständige Muster zur Identifikation.

Die wesentlichen Vorteile, die sich in der täglichen Arbeit mit Anforderungsmustern ergeben, sind folgende:

- Sie haben gute Anforderungen, auf denen Sie aufbauen können.
- Sie haben eine hohe Integration von Methoden, die unterschiedliche Qualitätskriterien der Anforderungen adressieren.
- Sie haben eine Methode für Rapid Requirements-Engineering.

14.6 Optik – Haptik – Akustik und deren Spezifikation

Haben Sie schon einmal Anforderungen für Benutzungsoberflächen geschrieben? Stellen Sie sich vor, Sie müssen die Anordnung von 50 Knöpfen beschreiben. Mittels rein natürlichsprachlicher Anforderungen werden Sie dabei schnell auf einige Probleme stoßen: Sie müssten eine erhebliche Anzahl Anforderungen ausformulieren, trotzdem kann sich der Leser kein konkretes Bild machen ... In der Praxis werden für die Spezifikation von Benutzungsoberflächen diverse Dokumentationstechniken (siehe Kapitel 7) mit sehr unterschiedlichem Detaillierungsgrad und auch sehr unterschiedlicher rechtlicher Verbindlichkeit verwendet. Häufig werden dabei die Qualitätskriterien für Anforderungen außer Acht gelassen, obwohl sie natürlich auch für die Beschreibung der Benutzungsoberfläche eines Systems gelten.

↱ 7 Doku

Der Inhalt dieses Abschnitts

Diese Kurzgeschichte streift die wichtigsten Punkte, die Sie beim Ermitteln und Dokumentieren der Anforderungen an die Benutzungsoberfläche beachten müssen. Konkret behandeln wir

- den Prozess für Erstellung und Pflege der Spezifikation,
- die Unterscheidungskriterien für Anforderungen, z.B. rechtliche Verbindlichkeit,
  ...
- den abzubildenden Inhalt
- und die Verwaltung

dieser wichtigen Anforderungsart.

Wir begegnen in den Projekten häufig diversen Bezeichnungen für identische inhaltliche Umfänge bzgl. der Systemoberfläche. Ebenso häufig finden wir eine einheitliche Bezeichnung für völlig unterschiedliche Inhalte.

Die oft verwendeten Abkürzungen bzw. Benennungen stellt Abbildung 14.20 dar.

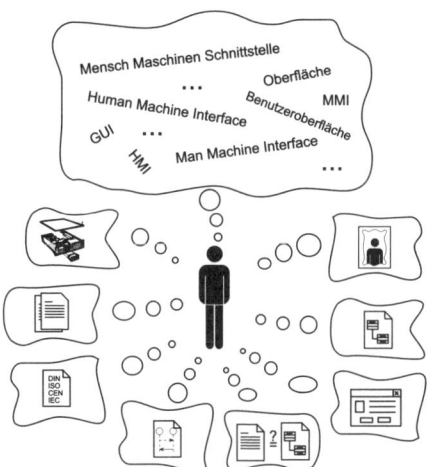

Abbildung 14.20: Begriffe und Artefakte

In diesem Abschnitt verwenden wir den Begriff HMI-Spezifikation, da dies im Gegensatz zu z.B. GUI (Graphical User Interface) keine auf grafische Inhalte einschränkende Bezeichnung ist. Denken Sie an Telefone oder Audiosysteme, bei denen die akustische Schnittstelle eine entscheidende Rolle spielt.

Festlegung

14.6.1 Stakeholder der HMI und ihrer Spezifikation

Nachdem Sie sich in Ihrem Projekt auf einen einheitlichen Namen für die Spezifikation geeinigt haben, können Sie die nächste Frage klären: Welche Stakeholdergruppen nehmen welchen Einfluss auf die HMI-Spezifikation?

Wir erinnern uns an Kapitel 5 „Stakeholder, Ziele und der Systemkontext", in dem wir eine Vielzahl verschiedener „Betroffener" kennen gelernt haben. Im Folgenden werden wir auf die wichtigsten Stakeholdergruppen für die HMI-Spezifikation näher eingehen. Prüfen Sie aber für Ihr spezielles Projekt, welche weiteren spezialisierten Stakeholder relevant sind.

➡ 5 Ziele

Potenzielle Stakeholdergruppen, die Einfluss auf das HMI haben, sind bei jedem System:

Wichtige
Beteiligte

- ■ die Nutzer des Systems,
- ■ das Wartungspersonal,
- ■ das Management,
- ■ Marketing und Vertrieb.

Marketing und Vertrieb sollten in die Systementwicklung insoweit einbezogen werden, dass sie zum Entwicklungsstart bzw. bei wichtigen Entscheidungen über Funktionsumfänge befragt werden. Aus diesem Bereich kommt wichtiges Input hinsichtlich der Basis-, Leistungs- und Begeisterungsfaktoren des Marktes (siehe Kano, Kapitel 4). Haben Sie sich schon einmal gefragt, wie eigentliche Innovationen entstehen, oder wie

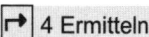 4 Ermitteln

441

Softwarehersteller ihre Benutzungsoberflächen optimieren? Ja, genau: durch Marktforschung und Kundenanalyse – Hauptaufgaben von Marketing und Vertrieb.

Berücksichtigen Sie auch, wie und wann Sie mit Ihrem Management das HMI abstimmen. Wie viel Einfluss möchte das Management haben, aus welcher Detailebene entscheidet wer mit? Sichern Sie wichtige Entscheidungen (vor allem, wenn eine Funktion nicht wie gefordert angeboten werden kann) nach oben ab.

Während der Entwicklung ist es wichtig, dass die Kommunikation zwischen den Verantwortlichen für den funktionalen und technischen Umfang und den HMI-Verantwortlichen funktioniert. Erstere liefern technische Rahmenbedingungen, wie Display- oder Speichergrößen, bzw. können Aussagen darüber treffen, welche Werte etc. überhaupt „nach oben" an die Oberfläche und in welcher Zeit geliefert werden können.

Wohl und Wehe eines Systems

Die Anforderungen für die HMI-Spezifikation kommen von sehr vielen Stakeholdergruppen, da hier für die meisten Beteiligten das eigentliche System beschrieben wird – nämlich das, was sie sehen und hören. Insbesondere auf die Anforderungen der Nutzer und Käufer sollten Sie eingehen, denn sie können im schlimmsten Fall ein hervorragend funktionierendes System ablehnen, nur weil das HMI schlecht ist. Grenzen Sie dabei aber ab, mit welcher Priorität diese Anforderungen zu handhaben sind. Achten Sie darauf, dass zum Entwicklungsstart allen Beteiligten klar ist, welche Rolle sie spielen und wann sie sich in den Prozess einbringen müssen.

Change-Requests als Quelle für HMI-Anforderungen

Kundenbefragungen nach der Ergonomie des Systems können repräsentative Werte liefern, genauso wie Beschwerden zum aktuell ausgelieferten System bzw. deren Auswertung, welche sich häufig in Fehler- oder Change-Request-Datenbanken ansammeln. Hier stoßen wir oft auf das Problem, dass diese Ergebnisse nur selten zum richtigen Zeitpunkt den richtigen Adressaten in der Systementwicklung erreichen. Gerade in der HMI-Spezifikation ist es wichtig, dass die Fehlermeldungen, die potenziell zu Change Requests werden, so früh wie möglich kommuniziert werden. Selbst, wenn noch nicht entschieden ist, ob die Änderung aufgenommen wird, sollte darüber informiert werden. Die HMI-Verantwortlichen haben dadurch die Chance, das Problem vorab zu durchdenken, hohe Aufwände rechtzeitig zu melden und eventuell das Konzept so anzupassen, dass es unabhängig von dieser Entscheidung ist. Dabei ist jedoch Vorsicht geboten. Wie folgendes Beispiel zeigt, sind einfache Anpassungen gerade des HMI nur auf den ersten Blick die richtige Lösung.

Beispiel

Die Anzeige einer sortierten Liste (z.B. alle Bibliothekskunden nach Nachname, Vorname und Mitgliedsnummer) ist beispielsweise bei großen Datenmengen nicht performant. Eine Umgestaltung des HMI z.B. durch eine performante Sortierung nach Speicherplatz wäre aber nur auf den ersten Blick hilfreich. Eigentlich tauscht man mit dieser Lösung die Beschwerde „zu langsam" gegen eine potenzielle neue Beschwerde „geänderte Optik -> Ergonomie beeinträchtigt". Vielleicht sieht die Lösung ganz anders aus und die Sortierung muss nicht im HMI erfolgen, sondern die Liste kann bereits sortiert nach oben geliefert werden, wodurch auch die entsprechende Zeitanforderung gehalten werden kann. Dies zeigt die enorme Bedeutung der HMI-Anforderungen für die weitere Systementwicklung.

Realität

Häufig treffen wir in unseren Projekten auf eine so wenig ideale Lösung des Problems wie eben beschrieben, da die Entscheider aus Zeitgründen oder falscher fachlicher Einschätzung weiteres technisches Potenzial überhaupt nicht ausloten oder ausloten lassen. Leider wird zu oft nur das Ziel verfolgt, die Beschwerde des Stakeholders in einen relativ wahllosen Change Request umzumünzen, damit die Fehler-DB um einen Punkt bereinigt werden kann.

Bedenken Sie also genau, welche Stakeholdergruppen welchen Einfluss haben und wann ihre Interessen idealerweise in den Entwicklungsprozess integriert werden müssen, um hohe Aufwände und damit verbundene Kosten zu vermeiden und gleichzeitig die Qualität des Systems zu steigern. Überlegen Sie sich daneben auch eine Strategie, wie Sie Einflüsse von Stakeholdern, die nicht in die HMI-Gestaltung eingreifen sollten, effizient abblocken können.

14.6.2 Eingrenzen weiterer Inhalte

Sie wissen nun, wer wann welche Informationen in Ihren Entwicklungsprozess bezüglich der HMI einbringt. Aber wie sieht die HMI Ihres Systems eigentlich aus?

Bedienelemente

Überlegen Sie sich, mittels welcher Bedienelemente das System von welcher Benutzergruppe bedient wird.

Sie müssen einheitlich festlegen, in welcher Detailtiefe und Ausprägung spezifiziert wird, und dies allen Beteiligten kommunizieren. Folgende Fragen sollten Sie klären:

Detaillierungsgrad der Beschreibung

- Wird ein 1:1-Abbild, inklusive Maße, Farbwahl, Anordnung, ... gefordert oder nur die Funktionalität pro Ein/Ausgabe-Situation?
- Möchten Sie vorgeben, ob die Funktionalität beispielsweise über ein Menü, einen Schalter oder vielleicht per Spracheingabe bedient wird, oder möchten Sie von Ihrem Auftragnehmer einen Lösungsvorschlag fordern?
- Geben Sie nur Grundprinzipien (z.B. Oberfläche mit Pop-ups) vor oder eine vollständige Spezifikation (in jeder Situation vollständige Abdeckung der Eingabemöglichkeiten und daraus resultierender Ausgaben)?

Kommunizieren Sie diese Abgrenzung der inhaltlichen Tiefe an Ihre Projektbeteiligten. So haben alle das gleiche Spezifikationsziel. Vergessen Sie dabei Ihren Auftragnehmer nicht, auch er sollte frühzeitig wissen, womit er rechnen muss. Passen Sie Ihren Entwicklungsprozess entsprechend an. Sie haben höhere Aufwände, wenn Sie detaillierter und konkreter fordern. Wenn nicht, müssen Sie dafür entsprechende Iterationen zur Prüfung eines Lösungsvorschlages einplanen.

Bedienkonzepte

Prüfen Sie, ob es in Ihrem Unternehmen Festlegungen bezüglich eines zentralen Bedienkonzepts gibt und wer dafür verantwortlich ist. Sobald Ihr Unternehmen ein ähnliches Produkt auf dem Markt hat, muss in der Regel auch ein – hoffentlich – festgelegtes Maß an Einheitlichkeit im Bedienkonzept berücksichtigt werden (denken Sie z.B. an gängige Office-Lösungen, in denen Tabellenkalkulations- und Textverarbeitungs- oder Präsentationsprogramme einheitlich bedient werden). Auch bei Produktlinien und Generationen von Systemen ist dies ein Ziel, um den Einarbeitungs- bzw. Entwicklungsaufwand zu reduzieren.

Einflussfaktoren von Bedienkonzepten

Eventuell obliegt es auch Ihnen bzw. Ihrem Team, ein gutes Bedienkonzept für das System zu entwickeln und als Standard für das Unternehmen und Folgeprodukte zu etablieren. Innerhalb des Bedienkonzepts sollten Sie darauf achten, dass die unterschiedlichen Sichten auf das System abgegrenzt werden, da beispielsweise das Wartungspersonal teilweise deutlich andere Anforderungen an die Bedienung des Systems hat als der Endbenutzer. Das Wartungspersonal muss z. B. die Temperatur einzelner Bauteile oder Fehlercodes einfach und schnell erfassen, während diese Daten den Endbenutzer im Regelfall nicht interessieren.

Benutzer-charakteristik

Unterscheiden Sie generell die Nutzungshäufigkeit durch einzelne Stakeholdergruppen und auch die Nutzungshäufigkeit der einzelnen Funktionen – priorisieren Sie dann entsprechend, um Ihren Projektplan danach ausrichten zu können. Häufig genutzte Funktionen sollten z.B. zuerst entwickelt, besser getestet, im Handbuch besser beschrieben und an der Oberfläche leicht zugänglich gemacht (d.h. nicht im tiefsten Untermenü vergraben) werden.

Useability-Anforderungen

Normen & Standards

Bei den Elementen der Bedienoberfläche Ihres Systems kann es sich um Hardware handeln (z.B. ein Knopf oder Drehregler) oder ein mittels Software visualisiertes Objekt (z.B. ein am Bildschirm dargestellter Knopf, den Sie mit dem Mauszeiger betätigen können). Unabhängig von der Beschaffenheit müssen Sie das Erscheinungsbild dieser Elemente spezifizieren und dabei interne oder externe Standards berücksichtigen. Häufig sind Mindestschriftgrößen, Festlegungen zu Corporate Identity und Design vorgegeben, z.B. die Position eines Logos und dessen Mindestgröße und Farbe.

Prüfen Sie, welche Standards berücksichtigt werden müssen. Legen Sie fest, wer die Verantwortung für die Einhaltung trägt und wer der Ansprechpartner ist, z.B. in der Normenstelle, im Design, in der Ergonomie-Abteilung usw. Beachten Sie auch, dass eventuell Anforderungen von Marketing und Vertrieb hinsichtlich der Anzeige z.B. des Herstellernamens während des Hochfahrens des Systems aufgenommen werden müssen und dies auch funktionale Auswirkungen hat bzw. andere Ablaufbeschreibungen in der HMI-Spezifikation erfordert. Auch sind in vielen Ländern Warnhinweise (Disclaimer) gesetzlich vorgeschrieben.

Klären Sie zu Projektbeginn, welche der oben angerissenen Inhalte in dem jeweiligen Unternehmen oder Projekten Inhalte der HMI-Spezifikation sind.

Rahmenbedingungen für die HMI-Gestaltung

Physikalische Grenzen

Des Weiteren sollten Sie prüfen, wie flexibel Sie hinsichtlich der physikalisch variablen Grenzen/Rahmenbedingungen sein müssen oder ob Sie in der glücklichen Situation sind, dass sich diese Größen in Ihrem Projekt in den nächsten 50 Jahren nicht ändern werden. Welche Art der Anzeige oder Anzeigeformate müssen unterstützt werden? Muss evtl. eine dynamische Größenanpassung abhängig vom Anzeigegerät (PDA, Handy, PC) und angezeigtem Inhalt erfolgen? Einige weitere Schlagworte sind:

- Speicherkapazität/en
- Prozessorleistung (CPU/Grafikkarte)
- Datenübertragung zu anderen Systemen (Standleitung versus analoges Modem)
- ...

444

Wenn Sie die relevanten Benutzer Ihres Systems gefunden haben, dann haben Sie entweder bereits psychologische Überlegungen angestellt, was für Ihre Hauptbenutzergruppe ergonomisch wichtig ist, oder sollten dies dringend anstoßen. Haben Sie versierte Techniker? Oder wird Ihr System von eigentlich unbedarften Endbenutzern im Rahmen anderer Systeme oder Anwendungen mitbenutzt, beispielsweise

Psychologische
Untersuchungen

- der Geldautomat (Endkunde versus Wartungspersonal);
- die Website (Unternehmen als potenzielle Besucher versus Privatpersonen).

14.6.3 Welche Arten von HMI-Spezifikationen werden benötigt?

In Kapitel 7 werden Ihnen diverse Dokumentationstechniken vorgestellt. Anhand der dort abgebildeten Matrix können Sie auch für das HMI geeignete Techniken herausfiltern.

 7 Doku

Bevor Sie sich für eine Technik entscheiden, müssen Sie klären, welche Inhalte für Ihre HMI-Spezifikation von Bedeutung sind:

- Grafische Vorgaben zur Ausgestaltung (Anordnung der Elemente, Farben)
- Beschreibung des Verhaltens (Komplexitätsgrad der Abläufe)
- Formalitätsgrad (Prosa bis hin zu stark formalisierter Diagrammtechnik)
- Wartungs/Diagnose-Schnittstellen (ab Auslieferung, bereits während der Entwicklung)
- Leichte Änderbarkeit hinsichtlich späterer Weiterentwicklung
- Prozesstiefe hinsichtlich Test und Abnahme des Systems (automatisiertes Testen bis Endbenutzertest)

Nur wenn Sie klar festgelegt haben, was Sie in Ihrer HMI-Spezifikation beschreiben möchten oder müssen, können Sie die geeigneten Techniken finden.

Art der Spezifikation

Abbildung 14.21 zeigt Ihnen die gängigsten Dokumentationstechniken im Bereich der HMI-Spezifikation.

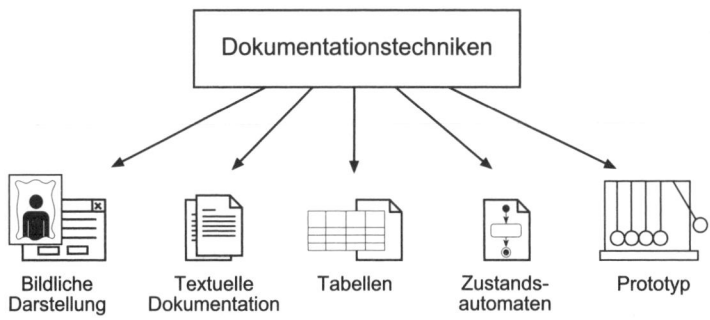

Abbildung 14.21: Bewährte Dokumentationstechniken im Bereich der HMI

Überblick

Bevor wir ins Detail gehen, möchten wir Ihnen noch einige wichtige Anforderungen an Ihre Spezifikation mitgeben: Legen Sie zum Projektstart fest, welche Dokumentationstechniken angewandt werden, und kommunizieren Sie die Festlegungen an alle wichtigen Projektbeteiligten bei Auftraggeber und Auftragnehmer. Legen Sie zudem die rechtliche Verbindlichkeit der jeweiligen Technik genau fest. Sie ersparen sich einige Diskussionen über den Spezifikationsumfang und zu realisierende Details, wenn Ihrem Auftragnehmer von Anfang an klar ist, was rechtlich-verbindlich ist, und Sie die Chance haben, sich auf klare Vereinbarungen zu berufen (z.B. sind Screenshots häufig nur zum Teil rechtlich verbindlich). Auch die Ersteller der Spezifikation werden dem „Bild" oder der ggf. neuen Diagrammtechnik eine andere Bedeutung beimessen und präziser daran arbeiten, wenn ihnen klar ist, dass das Bild oder Diagramm vertraglich bindend ist.

Bildliche Darstellung

Grundelemente der bildlichen Darstellung

Um Vorgaben an die Gestaltung Ihres Systems zu machen, bestehen die folgenden Möglichkeiten:

- Farbskalen
- Farb-Bezeichner
- Bilder, Screenshots, Skizzen, Photos, ...

Mittels grafischer Abbildungen können Sie den Aufbau eines Dialogs oder Ihrer Hardware visualisieren. Sie können damit die einzelnen Elemente anordnen und die Art bzw. Verhältnismäßigkeit von gewählten Knöpfen, Farben, Rahmen oder Schriften angeben.

Verbindlichkeit der Darstellung

Abhängig davon, ob Sie z.B. ganz konkrete Farben fordern oder nur einen Vorschlag unterbreiten, müssen Sie diese Angaben beifügen. Rechtlich verbindlich können Sie dies in Form einer Farbskala mit den entsprechenden Farbbezeichnern oder mit bereits im Lastenheftumfang beigefügten Grafikelementen, die vom Auftragnehmer entsprechend einzubinden sind, realisieren. Wenn Sie sich nicht konkret festlegen, sollten Sie eine Leseanleitung beilegen, dass beispielsweise in Anforderung X ein Rotton gefordert wird und dieser für alle grafischen Abbildungen zu realisieren ist, unabhängig davon, ob bei der Erstellung dieser Beispielabbildungen unterschiedliche Rottöne verwendet wurden. Selbiges gilt natürlich auch für alle weiteren Inhalte der Abbildungen. Legen Sie, wie oben bereits erwähnt, den Grad der rechtlichen Verbindlichkeit der explizit oder auch implizit geforderten Anforderungen eines Bildes fest. Auch wenn der Rot-Ton durch den Auftragnehmer gewählt wird, könnte es sein, dass z.B. der Rahmentyp verbindlich dargestellt ist, usw.

Vorgehen

Hierarchisieren Sie folgendermaßen, um Informationen sinnvoll zu kapseln und Redundanzen und damit auch Inkonsistenzen zu vermeiden:

1. Legen Sie fest, wie viele Grundtypen an Ausgaben (Screens, Pop-ups, ...) in Ihrem System erforderlich sind; unterscheiden Sie beispielsweise nach Fehlermeldungen, Warnmeldungen, Vollbild, ...

2. Halten Sie dann für jeden gefundenen Grundtyp fest, welche essenziellen Inhalte und optischen Anforderungen für ihn existieren. Beispiel: Im Normalbild-Modus wird die Menüleiste immer angezeigt, im Vollbildmodus soll hingegen nur ein Icon mit dem Wortinhalt „Abbruch" erscheinen.

446

3. Bestimmen Sie danach, falls noch Varianten der Grundtypen existieren, die Deltas.

4. Legen Sie für alle gefundenen Typen weitere Rahmenbedingungen fest, hier drei Beispiele:
   - Kann dieser Screen durch Pop-ups überlagert werden?
   - Durch welche Bedieneinheiten kann das System in diesem Screen angesprochen werden, sofern dies nicht im Rahmen der Zustandsmodellierung abgebildet wird?
   - Welche Informationen müssen erhalten bleiben, wenn der Screen verlassen oder wieder betreten wird?

Grafische Abbildungen erfordern immer einen Mindestumfang an erklärenden Definitionen/Festlegungen bzw. ergänzenden Anforderungen, damit die Abbildung eindeutig interpretiert werden kann.

Im folgenden Beispiel wollen wir die Gestaltung des Formulars für die Ausleihe eines Leihobjekts fordern. Wir nehmen an, dass die Anordnung und Art der abgebildeten Elemente verbindlich ist und die Farbcodes, welche seitlich angegeben sind, dem Dokument „Farbfestlegungen" zu entnehmen sind.

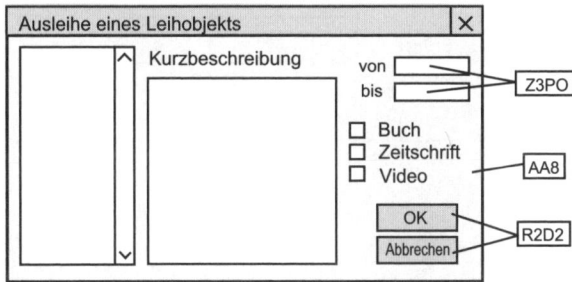

Abbildung 14.22: Bild eines Formulars zur Beschreibung bestimmter HMI-Inhalte

Auf diese Weise haben wir allerdings noch nicht beschrieben, wie Sie an dieses Formular herankommen – sprich den Ablauf, in den der Screen eingebunden ist (welcher Screen folgt bei welcher Nutzeraktion auf welchen Screen?) – und wir haben noch keine Forderungen bzgl. der genauen Größe einzelner Elemente gestellt. Dies wäre entweder dem Auftragnehmer überlassen oder müsste mittels weiterer Anforderungen beschrieben bzw. abgebildet werden.

Zustandsautomaten

Um das Verhalten Ihres Systems zu beschreiben, sind Zustandsautomaten, wie sie z.B. die Unified Modeling Language [Jeckle04] zur Verfügung stellt, geeignet. Die normierte Notation gibt Ihnen die Möglichkeit, sowohl nahe an der natürlichen Sprache zu beschreiben als auch völlig formalisiert das Verhalten zu modellieren. *(Verwendung einer normierten Darstellung)*

Jedes System hat diverse Betriebsstatus, mindestens „Ein-„ und „Ausgeschalten" ;-). Mittels Zustandsautomaten können Sie sowohl die funktionalen Hintergründe jedes Zustandsübergangs modellieren als auch die HMI-Umfänge, z.B. welche Auslöser

(Knopf gedrückt, Buchstabe eingegeben usw.) lösen welchen Zustandsübergang aus bzw. sind in welchem Zustand verfügbar.

Vorgehen

Modellieren Sie für jeden Screen einen Zustandsautomaten, dessen Transitionen die möglichen vom Benutzer ausgelösten Ereignisse sowie die damit gekoppelten Aktionen beschreiben. Innerhalb jedes Zustands beschreiben Sie, wie die Daten des Screens voneinander abhängen.

Die einzelnen Funktionsaufrufe, die zu den jeweiligen Screens führen, müssen mit den Bedienelementen verknüpft oder bereits mit den konkreten Bezeichnern der Bedienelemente benannt werden. Wenn es Mehrfachbelegungen eines Bedienelements gibt, müssen Sie die verschiedenen Bedienarten voneinander abgrenzen, z.B. schnelles Drehen, langsames Drehen und Drücken.

Das Beispiel in Abbildung 14.23 zeigt anhand der Suchmaske des Bibliothekssystem, wie die Suche funktioniert. Erst nachdem der Bibliothekskunde einen Wert in eines der Suchfelder eingegeben hat, kann die Suche gestartet werden, sprich: wird das Feld „Suchen" aktiv.

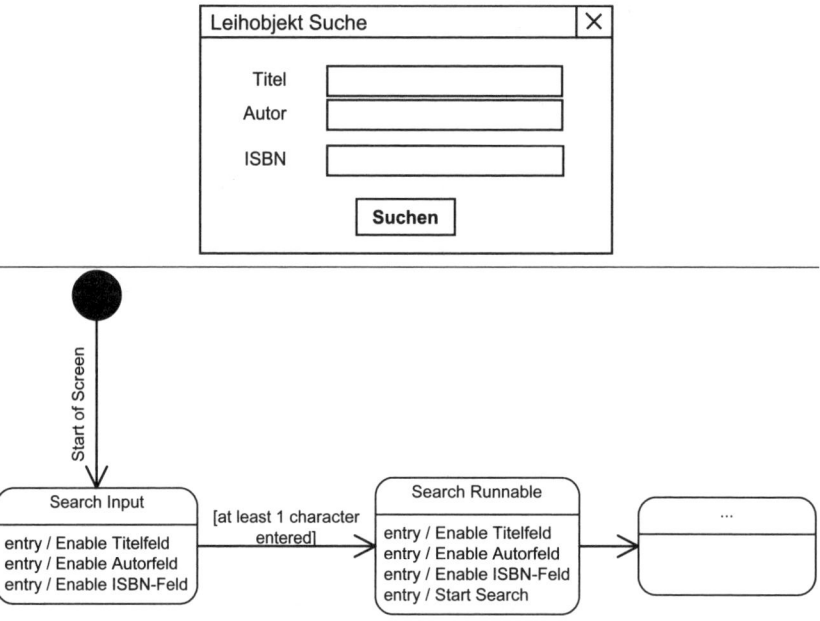

Abbildung 14.23: Dokumentation mittels Zustandsautomat

Je höher der Formalitätsgrad der Diagramme bzw. ihres gesamten Zustandsautomaten (auch funktional), desto mehr Möglichkeiten haben Sie hinsichtlich Codegenerierung und automatisiertem Testen. Gleichzeitig reduziert sich aber die Lesbarkeit für alle Stakeholdergruppen.

Wenn Sie von Ihrem Auftragnehmer die Ausgestaltung des HMI mitfordern, können auch Ihre funktionalen Abläufe, z.B. in Form von Aktivitätsdiagrammen, genügen. Wenn Sie ihre Screens in Form von Ablaufdiagrammen in Verbindung bringen möchten, sollten Sie auf eine normierte Notation zurückgreifen. Denken Sie an die Notationsregeln für Entscheidung oder Synchronisation, wie in Kapitel 7 erläutert.

↪ 7 Doku

Abläufe sind für unbedarfte Stakeholdergruppen in der Regel einfacher zu erfassen als Automaten. Sie beschreiben allerdings auf zwei anderen Ebenen, entweder funktionale Umfänge bei hohem gestalterischem Freiraum oder HMI-Details, welche innerhalb eines Betriebszustands gefordert sind.

Tabellen

Die Inhalte eines Zustandsautomaten lassen sich natürlich auch in tabellarischer Form darstellen. Wie Sie die Tabellen konkret gestalten, sollten Sie von dem zu beschreibenden Inhalt und dem Fokus, unter welchem Sie diesen beschreiben wollen, abhängig machen. Im Folgenden zeigen wir Ihnen zwei Varianten:

Schematische Darstellung

- Ein Dialog wird in einer Tabelle mit allen Bedingungen und den darauf folgenden Systemaktionen abgebildet.
- Ein Zustand und die Ein- und Austritte werden im Rahmen einer Tabelle abgebildet.

Die tabellarische Form hat den Vorteil, dass sie sehr einfach auf Vollständigkeit zu prüfen und für ihre Stakeholder besser verständlich ist als z.B. ein Zustandsautomat. Zudem können bei Bedarf sehr einfach weitere Spalten oder Zeilen aufgenommen und Anmerkungen eingefügt werden. Im Idealfall sind Sie mit einem Tool ausgestattet, das Ihnen die Überführung zwischen Tabelle und Zustandsautomat ermöglicht.

Screen	Ereignis	Bedingung	Aktion
Suche	Suchwert eingegeben		"Suche auslösen" aktivieren
Suche	Suche abgeschlossen	Min. 1 Ergebnis	Ergebnis anzeigen
Suche	Arrow down	< 1 Ergebnis	"Kein Ergebnis" anzeigen
...			

Abbildung 14.18: Beispiel Dokumentation mittels Tabellen

Prototypen

Mittels eines Prototypen können Sie Anforderungen formal in Code abbilden oder/und gleichzeitig die HMI gestalten. Parallel werden Sie auch durch aktives Testen am Prototypen nicht vollständig oder nicht optimal umgesetzte Inhalte, z.B. eine schlechte Menüführung oder fehlende funktionale Anforderungen (korrespondierende HMI-Elemente fehlen) Ihrer funktionalen Spezifikation erkennen und können direkt nachbessern. Prototypen sind für viele Ihrer Stakeholder eingängig und besitzen ein höheres Begeisterungspotenzial als eine hundertseitige sprachliche Spezifikation. Allerdings ist wichtig, dass **alle** relevanten Stakeholder am Prototypen arbeiten und konstruktives Feedback geben. Des Weiteren ist der Aufwand der Prototypen-Erstellung nicht zu unterschätzen. Hinsichtlich der rechtlichen Verbindlichkeit eines Prototypen müssen Sie auf folgende Probleme achten:

Formal bis bildlich

- Wenn Sie nur einen Prototypen erstellen, gibt es keine vollständige Spezifikation, gegen die Sie Ihr Endprodukt testen können. Überlegen Sie sich, wie Sie die Oberfläche des zu erstellenden Systems dann gegen den Prototypen, der ja die Spezifikation darstellt, testen werden.

Risiken

- Mit einem Prototyp explizieren Sie nicht alle Anforderungen an das Endprodukt. Häufig werden eventuell zufällige Fähigkeiten des Prototypen als Systemumfang übernommen, obwohl sie nie gefordert waren.

Ein Prototyp stellt daher kein vollständiges Ausschreibungsdokument dar!

Weitere Informationen zum Einsatz von Prototypen finden Sie in [Nielsen99] und [Hut].

Textuelle Dokumentation

Natürliche Sprache zur Beschreibung der HMI?

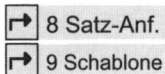 6 Anf.-Arten

Sofern Sie keine engeren Vorgaben machen, sprich die Freiheitsgrade der Entwicklung nicht einschränken möchten, sollten Sie mittels natürlichsprachlicher Anforderungen auf Spezifikationslevel 0 oder 1 (siehe Kapitel 6) arbeiten. Genügt dies für Ihr Projekt nicht, sollten Sie natürlichsprachliche Anforderungen nur dann einsetzen, wenn es sich um nicht dargestellte Inhalte handelt oder die dargestellten Inhalte weiter präzisiert werden müssen, als durch die gewählte Technik zur Darstellung möglich ist.

8 Satz-Anf.
9 Schablone

Sollten Sie in Ihrem Projekt ausschließlich mit natürlicher Sprache arbeiten können, da nur dies rechtlich verbindlich oder die einzige Form ist, die alle Beteiligten verstehen können, nutzen Sie die Methoden, die wir in den Kapiteln 8 und 9 vorstellen. Eine Präzisierung unseres Templates hinsichtlich HMI finden Sie unter www.sophist.de.

Generelle Anforderungen, wie zum Beispiel „Die Anzeige von allen Pop-ups muss innerhalb von 4 Sekunden erfolgen", sollten Sie in dem Bereich nicht-funktionale Anforderungen bündeln. Dies erleichtert die Wartbarkeit der Spezifikation und schützt Sie vor Redundanzen und potenziellen Inkonsistenzen. Die Lesbarkeit wird hierdurch eingeschränkt, da der Leser innerhalb der Spezifikation springen muss, was sich jedoch durch eine gute Einleitung in die gesamte Spezifikation sehr gut abfedern lässt.

Als Hilfstechnik: Ja!

Nebenbei: Natürliche Sprache ist selbstverständlich auch innerhalb der HMI-Spezifikation als Mittel zur Themenein- oder überleitung ein probates Mittel und soll hier nicht völlig verworfen werden.

Generelle Strategie

Prüfen Sie für jede Dokumentationstechnik, die Sie einsetzen möchten, das Vorwissen Ihrer Stakeholder und die technischen Voraussetzungen gegen die Gegebenheiten in Ihrem Unternehmen ab.

 7 Doku

In Kapitel 7 finden Sie weitere Diagrammtechniken. Details zur Notation finden Sie in [Denert91] und [Jeckle04].

14.6.4 Projektaufstellung aus HMI-Sicht

Teams und Schnittstellen

Für die Erstellung der HMI-Spezifikation ist es wichtig, dass die Teams und Schnittstellen so früh wie möglich festgelegt werden und jedem Beteiligten seine Rolle und sein Verantwortungsbereich klar ist.

Achten Sie darauf, wie viele Teams gebildet werden müssen, und machen Sie die Schnittstellen zwischen den Teams transparent. Dies ist sowohl wichtig, wenn z.B. ein Programmierer die Funktionen entwickelt, während ein anderer die Oberfläche baut, als auch wenn Sie ein Team Techniker, ein Team Oberflächendesigner, ... vor sich haben. Sobald die einzelnen Personen ihre Dokumentation erstellen, sind sie

450

zwar gedanklich immer an dem Gesamtsystem orientiert, sehen es aber mit einer sehr beschränkten Sichtweise. Diese Sicht ist auch notwendig, da sie sich auf ihr Thema konzentrieren müssen. So wird zum Beispiel der HMI-Verantwortliche für die Realisierung der GUI eines Geldautomaten sehr stark auf Endkundenwünsche (z.B. aus der Fehlerdatenbank) reagieren und diese in die Spezifikation einfließen lassen, während der Kollege aus dem Wartungspersonal sehr viel Wert auf Fehlertracing im funktionalen Bereich und möglichst detaillierte Informationen hierzu legen wird. Der jeweilige Input ist wichtig, muss aber stimmig in die neue/n Spezifikation/en einfließen. In der Projektrealität stellen wir hier oft massive Inkonsistenzen fest, z.B. könnte ein Fehler angezeigt werden (die Meldung ist im HMI definiert), wird aber nicht vom System geliefert – oder ein Fehler wird vom System an die HMI geliefert, aber nicht verwertet. Kritischer ist natürlich das erste Beispiel, für den Leser der Spezifikation sind aber beide nicht verständlich, da inkonsistent.

Wie oben bereits erwähnt, erleben wir in Projekten immer wieder eine sehr unterschiedliche Verteilung der Verantwortlichkeit für die HMI-Spezifikation. Dies reicht von einem speziell dafür zuständigen Ergonomie-Spezialisten über den Themen- oder Funktionsverantwortlichen, für die fachlichen Inhalte, bis hin zum Auftragnehmer ;-).

Völlig unabhängig von Ihrem Projektinhalt müssen Sie sich immer mit zwei Aspekten des HMI auseinander setzen. Zum einen muss auf kreativer, schöpferischer Basis die Bedienung gestaltet werden, zum anderen mit strukturiertem, technisch getriebenem Vorgehen der Funktionsumfang festgelegt werden. Selbst wenn dies durch eine einzige Person erfolgen sollte, muss diese Person die Perspektive wechseln, um sinnvoll beschreiben zu können. Das ist nicht immer leicht, da sich diese beiden Prozesse im menschlichen Hirn sehr stark unterscheiden. Sie müssen in Ihrem Projekt dafür sorgen, dass beide Bereiche aus beiden Perspektiven betrachtet und gegeneinander abgeglichen werden. In den meisten Projekten sind in der Regel mehrere Personen an der HMI-Spezifikation beteiligt. Es ist sehr wichtig, dass nicht nur in kurzen Mails oder Ganggesprächen mitgeteilt wird: „XY funktioniert doch, integriert dies bitte als Button oder Ähnliches ...", sondern, dass zusätzlich Abstimmungsrunden vereinbart werden, in welchen alle Beteiligten die Chance haben und auch – dazu angeregt – aufgefordert werden, die Perspektive zu wechseln. Damit ist es jedem Einzelnen möglich einzuschätzen, was wie kommuniziert werden muss, damit es vor allem im HMI auch gut umgesetzt werden kann.

Kreatives versus regelgeleitetes Vorgehen

Kommunikation

Wenn die Parteien gezielt kommunizieren, stellen sich

- Bereichsüberschneidungen (wer beschreibt was)
- und Verständnisprobleme (technische versus ergonomische Gesichtspunkte)

heraus. Leiten Sie daher aus diesen Diskussionen eine ergebnisorientierte Lösung ab. Legen Sie fest, wer wo was beschreibt.

14.6.5 Fazit

Ein wesentlicher Bestandteil der Gesamtspezifikation sind die HMI-Anforderungen, da sie Inhalte beschreiben mit denen die meisten Stakeholder in Berührung kommen und entsprechend sehr konkrete Vorstellungen haben. Es ist daher wichtig, dass Sie möglichst frühzeitig im Projekt den Rahmen der HMI-Spezifikation festlegen und die Grenze zu anderen Dokumenten ziehen.

In Ihrer HMI-Spezifikation oder geeignet referenzierten Dokumenten sollten Sie auf jeden Fall

- Bedienelemente,
- Bedienkonzepte und
- Normen&Standards

berücksichtigen.

Denken Sie daran, dass Ihnen gezielte Themenabstimmung keine Zeit raubt, sondern die wichtigsten Inhalte und die kritischsten Punkte frühzeitig liefert (Ergonomie versus technische Vision). Sie vermeiden damit auch ein Auseinanderlaufen der funktionalen Anforderungen und der HMI.

Wählen Sie die für Ihr Projekt geeignetste Technik bzw. eine geeignete Kombination von mehreren Techniken, zur Dokumentation der HMI-Anforderungen. Dabei spielen Detaillierungsgrad und Verständlichkeit eine wesentliche Rolle.

14.7   Weiterführende Literatur

[Alexander77]
> **Alexander, C. et al.:** A Pattern Language. 3. Auflage. Oxford 1977. ISBN 0-1950-1919-9

[Alexander79]
> **Alexander, C.:** The Timeless Way of Building. 20. Auflage. New York, Oxford University Press 1979. ISBN 0-1950-2402-8

[Berry03]
> **Berry, D.M.** et al.: User's Manual as a Requirements Specification: Case Studies. University of Waterloo, Canada, 2003

[Buschmann98]
> **Buschmann, F. et al.:** Pattern-orientierte Software-Architektur. Addison-Wesley 1998. ISBN 3-8273-1282-5

[Boehm81]
> **Boehm, B.:** Software Engineering Economics. Prentice Hall 1981. ISBN 0-1382-2122-7

[CHAOS]
> **The Standish Group:** The CHAOS Report. www.standishgroup.com

[Coad95]
> **Coad, P. et al.:** Object Models: Strategies, Patterns and Applications. Englewood Cliffs/NJ, Yoardon Press 1995. ISBN 0-13-108614-6

[Conrad00]
> **Conrad, W.:** History of Patterns. http://c2.com/cgi-bin/wiki?HistoryOfPatterns. Aktualisierungsdatum 16.08.2000

[Cockburn03]
> **Cockburn, A.:** Use Cases effektiv erstellen, Addison-Wesley, 2003

[Denert91]
> **Denert, E.**; Siedersleben, J.: Software Engineering. Springer Verlag 1991

[Eilebrecht03]
    Eilebrecht, K.; Starke, G.: Patterns kompakt. 1.Auflage. Heidelberg, Spektrum A-kademischer Verlag 2003.

[Fowler96]
    Fowler, M.: Analysis Patterns – Reusable Object Models. 1. Auflage. Reading/MA, Addison Wesley 1996. ISBN 0-201-89542-0

[Fowler03]
    Fowler, M.: Using an Agile Software Prozess with Offshore Development, 2003. www.martinfowler.com/articles/agileOffshore.html

[Gamma94]
    Gamma, E. et al.: Design Patterns – Elements of Reusable Object-Oriented Software. 1. Auflage. Addison Wesley 1994. ISBN 0-2016-3361-2

[Hut]
    Hutchison, M. J.: The Wizard of Oz: an Interactive Systems Design technique http://www.dcs.napier.ac.uk/marble/Usability/WizardOfOz.html

[IEEE830]
    IEEE-Standard 830-1998: IEEE Recommended Practice for Software Requirements Specifications. Approved June 25, 1998. IEEE-SA Standards Board print

[Jacobson92]
    Jacobson, I.; Christerson, M.; Jonsson, P.; Övergaard, G.: Object-Oriented Software Engineering, A Use Case Driven Approach. Workingham, Addison Wesley 1992. ISBN 0-2015-4435-0

[Jeckle04]
    Jeckle, M.; Rupp, C.; Hahn, J.; Zengler, B.; Queins, S.: UML 2 glasklar. Carl Hanser Verlag 2004. ISBN 3-446-22575-7

[John03]
    John, I.; Dörr, J.: Extraktion von Produktfamilienanforderungen aus Benutzerdokumentation, IESE-Report 111.03/D, 2003

[Meszaros98]
    Meszaros, G.; Doble, J.: A Pattern Language for Pattern Writing. In: Pattern Languages of Program Design 3. 1.Auflage. Boston [u.a.] 1998

[Moczadlo02]
    Moczadlo, R.: Chancen und Risiken des Offshore-Development – Empirische Analyse der Erfahrungen deutscher Unternehmen, 2002. http://competence-site.de/offshore.nsf

[Nielsen99]
    Nielsen, J.; Molich, R.: Heuristic evaluation of user interfaces, Proc. ACM CHI'90 (Seattle, WA, 1-5 April) , 1999. ISBN 249-256

[PMBoK]
    PMI (Hrsg.): PMBoK – Project Management Body of Knowledge. ISBN 1-880410-23-0

[Quibeldey-Cirkel94]
    Quibeldey-Cirkel, K.: Das Objekt-Paradigma in der Informatik. Stuttgart, Teubner 1994. ISBN 3-519-02295-8

[Quibeldey-Cirkel99]
    Quibeldey-Cirkel, K.: Entwurfsmuster. Springer 1999. ISBN 3-540-65825-4

[Robertson99]

    Robertson, S.; Robertson, J.: Mastering the Requirements Process. Reading/MA, Addison Wesley 1999

[Schmidt00]

    Schmidt, D. et al.: Pattern-Oriented Software Architecture: Patterns for Concurrent and Networked Objects Volume 2. 1. Auflage. Weinheim [u. a.], John & Sons, Ltd 2000. ISBN 0-4716-0695-2

[Trampler04]

    Trampler, J.: Offshoring oder Nearshoring von IT-Dienstleistungen – Eine transkostentheoretische Analyse, 2004. http://ifg-muenster.de/forschen/veroeffentlichungen/material/AP39.pdf

Rolf Götz, Chris Rupp

„Lernen umfasst immer neue Einsichten und neue Verhaltensweisen, ‚Denken' und ‚Tun'."

Peter M. Senge

15

Und jetzt?
Strategien zur Einführung

Fragen, die dieses Kapitel beantwortet:

■ Welche Maßnahmen müssen getroffen werden, um professionelles Requirements-Engineering in einer Organisation einzuführen?

■ Vorbereiten, ausarbeiten, anpassen – welche Schritte sichern den Erfolg?

■ Was bringen Pilotprojekte, welche Projekte sind zur Pilotierung geeignet?

■ Wie gehe ich professionell mit Widerständen bei der Einführung um?

15.1 Grundsätzliche Überlegungen

Das vorliegende Buch vermittelt konkretes Know-how und Best Practices für den erfolgreichen Umgang mit Anforderungen. Um all dies nutzbringend umzusetzen, ist es in manchen Organisationen notwendig, Methoden und Werkzeuge des Requirements-Engineering speziell einzuführen. Andere Organisationen sind hierfür schon bestens aufgestellt.

Unter „Einführung" verstehen wir die Einführung eines neuen methodischen Ansatzes für die Anforderungsanalyse und das Anforderungsmanagement. Dabei kann auch ein Werkzeug vorgesehen werden, das die von der Methode Betroffenen dabei unterstützt, die Methode der Wahl anzuwenden.

Betroffene zu Beteiligten machen

Oft läutet die Einführung von Methoden und Werkzeugen des Requirements-Engineering einen Kulturwechsel ein. Die Veränderungen für die Mitarbeiter in der eigenen Organisation und auch in der des Kunden oder Lieferanten können tiefgreifend sein. Ziel dieses Kapitels ist deshalb vor allem, die Notwendigkeit aufzuzeigen, die Betroffenen zu Beteiligten zu machen und Ängste abzubauen

Eine eher prozessorientierte Sichtweise auf das Thema Einführung von Requirements-Engineering in Organisationen bietet die ausführliche Darstellung in [Schienmann02]. Wir gehen hier im Folgenden auf die Hintergründe der Einführungen ein und geben Tipps für die Umsetzung.

15.1.1 Einführung heißt Veränderung

Die Kernaussage von Evolution ist „Veränderung bedeutet Überleben". Um zu überleben, muss man sich verändern, neuen Gegebenheiten anpassen, neue Fähigkeiten erlernen. Dies gilt auch für Firmen. Stagnation, eingefahrene Verfahrensweisen und überholte Werkzeuge können die Produktivität stark behindern. Nur wer sich stets verbessert, kann sich dauerhaft gegen die Konkurrenz durchsetzen. Verbesserung ist jedoch nicht möglich ohne Veränderung. Und Veränderung bedeutet immer auch Lernen, das Sichlösen von alten Vorstellungen und das Annehmen neuer.

[Czichos 97] stellt die Vorgänge, die bei Veränderungen ablaufen, in mehreren Stufen dar (Abbildung 15.1).

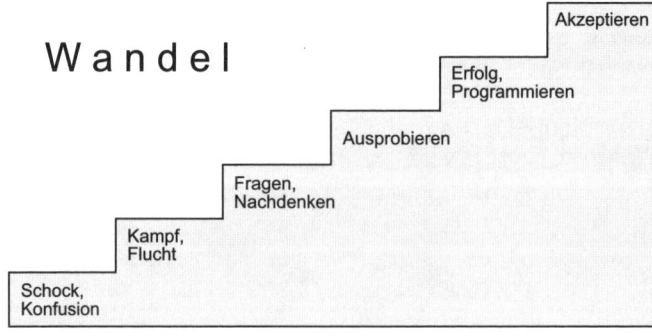

Abbildung 15.1: Die Wandeltreppe nach [Czichos97]

456

Nach dem ersten Schock herrscht die Angst vor. Sie äußert sich in der westlichen Welt im Allgemeinen und in den von der Wissenschaft geprägten Ingenieursdisziplinen im Besonderen nicht direkt. Entweder sie tritt als offene oder verdeckte Opposition gegen die neuen Methoden und Werkzeuge auf, zum Beispiel durch verbale Angriffe auf den Veränderer. Oder sie veranlasst die Mitarbeiter, sich in stille Ablehnung zu flüchten, dabei alle Bedenken für sich zu behalten und nach wie vor die alten Verfahrensweisen zu pflegen.

Angst vor
Veränderung

Erst beim Übergang von der zweiten zur dritten Stufe hat der Veränderer eine Chance, mit sachlicher Information Mitstreiter zu gewinnen. Diese werden schließlich – am oberen Ende der Wandeltreppe angekommen – zu Experten auf dem Gebiet des Requirements-Engineering.

15.1.2 Angst und Widerstand und was Sie dagegen tun können

Die Angst vor Veränderung kann vielerlei Ursachen haben. Sie sollten die psychologische und soziale Komponente von Veränderung verstehen, um diesen Ängsten entgegenwirken zu können. Tief im Menschen verwurzelt ist die Angst vor Identitäts- und Integritätsverlust bei Veränderungen. Etwas Neues zu erlernen, bedeutet oft auch, etwas Altes, eventuell lieb Gewonnenes, loszulassen und über Bord zu werfen. Alte und bekannte Methoden, Systeme, Umgebungen, Best Practices etc. geben ein Gefühl von Sicherheit. Das Neue, das das Alte ersetzen soll, wird demzufolge als Feind wahrgenommen. Angst vor Veränderung entsteht vor allem, wenn Menschen von anderen verändert werden, weniger wenn die Veränderung von ihnen mitgestaltet wird.

Erschwerend kommt hinzu, dass dem Mitarbeiter oft die Gründe für die Veränderung nicht plausibel erscheinen. Wenn sich Mitarbeiter mit den alten Methoden zu wohl fühlen, wenn die Notwendigkeit für Verbesserung noch nicht offensichtlich oder die Schmerzgrenze noch nicht erreicht ist, kann es schwer sein, die Mitarbeiter für die nötige Veränderung zu gewinnen. Eine weitere Barriere ist die Angst vor dem Lernen und Angst vor Versagen. Etwas Neues zu lernen, bedeutet zwangsläufig auch, Fehler zu machen. Aber wo die Unternehmenskultur zu sehr auf den Erfolg und zu wenig auf den Lernprozess ausgerichtet ist, werden Fehler eher vermieden oder verheimlicht, anstatt als Lerngelegenheit wahrgenommen zu werden.

Um diesen Ängsten entgegenzuwirken, sind einige Voraussetzungen nötig:

- Schaffen Sie eine Atmosphäre, die geprägt ist von Vertrauen, Motivation und Kooperation. Nur so schaffen Sie optimale Lernbedingungen. Um den Mut zu haben, Neues auszuprobieren, muss zunächst einmal eine gewisse Sicherheit vorhanden sein. Ihre Ansprüche sollten klar sein, eventuell können Sie auch leichten Druck ausüben, ohne jedoch Angst vor Fehlern zu schüren. Fehler sollten immer als Chance gesehen werden, aus ihnen zu lernen.
- Machen Sie die Betroffenen zu Komplizen! Zeigen Sie sich offen für Ideen und Kritik. Beziehen Sie die betroffenen Mitarbeiter in die Planung und Durchführung der Veränderung ein. Halten Sie Ausschau nach Mitarbeitern, die leicht zu begeistern sind und die Veränderung mittragen und andere überzeugen und motivieren können. Geben Sie den Experten nicht das Gefühl, dass über ihre Köpfe hinweg entschieden wird. Räumen Sie Mitgestaltungsmöglichkeiten ein.

- Der effektivste Weg besteht darin, sich mit der Zielgruppe zu beraten und gemeinsam Entscheidungen vorzubereiten und zu treffen. Wer widerspricht schon Ideen, die er selbst mit entwickelt hat!

- Der unmittelbare Kontakt zu möglichst vielen unterschiedlichen Stakeholder-repräsentanten bringt wertvolle Hinweise. Pflegen Sie deshalb einen möglichst direkten Kommunikationsstil, um fachliche oder persönliche Fragen zu beantworten. Geeignet sind hier häufige kurze Meetings nach dem Scrum-Vorbild ([Scrum02]). Weniger geeignet ist die Kommunikation per E-Mail. Insgesamt ist eine Feedback-Kultur wichtig, die offen und ehrlich, aber dennoch respektvoll ist und dadurch Lernchancen eröffnet.

- Suchen Sie sich Verbündete. Am besten geeignet sind Mitarbeiter, die unter ihren Kollegen beliebt und respektiert und zudem begeisterungsfähig sind. Wenn Sie es schaffen, eine kleine Anzahl solcher Leute für Ihre Sache zu gewinnen, stehen die Chancen gut, dass der Rest der Gruppe, dem Urteil ihres Kollegen vertrauend, sich ebenso motivieren oder sogar begeistern lässt.

- Erwägen Sie auch, sich für geraume Zeit professionelle Unterstützung durch so genannte Mediatoren zu holen. Diese werden prozessberatend tätig. Alle Beteiligten sollten schließlich erkennen, dass sie erfolgreicher arbeiten, wenn sie an einem Strang ziehen und sich respektvoll und ehrlich behandeln.

- Bedenken Sie die drei Grundpfeiler des Lernens: Motivation – Unterstützung des Lernprozesses – Bestätigung (siehe Abbildung 15.2).

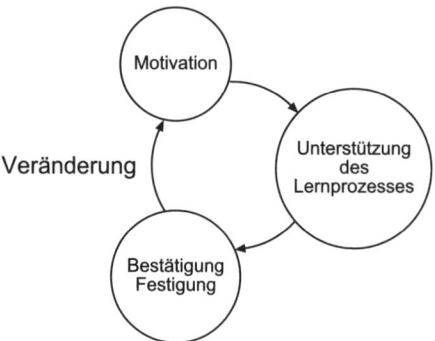

Abbildung 15.2: Grundpfeiler des Lernens

Lassen Sie Ihre Mitarbeiter wissen, warum sie etwas Neues lernen sollen. Zeigen Sie die Nachteile auf, die Ihrer Organisation durch Nichteinführung der neuen Methoden erwachsen könnten. Unterstützen Sie den Lernprozess durch eine lern-bejahende Umgebung, durch Trainings und Seminare sowie durch regelmäßiges Feedback. Sobald die gewünschten Methoden und Verhaltensweisen erlernt wurden, bestätigen Sie, dass das Richtige getan wurde, sparen Sie nicht an positivem Feedback, und zeigen Sie wenn möglich schon die ersten Erfolge anhand von Fakten und Statistiken auf. Damit werden Sie die Veränderung bestärken und das Neue fest in Ihrem Unternehmen verankern. (Und ganz nebenbei werden die letzten Zweifler an ihrem Zweifel zweifeln.)

15.2 Aktivitäten der Einführung

Gehen Sie eine Methoden- oder Werkzeugeinführung an wie ein Entwicklungsprojekt. Dafür ist insbesondere ein adaptives Vorgehen geeignet.

Adaptives Vorgehen

Ein adaptiver Prozess geht von vornherein davon aus, dass er an neue Rahmenbedingungen angepasst und ständig verbessert wird [Highsmith00]. Er ermöglicht es, schnell auf neue Situationen zu reagieren, und befreit Sie von der Last, jede Eventualität im Voraus zu berücksichtigen.

Im Folgenden zeigen wir eine iterative Vorgehensweise für Methoden- oder Werkzeugeinführungen. Wir sprechen dabei bewusst von Aktivitäten, nicht von Phasen, da wir keine zeitliche Folge suggerieren möchten.

Die Einführung soll

- vorbereitet,
- ausgearbeitet,
- umgesetzt und
- angepasst

werden.

Achten Sie dabei jeweils darauf, was am wichtigsten ist: zuerst der Mensch, dann die Methode, dann das Werkzeug.

Mensch – Methode – Werkzeug

15.2.1 Vorbereiten

Bei der Vorbereitung einer Methoden- oder Werkzeugeinführung sind drei Faktoren erfolgskritisch: sich realistische Ziele zu stecken, passende Mitarbeiter auszuwählen und die Betroffenen zu beteiligen oder zumindest zu informieren.

Ziele finden

Stecken Sie sich als Erstes konkrete Ziele für die Einführung. Wie auch bei normalen Entwicklungsprojekten kommt es hier darauf an, Ziele messbar zu formulieren. Klassische Ziele für eine Methoden- oder Werkzeugeinführung sind Qualitätsverbesserung und Kostenersparnis. Fortschrittliche Organisationen zählen auch geringe Personalfluktuation und hohen Wissensstand der Mitarbeiter dazu. Sollte das Management oder der Geldgeber noch nicht hinter den neuen Methoden oder Werkzeugen stehen, so kann ein gesetztes Ziel helfen: Machen Sie es einfach zum Ziel, zum Beispiel eines Pilotprojektes (siehe 15.3), die Führung zu überzeugen. Dadurch zwingen Sie sich, ein mit harten Fakten belegbares Ergebnis vorzuweisen, das eine kritische Führung durch Zahlen und Fakten überzeugt.

Messbare Ziele stecken

Nehmen Sie sich jedoch nicht zu viel auf einmal vor. Unternehmen Sie lieber viele kleine Schritte als einen großen. Es ist beispielsweise unrealistisch, in Organisationen, die bisher chaotisch gearbeitet haben, plötzlich Hunderte Seiten exaktester Spezifikation pro Projekt zu erwarten. Eventuell ist es in einem ersten Projekt ausreichend, konkrete Projektziele zu definieren und Anwendungsfälle zu beschreiben. Ebenso sinnlos ist es zu glauben, man bekäme als Auftraggeber die komplexesten Systeme

Kleine Schritte

von einem Projekt zum andern in herausragender Qualität geliefert, wenn man nur alle Anforderungen genau aufschreibt. Auch Ihre Auftragnehmer oder Auftraggeber müssen sich an ein neues Vorgehen gewöhnen. Handeln Sie hierbei nach dem Prinzip „ein bisschen RE ist auch RE". Führen Sie neue Methoden schrittweise ein, und lassen Sie Ihren Mitarbeitern zwischen den einzelnen Schritten etwas Luft, um das Neue zu verdauen und es sich in Fleisch und Blut übergehen zu lassen.

Das Capability Maturity Model (CMM) der SEI kann in abgewandelter Form auch auf die Verbesserung des Requirements-Engineering Prozesses angewandt werden (siehe Abbildung 15.3).

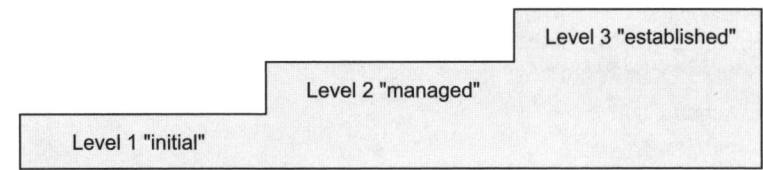

Abbildung 15.3: Stufenmodell für RE

Initial

Auf der ersten Stufe ist es noch sehr schwer, eine Anforderungsspezifikation komplett und hochwertig zum rechten Zeitpunkt fertig zu stellen. Anforderungen werden meist aus bestehenden Lastenheften übernommen.

Managed

Auf der zweiten Stufe bestehen innerhalb des Unternehmens bereits Qualitätsrichtlinien für Anforderungen, Anforderungsdokument und Anforderungsmanagement. Unter Umständen wurde auch ein unterstützendes Tool eingeführt. Auf dieser Stufe ist eine rechtzeitige und vollständige Anforderungsanalyse schon viel wahrscheinlicher.

Established

Auf Stufe drei schließlich hat ein Unternehmen seine eigenen Best Practices erworben. Neue Methoden und Tools können effektiv und differenziert hinsichtlich ihrer Relevanz für das eigene Unternehmen evaluiert werden. Das Anforderungsdokument und die einzelnen Anforderungen entsprechen allen Qualitätskriterien.

Mitarbeiter auswählen

Kleines Team

Die richtigen Mitarbeiter spielen für das Einführungsvorhaben eine entscheidende Rolle. Als sinnvoll hat sich erwiesen, ein kleines Team zusammenzustellen, das die Einführung ausarbeitet, die Umsetzung begleitet und die Verfahren anpasst. Wenigstens zwei Personen sollten mit diesen Aufgaben betraut werden, denn so kann eine Diskussion entstehen. Teamstärken von mehr als fünf Mitarbeitern erscheinen nur dann gerechtfertigt, wenn das Vorhaben der Einführung wirklich groß (in Konzernen), komplex (unterschiedlichste Abteilungen sind betroffen) oder tiefgreifend (alle Verfahren sollen komplett geändert werden) ist. Zu große Teams müssen sich selbst verwalten. Dadurch erhöht sich der interne Kommunikationsaufwand, was die Effizienz von Teams erheblich schmälert.

Erfolgsfaktor Mitarbeiter

Achten Sie bei den Projektmitarbeitern auf die folgenden Faktoren:

■ Der Projektleiter hat Überzeugungskraft.
Der Projektleiter darf nie die wichtigste Komponente im Requirements-Engineering, den Menschen, aus den Augen verlieren. Seine Persönlichkeit muss überzeugen, nicht die Position, in der er steht. Er hat das eigene Projektteam zu steuern

und Teile der Organisation zu beeinflussen, die von der Einführung betroffen sind. Letzteres ist insofern schwierig, als er bei Methodeneinführungen meist nicht Vorgesetzter ist.

■ Mindestens ein Mitarbeiter ist im Requirements-Engineering erfahren.
Das ist im besten Fall der Projektleiter selbst, oder auch ein Mitarbeiter in beratender Rolle, der dem Projektleiter zur Seite steht. Der betreffende Mitarbeiter sollte sich mit dem Requirements-Engineering in großen und kleinen, technischen und kommerziellen, langen und kurzen Projekten und mit unterschiedlichen Vertragsmodellen beschäftigt haben. Eine erfahrene projektexterne Kraft im Pilotprojekt bringt fundiertes Know-how ein, vermittelt Erfahrungen und vermeidet damit Irrwege und Verunsicherung.

■ Trainer und Berater sollten Spezialisten sein, die sich schon seit Jahren mit dem Thema Requirements-Engineering befassen.
Trainer und Berater können aus dem eigenen Unternehmen, Partnerfirmen oder ganz externen Unternehmen kommen. Ein effektiver Know-how-Transfer findet allerdings nur dann statt, wenn sie neben der fachlichen Kompetenz auch die Fähigkeit haben, ihr Wissen zu vermitteln.

■ Es kann gut sein, die Mitglieder des Einführungsprojekts nach den ersten Erfolgen auszutauschen. Zum einen wird das Team, dessen Auftrag die Planung und Einführung von Verbesserungen ist, durch neue Ideen und Perspektiven bereichert, zum anderen werden sich die ehemaligen Mitglieder des Einführungsteams in den regulären Projektteams als wertvoll erweisen: Diesen Mitarbeitern müssen Sie die Veränderungen nicht erst schmackhaft machen, im Gegenteil werden sie wertvolles Know-how an das Projektteam weitergeben und das Team für die von ihnen mitgestalteten Veränderungen zu begeistern suchen.

■ Ist an ein Pilotprojekt gedacht, um die neuen Methoden oder Werkzeuge zu erproben (siehe 15.3), so können die daran beteiligten Kollegen nach Abschluss selbst als Know-how-Träger in nachfolgende Projekte integriert werden. Abbildung 15.4 zeigt diesen Multiplikatoren-Effekt.

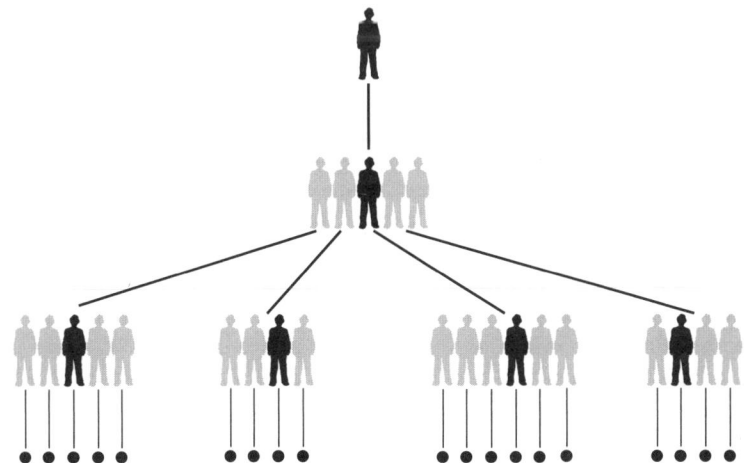

Abbildung 15.4: Wissensweitergabe im Projektteam

Betroffene beteiligen

Der Umgang mit den Anforderungen ist ein sensibler Bereich. Die Anforderungen schlagen die Brücke zwischen Stakeholder und Entwickler, egal in welcher Form sie dargestellt werden. Eingriffe an dieser Stelle wirken sich auf beide Seiten aus, auf alle Stakeholder und auf alle Entwickler. Machen Sie deshalb schon früh die Betroffenen zu Beteiligten, wie Abschnitt 15.1 begründet.

Die einfachste Form der Beteiligung ist das Informieren. Informieren Sie zumindest alle Betroffenen, angefangen bei den eigenen Mitarbeitern über Partner bis hin zum Kunden und Lieferanten. Ein erfolgreicher Weg dafür ist, das zentrale Ziel der Einführungsstrategie in eine griffige Metapher zu fassen und entsprechend zu verbreiten.

Mitarbeit fördern
Weit besser ist es jedoch, wirklich große Teile der Zielgruppe Vorschläge und konkrete Verfahren ausarbeiten zu lassen. Trauen Sie den Mitarbeitern dies zu, schließlich sind sie Experten im Lösen der alltäglichen Probleme.

Begleitend ist es meist sinnvoll, die Gruppe der Veränderer gezielt fachlich fortzubilden, zum Beispiel durch geeignete Schulungen für Methode oder Werkzeug. Für die Vermittlung der in diesem Buch vorgestellten Methoden benötigen Sie etwa drei bis sieben Tage Ausbildung:

- zwei Tage davon für die Anforderungsanalyse,
- einen Tag für das Requirements-Management,
- einen zweitägigen Workshop, um den Know-how-Transfer am projektspezifischen Beispiel zu sichern und
- eine ein- bis zweitägige Fortbildung, wenn ein neues Werkzeug eingesetzt werden soll.

Hospitation
Hospitationen in anderen Abteilungen oder Partnerunternehmen, die auf dem Gebiet des Requirements-Engineering schon weiter sind, wirken sich besonders positiv auf die Vorbereitung des Einführungsteams aus. Sie dienen dem Mitarbeiter einerseits dazu, die eigenen Annahmen und oft voreiligen Schlussfolgerungen zu hinterfragen, und andererseits durch das Planen in einem anderen Umfeld für das eigene zu lernen [Senge90].

Risiken analysieren

Das vorliegende Buch behandelt vor allem Maßnahmen zur Minimierung von Risiken, die mit unbekannten und vagen Anforderungen zu tun haben. Es gibt jedoch auch eine Reihe von negativen Effekten, die genaue, methodisch durchgeführte Anforderungsanalysen mit exakten Anforderungen mit sich bringen können und die man bei der Einführung neuer Methoden und Werkzeuge nicht unbedingt erwartet. Diese zum Teil psychologischen Effekte sollten Sie einkalkulieren und gegebenenfalls Gegenmaßnahmen ergreifen.

Psychologische Aspekte
Kurz zusammengefasst: Es kann sein, dass Stakeholder Informationen über das, was sie entwickelt haben wollen, nur widerwillig oder gar nicht preisgeben. Analytiker scheuen sich bisweilen vor beständigem Nachfragen. Die Empfänger der Anforderungen, typischerweise Entwickler und Designer, sehen sich unter Umständen degradiert.

462

Diese möglichen Effekte beschreiben wir in den folgenden drei Abschnitten genauer und geben Hinweise, wie sie vermieden oder abgeschwächt werden können. Insgesamt gilt: Requirements-Engineering bedeutet Arbeit. Es ist keine einfach durchzuführende Maßnahme, deren Früchte einem in den Schoß fallen, direkt nachdem man einen entsprechenden Prozess installiert hat.

Stakeholder

In der Praxis geben die Stakeholder ungern Auskunft über ihre Anforderungen.

Das geschieht

- *aus Mangel an Zeit oder Motivation,* zum Beispiel wenn Stakeholder ihrer Ansicht nach nichts mit dem zu entwickelnden System zu tun haben, oder das System zwar der gesamten Organisation hilft, nicht aber dem einzelnen Stakeholder;
- *aus Mangel an Bewusstsein,* weil für Stakeholder manche Dinge aus ihrem Fachbereich zu selbstverständlich sind und sie nicht unmittelbar verstehen, weshalb man diese so genau erfassen muss;
- *aus Mangel an Verantwortungswillen,* weil vor der verbindlichen Aussage durch den Stakeholder die Angst stehen kann, bei Kollegen und Vorgesetzten als inkompetent zu gelten;
- *aus Mangel an Fachwissen,* weil es heutzutage zunehmend schwierig wird, die komplexen Zusammenhänge des Anwendungsbereiches im Kopf zu behalten.

In den meisten Fällen kann man mit einer Mischung aus allen vier Gründen rechnen.

Versuchen Sie diese Aufgabe zu lösen, indem Sie für Einsicht bei den Betroffenen werben und sich die Unterstützung der Leitung sichern. Die Stakeholder müssen ein eigenes Interesse daran entwickeln, dass ihre Anforderungen berücksichtigt werden. Und ihre Vorgesetzten müssen ihnen Gelegenheit geben, sich mit Produkten oder Prozessen zu befassen, die ihren Gegenstandsbereich vielleicht nur am Rande streifen. — *Interesse fördern*

Planen Sie deshalb auch einigen Aufwand für die Motivation von Personen ein, die scheinbar nur peripher von der Entwicklung betroffen sind. Dafür eignen sich Workshops und persönliche informelle Gespräche. Allerdings sollte dabei für eine positive Grundstimmung gesorgt werden, da ja bereits diese Maßnahmen der Stakeholder und ihrer Vorgesetzten Zeit kosten, die sie vermeintlich nicht übrig haben. — *Motivationsaufwände einplanen*

Das Kapitel 4 „Anforderungsermittlung" liefert Ihnen konkrete Hinweise, wie Sie diesen Prozess der Anforderungsermittlung selbst unterstützen können. — 4 Ermitteln

Analytiker

Insbesondere zwei Verhaltensweisen von Analytikern tragen dazu bei, dass die erzielten Ergebnisse nicht so gut ausfallen, wie sie könnten:

- *Furcht davor, als inkompetent zu gelten*
  Übernehmen Analytiker die Aufgabe, die Anforderungen zu ermitteln und zu formulieren, so handelt es sich meist um Personen, die sich im Gegenstandsbereich weniger gut auskennen. Was einerseits ein Vorteil ist (siehe Kapitel 3 „Von der Idee zum System"), kann andererseits von Nachteil sein: Wenn Analytiker nicht in der Lage sind, ihre Unkenntnis zuzugeben und lieber zur nächsten Frage übergehen, obwohl sie die Antwort auf die gerade gestellte nicht verstanden haben. — 3 Idee-System

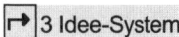

- *Scheu vor Änderungen*
  Zwar sind neue Erkenntnisse im Laufe einer Entwicklung sehr wahrscheinlich, doch scheuen sich Analytiker oft davor, bestehende Anforderungen gemäß diesen neuen Erkenntnissen zu ändern. Sie sollten Änderungen im Gegenteil willkommen heißen, bedeuten diese doch nur, dass sie das Problem nunmehr besser verstehen.

- *Scheu vor Widerspruch*
  Analytiker sind oft nicht widerspruchsfähig. Obwohl sie wissen, dass Anforderungen im Gesamtkontext des Systems unsinnig sind oder anderen wichtigen Anforderungen widersprechen, nehmen sie doch brav und dienstbeflissen die Anforderungen aus den Einzelgesprächen mit den Stakeholder auf. Man will es jedem Recht machen ... Meist hat der Analytiker aber den besten Überblick über die Konsistenz der Spezifikation. Dieses Wissen muss er auch einsetzen und mindestens aktiv an der Klärung widersprüchlicher Anforderungen arbeiten.

Entwickler

In der Praxis beobachten wir beim Auftragnehmer oft folgendes Phänomen im Zusammenhang mit exakten Analyseergebnissen: Ist bei Entwicklern die Gewohnheit besonders stark ausgeprägt, Probleme eines Gegenstandsbereiches selbst zu erkennen, zum Beispiel weil sie bisher immer nur sehr wenige, grobe Anforderungen von den Stakeholdern bekamen, so führt das mitunter dazu, dass sie die nun exakter und zahlreicher genannten Anforderungen als „nicht die wirklichen" bezeichnen. Der Stakeholder oder Analytiker irre sich, das Problem sei ein anderes.

Spiele erkennen

Sichtbar wird dieses Problem, sofern dieser Standpunkt nicht offen angesprochen wird, an einer Art „Spiel", das die Entwickler und Stakeholder miteinander spielen (siehe auch [Stewart97]): Die Entwickler ziehen sich völlig darauf zurück, dass wirklich alles, was sie entwickeln sollen, in den Anforderungen eindeutig genannt ist. Erfahrungsgemäß gibt es aber immer einige Aspekte, die beim Ermitteln der Anforderungen nicht gefunden wurden oder die widersprüchlich sind. Diese Punkte, aufgedeckt von den Entwicklern, werden dann als Beweis dafür verwendet, dass der Stakeholder sein Problem nicht richtig kennt. Die Stakeholder oder Analytiker werfen den Entwicklern im Gegenzug vor, ihre Kompetenzen zu überschreiten.

Spiele
abbrechen

Ein weiterer bei Entwicklern zu beobachtender Punkt ist die Ungeduld. Entwickler wollen loslegen, sie neigen dazu ihre Lösung zu bauen, da ja Anforderungen sowieso zu spät oder gar nicht kommen. „Am Ende bleibt es ja doch bei mir hängen, ...". Und so ist es folgerichtig, früh mit der Implementierung zu beginnen.

Solche und ähnliche Spiele können Sie abbrechen, indem Sie sie offen legen. Charakteristisch für die beschriebenen Verhaltensweisen ist, dass sich alle Beteiligten dabei unbehaglich fühlen. Sie sind somit froh, wenn an einer respektvolleren Beziehung gearbeitet wird. Ist das Problem erst einmal genannt, arbeiten die Mitarbeiter erfahrungsgemäß gerne an einer Lösung.

Methode wählen

In erster Linie soll die (neue) Methode des Requirements-Engineering die Menschen in fachlicher, zeitlicher und organisatorischer Hinsicht unterstützen. Voraussetzung dafür ist, dass die neue Arbeitsweise Vorteile bringt und von den Mitarbeitern der Organisation akzeptiert wird. Nur dann wird sie wirklich effektiv genutzt.

464

Bei der Wahl und Beschreibung der Methode selbst sollten Sie minimalistisch vorgehen: Stellen Sie nur so viele Regeln auf, wie unbedingt nötig sind. Dabei sollte sich der Prozess an der Konstellation in Ihrer Organisation oder ihrem Projekt orientieren, wie Sie ihn zu Beginn der Einführung vorfinden. Sie können ihn noch immer anpassen, wenn sich später die Rahmenbedingungen ändern, also zum Beispiel viel mehr Personal im Projekt tätig ist, neue Prioritäten bekannt werden oder die Kritikalität anders eingeschätzt wird.

Wenige Regeln

Beginnen Sie etwa mit einigen Vorgaben zur Formulierung der Anforderungen und ihrer Klassifikation, anstelle Datenbankmasken bis ins Detail auszuarbeiten. Oder geben Sie nur Tipps zum Inhalt von Anforderungsdokumenten, anstatt ihre Struktur bis zur dritten Kapitelebene vorzuschreiben. Die von Cockburn in [Cockburn02] vorgeschlagene Klassifikation von Lernstufen bei Mitarbeitern hilft Ihnen, das richtige Maß zu finden:

Zwang eher hinderlich

- *Der Mitarbeiter folgt den Regeln (following).*
  Er hält sich recht genau an Regeln, neue kognitive und sprachliche Fähigkeiten entwickeln sich erst, eigene Annahmen und Handlungen und die Annahmen und Handlungen anderer werden deutlicher erkannt. In dieser Phase benötigt ein Mitarbeiter klare Regeln für die einzelnen Arbeitsschritte. Regeln geben ihm Halt und Sicherheit.

- *Der Mitarbeiter löst sich von den Regeln (detaching).*
  Er lernt die Grenzen der Regeln kennen, weiß sich jedoch anhand der erlernten Prinzipien trotzdem zu helfen. Alte Annahmen lockern sich, neue Annahmen kommen von selbst hinzu. In dieser Phase empfindet der Mitarbeiter zu viele Regeln eher als einengend, da er bereits mit der neuen Methode experimentiert. Ein nicht zu detaillierter Satz an Regeln wird dennoch als hilfreich empfunden.

- *Der Mitarbeiter beherrscht die Regeln flüssig (fluent).*
  Alle Regeln und Erfahrungen gehen in Fleisch und Blut über, Regeln werden selbstständig verknüpft, das eigene Lernen und das anderer wird gefördert. In dieser Phase treten die aufgestellten Regeln in den Hintergrund.

Soll die Methode auf längere Sicht mit wenigen Regeln auskommen, so gilt es also, die Following-Phase zu überbrücken. Hierzu sollten Sie Ihrem Team eine gute Schulung und ein initiales Coaching gönnen. Dies ist günstiger, als umfangreiche Regelwerke auszuarbeiten, denn ein Trainer oder Coach als lebendes Vorbild transferiert Wissen effektiver, als es ein Methodenleitfaden je könnte.

Betonen Sie in jedem Fall die direkte Kommunikation zwischen Stakeholdern, Analytikern und Entwicklern. An erster Stelle rangieren hier persönliche Gespräche, sie weisen die höchste Bandbreite aller Informationskanäle auf ([Dollery02]), schriftliche „Überlieferungen" hingegen die geringste. Überlegen Sie genau, ob Sie das Risiko wirklich haben, das Sie mit ausführlich und exakt geschriebenen Anforderungsdokumenten zu minimieren versuchen.

Gespräche fördern

Werkzeug wählen

Neben den im Kapitel 13 „Ordnung im Chaos" angeführten Kriterien sollten Sie bei einer Einführung eines Werkzeuges für Requirements-Engineering oder auch nur für das Anforderungsmanagement Folgendes beachten:

➡ 13 RM

- Besorgen Sie sich Unterstützung von jemandem, der bereits mit mehreren der in Frage kommenden Werkzeuge gearbeitet hat. Anbieter von Werkzeugen sind dafür nur bedingt geeignet, da sie meist voreingenommen sind.
- Bedenken Sie, wer mit dem Werkzeug arbeiten muss. Gerade bei Programmen für das Requirements-Engineering ist es häufig der Fall, dass sowohl Stakeholder als auch Entwickler damit arbeiten sollen. Diese Personengruppen haben meist einen recht unterschiedlichen Wissensstand. Sind sie aus verschiedenen Unternehmen, sollten dafür organisatorische Vorkehrungen getroffen werden.
- Nutzen Sie den Evaluierungsfragebogen, den Sie in einer aktuellen Fassung auf unserer Webseite finden. Er unterstützt Sie bei der Suche nach einem für Ihre Organisation passenden Werkzeug.

Der Faktor Mensch ...
spielt doch heutzutage keine Rolle mehr!?

von Jochen Löffler

Die Unternehmensleitung ...

... ist stolz auf ihre Pläne: Die neue Organisationsstruktur wurde wieder und wieder von Experten auf ihre Tauglichkeit hin geprüft, verändert und verbessert. Jetzt passt alles zusammen – wie die Teile eines Puzzles.

Die dazugehörigen Methoden der Führung und Organisation sind installiert, die entsprechenden Schulungen für die Mitarbeiter laufen. Verfahrensweisen wurden ausgefeilt und Werkzeuge beschafft.

Der Mitarbeiter ...

... wird sich schon damit arrangieren. Und wie er das tut: Bisher völlig unbekannte Phänomene tauchen im Betrieb auf. Anordnungen werden nicht oder nur unvollständig umgesetzt, keiner übernimmt mehr Verantwortung für Entscheidungen, keiner will es gewesen sein, wenn irgendetwas schief geht. Die Unzufriedenheit steigt, der Output sinkt. Auftauchende Probleme werden nicht mehr diskutiert, dennoch ist jeder irgendwie gereizt. Einige Fachkräfte haben bereits mit ihrer Kündigung gedroht.

Wie können wir dieses Horrorszenario vermeiden?

Das Zusammenarbeiten von Menschen in Organisationen unter Leistungsbedingungen kann nie reibungslos verlaufen. Nicht jeder kann jeden zufrieden stellen, natürliche Interessensgegensätze, unterschiedliche Ansätze der Problembewältigung, schwankende Stimmungen sind Alltag im Unternehmen. Problematisch ist, dass Schule und Ausbildung uns selten darauf vorbereitet haben.

Was bedeutet das für die Einführung neuer Technologien?

Bislang engagierte Mitarbeiter werden dann nicht Renitenz und Widerstand zeigen, wenn sie an den Veränderungsprozessen beteiligt werden. Widerstände sind zwar bei jeder Veränderung vorhanden, doch meist entzünden sie sich erst dann, wenn der Mensch sich und seine Anliegen nicht berücksichtigt fühlt. Dann boykottiert er die Sache und stellt sich auch gegen Dinge, die er eigentlich befürwortet. Meist haben auf der Sachebene ausgetragene Konflikte Ursachen auf der Beziehungsebene. So bekämpft zum Beispiel ein Mitarbeiter die Einführung einer neuen Methode, für die er sofort gestimmt hätte, wäre er danach gefragt worden. Eine Diskussion über die Qualitäten der neuen Verfahren wird nicht viel bringen – eine Überprüfung und Veränderung der Mitgestaltungsmöglichkeiten sehr wohl.

Was sind nun die Alternativen – im Betrieb ...

Wir können Personen an der Lösung der für sie und uns anstehenden Probleme beteiligen, soweit sie dafür Verantwortung tragen. Besonders tragen sie Verantwortung für ihre eigenen Gefühle und Emotionen, mit denen sie etwas bewegen. Wenn diese zurückgehalten und verdrängt werden, entstehen Blockaden der Energien und Prozesse. Mit Prozessberatung helfen wir Personen, Gruppen und Organisationen, sich ihrer Energien bewusst zu werden und sie zur Problemlösung einzusetzen.

Prozessberatung ist nicht der Stein der Weisen. Sie kann aber der Anstoß sein, dass auftauchende Störungen und Konflikte zur Sprache gebracht werden, bevor sie eskalieren oder im Arbeitsalltag zum ständigen Reibungspunkt werden. Durch das Lösen der Probleme wird die zuvor gebundene Energie freigesetzt und steht nun für konstruktive Veränderungsarbeit zur Verfügung.

... und außerhalb?

Ganz Mutige wagen sich in ein gruppendynamisches Seminar, in dem wir in einer Woche oftmals die Emotionen von Monaten und Jahren erleben. Mit unserem guten Verstand können wir dann das soziale Geschehen in der Gruppe selbst beobachten, analysieren und so gestalten, wie wir das gerne möchten.

Wäre das nicht auch etwas für Sie?

Jochen Löffler ist Diplom-Ökonom, Trainer für Gruppendynamik, Konfliktmanagement und Teamentwicklung beim Team Dr. Rosenkranz (www.team-rosenkranz.de).

15.2.2 Umsetzen und anpassen

Bei der Realisierung geht es nun darum, den Plan in die Tat umzusetzen. Fast alles, was dazu nötig ist, wurde bereits im Rahmen der zuvor beschriebenen Aktivitäten entworfen. Zwei weitere wichtige Faktoren sind die Aufzeichnung von Erkenntnissen und Resultaten sowie die Justierung der Verfahren.

Erkenntnisse aufzeichnen

Machen Sie sich Aufzeichnungen über den Projektverlauf und vor allem über auftretende Schwierigkeiten, die Gegenmaßnahmen und deren Resultate.

Dazu können Sie allgemein folgende Fragen stellen:

- ■ Was hat funktioniert, was nicht?
- ■ Welche Regeln wurden befolgt, welche nicht?
- ■ Was wurde gemocht, was nicht?
- ■ Welche Erfolgsfaktoren gibt es?
- ■ Welche Ängste herrschen?

Und spezieller:

■ Sind Stakeholder, Analytiker und Entwickler wirklich der Meinung, vom Gleichen zu sprechen?

■ Bringen die neuen nicht-funktionalen Anforderungen wichtige Designimpulse?

■ Wie wirken sich Änderungen der Anforderungen nun aus, im Vergleich zu früher?

■ Inwiefern haben sich die Verfahren verändert, das entwickelte System zu testen und abzunehmen?

Pläne mit der Realität abgleichen

Anhand der Antworten lässt sich das Vorgehen anpassen. Sie erlauben es, die Pläne nachträglich mit der Realität zu vergleichen und daraus Schlüsse zu ziehen (siehe [DeMarco98]). Vorgehensmodelle wie das V-Modell ([VMR97]) schlagen für diese Zwecke vor, eine so genannte Projekthistorie zu führen. Die darin gesammelten Daten dienen den Aktivitäten, die den Projekterfolg verifizieren, und der Verbesserung.

Verfahren justieren

Mit der Zeit werden sich immer mehr Best Practices herauskristallisieren. Diese lassen sich dann dem Regelsatz der Methode hinzufügen. Niemand ist gezwungen, die verschiedenen möglichen Probleme schon zu lösen, wenn noch nicht sicher ist, ob sie überhaupt zum Tragen kommen.

Sofort adaptieren

Sie sollten die Vorgehensweisen auch schon „zwischendrin" anpassen, nicht erst ganz am Schluss. Sie erhalten so mehr Gelegenheit, Erfahrungen zu sammeln und den Prozess kontinuierlich zu verbessern.

Am effektivsten „tunen" Sie, wenn Sie das Thema Veränderung zum Gesprächspunkt in allen Meetings machen. Dadurch sichern Sie die ständige Beteiligung der Betroffenen. Die wichtigen Faktoren hierfür sind:

■ Häufiges Feedback

■ Direkte Kommunikation

■ Toleranz gegenüber neuen Einflüssen

Wie sie die Methoden anpassen, lässt sich nicht mehr vorhersehen. Ihr Team wird wissen, was zu tun ist.

15.3 Pilotprojekte

Ob neue Verfahren oder Werkzeuge halten, was sie versprechen, überprüft man häufig in Pilotprojekten. Das sind Projekte aus dem täglichen Geschäft, die zusätzlich zum Ziel haben, Anhaltspunkte zu liefern, ob sich neue Methoden und Werkzeuge eignen oder nicht. Sie haben nicht nur eine hohe Aussagekraft, sondern stellen auch einen großen Schritt in Richtung der Beteiligung der Betroffenen dar.

Es existieren einige positive und negative Indikatoren, anhand derer Sie sehen können, ob ein Projekt für die Pilotierung geeignet ist. Sie bieten Ihnen die Möglichkeit, Ihre Ausgangsposition realistischer einzuschätzen und daraus resultierende Schwachstellen bei der Planung zu berücksichtigen. Die positiven Indikatoren sind keine Grundvoraussetzungen für eine Einführung einer Methode oder eines Werkzeugs im Rahmen dieses Projektes. Dagegen birgt jedes der negativen Kriterien ein Risiko für das Pilotprojekt. Abbildung 15.5 nennt die wichtigsten Indikatoren, anschließend finden Sie die vollständige Auflistung.

 Positive Indikatoren

> Bekannter Gegenstandsbereich, nicht alles ist neu
> Erfahrener Projektleiter mit Rückendeckung seines Vorgesetzten
> Innovationsfreudiges Team, Methodeninteresse, Training, Teamgeist
> Realistische Rahmenbedingungen, realistischer Kosten- und Zeitplan

 Negative Indikatoren

> Unrealistische Rahmenbedingungen, zu knapper Kosten- und Zeitplan
> Methodenfeindliches Team, Chaoten, die Neuerungen scheuen
> Persönlich ungeeignetes Team, Angst vor Veränderung, Konflikte
> Ungeeignete Projektgröße, zu großes / zu kleines Projekt

Abbildung 15.5: Positive und negative Indikatoren bei der Auswahl des Pilotprojektes

15.3.1　Was macht Projekte für eine Erprobung geeignet?

Suchen Sie sich ein Projekt als Pilotprojekt aus, bei dem möglichst viele der folgenden Sachverhalte zutreffen:

- Der Gegenstandsbereich des Projektes ist den Projektmitarbeitern bekannt, wenn es üblich ist, in verwandten Projekten zu arbeiten, oder nicht bekannt, wenn sich die Organisation in einem ständig neuen Umfeld bewegt.
- Der Projektleiter hat bereits Erfahrungen mit anderen Pilotprojekten gesammelt.
- Das Projektteam ist gut ausgebildet, hoch motiviert und hat Lust auf etwas Neues.
- Unter den Projektmitarbeitern herrschen Vertrauen, Solidarität und Kompromissbereitschaft vor.
- Das Management (der Organisation, des Projektes) übt *leichten* Druck auf das Team aus.
- Die Projektmitarbeiter bringen Problembewusstsein und Ausdauer mit.
- Das für die Organisation übliche Vertragsmodell ist gegeben.
- Das Projekt ist eines mit vielen kleinen Iterationen.

15.3.2 Was macht Projekte für eine Erprobung ungeeignet?

Lassen Sie die Finger von einer Einführung im Rahmen eines Pilotprojektes, wenn einige dieser Faktoren auf das Projekt zutreffen:

- Das Projekt ist mit oder ohne die neuen Methoden oder Werkzeuge nicht im Zeit-, Budget- und Qualitätsrahmen abzuwickeln.
- Die Kommunikation unter den Projektmitarbeitern ist nicht von gegenseitiger Anerkennung und Respekt geprägt.
- Einzelne oder alle Projektmitarbeiter haben Angst vor Veränderung.
- Der Auftraggeber oder Sponsor spielt nicht mit.
- Das Projekt ist für die Organisation ein ungewöhnlich großes, wichtiges, politisch brisantes oder schwieriges Projekt.
- Das Projekt ist für die Organisation vergleichsweise klein oder belanglos.

15.3.3 Kernfragen

Ist eine geeignete Entwicklung gefunden, steht damit auch ein ungefährer Termin zur Durchführung fest. Der Schritt weg vom Althergebrachten auf etwas Neues zu bedeutet immer ein gewisses Risiko. Prüfen Sie genau, ob die bereits festgelegten Rahmenbedingungen des ausgewählten Projekts die zusätzliche Einführung neuer Methoden oder Werkzeuge zulassen. Beantworten Sie vor allem folgende Fragen:

- *Müssen für die zusätzlichen Aufgaben des Pilotprojektes weitere Mitarbeiter mit eingebunden werden, und, wenn ja, sind diese im fraglichen Zeitraum verfügbar?* Denken Sie dabei sowohl an interne als auch an externe Mitarbeiter (zum Beispiel Trainer und Berater), die bei der praktischen Umsetzung helfen können.
- *Können die Mitarbeiter schon in die Vorbereitung ausreichend mit eingebunden werden?*
  Wie dargestellt, ist dies ein kritischer Faktor. Ohne Unterstützung der Basis handelt es sich um ein nahezu sinnloses Unterfangen.
- *Können sich die Mitarbeiter allein auf dieses eine Projekt konzentrieren?*
  Sind die Projektbeteiligten mit weiteren Aufgaben betraut, sinkt die Leistungsfähigkeit, weil sie sich auf zu viele Ziele konzentrieren müssen. Genügend Mitarbeiter zu haben, die ausschließlich am Pilotprojekt arbeiten können, trägt zu einem effektiven Verlauf entscheidend bei.
- *Wie ist der Wissensstand der Projektmitarbeiter? Wer unter den Beteiligten bedarf noch welcher Fortbildung und in welchem Umfang?*
  Ist der Wissensstand gut und greifen die Fortbildungsmaßnahmen, so haben die Organisation und die Projektbeteiligten eine sichere Basis für die Planung. Denn gut vorbereitete Mitarbeiter sind in der Regel auch hoch motiviert.
- *Stimmen die organisatorischen Rahmenbedingungen?*
  Um den geregelten und ungestörten Ablauf des Pilotprojekts sicherzustellen, ist es wichtig, die räumlichen Möglichkeiten zu überdenken und erforderliches Material oder Unterstützung (zum Beispiel Projektassistenz) nur für das Pilotprojekt zu reservieren.

■ *Reicht die für das Projekt vorgesehene Zeit wirklich aus?*
Damit das Projektteam und auch das Management nicht mit unnötigem Druck belastet werden, muss genügend Zeit für das Pilotprojekt eingeplant werden.

Werden diese Rahmenbedingungen unterschätzt, führt das zu mehr oder weniger ausgeprägten Schwierigkeiten und im unglücklichsten Fall zum Scheitern des Vorhabens oder sogar des Pilotprojektes. Deshalb sollten Sie unbedingt den Projektrahmen klar definieren, die Erfüllung der Bedingungen genau prüfen und nicht nur auf ein gutes Gelingen hoffen.

15.4 Management-Zusammenfassung

Wir verstehen unter „Einführung" generell die Einführung eines neuen methodischen Ansatzes oder eines Werkzeuges, das eine Methode unterstützt. Eine Differenzierung ist nicht notwendig. Organisationen probieren Methoden und Werkzeuge aus, wenn sie sich davon Qualitätsverbesserungen, Kostenersparnisse oder zeitliche Vorteile bei der Systementwicklung versprechen.

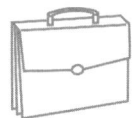

Neues einzuführen, bedeutet Veränderung des Bestehenden. Werden Menschen oder ihre Gewohnheiten verändert, so entwickeln sie meist Widerstand gegen das Vorhaben. Entscheidend für den Erfolg einer Einführung ist deshalb, dass Sie die Betroffenen beteiligen. In der Beteiligung erkennen die Mitarbeiter ihre Chance, die Zukunft aktiv zu gestalten. Die minimale Beteiligung ist die Information. Erwägen Sie Schulungen und Hospitationen als unterstützende Maßnahmen.

Veränderung und Widerstand

Zur Vorbereitung einer Methoden- oder Werkzeugeinführung gilt es zunächst, sich messbare Ziele zu setzen. Bleiben Sie dabei realistisch und wählen Sie Ziele so, dass Sie sie auch erreichen können. Viele kleine Schritte sind meist angemessener als ein großer. Anschließend sollten Sie sich an die Auswahl der Mitarbeiter machen, die Sie bei der Einführung unterstützen. Besondere Anforderungen werden an den Projektleiter und die Spezialisten für Requirements-Engineering gestellt. Sie müssen sozial kompetent und möglichst erfahren sein.

Visionen statt Illusionen

Bei der Ausarbeitung der Einführung sollten Sie zunächst die Risiken analysieren, die mit dem Veränderungsprozess zusammenhängen. Dazu zählen insbesondere eine Reihe von psychologischen Effekten bei Stakeholdern, Analytikern und Entwicklern, auf die Sie vorbereitet sein sollten. Anschließend wählen Sie konkrete Methoden des Requirements-Engineering aus. Auch hier gilt der Grundsatz: Viele kleine Schritte führen zum Erfolg. Wenn zusätzlich ein Werkzeug eingeführt werden soll, bedenken Sie, wer das Werkzeug nutzen soll und lassen Sie sich von unabhängigen Partnern unterstützen, die schon mit mehreren Werkzeugen Erfahrungen gesammelt haben.

Viele kleine Schritte führen zum Erfolg

Um Ihre Pläne effektiv umzusetzen, bietet es sich an, den Verlauf der Einführung und die verschiedenen Meinungen zu den einzelnen Praktiken aufzuzeichnen, systematisch auszuwerten und damit sofort die Verfahren anzupassen. Je kleiner Sie die Feedback-Schleifen ziehen, desto schneller kommen Sie zu einem optimalen Prozess.

Umsetzung mit Feedback-Schleifen

Wir empfehlen, Pilotprojekte durchzuführen, um die Risiken der Einführung von Methoden und Werkzeugen des Requirements-Engineering zu minimieren. Bei der Auswahl eines geeigneten Projektes helfen Ihnen positive und negative Indikatoren.

Pilotprojekte zur Minimierung von Risiken

15.5 Kontrollfragen

- Haben Sie die Betroffenen beteiligt?
- Sind der Einführung realistische Ziele gesetzt?
- Haben Sie die Betroffenen beteiligt?
- Ist während der Einführung vorgesehen, die Methoden laufend zu bewerten und anzupassen?
- Haben Sie die Betroffenen beteiligt?

15.6 Weiterführende Literatur

[Berne98]
  Berne, E.: Was sagen Sie, nachdem Sie „Guten Tag" gesagt haben? Frankfurt am Main, Fischer 1998. ISBN 3-596-42192-6

[Cockburn02]
  Cockburn, A.: Agile Software Development, Boston, Addison-Wesley 2002. ISBN 0-201-69969-9

[Czichos97]
  Czichos, R.: Change-Management, München, Reinhardt 1997. ISBN 3-497-01266-1

[DeMarco97]
  DeMarco, T.: Warum ist Software so teuer? ... und andere Rätsel des Informationszeitalters. München, Wien, Hanser 1997. ISBN 3-446-18902-5

[DeMarco98]
  DeMarco, T.: Der Termin: Ein Roman über Projektmanagement. München, Wien, Hanser 1998. ISBN 3-446-19432-0

[Dollery]
  Dollery, B.: Agile Processes, *http://www.chaosengineers.co.nz/pages/papers/papers.html,* 2002

[Highsmith00]
  Highsmith, J.: Adaptive Software Development, New York, Dorset House 2000. ISBN 0-932633-40-4

[Schienmann02]
  Schienmann, B.: Kontinuierliches Anforderungsmanagement, München, Addison-Wesley 2002. ISBN 3-827-31787-8

[Senge90]
  Senge, P.: Die 5te Disziplin, 5. Auflage, Stuttgart, Klett-Cotta 1998. ISBN 3-608-91379-3

[Stewart97]
  Stewart, I.; Joines, V.: Die Transaktionsanalyse. 7. Auflage. Freiburg, Herder 1997. ISBN 3-451-26361-0

[Scrum]
  ADM, *http://www.controlchaos.com,* 2002

[VMR97]
  Allgemeiner Umdruck Nr. 250/1, Entwicklungsstandard für IT-Systeme des Bundes, Vorgehensmodell. Teil 1: Regelungsteil. Juni 1997

Thorsten Cziharz

Anhang A

Informationsarten

A.1 Spielzüge

Versionen

Es existiert bei jeder Informationsart die Möglichkeit, neue Versionen anzulegen.

Abbildung A.1: Zusammenhang zwischen versionierten Informationen (Beispiel Anforderungen)

Dokument-Release/Baseline

Bei jeder Informationsart existiert die Möglichkeit, sie in ein Dokument-Release/ Baseline aufzunehmen.

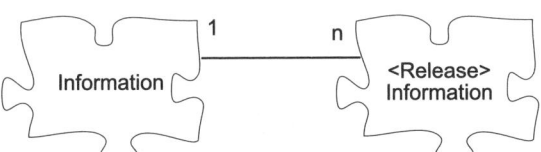

Abbildung A.2: Zusammenhang zwischen Informationen und Dokument-Release/Baseline

473

Verfeinern

Für Anforderungen und Projektziele existiert die Möglichkeit, Informationen zu verfeinern.

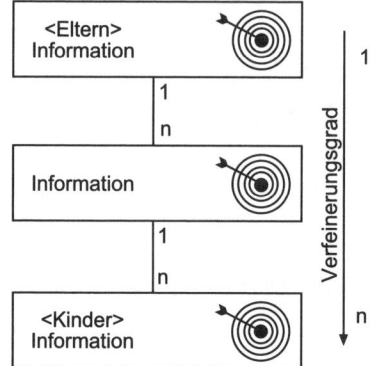

Abbildung A.3: Zusammenhang zwischen verfeinerten Informationen

Verzweigungen

Für Anforderungen und Projektziele existiert die Möglichkeit, Informationen zu verzweigen (Branch).

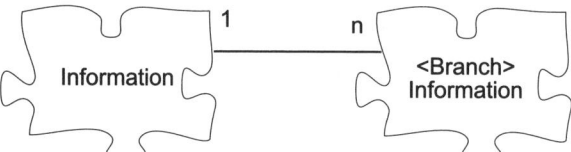

Abbildung A.4: Zusammenhang zwischen verzweigten Informationen

A.2 Abhängigkeiten zwischen verschiedenen Informationsarten

	Abnahmekriterium	Änderungsantrag	Anforderung	Anwendungsfall	Definition	Frage & Antwort	Interview	Projektziel	Testszenario
Abnahmekriterium						✓			✓
Änderungsantrag			✓			✓	✓	✓	
Anforderung	✓	✓				✓	✓		
Anwendungsfall			✓			✓	✓		
Definition		✓				✓			
Frage & Antwort		✓	✓	✓	✓		✓	✓	
Interview		✓	✓	✓	✓	✓		✓	
Projektziel	✓	✓	✓	✓	✓	✓			
Testszenario	✓					✓			

Abbildung A.5: Abhängigkeitsmatrix Informationsarten

Erklärung:

Die Matrix stellt die Abhängigkeiten zwischen den verschiedenen Informationsarten dar. Die Einträge in der Tabelle sind wie folgt zu lesen:

Zu der Informationsart <Zeile> können mehrere Formulare <Spalte> existieren.

A.3 Verwaltungsinformationen

Die folgende Aufstellung stellt die Informationen dar, die erfasst und verwaltet werden sollten. Eine detaillierte Aufstellung inklusive der Beschreibung der Felder steht Ihnen auf unserer Homepage (www.sophist.de) zur Verfügung.

Abnahmekriterium	
	■ Kapitel
	■ Kurzbeschreibung
	■ Abnahmekriteriennummer
	■ Typ des Abnahmekriteriums
	■ Ausgangssituation des Testes
	■ Ereignis des Testes
	■ Erwartetes Ergebnis
	■ Entscheidungstabelle
	■ Standort
	■ Testmethode
	■ Autor
	■ Fachlich Verantwortlicher
	■ Workflow
	■ Dokumenthistorie
Änderungsantrag	
	■ Kapitel
	■ Kurzbeschreibung
	■ Änderungsantragsnummer
	■ Änderungsantrag
	■ Quelle
	■ Stellungnahme durch
	■ Stellungnahme
	■ Geplanter Aufwand in der Spezifikation
	■ Geplanter Aufwand in der Realisierung
	■ Kritikalität
	■ Priorität
	■ Änderungsantragsart
	■ Autor
	■ Fachlich Verantwortlicher
	■ Workflow
	■ Dokumenthistorie
Anforderung	
	■ Kapitel
	■ Kurzbeschreibung
	■ Anforderungsnummer
	■ Verbindlichkeit
	■ Klassifikation
	■ System Release

Anforderung (Fortsetzung)	■ Anforderungstext ■ Autor ■ Fachlich Verantwortlicher ■ Workflow ■ Konsistent mit dem Objektmodell ■ Klasse ■ Attribut ■ Service ■ Relation ■ Konsistent mit dem Prototyp ■ Konsistent mit dem Abnahmekriterium ■ Kritikalität ■ Subsystem ■ Lieferzeitpunkt ■ Kosten ■ Standort ■ Dokumenthistorie
Anwendungsfall	■ Kapitel ■ Kurzbeschreibung ■ Anwendungsfallnummer ■ Diagramm ■ Beschreibung ■ Projektbetroffene ■ Anwendungsfälle ■ Autor ■ Fachlich Verantwortlicher ■ Workflow ■ Dokumenthistorie
Definition	■ Kapitel ■ Kurzbeschreibung ■ Definitionsnummer ■ Klassifikation ■ Definition ■ Autor ■ Fachlich Verantwortlicher ■ Workflow ■ Dokumenthistorie
Frage & Antwort	■ Kapitel ■ Kurzbeschreibung ■ Frage ■ Antwort ■ Autor

477

Frage & Antwort (Fortsetzung)	■ Fachlich Verantwortlicher ■ Workflow ■ Abhängig von ■ Thematik in Besprechung behandeln ■ Dringlichkeit ■ Dokumenthistorie
Interview	■ Kapitel ■ Kurzbeschreibung ■ Interviewnummer ■ Zusammenfassung ■ Inhalt des Interviews ■ Autor ■ Fachlich Verantwortlicher ■ Workflow ■ Interviewter ■ Datum ■ Zeit ■ Dokumenthistorie
Projektziel	■ Kapitel ■ Kurzbeschreibung ■ Projektzielnummer ■ Typ ■ Problem / Ziel / Optimierungspotenzial ■ Projektbetroffener ■ Auswirkung ■ Kritikalität ■ Verbesserungsvorschlag / Einschränkungen ■ Autor ■ Fachlich Verantwortlicher ■ Workflow ■ Dokumenthistorie
Testszenario	■ Kapitel ■ Kurzbeschreibung ■ Testszenarionummer ■ Testszenario ■ Konsistent mit den Abnahmekriterien ■ Autor ■ Fachlich Verantwortlicher ■ Workflow ■ Dokumenthistorie

A.4 Bewertungsrahmen

Die folgenden Informationen beinhalten die einzelnen Kriterien jeder Sicht für die
Auswahl Ihres Requirements-Management-Tools.

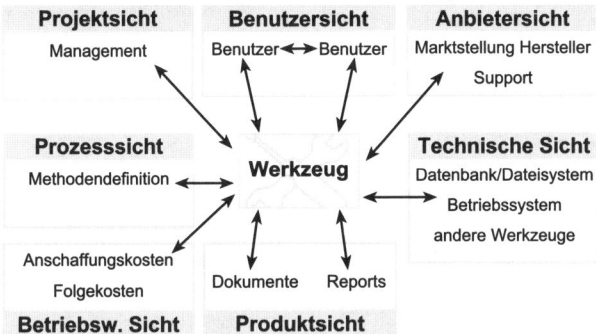

Abbildung A.6: Übersicht der einzelnen Sichten zur Bewertung eines RM-Tools

Anbietersicht

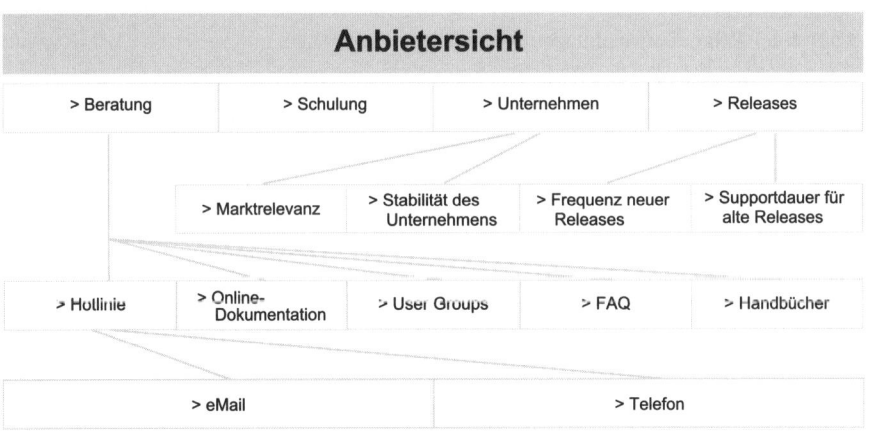

Abbildung A.7: Kriterien aus der Sicht des Anbieters

479

Technische Sicht

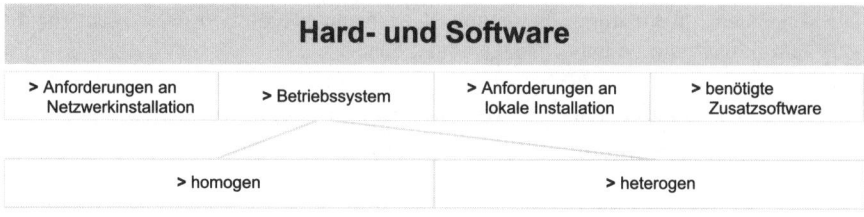

Abbildung A.8: Kriterien „Hard- und Software"

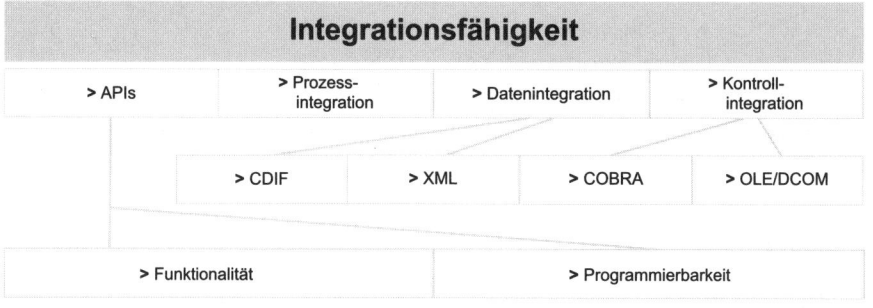

Abbildung A.9: Kriterien „Integrationsfähigkeit"

Repository

> direkter Daten- import und -export	> Anfrage- schnittstelle	> Sicherungs- konzept	> unterstützter Standard

Abbildung A.10: Kriterien „Repository"

Skalierbarkeit

> maximale Anzahl Benutzer	> maximale Anzahl Objekte und Projekte	> maximale Anzahl aktiver Projekte

Abbildung A.11: Kriterien „Skalierbarkeit"

480

Produktsicht

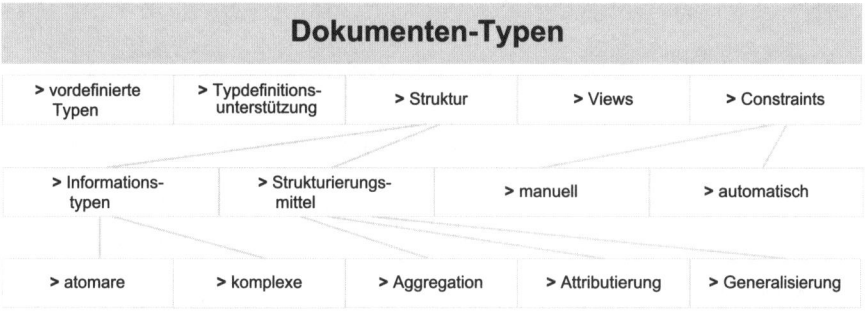

Codegenerierung

> Programmiersprachen	> Wartung Model-Sprachen-Beziehung	> Quelle

| > Code-fragmente | > Modul-rahmen | | > Klassen-diagramm | > Zustands-diagramm |

| > inkrementell | > Round-Trip | > Reverse-Engineering |

Abbildung A.12: Kriterien „Codegenerierung"

Dokumenten-Typen

| > vordefinierte Typen | > Typdefinitions-unterstützung | > Struktur | > Views | > Constraints |

| > Informations-typen | > Strukturierungs-mittel | > manuell | > automatisch |

| > atomare | > komplexe | > Aggregation | > Attributierung | > Generalisierung |

Abbildung A.13: Kriterien „Dokumenten-Typen"

Konfigurations-Management

| > Revisionenkontrolle | > Versionskontrolle |

Abbildung A.14: Kriterien „Konfigurationsmanagement"

Reports

| > Bildschirmausgabe | > Papierausgabe | > WWW-basiert |

Abbildung A.15: Kriterien „Reports"

Traceability

| > Entscheidungen | > Änderungsquellen und Initiatoren | > Link-Typen |

Abbildung A.16: Kriterien „Traceability"

481

Prozesssicht

Abbildung A.17: Kriterien „Methodenunterstützung"

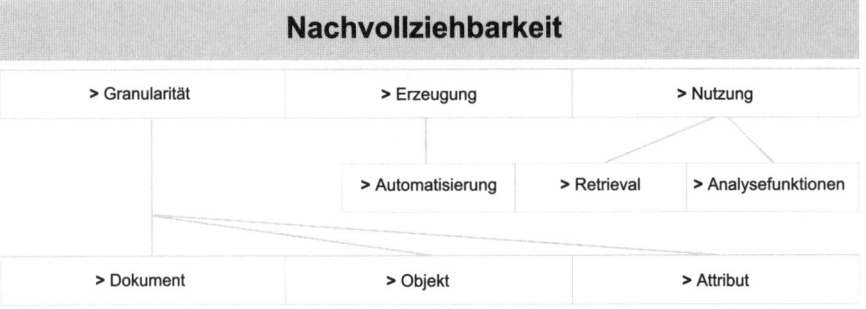

Abbildung A.18: Kriterien „Nachvollziehbarkeit"

Benutzersicht

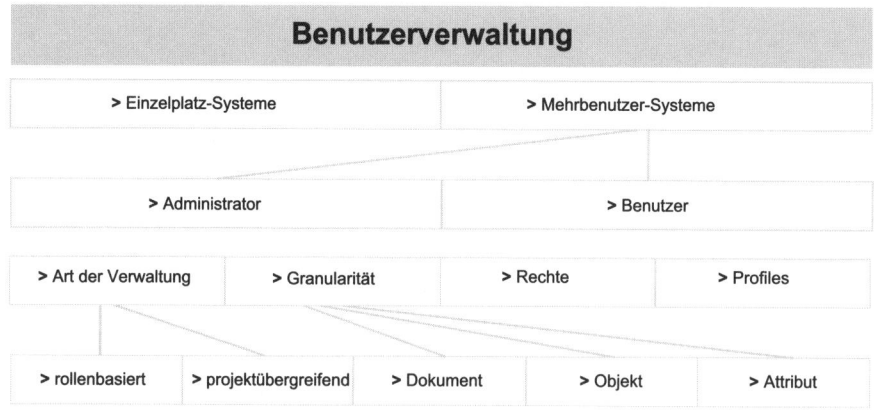

Abbildung A.19: Kriterien „Benutzerverwaltung"

Gruppenunterstützung		
> Paralleles Arbeiten	> Benachrichtigungen	> Unterstützung von Reviews
> Lesesperren > Schreibsperren		> Dokumenten-erzeugung > Ergebnis-vergleich

Abbildung A.20: Kriterien „Gruppenunterstützung"

User Interface		
> Anpassbarkeit	> Übersichtlichkeit	> Benutzerführung

Abbildung A.21: Kriterien „User Interface"

483

Betriebswirtschaftliche Sicht

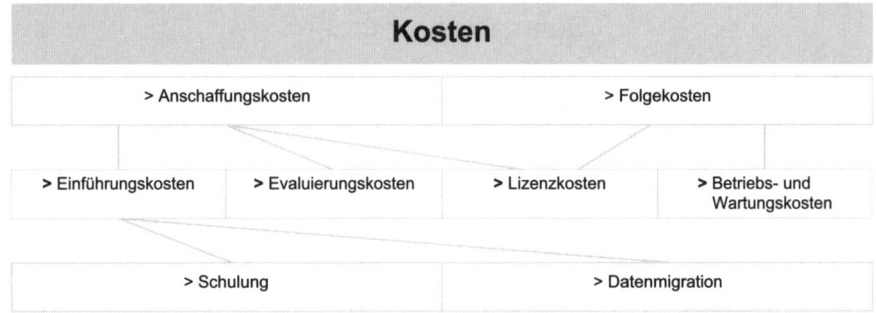

Abbildung A.22: Kriterien aus betriebswirtschaftlicher Sicht

Projektsicht

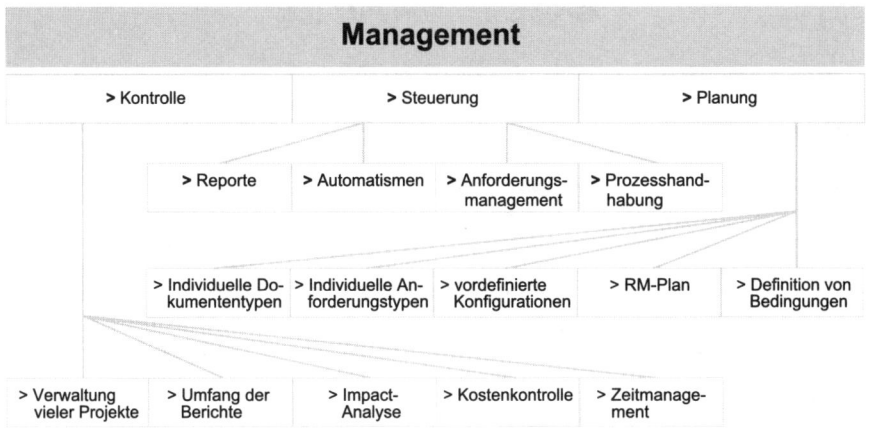

Abbildung A.23: Kriterien aus der Projektsicht

Chris Rupp

Anhang B

Regelwerk und Algorithmus der linguistischen Analyse

Die 25 Regeln des SOPHIST-Regelwerks

Regel 1: Formulieren Sie jede Anforderung im Aktiv. Die Aktivformulierung einer Anforderung hat den Vorteil, dass der Täter, also die ausführende Person oder Einheit, in der Anforderung angegeben werden muss. Dies ist gerade bei Anforderungen entscheidend, da hier schon wichtig ist, ob die Aktivität vom System, vom Nachbarsystem oder vom Benutzer durchgeführt wird.

Regel 2: Drücken Sie Prozesse durch Vollverben aus. Jeder Prozess sollte durch ein Vollverb ausgedrückt werden. Adjektive oder aufwändige Phrasen verschleiern nur den Prozess und lassen die eigentlich durch die Anforderung geforderte Funktionalität in den Hintergrund treten.

Regel 3: Decken Sie unvollständig spezifizierte Prozesswörter auf. Bestimmen Sie die Verben in einer Anforderung und stellen Sie fest, ob ein Satz, der mehrere Akteure enthält, mit diesen Verben vorstellbar wäre. Ist dies der Fall, so ist aus dem Originalsatz Information getilgt worden.

Regel 4: Ermitteln Sie unvollständige Vergleiche und Steigerungen. Bestimmen Sie die Vergleiche und Steigerungen in einer Anforderung. Enthalten sie den Bezugspunkt, auf den sich der Vergleich oder die Steigerung bezieht? Ist die Abweichung überhaupt messbar? Wenn ja, mit welchen Mitteln (Messmethode)? Mit welcher Genauigkeit kann gemessen werden?

Regel 5: Klären Sie Mögliches und Unmögliches. Stellen Sie bei Aussagen, die eine Möglichkeit oder auch Unmöglichkeit beschreiben (siehe Signalwörter), folgende Frage: Was macht das genannte Verhalten unmöglich beziehungsweise möglich?

Regel 6: Prüfen Sie die Modaloperatoren der Notwendigkeit auf benötigte Ergänzungen. Überlegen Sie sich zu jeder durch einen Modaloperator der Notwendigkeit spezifizierten Aussage, ob Sie zusätzlich ein Verhalten für den Ausnahmefall spezifizieren müssen.

Regel 7: Finden Sie implizite Annahmen. Bestimmen Sie das Hauptverb eines Satzes und bilden Sie eine neue Oberflächenstruktur durch Negation dieses Verbs. Danach fragen Sie sich, welche Aussagen wahr sein müssen, damit beide Oberflächenstrukturen einen Sinn ergeben. Alle Aussagen, die Sie dabei entdecken werden, sind unter Umständen nicht formulierte Annahmen, die geklärt werden müssen.

Regel 8a: Überprüfen Sie, ob das Verhältnis zwischen mehreren Objekten *etwas Wesentliches* darstellt. Falls dies der Fall ist, formulieren Sie für das Verhältnis eine eigene Anforderung.

Regel 8b: Überprüfen Sie, ob das Verhältnis zwischen mehreren Objekten *etwas Wesentliches* darstellt. Falls dies *nicht* der Fall ist, formulieren Sie für das Verhältnis einen einzigen Begriff (geschlossene Einheit). Der verwendete Begriff ist dann allerdings meist eine Nominalisierung, zu der eine grobe Definition hinterlegt sein muss.

Regel 9: Bestimmen Sie die Universalquantoren. Bestimmen Sie die Universalquantoren einer Anforderung und fragen Sie jeweils, ob das geforderte Verhalten des Systems für wirklich *alle* Objekte aus der Menge gelten soll, die durch den Quantor zusammengefasst werden. Vielleicht gibt es Ausnahmen, die Sie zusätzlich spezifizieren müssen. Untersuchen Sie jeden Satz dahingehend, ob eine Menge an Objekten ausdrücklich definiert ist, für die das spezifizierte Verhalten gelten soll.

Regel 10: Verwenden Sie nur definierte quantitative Angaben. Verwenden Sie als quantitative Angaben zum Beispiel nur „alle", „jeder/ jedem", „entweder", „immer", „oder" und „kein" im Deutschen und „not", „any", „each", „always", „every", „either" und „neither" im Englischen.

Regel 11: Ermitteln Sie unvollständig spezifizierte Bedingungen. Bestimmen Sie die Bedingung(en) in der Anforderung und überprüfen Sie, ob sowohl für den Fall, dass die Bedingung eintritt, ein Verhalten spezifiziert ist (dann-Zweig), als auch dafür, dass sie nicht eintritt (sonst-Zweig). Stellen Sie sich zudem die zusätzlichen Fragen: „Sind alle möglichen Entscheidungskriterien (Bedingungen) aufgezählt?" und „Sind alle möglichen Varianten geschildert?"

Regel 12: Hinterfragen Sie Substantive ohne Bezugsindex. Fragen Sie für jedes Substantiv der Anforderung, ob es eigentlich eine spezifische Person, eine spezifische Personengruppe, einen spezifischen Gegenstand oder eine Gruppe von Gegenständen der Welt bezeichnen sollte. Sie können bei Substantiven, die eine nicht genau einzugrenzende Menge von Objekten beschreiben, die folgenden Fragen stellen: „Wer ... genau?", „Was ... genau?", „Welcher Teil der genannten Menge?" Erweitern Sie solche Substantive dann durch eine genau festlegende Ergänzung.

Regel 13: Verwenden Sie Substantive stets in der Einzahl. Die in einer Anforderung vorkommenden Substantive sollten zudem immer in der Einzahl (Singular) verwendet werden, außer der geforderte Sachverhalt bezieht sich ausschließlich auf eine Gruppe in ihrer Gesamtheit.

Regel 14: Falls es sinnvoll ist, sollten Sie den Artikel je nach Bedeutung durch „jeder", „alle" oder „genau ein" beziehungsweise „one among many", „any one" oder „each" ersetzen. Angaben über die Menge der Objekte, die Substantive umschreiben, werden nicht nur durch Mehr- oder Einzahl ausgedrückt, sondern durch spezifische Angaben, die den Artikel (der, die, das, ein, eine, ein, ...) vor dem Substantiv ersetzen, noch näher spezifiziert.

Regel 15: Verwenden Sie den unbestimmten Aritkel (ein, eine) nur vor einem Substantiv, das damit gerade definiert wird.

Regel 16: Verwenden Sie den bestimmten Artikel vor einem Substantiv, das schon definiert ist. Ist keine Mengenangabe vor einem Substantiv notwendig oder sinnvoll, sollte in einer Anforderung immer der bestimmte Artikel (der, die, das oder eine deklinierte Form wie dem, den, des) verwendet werden.

Regel 17: Hinterfragen Sie Nominalisierungen. Überprüfen Sie jedes Substantiv und fragen Sie sich, ob nicht ein Verb möglich wäre, das einen Vorgang beschreibt, ähnlich klingt/aussieht und dem Substantiv in der Bedeutung ähnelt.

Regel 18: Ersetzen Sie die Funktionsverbgefüge durch einfache, direkte Vollverben. Funktionsverbgefüge führen zu einem mit Substantiven überladenen, schwer verständlichen Stil und bewirken oft, dass ein Vorgang in passiver Sichtweise beschrieben wird. Viele Sätze sind unnötig indirekt ausgedrückt, sodass die eigentliche Tätigkeit, die normalerweise durch ein Vollverb beschrieben ist, in den Hintergrund gerät.

Regel 19: Vermeiden Sie es, etwas doppelt auszudrücken. Entfernen Sie Teile des Satzes, die Sie ohne Bedeutungsverlust straffen können.

Regel 20: Streichen Sie floskelhafte Wendungen oder drücken Sie diese kürzer aus.

Regel 21: Überprüfen Sie Nebensätze, die eine Begründung, Absicht oder Folge enthalten. Falls darin keine wichtigen Informationen verborgen sind, können Sie diese als Kommentare herauslösen, ansonsten müssen Sie daraus eigenständige Anforderungen formulieren.

Regel 22: Nebensätze, die in einem zeitlichen Verhältnis zum Hauptsatz stehen, müssen Sie in einen Wenn/Falls-Satz mit eventuellen Verneinungen umformulieren.

Schlüsselwörter zur Identifizierung temporaler Nebensätze sind: „bevor", „während", „nachdem", „solange", „bis", „unterdessen"; im Englischen: „before", „while", „after", „until" und „-ing-Phrasen".

Regel 23: Definieren Sie Substantive nach folgendem Schema: Subjekt (= zu definierender Begriff) + Verb + Objekt(e) + Ergänzungen (Phrasen, Nebensätze).

Regel 24: Definieren Sie Eigenschaftswörter (Adjektive) nach folgendem Schema: Zu definierendes Eigenschaftswort + Hilfssubstantiv + „ist" + Hilfssubstantiv + Ergänzungen.

Regel 25: Definieren Sie Verben nach folgendem Schema: Verb im Infinitiv + „ist der Prozess" + Ergänzungen.

Der SOPHIST-Algorithmus,
um Effekte systematisch zu beseitigen

```
FOR EACH Anforderung do:
    Formulieren Sie jede Anforderung im Aktiv (Regel 1).
    Bestimmen Sie die Verben.
        FOR EACH Verb
            Drücken Sie Prozesse durch Vollverben aus (Regel 2).
            Decken Sie unvollständig spezifizierte Prozesswörter auf
            (Regel 3).
            Finden Sie implizite Annahmen (Regel 7).
            Klären Sie Mögliches und Unmögliches (Regel 5).
            Finden Sie die Modaloperatoren der Notwendigkeit (Regel 6).
            Ersetzen Sie Funktionsverbgefüge durch einfache, direkte
            Vollverben (Regel 18).
        END FOR
    Bestimmen Sie die Universalquantoren (Regel 9).
        FOR EACH Universalquantor
            Verwenden Sie nur definierte quantitative Angaben (Regel 10).
        END FOR
    Bestimmen Sie die Substantive
        FOR EACH Substantiv
            Hinterfragen Sie Substantive ohne Bezugsindex (Regel 12).
            Verwenden Sie Substantive stets in der Einzahl (Regel 13).
            Falls es sinnvoll ist, sollten Sie den Artikel je nach Be-
            deutung durch "jeder", "alle" oder "genau ein" beziehungs-
            weise "one among many", "any one" oder "each" ersetzen
            (Regel 14).
            Verwenden Sie ein/eine (unbestimmter Artikel) nur vor einem
            Substantiv, das damit gerade definiert wird (Regel 15).
            Verwenden Sie den bestimmten Artikel vor einem Substantiv,
            das schon definiert ist (Regel 16).
            Hinterfragen Sie Nominalisierungen (Regel 17).
        END FOR
    Bestimmen Sie Adjektive und Adverbien
        FOR EACH Adjektiv/Adverb
            Ermitteln Sie unvollständige Vergleiche und Steigerungen
            (Regel 4).
        END FOR
    Überprüfen Sie, ob das Verhältnis zwischen mehreren Objekten etwas
    Wesentliches darstellt. Falls dies der Fall ist, formulieren Sie für
    das Verhältnis eine eigene Anforderung (Regel 8a).
    Überprüfen Sie, ob das Verhältnis zwischen mehreren Objekten etwas
    Wesentliches darstellt. Falls dies nicht der Fall ist, formulieren Sie
    für das Verhältnis einen einzigen Begriff (geschlossene Einheit)
    (Regel 8b).
    Vermeiden Sie es, etwas doppelt auszudrücken (Regel 19).
    Streichen Sie floskelhafte Wörter/Wendungen oder drücken Sie diese
    kürzer aus (Regel 20).
    Ermitteln Sie unvollständig spezifizierte Bedingungen (Regel 11).
    Überprüfen Sie Nebensätze, die eine Bedingung, Absicht oder Folge
    enthalten. Falls darin keine wichtigen Informationen verborgen sind,
    können Sie diese als Kommentare herauslösen, sonst müssen Sie daraus
    eigenständige Anforderungen formulieren (Regel 21).
    Nebensätze, die in einem zeitlichen Verhältnis zum Hauptsatz stehen,
    müssen Sie in einen Wenn/Falls-Satz mit eventuellen Verneinungen
    umformulieren (Regel 22).
END FOR
```

Jürgen Hahn, Chris Rupp

Anhang C

Anforderungsschablonen

Fragen, die dieses Kapitel beantwortet:

- Woraus besteht die EBNF?
- Wie sehen Anforderungsschablonen für die deutsche Sprache aus?
- Wie sehen Anforderungsschablonen für die englische Sprache aus?

489

C.1   EBNF

In der Informatik gibt es zahlreiche Notationen, um Strukturen zu beschreiben. Für die Anforderungsschablonen hat es sich als praktikabel erwiesen, die erweiterte Backus-Naur-Form (EBNF), eine Beschreibungssprache für Grammatiken, zu verwenden (siehe Abbildung C.1).

Element/Operator	Erklärung	Beispiel
[ ]	Optionale Parameter: Dieser Parameter *kann* zur Verdeutlichung des Sachverhalts in die Anforderung mit aufgenommen werden.	[When?] [Under what condition?]
<>	Nichtterminalsymbol, das heißt, der Parameter wird durch ein konkretes Wort ersetzt.	<Prozess>
::=	Definiert ein Nichtterminalsymbol	<Verbindlichkeit> ::= (MUSS | SOLL | WIRD)
|	Die Parameter können alternativ aufgenommen werden.	MUSS | SOLL | WIRD
+	Wiederholungsoperator: Dieser Parameter kann einmal oder mehrmals aufgenommen werden.	<Randbedingung>$^+$
Nicht eingeschlossener Text in Großbuchstaben	Textkonstante, die unverändert übernommen wird.	DAS SYSTEM
Kommentar	Freitext zur näheren Erläuterung.	*Verb, das die Funktionalität eindeutig charakterisiert*

Abbildung C.1: EBNF

Formal gesehen müssten auch die logischen Operatoren wie „UND" mit in die EBNF-Darstellung der Anforderungsschablone aufgenommen werden. Der Schwerpunkt dieser Darstellung soll jedoch mehr auf der Verständlichkeit und praktischen Anwendbarkeit als auf der streng formalen Korrektheit liegen.

C.2 Anforderungsschablonen für die deutsche Sprache

Vollständige Schablone ohne Bedingungen

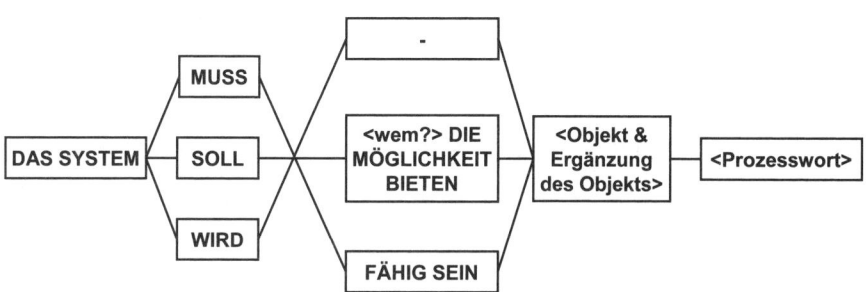

Vollständige
Schablone
ohne
Bedingungen

Abbildung C.2: Die vollständige deutsche Anforderungsschablone *ohne* Bedingungen im Deutschen.

Anforderung ➜ DAS SYSTEM <Verbindlichkeit> <Typphrase>
<Prozessergänzung> <Prozesswort>.

<Verbindlichkeit> ::= (MUSS | SOLL | WIRD)

<Typphrase> ::= [(<wem?> DIE MÖGLICHKEIT BIETEN) | (FÄHIG SEIN)]

<wem?> ::= *Person, der die geforderte Funktionalität zur Verfügung gestellt wird*

<Prozessergänzung> ::= <Objekt & Ergänzung des Objekts>

<Objekt & Ergänzung des Objekts> ::= *Nähere Beschreibung des Prozesses*

<Prozesswort> ::= *Verb, das die Funktionalität eindeutig charakterisiert*

Vollständige Schablone mit Bedingungen

Vollständige
Schablone
mit Bedingungen

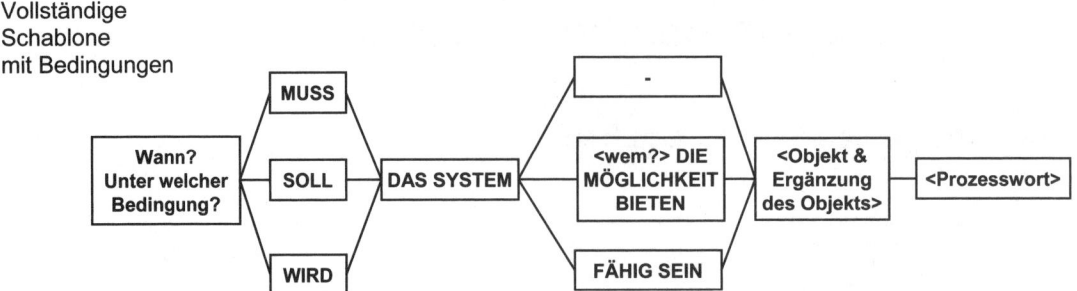

Abbildung C.3: Die vollständige Anforderungsschablone *mit* Bedingungen im Deutschen.

Anforderung ➜ <Randbedingung> <Verbindlichkeit> DAS SYSTEM <Typphrase> <Prozessergänzung> <Prozesswort>.

<Randbedingung> ::= (<Wann?> | <Unter welchen Bedingungen>)⁺

<Wann?> ::= *zeitliche Bedingung, unter der die Anforderung gelten soll*

<Unter welchen Bedingungen> ::= *logische Bedingung, unter der die Anforderung gelten soll*

<Verbindlichkeit> ::= (MUSS|SOLL|WIRD)

<Typphrase> ::= [(<wem?> DIE MÖGLICHKEIT BIETEN)|(FÄHIG SEIN)]

<wem?> ::= *Person, der die geforderte Funktionalität zur Verfügung gestellt wird*

<Prozessergänzung> ::= <Objekt & Ergänzung des Objekts>

<Objekt & Ergänzung des Objekts> ::= *Nähere Beschreibung des Prozesses*

<Prozesswort> ::= *Verb, das die Funktionalität eindeutig charakterisiert*

492

C.3 Anforderungsschablonen für die englische Sprache

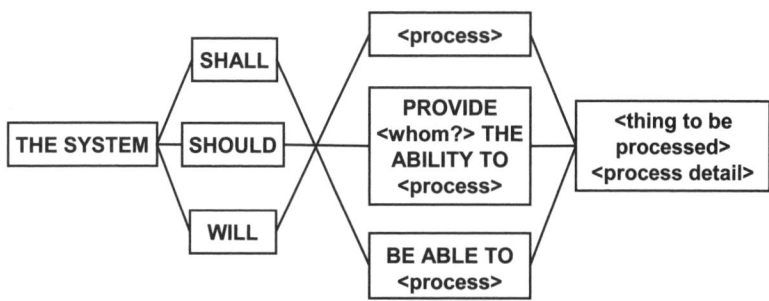

Abbildung C.4: Die vollständige Anforderungsschablone *ohne* Bedingung im Englischen

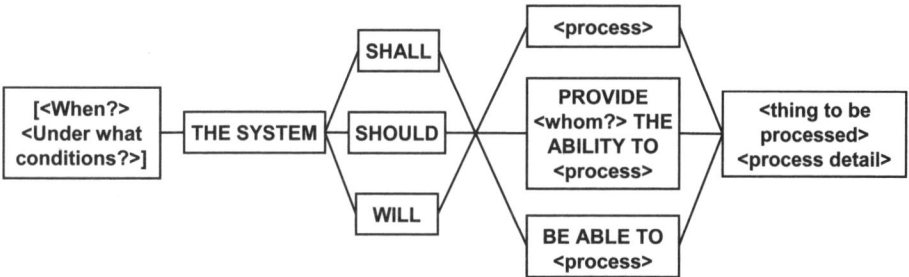

Abbildung C.5: Die vollständige Anforderungsschablone *mit* Bedingung im Englischen

Requirement ➔ <constraints> THE SYSTEM <binding character> <type phrase> <details>.

<constraints> ::= [(<when?> | <under what conditions>)]⁺

<when?> ::= *zeitliche Bedingung, unter der die Anforderung gelten soll*

<under what conditions> ::= *logische Bedingung, unter der die Anforderung gelten soll*

<legal ...> ::= (SHALL|SHOULD|WILL)

<type phrase> ::= <process> | (PROVIDE <whom?> THE ABILITY TO <process>) | (BE ABLE TO <process>)

<process> ::= *Verb, das die Funktionalität eindeutig charakterisiert*

<whom?> ::= *Person, der die geforderte Funktionalität zur Verfügung gestellt wird*

<details> ::= <thing to be processed> <process detail>

<thing to be processed> ::= *Objekt, das am Prozess beteiligt ist*

<process detail> ::= *Ergänzung des Prozesses*

493

Chris Rupp

„Wie etwas mir erscheint, ist es für mich, wie dir, so ist es für dich."

Protagoras (481–411 v. Chr.), ein Sophist

Anhang D

Unsere Ahnen – ein Streifzug durch die Linguistik und analytische Philosophie

Wir SOPHISTen stellen uns häufig die Fragen: Wohin führt uns die Entwicklung im Bereich Requirements-Engineering und -Management? Wo liegt die Zukunft? Wie werden wir in 5, 10, 15 Jahren unsere Anforderungen erheben und dokumentieren?

Oftmals verschafft ein Blick auf die Vergangenheit einer Entwicklung einen guten Überblick, welcher Weg bisher gegangen wurde, welche Faktoren in der Entwicklung stabil blieben und wo die Zukunft innovativer neuer Ansätze liegen könnte. Das folgende Kapitel bietet Ihnen einen Blick zurück zu den Urahnen des Requirements-Engineering, die unsere Forschung und unsere Erkenntnisse geprägt haben. Die meisten unserer Ahnen stammen nicht aus dem Bereich der Informatik, sondern aus teilweise weit entfernten Bereichen der Wissenschaft und Philosophie.

Unserer Meinung nach liegt für die Zukunft sehr viel Potenzial darin, Dinge *nicht* neu zu erfinden, sondern erfolgreiche Strategien aus Anwendungsbereichen, in denen sie sich bewährt haben, in andere Bereiche wie in unserem Fall die Informatik zu transferieren. Diese Transferleistung erfordert fundiertes Wissen über die vorherrschenden Probleme in der Informatik, die es mittels neuer Ansätze zu lösen gilt. Aber auch das Feingefühl, interessante Ansätze anderer Bereiche zu erkennen, zu verstehen, sich damit auseinander zu setzen, sie schätzen zu lernen und so zu übertragen, dass die Stärken der Ansätze erhalten bleiben und die Schwächen auf dem neuen Gebiet ausgeglichen werden, ist nötig.

Für alle, die gerne einen Blick in andere Bereiche stecken, bietet dieser kurze Streifzug durch die Vergangenheit Anknüpfungspunkte zum Weiterlesen. Artikel zu den erwähnten Persönlichkeiten und Denkrichtungen finden Sie unter www.sophist.de.

Viel Spaß beim Abtauchen in eine andere Welt.

495

Ludwig Wittgenstein gab das Ziel der Philosophie dieses Jahrhunderts vielleicht am treffendsten vor, als er feststellte:

„Die Philosophie zielt auf die logische Klarstellung von Gedanken ab."

Linguistische und analytische Philosophie

Mit diesem Satz definierte Wittgenstein auch das, was in diesem Jahrhundert als *linguistische und analytische Philosophie* bekannt ist.

Die alten wie auch die modernen Philosophen haben sich alle bis zu einem hohen Grad mit der Klarstellung von Gedanken beschäftigt. Ob ihr Thema nun Ethik, gutes Leben, die bestmögliche Regierungsform oder einfach nur die Bedeutung von Gerechtigkeit war, ihr Motiv ist über Jahrtausende hinweg mehr oder weniger die Entwicklung klaren Denkens und Formulierens gewesen.

Wir SOPHISTen haben ein dem Ziel der Philosophie sehr ähnliches Bestreben, wir befassen uns ebenfalls mit der Klarstellung von Gedanken. Allerdings wenden wir unsere Erkenntnisse in der Praxis an – damit das, was unsere Kunden beschreiben, genau das ist, was sie anschließend in Form eines Produkts oder Systems erhalten.

Die alten Sophisten

Die ersten professionellen Gelehrten in der westlichen Welt, die Sophisten, waren auch die ersten analytischen Philosophen. Sie reisten durch Griechenland und unterrichteten Rhetorik, verschiedene philosophische Theorien über Ethik, die Grundlagen der Welt und wie man ein wertvolles Leben führt. Einige von Platons Dialogen erzählen von Streitgesprächen, die Sokrates mit umherreisenden Sophisten über ein bestimmtes Thema und die genaue Bedeutung von Worten führte.

Die mittelalterlichen Philosophen

Im Mittelalter waren Menschen wie Roger Bacon, Thomas von Aquin und William von Ockham damit beschäftigt, präzisere Bedeutungen von Worten zu finden, um ältere und zeitgenössische Arbeiten zu kritisieren und um ein eigenes Rahmenwerk für Gedanken aufzubauen. Frühe moderne Denker, wie John Locke etwa, George Berkeley, David Hume und insbesondere Gottlob Frege trugen durch ihre Korrespondenz über angenommene und objektive Realität zum besseren Verständnis der Worte bei.

Moderne linguistische Philosophie

Die moderne Variante der linguistischen Philosophie begann Anfang dieses Jahrhunderts mit G. E. Moore und Bertrand Russell, als diese sich bemühten, sowohl die Philosophie als auch die Mathematik auf ein strukturiertes und logisches Fundament zu stellen. Vielleicht war es Ludwig Wittgenstein, der am meisten zu dieser Schule des Denkens beigetragen hat; er leistete erste Vorarbeiten und lenkte später das Denken in eine völlig andere Richtung, insbesondere mit den Werken *Tractatus Logico-Philosophicus* (1921) und *Philosophical Investigations* (1953).

Transformations-linguistik und NLP

Die augenblickliche Analyse von Sprache und Bedeutung hat sich in verschiedene Schulen aufgeteilt. Einige davon sind sehr theoretisch, wie die Sprachtheorien Noam Chomskys, und andere sind sehr praxisorientiert, wie die Psychologie mit Vertretern wie Richard Bandler und John Grinder, den Begründern des Neuro Linguistischen Programmierens (NLP).

Die SOPHISTen der Neuzeit

Die modernen SOPHISTen nutzen theoretische und praktische Arbeiten zu Sprache aus allen Geschichtsperioden und wenden dieses Wissen direkt auf den Bereich der Software-Entwicklung an, um die Lücken zwischen Annahme und Beschreibung, zwischen Entwicklern und Kunden zu schließen.

Interessieren Sie sich auch für die angesprochenen Themen? Dann treten Sie mit uns in einen elektronischen Dialog (buch@sophist.de).

> „Nicht zum Zwecke der gegenseitigen Täuschung wurde die Sprache dem Menschen gegeben, sondern damit er seine Gedanken anderen mitteilen möge."
>
> *Augustinus*

Anhang E

Glossar

Abnahmekriterium

Ein Abnahmekriterium ist eine Anweisung für den Test bezüglich einer Anforderung (oder eines Anforderungsteils), welche die Erfüllung der Anforderung (oder des Teils) im erstellten Produkt oder durchgeführten Prozess beschreibt.

Verwandte Begriffe: Annahmekriterium, Testkriterium, Akzeptanzkriterium, Prüfkriterium, Testfall, Testschritt, Test Criterion, Test Case, Test Step

Genaue englische Entsprechung: acceptance criterion

Bemerkungen: Das Schreiben der Abnahmekriterien dient der qualitativen Verbesserung von Anforderungen in der Analyse. Während Test und Abnahme unterstützen Abnahmekriterien die Prüfung der Spezifikationstreue. Zu jeder Anforderung sollte mindestens ein Abnahmekriterium angegeben werden.

Beispiel: Natürlichsprachliches, abstraktes Abnahmekriterium:

- Ausgangssituation: Die Rückgabe eines Miet-PKWs ist auf 20 Uhr festgesetzt.
- Ereignis: Es ist 21 Uhr (d.h. die Rückgabezeit ist um 1 Stunde überschritten).
- Erwartetes Ergebnis: Das Fuhrpark-Management-System stellt dem Mieter die Verspätung als angefangenen Tag in Rechnung und sendet allen augenblicklich im System angemeldeten Nutzern eine Nachricht.

Anforderung

Aussage über eine Eigenschaft oder Leistung eines Produktes, eines Prozesses oder der am Prozess beteiligten Personen.

Verwandte Begriffe: Forderung, Randbedingung, Ziel, constraint, feature

Genaue englische Entsprechung: requirement

Bemerkungen: Das Begriffswort „Produkt" ist im weitesten Sinn zu verstehen. Darunter fallen zum Beispiel das Software-/Hardware-System oder Teile davon, Abnahmekriterien, Handbücher, Protokolle und Planungsdokumente. Siehe zwecks Abgrenzung hinsichtlich anderer Definitionen Kapitel 6 „Anforderung oder Anforderung". 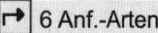 6 Anf.-Arten

Eine Aussage kann natürlichsprachlicher Text, ein semiformales Diagramm oder eine Aussage mittels einer formalen Notation sein.

Beispiel: Das System muss verhindern, dass Wahlhelfer, die ihre Partei unterstützen wollen, mehrfach wählen können.

Anforderungsanalyse

Aktivität, um Anforderungen zu ermitteln, zu formulieren und zu validieren.

Verwandte Begriffe: Systemanalyse, Soll-Analyse, Spezifizierung, requirements development, requirements definition, requirements determination, specification, systems analysis

Genaue englische Entsprechung: requirements analysis

Bemerkungen: Wir haben in dieser Definition eine sehr umfassende Bedeutung festgelegt. In anderen Definitionen fehlt beispielsweise der Aspekt des Validierens (siehe IEEE 610.12), der uns jedoch als sehr wichtig erscheint.

Anforderungsermittlung

Die Kunst, von Stakeholdern, eine vollständige Menge von Anforderungen zu sammeln.

Verwandte Begriffe: Anforderungserhebung, Anforderungsfindung, requirements negotiation

Genaue englische Entsprechung: requirements elicitation

Bemerkungen: Die Tätigkeit des Anforderungsermittelns ist ein Teilprozess der Anforderungsanalyse.

Anforderungsformulierung

Die Kunst, ermittelte Anforderungen so zu beschreiben, dass sie eindeutig, testbar und verständlich sind.

Verwandte Begriffe: Anforderungdokumentation

Genaue englische Entsprechung: requirements phrasing

Bemerkungen: Die Tätigkeit des Anforderungsformulierens ist ein Teilprozess der Anforderungsanalyse.

Anforderungsmuster

Ein Anforderungsmuster ist ein Lösungskonzept zu einer speziellen Problemstellung der Anforderungsanalyse. Es vereinigt die Diskussion des Problems, Konsequenzen der Anwendung und eine Lösung, die eine unter synergetischen Gesichtspunkten abgewogene Kombination aus natürlichsprachlichen Anforderungen, Anforderungsschablonen, Analysemodell, Abnahmekriterien und übergreifenden semantischen Definitionen bildet.

Genaue englische Entsprechung: requirements pattern

Anforderungsrelease

Das Anforderungsrelease ist eine Menge von Informationen (Anforderungen, Kommentare, Abnahmekriterien usw.), die als Ganzes eine Menge von Analyseergebnissen zu einem definierten Zeitpunkt darstellen und die im Rahmen des Konfigurationsmanagements verwaltet werden.

Verwandte Begriffe: Baseline, Anforderungsstand

Genaue englische Entsprechung: requirements release

Anforderungsschablone

Eine Anforderungsschablone ist ein Bauplan für die syntaktische Struktur einer einzelnen Anforderung.

Genaue englische Entsprechung: requirements template

Beispiel: Anforderungsschablone für eine Nutzerfunktion:

[when?] [under what conditions?] the SYSTEM shall PROVIDE <whom?> THE ABILITY TO <process word?> <THING to be SELECTED> ([of | from | to] [what | where | whom] does this THING belong?])*

Anforderungsspezifikation

Eine Menge formulierter Anforderungen.

Verwandte Begriffe: Spezifikation, Anforderungsdokument, Pflichtenheft, Lastenheft, specification, Fachkonzept, requirements document

Genaue englische Entsprechung: requirements specification

Bemerkung: Diese Menge von Anforderungen kann in einem Textdokument vorhanden sein, aber auch beispielsweise innerhalb einer Datenbank (Definitionen laut IEEE 610.12 verwenden hierbei lediglich den Begriff Dokument, der eine Datenhaltung in einer Datenbank leider ausschließt). Eine Anforderungsspezifikation kann auch eine Quelle von Anforderungen sein. Eine Anforderungsspezifikation kann Anforderungen unterschiedlicher Ebenen und verschiedener Sichten enthalten.

Anforderungsvalidierung

Die Kunst, zu richtigen und widerspruchsfrei formulierten Anforderungen zu gelangen.

Verwandte Begriffe: Anforderungskonsolidierung, Anforderungsprüfung, requirements negotiation

Genaue englische Entsprechung: requirements validation, „requirements verification" (siehe dazu auch Definition Anforderungsverifikation)

Bemerkungen: Die Tätigkeit des Anforderungsvalidierens ist ein Teilprozess der Anforderungsanalyse.

Anforderungsverifikation

Im Sinne der Informatik kann bezüglich Anforderungen nur von Validierung und nicht von Verifikation gesprochen werden. Siehe daher Anforderungsvalidierung.

Anforderung, funktionale

Funktionale Anforderungen sind:

■ Aktionen, die das System selbstständig ausführen soll,

■ Interaktionen des Systems mit menschlichen Nutzern oder Systemen (Eingaben, Ausgaben),

■ Anforderungen, betreffend allgemeine, funktionale Vereinbarungen und Einschränkungen.

Verwandte Begriffe: Geschäftsprozess

Genaue englische Entsprechung: functional requirement

Beispiel: Drucken eines Reports, Senden einer Fehlermeldung zum Nachbarsystem, Eingabe eines Tagesdatums seitens des Benutzers, Einlesen einer Datei, Empfangen von Signalen eines Grafiktabletts.

Anforderung, nicht-funktionale

Alle Anforderungen, die nicht ... funktional sind.

Genaue englische Entsprechung: non-functional requirement

Bemerkungen: Obwohl diese Definition den Leser vor die Entscheidung zwischen Lachen oder Weinen stellt, ist sie doch die einzig sinnvolle.

Zu den nicht-funktionalen Anforderungen zählen:

■ technische Anforderungen,

■ Anforderungen an die zu verarbeitenden Informationen,

■ Anforderungen an die Benutzerschnittstelle,

■ Qualitätsanforderungen,

■ Anforderungen an sonstige Lieferbestandteile,

■ Anforderungen an die Durchführung der Entwicklung,

■ rechtlich-vertragliche Anforderungen.

Beispiele:

■ Alle Eingabefelder des Systems sollen blau sein.

■ Das System soll alle Funktionen der Klasse 2 innerhalb einer Sekunde ausgeführt haben.

■ Der Auftragnehmer hat für Tee und Kuchen bei Besprechungen zu sorgen.

Generalisierung

Wenn eine Information in einer Anforderung verallgemeinert wurde, sprechen wir von einer Generalisierung.

500

Genaue englische Entsprechung: generalization

Bemerkungen: Beachten Sie, dass hiermit nicht der aus der Objektorientierung bekannte Begriff gemeint ist.

Eine generalisierte Information steckt im Falle der Generalisierung (im Gegensatz zur Tilgung) bereits in der Anforderung, wurde jedoch nicht detailliert niedergeschrieben.

Beispiel: Jede Meldung soll für die Aufzeichnung zusätzlich mit einem Zeitstempel etikettiert werden.

Prozesswort

Verb (oder davon abgeleitete Form), das einen Vorgang beschreibt.

Genaue englische Entsprechung: process word

Beispiel: lieben, spielen, speichern.

Qualitätsanforderung

Aussage über die Güte eines Produkts, Prozesses oder einer am Prozess beteiligten Person.

Verwandte Begriffe: Eigenschaft, Attribute, Merkmale, Dienstqualität, Randbedingung, constraint

Genaue englische Entsprechung: quality requirement

Bemerkungen: Der ähnliche Begriff Dienstqualität ist meist nur auf Systeme bezogen, nicht auf Prozesse oder Personen.

Qualitätsanforderungen müssen quantitativ spezifiziert sein, da sie sonst nicht testbar sind.

Randbedingung

Eine Randbedingung ist eine Art von Anforderung, die eine oder mehrere andere Anforderungen inhaltlich erweitert.

Verwandte Begriffe: Anforderung

Genaue englische Entsprechung: constraint

Beispiel: Das System muss alle Rückmeldungen aufgrund Benutzereingaben binnen einer Sekunde am Bildschirm anzeigen.

Requirements-Engineering

Requirements-Engineering umfasst die Anforderungsanalyse und das Requirements-Management mit ingenieurmäßigem Vorgehen.

Genaue englische Entsprechung: requirements engineering

Akronym: RE

Requirements-Management

Requirements-Management umfasst Maßnahmen, welche die Anforderungsanalyse und die weitere Verwendung der Anforderungen unterstützen.

Verwandte Begriffe: requirements documentation, Anforderungsverwaltung, Anforderungsmanagement

Akronym: RM

Bemerkungen: Zum Beispiel das Verwalten von Informationen rund um die Anforderungen, die weitere Verwendung der Anforderungen in späteren Projektphasen, zur Wiederverwendung, Workflowbestimmungen, statistische Auswertungen, ...

Stakeholder

Jemand, der direkt oder indirekt Einfluss auf die Anforderungen hat.

Verwandte Begriffe: Kunde, Systembetroffene, Akteure

Genaue englische Entsprechung: stakeholder

Bemerkungen: Darunter fallen natürliche und juristische Personen, aber auch abstrakte Personen („der Gesetzgeber"), das heißt jemand, der für eine ganze Gruppe von Personen steht („Manager").

Auch jemand, der das System möglichst nicht nutzen soll, hat Einfluss auf die Anforderungen, zum Beispiel ein Saboteur.

Beispiele: Anwender, Entwickler, Servicepersonal, Marketing, Projektleitung, Gesetzgeber, Standards, Vorschriften.

Systemkontext

Der Systemkontext ist eine (Teil-)Systemdarstellung auf hohem Abstraktionsgrad. Mit dem Systemkontext werden die Nachbarn eines betrachteten Systems beschrieben, jedoch nicht die interne Struktur des betrachteten Systems.

Verwandte Begriffe: Systemumgebung

Genaue englische Entsprechung: system context

Bemerkungen: Nachbarn können hier zum Beispiel Menschen, Systeme oder Dateien usw. sein.

Tilgung

Wenn in Anforderungen Informationen weggelassen werden, sprechen wir von einer Tilgung.

Genaue englische Entsprechung: deletion

Bemerkungen: Herauszuheben ist, dass bei der Tilgung im Gegensatz zur Generalisierung die Information in keinem Aspekt der Anforderung ersichtlich ist. In der Anforderung gibt es also keinen Hinweis auf diese getilgte Information.

Beispiel: Das Leihobjekt wurde gelöscht. (In diesem Beispiel wurde der Akteur getilgt.)

502

Traceability

Nachvollziehbarkeit von Informationen. Im Rahmen des RE meist Nachvollziehbarkeit der Anforderungen von der Anforderungsfindung bis zur Anforderungsabnahme.

Verwandte Begriffe: pre- und post-requirements specification traceability

Genaue englische Entsprechung: traceability

Bemerkungen: Nachvollziehbarkeit z.B. zwischen Anforderungen unterschiedlicher Ebenen (Vater/Kind-Verknüpfungen), Abhängigkeit zwischen Anforderungen der gleichen Ebene, Verknüpfung zwischen Anforderung und Abnahmekriterium, Verknüpfung zwischen Anforderung und Designmodell, usw..

Verzerrung

Wenn zeitlich zusammenhängende Informationen in einer Anforderung verallgemeinert werden, sprechen wir von einer Verzerrung.

Genaue englische Entsprechung: distortion

Bemerkungen: Die Verzerrung ist somit eine Sonderform der Generalisierung.

Beispiel: Es sollen Datenverluste erkannt und über die Systemüberwachungskomponente gemeldet werden.

Durch die Verzerrung bleiben in dieser Anforderung u.a. folgende Fragen offen:

- Welche Daten gehen verloren?
- Wodurch gehen Daten verloren?
- Was wird überwacht?

Index